Lexikon der englischen Wirtschafts- und Rechtssprache

Band 1:
Englisch-Deutsch

Von
H.-Joerg Salízites
Diplom-Übersetzer (Univ.)

R. Oldenbourg Verlag München Wien

Die Deutsche Bibliothek – CIP-Einheitsaufnahme

Salízites, Hans-Jörg:
Lexikon der englischen Wirtschafts- und Rechtssprache / von
H.-Jörg Salízites. – München ; Wien : Oldenbourg
NE: HST

Bd. 1. Englisch-Deutsch. – 1994
ISBN 3-486-22710-6

© 1994 R. Oldenbourg Verlag GmbH, München

Das Werk einschließlich aller Abbildungen ist urheberrechtlich geschützt. Jede Verwertung außerhalb der Grenzen des Urheberrechtsgesetzes ist ohne Zustimmung des Verlages unzulässig und strafbar. Das gilt insbesondere für Vervielfältigungen, Übersetzungen, Mikroverfilmungen und die Einspeicherung und Bearbeitung in elektronischen Systemen.

Gesamtherstellung: R. Oldenbourg Graphische Betriebe GmbH, München

ISBN 3-486-22710-6

Inhaltsverzeichnis

Vorwort	VI
Abkürzungen	VII–X
Lexikon (Englisch–Deutsch)	1–370

Vorwort

Das vorliegende kleine Lexikon ist in erster Linie als praktische [Übersetzungs-] Hilfe für alle gedacht, die mit englischen Texten aus der Rechts- und Wirtschaftssprache umgehen.

Der Benutzer findet in diesem ersten Band ca. 10.000 Begriffe, die durch Hinweise und Anmerkungen aus einer Fülle von Gesetzen, Bilanzen, Fachtexten und Nachschlagewerken ergänzt wurden, deren Erfassung in einer gesonderten Bibliographie den Rahmen dieses Bandes gesprengt hätten.

Ich möchte an dieser Stelle allen Kollegen und Freunden danken, die hierfür ihre Karteikästen und Wortlisten zur Verfügung gestellt haben. Ich danke dem Verlag für die Geduld bei der Manuskripterstellung, insbesondere jedoch Herrn Dr. Paul Foster, Germersheim, und Herrn J. M. Garcia, Madrid, ohne deren hilfreiche Unterstützung dieses Werk nicht zustandegekommen wäre.

Abkürzungen VII

[A]	Österreich
a.:	auch
[Abbr]	Abkürzung
[Absch]	Abschreibung
[AG]	Aktiengesellschaft
[AGB]	Allgemeine Geschäftsbedingungen
[AktienG]	Aktiengesetz
[am.]	amerikanisch
[AN]	Arbeitnehmer
[AO]	Abgabenordnung
[ArbR]	Arbeitsrecht
[arch	archaisch
[Art]	Artikel
[AStG]	Außensteuergesetz
[B.]	Berlin
[B.-W.]	Baden-Württemberg
[Bal]	Ballistik
[BankW]	Bankwesen
[Bbank]	Bundesbank
[Bergb]	Bergbau[wesen]
[BetrVG]	Betriebsverfassungsgesetz
[BGB]	Bürgerliches Gesetzbuch
[Bil]	Bilanzwesen
[Bör]	Börsenjargon
[BRD]	Bundesrepublik Deutschland
[BspW]	Bausparwesen
[Buchf]	Buchführung
[BWL]	Betriebswirtschaftslehre
[By]	Freistaat Bayern
cf.	confer!
[coll]	umgangssprachlich
[CH]	Schweiz
d.h.	das heißt
[DDR]	in der (ehemaligen) DDR gebräuchlich
[Dev]	Devisenbewirtschaftung
[dt.]	deutsch
e.g.	zum Beispiel
[EDV]	Begriffe der Soft-/Hardware
[EG]	Europäische(s) Gemeinschaft[srecht]
eig.:	eigentlich [Verweis auf präzisen Begriff]
entspr.	entsprechend
[ErbR]	Erbrecht
[EStG]	Einkommensteuergesetz

[EuroM]	Euromarkt
[Ex]	Exportwesen
[FGG]	Gesetz über die Angelegenheiten der freiwilligen Gerichtsbarkeit
[FinanzW]	Finanzwesen bzw. Finanzdienstleistungen
[G]	Gesetz
[g.R.]	nach geltendem Recht; sofern für GB oder USA typischer Ausdruck, steht vor dem Begriff [GB] oder [USA]
[GB]	besonders in Großbritannien so gebraucht
[Gewerk]	Gewerkschaft
[GG]	Grundgesetz
[GschMG]	GeschmacksmusterGesetz
[HandwO]	Handwerksordnung
[HB]	Hansestadt Bremen
[He]	Hessen
[HGB]	Handelsgesetzbuch
[HH]	Hansestadt Hamburg
[Hist]	historisch
i.d.R.	in der Regel
i.e.	das heißt
i.e.S.	im engeren Sinne (spez. Terminus)
i.G.z.	im Gegensatz zu
i.R.d.	im Rahmen der/des/dessen
i.w.S.	im weiteren Sinne (Ober-/Überbegriff)
i.Z.m.	im Zusammenhang mit
[InvF]	Investmentfonds
[InvR]	Investitionsrechnung
[IWF]	Internationaler Währungsfonds
[Jus/D]	Justiz[verwaltung] Deutschland
[KinR]	Kind[schafts]recht
[KO]	Kostenordnung
[Komm]	Kommunikation
[Leas]	Leasing
[Man]	Management
[Mar]	Seehandels- und Seekriegsrecht
[MatW]	Materialwirtschaft
[Med]	Medizin
[MietR]	Mietrecht
[Mil]	Militär
n.	Substantiv
[N.-W.]	Nordrhein-Westfalen
[NamensR]	Namensrecht

Abkürzungen

[Org]	Organisations[lehre]
Organisationen	Akronyme (Initialwörter) von Organisationen sind nach dem ersten Buchstaben sowie unter der generellen Bezeichnung sortiert
[OWiG]	Gesetz über Ordnungswidrigkeiten
[Partei]	Parteien und politische Vereinigungen
[PatR]	Patent[wesen]/-[recht]
[PersW]	Personalwesen
pl.	Plural
[pol.]	politisch
[PressR]	Presserecht
[Prod]	Produktion / Konfektionierung
[PStG]	Personenstandsgesetz
[Psych]	Psychologie/Psychiatrie
[PVÜ]	Pariser Verbandsübereinkunft zum Schutz des gewerblichen Eigentums
R	Recht
[R.-P.]	Rheinland-Pfalz
[RW]	betriebliches Rechnungswesen
s.d.	siehe dort
[Sc]	wissenschaftlich
[ScheckR]	ScheckGesetz
[Schl.-H.]	Schleswig-Holstein
sing.	Singular
[Sl.]	Saarland
[Soz]	Sozial[wissenschaft]; Soziologie
[Sport]	Sport
[StaatR]	Staatsrecht
[Stat]	Statistik
[SteuerR]	steuerrechtlicher Begriff
[StrafR]	Strafrecht
syn.:	synonym
[Th.]	Thüringen
[Transp]	Transportwesen
U.	Unternehmen
u.ä.	und ähnliche
übl.	üblicherweise
[USA]	besonders in den USA so gebraucht
[UStG]	Umsatzsteuergesetz
V.	Vertrag
v.	Verb
[VerlW]	Verlags- und Zeitungswesen
[Verp]	Verpackung[stechnik]

[VersR]	Versicherungsrecht
[VertR]	Vertragsrecht
[Vertrieb]	Vertriebswesen
vgl.	vergleiche
[VölkR]	Völkerrecht
[VWL]	Volkswirtschaftslehre
[VwO/D]	Verwaltungsorganisation (Behörden und Titel) in der BRD
[W/Z]	Währungs- und Zinspolitik
Warenzeichen	Kennzeichnung von Marken, Warenzeichen, Gebrauchsmustern etc. erfolgte nicht gesondert
[WechselR]	Wechsel
[Wmath]	wirtschaftsmathematisch
[WpapR]	Wertpapierrecht
[WW]	Weltwirtschaft, internationale Finanzmärkte
[Z]	Zins[politik]
z.B.	zum Beispiel
Zahlen	Begriffe wie "200-Meilen-Zone" sind nach dem ersten Wort nach der Zahl zitiert: "Meilen-Zone, 200-*"
[ZivR]	Zivilrecht
[ZollW]	Zollwesen
[ZPO]	Zivilprozeßordnung
[ZuckerStG]	Zuckersteuergesetz

A. [USA] [Abbr] **Atlantic Reporter**, seit 1885 (ab 1936 second series: A. 2d) Berichterstattung über die Rechtsprechung in Maine, New York, Hampshire, Vermont, Rhode Island, Connecticut, New Jersey, Pennsylvania, Delaware, Maryland

A. & E. [GB] [Abbr] **Admiralty and Ecclesiastical Cases**

A.C. [GB] [Abbr] **Appeal Cases**

a.k.a. **otherwise known as** *alias* [lat.] alias dictus ‖ otherwise known as

A.B.A. number [American Bankers Association Number] [USA] *Bankleitzahl* ‖ [BRD] *BLZ* ‖ [GB] **BCN [Bank Code Number]**

to abandon an application [PatR] *eine Anmeldung zurückziehen* ‖ **to abandon a contract** *von einem Vertrag zurücktreten* —> Rücktritt :: canellation ‖ **to become abandoned** *aufgegeben werden* ‖ *[Sache] herrenlos werden*

abandonment *Eigentumsaufgabe* ‖ *Verzicht auf Eigentum*

abated *erschöpft* ‖ **credit abated** *erschöpfter Kredit*

to abide [arch] *wohnen* ‖ **to abide by** *etwas erfüllen* ‖ *sich halten an* ‖ **to abide by a contract** *e-n Vertrag einhalten* ‖ **the party abiding the contract** *die vertragstreue Partei*

ability [Psych/Man] *Leistungsfähigkeit*

to abjudicate *[gerichtlich/richterlich] entscheiden* ‖ *zu Recht erkennen* ‖ **to abjudicate a bankruptcy** *über das Vermögen einer Person das Konkursverfahren eröffnen*

abode *[längerer] Aufenthaltsort* ‖ *Wohnort* ‖ **customary place of abode** *gewöhnlicher Aufenthaltsort* —> domicile ‖ **fixed abode** *fester Wohnsitz* ‖ **to take [or: make] up one's abode** *seinen Wohnsitz begründen*

abolition [Strafverfahren] *Niederschlagung* ‖ *Abschaffung* ‖ *Beseitigung*

above *oben* ‖ **above entitled action** *rubrizierte Streitsache* ‖ **above the level of the same period in 19..** *über dem Niveau des Jahres 19.. [Vorjahresniveau] liegen* ‖ **to expand at an above-average pace** [Bil] *überdurchschnittlich stark expandieren*

abraum salt [SalzStG] *Abraumsalz*

abroad *im Ausland* ‖ **abroad sales** ‖ **abroad turnover** *Auslandsumsatz*

to abrogate *aufheben* ‖ *außer*

Kraft setzen

to abscond from *sich entfernen von* —> hit-and-run offence :: Fahrerflucht || *untertauchen* —> to disappear || to go into hiding || to go underground

absence *Abwesenheit* || **in the absence of** *in Ermangelung [...]* || *wenn nicht* || *mangels* || **in the absence of any such objection** *erfolgt kein Einspruch*

absorption of central bank balances [Bbank] *Absorption von Zentralbankguthaben*

to abstain from voting [WahlR] *sich der Stimme enthalten*

abstract of title *Grundbuchauszug* syn.: **abstract title**

abstract title *Verzeichnis der Besitzurkunden* [bei Grundstücksveräußerung]

abuse *Mißbrauch* || **abuse in relation to** *Mißbrauch zum Nachteil von* || **abuse of discretion** *Ermessensmißbrauch* syn.: **abuse of power** || **abuse of patents** [PatR] *mißbräuchliche Patentbenutzung* || **abuse of rights** *Rechtsmißbrauch* || **evident abuse** *öffentlicher Mißbrauch*

to abut *angrenzen an*

abutter *Anrainer* || *angrenzender Besitzer*

abyssal floor *Tiefsee[...]* || **abyssal plain** [Mar] *Tiefseeboden* || [Mar] *Tiefsee-Ebene*

to accede to *beitreten* || **acceding governments** *beitretende Regierungen* || **acceding state** *Beitrittsstaat* || [VölkR] **Any government not a contracting party to this convention may accede thereto** *Jede Regierung (Die Staaten, die [...]) nicht Vertragspartei dieses Abkommens ist, kann ihm beitreten.*

to accelerate [Bil] *[sich] beschleunigen* || *zur sofortigen Zahlung für fällig erklären* || *für sofort fällig erklären*

acceleration clause *Beschleunigungsklausel* syn.: *Fälligkeitsklausel* —> to accelerate

to accept *annehmen* || [VölkR] **The present convention shall be accepted as soon as possible by the Signatory States in accordance with their respective constitutional procedures** (or: **requirements** || **provisions**) *Dieses Übereinkommen bedarf der Annahme durch die Unterzeichnerstaaten, die sobald wie möglich erfolgt, gemäß ihren verfassungsgemäßen Verfahren (oder: Erfordernissen* || *Bestimmungen)*

accept —> prime bank accept || *Privatdiskont*

acceptability [InvR] *Vorteilhaftigkeit* Maßstab für die Beurteilung eines Investitionsvorhabens

acceptance [WechselR] *Anerkennung* || [VölkR] *Annahme* || **This agreement shall be subject to acceptance by the signatory states** *Dieses Übereinkommen bedarf der Annahme durch die Unterzeichnerstaaten* —> adherence || *Zustimmung* || *Genehmigung* || *Einwilligung* || **acceptance credit** *Akzeptkredit* Bank tritt als Akzeptor auf, um Kunden bei einer anderen Bank Kredit zu verschaffen || **acceptance criterion** [InvR] *Vorteilskriterium* —> syn.: *Vorteilhaftigkeit* || **acceptance of the order** *Auftragsbestätigung* || **documents against acceptance** || *Bankakzept gegen Dokumente* || **followed by acceptance** *[...] und später [...] annehmen* || **instruments of acceptance** [VölkR] *Annahmeurkunden* || **level of acceptance** [Bil] *Akzeptanz* || **specifications for acceptance** [VertR] *Annahmevorschriften* || **to submit a proposal for acceptance** *einen Vorschlag zur Annahme vorlegen*

accepted as being eligible *gelten für* [GATT] **goods which are accepted as being eligible for Area Tariff treatment in accordance with the provisions of [...]** *Waren, für die der Zonentarif gemäß [...] gilt* || *Waren, die berechtigt sind, die Zollbestimmungen der Zone gemäß [...] in Anspruch zu nehmen.*

accepted bill of exchange *Akzept* || *Annahme eines Wechsels* || *Wech-*

selakzept || *Wechselannahme* || *akzeptierter Wechsel* —> domiciled bill of exchange

access to data [EDV] *Datenzugriff* || **access to personal files** [BetrVG] *Einsicht in Personalakten* **accession** *Beitritt* || [VölkR] **accession shall be effected by the deposit of an instrument of accession** *Beitritt erfolgt durch Hinterlegung einer Beitrittsurkunde* || **acceptance of the accession** *Annahme eines Beitritts zu einem Übereinkommen* || **accession and association** *Beitritt und Assoziierung* || **accession compensatory amounts** [SteuerR/D] *Ausgleichsbeiträge Beitritt*

accessories *Zubehör* [personal estate] [§97 BGB] selbständige bewegliche Sachen, die nicht Bestandteil der Hauptsache sind, jedoch im wesentlichen mit ihr verbunden sind [§314 BGB]. Bei Zwangsvollstreckung wird das Zubehör ohne Rücksicht auf das Eigentum mitversteigert [§§20 II, 55 I, §55 II ZVG]. Zubehör eines Grundstücks unterliegt jedoch nicht Zwangsvollstreckung in bewegliche Sachen [§865 II ZPO]

accident insurance incorporating a noclaims bonus [VersR] *Unfallversicherung mit Prämienrückgewähr*

to accomodate *anpassen* || *zuschneiden auf* [Bedürfnisse etc.]

to accompany *beifügen* || *beiliegen* || *ergänzen* || *[...]* **to accom-**

pany a separate agreement specifying the actual terms agreed   zur Ergänzung der besonderen Vereinbarung, die die eigentlichen Bedingungen [näher bestimmt] ‖ to be accompanied by   beigefügt

to accord   gewähren ‖ to accord the same treatment   die gleiche Behandlung gewähren ‖ to accord with   unterwerfen ‖ [VölkR] an application may be required to accord with the provisions   Anwendung kann den Bestimmungen unterworfen werden [...]

to account a reasonable time of delivery   eine angemessene Lieferfrist einräumen

account   Abrechnung ‖ Aufstellung ‖ Bericht ‖ Konto ‖ [...] sales account for 60% of the total   auf den Verkauf von [...] entfallen 60% der Gesamtumsätze‖ werden erzielt mit [dem Absatz von ...] ‖ [Bil] —> entsprechen ‖ books of account   Rechnungsbücher ‖ cash account [Buchf] Kassakonto ‖ [...] for an account   [...] Rechnungstellung wird beantragt‖ income account   Ertragsrechnung ‖ joint account   Gemeinschaftskonto ‖ accounts payable   [Buchf] ausstehende Verbindlichkeiten ‖ [accounts payable are] outstanding amounts owed by the company to its suppliers for products sold or services rendered   Forderungen an ein Unternehmen von einem Lieferanten für gelieferte Waren oder geleistete Dienste —>

Außenstände ‖ Forderungen :: accounts receivable ‖ accounts payable for goods and services   [Bil] Verbindlichkeiten aus Lieferungen und Leistungen ‖ accounts receivable   Forderungen syn.: Außenstände ‖ [Bil] accounts and other assets   Forderungen und sonstige Vermögensgegenstände ‖ accounts for sales and services   Forderungen aus Lieferungen und Leistungen ‖ accounts under the terms of this agreement   alle aufgrund dieses Vertrages fälligen Zahlungen und Abrechnungen ‖ accounts' report   Jahresabschluß ‖ to deliver an account   Aufstellung übermitteln ‖ to keep books of account   [Buchf] Buch führen ‖ to take into account berücksichtigen —> consider

accountability   Einzelverantwortlichkeit ‖ [Komm] Zuständigkeit —> Principle of Complete accountability

accountance, to pay in advance and on ~   Vorauszahlung leisten

accountant   Buchrevisor ‖ Sachverständiger ‖ Wirtschaftsprüfer ‖ Prüfer —> chartered bzw. certified public account

accounting   [Buchf] Buchführung ‖ accounting cost comparison method   [InvR] Kostenvergleichsrechnung —> ~ rate of return method ‖ accounting period   [Buchf] Abrechnungszeitraum ‖ accounting policy   Bilanzpolitik   Unternehmenspolitische Gestaltung des Jahresabschlusses —> Dividendenpolitik. Ermittlung und Ausweis des zur Verwendung stehenden Gewinns [Ausschüttung bzw. Einbehaltung] ‖ **accounting profit comparison method** [InvR] [AuxT] *Gewinnvergleichsrechnung* —> rate of return method ‖ **accounting rate of return method** [InvR] *Rentabilitätsvergleichsrechnung* Statisches Verfahren der InvR [Einzelobjektrechnung], bei dem der (buchmäßige) durchschnittl. Jahresgewinn einer Investition [Erfolgsgröße] in Beziehung zum durchschnittlich investierten Kapital gesetzt wird

to accredit *akkreditieren* ‖ *als berechtigt anerkennen* ‖ *beglaubigen* ‖ **accredited** *amtlich kontrolliert* ‖ *der amtlichen Kontrolle unterworfen sein* ‖ **accredited milk** *Milch, die der Lebensmittelkontrolle unterworfen ist*

accrual accounting [Buchf] *Abgrenzung*

accrual basis *Sollbesteuerung* [SteuerR/D] Steuerpflicht entsteht bei Ausführung des Umsatzes und nicht erst bei Vereinnahmung des Entgelts :: liability for tax arises when the turnover is realised and not when the consideration for such turnover is finally collected (as opposed to the so-called cash basis :: Istbesteuerung)

accruals *kurzfristige Rückstellungen* —> reserves :: *Rückstellungen* ‖ *Abgrenzungsposten* ‖ [Buchf] **Items that have been recorded according to the accrual accounting system** *Posten, die nach dem System der Abgrenzung verbucht werden.*

to accrue prior to determination *vor dem Erlöschen entstehen* ‖ **to accrue a right** *ein Recht erwerben* ‖ **to accrue to sb.** [Recht] *erwachsen* ‖ *zukommen* ‖ **accrued depreciation** *Wertberichtigung* —> depreciation :: *Abschreibung* —> valuation allowance :: *Wertberichtigungen* ‖ **accrued liabilitie** *kurzfristige Rückstellungen* —> reserves :: *Rückstellungen* ‖ **accrued price reductions** [Buchf] *abgegrenzte Preisermäßigungen* Preisermäßigungen, die nach dem System der Abgrenzung verbucht werden, damit sie in den gleichen Abrechnungszeitraum fallen wie die entsprechenden Erlöse ‖ **accrued salary [-ies]** *Gehaltsrückstände* —> salaries in arrears ‖ **accrued taxes** *Steuerschuld*

accumulated depreciation *Wertberichtigung* —> depreciation

accurately *sorgfältig* ‖ **the translation shall be made faithfully** [—> true to the original] **and accurately** *die Übersetzung ist werkgetreu und sorgfältig anzufertigen*

accusation *Anklage* ‖ **counts of an accusation** :: *Anklagepunkte*

to accuse *beschuldigen* ‖ *anklagen* ‖ *bezichtigen*

[the] accused *Angeklagter* ‖ *An-*

geschuldigter || *Beschuldigter* —>
Beklagter :: **defendant** || [EheR] **respondent** [im Scheidungsprozeß] ||
appellee [im Berufungsverfahren]

to achieve *erzielen* [Bil] || **to achieve a growth rate of 7%** :: *ein Wachstum von 7% erreichen*

acid-test ratio *Liquidität zweiten Grades* —> **liquidity ratios**

to acknowledge *bekannt* || **We acknowledge and hereby give express permission that the data is stored and will be transferred to a third party** :: *Uns ist bekannt und wir erklären ausdrücklich unser Einverständnis, daß die übermittelten Daten gespeichert und an Dritte weitergeleitet werden* || *bestätigen* || **to acknowledge the receipt** :: *den Empfang bestätigen*

acknowledgement of receipt *Empfangsbestätigung* || *Quittung* || [§§ 198 u. 212a ZPO Anwalt-zu-Anwalt oder Amtszustellung] *Empfangsbekenntnis*, ersetzt die —> *Zustellungsurkunde* —> **return**

to acquire *erwerben* || **acquired rights** *erworbene Rechte*

acquirer *Erwerber*

acquisition *Erwerb* || *Errungenschaft* || *erworbenes Gut* || *Vermehrung* || *Anschaffung* || *Bereicherung* || **acquisition in good faith** :: *gutgläubiger Erwerb* || **acquisition in rem** *der dingliche Erwerb* || **manner of acquiring** *Art des Erwerbs* || **acquisition of the majority controlling interest in** *Erwerb der Mehrheit der Anteile an [...]* || **acquisition through merger of interest** *Erwerb durch Verbindung* [von Sachen] || **acquisition through / by transfer** *Erwerb durch Übergabe* || **acquisition of treasury stock** [Bil] *Erwerb eigener Aktien* syn.: **repurchase of stock** Nach § 71 AktienG kann eine AG nur in besonderen Ausnahmefällen eigene Aktien erwerben. [USA] keine gesetzlichen Beschränkungen. Recht auf Dividendenzahlungen entfällt bei eigenen Aktien, so daß der ausschüttbare Gewinn für die Aktionäre erhöht wird, d.h. höhere Dividendenzahlungen bzw. Kurswertsteigerungen der Aktien || **acquisition or construction cost** [USA] *Anschaffungs- und Herstellungskosten* —> **original cost** :: *zusammenfassender Begriff für (=ursprünglich aktivierte Anschaffungs- und Herstellungskosten) Kosten der Beschaffung (Anschaffungspreis und -nebenkosten) bzw. eigene Herstellungskosten eines Anlagegegenstandes* || **acquisition by squatting** *Buchersitzung* || *Tabularersitzung* —> *Ersitzung* —> **squatting**

to acquit *freisprechen* || *entladen* || *[sich einer Pflicht] entledigen* || *entbieten* || *entlasten*

acquittal *Freispruch*

to act *handeln* || **to act in personal capacity** :: *in persönlicher Eigenschaft handeln* act   *Akte* —> Handeln ‖ Handlung ‖ [VölkR] **acts of the organization** *Handlungen der Organisation* ‖ **to perform an act**   *Handlungen vornehmen* ‖ *Tat* —> Tun :: action ‖ *Tätigkeit* —> Handlung ‖ *Handeln* ‖ *Beruf* ‖ *Urkunde* ‖ **act of a party** *Rechtsgeschäft* ‖ *Rechtshandlung* ‖ **unilateral acts in the law**   *einseitige Rechtsgeschäfte* ‖ **act of donation**   *Schenkungsakt* ‖ **act of God** *höhere Gewalt* ‖ **act of grace** *Gnadenakt* [des Königs] Urteilsabänderung möglich durch eine direkt an den König gerichtete Petition oder über den Chancellor an den König weitergeleitete Petition (for the love of God) ‖ **act of Parliament**   *Gesetz* vom Parlament erlassene Gesetze[svorschrift] ‖ **special act**   *Sondergesetz* ‖ **the act has passed through the committees** *das Gesetz hat die Ausschüsse durchlaufen* ‖ **by act**   *durch Anzeige* [bei Verkündigung von Übereinkünften]   ‖ **official act**   *Amtsgeschäft* ‖ *Amtshandlung*

action   *Beschluß* ‖ **action of the assembly**   *Beschluß der Versammlung* ‖ *Entscheidungen* ‖ *Klage* ‖ **action of an equitable nature** *Klage nach Billigkeitsrecht* ‖ *Maßnahmen* ‖ *Vorgehen* ‖ *Prozeß* ‖ *Rechtstreit* ‖ **the above-entitled action**   *die rubrizierte Streitsache* ‖ **action for a declaratory judgement**   *Feststellungsklage* Im Zivilprozeß (auch Arbeitsgerichtsbarkeit) eine Klage oder Widerklage des Klägers auf Feststellung über Bestehen (positive F.) oder Nichtbestehen (negative F.) eines Rechts oder eines Rechtsverhältnisses. Auch auf Feststellung der Echtheit oder Unechtheit einer Urkunde, nicht auf Feststellung anderer Tatsachen. Besondere Voraussetzung ist Feststellungsinteresse [§2561 ZPO] —> Zwischenfeststellungsklage. Im Verwaltungs- und Finanzstreitverfahren auch Klage auf Nichtigkeit eines Verwaltungsaktes ‖ **action for trespass**   *Schadensersatzklage aus unerlaubter Handlung* ‖ **action of performance**   *Erfüllungsklage* ‖ **action or omission**   *Tun oder Unterlassen* ‖ *Handlungen oder Unterlassungen* ‖ **action pennant** [Mar] *Gefechtsflagge* ‖ **cause of action**   *Gegenstand der Klage* ‖ **legislative and administrative action**   *Gesetzgebungen und Verwaltungsmaßnahmen* ‖ **to take actions**   *Maßnahmen ergreifen* ‖ *Schritte unternehmen* ‖ *Vorgehen* ‖ **actions taken persuant to [...]**   *die gemäß [...] getroffenen Maßnahmen* ‖ **actions in equity**   *Klagebefugnis nach Billigkeitsrecht* specific —> performance

active ingredient   *Wirkstoff* [ArzneiMG] alle wirksamen Bestandteile eines Arzneimittels, soweit sie Einfluß auf die Wirksamkeit nehmen. In neuerer Zeit vom BGA auch als *Arzneilich wirksame Bestandteile* bezeichnet [in Gebrauchsinformationen: Zusammensetzung] —> Hilfsstoffe :: excipients

activities in the field of [...]   *Maßnahmen im Bereich von [...]* ‖ **to participate in certain activities of the commission**   *an bestimmten Tätigkeiten des Kommittees teilneh-*

men || in besonderen Aufgabenbereichen tätig sein

activity Aufgabe[nbereich] || Tätigkeit || Sektor || Handlung || Vorgehen || Maßnahmen || **kind of activity** Art der Tätigkeit

actual eigentlich || **actual control over s.th.** tatsächliche Gewalt über eine Sache || **actual earnings** [Man/Org/ArbR] Effektivlöhne || **actual value** [Stat] Ist[wert]

actuarial principles versicherungsmathematische Grundsätze

ad hoc partnership Gelegenheitsgesellschaft [§§ 705 - 740 BGB] Zeitlich begrenzter, nicht gewerbesteuerpflichtiger Zusammenschluß einzelner Personen oder Unternehmen zu einer Gesellschaft des bürgerlichen Rechts. Zweck: Durchführung einzelner Geschäfte [Konsortialbildung, gemeinsame Bewirtschaftung, Verwaltung und Verwertung gleichartigen Besitzes]. (Formloser) Gesellschaftsvertrag mit Verpflichtung der einzelnen Gesellschafter zur Förderung dieses vereinbarten Zweckes. Bei Konsortialverträgen vertragl. Bestimmung erforderlich, daß kein Gemeinschaftsgut entsteht, sondern jedem Gesellschafter das Eingebrachte als Eigentum verbleibt und nur dessen Verwaltung nach vertragl. Bestimmungen erfolgt. || **ad hoc agency** ad-hoc-Stelle || **ad hoc body** Ad-hoc Organ

AD line AD-Linie —> advance decline line :: Fortschritt-Rückschritt-Linie

ad valorem [ZollW] wertzollbar || **ad valorem goods** wertzollbare Waren || **ad valorem tariff** [ZollW] Wertzolltarif

to adapt zuschneiden auf —> anpassen || accomodate

adaptive mode [Man] Strategiefindung durch Anpassung

addition Zugang [Physischer Zunahme von Anlagegegenständen] —> Zuführung || Zuschreibung :: appreciation || write-up || **addition to the pension reserve** Zuführung zu den Pensionsrückstellungen i.H.d. Differenz zwischen dem Wert aller Pensionsverpflichtungen per Anfang und per Ende des Geschäftsjahres.

additional zusätzlich || **additional advance fixing certificate** [ZollW] Teilvorausfestsetzungsbescheinigung || **additional costs** Zusatzkosten besser: —> incremental costs :: relevante Kosten || **additional credit** Aufstockung durch Nachtragskredit || Ergänzungskredit || Zusatzkredit || **additional tax** Zusatzsteuer

additive Zusatzstoff || Additiv

address Anschrift || **address of service** Lieferanschrift || **post office address** postalische Anschrift || Zustelladresse

to address for service *Zustell[ungs]-adresse angeben* || **to address s.th. to s.o.** *richten an* || [VölkR] **such notification shall be addressed the Secretary General** :: *diese Notifizierung ist an den Generalsekretär zu richten* || **addressed as required** *vorschriftsmäßig adressieren* || **addressed bill of exchange** *Domizilwechsel* Wechsel mit einem anderen Zahlungsort als dem Wohnsitz des Bezogenen || **will be addressed to** *wird übermittelt* || *wird zugestellt*

addressee *Empfänger* || **decisions shall be binding in every respect for the addresses named herein** :: *die Entscheidungen sind in allen Teilen für diejenigen verbindlich, die sich bezeichnen*

to adhere to *angehören* || **which has ratified or adhered to the said convention** :: *das [...] ratifiziert hat oder ihm beigetreten ist* (= sich daran gehalten hat) || *sich anschließen* || *beitreten* || **to adhere to a party** :: *sich einer Partei / einem Vertrag anschließen* —> adherence || *sich an etwas halten* || **to adhere to the form** :: *sich an das Muster halten* || *bleiben bei* —> beitreten || accession || **to adhere to a claim** *Anspruch aufrechterhalten* || *auf einem Anspruch bestehen*

adherence *Beitritt* || [VölkR] accession: Beitritt zu allen Teilen eines Übereinkommen || adherence: Beitritt zu einem zuvor vereinbarten Teil eines

Übereinkommens.

adhocracy [Man/Org] *Adhokratie* || **administrative adhocracy** *administrative Adhokratie* || **operating adhocracy** *abnehmerorientierte Adhokratie* —> project management organization || organic organization || innovative Organisationsstruktur

adjacent to *angrenzend* || *anliegend* || *benachbart* || *Nachbar-[...]* || *Neben-[...]* || **adjacent lots of land** :: *angrenzende Grundstücke* —> syn.: contiguous oder adjoining

adjoining *angrenzend* syn.: —> adjacent oder continguous

to adjourn *aufschieben* || **to adjourn to sine diae** *auf unbestimmte Zeit vertagen* [i. e. Sitzung schließen]

to adjudge to *verurteilen zu* || *ein Urteil fällen* [in einer Sache]

adjudication of an act of bankruptcy *Konkurseröffnungsbeschluß*

to adjust *anpassen* || *zuschneiden auf* [Bedürfnisse etc.] || [Stat] *bereinigen* || **adjusted for exchange-rate-induced and statistical influences** :: *bereinigt um wechselkursbedingte und statistische Einflüsse* || *berichtigen* || *richtigstellen* || **adjusted gross income** *Einkommen* || [SteuerR/D] *Gesamtbetrag der Einkünfte*

adjustment [Buchf] *Bereinigung*

to administer —> *Verwaltungs[...]* ‖ *administration* ‖ **to administer law** *Recht anwenden* ‖ *Recht sprechen*

administered funds *Auftragsgeschäft* ‖ **to carry out administered funds** :: *Auftragsgeschäfte durchführen*

administration *Verwaltung[s-...]* ‖ **administration and effective application** *Handhabung und wirksame Anwendung* ‖ **administration of justice** *Rechtsprechung* ‖ **administration of the law** *Durchführung [von Gesetzen]* —> Handhabung ‖ **competent administration** *zuständige Verwaltungsstelle*

administrative *verwaltungstechnisch* ‖ **administrative action** *Verwaltungsmaßnahmen* ‖ **mutual administrative assistance** *Amtshilfe* ‖ **Administrative Board** *Verwaltungsrat* [USA/stock corporation ‖ GB/Public Limited Company] ‖ **administrative body** *Verwaltungsorgan* ‖ *Verwaltungsstelle* ‖ **administrative committee** *Verwaltungsausschuß* [VwO/D] Ausschuß in Ns., der die Beschlüsse des Rates vorbereitet bzw. über Angelegenh selbst beschließt, die nicht in die Zuständigkeit des Rates fallen. Zusammensetzung: Ratsvorsitzender, Beigeordnete und Gemeindedirektor/Oberkreisdirektor mit beratender Stimme ‖ **Administrative Court** [Jus/D] *Verwaltungsgericht* ‖ **administrative expenses** *Verwaltungsaufwand* ‖ **administrative powers** [SteuerR] *Verwaltungskompetenz* ‖ **administrative region** *Regierungsbezirk* [VwO/D] staatl. Verwaltungseinheit in Ns.; N.-W.; H.; B.-W.; Freistaat Bayern; R.-P., Aufsicht über die zu ihrem Gebiet gehörenden Stadt- und Landkreise.

administrator *Nachlaßverwalter* —> Testamentsvollstrecker. Vom Gericht zur Verwaltung/Auflösung/Vollstreckung des Nachlasses (Vermögen einschl. Verbindlichkeiten) bestellte Person [männl.: administrator, weibl.: administratrix] (i. e. to manage or take charge of) the assets and liabilities of a decedent (i.e. the deceased). Bei Bestellung durch letztwillige Verfügung durch den Erblasser, dann Bezeichnung als Testamentsvollstrecker = executor oder executrix. ‖ *Verwalter* ‖ *Verwaltungsbeamter* ‖ **administrators of buildings and other properties** [SteuerR] *Haus- und Vermögensverwalter*

administratrix [weibliche Form des —> administrator] *Nachlaßverwalter*

Admiralty Court *Seeamt* [Mar] Ausschuß der Wasser- und Seefahrtsdirektionen zur Untersuchung von Seeunfällen

admission *Aufnahme* ‖ *Zugeständnis* [vom Kläger beantragt] ‖ *Zulassung* —> approval

to admit *aufnehmen* ‖ *zulassen* ‖ [VölkR] **states admitted to membership** :: *Staaten, die als Mitgliedstaaten aufgenommen werden* ‖

countries are admitted to the commission :: *in der Kommission zugelassene Länder*

to adopt *annehmen* || **a conference adopted by the United Nations** :: *eine von den VN angenommene Konferenz* || *beschließen* || *einführen* || *erlassen* || **to adopt a law** :: *ein Gesetz erlassen* || *feststellen* —> Feststellung :: adoption || *übernehmen* || *verabschieden* [Übereinkunft] || **which they may adopt to ensure the application of [...]** :: *die sie zwecks Anwendung von [...] erlassen können* || *einleiten* || **to adopt a procedure** :: *ein Verfahren einleiten*

adoption *Beschluß* —> acception || [Gesetz] *Erlaß* || **adoption of annual financial statements** *Feststellung des Jahresabschlusses* [§§ 172 f. AktienG] Billigung des vom Vorstand vorgestellten Jahresabschlusses üblicherweise durch Aufsichtsrat, jedoch auch durch Hauptversammlung möglich.

ADR —> **American Depositary Receipts** :: *Aktienzertifikate*

adult *Erwachsener* || *erwachsen* —> major person || legal age || Heranwachsender

advance *gewährter Kredit* || *Vorschuß* —> [Bör] Einschuß || **advance allocation of DM 9.5 million [was made] to the statutory reserves** :: *Einstellung von 9.5 Mio DM in die gesetzliche Rücklage* || **advance commitment** *Finanzierungspromesse* || [Ex] *Garantiepromesse* || **advance credit** *Barkredit* || *Vorschuß* || **advance deduction** *Vorwegabzug* || [SteuerR/D] Abzug der Vorsorgeaufwendungen in der Steuererklärung || **advance on securities** *Lombardkredit* || **advance payment guarantee** *Anzahlungsgarantie* [Ex] Beim Exportauftrag Vorauszahlung auf Einkauf von Rohmaterialien und Fertigungskosten. || **advance payments on orders** [Bil] *[erhaltene] Anzahlungen auf Bestellungen* || **in advance of** *vor* || **advance-decline line** *Fortschritt-Rückschritt-Linie* || [Bör] **AD-line** :: *AD-Linie* Linie, die um die Differenz zwischen gestiegenen und gefallenen Aktienkursen steigt oder fällt. Analysemethode zur Trendermittlung am Aktienmarkt —> trends

advanced payment guarantee *Anzahlungsgarantie* —> down payment Zahlungsform im Investitionsgüterbereich, bei der der Käufer bzw. Importeur dem Verkäufer bzw. dem Exporteur eine best. Zahlung leistet, damit dieser die für die Gegenleistung notwendige Vorbereitung einleiten kann. Der Vorleistende kann dann Absicherung durch eine Anzahlungsgarantie einer Bank erreichen, die dann selbstschuldnerisch bürgt. Die A. wird i.d.R. mit Eingang der Anzahlung rechtswirksam.

advantage *Vorteil* || **to the best advantage of** [Bör] *bestens* || **improper advantage** *mißbräuchliche Ausnutzung* || **to take advantage of** *geltend machen* || *Inanspruchnahme von*

advantageous *günstig*

advertisement *Anzeige* ‖ **advertisement under box number** *Chiffre-Anzeige* ‖ **classified advertisement** [Chiffre-] *Kleinanzeige* ‖ **to place an advertisement** *eine Anzeige schalten* ‖ **advertisements** *Werbeschriften* ‖ **The name of the author shall appear in all the publisher's advertisements [...]** :: *der Name des Autors erscheint in allen Werbeschriften des Verlages* ‖ **double spread [advertisement]** :: *doppelseitige Anzeige* ‖ **one-page spread [advertisement]** :: *ganzseitige Anzeige*

advertiser *Inserent* ‖ *Anzeigenkunde*

advertising charges *Anzeigengebühren*

advice *Rat[schlag]* ‖ **expert advice** :: *fachmännischer Rat* ‖ **with the advice and consent** *unter Mitwirkung und Zustimmung*

advisory *beratend* ‖ *Rat[s-...]* ‖ **Advisory Board** *Beirat* [USA] bei stock corporation ‖ [GB] bei Public Limited Company] ‖ *Beratungsamt* ‖ *Beratungsstelle* ‖ *Konsultativrat* ‖ **advisory board on social matters** *Sozialbeirat* ‖ **advisory panel** *Beratergruppe* ‖ **persons appointed to the advisory** :: *die in die Beratergruppe berufenen Personen* ‖ *die zu Mitgliedern der Beratergruppe ernannten Personen* ‖ **advisory servi-**

ce for customers *Kundenberatung[sdienst]* —> Firmenkundenberater

AfA [SteuerR/BRD] *Absetzung für Abnutzung* —> Abschreibung :: depreciation

affairs *Angelegenheiten*

to affect *beeinflussen* to have an effect on ‖ *beeinträchtigen* ‖ *berühren* ‖ *betreffen* ‖ *wirken*‖ [VölkR] **The provisions of the Convention shall not affect the validity of [...]** :: *Die Bestimmungen des Übereinkommens lassen die Gültigkeit des [...] unberührt.*

affidavit *[eidesstattliche] Versicherung* [§§ 294, 377 III ZPO ‖ §§ 26 II 1, 45 II 1 StPO] *eidesstattliche Erklärung besonders im Zivilprozeß zur Glaubhaftmachung der Richtigkeit einer Erklärung (jedoch nicht zum Beweis)* ‖ **to answer an affidavit** *Antwort in Form einer eidesstattlichen Versicherung* ‖ **to file an affidavit** *eine eidesstattliche Versicherung einreichen [abgeben]* ‖ **affidavit of documents** *eidesstattliche Erklärung über alle im Besitz der Gegenpartei befindlichen Unterlagen*

to affiliate with *aufgliedern* ‖ *sich anschließen*

affiliated companies [Bil] *Unternehmen, mit denen ein Beteiligungsverhältnis besteht*

affiliation cases *Unterhaltssachen* [GB] [eines nichtehelichen Kindes]

affirming [VölkR] *in Bekräftigung*

affix one's seal to s.th. *mit [ihren] Siegeln versehen* ‖ **In witness whereof the undersigned plenipotenciaries having been duly authorized to by their governments have signed the present Convention and affixed thereto their seals** :: *Zu Urkund dessen haben die hierzu gehörig von ihren Regierungen befugten Bevollmächtigten dieses Übereinkommen unterzeichnet und mit ihren Siegeln versehen*

affliction of damage under the Law of Tort *deliktische Schadenszufügung* [under] Law of Tort :: *Recht der unerlaubten Handlung*

to afford *gewähren* ‖ **the law affords rights** [...] :: *Gesetze gewähren Rechte [...]* ‖ **so as to afford effective protection to like domestic goods** [...] :: *derart, daß für gleiche inländische Waren ein wirksamer Schutz gewährt wird [...]*

AFG *Arbeitsförderungsgesetz* :: Employment Promotion Act

aforesaid *diese* ‖ *dieser* ‖ *dieses* ‖ [VölkR] **Any proposed amendment to the agreement must be approved at the meeting aforesaid by a majority of all the Contracting States**[...] :: *Jeder Änderungsvorschlag zu diesem Übereinkommen bedarf auf dieser Konferenz der Zustimmung durch die Mehrheit aller Vertragsstaaten [...]*

aforethought, with malice ~ [StrafR] *vorsätzlich*

after *bei* ‖ **after application of** [...] :: *bei der Anwendung [...]*

again *erneut*

age *Alter[sgrenze]* ‖ **full age** *Volljährigkeit* ‖ **after attaining full age** *nach erlangter Volljährigkeit* ‖ **to be under age** *minderjährig sein*

agency *Vermittlung*—> Stellvertretung ‖ **Agency for the Control of Armament** *Rüstungskontrollamt* ‖ **agency importations for stock** [ZollW] *Einfuhren durch Agenturen auf Lager* ‖ **agency work [on behalf of the Federal Government]** *Auftragsverwaltung* ‖ [SteuerR/D] *im Auftrag des Bundes erhobene Steuern* ‖ **administrative agency** *Verwaltungsstelle* ‖ **government[al] agency** *Regierungsstelle* ‖ *staatliche Stelle* ‖ **implementing agency** *ausführende Dienststelle* ‖ *Amt* ‖ **inter-governmental agency** *zwischenstaatliche Einrichtung* ‖ **law of agency** *Recht der Stellvertretung* [§§ 164, 165 BGB] ‖ **regional agency [ies]** *regionale Einrichtung[en]* ‖ **single selling agency** *Syndikat* ‖ **specialized agency** *Sonderorganisation*

agenda *Tagesordnung* || [Abbr] *TO* || **the first item on the agenda** :: *erster (1.) Punkt der TO* || **to be on the agenda** :: *auf der Tagesordnung stehen* || **to proceed to the agenda** :: *zur Tagesordnung übergehen*

agent *Handlungsgehilfe* —> clerk —> kaufmännischer Angestellter || allgemein: Bevollmächtigter || Vertreter [des Vermögens] || Vermittler || **agent bank** *konsortialführende Bank* || *kreditabwickelnde Bank* || **customs agent** [ZollW] *Zollagent* || *Zollspediteur* [für die Verzollung zugelassene Person] || **diplomatic agent** *diplomatischer Vertreter* || **forwarding agent** *Spediteur* —> carrier —> Zollagent || **general agent** *allein berechtigter Vertreter* syn.: universal agent ist befugt, informal contracts = formlose Verträge zu unterzeichnen || **literary agent** *Literaturagent* || **patent agent** *Patentanwalt* || **statutory agent** *gesetzlicher Vertreter des Mindesjährigen* —> [minor] || **universal agent** *allein berechtigter Vertreter* syn.: general agent || [SteuerR] **agent in tax matters** *Steuerbevollmächtigter*

to agree *übereinkommen* || 1) **to have agreed on the following items [...]** :: *zu den folgenden Bestimmungen übereingekommen sein* || 2) **Now, therefore, the parties have agreed as follows [...]** :: *dies vorausgeschickt, haben die Vertragsparteien folgendes (im folgenden) vereinbart.* || **to agree to do s.th.** *sich verpflichten* || *vereinbaren*

|| **agreed minutes** :: *vereinbarte Niederschrift* || **agreed upon** *festgelegt* || *vereinbart*

agreement *Abkommen* [zweiseitig] || *Übereinkommen* [mehrseitig] || selten als Vereinbarung gemeint || *allgemeine Willenseinigung* || *Vertrag* als Oberbegriff zu Contract. Implies a final settlement of terms made or not made in writing. Not legally binding unless it is written. Contract is a species of an agreement that is enforceable at law. || [VölkR] Vertrag ist der Oberbegriff für Übereinkünfte in wichtigen Dingen. Ansonsten ist agreement mit Übereinkunft oder Abkommen zu übersetzen. || **agreement establishing a limited partnership** *Kommanditvertrag* —> [KG] Kommanditgesellschaft || **Agreement on Association for the Protection of Industrial Property** [PatR] *Verbalübereinkunft zum Schutze des gewerblichen Eigentums* || **administrative agreement** *Verwaltungsabkommen* || **collective agreement** *Kollektivvereinbarung* [Gewerk/Österr.] syn.: Kollektivvertrag —> *Tarifvertrag* || **executive agreement** *Regierungsabkommen* nach amerikan. Staatsrecht kann der Präsident als chief executive = Regierungschef ohne Mitwirkung der gesetzgebenden Körperschaften ein Abkommen dieser Art schließen || **in agreement with** *im Einvernehmen* || **interdepartmental agreement** *Ressortabkommen* Bei mehr als zwei Ressorts, dann —> Ressortübereinkommen || **intergovernmental agreement** *Abkommen mehrerer Regierungen* || **memorandum of agreement** *Über-*

einkunft Meist ein Vertrag, der jedoch noch nicht abgeschlossen wurde || **operating agreement** *Betriebsvereinbarung* || **provisional agreement** *Vorvertrag* || **quadripartite agreement** *Viererabkommen* || *Viererübereinkommen* || **skeleton agreement** *Rahmenabkommen* [VölkR] bei mehr als zwei Parteien —> *Rahmenüberkunft* || **solemn agreement** *[feierliches] Versprechen unter Buch und Siegel* || **special agreement** *Sonderabkommen* || *Sonderübereinkommen* || *Sondervereinbarung* || **supplemental agreement** *Zusatzabkommen* [bei mehr als zwei Parteien —> *Zusatzübereinkommen*] || **supplementary agreement** *Zusatzabkommen* [bei mehr als zwei Parteien —> *Zusatzübereinkommen*] || **the parties to the agreement** *Vertragsparteien* || **to enter into an agreement** *Abkommen schließen* || **tripartite agreement** *Dreier-Übereinkommen* || *Dreiparteien-Übereinkommen* || **unanimous agreement** *einhellige Zustimmung* || **verbal agreement** *mündliches Abkommen* || **written agreement** *schriftliches Abkommen*

agricultural *landwirtschaftlich* || *Agri[-...]* || *Landwirtschafts[s-...]* || **agricultural and forestry establishments** *land- und forstwirtschaftliche Betriebe* [SteuerR/D] bei diesen wird die Grundsteuer A erhoben || **agricultural agricultural enterprises** *landwirtschaftliche Unternehmen* || **agricultural levies** [Steu-

erR/D] *Agrarabschöpfungen*

AIBD **Association of International Bond Dealers** :: *Vereinigung der an internat. Anleihemärkten tätigen Händler*

AID [USA] **Agency for International Development** [Behörde des US-Außenministeriums mit Zuständigkeit für die Auslandshilfe der USA. Gegr. 1961]

aid *Beihilfe* || **non-repairable aid** :: *nicht rückzahlungspflichtige Beihilfe* || **aid jurors** *Geschworene* || *Beisitzer bei einem Gericht* || **legal aid** *Armenrecht* —> *Prozeßkostenhilfe* || *appeal in forma pauperis* || **medical aid** *ärztliche Behandlung*

air *Luft* || **air alert** *Fliegeralarm* || *Luftalarm* || *Alarmbereitschaft* || **air bag** *Airbag* || *Aufprallschutz* || **air beacon** [Flug] *Leuchtfeuer* || **air borne troops** *Luftlandetruppen* || **air cargo** *Luftfracht* || **air carriage** *Luftbeförderung* || *Lufttransport* || **air check** [Radio&TV] *Mitschnitt* || **Air Chief Marshall** [GB] *General der Luftwaffe* || **air commodore** [GB] *Brigadegeneral der Luftwaffe* || **Air Corps** *Fliegertruppe* || **The Royal Air Force** [GB] *Luftwaffe* || **air-ground communication** *Bord-Tower-Verbindung* || **air gun** [Bal] *Luft[druck]waffe* || **air pirate** *Luftpirat* || **air pistol** [Bal] *Luftpistole* || **air pollution control** *Luftreinhaltung* || **air plot** *Kontroll-*

15

raum [auf Flugzeugträger] ‖ **air raid shelter** *Luftschutzbunker* ‖ **airspace above the high seas** [Mar] *Luftraum über der Hohen See*

AKA [BankW] *Ausfuhrkredit-Gesellschaft mbH* Gegr. 1952 für mittel- und langfristige Exportfinanzierung durch Gewährung von Ausfuhrkrediten. Gesellschafter der AKA sind ca. 60 Konsortialbanken. Kreditlinien Plafonds A und B werden dem Exporteur nach einem Finanzierungsplan zur Herstellerfinanzierung (Lieferantenfinanzierung) und Plafond C dem Importeur zur Bestellerfinanzierung gewährt —> GEFI

ALALC [Asociación Latinoamericana de Libre Comercio] [gegr. 1960] **Latin American Free Trade Association** :: *Lateinamerikanische Freihandelszone [LAFTA]*, 1980 durch ALADI [Asociación Latinoamericana de Integración :: *Lateinamerikanische Integrationsvereinigung*] abgelöst. Mitglieder: Argentinien, Bolivien, Brasilien, Chile, Ecuador, Kolumbien, Mexiko, Paraguay, Peru, Uruguay, Venezuela. Ziel ist Zollabbau durch schrittweise Beseitigung der Handelshemmnisse zwischen den Partnerländern. Regionale Untergruppen sind Andengruppe und La-Plata-Gruppe.

ALFA *Automatisierte Luftfracht-Abwicklung*

alienable property *veräußerliches Eigentum*

all-German vote *gesamtdeutsche Wahlen*

all-out strikes *Vollstreiks* [Man / Org / ArbR] form of lawful strikes

all-stage gross turnover tax *Allphasen-Bruttoumsatzsteuer* [SteuerR] all-stage net turnover tax :: *Allphasen-Nettoumsatzsteuer*

alledged offender *mutmaßlicher Täter* ‖ *Verdächtiger* —> suspect

alledgedly *angeblich* —> syn.: *behauptet* :: alleging

allegiance *Staatsangehörigkeit* ‖ **confirmation of allegiance** *Treueerklärung* ‖ **to take an oath of allegiance** *Treueeid leisten*

alleging *behauptet* ‖ **alleging insanity** *behauptete* (=angebliche) *Geisteskrankheit*

alliance *Bund* ‖ [StaatsR] *Bündnis* ‖ *Allianz* —> NATO ‖ (nordatlantisches) [Verteidigungs]bündnis ‖ **International Cooperation Alliance** *Internationaler Gewerkschaftsbund*

Allied Control Commission *Alliierter Kontrollrat*

allocable *zurechenbar*

to allocate to *anweisen* ‖ *[Platz] bestimmen für* ‖ *zuteilen* ‖ **reasonably allocated** *zweckmäßig zugeteilt* ‖ *zuweisen* —> to add [Bil] **allocate to statutory reserves** *der gesetzliche Rücklage zuführen*

16

allocation *Bewilligung* ‖ *Zahlungsanweisung* ‖ *Zuweisung* ‖ **allocation of executive staff for elections** [BetrVG] *Zuordnung der leitenden Angestellten bei Wahlen* ‖ **allocation to the pension reserve** *Zuführung zu den Pensionsrückstellungen* —> addition to the pension reserve

allotment of tax revenues [SteuerR/D] *Zerlegung des Steueraufkommens* —> assessment and allotment :: *Festsetzung und Zerlegung*

to allow *stattgeben* ‖ **to allow an appeal** *einem Rechtsmittel stattgeben* ‖ **to allow a discount of [...] [...] %** *Rabatt gewähren* ‖ **to allow as deductions** [SteuerR] *zum Abzug [zu]lassen*

allowance *Freibetrag* ‖ **allowance of 10% shall be made from the said fee for prompt payment** :: *Es werden bei prompter Zahlung 10% Rabatt auf den [Gebühren]Betrag gewährt* ‖ **Nothing in this Article shall be construed as a) obliging either of the Contracting Parties to grant to persons not resident in its territory, those personal allowances, reliefs and reductions for tax purposes which are, by law, available only to persons who are so resident** :: *Die Bestimmungen dieses Artikels sind nicht dahingehend auszulegen, daß sie a) eine Vertragspartei verpflichteten, einer in ihrem Hoheitsgebiet nicht ansässigen Person diese Steuerfreibeträge, Steuerver-*günstigungen *und* Steuerermäßigungen *zu gewähren, die auf Grund des geltenden Rechts nur den in ihrem Hoheitsgebiet ansässigen Personen zustehen.* ‖ **allowance for depreciation** *Wertberichtigung* —> [Absch] *Absetzung für Abnutzung* —> depreciation ‖ **allowance for tax purpose** *Steuerbefreiung* ‖ **personal allowance** *Steuerfreibetrag* ‖ **subsistance allowance** *Unterhaltszuschuß* ‖ **travel allowance** *Reisekostenvergütung*

to be allowed from income [SteuerR] *vom Einkommen absetzbar*

alluvium *Anschwemmung*

to alternate *miteinander abwechselnd* ‖ *Ersatz[...]* ‖ *Stellvertreter [...]* ‖ *wechselseitig*

alternation *Änderung*

alternative service *Zivildienst* ‖ *Wehrersatzdienst*

alternatively *abwechselnd* ‖ **The Commission shall meet alternatively in A and B** :: *Die Kommision tritt abwechselnd in A. und B. zusammen*

to alter[nate] *ändern* ‖ **to vary or to alter** :: *ganz oder teilweise ändern*

amalgamation *Fusion* [von Firmen] —> merger ‖ *Mischung* ‖ *Vereinigung* ‖ *Versammlung* ‖ *Zu-*

amend

sammenschluß —> group

to amend *ändern* || *revidieren* || *ergänzen* || *neu fassen* || In the event of a general multilateral air transport convention accepted by both contracting Parties entering into force, the provisions of the multilateral convention shall prevail. Any discussion with a view to determining the extent to which the present agreement is superseded, amended or supplemented by the provisions of the multilateral convention, shall take place in accordance with Article 13 of the present Agreement :: *Tritt ein allgemeines mehrseitiges Luftverkehrs-Übereinkommen in Kraft, das von beiden Vertragsparteien angenommen wird, so gehen dessen Bestimmungen vor. Erörterungen über die Feststellung, inwieweit ein mehrseitiges Übereinkommen dieses Abkommen ablöst, ändert oder ergänzt, finden nach Artikel 13 statt.*

as amended *in revidierter Fassung* || 2nd paragraph as amended by Article 26 :: *Absatz 2 geändert gemäß Artikel 26*

amendment *Änderung* || *Modifikation* || *Revision* || *Neufassung* || *Erneuerung[svorschlag]* || *Ergänzung* || *Änderungsantrag* || the following proposed amendment :: *die folgenden Änderungsanträge* || *Änderungs-* || *Modifikations-* || *Ergänzungsvorschläge* || amendments of the defense *[neue] Mittel*

ammunition

der Verteidigung

American Depositary Receipts [USA] *Aktienzertifikate* [Abbr] ADR Bescheinigung amerikanischer Banken über Hinterlegung von [ausländischen Namens-]Aktien. Ziel: Handel mit ausländischen Aktien [im Freiverkehr] zu ermöglichen. Ausfertigung nur in USA für Aktien, Notierung auch an Fremdbörsen außerhalb der USA.

American Law *amerikanisches Recht* Tochterrecht des englischen Rechts, das nach Amerika importiert wurde. Englisches Recht genießt großes Ansehen, Übereinstimmung insbesondere beim —> Equity Law.

American primer [Bal] *Amboßzündhütchen*

American Selling Price System *American Selling Price System* [USA] 1922 zum Schutz der chemischen Industrie eingeführt. ASP entspricht dem Herstellungspreis in den USA und dient als Bemessungsgrundlage für die Berechnung des Zollwerts bestimmter Güter beim Einfuhr in die USA.

AMG [Abbr] *Arzneimittelgesetz* v. 24.08.1976 u. rev. Fass., das das AMG von 1961 ablöste. Anstelle des Registrierungsverfahrens trat die Zulassungspflicht für alle Arzneien und damit Verschärfung der Bestimmungen über die Arzneimittelsicherheit.

ammunition [Bal] *Munition* || **live ammunition** :: *scharfe Munition*

amnesia *Gedächtnisverlust* ‖ **hysterical amnesia** :: [Med] *hysterischer Gedächtnisverlust*

amortizable [Absch] *abschreibbar für immaterielle Vermögensgegenstände* —> **depletable** ‖ **write-off** ‖ **writedown**

amortization *Amortisierung* ‖ *Abschreibung* [Absch] i.e.S.Wertminderungen von Anlagevermögen ‖ *Abschreibung auf immaterielle Vermögenswerte* ‖ **depletion** :: *Abschreibung auf Anlagevermögen, das einem Substanzverzehr unterliegt* ‖ **depreciation** (übl. Begriff) :: *Abschreibung auf andere Sachanlagen; d. h. die Verteilung der Anschaffungs- oder Herstellungskosten des Anlagegegenstandes auf die Rechnungsperioden seiner voraussichtlichen Nutzungsdauer.* i.w.S. *Wertminderungen von Umlaufvermögen, z. B. Forderungsabschreibungen* (übl. Begriff "write-off" [selten: write-down, umfaßt sowohl Anlage- als auch Umlaufvermögen]. *Für gewöhnlich außerplanmäßige Abschreibungen, z. B. Teilwertabschreibungen* —> **depreciation reserve** ‖ **accrued depreciation** ‖ **accumulated depreciation** ‖ **allowance for depreciation** ‖ **Reserve** ‖ **Valuation Allowance** ‖ **amortization loan** [BankW] *Tilgungskredit*

to amortize [Absch] *abschreiben* ‖ [Buchf] *amortisieren* ‖ *tilgen*

amount *Höhe* ‖ **amount in controversy** *Streitwert* [28 U.S.C.A. §§ 1332 f] —> Diversity of Citizenship-Regel ‖ **amount in default** *Garantiebetrag* ‖ **amount involved in the litigation** *Streitwert* ‖ **amount of credit disbursed and outstanding** *zugezählter und aushaftender Kreditbetrag* ‖ **amount of credit from time to time outstanding** :: *jeweils aushaftender Kreditbetrag* ‖ **amount transferred by the General Meeting from the previous year's profit** *Einstellung aus dem Bilanzgewinn des Vorjahres durch die Hauptversammlung* ‖ [Bil] **amount transferred from annual surplus** :: *Einstellung aus dem Jahresüberschuß* ‖ **amounts for death** *Hinterbliebenenrente* ‖ **Witwenrente** ‖ **divided into smaller amounts** *gestückelt*

to amount to *betragen*

ample *reichlich*

Amtsgericht *Amtsgericht* (local court)

amusing machines [VergnügungsStG] *Unterhaltungsapparate*

analysis of goods [ZollW] *Warenuntersuchung*

anguish *seelische Grausamkeit* —> mental anguish

annex *Anbau* ‖ *Nebengebäude* ‖ [VertrR] *Anlage*

to annex *beifügen* ‖ 1) **the [explanatory] notes annexed shall form an integral part of the convention** :: *die beigefügten Anmer-*

kungen sind Bestandteil des Übereinkommens

annual *jährlich* || *per annum* || *[pa]* || **annual adjustment of wages tax** [SteuerR/D] *Lohnsteuer-Jahresausgleich* || **annual financial statements** *Jahresabschluß* [AktienG / BRD] jährliche Finanzaufstellung als Jahresbilanz mit Gewinn- und Verlustrechnung. In den USA die zum Jahresende aufzustellenden financial statements. Bilanz (balance sheet), Gewinn- und Verlustrechnung income statement) und neuerdings i.d.R. auch Kapitalzuflußrechnung (statement of changes in financial position). || **Annual General Meeting** [Bil] *Hauptversammlung* || **annual output** [SteuerR/D] *Jahresausstoß* z.B. Bierausstoß [einer Brauerei] || **annual report** *Jahresbericht* || ~ **surplus** *Jahresüberschuß* || [Bil] **amount transferred from annual surplus** :: *Einstellung aus dem Jahresüberschuß*

annuitant [arch] *Pensionär* [heute —> pensioner]

annuity *Annuität* || *Rentenpapiere* || [USA] *Jahresrente* || *Leibrente* || *Jahresgehalt* || *jährliches Einkommen* || *Jahreseinkommen* || *Jahresrate* || *Jahreszahlung* || *jährlich zu zahlende Zinsen* || *Jahreszinszahlung* || **annuity bank** *Rentenbank* || **annuity bond** *Rentenbrief* || **annuity holder** *Sozialrentner* || **annuity method** *Annuitätenmethode* [AuxT] —> dynamisches Investitionsrechnungsverfahren || **variable annuity** [InvF/USA] *[ak-*

tien-]fondsgebundene Rentenversicherung

announcement *Ankündigung* || *Bekanntgabe* || *Durchsage*

answer [USA] *Klageerwiderung*

to anticipate *vorzeitig in Besitz nehmen* || *vorwegnehmen*

anticipation *Inbeschlagnahme* || *Vorauszahlung* || **anticipation or prepayment** *Vorzahlung oder Vorauszahlung* || *Vorwegnahme*

anticipatory breach [USA] *Vertragsaufsage*

anticyclical cash reserve *Konjunkturausgleichsrücklage* [Bbank] Bei der Bundesbank angesammelte unverzinsliche Guthaben des Bundes und der Länder. Nach Festlegung im Haushaltsplan bzw. durch Rechtsverordnung der Bundesregierung haben bei einer volkswirtschaftliche Leistungsfähigkeit übersteigende Nachfrageausweitung Bund und Länder zur Erreichung der Ziele des Stabilitätsgesetzes der K. Mittel zuzuführen bis zu 3 v. H. der jährlich erzielten Steuereinnahmen. Ferner soll K. bei abgeschwächter Konjunktur im Interesse des gesamtwirtschaftlichen Gleichgewichts zusätzlichen Ausgaben ermöglichen

antidumping duty *Antidumpingzoll* || [VölkR] **No product of the territory of any contracting party [...] shall be subject to antidumping or countervailing duty** :: *Eine Ware aus dem Hoheitsgebiet einer*

Vertragspartei [...] darf nicht mit einem Antidumping - oder Ausgleichszoll belegt werden.

anxious [VölkR/Präambel] *bemüht* || *bestrebt* || *in dem Bemühen* || *in dem Bestreben*

any Teil || **all or any part of the patents** :: *alle oder ein Teil des Patents* || **any state** :: *ein (jeder) Staat* || **in any year** :: *in einem Jahr*

AO [SteuerR/BRD] *Abgabenordnung* :: fiscal code

apart from *außer*

apex [strategic ~] [Man/Org] *Führungsstab* || *Führungsspitze* || *Unternehmensspitze* || *Spitzenmanagement* || *Topmanagement*

App. Cas. [GB] [Abbr] **Appeal Cases**

apparent power of attorney *Rechtsscheinsvollmacht* —> syn.: Anscheins- und Duldungsvollmacht :: ostensible power of attorney

appeal *Berufung* || *Beschwerde* || *Rechtsbehelf* || *Rechtsmittel* || *Restitutionsklage* || *Revision* || *Überprüfung eines Urteils* Unterscheidung zw. Revision und Berufung. —> Revision. Berufung ist grundsätzlich im ersten Instanzenzug zulässig, dann neue Tatsachenfeststellung. Bei Revision kein neues Tatsachenfeststellungsverfahren, sondern nur Überprüfung, ob Parteien beispielsweise nicht gehört oder eine Gesetzesverletzung oder eine Verletzung von [allgemeinen] Rechts- oder Denkgrundsätzen vorliegt, die zur Aufhebung des Urteils oder Teilen daraus führen können bzw. diese erzwingen. || **appeal against** *Rechtsmittel* || **The judgement can not be appealed against** :: *Gegen die Entscheidung kann kein Rechtsmittel mehr eingelegt werden* || **appeal cases** *Rechtsmittelfälle* —> Rechtsbehelf || **appeal for mercy** *Gnadengesuch* —> Rechtsbehelf || **appeal in forma pauperis** *Prozeßkostenhilfe* [früher: Armenrecht] [im wesentlichen §§ 114 ff ZPO] Eine minderbemittelte Partei ist aufgrund ihres Einkommens bzw. Vermögenslage nicht in der Lage, die Kosten der Prozeßführung zu übernehmen. [USA] Privilege given to indigent person to prosecute an appeal without payment of fees and costs of court. [Fed.R.App.P. 24] || **appeal lies with [or: lies to] a higher court** *Rechtsmittel ist zulässig* [Berufung || Revision] —> appeal || **licencing appeal** *Rechtsmittel gegen die Verweigerung einer Konzession* durch einen Justice of the Peace || **stages of appeal** *Instanzenweg* || *Instanzenzug* || **time for appeal** *Berufungsfrist* || *Rechtsmittelfrist* || *Revisionsfrist* || **to bring an appeal to a higher court** *Rechtsmittel bei einem höheren Gericht einlegen* || **to dismiss an appeal** *Rechtsmittel abweisen* || **to enter an appeal** *sich auf eine Klage einlassen*

to appear *sich einlassen* || *auftreten* || **to appear by a counsel** :: *sich anwaltlich vertreten lassen* || **it**

appears that [...] *offenbar*

appearance, memorandum of ~ *Einlassung[serklärung]* ‖ **notice of appearance** *[Termin der] Einlassung* ‖ **to make default of appearance** *den Termin der Einlassung versäumen* ‖ **to enter an appearance** *sich auf eine Klage einlassen*

appearing, hereinafter ~ *nachfolgend*

appellant *Appellant* ‖ [ZivR] *Revisionsführer* ‖ [StrafR] *Berufungskläger* ‖ **appellant was arraigned** *Berufungskläger wurde [zur Schuldfrage] befragt*

appellate court, intermediate ~ *erste Berufungsinstanz* ‖ syn.: **Court of Appeal** ‖ **Appellate Division**

to append to *hinzufügen* —> **to add** ‖ *Unterschrift setzen unter* **to append one's signature to** ‖ *unterzeichnen* —> **sign**

appendage *Zubehör* [real estate]

appendix *Anhang* ‖ [VölkR] *Vertrag*

applicable *anwendbar* ‖ *[hierfür] geltend* ‖ **applicable laws** *maßgebende[s] Gesetz[e]* ‖ **if applicable** *gegebenenfalls* ‖ **to be applicable to** *angewendet werden auf* ‖ *gelten für* ‖ **wherever applicable herein** *an den entsprechenden Stellen im*

Text ‖ **[is] not applicable** *entfällt* [Abbr] n/a ‖ *unzutreffend* ‖ *[ist] nicht zutreffend* ‖ [Stat] *keine Angabe*

application *Anmeldung* ‖ [PatR] **to abandon an application** :: *eine [Patent-] Anmeldung zurückziehen* ‖ *Durchführung* —> **implementation** :: *Durchsetzung* ‖ **by an application** :: *durch Antrag* ‖ [ZollW] **on simple application** :: *auf formlosen Antrag* ‖ [Ex] **application and supplementary agreement** :: *Antrag und Zusatzvertrag* —> **Commercial Bank Guarantee Program** ‖ **application file** [PersW] *Bewerberkartei* ‖ **application of purchase** *Kaufantrag* ‖ **lack of confidence in the application of the law** *Rechtsunsicherheit* ‖ **laws of general application** *allgemeine Zuständigkeit* ‖ **territorial application** *Geltungsbereich* ‖ **applications for advance [preliminary] commitments** [Ex] *Promessenanträge*

to apply *anwenden* ‖ **to apply for** *Antrag stellen* ‖ *beantragen* —> **Antrag** :: **application** ‖ **to apply to** *Anwendung finden* ‖ **to continue to apply to** :: *weiterhin Anwendung finden* ‖ *sich beziehen auf* ‖ **payment shall be applied to interest** :: *Zahlung auf die Zinsen angerechnet* ‖ **applied to** *angewandt* ‖ **angewendet auf** ‖ **duty applied to imports** [ZollW] *angewandter Zollsatz*

to appoint s.o. to s.th. *jmd. [zu einem Amt] bestellen* ‖ **persons appo-**

inted to the panel :: *die in die Beratergruppe berufenen Personen* || *die zu Mitgliedern der Beratergruppe ernannten Personen* || **appointed members** :: *bestellte Mitglieder* || **appoint to an arbiter** :: *zum Schiedsrichter bestellen* || *einsetzen*

appointment *Bestellung* —> bestellen

apportionment *Einteilung* —> allotment || *Vorteilung* || *Zuteilung* || **apportionment of profits** *Aufteilung der Gewinne* || **apportionment of taxes** [SteuerR/D] *Steuerverteilung*

appreciably higher than *merklich höher als*

appreciation *Zuschreibung* —> write-up || *buchhalterischen Erfassung von Werterhöhungen im Anlagevermögen i.G.z.* —> *Abschreibung* || **appreciation of the US Dollar** *Kurssteigerung des Dollar*

approach *Ansatz* || **new approach in debt strategy** *neuer Ansatz in der Schuldenstrategie*

appropriate *angemessen* || **such rights as may be appropriate** :: *Rechte, die für anemessen erachtet werden* || **Any comments [it] considers appropriate** :: *alle [ihm] geeignet erscheinenden Erklärungen* || **appropriate authorities** *zuständige Behörden* —> competent

appropriation of net income *Gewinnverwendung* Verfügung über den erzielten Gewinn, vor allem Verwendungsmöglichkeiten Ausschüttung und Einbehaltung || **appropriation of property** *Aneignung* conversion to one's own use || **recurring appropriation** *Bankkredit* [zu den üblichen Bedingungen] || **appropriations** *Haushaltsmittel* || *Mittel* || **available appropriations** :: *verfügbare [Haushalts]mittel* || *Mittelansätze* **final appropriation** *endgültige Mittelansätze* || **initial appropriation** *ursprüngliche Mittelansätze* || **appropriations for commitment** *Verpflichtungsermächtigungen*

approval *Annahme* || *Billigung* || *Genehmigung* || *Zustimmung* || *Abnahme* || *Freigabe* || [Press] **approval for printing** *Druckfreigabe* || *Zulassung* [AMG] **[product] is approved/registered [according to the old/new drug law]** :: *Das [Arzneimittel] ist [nach dem alten / neuen Arzneimittelgesetz] zugelassen/registriert* || **[product] is approved according to the old drug law and subject to re-registration according to the new drug law** :: *Das Arzneimittel unterliegt der Nachzulassung* [§§ 21 ff. AMG] *Wird vom BGA erteilt für Arzneimittel, die von einem pharmazeutischen Unternehmer in Verkehr gebracht werden, nachdem Nachweis erbracht wurde über die Nutzen und Risiken des Arzneimittels, das einer bestimmten pharmazeutischen Qualität, medizinischen Wirksamkeit und gesundheitlicher Unbedenklichkeit entsprechen muß. Der Zulassung unter-*

liegen nur Fertigarzneimittel i.S.d. AMG
§ 2 —> Registrierung —> AMG

to approve *freigeben* || to be subject to approval —> *zulassen* || to approve the draft *den Entwurf verabschieden*

approximately 4 % *rund 4 %*

approximation of customs laws [ZollW] *Zollrechtsangleichung*

appurtenances *Zubehör* || a building and its appurtenances *Haus nebst Grund und Boden sowie zugehörige Gebäude* [= Haus nebst Zubehör]

APR *effektiver Jahreszins* [USA] [Abbr] **Annual percentage rate** Nach dem Truth-in-Lending Act [15 U.S.C.A §§ 1601 ff] regelt die Transparenz von Konsumentenkrediten, insbesondere Angabe der effektiven Jahresverzinsung [meist ist eine Information des Kunden durch Angabe von Dollarbeträgen gefordert]. Mit der Novelle 1970 wurden weitere Vorschriften über Ausgabe, Haftung und mißbräuchliche Nutzung von Kreditkarten hinzugefügt.

aptitude test [PersW] *Eignungstest*

arbiter *Schiedsrichter* || *Schiedsmann* —> arbitrator || referee

arbitrage *Arbitrage* —> interest [rate] arbitrage

arbitral award *Schiedsspruch* || **Recognition and enforcement of an arbitral award may also be refused if the competent authority finds that: a) The subject matter of the difference is not capable of settlement by arbitration; or (b) The recognition or enforcement of the award would be contrary to public policy** :: *Anerkennung und Vollstreckung eines Schiedsspruches darf auch versagt werden, wenn die zuständige Behörde feststellt, a) daß der Gegenstand des Streites Schiedsverfahren nicht unterworfen werden kann, oder b) daß die Anerkennung und Vollstreckung des Schiedspruchs der öffentlichen Ordnung widersprechen würde.* || **domestic arbitral award** *inländische Schiedssprechung* || **foreign arbitral award** *ausländische Schiedssprechung*

arbitral tribunal *Schiedsgericht* || **If a dispute cannot thus be settled, it shall upon the request of either contracting party be submitted to an arbitral tribunal** :: *Kann eine Streitigkeit auf diese Weise nicht beigelegt werden, so ist sie auf Verlangen einer der beiden Vertragsparteien einem Schiedsgericht zu unterbreiten.*

arbitration [ArbR] *Schlichtung* || **arbitration award** *Schiedsspruch* || The decision rendered by the arbitrators under an arbitration proceeding —> arbitration proceeding || **arbitration clause** *Schiedsklausel* || **arbitration code** *Schiedsgerichtsordnung* || **arbitration proceeding** *Schieds-*

gerichtsverfahren ‖ The settlement of disputes between parties to a contract by a person or persons, chosen by the parties themselves or appointed by a court of arbitration, instead of by a judicial tribunal provided by law :: außergerichtliche Beilegung von Streitigkeiten aus Vertrag durch einen von den Streitgegnern oder einem Schiedsgericht außerhalb der üblicherweise per Gesetz durch Gerichtsentscheid vorgesehenen Beilegung ‖ **binding arbitration** [Man/Org/ArbR] *Zwangsschlichtung* ‖ **by arbitration** *im Wege des Schiedsverfahrens* ‖ **commercial arbitration** *Handelsschiedsgerichtsbarkeit* ‖ **compulsory arbitration** [ArbR] *Zwangsschlichtung*

arbitrator *Schiedsmann* —> arbiter ‖ [ArbR] *Schlichter* ‖ **alternate arbitrator** *Schiedsrichterstellvertreter*

archives *Archiv* [des Depositarstaats] ‖ **The present Convention shall be deposited in the archives of the German government** :: *Dieses Übereinkommen wird in dem Archiv der deutschen Regierung hinterlegt.*

are *betragen* ‖ to amount to [sum] ‖ **are to be made by** *bedürfen* to be subject to ‖ require

area *Gebiet* ‖ *Zone* ‖ *Bereich* ‖ **area of application** *Geltungsbereich des Rechts* ‖ **eligible for area tariff treatment** [GATT] *Zollbestimmungen der Zone in Anspruch nehmen* —> accepted :: *gelten für* ‖ *Zonentarif* ‖ *Zollbehandlung einer*

Zone ‖ **domestic area** *Inland* [Gebiet ‖ Zone ‖ Bereich]

to arise from *herrühren* ‖ *[stammen] aus*

at arm's length [SteuerR] *ohne jede Abhängigkeit von* ‖ **arm's length principle** *Fremdvergleich* —> Arm's-Length-Prinzip ‖ *Arm's-Length-Prinzip* [SteuerR] Internationale Verrechnungspreise sind dann steuerrechtlich relevant, wenn sie sich mit Preisen decken, die auch voneinander unabhängige Unternehmen im gleichen Fall vereinbart hätten. Abweichungen sind durch sog. Gewinnermittlung durch Zu- bzw. Abschläge auszugleichen. Steuerrechtl. wird fingiert, daß internat. verbundene Unternehmen ihren internen Lieferungs- und Leistungsverkehr marktkonform abrechnen [§ 1 AStG]

armistice *Waffenstillstand*

arraignment *Befragung des Angeklagten zur Schuldfrage* erfolgt durch den Richter [auch formelle Anklage] ‖ *Vorführung des Angeklagten* ‖ **Call a prisoner to the bar of the court to read him the substance of the indictment** :: *Angeklagten vor ein Geschworenengericht rufen, auch wenn er nicht in Haft ist, zwecks Vernehmung zur Schuldfrage durch den Richter*

to arrange *organisieren* ‖ **to arrange a meeting** *Treffen vereinbaren* ‖ **to arrange for** *veranlassen* ‖ *Vorkehrungen treffen* ‖ **to arrange for the publication** *die*

Veröffentlichung veranlassen [wird meist nicht übersetzt]

arrangement *Abmachung* häufig für einseitige Akte verwendet, dann in der Bedeutung: Regelung; Vorkehrung bzw. veranlassen || **management arrangement** *ständige Regelung zur Geschäftsführung* || **mutually satisfactory arrangement** *alle Teile befriedigende Abmachung* || *Regelungen* || *Vereinbarung* || **national arrangement** *innerstaatliche Vorkehrungen* || **having the national arrangement necessary to apply an inspection system** :: *über die innerstaatlichen Vorkehrungen verfügen, die erforderlich sind für die Anwendung eines Inspektionssystems*|| **special arrangement** *Sondervereinbarung* || **arrangements** *Maßnahmen*

arrears *Rückstände* || **salaries in arrears** :: *Gehaltsrückstände*

arrest *Verhaftung* || *Festnahme einer Person* —> *Inhaftierung* || **parol arrest** *vorläufige Festnahme im Sitzungssaal* [§ 183 GVG] || **warrant of arrest** *Haftbefehl*

art, state of the ~ *Stand der Technik*

article *Erzeugnis[se]* || [PatR] —> *item* || *product* || [VertR] *Artikel* || **articles of association** *Satzung* || [USA] **by[e]-laws** *Satzung einer Kapitalgesellschaft* [joint stock company] Document specifying the rules and conditions upon which the company's international business is to be managed i. e. contract between the company and its members

artificial person *juristische Person* —> juridical || juristic || legal || artificial person i.g.z. natural person :: *natürliche Person*

artificial structures [Mar] *Meeresbauwerke*

artisan *Handwerker* || —> **master artisan** *[Handwerks]meister* —> syn.: master craftsman

AS responsiblity —> advisory and service responsibility *Beratungsfunktion*

as *so* || *wie* || **as ... as** *ebenso wie* || **as a result of** *angesichts* || **as a result of the political upheaval in East Germany and East European countries** :: *angesichts der Umwälzungen in der DDR und Osteuropa* || **as and where they become due** *bei Fälligkeit* || **as are necessary for** *die erforderlich sind für [...]* || [Stat] **as at April** *Stand April* || **as from the date of entry into force** *ab dem Zeitpunkt des Inkrafttretens* [besser: mit dem ...] || **as in previous years** *wie in den Vorjahren* || **as may facilitate the attainment of** *die geeignet sind, [...] zu erleichtern* || **as measured by the [...]** *gemessen an [...]* || **as of now** *ab sofort* || **as required** *nach Bedarf* demand || need || *bedarfsgerecht* || *vorschriftsmäßig* || **as shown in the balance**

sheet [Bil] *ausgewiesen* ‖ as sleeping partner *als stiller Gesellschafter* ‖ as the case may be *je nach Sachlage* ‖ as to any signatory state *für jeden Unterzeichnerstaat*

asap *schnellstens*[Abbr] as soon as possible :: *so schnell wie möglich* ‖ syn.: fast as can [f.a.c.]

to ascertain *ermitteln* ‖ to find out for certain *feststellen*

asked *Angebot* ‖ [Bör] —> *Brief*

ASP —> American Selling Price System

assembly *Versammlung* ‖ assembly of parties *Versammlung der Vertragsparteien* ‖ assembly project *Montageprojekt* ‖ consultative assembly *beratende Versammlung* ‖ general assembly *Generalversammlung* ‖ plenary assembly *Vollversammlung*

assent *Übereinstimmung* ‖ mutual assent *Willensübereinstimmung* consensus ad idem ‖ consent to the matter

to assess *besteuern* ‖ *einschätzen* ‖ *schätzen* ‖ *bewerten* ‖ *festsetzen* ‖ The initial contribution shall be assessed by the Council :: *Den ersten Betrag setzt der Rat fest* ‖ [SteuerR/D] *steuerlich veranlagen* ‖ **assessed income tax** *veranlagte Einkommensteuer*

assessed value as at January 1, 1969 [SteuerR/D] *Wertverhältnisse vom 1.1.1969* ‖ determination of the assessed value [SteuerR] *Festsetzung des Einheitswert* z.B. für Grundvermögen oder für Gewerbebetriebe zur Festsetzung der Steuerlast

assessment *Bewertung* ‖ *Einschätzung* ‖ *Festlegung* ‖ [SteuerR] *festgesetzter Betrag* —> assessment and allotment ‖ *Veranlagung* [SteuerR/D] Festsetzung der Vorauszahlung ‖ **assessment and allocation** *Festsetzung und Zerlegung* [SteuerR/D] ‖ uniform basic tax must be allocated where a business enterprise maintains establishments in several municipalities during the period for which the tax is collected [usually a calendar year]. Generally, wages paid by the enterprise are taken as a yardstick for allocation :: *Der einheitliche Steuermeßbetrag ist zu zerlegen, wenn im Erhebungszeitraum (Kalenderjahr) Betriebsstätten in mehreren Gemeinden unterhalten worden sind. Als Zerlegungsmaßstab werden grundsätzlich die Arbeitslöhne herangezogen* ‖ **assessment basis** [SteuerR/D] *Bemessungsgrundlage* ‖ **assessment [tax] period** [SteuerR/D] *Veranlagungszeitraum* ‖ **assessment procedure** [SteuerR/D] *Veranlagungsverfahren* ‖ **notice of assessment** *Steuerbescheid* ‖ [SteuerR] [...] is determined by notice of assessment :: *wird durch Bescheid festgesetzt* ‖ The assessment shall not be altered for the current year

Die festgesetzten Beträge werden für das laufende Jahr nicht geändert.

assets *Aktiva* || [Bil] *Aktivseite* [der Bilanz] || *Konkursmasse* || *Nachlaß* || [BankW] *Ausleihungen* || **assets allocation** *Vermögensstreuung* || **assets and liabilities** [Bbank] *Forderungen und Verbindlichkeiten* || **assets-liability management** *Aktiv- und Passivmanagement* || **assets schedule** *Anlagegitter* [§ 268 II HGB] nach der direkten Bruttomethode wird ausgehend von den gesamten Anschaffungs- bzw. Herstellungskosten die Gesamthöhe der + Zugänge ./. Abgänge ± Umbuchungen + Zuschreibungen ./. kumulierte Abschreibungen (Abschreibungen aus Vorjahren und Geschäftsjahr) aufgeführt || *Anlagenspiegel* [Bil] nach altem Aktienrecht Darstellung der Entwicklung einzelner Bilanzposten [Anlagevermögen] nach der direkten Nettomethode bzw. indirekten Bruttomethode. Beide Methoden sind nach dem neuen Bilanzrichtliniengesetz nicht mehr zulässig bei Kapitalgesellschaften. Um den Unterschied herauszustellen, wird überwiegend der Begriff Anlagegitter verwendet || **assets value** *Substanzwert* —> *Vermögenswert* || [Bil] **financial assets** *Finanzanlagen* || **fixed assets** [Bil] *Anlagevermögen* || **intangible assets** [Bil] *immaterielle Vermögensgegenstände* || **liquid assets** [Bil] *flüssige Mittel* || **assets account** [Bil] *Anlagenkonto*

to assign *abtreten* [Ansprüche] to transfer property to another person, esp. to the benefits of a creditor || *zedieren* [claim] || *bestellen* [Verteidiger] || *übertragen* || [PatR] **The licence granted is assigned to [...]** :: *Die gewährte Lizenz ist übertragen auf [...]* || *zuweisen* || **assignable credit** *anweisbares Akkreditiv* —> *übertragbares Akkreditiv*

assignee *Beauftragter* a person to whom an assignment is made *Zessionar* appointed to perform a duty || *Bevollmächtigter* || *Rechtsnachfolger* || *Zessonar* = derjenige, an den eine Forderung abgetreten wird; *Zedent* = derjenige, der eine Forderung abtritt

assigner /-or *Forderungsabtretender* || *Zedent* [§ 398 BGB, Forderungsübergang] Bei der Zession, der Abtretung einer Forderung, der bisherige Gläubiger, der durch Vertrag seine Forderung auf einen neuen Gläubiger, den Zessionar, überträgt.

assignment *Forderungsübergang* —> assignee || *Übereignung* || *Übergang von Rechten [...]* || **assignment by operation of law** *Übergang von Rechten und Pflichten kraft Gesetzes* || **assignment of a claim** *Abtretung eines Anspruchs* || **assignment of revenues** *Ertragskompetenz* [SteuerR/D] taxes jointly assigned to the Federation and Länder such as wages tax, income tax, corporation tax, turnover tax [excl. import turnover tax] as well as municipal trade tax apportionment || **assignment problem** *Zuwendungsproblem* Notwendigkeit der Erstellung bzw. Änderung eines wirtschaftspol. Programms bei der Analyse der wirtschaftl. Situation, d.h. welche Maßnahmen mit welcher Intensität und in welchem Zeitraum zur Erreichung der Ziele (z.B. Konjunkturpolitik und Vollbeschäftigung —> Magisches Viereck) mit welchen Mitteln (z.B. Geld- und Fiskalpolitik) zu ergreifen sind. || *Zuordnungsproblem* Planerisches Problem der Zuordnung z. B. Flugpersonal zu Flugrouten || **assignment to a sales representative abroad** *Übernahme einer Vertretung aus dem Ausland* || *Vergabe einer Auslandsvertretung* || **deed of assignment** [real estate in GB] *Eigentumsübertragungsurkunde*

assistance *Unterstützung* —> Hilfe || **to give all assistance in one's power** *jegliche Unterstützung geben* || *zuteil werden lassen* || **assistance measures in the money market** [Bbank] *Ausgleichsoperationen am Geldmarkt*

Assistant Manager [GmbH] *Handlungsbevollmächtigter* || [GB] *Stellvertretender Direktor* || **Assistant General Manager** *Stellvertretender Generaldirektor*

assistant registrar *Sachbearbeiter* [bei Gericht]

Assizes *Assisengerichte*[arch] für die englischen Geschworenengerichte —> Schwurgerichte || *Schöffengericht* [AuxT] court of lay assessors

associated *assoziiert* || *verbunden* || *verknüpft* || **associated commune** [VwO/Sch.-H.] *amtsangehörige Gemeinde* —> Amt :: **association of communes** || **associated company** *Schwestergesellschaft* || **income from associated companies** [Bil] *Erträge aus Beteiligungen* || **associated firm** *Schwesterfirma* || [Bil] **associated firms** *Firmenverbund*

association *Verband* || **association of communes** *Amt* [VwO/Sch.H.] *Gemeindeverband mit eigener Rechtspersönlichkeit* || *Gemeindeverband* [VwO/D] Oberbegriff für best. Gebietskörperschaften, die eine Reihe von Kommunalkörperschaften niederer Ordnung umfassen || *Kommunalverband* [VwO/D] Zusammenschluß mehrerer kleiner Landgemeinden zu einer lokalen Verwaltungsgemeinschaft || *Samtgemeinde* [VwO/D] collective commune Die S. in Ns. sind öffentl. rechtl. (Nichtgebiets-)Körperschaften mit dem Recht der Selbstverwaltung. sie sind Kommunalverbände und besitzen Dienstherrenfähigkeit. die Mitglieder der Samtgemeinden sind nicht die Einwohner der betr. Gemeinden, sondern die Gemeinden selbst. || *Verbandsgemeinde* [VwO/D] In RLP Bezeichnung von Gemeinden, der mehrere benachbarte kreisangehörige Ortsgemeinden angehören || *Verwaltungsgemeinschaft* [VwO/D] Zusammenschluß mehrerer kleiner Landgemeinden zu einem lokalen Kommunalverband || **accession and association** [VölkR] *Beitritt und Assoziierung* || **articles of association** *Satzung* [USA] by[e]-laws :: Satzung einer Kapitalgesellschaft [joint stock company] Def.: Document specifying the rules and conditions upon which the company's international business is to be managed i. e. contract between the company and its members || **association of persons** *Personenvereinigungen* || **association of property and real estate owners** [SteuerR] *Haus- und Grundbesitzervereinigung*

assortment *Sortiment* || —> product range :: *Produktpalette* || variety :: *Sortiment* || *Geschmacksrichtungen* || *Auswahl*

assumptions *Annahmen*

assurance fund [InvF] *Versicherungsfonds*

at *an* || *bei* || *um* || *zu* || **at any time** *jederzeit* || **at** —> **arm's length** [SteuerR/US-GB] *ohne jede Abhängigkeit von*|| **at disposal** *zur Verfügung stehen* || **at home** *Binnen [...]* || *Inland[...]* || **at issue prices** [Bör] *zu Emissionskursen* || **at the end of the year** [Bil] *Jahresultimo* || **at the level of 19..** *auf dem Niveau des Jahres 19..* [wenn vorangegangenes Jahr, dann Vorjahresniveau] || **at the money** *am Geld* [Bör] Basispreis einer Option entspricht dem aktuellen Kurs des zugrundeliegenden Basiswerts.

ATA *Carnet ATA* Internationales Zollpapier (Admission Temporarire || Vorübergehende abgabenfreie Einfuhr von Waren. Vorübergehende Einfuhr z.B. von Waren, die auf Ausstellungen, Messen, Kongressen etc. ausgestellt bzw. verwendet werden.

Atomic Agency *Atomenergiebehörde* —> Internationale Atomenergiebehörde

to attach *angehören* || **to be attached to a business** :: *einem Betrieb angehören*

attachment *Zusatz*

attain full age *volljährig werden*

attainment *Erlangung* || *Erreichung* || **as may facilitate the attainment of objectives** *die Erreichung von Zielen zu erleichtern*

attempted assignment *versuchte Übertragung* —> Forderungsübergang

to attend *erscheinen vor* || **to attend a meeting** :: *an einer Sitzung teilnehmen*

attention, for the ~ of *zu Händen von* || **Attn.** :: *z.H.v.*

to do attest *bestätigen* || *bezeugen* || *hervorgehen aus* || *nachweisen*

attestation *Bezeugung* [daß eine Urkunde unterzeichnet :: signed bzw. übergeben delivered :: ausgehändigt wurde]

attorney *Anwalt* || **duly authorized attorney** *bevollmächtigter Anwalt* || **general attorney** *Kronanwalt* || **patent attorney** *Patentanwalt* || **power of attorney** *Vollmacht* —> Rechtsscheinsvollmacht

—> ostensible

to attract greater attention again *wieder in den Vordergrund rücken*

attributable primarily to [Bil] *stammen hauptsächlich aus*

to attribute [profits] *zuweisen [Gewinne]*

audit[ing] *[Bücher] prüfen ‖ Rechnungsprüfung ‖ Buchprüfung ‖ [Buchf] Revision*

auditor *Buchprüfer ‖* [BankW] *Revisor ‖* **auditor of a balance sheet** *Bilanzprüfer ‖* **Auditors' Report dated March, 30, 1990 has been granted an unqualified audit certificate** :: *Prüfungsbericht vom 30. März 1990 ist mit einem uneingeschränkten Bestätigungsvermerk versehen worden.* ‖ **committee of auditors** *Rechnungsprüferausschuß*

Aussie [bond] *Aussie-Bond ‖* [Bör] *Aussies* [Euroanleihe auf australische Dollar]

authentic *rechtsgültig ‖ rechtsverbindlich ‖ verbindlich*

to authenticate *beglaubigen* z.B.: von Unterschriften ‖ **authenticitated power of attorney** :: *beglaubigte Vollmacht*

authenticity *Echtheit ‖* **of established authenticity** :: *von verbürg-*

ter Echtheit ‖ **proof of authenticity** *Beweis der Echtheit ‖ Glaubwürdigkeit ‖ Verbindlichkeit* exakte Übereinstimmung (z.B. mit Wortlaut) ‖ **certificate of authenticity** *Echtheitszeugnis*

authority *Amtsgewalt ‖ Behörde ‖ Rechtshoheit ‖ Ermächtigter ‖ Vollmacht ‖ Wirkung ‖* **authority to issue bank notes** *Noten[ausgabe]recht* [Bbank] —> Notenprivileg [BRD] alleinig durch Bbank. Umfaßt Herstellung sowie lfd. Erneuerung der Banknoten, Kontrolle des Zahlungsmittelumlaufs, Ersatzleistung für beschädigte Noten und Aufruf zur Einziehung von Noten. ‖ **binding authority** *Bindungswirkung ‖* **by authority** *mit amtlicher Genehmigung‖* **High Authority of the ECSC** *Hohe Behörde der EGKS* —> Montanunion ‖ **ostensible authority** *Anscheinsvollmacht* —> syn.: Anscheins- und Duldungsvollmacht :: power of attorney by estoppel ‖ **persuasive authority** *Rechtsquellen ‖* **sources constituing authority** *Rechtsquellen, die vom Gericht herangezogen werden, jedoch keine verbindliche Wirkung haben* ‖ **tax authority** *Finanzbehörde ‖ Steuerbehörde ‖ Finanzkasse* —> Finanzamt (Zahlungen/Steuerbeträge an das "Finanzamt" sind an die Finanzkasse zu leisten) ‖ **[command] authority** [Komm] *[An]weisungsbefugnis ‖ Autorität* Weisungsgebundenheit :: duty to abide by instruction

authorization, legal ~ *rechtliche Genehmigung*

to authorize *befugen* || *berechtigen* || Nothing in the paragraphs 1 to 4 shall authorize any deviation :: *aus den Absätzen 1 - 4 kann eine Berechtigung zum Abweichen nicht abgeleitet werden* || **authorized credit** *Kreditspielraum* || **being duly authorized** *hierzu gehörig ermächtigt* —> in witness whereof

automatic stay *Konkurssperre* [USA] Aussetzung aller Klageverfahren gegen den Gemeinschuldner bei Antrag auf Eröffnung des Konkursverfahrens durch den Gemeinschuldner selbst oder durch seine Gläubiger

automatic withdrawal plan [InvF] *automatischer Abhebeplan* ||

automatically *ohne weiteres* [wird oft nicht übersetzt] || **to extend a contract automatically** [automatic renewal of a contract] :: *einen Vertrag stillschweigend verlängern* || *einen Vertrag ohne weiteres verlängern* [d.h. ohne, daß es einer weiteren Erklärung bedarf] || **to serve automatically a notice** *jmd. unverzüglich eine Benachrichtigung zustellen* —> tacitly

auxiliary body *Hilfsorgan*

availability date *letzter Termin für die Garantieinanspruchnahme* The date by which the guarantee will be issued || **availability of durable consumer goods** *Ausstattung mit langlebigen Konsumgütern* || **availability period** *Zeitraum für die Garantieinanspruchnahme*

available *verfügbar* || *zugänglich* || **made available to the public** *der Öffentlichkeit zugänglich gemacht*

average [Mar] *Havarie* || *Index* || **Dow-Jones-average** —> Dow-Jones-Index || **average quality** *durchschnittliche Beschaffenheit* —> Handelsgut || good || fair average quality || marketable || **average rate of return method** [InvR] *Rentabilitätsvergleichsrechnung* —> syn.: accounting rate of return method || **average [interest rates] for [year]** *[Zinssätze] im Jahresdurchschnitt [Jahr]* || *im Schnitt des Jahres* || **moving averages** *gleitende Durchschnittslinien* [Bör] Verfahren zum Glätten übermäßiger Chartausschläge durch Addition z.B. der letzten 200 Börsentage und Division durch 200. Im Chart werden die Kurse fortlaufend aufgetragen. Auf diese Weise erhält man eine sog. 200-Tage-Linie über die mittel- und langfristige Trends am Aktienmarkt. || **taking the average of 1988-9** *im Durchschnitt der Jahre 88/89*

averaging *Averaging* [Inv] Anlagemethode von Investmentgesellschaften. Investmentanteile bzw. Aktien werden i.d. R. nur bei relativem Kurstief erworben, wodurch der Durchschnittskurs langfristig sinkt.

aviation *Luftfahrt*

avoidance *Aufhebung* || *Nichtigkeitserklärung* || **avoidance of ta-**

xes *Steuerersparnis* [sofern zulässig] —> allowance || *Steuerhinterziehung* [nicht zulässig] —> fraud

award of damages *Zubilligung von Schadensersatz* [Ist eine sogenannte Zusicherungsklausel im Vertrag]

aware [VölkR/Präambel] *angesichts* || *in Anbetracht* || *in dem Bewußtsein* || *in Kenntnis*

away from home *auswärtig*

AWG [BRD] [Abbr] *Außenwirtschaftsgesetz*

B. [GB] [Abbr] **Baron of the Exchequer** *Mitglied [Richter] des ehemaligen Court of Exchequer*

baby bond *Baby-Bond* [USA] Schuldverschreibung mit [äußerst] geringem Nennwert

back-to-back credit *Gegenakkreditiv* —> syn.: Dos-á-dos-Akkreditiv || *Dos-á-dos-Akkreditiv* Akkreditiv, das der Begünstigte aus einem bereits bestehenden Akkreditiv als Auftraggeber dann eröffnet, wenn das Original-Akkreditiv nicht übertragbar ist. Das Gegenakkreditiv bezieht sich dann wie das Original-Akkreditiv auf dieselbe Lieferung, weist u.U. jedoch abweichende Bedingungen und Dokumente auf.

back-up *Bereitschaftseinrichtung* || [Buchf] [EDV] *Reserveeinrichtung* || *Sicherungskopie* || *Backup* || **to be backed up** [ScheckR] *gedeckt sein*

background *Umfeld* || **economic background** *wirtschaftliches Umfeld* || *wirtschaftliche Rahmenbedingungen*

backlog [Buchf] *Auftragsbestand* orders received, but not yet carried out :: eingegangene, jedoch noch nicht ausgeführte Aufträge

backwardness *Rückstand* || **to mitigate a backwardness** *Rückstand verringern*

bad debt *uneinbringliche Forderung* || **bad debt allowance** *Forderungsabschreibung* Nach § 40 (2) HGB sind uneinbringliche Forderungen abzuschreiben und zweifelhafte Forderungen nach ihrem wahrscheinlichen Wert anzusetzen. Dabei bedeutet "abschreiben" Ausbuchung :: write-off. Beim Ansatz der zweifelhaften Forderungen nach ihrem wahrscheinlichen Wert i.w.S. Abschreibung, die i.d.R. in Form einer Wertberichtigung bad debt allowance. Verwendung des Begriffs bad debt allowance teilweise syn. mit uneinbringliche Forderungen :: uncollectible accounts || uncollectible receivables und teilw. als Oberbegriff der sowohl uneinbringliche Forderungen als auch zweifelhafte Forderungen doubtful accounts || doubtful receivables

bad investment *Fehlinvestition* [InvR] Investition, bei der sich später herausstellt, daß das der Investitionsentscheidung zugrundeliegende Vorteilskriterium nicht erfüllt worden ist

Baden-Württemberg [BLand/D] *Baden-Württemberg*

BAG [Jus/D] *Bundesarbeitsgericht* Supreme labour court (in Kassel)

baggage delivery area [ZollW] *Gepäckausgabebereich*

bailment *Kaution* —> lease deposit

baking appliances *Backgeräte* ‖ [Bil] **operations in the baking appliances line** *Backgerätegeschäft*

balance *Differenzbetrag* ‖ [Bil] *Saldo* ‖ *Rest[kauf]summe* ‖ *Summe* ‖ *Restbetrag* ‖ **balance of current account** [Bbank] *Saldo der Leistungsbilanz* ‖ **balance of foreign tourism** *Touristikbilanz* ‖ **balance of moneys** *Restbetrag* ‖ **balance of principal** *Restkaufsumme* ‖ **balance of probability** *Wahrscheinlichkeit* ‖ [StrafR] **to show on the balance** *aufgrund der großen Wahrscheinlichkeit* ‖ **balance of the books** *Abschluß der Bücher* ‖ **balance sheet analysis** *Bilanzanalyse* ‖ **balance sheet budget** *budgetierte Bewegungsbilanz* —> budgetierte Strukturbilanz forecasts the status of assets, liabilities and capital account as of particular times in the future since the source of change in balance sheet items are the various other budgets, this budget proves the accuracy of all other budgets ‖ **balance sheet contraction** *Bilanzverkürzung* [Bbank] gleichmäßige Verringerung von Aktiv- und Passivposten und damit Verringerung der Bilanzsumme syn. reduction in the balance sheet ‖ shortening of the balance sheet ‖ **balance sheet profit** [AktienG/BRD]

Bilanzgewinn —> Gewinn ‖ Position der nach aktienrechtl. Vorschriften aufgestellten deutschen Bilanz, beinhaltet u.a. +/- Gewinnvortrag/Verlustvortrag, +/- Entnahmen aus/ Einstellungen in Rücklagen. Als [AuxT] des bilanztechnischen Sonderposten der deutschen aktienrechtlichen Bilanz mit balance sheet profit zu übersetzen. ‖ **balance sheet rate** *Bilanzkurs* [Bil] der rechnerische Wert einer Aktie aus dem Verhältnis des [ausgewiesenen] Eigenkapitals zum gezeichneten Kapital [Grundkapital] nach dem Modus: Bilanzkurs = gezeichnetes Kapital [+ Kapital- und Gewinnrücklage] x 100 : gezeichnetes Kapital ‖ **balance sheet ratios** *Bilanzkennzahlen* ‖ **audit of a balance sheet** *Bilanzprüfung* ‖ **to prepare a balance sheet** *Bilanz aufstellen* ‖ **to strike the balance** *Saldo ziehen* d.h. Saldo aus [zwei] Beträgen errechnen ‖ **unpaid balance** *Restkaufsumme* —> diminishing balance ‖ **balance sheet structure** *Bilanzstruktur* ‖ **balance in respect of the Bundesbank's external position** [Bbank] *Ausgleichsposten zur Auslandsposition der Bundesbank*

balanced *gemischt* ‖ *ausgewogen* ‖ *ausgeglichen* ‖ **balanced bond** [InvF] *gemischter Versicherungsfonds* mit Aktien, Immobilien und festverzinsl. Wertpapieren im Portefeuille —> hybrid securities :: Wandelschuldverschreibung ‖ **balanced relationship** *ausgewogenes Verhältnis*

balancing item [Bbank] *Restposten*

to balance [Bil] *ausgleichen* ‖

glattstellen besser: offset —> Hedger

ball cartridge [Bal] *Kugelpatrone*

ballistic pendulum [Bal] *ballistischer Pendel*

ballooning [Bör] *Kurstreiberei* ‖ **ballooning credit** *Kredit mit progressiven Tilgungsraten*

bank *Kreditinstitut* ‖ [Bbank] **banks again began to issue more bearer bonds** :: *Kreditinstitute begaben wieder vermehrt Inhaberschuldverschreibungen* ‖ **Bank Act** *Bankgesetz* ‖ **bank bonds outstanding** [Bbank] *Umlauf an Bankschuldverschreibungen* ‖ **bank business** *Bankgeschäfte* ‖ **bank claims** *Bankforderungen* ‖ **bank client** *Bankkunde* ‖ **Bank Code Number** [GB] *Bankleitzahl* —> [USA] ABA ‖ [BRD] BLZ ‖ **bank employee** *Bankkaufmann* —> Banker ‖ **commercial bank guarantee** *Garantien für Forderungsankäufe durch Geschäftsbanken* [Ex] —> Garantien für Forderungsankäufe issued by Eximbank in favour of commercial banks to cover medium-term (181 days up to 5 years) export obligations acquired from US exporters. ‖ **bank money** *Buchgeld* ‖ syn.: *Giralgeld* Guthaben bei Kreditinstituten [entstanden durch Bareinzahlungen oder bargeldlosen Zahlungsverkehr] —> Sichteinlagen ‖ **bank night** *Verlosung* ‖ *Auslobung* [USA] Form einer [Lotterie-]Verlosung eines best. Geldbetrages [auch Eintrittskarte] in einem Theater ‖ **banks' port-**

folios [Bbank] *Bankbestände* ‖ **Bank Rate** *Diskontsatz der Bank of England* [Bank of England ist die Zentralnotenbank von GB] ‖ **bank return** *Bankausweis* Überblick der Transaktionen, Geldmarktsituation; eine Art verkürzte Bilanz der Zentralnotenbank von England, der Bank of England ‖ **bank savings bonds** [Bbank] *Sparbriefe* ‖ **Bank Statutes** *Bank-Satzung* ‖ **bank syndicate** *Bankenkonsortium* ‖ **bank 's capital and reserves** *das haftende Eigenkapital der Bank* ‖ **bank-week return days** [Bbank] *Bankwochenstichtage*

banker *Banker* im BankW üblicher Ausdruck für einen *Bankfachmann* —> monier —> moneyeer

banking centre *Banken[-]* ‖ **banking centre** *Bankenzentrum* [Frankfurt/M.] ‖ **banking consortium** *Gelegenheitsgesellschaft* [§ 750 BGB] —> Konsortium - Gesellschaft des bürgerlichen Rechts, die nur vorübergehend zur Vornahme einzelner Rechtsgeschäfte oder Arbeiten eingegangen wird [Zusammenarbeit von Banken zur Ausgabe von Wertpapieren, Arbeitsgemeinschaften von mehreren Bauunternehmen, die an einer Baustelle zusammenarbeiten, das sog. (A-)Meta-Geschäft] ‖ **banking decree** [SteuerR] *Bankenerlaß* gesetzl. Regelung in der Abgabenordnung (AO 1977), daß anläßlich einer Außenprüfung bei Kreditinstituten die Ausschreibung von —> Kontrollmitteilungen :: tracer notes über Guthaben oder Depots von Bankkunden unterbleibt ‖ **banking firms** *Kreditinstitute*

Sammelbegriff für Unternehmen, die Bankgeschäfte betreiben. Wichtigste Institutsgruppen sind Filialgroßbanken und andere Kreditbanken ("privates Bankgewerbe"); Girozentralen und Sparkassen (öffentlich-rechtlich) sowie Volksbanken und Raiffeisen-Kreditgenossenschaften. Diese fungieren als Universalbanken, d.h. sie können alle Bankgeschäfte betreiben. || **banking market** *Bankgeschäft* || **banking place** *Bankplatz* [Bbank] Bezeichnung für einen Ort, an dem sich eine Landeszentralbank oder eine Niederlassung befindet

bankrupt *Gemeinschuldner* [USA] —> Bankruptcy Act, 1898 § 101(12) i.rev. Fass. v. 1979 —> Chapter 11 || *Konkursschuldner* sein Vermögen wird beschlagnahmt :: seized und vom Konkursverwalter :: offical reciever verwaltet durch Gerichtsverfahren von Schuld befreit :: discharged. Der Konkursverwalter fungiert als Treuhänder || **discharged bankrupt** *entlasteter Gemeinschuldner* || **to be declared bankrupt** *Konkursverfahren über des Vermögen einer Person verhängen* || **undischarged bankrupt** *noch nicht entlasteter Gemeinschuldner*

bankruptcy *Konkurs* || **Bankruptcy Act** *Konkursrecht* [USA] erstmals 1898, in rev. Fassung v. 1979 —> Chapter 11 und 13 (rehabilitation provisions) sowie U.S.C.A [United States Code Annotated] [GB] Bankruptcy Act 1914 sowie Insolvency Act 1976. || **bankruptcy court** *Konkursgericht* || **fortuitous bankruptcy** *Konkursverfahren* —> liquidation ||

culpable bankruptcy *einfacher Bankrott* || **dividend in bankruptcy** *Konkursdividende* —> Konkursquote || **estate in bankruptcy** *Konkursmasse* || **fraudulent bankruptcy** *betrügerischer Bankrott* betrügerische Absicht und Vorsatz des Gesamtschuldners || **to apply for bankruptcy proceedings** *Eröffnung des Konkursverfahrens* || **to file a petition in bankruptcy** *die Eröffnung des Konkursverfahrens beantragen* || **trustee in bankruptcy** *Konkursverwalter*

bar *Sitzung des Gerichts* ursprüngl. "Gerichtsschranke"; —> tagendes Gericht || *Gerichtstag* || *Verhandlungstag* || **bar admission** *Zulassung beim [...]* || "zugelassen beim Oberlandesgericht Düsseldorf" || **bar code** [Verp] *Strichcode* —> EAN code || **members of the bar** *Anwälte* Berufsstand der bei Gericht zugelassenen Anwälte || *Gerichtsanwälte* || **bar Council** *Anwaltsverein der Barristers* Berufsorganisation der Solicitors ist die Law Society —> Inns of Court [für Barristers] —> Der Bar Council überwacht Standes- und Ehrenfragen unter den Barristers.

to bar *verjähren* claims are bared by a limitation :: Ansprüche verjähren mit einer bestimmten Frist

barred *verjährt* —> statute-barred

bargaining [wages] at plant level [Man/Org] *übertarifliche Lohnbildung* —> betriebliche Lohnbildung

—> determining wages at plant level

barge [Mar] *Schute*

barley *Gerste* ‖ **barley malt** *Gerstenmalz*

barriers dividing Europe *die Europa trennenden Schranken*

barrister[-at-law] [GB] *Anwalt* Barrister agiert bei Fällen vor dem Schwurgericht, Crown Court. Der solicitor agiert bei leichten Fällen, verweist an county court —> solicitor. Barrister [stehen vor der "Bar" stehen] bilden den höheren Anwaltsstand gegenüber den solicitors. Der barrister hat das ausschließliche Recht, bei öffentlichen Verhandlungen vor höheren Gerichten aufzutreten (aber kein Anwaltszwang). Er wird nicht durch den Mandanten, sondern durch den solicitor beauftragt. Ausbildung und Zulassung durch —>Inns of Court. Die wichtigsten Richterposten werden durch die barrister besetzt. Die Gebühren sind gesetzlich nicht geregelt, es gibt jedoch Richtlinien des General Council of the Bar.

barter deal [ZollW] *Tauschgeschäft* ‖ *Tauschhandel* Form des Kompensationsgeschäfts durch Tausch Ware gegen Ware aufgrund eines Vertrages ohne Austausch von Geldströmen [heute eher bedeutungslos].

base lease term [Leas] *Grundmietzeit*

base rent *Grundmiete* A specific amount used as a minimum rent in a lease which uses a percentage or average for

additional rent

based on daily averages [Bbank] *berechnet auf der Basis von Tagesdurchschnitten*

basic *Ausgangs[-...]* ‖ *Grund[-...]* ‖ **basic federal rate** [SteuerR/D] *Steuermeßzahl* ‖ Computation of trade tax on business profits proceeds from the basic tax which is obtained by multiplying the amount of business profits by a fixed percentage [usually 5 per cent] :: *Bei der Berechnung der Gewerbesteuer nach dem Gewerbeertrag ist von einem Steuermeßbetrag auszugehen. Dieser ist durch Anwendung eines Hundertsatzes von regelmäßig 5 vH (Steuermeßzahl) auf den Gewerbeertrag zu ermitteln.* ‖ **Basic Law** *Grundgesetz* [der Bundesrepublik Deutschland] ‖ **basic military service** *Grundwehrdienst* ‖ **basic pay norms** *Ecklöhne* [ArbR] nationally or regionally agreed pay norms usually referred to as Tariflöhne ‖ **basic personal allowance** [SteuerR/D] *Grundfreibetrag* ‖ **basic rate** [SteuerR/D] *Eingangssatz* ‖ **basic tax** [SteuerR/D] *Steuermeßbetrag* ‖ *Steuermeßzahl* ‖ **basic wages** [Man/Org/ArbR] *Ecklöhne* —> syn.: Tariflöhne

to bastardize [gerichtlich für] *unehelich erklären* [GB] "bastard" ist in USA sehr selten gebraucht, dort "illigimate child".

bastardy *uneheliche Geburt* Heute nicht mehr übliches Verfahren ist die Unehelichkeitserklärung, die bastardy procedure || **bastardy procedure** *[Verfahren zur] Unehelichkeitserklärung* —> bastard

batch counter [Verp] *Mengenzähler* || *Mengenzählapparat*

bath salt [SalzStG] *Badesalz*

battery *körperlicher Kontakt* || *tätliche Beleidigung* || *tätlicher Angriff* [StrafR/USA] [unmittelbar, schädigend]

Bavaria [BLand/D] *[Freistaat] Bayern*

Bavarian Christian Social Union [Part/D] *Christlich-Soziale Union* || [Abbr] *CSU*

BCN [GB] **Bank Code Number** [Abbr] *BLZ* [Bankleitzahl] || [USA] A.B.A. Number (= American Bankers Association Number)

to be in *beteiligt sein*

bear *Baissier* [Bör] jemand, der auf fallende Kurse spekuliert *[Bär* als Symbol für Pessimismus an der New Yorker Börse] —> bull || **bear market** [Bör] *Baisse*

to bear costs *Kosten tragen* || **The costs shall be born in equal parts** *die Kosten werden zu gleichen Teilen getragen* || **to bear down** *überbrücken* || **to bear on** *sich beziehen*

auf || **to bear upon** *lasten auf*

bearer *Inhaber* || **bearer bonds** *Inhaberschuldverschreibungen* || **bearer bonds outstanding** *im Umlauf befindliche Inhaberschuldverschreibungen* || **to issue bearer bonds** *Inhaberschuldverschreibungen begeben* || **bearer securities** *Inhaberpapiere* || **bearer stock** *Inhaberaktien* Auf den Inhaber ausgestellte Aktien, in Deutschland vorherrschende Form der Aktie —> Namensaktie

to become of age *volljährig werden* [§ 2 BGB] Volljährigkeit wird regelmäßig mit Vollendung des 18. Lebensjahres erreicht, d.h. bereits am 18. Geburtstag. [USA] In der Mehrzahl der Staaten wird legal age und damit volle Geschäftsfähigkeit regelmäßig mit Vollendung des 18. Lebensjahres erreicht. Ausnahmen hiervon bilden bestimmte Bereiche wie Konsum von Alkohol (später) und Fahrerlaubnis (früher).

Bederecht practice *Bederecht* [SteuerR] ursprünglich freiwillige Abgaben

beer tax [SteuerR/D] *Biersteuer* || **beer tax law** *Biersteuergesetz* [1986]

beet sugar [ZuckerStG] *Rübenzucker*

at the beginning of this year *zu Jahresbeginn*

belief *Annahme* || **if he acted un-**

der the reasonable belief *unter den Umständen angemessene Annahme*

belligerent power [Mar] *kriegführende Macht*

belly gun [Bal] *Gürtelpistole*

below which *bei deren Unterschreitung*

belt of sea [Mar] *Meeresstreifen*

bench *Richterbank* ‖ **bench trial** *richterliche Entscheidung* [USA] Sofern Prozeßparteien auf einen jury trial verzichten [verfassungsrechtlich verankerter Anspruch der Parteien darauf besteht], kann ein Fall ausschließlich einem [sachkompetenten] Richter zur Entscheidung anvertraut werden.

beneficiary *Begünstigter* ‖ **a third beneficiary party contract** *Vertrag zugunsten Dritter*

benefit *Vorteil* ‖ *Gewinn* ‖ *Vergünstigung* ‖ *Zuwendung* ‖ *Bestimmung* ‖ *Erlös* ‖ *Nutzung* ‖ **benefit equivalent to [a part of] a wage or salary** *geldwerter Vorteil* ‖ [LohnSt] **income from dependent personal services** *Einkünfte aus nicht-selbständiger Arbeit* ‖ **dependence benefit** *Invalidenrente für Angehörige* ‖ **for the benefit of** *zugunsten* ‖ **industrial benefits for widows and other dependants** *Hinterbliebenenrente für Witwen und andere Angehörige* —> Witwenrente

‖ **to be entitled to the benefit of** *Anspruch auf alle Vergünstigungen haben* ‖ **to conter a benefit** *Begünstigungen gewähren* ‖ **benefits from estates and trusts** *Beträge aus Zweck- und Treuhandvermögen*

benevolent and welfare institutions [SteuerR/D] *gemeinnützige Körperschaften*

bequeath by will *[testamentarisch] vermachen* to leave by will

bequest [ErbR] *Vermächtnis* ‖ Als Erwerb von Todes wegen gelten u.a. der Erwerb durch Vermächtnis und vermächtnisähnliche Erwerbe :: The term "transfer by reason of death" refers to transfer by bequest or similar means

Berlin [BLand/D] *Berlin* ‖ **Berlin clause** *Berlinklausel* —> Land Berlin ‖ **Berlin loans** *Berlindarlehen* ‖ **Berlin Promotion Law** [SteuerR/D] *Berlinförderungsgesetz*

berth *Liegeplatz* [im Hafen zur Be-/Entladung]

betting and lottery tax [SteuerR/D] *Rennwett-, Lotterie- und Sportwettsteuer*

between ... [petitioner] and ... [respondent] *Rechtsstreit zwischen ... [Klägerin] und .. [Beklagte]*

beverage *Getränk* ‖ **beverage tax** [SteuerR/D] [arch] *Ungeld* tax on wine beer and mead ‖ *Getränkesteuer* ‖ **beverages similar to sparkling wine** *schaumweinähnliche Getränke*

beyond all forecasts *entgegen allen Prognosen*

Bezirksgericht *Bezirksgericht* [Amts-] Gericht in der Schweiz bzw. Österreich. Wird nicht übersetzt, sondern mit Zusatz Bezirksgericht at [...]

BfA *Bundesanstalt für Arbeit* :: Federal Employment Office vergleichbar mit Manpower Services Commission

BfD *Bundesbeauftragter für den Datenschutz*

BGBl *Bundesgesetzblatt* :: Federal Law Gazette

bid *Gebot* ‖ **bid bond** *Bietungsgarantie* ‖ *Offertgarantie* [Ex] Gewährleistung des Verkäufers, daß dieser dem Käufer seine Offerte bis zum Zeitpunkt der Auftragserteilung verbindlich einhält. Käuferschutz gegen vorzeitige Rücknahme des Gebots. I.d.R. 1-5% des Offertbetrages über 3-6 Monate bis zur Vertragsunterzeichnung oder Stellung eines —> performance bonds —> tender guarantee ‖ **bid price** [InvF] *Rückkaufkurse für eine Anteilseinheit* ‖

big *groß* ‖ *stark* ‖ *weit* ‖ *ausgeweitet* ‖ **big bank shares** [Bör] *Großbanktitel* ‖ **big ticket leasing** [Leas] *Big-Ticket-Leasing* —> Großanlagen-Leasing ‖ **bigger** *größere* ‖

umfassendere ‖ *weitergehendere*

bilateral trade flows *Handelsverflechtung*

bill *Gesetzesvorlage* ‖ **bill drawn on a debtor** *Bank-auf-Bank-Ziehungen* —> Debitorenziehung ‖ *Bankenziehung* Wechselziehung der Banken auf ihre Kunden oder auf eine andere Bank (Bank-auf-Bank-Ziehungen). Der Kunde verschafft sich durch Weiterverkauf des Wechsels i.d.R. an die gleiche Bank, die gewünschten Mittel. Die eigenen Ziehungen der Banken werden in den Monatsberichten der Deutschen Bundesbank gesondert aufgelistet. Diese haben im allgemeinen einen geringen Umfang. ‖ **bill jobber** *Wechselreiter* ‖ **bill jobbing** :: *Wechselreiterei* —> syn.: kite-flying ‖ **bill of indictment** *Anklageschrift* ‖ **bill of suretyship** *Wechselbürgschaft* ‖ **bill holder** *Wechselinhaber* —> syn.: holder ‖ **bill s discounted** [Bbank] *Wechseldiskontkredite* ‖ **bills negotiated and transferred** [Bil] *Begebung und Übertragung von Wechseln* ‖ **bills of exchange tax** *Wechselsteuer* ‖ **bills of exchange tax stamps** *Wechselsteuermarken* [WechselR] tax is payable in stamps which are available at post offices. These stamps have to be affixed on the reverse side of the bill. Tax franking machines may also be used under certain conditions.

billion *Milliarde* [1,000.000.000] [Abbr] *Mrd.*

binding *Bindungs[-...]* ‖ *bin-*

dend || verbindlich || **binding authority** Bindungswirkung syn.: binding force || **binding promise** Verpflichtungsfähigkeit capacity to make binding promises to others

BIS BIZ Bank für Internationalen Zahlungsausgleich **Bank for International Settlement**. Gegr. 1930, Sitz: Basel; Rechtsform: AG; Aktionäre sind alle Notenbanken einschließlich der USA, Japan, Kanada, Australien und Südafrika. Stimmberechtigt sind nur Notenbanken, ca. 15% des Aktienkapitals in privaten Händen (ohne Stimmrecht). Ziel: Förderung der Zusammenarbeit der Zentralbanken, Erleichterung internationaler Finanzoperationen etc.

bissextile Schalttag alle vier Jahre der als 29. Februar angehängte Tag im Schaltjahr :: leap-year

black schwarz || **black list certificate** Black List Certificate Verzeichnis des Arab League Boycott Committee von Firmen, die wg. ihrer engen Beziehungen zu Isreal zum Boykott durch arab. Staaten empfohlen werden. Ausstellung durch Reedereien und Versicherungsgesellschaften, wobei bestätigt wird, daß die betr. Firma nicht auf der schwarzen Liste steht. Zertifikat muß von einer Handelskammer bzw. einem Vertreter arab. Staaten vor Verschiffung legalisiert werden. || **black market** Schwarzmarkt || **black powder** [Bal] Schwarzpulver

blackjack Knüppel || [coll] Totschläger

blackmail Erpressung

blank Blanko[-...] || **blank bill** Blankowechsel draft with payees name left blank [Art. 10 WechselG] Wechsel, der beim Begebungsvertrag unvollständig ausgefüllt wurde. Der Empfänger ist jedoch berechtigt, die Angaben nach Ermächtigung zu ergänzen. || **blank cartridge** [Bal] Platzpatrone || **blank credit** Blankokredit

blanket lease [Leas] Blanket-Leasing —> syn.: master lease || **blanket policy** Pauschalgarantie a policy usually requiring the exporter to insure all of his export transactions || **blanket rate of input tax** [SteuerR/D] Vorsteuerpauschalierung

blended rate of interest Mischzinssatz

block Block Parzellierung von Grundstücken. Blocks sind in den USA in lots eingeteilt. Wird nicht übersetzt, wenn es sich bei block um ein unbebautes Grundstück zur Veräußerung handelt. || **block exemption** Gruppenbefreiung

blockade-runner [Mar] Blockadebrecher

blue-chip stock [Bör] Blue chip || stock of listed company with high-grade financial record Aktien erstklassiger Adressen

BLZ [BRD] Bankleitzahl || [USA] A[merican] B[ankers] A[ssociation]

Number || [GB] B[ank] C[ode] N[umber]

board *Amt* || *Rat* sofern kein Council i.R.d. Vertrages vorgesehen ist —> Kommission || *Vorstand* || *Stelle* || *Behörde* || **board of arbitration** *Schiedskommission* || **board of control** *Kontrollstelle* || **Board of County Commissioners** *Board of County Commissioners* unübersetzt lassen: Chief units for administrative, judicial and political purposes (=Kreis). Behörden der Kreisverwaltung, in den USA größte Verwaltungseinheit, außer in Lousiana, dort heißen sie "parish" || **board of directors** [Man/Org] *Aufsichtsrat* || *Verwaltungsrat*. Mittelstellung zwischen Vorstand und Aufsichtsrat, da zugleich Leitungsgremium und Aufsichtsorgan. Daher in Anlehnung an das schweizerische Gesellschaftsrecht auch Verwaltungsrat, dessen Funktion der des b.o.d. entspricht || *Präsidium* [in einem Verband] || **board of governors** [IWF] *Gouverneursrat* || **Member of the Board of Management of Dresdner Bank AG** *Mitglied des Vorstands der D.B. AG* || **Board of Management of Subsidiaries** [Bil] *Geschäftsführungen von Tochtergesellschaften* || **board of mediation** [ArbR] *Schlichtungsstelle* im Tarifkonflikt || **board of trade** *Handelskommission* [arch] heute: **Department of Trade and Industry** *Beirat für Außenhandelsfragen* || **board of trustees** *Treuhänderkuratorium* || **separation from bed and board** *Trennung von Tisch und Bett*

boarding crew [Mar] *Prisenbesatzung*

bodies established under the Works Constitution Act [BetrVG] *Betriebsverfassungsorgane*

body *Körperschaft* || *Organ* || *Stelle* || *Körperschaft* [nicht mit Ausschuß übersetzen, da dies Committee ist.] || **body corporate** *Körperschaft* —> **corporate body** || *Personenvereinigung* Sammelbegriff für Zusammenschlüsse, die keine juristische Person darstellen, dieser aber in gewissen Beziehungen gleichgesetzt sind. —> [§§ 30, 88 OWiG] Personenhandelsgesellschaften und nicht rechtsfähige Vereine. Pv. besitzt keine legal personality (Rechtspersönlichkeit). Z.T. gemeinschaftl. Vermögen (common property) und sie wird zum Teil als selbständiges Rechtssubjekt behandelt.—> **association of persons**; z. B.: in den [USA] rechtsfähige Körperschaften wie public limited companies (GmbH I AG) || **body search** [ZollW] *körperliche Durchsuchung*

bona fide *gutgläubig* || *Bona-Fide* [VertR] *in good faith* || **bona fide party** *Gegenpartei* || die andere Vertragspartei :: the party in good faith || **bona fide clause** *Bona-fide-Klausel* [Ex] Dokumentiert die Einlösewilligkeit [des Kreditbriefs] durch jedes Kreditinstitut, womit der Aussteller jedem gutgläubigen Einreicher Zahlung verspricht. [We hereby engage with drawers and/or bona fide holders that draft drawn and negotiated in conformity with the terms of this credit will be duly honoured on presentation and that drafts accepted within the terms of this credit will be duly honoured at maturity. The amount must be endorsed on the back of this Letter of Credit by the negotiating bank.] ‖ **bond** *gesiegelte Schuldurkunde* ‖ [ZollW] *Verpflichtungserklärung* ‖ **bid bond** *Offertgarantie* [Ex] —> *Bietungsgarantie* ‖ **bond dealing** *Rentenhandelsgeschäfte* ‖ **bond fund** [InvF] *Versicherungsfonds* ‖ **bond group** [InvF] *Versicherungskonzern, der Versicherungsfonds auflegt* ‖ **bond market** *Rentenmarkt* ‖ *Anleihenmärkte* ‖ *internationale Finanzmärkte* ‖ **bond yields** *Umlaufrenditen* ‖ **agricultural bond** *[Zertifikat eines] Immobilienversicherungsfonds der hauptsächlich in landwirtschaftlich genutzte Grundstücke investiert* ‖ **annuity bond** [InvF] *Rentenversicherungssparbrief* ‖ **balanced bond** [InvF] *Zertifikat eines "gemischten" Versicherungsfonds mit Aktien, Immobilien und festverzinslichen Wertpapieren im Portefeuille* ‖ **friendly society bond** [InvF] *Sparbrief eines Kleinversicherungsvereins* ‖ **performance bond** *Erfüllungsgarantie* [Ex] *finanzielle Absicherung, daß der Verkäufer seine vertraglichen Leistungen in der vereinbarten Form fristgerecht ausführt.* ‖ **straight bond** *Anleihe* ‖ *Schuldverschreibung*‖ *Obligation* ‖ *Sammelbezeichnung für Effekten mit fester Verzinsung* (international neue Anleiheform mit Zinsanpassungen, d.h. variabler Verzinsung, der floating rate note und der Verbriefung von Gläubigerrechten. Begebung i.d.R. zur langfristigen Schuldaufnahme in größerem Umfang am in- und ausländischen Kapitalmarkt ‖ **to enter into a bond**

Verpflichtung eingehen durch eine *gesiegelte Schuldurkunde eine Verpflichtung eingehen* ‖ **to furnish a bond** *Schuldschein ausstellen* syn.: **to give a bond** ‖ **bond holder** *Anteilsinhaber von Versicherungsfondsanteilen* ‖ **bond warrants** *Optionsanleihen* [Bör] *mit der Berechtigung zum Bezug von Anleihen* ‖ *Obligationär*

bonds *Rentenwerte* ‖ **bonds outstanding** *Verbindlichkeiten aus Schuldverschreibungen* [durch eine gesiegelte Schuldurkunde eine Verpflichtung eingehen] ‖ **bonds with a maturity of at least four years** *Anleihen mit einer Laufzeit von mindestens vier Jahren* ‖ **domestic bonds** *inländische Anleihen* ‖ **foreign bonds** *ausländische Anleihen* ‖ **local authorities' bonds** *Kommunalobligationen*

book *Buch* ‖ **book club** *Buchgemeinschaft* ‖ **to distribute a work by a book club** :: *ein Werk über eine Buchgemeinschaft verbreiten* ‖ **book depreciation** *bilanzielle Abschreibung* —> *bilanzmäßige Abschreibung; depreciation for financial statement purposes* [Erfassung der Abschreibung für Bilanz und Gewinn- und Verlustrechnung] ‖ **book of record sheets** [ZollW] *Fahrtenberichtsheft* ‖ **book value** [Bil] *Buchwert* ‖ **books of account** *Rechnungsbücher* ‖ **books of original entry** *Bestandskonten* [Buchf] *Konten, die keine Erfolgswerte, sondern nur reine Bestände enthalten* [Kasse, Debitoren, Kreditoren]

bookings *Bestellungen* || [Buchf] *in Geschäftsbücher verbuchte Aufträge* || *Auftragsbestand*

bookmaker [RennwLottG] *Buchmacher*

Border Zone Aid Law *Zonenrandförderungsgesetz*

bore [Bal] *Kaliber*

born *Kosten tragen* —> to bear || **The costs shall be born in equal parts** :: *die Kosten werden zu gleichen Teilen getragen*

borough [VwO/D] *Bezirk* —> district || **borough authority** *Bezirksamt* [VwO/D] in HH. und Berlin Verwaltungsbehörde des Bezirks; syn.: borough office || municipal office || **borough council** [VwO/Berlin] *Bezirks[verordneten]versammlung* || **borough councillor** *Bezirksabgeordnete* [VwO/D] gewählter Vertreter einer Hamburger Bezirksversammlung —> municipal || *Bezirksverordnete* [VwO/D] Mitglied einer der Berliner Bezirksverordnetenversammlungen || **borough mayor** [VwO/SL;B] *Bezirksbürgermeister*

borrowers' notes [Bbank] *Schuldscheine*

bottle-neck *Engpaß* || [Prod] *Kapazitätsengpaß* || **to ease bottlenecks** *Engpässe lindern*

bottled wine [Winz] *Flaschenwein* red ~ :: *Rotwein* || white ~ :: *Weißwein* || Rosé :: *rosé* || quality wine :: *Qualitätswein* || predicate wine :: *Prädikatswein* || trocken :: dry || halbtrocken :: medium-dry || süffig :: sweet || *Geschmacksrichtungen:* varieties

bottom-fermented beer [BierSt/D] *untergäriges Bier*

bound [by] *gebunden [an* || *nach]* || **not consider o.s. bound by** :: *sich nicht als gebunden betrachten nach [...]*

boundary line, former ~ between East and West Germany *frühere deutsch-deutsche Grenze* || *ehemalige ostdeutsche Grenze* || *Grenz[verlauf] zwischen [ehemaliger] DDR und BRD*

brainchild The [...] data bank is the common brainchild of leading banking firms *Die [...] Datenbank ist eine Gemeinschaftsinitiative führender Kreditinstitute*

brainstorming *Brainstorming* || *Ideenfindung*

branch *Niederlassung* || **branch of production** *Filiale* || *Zweigniederlassung* || *Produktionszweig* || *Zweigstelle* || **branch of the law** *Rechtsgebiet* || **to open branch offices in [...]** *mit Filialen [in...] aktiv sein*

brand *Handelsmarke* || *Handels-*

name ‖ **brand mark** *Güte* —> hallmark ‖ *"Qualitätsware"* ‖ *Markenzeichen*

Brandenburg [BLand/D] *Brandenburg*

BRAO [Abbr] *Bundesrechtsanwaltsordnung* ‖ Code of Professional Responsibility

breach *mangelhafte Leistung oder Nichtleistung eines Vertrages* [USA] ‖ **minor breach** *nicht erheblicher Vertragsbruch* [vertragstreue Partei hat Anspruch auf Schadensersatz] ‖ **material breach** *erheblicher Vertragsbruch* [vertragstreue Partei kann optieren auf Rücktritt vom Vertrag oder Erhebung eines Schadensersatzanspruchs] —> damages ‖ *Vertragsverletzung* ‖ **to repair a breach** *eine Vertragsverletzung rückgängig machen* ‖ **breach of blockage** [Mar] *Blockadebruch* ‖ **breach of condition** *Nichteinhaltung von Vertragsbedingungen* ‖ **breach of duty** *Pflichtverletzung* ‖ **breach of the law** *Gesetzesübertretung* ‖ *Übertretung eines Gesetzes* ‖ **breach of trust** *Verletzung der Pflicht des Treuhänders* ‖ **breach a contract** *Vertragsbruch*

to break even *kostendeckend arbeiten* to cover one's costs —> breakeven

break in continuity of series [1979, 1981, 1987] [Stat] *statistischer Bruch der Zeitreihe [1979, 1981, 1987]*

breaking of seals [ZollW] *Verschlußverletzung*

breakbulk cargo [USA] *Stückgut*

breakeven analysis *Breakeven-Analyse* —> Ermittlung der Rentabilitätsschwelle oder Ertragsschwelle

breakout [Bör] *Bruch einer Trendlinie* in der Chartanalyse bei einem Chart ein Ausbruch aus einem Abwärts- oder Seitwärtstrend. Erste Anzeichen zum Kaufsignal am Aktienmarkt.

Bremen [BLand/D] *Freie Hansestadt Bremen*

brick *Preßling*

to brief [schriftliche] *Beauftragung* ‖ *Mandat* ‖ *Vertretung vor Gericht* ‖ **to be briefed by a solicitor** *von einem Solicitor beglaubigt*

brief *anwaltliche Vertretung* ‖ **to hold a brief for s.o.** *jmd. vor Gericht vertreten* ‖ *jmd. anwaltlich vertreten* ‖ **briefs** *Prozeßakten* ‖ *Prozeßunterlagen* ‖ **to purpose the briefs** *Prozeß vorbereiten*

briefing *Lagebsprechung* ‖ *Einsatzbesprechung* ‖ *Instruktionen* [erteilen I erhalten]

British Nationalizing Act *Britisches Staatsangehörigkeitsgesetz* —> Einbürgerung ‖ naturalizing

broad variety of products *breit gefächerte Produktionspalette*

broadcasting right *[Recht zur] Fernsehbearbeitung*

broker [Leas] *Leasing-Makler* Person oder Unternehmen, das vorwiegend Leasing-Geschäfte für Dritte arrangiert und gelegentlich auch selbst durch die Investition von Eigenkapital in ein Leasing-Objekt als Leasing-Geber tätig wird, wobei i.d.R. Banken als Refinanzierungsquelle dienen ‖ [WertpapR] *Makler* —> jobber ‖ dealer ‖ factor: Kommissionär, der die Ware, die er verkauft, im Besitz hat und im Gegensatz zum Makler :: broker in eigenem Namen handelt ‖ **insurance broker** [VersR] *Versicherungsmakler* ‖ **official broker** [Bör] *Kursmakler* ‖ **real estate broker** *Grundstücksmakler* ‖ **stock broker** [Bör] *Börsenmakler*

browsing [EDV] *[unerlaubtes] Eindringen [in Datenbanken]* ‖ *unerlaubtes Stöbern* ‖ *Schnüffeln* —> [Computer-] Hacker

budget *Budget* syn.: management ~ ‖ **budget appropriation** *Haushaltsmittel* ‖ **Budget Support Law** *Haushaltsbegleitgesetz* ‖ **capital expenditure budget** *Investitionsbudget* outlines specifically investment in plant, machinery, equipment, inventories, etc. ‖ **cash budget** *Einnahmen- und Ausgabenbudget* forecast of cash receipts and disbursements ‖ **contingency budget** *Eventualbudget* —> Kontingenzbudget [part of the contingency planning process] Deviations from sales projections (while no change in profit is expected) and normally involves corresponding adaptation in production and personnel planning ‖ **emergency budget** *Notbudget* —> Reservebudget ‖ budget is implemented when sales drop below projections and the profit originally expected cannot be maintained (usually entailing cutbacks in productions and personnel, apparent after 3-4 months of monitoring relevant trends). ‖ **expense budget** *Absatzbudget* —> sales budget; approved to meet sales projections for the respective planning period ‖ **fixed budget** *starres Budget* reflects only fixed costs including such items as depreciation; property taxes; insurance; and other overhead expenses ‖ **program budget** *Programmbudget* ‖ **sales budget** *Absatzbudget* —> expense budget ‖ **variable budget** *variables Budget* designed to vary as the volume of sales or production varies. Based on analysis of expense items to determine how individual costs vary with volume of output. ‖ **zero-base budget** *Null-Basis-Budget* syn.: nicht fortgeschriebenes Budget

budgeting *Budgetierung* —> syn.: cash planning ‖ Liquiditätsplanung ‖ **capital budgeting decision** [InvR] *Investitionsentscheidung* Wahl zwischen Investitionsalternativen

buffer stocks *Ausgleichslager* ‖ *Reservelager* ‖ *Pufferbestand* —> Common Fund for Commodities :: Gemeinsamer Fonds für Rohstoffe

building *Bau[-...]* ‖ **building land** *Bauland* —> vacant plot of land

‖ **building lease** *Erbbaurecht* —> long lease ‖ **building loan agreement** *Baudarlehen* ‖ **building savings contributions** [SteuerR/D] *Bausparbeiträge* ‖ **building site** *Bauausführung* construction or installation project wird zusammengefaßt zu: "Montage" ‖ **building societies** *Bausparkassen* syn.: building-saving fund ‖ **co-operative ~ society** *Wohn[ungs]baugenossenschaften* —> low-cost housing construction ‖ minimum economic rent ‖ **building-saving fund** *Bausparkasse* [SteuerR/D] ‖ **credit balances held with building-saving funds** *Guthaben bei Bausparkassen*

built-in life cover *automatischer Lebensversicherungsschutz* [InvF] *bei einem Versicherungsfonds*

built-up property [USA] *bebautes Grundstück* —> real estate

bulbs for use in motor vehicles [Tech] *Kraftfahrzeuglampen*

bulk goods *Massengut* ‖ [Verp] *Schüttgut* ‖ **in bulk** [Verp] *lose [gepackt]*

bull *Haussier* [Bör] Anleger, der auf steigende Kurse setzt [**Bull** als Symbol für Optimismus an der New Yorker Börse] ‖ **bull market** [Bör] *Hausse*

bumper harvests [EG] *Rekordernten*

Bund future *Bund Future* [Bör] Terminkontrakt auf Bundesanleihen [seit 1990 an der DTB]. Grundlage ist fiktive Bundesanleihe mit 6%-Kupon und Restlaufzeit 8-10 Jahre. Lieferung über alle Bundesanleihen mit entspr. Restlaufzeit möglich, Mindesteinheit pro Kontrakt DM 250.000,-.

Bundesbank office *Landeszentralbank* [Bbank] —> Nebenplatz

buoyancy *Auftrieb* [Tauchen] [Konjunktur]

buoyant export business *lebhafter Export* ‖ **buoyant investment activity** *kräftige Investitionskonjuktur* ‖ **buoyant share market** [Bör] *leistungsfähiger Aktienmarkt*

burden *Beweislast* ‖ **to discharge the burden** *Beweislast aufgeben* ‖ *umkehren*

to burden *belasten* ‖ *ausweiten* ‖ **to burden the budget** [Bil] *Etat mit [...] belasten*

burdensome, more ~ taxes *höhere Steuern* ‖ *höher besteuert*

bureau *Amt* ‖ *Büro* —> agency ‖ **International Hydrographic Bureau** *I nternationales Hydrographisches Büro* ‖ **International Bureau of Education** *Internationales Erziehungsamt* ‖ **Bureau of Weights and Standards** *Eichamt* ‖ [USA] *Bureau of Standards*

burial costs [ErbStG] *Bestattungs-*

kosten

burn-out [Man] [PersW] *Burn-Out* ‖ *Zustand emotionaler Erschöpfung* ‖ *ausgebrannte Mitarbeiter*

business *Geschäft[szweig]* ‖ **business activities** [Bil] *Geschäftstätigkeit* ‖ **business assets acquired** [Bil] *erworbene Geschäftswerte* ‖ **business connections** *Geschäftsverbindungen* ‖ **to carry on business dealings** *Geschäfte tätigen* ‖ **business environment** *betriebswirtschaftliche Einflußgrößen* ‖ *Unternehmensumfeld* ‖ **business finance** *Finanzierung* ‖ *Finanzwirtschaft* i.e.S. Kapitalbeschaffung; i.w.S. alle finanziellen Vorgänge in der Unternehmung.‖ **business games** [PersW] *Planspiele* ‖ **business investment policy** [InvR] *betriebliche Investitionspolitik* ‖ **business organizations** *Unternehmen* ‖ **business policy** *Unternehmenspolitik* —> strategische Planung ‖ **business premises** *Geschäftsräume* —> premises :: Grundstück ‖ **business relations** *Geschäftsverbindungen* ‖ **to enter into business with** *Geschäftsbeziehungen aufnehmen mit* ‖ **to initiate business connections** *Geschäftsbeziehungen einleiten* ‖ **to have business relations with** ‖ **to do business [dealings] with** *mit jmd. in Geschäftsbeziehungen stehen* ‖ **The Business Roundtable** *Gesprächskreis zwischen Politik* [Kongress] *und Wirtschaft* [Managerebene] Anfang der 70er Jahre ‖ **business se-** **cret** *Betriebsgeheimnis* ‖ **business strategy** *Geschäftsstrategie* zur Erreichung mittel- und kurzfristiger Unternehmensziele ‖ **business style** *Firmenname* ‖ **business transactions** *Geschäftsvorfälle* ‖ **business unit** *Geschäftsbereich* —> strategische Geschäftseinheit :: strategic business unit ‖ **business volume expanded by DM 2 billion to DM 3 billion** *das Geschäftsvolumen stieg um DM 2 Mrd auf DM 3 Mrd* ‖ **business year** [Bil] *Geschäftsjahr* ‖ **conduct of business** *Führung der Geschäfte* ‖ *Geschäfte führen* ‖ **fixed place of business** *ständige Betriebseinrichtung* ‖ *ständige [feste] Geschäftseinrichtung* ‖ *feste Stätte des Geschäftsbetriebs* ‖ *Betriebsstätte* ‖ **forms of business** *Unternehmensformen* ‖ **general business conditions** *Konjunktur* ‖ **in the ordinary course of business** *im Rahmen der ordentlichen Geschäftstätigkeit* ‖ **line of business** *Branche* —> *Geschäftsbereich* ‖ **to have business dealings with** *Geschäfte abwickeln mit* ‖ *Geschäftsbeziehungen unterhalten mit* ‖ **to transact business with** *geschäftliche Verbindung haben mit* ‖ **business-connected expenses** [SteuerR/D] *Betriebsausgaben*

buy back transaction *Rückkaufgeschäft* Form des Kompensationsgeschäfts bei Großanlagenkäufen unter Vereinbarung, daß der Anlagenkauf später ganz oder teilweise durch Lieferung der später produzierten Ware bezahlt wird.

buyer *Abnehmer* —> public buyer ‖ **buyer credits** *Bestellerkredite* [Ex] Deckungsformen: Bei direkten Krediten (=Bestellerkrediten) an ausländische Besteller durch deutsche Banken zur Bezahlung der deutschen Exportgüter wird Deckung zugunsten der Banken gewährt (gebundener Finanzkredit, auch Bundesgarantien und Bundesbürgschaften für gebundene Finanzkredite) —> Käuferkredite ‖ *Käuferkredite* ‖ *Kundenkredit* ‖ **buyer-lessor** [Leas] *Rück-Vermieter* Leasinggeber in einem —> Sale-and-lease-back-Geschäft ‖ **buyer market** *Käufermarkt* ‖ *Buyer Market* Angebotsüberhang am Markt gegenüber Kaufinteresse

buying rate *Rücknahmesatz* [Bbank] Marktsätze, zu denen best. Geldmarktpapiere von der Bbank i.R.d. Offenmarktpolitik gekauft werden

by *bis zum* ‖ **by july, 6** *bis zum 6. Juli* ‖ **by act** *durch Anzeige* [VölkR] bei Verkündigung von Übereinkünften ‖ **by common action** [VölkR] *durch gemeinsames Vorgehen* ‖ **to increase by over 1 percentage point** [Bil] *um mehr als 1 Prozentpunkt steigen* ‖ **by reason of** *für*

C&F *C&F* wie CIF, nur Verkäufer überläßt Versicherung dem Käufer

C.B. [GB] [Abbr] **Chief Baron** *Vorsitzender [Richter]* des ehemaligen Court of Exchequer

C.P. [GB] [Abbr] **Common Plea Cases**

C.P.D. [GB] [Abbr] **Common Plea Cases**

CAD-/CAM system application [EDV] *CAD-/CAM-Einsatz* ‖ **our recently introduced CAD system** *das neu eingeführte CAD-System*

call *Kaufoption* [Bör] Optionskontrakt, der einem Käufer gegen den Optionspreis (Prämie) das Recht [aber nicht Verpflichtung] einräumt, innerhalb einer best. Frist eine best. Anzahl von Aktien zum Basispreis zu erwerben. Der Verkäufer der Kaufoption (Stillhalter) ist dann verpflichtet, den Basiswert (sprich, die zugrundeliegenden Wertpapiere) gegen den Basispreis zu liefern. Kaufoption wird zweckmäßigerweise bei hoher Kurserwartung gekauft, wobei das Risiko bei enttäuschter Kursentwicklung bis zu 100% des Kapitaleinsatzes betragen kann. ‖ **covered call writing** *Verkauf eines gedeckten Call* ‖ **call deposit** *Annullierung* ‖ [Buchf] *Stornierung* ‖ *Aufhebung* ‖ **call money** *Tagesgeld* [Bbank] syn.: *tägliches Geld* ‖ *Call-Geld* gängigste From des Handels mit Zentralbankguthaben am Geldmarkt. Handel von täglichem Geld auf Abruf stellt Notenbankgeld bis auf weiteres zur Verfügung, wobei der Marktpartner berechtigt ist, in den frühen Morgenstunden bzw. noch am gleichen Tag bis 11 Uhr zu kündigen. Sonderform: Ultimogeld. ‖ **upon the call of** *auf Anruf durch* ‖ *auf Einberufung durch* ‖ **to call due** *für fällig erklären* ‖ **to call for** *erforderlich sein* ‖ **to call in a loan** *einen Kredit kündigen* ‖ **called-up capital** *eingefordertes Kapital* ‖ **uncalled**

capital *nicht eingefordertes Kapital*

to cancel *annullieren* ‖ *erlöschen* ‖ *to get null and void* :: *null und nichtig* [sein/werden] ‖ [PatR] **The licence shall be cancelled automatically** *Die Lizenz wird ohne weiteres annulliert.*

cancellation *Annullierung* ‖ [Buchf] *Stornierung* ‖ *Aufhebung* ‖ **cancellation of the contract** [BGB 649] *Rücktritt vom Vertrag* ‖ *Vertragsstornierung*

candel-shaped [Tech] *kerzenförmig*

cannon-shot rule [Mar] *Kanonenschußregel*

CAP [EG] —> **Common Agricultural Policy** *gemeinsame Agrarpolitik*

to be capable of *kann* ‖ *können* ‖ **is not capable of settlement by arbitration** *kann nicht einem Schiedsverfahren unterworfen werden*

capacity *Fähigkeit* ‖ **the capacity to make binding promises to others** *Verpflichtungsfähigkeit* the capacity to make a binding disposition of one's property :: *Verfügungsfähigkeit* ‖ **capacity bottleneck** [Prod] *Kapazitätsengpaß* ‖ **in a advisory capacity** *Beraterfunktion* ‖ **in a consultative capacity** *in beratender Funktion*

capital *Kapital* **capitals** *Kapitalerträge* ‖ **capital account** [Bbank] *Kapitalbilanz* ‖ **capital appreciation tax** [SteuerR] [laufende Besitzsteuer] *Vermögenszuwachssteuer* ‖ **capital budget** *Investitionsbudget* ‖ [InvR] *Kapitalbudget* Budget für alle Investitionsvorhaben für einen bestimmten Zeitraum [i.d.R. 12 Monate] ‖ **capital budgeting** [InvR] *Investitionsrechnung* —> investment evaluation ‖ investment analysis Wirtschaftlichkeitsrechnung als Teil des betrieblichen RechW bzw. als Einzelrechnung zur Bestimmung der Vorteilhaftigkeit von Investitionsvorhaben ‖ **capital budgeting decision** [InvR] *Investitionsentscheidung* Wahl zwischen Investitionsalternativen ‖ **capital commitments not yet incurred on contracts placed** [Bil] *Bestellobligo für Investitionen* ‖ **capital expenditure[s]** *aktivierungspflichtige Kosten* [Absch] Unterscheidung zwischen capital expenditure (=aktivierungspflichtige Kosten) und revenue expenditure (=erfolgswirksame Kosten) ‖ Expense umfaßt alle revenue expenditures sowie den Teil der aktivierten capital expenditures, der in Form von Abschreibungen in der betreffenden Rechnungsperiode erfaßt wird ‖ *Investitionen* [InvR] syn.: Investitionsausgaben. Die mit einer Investition verbundenen Ausgaben. Entspricht nicht exakt dem betriebswirtschaftl. Begriff capital expenditure (=aktivierungspflichte Ausgaben) ‖ **Capital Formation Law** *Vermögensbildungsgesetz* [SteuerR/D seit 1987] Förderung der Vermögensbildung seitens des Arbeitgebers durch vermögenswirksame Leistungen (Sparbeiträge nach dem Spar-Prämiengesetz (außer Kraft), Wohnungsbau-Prämien nach dem Wohungsbau-Prämiengesetz, Kapitalbeteiligungen etc.). Wealth formation by employees subsidized through monthly paid portion by employer and fiscal grants and tax privileges under the employee's saving scheme. || **capital gain** *realisierter Kursgewinn* Der beim Verkauf einer Aktie erzielte Überschuß über den Anschaffungspreis || [InvF] *Wertzuwachs* || *Vermögenszuwachs* || **capital gains tax** *Vermögenszuwachssteuer* [InvF] Steuer auf "Spekulationsgewinne" || **capital goods** *Investitionsgüter* || **capital goods leasing** [Leas] *Investitionsgüter-Leasing* || **capital impairment** *Unterbilanz* Zustand, bei dem das Grundkapital durch Verluste oder Ausschüttungen angegriffen wird —> Ausschüttungssperren || **capital impairment rule** *Ausschüttungssperren* || **[amount of] capital to be invested** [InvR] *Kapitaleinsatz* || **capital investment** *Anlageinvestition* || **capital lease** [Leas] *Kapital-Leasing-Geschäft* || **capital leasing** *Capital leasing* Vertrag muß eines oder mehrere der folgenden Kriterien erfüllen: Der Vertrag überträgt das Eigentum am Mietgegenstand bei Vertragsende auf den Mieter; der Vertrag enthält eine Kaufoption zum Anerkennungspreis, die Mietzeit beträgt 75% oder mehr der voraussichtlichen Lebensdauer des Mietgegenstandes und der Gegenwartswert der Mindestmietzahlungen ist gleich oder größer als 90% des Wertes des Mietgegenstandes zum Zeitpunkt des Abschlusses des Mietvertrags. || **capital loss** *realisierter Kursverlust* Der beim Verkauf einer Aktie erlittene Verlust gegenüber dem Anschaffungspreis || **capital market** *Kapitalmarkt* || **capital outflows** *Kapitalabflüsse* || **capital outlay[s]** [InvR] *Investitionsausgaben* [InvR] —> capital expenditure[s] || **liabilities arising from capital payment obligations** *Haftung aus Kapitaleinzahlungsverpflichtungen* || **capital rationing** *Kapitalrationierung* [InvR] Beschränkung der für das Investitionsbudget zur Verfügung stehenden Mittel || **capital recovery** [InvR] *Kapitalrückfluß* Wiedergewinnung des investierten Kapitals durch Einnahmen aus dem Investitionsobjekt. || **capital remained unchanged at DM 256 million** *Grundkapital blieb mit 256 Mio DM unverändert* || **capital spending** *Investitionen* || **to increase the capital stock by DM 74 million to DM 640 million** *Erhöhung des gezeichneten Kapitals von [...] auf [...]* || **capital structure** *Kapitalstruktur* Zusammensetzung des Gesamtkapitals der Unternehmung aus Eigen- und Fremdkapital || **capital tax** *Vermögensteuer* || **capital tie-up** *Kapitalbindung* [InvR] Festlegung von Kapital in Vermögensgegenständen || **capital transactions tax** [SteuerR/D] *Kapitalverkehrsteuer* || **long-term capital transactions** [Bbank] *langfristiger Kapitalverkehr* || **capital yields tax** *Kapitalertragsteuer* [SteuerR] originally levied at 10% was abolished as of July 1, 1989 by the Law amending the Tax Reform Law —> withdrawal tax :: *Quellensteuer* || **authorized capital**

Stammkapital der AG —> nominal registered capital als Grundkapital der AG. Bessere Übersetzung für Grundkapital ist jedoch "equity capital" || **borrowed capital** *Fremdkapital* —> loan capital || **liable capital** *haftendes Eigenkapital* [Bbank] —> liable capital || **loan capital** *Fremdkapital* —> borrowed capital || **nominal authorized capital** *Grundkapital der AG* —> nominal registered capital || **with little command of capital** *geringe Kapitaldecke haben* || *über wenig Kapital verfügen*

to capitalize *aktivieren* Ausweis auf der Aktivseite der Bilanz (auch Umlaufvermögen) capitalize bezieht sich nur auf Anlagevermögen —> show on the assets side of the balance sheet

caption *Rubrum* [eines Urteils] Kopfzeilen oder Überschriften eines Urteils, die die Namen der Streitparteien, ihre Anwälte etc. enthalten —> above entitled action :: in der rubrizierten Streitsache

captive leasing company *Hersteller-Leasing-Gesellschaft* [Leas] herstellereigene Leasing-Gesellschaft

captor [Mar] *Aufbringer*

capture [Mar] *Aufbringung*

car carrier *Autofrachter*

carbon dioxide, containing ~ [Chem] *kohlensäurehaltig*

carbon rods for use in electric arc lamps [Tech] *Brennstifte zu elektrischen Bogenlampen*

care *Sorgfalt* || **ordinary care about one's own affairs** *Sorgfalt in eigenen Angelegenheiten* || *diligentia quam in suis* || reasonable care || due care || **care and custody** *Fürsorge* || **expenditure on the care of the grave** [ErbStG] *Aufwendungen für Grabpflege* || **to agree to take good care of s.th.** *sich verpflichten, etwas sachgemäß und pfleglich zu behandeln*

caring society *Sozialstaat* syn.: welfare state

Carnet ATA *Carnet ATA* —> ATA

Carnet TIR *Carnet TIR* —> TIR

carried over from Roman times *aus römischer Zeit überkommen*

carrier [ZollW] *Warenführer* || [Mar] *Verfrachter* || **carriers conditions of the carriage** *Bedingungen des Frachtvertrags*

to carry an enterprise *Geschäft betreiben* || *Firma betreiben* || **to carry into effect** [, in order to ~] *[das] zur Durchführung [notwendige] [...]* || **to carry on business dealings** *Geschäfte tätigen* || syn.: carry out :: *Geschäfte abwickeln* || *geschäftlich tätig sein* || **to carry out activities** *Tätigkeiten ausüben* || **to carry out administered funds on behalf of the Federal Republic of Germany**

für den Bund Auftragsgeschäfte durchführen || **to carry out business dealings** *Geschäfte tätigen* —> carry on :: Geschäfte tätigen; abwickeln; geschäftlich tätig sein. || **to carry over [carried over]** *Spaltensumme* || [Buchf] *Zwischensumme* || *Übertrag*

cartridge [Bal] *Patrone*

case *Fall* || *Sache* || **in the case of** *auf Seiten von* || *bei* || **case law** *Fallrecht* heute: Common Law (das durch richterliche Entscheidungen geschaffene Recht seit dem 14. Jhd.) || **case method** *Fallbeispiel* || [PersW] *Fallmethode* || *Fallstudie* || **a case stated** *Rechtssache, die dem High Court von einem Magristrate Court zur Entscheidung vorgelegt wird.* || **case study** [PersW] *Fallbeispiel* || *Fallstudie* || **as the case may be** *je nach Sachlage* || **criminal case** *Strafsache* —> crown case || **crown case** *Strafsache* —> criminal case

cash *Bargeld* i.e.S. Banknoten und Münzen || *Barmittel* [Buchf] gesetzl. Zahlungsmittel, die jederzeit in Bargeld umgewandelt werden können oder Geld, das sich im Besitz eines Unternehmens befindet :: legal tender that is physically held by the company. Any media for payment that can readily be turned into cash (bills, drafts, bonds etc.) || *Geld* || *Bargeld und Buchgeld* || *Sichteinlagen* || bank money || demand deposits || *Kasse* i.e.S. Bargeld (coins and bank notes) || i.w.S. Zahlungsmittel (coins, bank notes, demand deposits) || als Betriebsabteilung: cash office || *Zahlungsmittel* Bargeld oder Buchgeld bzw. die zur Verfügung über das Buchgeld verwendeten Zahlungsinstrumente (Scheck; Überweisung) || **cash account** [Buchf] *Kassakonto* || **cash assets** *liquide Mittel* liquide Mittel erster Ordnung: Bargeld und Sichteinlagen || erster und zweiter Ordnung: Bargeld, Sichteinlagen, diskontfähige Wechsel, börsengängige Wertpapiere, —> liquid assets und —> quick assets [liquid assets + Forderungen aus Warenlieferungen und Leistungen] || **cash at banks** *Guthaben bei Kreditinstituten* || **cash balance** *Kassenbestand* Bestand an Bargeld bzw. Zahlungsmitteln bei dem die Kosten der Kassenhaltung minimiert und der Ertrag aus kurzfristiger Anlage überschüssiger Gelder maximiert wird || **optimal cash** *optimaler Kassenbestand* || **cash basis** [SteuerR/D] *Istbesteuerung* || Turnover tax law provides that certain enterprises [small and medium-sized] may apply for taxation according to the consideration collected (as opposed to the so-called :: *Auf Antrag kann bestimmten Unternehmen [Kleinbetriebe] die Besteuerung nach den vereinnahmten Entgelten gestattet werden* —> accrual basis :: Sollbesteuerung) || **cash budget** *Liquiditätsplan* Aufstellung über die in einem bestimmten Zeitraum zu erwartenden Zahlungseingänge und -ausgänge einschl. Bestand an Zahlungsmitteln zu Beginn und zum Ende des Zeitraums (—> Liquiditätsplanung) || **cash credit** *Barkredit* || **cash deposit** [Bbank] *Bardepot* Zwangseinlage, ähnlich der Mindestreserve, die Inländer unverzinslich bei der Bbank für im Ausland aufgenommene Kredite i.H.d. jeweils geltenden Bardepotsatzes (max. 100%), der von der Bbank im Einvernehmen mit der Bundesregierung festgelegt wird, halten müssen. ‖ *Bareinzahlung* ‖ **cash deposit regulation** [Bbank] *Bardepotpflicht* syn.: **cash deposit requirement**. Kernstück der Vorschriften zur Abwehr schädigender Geld- und Kapitalflüsse aus fremden Wirtschaftsgebieten ist die Möglichkeit der Verpflichtung von Gebietsansässigen, einen bestimmten Prozentsatz ihrer Verbindlichkeiten aus den von ihnen unmittelbar oder mittelbar bei Gebietsfremden aufgenommenen Darlehen oder sonstigen Krediten während eines bestimmten Zeitraumes zinslos auf einem Konto bei der Bbank in DM zu halten. ‖ **cash disbursement** *Ausgaben* ‖ *Zahlungsausgänge* ‖ *Ausgänge [von Zahlungsmitteln]* ‖ [Buchf.] *Barauszahlungen* ‖ *Ausgaben* ‖ **slowing down cash disbursements** *Verzögerung der Zahlungsausgänge* —> cash management policy ‖ **cash dividend** *Bardividende* geläufige Form der in Geld ausgeschütteten Dividende ‖ ~ **down payment** *Anzahlung* The portion of the contract price required to be paid by the purchaser to the exporter on or before delivery of the product[s] or service[s] ‖ **cash flow** *Cash Flow* [begrifflich unterschiedlich definierter Terminus, bleibt unübersetzt] —> Nettobargeldzustrom ‖ *Finanzüberschuß* ‖ selbsterwirtschaftete Mittel. Im wesentl. der verbleibende Teil der Umsatzerlöse eines Unternehmens nach Abzug aller Ausgaben wie für Material, Löhne, Gehälter, Zinsen und Steuern, der für die Dividende, Finanzierung von Investitionen und Tilgung von Verbindlichkeiten zur Verfügung steht. Cash Flow nur als Kriterium für die Bewertung der Gewinnentwicklung tauglich. Cash-Flow-Größe als Vergleichsgröße u.a.: Jahresüberschuß (= Dividende + Rücklagenzuweisung aus dem Ergebnis) bzw. Jahresfehlbetrag + Abschreibungen und Wertberichtigungen auf Sach- und Finanzanlagen ± Veränderung der langfristigen Rückstellungen + außerordentl. bzw. periodenfremde Aufwendungen ./. außerordentliche bzw. periodenfremde Erträge. ‖ **cash flow methods** [InvR] *dynamische Investitionsrechnungsverfahren* ‖ **cash flows** *Zahlungsströme* [InvR] Die durch das Investitionsobjekt generierten Ausgaben und Einnahmen ‖ **cash forecast** *Liquiditätsplan* —> syn.: cash budget ‖ **cash forecasting** *Liquiditätsplanung* —> syn.: cash planning ‖ *Liquiditätsprognose* —> syn.: cash planning ‖ *Liquiditätsplanung* ‖ **cash holding** *Kassenhaltung* i.e.S. Halten von Zahlungsmittelbeständen ‖ **cash in bank** [BankW] *Bankkonto* ‖ **cash in hand** [Buchf] *Kassenbestand* ‖ **cash inflows** *Einnahmen* ‖ [InvR] *Zuflüsse von Zahlungsmitteln* ‖ **cash management** *Cash Management* [Terminus bleibt unübersetzt] —> Kassenhaltung ‖ Gelddisposition ‖ Kassendisposition ‖ Kurzfristige Finanzdisposition ‖ **cash management models** *Kassenhaltungsmodelle* Mathematische Modelle zur Bestimmung des optimalen Kassenbestands ‖ **cash management policy** *Kassenhaltungspolitik* Maßnahmen zur Minimierung der Kassenbestände und Maximierung der Erträge aus der kurzfristigen Anlage überschüssiger Gelder sowie Beschleunigung der Zahlungseingänge :: speeding up cash receipts und Verzögerung der Zahlungsausgänge :: slowing down cash disbursements. ‖ **cash management theory** *Kassenhaltungstheorie* Gegenstand sind Finanzdispositionen, mit denen die Unternehmung anstrebt, bei jederzeit gesicherter Zahlungsfähigkeit die Kosten der Kassenhaltung zu minimieren und den Ertrag aus der kurzfristigen Anlage überschüssiger Gelder zu maximieren. ‖ **cash office** *Kasse*—>Kasse/cash ‖ **cash on hand** [Buchf] *Kassakonto* ‖ *Kassenbestand* ‖ *Bestand an Bargeld* ‖ **to cash out** *aussteigen* [InvF] durch Rückgabe von Fondsanteilen "aussteigen" ‖ **cash outflow** *Abflüsse [von Zahlungsmitteln]* [InvR] —> syn.: *Ausgaben* ‖ **cash payment** *Anzahlung* —>cash down payment ‖ **cash planning** *Liquiditätsplanung* Planungsprozeß der Unternehmung unterscheidet im allg. zwischen Prognose (forecasting) und Budgetierung (budgeting). Bei der Liquiditätsplanung wird diese Unterscheidung i.d.R. nicht gemacht, vielmehr werden die Termini cash forecasting und cash budgeting oft syn. verwendet ‖ **EC cash point** *E[uro]C[heque]- Geldautomat* [BankW] *Eurocheque* Gegenüber in- und ausländischen Kreditinstituten einheitlicher Scheck, bei dem bis zu einer Höhe von DM 400,- über Guthaben verfügt werden kann. ‖ **cash price** *Barpreis* ‖ **cash price of the merchandise sold** *Barpreis der verkauften Ware* ‖ **cash procurement** *Geldbeschaffung* ‖ *Beschaffung von Zahlungsmitteln* ‖ *Liquiditätsbeschaffung* —> besser: Geldbeschaffung ‖ **cash ratio** *Liquidität ersten Grades* —> Liquiditätskennzahlen ‖

cash receipts *Einnahmen* ‖ *Eingänge von Zahlungsmitteln* ‖ *Zahlungseingänge* ‖ *Bareinnahmen* ‖ **cash sales** *Spotgeschäft* ‖ besser: *Kassageschäft* ‖ **daily cash statement** *täglicher Liquiditätsstatus* Eine tägliche, auf Ist-Größen basierende Aufstellung, wesentlich zur Erfassung von Zahlungsein- und ausgängen sowie Anfangs- und Endbestand an Zahlungsmitteln. ‖ **cash surplus** *Kassenüberschuß* ‖ **cash transactions of the central and regional authorities** [Bbank] *Kassentransaktionen der zentralen öffentlichen Haushalte* ‖ **actual cash value** *materieller Wert* [der Vermögensgegenstände] ‖ **cash withdrawal** *Barauszahlung* ‖ *Barabhebung* ‖ **cash-in** *Einlösung* [InvF] [—> Rückgabe] von Versicherungsfondsanteilen ‖ **to cash-in** *einlösen* [InvF] zurückgeben von Versicherungsfondsanteilen ‖ **cash[ing]-in value** *Rückkaufkurs*—>Rückkaufwert [von Versicherungsfondsanteilen]

casino operators *Spielbankunternehmer*

to cast a vote *Stimme abgeben*

casual *gelegentlich* ‖ *zufällig* ‖ *unregelmäßig*

casualty *Schadensfall* ‖ *Unglücksfall*

category *Kategorie* ‖ *Bereich* ‖ *Gruppe* ‖ *Art* ‖ **category (a) of Art. I, paragraph 1** *fallen unter [...]* —> Kategorie, Gruppe [Bei Artikeln bzw. Paragraphen (§) werden im deutschen Text keine Kommata gesetzt] ...unter Artikel I Absatz 1 Buchstabe a || **in the category of extraordinary items** *im außerordentlichen Bereich* || **category of membership** *Mitgliederkategorie*

causal *ursächlich* || *anläßlich*

to cause *veranlassen* || *verursachen*

cause *Fall* || *Grund* || *Ursache* || *Rechtsgrund* || *Klagegegenstand* || **cause of action** *Klagegegenstand* || **matrimonial cause** *Ehesache* [vor Gericht] || **proximate cause** *adäquate Verursachung* [StrafR / USA] Ein unmittelbarer Kausalzusammenhang, der [ohne notwendigerweise zeitlich oder räumlich im Zusammenhang zu stehen] ein unmittelbares Schadensereignis zur Folge hat. Wesentlich ist, daß Fahrlässigkeit zum Zustandekommen des Ereignisses beitrug [sprich, das Ereignis fahrlässig nicht verhindert wurde]. || **to show cause** *Gründe geltend machen* || **The hearing of an application on the part of the plaintiff to show cause why an order for direction shoud be made** *an Verhandlungen über ein Gesuch des Klägers auf Erlaß prozepbegleitender Gründe für Einreden gegen das Gesuch geltend zu machen*. || **to be caused by** *hervor[ge]rufen durch*

CBOE Chicago Board Option Exchange *Termin- und Rohstoffbörse Chicago*

CD *CDs* [Abbr] —> **Certificates of Deposits** *Einlagenzertifikate*

CE [Abbr] —> **customer engineering** :: *Kundendienst*

ceased *beschlagnahmt* z.B.: Vermögen bei Konkurs

Cedel [Bör] **Centrale de Livraison de Valeurs Mobilieres S.A.** Clearingstelle in Luxemburg zu Verrechnung von Wertpapiergeschäften im Ausland —> Clearing

ceiling *Höchstgrenze* || *wirtschaftliche Grenze* || *Obergrenze* || *obere Grenze* || **increase in the ceiling** *Anhebung der Höchstgrenze* || *Heraufsetzung der Höchstgrenze* || **overall operating ceiling** [Gesamt-] *Finanzierungs* [- *und Haftungs*] *rahmen* || **price ceiling** *Höchstpreis* || *wirtschaftliche Grenze* || *Obergrenze* || *obere Grenze* || *Höchstgrenze* || **rent ceiling** *Höchstmiete*

celebration of a marriage *Eheschließung*

Central American Trade Subcommittee [USA] *Unterausschuß Mittelamerikahandel*

central *zentral* || *Haupt[-...]* || **Central Bank Council** [Bbank] *Zentralbankrat* Oberstes Legislativorgan der Bbank aus Mitgliedern des Direktoriums der Bbank und der Präsidenten der Landeszentralbanken. Vorsitz:

Präsident der Bbank, der auch Vorsitz im Direktorium führt. Bestimmt Währungs- und Kreditpolitik der Bank sowie allg. Richtlinien für Geschäftsführung und Verwaltung. Weisungsbefugt gegenüber Direktorium und Vorständen der Landeszentralbanken. Das Direktorium ist zentrales Exekutivorgan der Bbank für Leitung und Verwaltung der Bank sowie Durchführung der Beschlüsse des Zentralbankrats. || **central bank deposits of domestic public authorities** [Bbank] *Zentralbankeinlagen öffentlicher Haushalte* || **central bank money requirements of banks and liquidity policy measures by the Bundesbank** [Bbank] *Zentralbankgeldbedarf der Banken und liquiditätspolitische Maßnahmen der Bundesbank* Geldvolumengröße, die von Bbank geschaffen wird zur Steuerung der Geldschöpfung durch die Banken, d.h. Einflußnahme auf den von den Banken gewährten Kreditumfang. || **rise in central bank rates** [Bbank] *Anhebung der Notenbanksätze* || **Central Commission for the Navegation of the Rhine** *Zentralkommission für die Rheinschiffahrt* || **central criminal court** *oberster Strafgerichtshof* [GB] früher Old Bailey, zentrales Strafgericht seit 1834 für Strafsachen in London (sowie teilweise Kent, Essex und Sussex). || **central financial authority** [SteuerR] *zentrale Finanzgewalt* || **central state and local governments' level** *auf Gebietskörperschaftsebene* || **central works council** [BetrVG] *Gesamtbetriebsrat* || **central youth and trainee delegation** [BetrVG] *Gesamt-Jugend-und Auszubildendenvertretung*

centralization [Man/Org] *Zentralisierung*

centrally planned countries *Staatshandelsländer* || *europäische Staatshandelsländer* Socialist Countries of Eastern Europe

centre *Anlaufstelle* || *Stelle* || *Zentrum* || *Zentrale* || **administrative centre** *Verwaltungsstelle* || **information centre** *Informationszentrum* || *Informationsstelle* || **joint research centre** *gemeinsame Forschungsstelle*

centric mode [Psych/Man] *autoritäres Verhalten* —> egozentrisches Verhalten :: self-centred behavior

CEO [Abbr] **chief executive officer** *[leitender Angestellter in der] Geschäftsführung*

certificate *Bescheinigung* || *Schein* || *Nachweis* || **certificate of authenticity** *Echtheitszeugnis* || **certificates of deposit [with maturities of three months]** *Depositenzertifikate [mit drei Monaten Laufzeit]* || [Bör] *Einlagenzertifikate* Verbriefte [handelbare] Sichteinlagen. Seit 1985 von der Bbank zugelassen, unterliegen jedoch der Mindestreserve und der Börsenumsatzsteuer. In der BRD daher bislang wenig Akzeptanz gefunden. Der Vorteil gegenüber Termineinlagen liegt in der höheren Liquidität bei gleichem Ertrag. || **certificate of incorpo-**

| Certification | cessation of payments |

ration *Gründungsurkunde* —> chartered company || **certificate of title** *Eigentumsnachweis* [GrundstR] furnished by a company of title insurance and is merely a formally expressed professional opinion of the company's examiner that the title is complete and perfect (or otherwise) as stated, and the company is liable only for want of care, skill or diligence on the part of the examiner; whereas insurance of title warrants the validity of the title in any and all events. || **certificate of title insurance** *Besitztitelversicherungsschein* —> Eigentumsnachweis :: certificate of title

Certification [Bil] *Bestätigungsvermerk* || **Certification Having duly examined the accounts and the annual statements we herewith confirm that they are in compliance with the relevant statutory regulations. The annual statements, which have been drawn up in accordance with the principles of orderly accounting, present a correct factual picture of the company's situation with regard to assets, finance and earnings. The Situation Report is in accord with the annual statement of accounts. Hamburg, March 30, 19.. XY GmbH Wirtschaftsprüfungsgesellschaft Steuerberatungsgesellschaft [undersigned] Auditor** :: *Bestätigungsvermerk Die Buchführung und der Jahresabschluß entsprechen nach unserer pflichtgemäßen Prüfung den gesetzlichen Vorschriften. Der Jahresabschluß vermittelt unter Beachtung der Grundsätze ordnungsgemäßer Buchführung ein den tatsächlichen Verhältnissen entsprechendes Bild der Vermögens-, Finanz- und Ertragslage der Kapitalgesellschaft. Der Lagebericht steht im Einklang mit dem Jahresabschluß. Hamburg, den 30. März 19.. XY GmbH Wirtschaftsprüfungsgesellschaft Steuerberatungsgesellschaft [Unterzeichneter] Wirtschaftsprüfer*

certified *bestätigt* || *beglaubigt* || **certified cheque** *bestätigter Scheck* Bestätigungsvermerk der Bank, daß der Scheck gedeckt ist. || **certified copies** *beglaubigte Abschriften* || [VölkR] **The Government of [...] shall furnish each State party to the present Convention with certified copies of the instruments of ratification (or: acceptance or approval)** :: *Die [...] Regierung übermittelt jedem Vertragsstaat ~ der [...]urkunde.* || **certified correct** *beglaubigt* [Urkunde] || **certified public account** [USA] *Wirtschaftsprüfer* || [GB] *chartered account* || **certified public accountants** *Steuerberatungsgesellschaft*

cessation of payments *Zahlungseinstellung* [§ 102 Abs. 2 Konkursordnung] Erfolgt die Zahlungseinstellung eines Unternehmers, so gilt dies insbesondere als Indiz für die Zahlungsunfähigkeit.

CFR [USA] Code of Federal Regulations *Bundesverordnungen und Verwaltungsvorschriften*

Ch. [GB] [Abbr] **Chancery Division**

Ch. App. [GB] [Abbr] Chancery Appeal Cases

Ch.-B. [Abbr/BRD/CH] *Chargen-Bezeichnung* :: **lot n[umbe]r**

Ch.D. [GB] [Abbr] **Chancery Division**

chain *Kette* ‖ *Folge* ‖ *Rangfolge* ‖ **chain department stores** *Warenhausketten* ‖ **chain of command** *Autoritätshierarchie* ‖ *Hierarchie der Weisungsbefugnis* ‖ **chain of titles** *Rang[folge] [im Grundbuch bzw. hierfür eingerichtetes Grundbuchregister]* ‖ **chain reaction collision** *Massenkarambolage*

chair *Vorsitz* ‖ **to take the chair** *Vorsitz innehaben* —> to be in the chair = *Vorsitz einnehmen*

chairman *Vorsitzender* ‖ *Präsident* ‖ *Präses* [KirchR] Vorstand eines katholischen kirchlichen Vereins ‖ Vorsitzender einer evang. Synode ‖ Kirchenpräsiden [in R.-P. und N.-W.] ‖ **chairman of an association of communes** *Gemeinschaftsvorsitzender* [VwO/D] Freistaat Bayern [Vorsitzender der Vertretung der gewählten Gemeinderäte der Mitgliedsgemeinden in der Verwaltungsgemeinde] ‖ **chairman of the Administrative Board** [USA/stock corporation] *Vorsitzender des Verwaltungsrats* ‖ **chairman of the Board of Directors** *Vorsitzender* [in einem Verband] ‖ **chairman of the Board of Management** *Sprecher des Vorstandes* ‖ *Vorstandssprecher* ‖ [GmbH] *Vorsitzender der Geschäftsführung* ‖ *Vorsitzender des Vorstandes* ‖ **chairman of the district** *Landrat* [VwO/D] —> district president ‖ chairman of the council ‖ In Ns. und N.-W. wird der Landrat vom Kreistag gewählt und ist dessen Vorsitzender (repräsentative Aufgaben) ‖ **chairman of the district council** *Kreistagspräsident* [VwO/D] Schl.-H. [Vorsitzender des Kreistages] ‖ *Kreistagsvorsitzende* [VwO/D] H.; Vorsitzender des Kreistages —> Kreistagspräsident und Landrat ‖ **chairman of the municipal council** *Bürgervorsteher* [VwO/D] Schl.-H.; in den kreisangehörigen Städten und Gemeinden der Vorsitzende der Stadt-/Gemeindevertretung ‖ **chairman of the Supervisory Board** [USA] stock corporation ‖ [GB] public limited company *Vorsitzender des Aufsichtsrates* ‖ **chairman of the town council** *Stadtpräsident* [VwO/D] Schl.-H. [Titel des Ratsvorsitzenden der kreisfreien Städte] ‖ **executive chairman** *geschäftsführender Vorsitzender* ‖ **to select a chairman** *Vorsitzenden bestellen*

challenge of a contract *Anfechtung eines Vertrages* —> impugnment of a contract

Chamber *Kammer* ‖ **Chamber of Deputies** *Abgeordnetenhaus* [VwO/D] Volksvertretung des Landes Berlin (sonst Parlament oder Volksvertretung) ‖ **Chamber of [Trade and] Commerce** *[Industrie- und] Handelskammer* ‖ **in chambers** *unter Ausschluß der Öffentlichkeit* Gerichtsverhandlung unter Ausschluß der Öffentlichkeit, meist von einem Master in chamber, dem beigeordneten Richter eines High Court of Justice.

chance business *Gelegenheitsgeschäft*

Chancellor [arch] *Kanzler* ‖ *Bundeskanzler* Regierungschef BRD ‖ [GB] meist *Vorsitzender Richter* eines Court of Chancery ‖ [Schottland] Obmann einer Jury ‖ [USA] Richter eines chancery Court

Chancery Division [GB] *Abteilung des High Court of Justice* zuständig besonders für allg. Handels-, Steuer-, Trust-, Grundstücks-, streitige Nachlaßsachen; partnerships und Patentrechtsklagen in erster Instanz nach —> equity. Lord Chancellor und sieben —> puisne judges. Equity jurisdiction of partnership actions, company law, revenue, conveyancing and land law matters, mortgages, and administration of estate.

Chancery Divisional Court *Berufungskammer* (=Beschwerdekammer) *des High Court* bei Entscheidungen der Chancery Division. This appeal court exercises the appelate jurisdiciton of the Chancery division. The Court hears income tax appeals from the Commissioners of Inland Revenue and appeals from county courts relating to banruptcy etc. ‖ Court of Chancery [GB] verhandelte bis 1875 Fälle des equity law. Seit dem —> Judicature Act ist diese Rechtsprechung auf den High Court of Justice übergegangen [heute Chancery Division] —> Chancery Division. [USA] Rechtsprechung nach dem Equity.

change *Geldwechsel* —> Sortentausch ("Change ‖ Cambio ‖ Wechsel") in der Sortenabteilung einer Bank ‖ **change in levels** *Bestandsveränderung* ‖ **change in minimum reserve** [Bbank] *Änderung der Mindestreserve* ‖ **change in refinancing facilities** [Bbank] *Änderung der Refinanzierungslinien* ‖ **change in the Bundesbank's net external assets** [Bbank] *Veränderung der Netto-Auslandsaktiva der Bundesbank* ‖ **change to conservative policies** *die Wende* [Pol] Expression coined in the course of political changes in Germany initiated on 17 Sept., 1982 when Helmut Schmidt [social democrats, SPD] was replaced in government by Helmut Kohl [Christian democrats, CDU]. The chairman of the Liberal Party [F.D.P], Hans-Dietrich Genscher, entered into a new coalition with the CDU and thus paved the way for profound changes in German politics, mainly less government influence and more free initiative in the national economy together with broad tax reliefs for companies and harsh tax increases for employees. Furthermore, the term "Wende" is applied to the opening of East German borders in 1990. In a broader sense, "nach der Wende" means significant influence of the conservatives since the beginning of the eighties and the general impression of an ever deeper gap between the rich and the poor. ‖ **changes in percent** *Veränderungen in v. H.* (Grafikerläuterung) ‖ **changes in the Deutsche Mark value** [Bbank] *Änderungen des DM-Wertes*

channel, green ~ [ZollW] *grüner Durchgang*

chapter *Kapitel* ‖ [VertR] *Vertrag* ‖ **chapter 11/13** *§§ 11 u. 13 des amerikanischen Bankruptcy Act* [USA] —> Bankruptcy Act, 1898 § 101(12) i. rev. Fass. v. 1979 (Gemeinschuldner) [11 United States Code Annotated] Debtor rehabilitation and reorganisation provisions sehen einen besonderen Rechtsschutz für das Konkursunternehmen [Gemeinschuldner] mit der befristeten Möglichkeit der Konkursabwendung bei Vorlage eines entsprechenden Finanzplans vor.

character *Art* ‖ **of a substantially similar character** *der [, die, das] im wesentlichen gleicher Art ist [...]*

charge *Abgabe* ‖ *Tarif[erhebung]* ‖ *Belastung* ‖ **to charge a commission** *Provision berechnen* ‖ **a single, non-recurrent charge on the operational results** *einmalige Ergebnisbelastung* ‖ **ad-rem charge** *dingliches Recht an der Ware* [häufig als zusätzliche Vereinbarung bei Wechselgeschäften] ‖ **to answer a charge before a court** *sich vor Gericht verteidigen* ‖ *seine Sache vor Gericht vertreten* ‖ **charges for transportation** *Beförderungstarife* transportation charges ‖ **discount**

charges *Diskontspesen* ‖ **fiscal charges** *fiskalische Abgabe* ‖ *Steuerabgaben*

charter *Satzung* —> Charta

chartered account *Wirtschaftsprüfer* [GB] In [USA] certified public account

chartered company *Gesellschaft* Unternehmen in Form einer Gesellschaft, die durch Verleihung der "Verleihungsurkunde", der royal charta, der Krone entstanden ist. Durch die Royal Charta erlangt eine entity oder associatin of persons die legal capacity, die Rechtsfähigkeit. Beispiel: P& O, Reedereiunternehmen, das 1840 Incorporation wurde [Schiffahrt Fernost] ‖ [USA] corporate charter :: Gründungsurkunde [einer Gesellschaft] durch staatliche Behörde (üblicherweise vom Außenministerium) über das ordentliche Bestehen der Gesellschaft und ihre Befugnis, geschäftlich als solche in [...] tätig zu werden —> certificate of incorporation

chattel loan *Mobiliarkredit*

cheap edition *verbilligte Ausgabe*

to check up *kontrollieren* —> to control = *beherrschen* ‖ *steuern* ‖ *leiten* ‖ *regeln* ‖ *regulieren* —> [Sc] *kontrollieren*

checking account *Scheckkonto* [Buchf] Bankkonto über das mittels Scheckausstellungen verfügt wird.

chemical maze *chemische Keule* [Einsatz insbesondere bei Demonstrationen zur Aufruhrbekämpfung]

chemicals *chemische Erzeugnisse* ‖ **chemicals and plastics products** *Chemie- und Kunststoffprodukte*

cheque *Scheck* ‖ **not negotiable cheque** *Verrechnungsscheck* [GB] general crossing of a cheque [USA: —> crossed check] is done by drawing two transverse lines across the face of the cheque [with or without adding the words & Co or not negotiable between the lines]. The effect of crossing is to make a cheque payable only to a collecting banker, i.e. it precludes the paying banker from paying cash money for the cheque across the counter. —> Account payee [only] :: zahlbar Konto [Name] wird üblicherweise im gleichen Sinn anerkannt. [Art. 38 f. ScheckG] Dem Zweck nach gleich wie ein —> gekreuzter Scheck der vom Bezogenen nur an eine andere Bank oder einen Kunden des Bezogenen bezahlt werden darf. Einlösung erfolgt nur als Gutschrift auf ein anderes Bankkonto, Barauszahlung ist nicht statthaft. "Gekreuzt" wird mit zwei gleichlaufenden Strichen auf der Vorderseite [mit Zusatz Nur zur Verrechnung]. Zweck ist Vermeidung von Fälschungen, da jederzeit festgestellt werden kann, wem der Betrag gutgeschrieben wurde.

cherry mash *Kirschmaische*

chewing tobacco *Kautabak*

chief *Haupt[-...]* ‖ *zentral [...]* ‖ **chief administrative officer** *Gemeindedirektor* [VwO/D] Ns.; N.-W. [Hauptverwaltungsbeamte in den Landgemeinden mit ehrenamtlichem Bürgermeister] ‖ **chief burgomaster** [VwO/D] *Oberbürgermeister* ‖ **chief demands** *Schwerpunkt der Nachfrage liegt auf [...]* ‖ **chief district director** [VwO/D] *Oberkreisdirektor* —> syn.: chief district executive ‖ **chief district executive** *Oberkreisdirektor* [VwO/D] —> chief district director ‖ [Ns. und NRW] leitender Verwaltungsbeamte des Kreises (neben einem ehrenamtlichen Landrat tätig) ‖ **chief executive** *Oberstadtdirektor* [VwO/D] [Ns., NRW] leit. Verwaltungsbeamten einer größeren Stadt (neben einem ehrenamtl. OB tätig.) [Bayern] Leiter eines Dezernats (dem Bürgermeister untergeordnet, in etwa: Beigeordneter) ‖ *Stadtdirektor* [VwO/D] [Ns., NRW.] —> Gemeindedirektor, leitender Verwaltungsbeamte einer Stadt bzw. Stellvertreter des Oberstadtdirektors ‖ [Bayern] Leiter nur Dezernent ‖ **chief of a borough** *Bezirksamtsleiter* [VwO/D] [HH. und B.] Verwaltungsbehörde des Bezirks ‖ syn.: chief executive of a municipal office ‖ **town clerk** ‖ **chief officer** *Vorstandsvorsitzender* [Man/Org] —> Generaldirektor ‖ nicht syn. für president zu verwenden, da Titel CEO nur unternehmensintern geführt wird. ‖ **chief [officer] of the association of communes** *Amtsvorsteher* [VwO/D Schl.-H.] Hauptverwaltungsbeamter des Amtes ‖ **chief mayor** *Oberbürgermeister* ‖ **chief of protocol** *Protokollchef* ‖ **chief of Staff** *Generalinspekteur*

child *Kind* ‖ *Kinder[-...]* ‖ **child allowance** [SteuerR] *Kinderfreibetrag* ‖ **child allowance under section 34 f EStG** *Baukindergeld* *nach § 34 f. EStG* ‖ **illegitimate child** *nichteheliches Kind* [USA] bastard [selten gebraucht]. Das i.child hat seinen domicile of origin bei der Mutter. ‖ **child birth** *Niederkunft* —> Geburt ‖ *Gebären*

chilled shot [Bal] *Hartschrot*

chocolate *Schokolade*

church affiliation [SteuerR/D] *Kirchenangehörigkeit* ‖ **church community** *Kirchengemeinde* ‖ **church tax** [SteuerR/D] *Kirchensteuer*

CI —> **cooperating institution** :: *Finanzierungsinstitut*

CIF cost, insurance, freight Verkäufer trägt Versicherung bis benannter Bestimmungshafen ‖ **CIF agent** *cif-Agent* Sonderform des Handelsvertreters, der häufig für mehrere Auftraggeber tätig ist und meist in vertraglicher Bindung mit dem Ablader (Exporteur) steht und für diesen den Warenverkauf betreibt. Importeure bedienen sich eines cif-Agenten zur Durchführung eines auf cif-Lieferbedingungen basierenden Importgeschäfts.

cigarette spills *Hülsen* ‖ *Zigarettenhülsen*

cigarillos *Zigarillos*

cigarettes *Zigaretten*

cigars *Zigarren*

circuit *Gerichtsbezirk* ‖ *Amtsbezirk* eines County Court ‖ **circuit judge** *Richter an einem County Court* ‖ *Richter eines Grafschaftsgerichtsbezirks*

circumstances *Umstände* ‖ **critical circumstances** *Fälle besonderer Dringlichkeit* ‖ **extenuating circumstances** *mildernde Umstände* ‖ **the circumstances of the offence** *Tathergang* ‖ *Umstände der Straftat* ‖ **the circumstances set out in [...]** *nach Maßgabe [der ...]* ‖ **where circumstances permit** *wenn es die Umstände gestatten*

citizen *Staatsbürger* ‖ The expression "British subject" and the expression "Commonwealth citizen" shall have the same meaning :: [...] *der Ausdruck "britischer Staatsbürger" und "Mitgliedschaft im Commonwealth" [...] gleichbedeutend sind*

citizenship *Staatsangehörigkeit* [GB] British Nationality Act (1981) ersetzte das Gesetz von 1948. Drei Kategorien: (1) British citizenship (2) British Dependent Territories citizenship (für Bürger aus besonders bezeichneten Ländern (z.B. Bermuda, Hong Kong) und (3) British Overseas citizenship (untergeordnete Gruppe) ‖ **citizenship by registration** *Staatsangehörigkeit durch Erwerb* —> citizenship

city [VwO/D] *Stadtgemeinde* ‖ **city borough** *kreisfreie Städte* syn.: town with county status —> *Stadtkreis* [nicht kreisangehörige Städte, die die sonst dem Kreis zugewiesenen Aufgaben übertragen sind]. Die kreisfreie Stadt bildet für sich alleine einen Kreis. || *Stadtkreis* —> town with county status || [BW] Stadt, die für sich allein einen Kreis bildet mit Übertragung aller Aufgaben, die normalerweise dem Kreis zukommen. || **city parliament** *Stadtbürgerschaft* [VwO/D] [HB] Teil der Bürgerschaft, der in der Stadt Bremen gewählt wird (oberstes Beschlußorgan) || **city parliament assembly** *Bürgerschaft* [HH. und HB.] Volksvertretung (Landtag) || [Lübeck] *Stadtparlament* || **city-state** *Stadtstaat* [VwO/D] Stadt, die gleichzeitig den Status eines Landes hat (Freie Hansestadt HB.; Freie und Hansestadt HH.; B.) Sie haben eine von den übrigen Ländern stark abweichende Landesverwaltung

civil *zivil* || **International Council of the Civil Aviation Organization** *Rat der Internationalen Zivilen Luftfahrtorganisation* || **civil case** *Zivilsache* [≠ *Zivilfall* !] || **civil code** *Zivilgesetzbuch* || **civil injuries other than breach of contract** *außervertragliche Rechtsverletzungen* || **civil jurisdiction** *Zivilgerichtsbarkeit*|| **civil law** *Bürgerliches Recht* —> Zivilrecht (private law) || *Gesetzesrecht* (statutory law) auf röm. Recht beruhendes modernes kontinentaleuropäisches Recht || **civil marriage** *standesamtliche Trauung* —> Eheschließung :: Celebration of a marriage || **civil or commercial matters** *Zivil- und Handelssachen* [≠ oder!] || **civil servant** *Beamter der Zentralverwaltung in London*|| **civil service** [BetrVG] *Öffentlicher Dienst*

civilian labour force *zivile Erwerbstätige*|| *Arbeitskräfte im zivilen Bereich*

to claim *beanspruchen* || *beantragen* || *fordern* || **the priority of which is validly claimed** [PatR] *dessen Priorität gültig beansprucht wird*

claim *Anspruch* || *Forderung* || *Einwendung* || *Begehren* || *Patentanspruch* [PatR] der formulierte Patentanspruch. d.h. es geht um die Beschreibung eines Monopols an einer Sache, ohne der Konkurrenz zuviel über die Sache selbst zu verraten in der Beschreibung. || **claim for damages** *Schadensersatz beanspruchen* || **claim for recovery of title** *Eigentumsherausgabeanspruch*|| **claim in lieu of inheritance** *Erbersatzanspruch* [ErbR] [eines nichtehelichen Kindes :: by an illegitimate child] || **plaintiff's claim** *Klagebegehren* || **statement of claim** *Klagebegründung* || **to contest a claim** *Anspruch bestreiten*|| **to deem a claim worthy of consideration** *Anspruch als gerechtfertigt ansehen* —> Einwendungen || **to make a claim** *anrufen* [Gericht] || **claims on customers** *Forderungen an Kunden* || **commercial claim** *kommerzieller Schadensersatzanspruch* claim due to insolvency of a buyer (customer) or failure of the buyer (customer) to pay the amount due after due date

claimant [VölkR] *Anspruchsstaat*
—> etwa Antarktis: völkerrechtlich nicht anerkannte Gebietsansprüche von GB, F., Australien, Argentinien, Norwegen und Neuseeland. || **no-claimant state** *Nichtanspruchstaat*

class *Art* || **real property tax class B** [SteuerR/D] *Grundsteuer B* Grundsteuer auf Grundstücke

classification *Einordnung* || *Tarifierung* || *Einreihung* || *Zuordnung zu* || *Sortierung*

classified *erfaßt* || *klassifiziert* || *sortiert nach* || *vertraulich* || **classified advertisement** *Kleinanzeige* classifieds || **classified by date of transactions** *erfaßt nach dem Datum des Geschäftsabschlusses*

clause *Bestimmung* || *Klausel* || *Vorbehalt* || **final clause** *Schlußbestimmung* || **territorial application clause** *Geltungsbereichsklausel* || *territoriale Anwendungsklausel* || **under clause** *nach [Paragraph]* || *nach [Artikel]*

CLC procedure *CLC Verfahren* [Ex] [Abbr] —>[U.C.C. § 5-103] Commercial letter of credit :: Kreditbrief. Die beauftragte Bank oder Korrespondenzbank sendet den CLC im Auftrag des Importeurs direkt an den Exporteur. Verbrieft wird die Ermächtigung, dokumentäre Tratten auf die Importbank zu ziehen, oder die Verpflichtung, die Verantwortung für die Akzeptleistung und Wechseleinlösung durch den Importeur bei Fälligkeit zu überweisen. Nach den Richtlinien der ERA als Akkreditiv anerkannt. Im Außenhandel aufgrund der Fungibilität [Übertragbarkeit und Einlösungswilligkeit; Absicherung durch —> Bona-fide-Klausel eines jeden Kreditinstituts gewählte Zahlungsform. Die Unterschiede zwischen CLC und Akkreditv sind nur gering. Der CLC ist ein kaufmännischer Verpflichtungsschein [§ 363 HGB], das Akkreditiv ein Geschäftsbesorgungsauftrag [§ 675 BGB]. CLC ist frei durch Indossament übertragbar und die Einlösungstelle frei wählbar. Beim Akkreditiv erfolgt Zustellung nur an Einlösungsstelle und nur einmalige Übertragbarkeit. Das CLC erfolgt immer auf Wechselbasis, das Akkreditiv nur bei d/a, wobei die Einlösungsprovision i.d.R. niedriger ist als die Negoziierungsprovision beim CLC.

clean credit *blanko* || *clean* || **clean payment** *Blankokredit* || **clean payment** *Clean Payment* Zahlung durch Scheck oder Überweisung, jedoch nicht gegen Vorlage von Akkreditiv oder Dokumenten aufgrund eines Inkassoauftrags

clearance *Beseitigung* || *Erlaubnis*|| [ZollW] *Freigabe* || *Räumung* || *Zollbehandlung* || *Zollabfertigung* || *Zulassung*

Clearing *Clearing* Im Außenwirtschaftsverkehr die grenzüberschreitende Verrechnung [von Forderungen und Verbindlichkeiten] zwischen zwei [bilaterales Clearing] oder mehreren Ländern [multilaterales Clearing]. || Bei Wertpapiergeschäften erfolgt Verwaltung [Stückeverkehr] Verrechnung im Inland über Wertpapiersammelbanken [*Deut-*

65

scher Kassenverein], bei Auslandsgeschäften über den Auslandskassenverein [*AKV*] oder hierfür besonders eingerichtete Clearingsysteme (—> *Cedel*). Clearingstellen verrechnen alle an der Börse getätigten Abschlüsse und sind an die Börse angeschlossene bzw. integrierte Institute. || **clearing assets** *Clearingguthaben* || **clearing banks** *Clearing Banks* [GB] Banken-Gruppen, die Schecks und sonstige Zahlungsanweisungen unter ihren Mitgliedsbanken bzw. Korrespondenten austauschen. || **clearing house** *Kassenverein* || *gemeinsame Verrechnungsstelle* || **clearing property** *Flurbereinigung*

clerk *Handlungsgehilfe* [§§ 59 ff HGB] —> kaufmännischer Angestellter [jemand, der aufgrund Arbeitsvertrag bei einem Kaufmann kaufmännische Dienste leistet, z.B. Einkäufer, Buchhalter :: a person who engages in clerical work, sells goods or waits on customers, such as purchasing officer, bookkeeper, etc.] —> principal || **clerk of the justice** [GB] *Grafschaftsbeamter* [juristisch ausgebildet] || *Beamter der Geschäftsstele* Urkundsbeamter || **clerk of the Parliament[s]** [GB] *Kanzleidirektor des Parlaments*

client *Mandant* || *Kunde* customer || **client-centered organization** *Spartengliederung nach Abnehmergruppen* [Man/Org] divisionalization in terms of type of customer

clientele *Kunden[stamm]* customers || clients || **clientele effect** *Clientele-Effekt* Dividendenpolitik einer Gesellschaft wird nach dieser These von ihrem Aktionärskreis bestimmt, insbesondre hinsichtlich unterschiedlicher Besteuerung von Dividendeneinkommen und realisierten Kurswertsteigerungen.

climate *Klima* || **climate survey** *Klimastudie* [Man/Org] a means of evaluating employees' [dis-]satisfaction with organizational elements || **[organizational] climate** [Man/Org] *Betriebsklima* || *Unternehmensatmosphäre* || *Unternehmensklima*

climbing share prices in Japan *steigende Aktienkurse in Japan*

close of the year, towards the ~ *Jahresende, gegen ~*

closed *geschlossen* || **closed corporation** [USA] syn.: **closely held corporation**. Ungefähre Entsprechung, wobei eine genaue Abgrenzung zur *GmbH* im Prinzip nicht möglich ist. Die Gesellschaften halten Anteile und sind Mitglieder der Geschäftsführung bzw. üben durch Anteile entsprechenden Einfluß auf die Geschäftspolitik aus. || **closed end fund** [InvF] *geschlossener Investmentfonds* Fondskapital wird durch Zeichnung einer begrenzten Zahl von Anteilen aufgebracht, Anteile werden nicht zurückgenommen, sondern frei gehandelt. [BRD] Wird für Einzelprojekte errichtet und mit Erreichung des benötigten Kapitals "geschlossen" || **closed shop** *Koalitionszwang* —> Taft-Hartely Act || **closed-end leasing** [Leas] *Closed-end Leasing* KfZ-Leasing mit fixem Restwert, d.h. es erfolgt keine Endabrechnung über den Gebrauchtwagenerlös

closely-held corporation *Gesellschaft mit beschränkter Haftung* [USA] —> syn.: **close corporation**

closer integration *verstärkte Integration*

clothing *Bekleidung*

club *Gemeinschaft* || *Klub* || *Club* || **club membership [fees]** [SteuerR] *Mitgliedbeiträge für Vereine*

CME [Bör] **Chicago Mercantile Exchange** *Warenterminbörse Chicago*

co-determination *Mitbestimmung [der Arbeitnehmer]* co-determination [at company (board) level] wenn Arbeitnehmervertreter Sitz im Aufsichtsrat der dt. AG haben —> unternehmerische Mitbestimmung. to have to say || worker/employee participation || worker/employee involvement in decision making || industrial democracy || democracy in industrial relations syn.: *Mitwirkung* || *Einwirkung* || *Mitsprache* || *Mitgestaltung* || *Beteiligung* || [arbeitsplatzbezogen] related to the work place || at shop floor level || **Co-determination Act Pertaining to the Coal, Iron and Steel Industry, 1952** *Montan-Mitbestimmungsgesetz*|| **Co-determination Act, 1976** *Mitbestimmungsgesetz, 1976* [Man/Org/ArbR] Gilt für Unternehmen mit mehr als 2000 Arbeitnehmern. Ausgenommen sind Kohle und Stahl, für die das Montan-Mitbestimmungsgesetz gilt. Ferner sind ausgenom-

men Tendenzunternehmen (company organizations which are influential in shaping public opinion) wie Medien, Wohltätigkeits- und kirchliche Organisationen sowie politische Vereinigungen (Parteien). || **co-determination at company (board) level** *unternehmerische Mitbestimmung* [Man / Org / ArbR] —> co-determination :: Mitbestimmung || **parity co-determination** *paritätische Mitbestimmung* [Montan-Mitbestimmungsgesetz] || **co-op[erative] society** *Genossenschaft* [BRD] ursprünglich Selbsthilfeorganisation landwirtschaftlicher Betriebe (Raiffeisen; Handwerk). Günstige Kredite etc. Die Genossenschaft besitzt eigene Rechts-persönlichkeit und ähnelt der AG. Das oberste Organ ist die Mitgliederversammlung. || **consumers' co-op[erative society]** *Konsumgenossenschaft*

Co-owner [GmbH&Co. KG] *Geschäftsteilhaber* || *Teilhaber*

co-parcenary *Miteigentum der Erben am Land*

co-responsibility levy *Mitverantwortungsabgabe* || [EG] "**Milchpfennig**" als finanzieller Beitrag der Milcherzeuger zur Wiederherstellung des Gleichgewichts auf dem Milchmarkt :: *a financial contribution to be made by milk producers towards restoring equilibrium in the market in milk and milk products.*

coaching and counselling [PersW] *Förderung und Beratung durch Mit-*

arbeitergespräche

Coal Trade Subcommittee *Unterausschuß Kohlenhandel*

coarse-grained *grobkörnig*

coastal waters *Küstengewässer* —> territorial waters :: Hoheitsgewässer

COCOM Coordinating Committee for East-West Trade Policy. Sitz: Paris. Zusammenschluß von Nato-Staaten und Japan zur Kontrolle von Lieferungen von Embargo-Waren in die Ostblockstaaten.

code *Kodex* —> Code || **Code of Civil Procedure (and Rules)** *Zivilprozeßordnung* || **Code of Criminal Procedure** *Strafprozeßordnung*|| **Code of Liberalization** *Liberalisierungskodex* || **Code of Procedure for Fiscal Courts** [SteuerR] *Finanzgerichtsordnung* || **Code of Professional Responsibility** *Grundsätze des anwaltlichen Standesrechts* [USA] Prinzipien anwaltlicher Tätigkeit der American Bar Association, die von den meisten Einzelstaaten übernommen wurden. [BRD] allgemeine Grundsätze, die von der Bundesrechtsanwaltskammer [1973, u.geänd. Fass. 1985] aufgestellt wurden hinsichtlich Werbeverbot, Schweigepflicht. Die Ehrengerichtsbarkeit ist in der —> BRAO geregelt. || **civil code** *Zivilgesetzbuch* || *bürgerliches Gesetzbuch* || *bürgerliches Recht* || *Zivilrecht*

codicil *Nachtrag zu einem Testament* [USA] (privatschriftlicher) Nachtrag zu einer letztwilligen Verfügung, die Teile des Testaments erweitert, ändert oder außer kraft setzt. || [BRD/ErbR] [arch] *Kodizill* (heute nicht mehr gebräuchlicher Begriff für eine unter Zeugen errichtete erleichterte Form der letztwilligen Verfügung.

coding [ZollW] *Verschlüsselung*

coercive power [Man] *[Macht durch] Einschüchterung*

coffee extracts *Extraktkaffee* || **coffee tax** [SteuerR/D] *Kaffeesteuer*|| **coffee-roasting firm** *Kaffeeröster*

to cohabit *zusammenleben* || [EheR] *gemeinsamer Wohnsitz der Ehegatten*

collaboration by employees and co-determination [BetrVG] *Mitwirkung und Mitbestimmung der Arbeitnehmer*

collateral *untergeordnet* [z.B. Bestimmung im Vertrag] || **collateral credit** [BankW] *Lombardkredit* || *Lombardgeschäft* || Kredit [Überziehungskredit beim Girokonto] gegen Bestellung eines Pfandrechts [Hinterlegung von Wertpapieren (Effektenlombard) oder Waren, dann Warenlombard]. || **collateral estoppel** [USA] *Bindungswirkung eines Urteils* || **collateral security** *Kreditsicherheit* Sicherheit, die für einen Kredit geboten wird (z.B. Haus etc.)

68

to collect *einziehen* —> Inkasso —> collection || **collecting** *Inkasso [...]*

collection *Einziehung* [Steuern] —> Inkasso || **collection and enforcement procedures** [SteuerR] *Erhebungs- und Vollstreckungsverfahren* || **collection business** *Einlösungsauftrag*|| **collection fee** *Inkassospesen* || **collection [or: collecting] bank** *Inkassobank* A bank acting as agent or correspondent located in another city with which another bank has completed arrangements for the collection of checks and other items drawn on points in the former's locality and for the conduct of other business. || **for collection** *zum Einzug* —> zum Inkasso

collective agreement *Kollektivvereinbarung*|| *Tarifvertrag* [Österr] *Kollektivvertrag* || **collective security-deposit banks** *Wertpapiersammelbanken*

college recruitment [PersW] *Universitäts- und Hochschulrekrutierung*

collegial organization [Man/Org] *auf fachlicher Kompetenz beruhende bürokratische Organisationsstruktur* —> professional bureaucracy or organization

collegiate executive *Gemeindevorstand* [VwO/D] [Bremerhaven] *Magistrat* [H. und Schl.-H.] in Landgemeinden anstatt des Magistrats, jedoch mit vergleichbaren Aufgaben

collusion *Prozeßbetrug*

colonies *Kolonnien*

color of office *Amtsanmaßung* [USA] An act under color of office is an act of an officer who claims authority to do the act by reason of his office when the office does not confer on him any such authority —> colour of authority. || [BRD] [§132 StGB]

combination *Konzern* [Konzern im Deutschen am besten mit Group wiedergeben] i.w.S. *Unternehmenszusammenschlüsse* [lose Absprachen zwischen zwei oder mehr Unternehmen bis hin zur Fusion] || I. e. S. versch. Formen der Verschmelzung (merger || consolidation || amalgamation. [USA] Verbot im Sherman Antitrust Act [15 USCA §§ 1-7 und Clayton Act 15 USCA §§ 12-17] der combination in restraint of trade als wettbewerbsbeschränkender Zusammenschluß —> concern || conglomerate || trust || combine || pool

combine *Konzern* —> combination :: Konzern || **combine works council** [BetrVG] *Konzernbetriebsrat*

combined quota *Globalkontingent* [Bbank] ein von der Zentralbank für alle Kreditinstitute festgelegtes Rediskontkontingent || **combined short-term-medium-term policy** *Garantie für kurz- und mittelfristige Güterexporte an einen ausländischen Vertragshändler* [Ex] umfassende Exportgarantie mit festem Haftungsrahmen

to come to an agreement *sich veständigen mit jdm.*

Comecon countries *RGW-Länder*

command [Komm] *Anweisung* || [EDV] *Befehl* || *Tastenbefehl* || *Eingabe[befehl]* || *Order* [Komm] i.S.v. [An]*Weisung* || command authority *Weisungsbefugnis* —> syn.: duty to abide by instruction || chain of authority || functional authority || personal authority || to command capital *über Kapital verfügen*

Commandants of Berlin, the three ~ [VwO/D] *die drei Stadtkommandanten von Berlin* Nach 1945 wurde Berlin vier Sektoren unterstellt. Die ~ der Westalliierten waren bis 3.10.1990 [Vereinigung Deutschlands] jeweils in ihrem Sektor das oberste Entscheidungsorgan mit Vetorecht gegenüber der Landesregierung von Berlin.

commanders, military ~ [Mil] *militärische Kommandanten*

to commence *anhängig machen* || *Klage einreichen*

commencement *Inkrafttreten* || [...] after the commencement of this act :: *nach Inkrafttreten dieses Gesetzes.* || commencement of cover *Deckungsbeginn*

commensurate *im Einklang stehen mit* || *entsprechend* || *angemessen* || *verhältnismäßig* || the care must be commensurate with the risk *die Sorgfalt muß sich nach der Gefahrenlage richten* || commensurate use of force *Gebot der Verhältnismäßigkeit* [Man / Org / ArbR] principle established in 1955 by the BAG meaning that the use of force must be "commensurate" with the actual conflict situation where reasonable use of force is allowed in the event of lockout and strikes || *Sozialadäquanz* || *Kampfparität*

comment *Anmerkung* || *Erläuterung* || *Stellungnahme* || *Kritik* || Any comments it considers appropriate *alle ihm geeignet erscheinenden Erklärungen*

commerce *Handel*

commercial *geschäftlich* || *kaufmännisch* || *handelsüblich* || commercial advantage *Handelsvorteil* || commercial advantage between states *Proporzsystem zwischen Staaten* || commercial advertising *Geschäftsreklame* || *Werbung* || *gewerbliche Anzeige* || *Werbeanzeige* || commercial and mortgage banking operations *Bank- und Hypothekengeschäft* || commercial arbitration *Handelsschiedsgerichtsbarkeit* || commercial bank *Geschäftsbank* || Commercial Bank Guarantee Program *Exportförderungsprogramm durch die Gewährung von Garantien für Forderungsankäufe* || commercial broker *Vermittler* —> broker || commercial conditions *wirtschaftliche Bedingungen* || commercial designations *Firmenbezeichnungen* ‖ *Handelsbezeichnungen* ‖ **commercial energy consumption** *Primärenergieverbrauch* ‖ **commercial insured percentage** *Deckungsquote für kommerzielle Risiken* ‖ **commercial invoice** *Handelsrechnung* ‖ **commercial law entity** *Kapitalgesellschaft* [AuxT] [SteuerR/D] hauptsächlich Aktiengesellschaften (AG), GmbH, KGaA und GmbH&Co KG etc. ‖ **commercial letter of credit** *Kreditbrief* [U.C.C. § 5-103] [§ 363 HGB, gekorenes Orderpapier] kaufmännischer Verpflichtungsschein. Eine Verbriefung der Verpflichtung des Ausstellers, dem Begünstigten Teilbeträge bis zu einer bestimmten Höchstsumme oder als Gesamtbetrag auszuzahlen (Verwendung auch als Reisekreditbrief ‖ Traveller Cheques) —> CLC —> Bona-Fide-Klausel ‖ **commercial names** *Firmennamen* —> Handelsnamen —> commercial designations ‖ **commercial paper** *Handelspapier* [Bör] Wertpapiere [USA] sowie [EuroM] von ersten Adressen begebene kurzfristige Schuldtitel mit Laufzeiten bis zu 12 Monaten ‖ **commercial property** *Eigentum an einem Geschäft* ‖ *gewerbliche Liegenschaft[en]* ‖ [InvF] *kommerzielle Objekt[e]*

to commission *Auftrag erteilen* ‖ **to place a contract** *Auftrag erteilen* ‖ *vergeben* ‖ **to commission an order** *Auftrag erteilen* ‖ *Bestellung aufgeben* ‖ *beauftragen*‖ *erteilen*

commission *Kommission* ‖ *Provision*‖ **establish a commission** *Kommission einsetzen* ‖ [Buchf] **to charge a commission** *eine Provision berechnen* ‖ **Commission for Technical Co-operation** *Kommission für Technische Zusammenarbeit* ‖ **commission of inquiry** *Untersuchungskommission*‖ **commission on Human Rights** *Kommission für Menschenrechte* ‖ **Commission on International Commodity Trade** *Kommission für den Internationalen Grundwarenhandel* ‖ **Economic Commission for Europe (ECE)** *Wirtschaftskommission für Europa* Teilorganisation der UNO. Erstellt auch Jahresberichte über die Ostblockländer. ‖ **joint commission** *gemeinsame Kommission*

Commissioner *Stadtverbandspräsident* [VwO/D] Wahlbeamte in der Funktion eines Landrats im Stadtverband Saarbrücken ‖ **Federal Data Protection Commissioner** [EDV] *Bundesdatenschutzbeauftragter* ‖ *Bundesbeauftragter für den Datenschutz [BfD]*

to commit [to] *verbringen [in]* [z.B. Heilanstalt] ‖ *einweisen* ‖ *unterbringen*

commitment *Verpflichtung* ‖ **commitment analysis** *Situationsanalyse*‖ **commitment appropriations** *Verpflichtungsermächtigungen* ‖ **advance [or: preliminary] commitment authorization** *Promessenzusage* —> advance commitment‖ **commitment fee** *Bereit-*

71

stellungsprovision —> *Kreditprovision* ∥ a charge that a bank makes for guaranteeing availability of loan funds. The fee is usually calculated as a percentage of the unused portion of funds at the time of commitment ∥ **commitment fee on guarantees** *Garantiebereitstellungsprovision* charge to be paid on he undisbursed portion of the guaranteed loan ∥ **commitment notice and supplementary agreement** *Verpflichtungsanzeige und Zusatzvertrag* [Ex] Formalität im Exportförderprogamm von Eximbank ∥ **client commitment** *Bestimmung des Abnehmerkreises des Unternehmens* customer commitment ∥ **functional commitment** *Bestimmung des Funktionsbereichs des Unternehmens* ∥ **scope of commitment** *Bestimmung des Aktionsradius des Unternehmens*

committee *Ausschuß* ∥ *Komitee* ∥ **interim committee** *Interimsausschuß* [IWF] 1974 gebildeter Ausschuß zur Überwachung des Funtionierens des internationalen Währungssystems und seiner Weiterentwicklung. ∥ **committee of a conurbation** *Stadtverbandsausschuß* [VwO/D] gewähltes Verwaltungsorgan im Stadtverband Saarbrücken (Funktion eines Kreisausschusses) ∥ **committee of an association of communes** *Gemeinschaftsversammlung* [VwO/D, Bayern] Vertretung der gewählten Gemeinderäte der Mitgliedsgemeinden in der Verwaltungsgemeinschaft ∥ **Committee of Ministers** *Ministerkomitee* ∥ **Committee of Red Cross** *Komitee des Roten Kreuzes* ∥ **committee of the association of communes** [VwO / Schl. H.] *Amtsausschuß* ∥ **committee of the board** [Man/Org] *Ausschuß des Aufsichtsrat* ∥ **committee of the whole** *Gesamtausschuß* ∥ **committee of ways and means** *Haushaltsausschuß* ∥ **Committee on Agricultural Problems** *Ausschuß für Agrarfragen* ∥ **Committee on Inland Transport** *Verkehrsausschuß* [eigentlich] *Binnenverkehrsausschuß* ∥ **committee on privacy** [EDV] *Datenschutzkommission*

commodity *Grundstoff* —> Ware ∥ **commodity agreements** *Grundstoffübereinkünfte* —> "produce" ∥ **commodity exchange** *Warenbörse*

common action[s] *gemeinsame Maßnahmen* ∥ *gemeinsames Vorgehen* ∥ **Common Agricultural Policy** [Abbr] **CAP** [EG] *Gemeinsame Agrarpolitik* ∥ **common commercial practice** *gemeinsame Handelspolitik* ∥ **Common Fund for Commodities** *Gemeinsamer Fonds für Rohstoffe* Finanzierungsinstrument der UNCTAD i.R.d. "Integrierten Rohstoffprogramms". Finanzierung von Ausgleichslagern (Buffer Stocks) einzelner Rohstoffabkommen ("erster Schalter"; Finanzierung der Diversifizierung der Wirtschaft, Verarbeitung von Rohstoffen in Entwicklungsländern und Qualitäts- sowie Absatzförderung ("zweiter Schalter"). ∥ **Common Law** *Gewohnheitsrecht* das [all]gemeine angelsächsische Recht ∥ das vom Billigkeitsrecht unterschiedene strenge Recht.

Es beruht ursprünglich auf [ungeschriebenem] Gewohnheitsrecht [Fallrecht] und wurde durch richterliche Entscheidungen weiterentwickelt, i.G.z. vom Gesetzgeber geschaffenen —> statute law. ‖ **Common Penny** [SteuerR / arch] *Gemeiner Pfennig* als Beitrag zur Abwehr der Türken (syn.: *"Türkenpfennig"*) auf dem Reichstag zu Worms 1495 beschlossene Abgabe unter Maximilian I. ‖ **common share** *Stammaktie* —> common stock ‖ **common stock** *Stammaktien* Normaltyp der Aktie mit 1. Stimmrecht :: voting right 2. Recht auf Dividende :: right to a dividend 3. Recht auf Anteil am Liquidationserlös :: right to a share in the residual assets on liquidation [after all other claimants have been satisfied] ‖ **common stockholder** *Stammaktionär* ‖ **common taxes** [SteuerR/D] *Gemeinschaftssteuern* —> Ertragskompetenz :: assignment of revenues ‖ **common [stock] dividend** *Dividende auf Stammaktien* —> Stammaktien

Commonwealth citizen *Mitglied[schaft] im Commonwealth* —> citizen[ship] :: Staatsbürger

communal *Kommunal[-...]* ‖ *Gemeinede[-...]* ‖ **communal administration** [VwO/D] *Kommunalverwaltung* —> communal local governmal authorities ‖ **communal council** *Gemeinderat* [VwO/D] [Ns.;, B.-W, Bayern, R.-P., SL] Kollegialorgan der Legislativen auf Gemeindeebene. Gemeinderat als Gegensatz zu Stadtrat bezeichnet den Rat der Landgemeinde. In B.-W. heißt der Rat in allen Gemeinden "Gemeinderat" ‖ *Rat der Landgemeinde* [VwO/D] —> Gemeinderat /communcal council ‖ **communal council[lor]** *Gemeinderat[smitglied]* [VwO/D] Mitglied des Gemeinderats ‖ Ratsmitglied ‖ **communal government authorities** *Kommunalverwaltung* [VwO/D] nicht-staatliche, kommunale Verwaltung der Gemeinden und Gemeindeverbände —> communal administration

commune *Gemeinde* [VwO/D] —> municipality ‖ Grundeinheit der kommunalen Selbstverwaltung, umfaßt sowohl die kleinen Landgemeinden als auch die großen Städte. Die Gemeinden sind Gebietskörperschaften, besitzen Rechtspersönlichkeit und haben Allzuständigkeit. Alle Gemeinden - mit Ausnahme der kreisfreien Städte (Stadtkreise) - gehören einem Landkreis an und sind in ihren Selbstverwaltungsangelegenheiten der Rechtsaufsicht des Landrats unterstellt (Ausnahme: einige große kreisangehörige Städte). ‖ **commune forming part of a district [or: county]** [VwO/SL] *kreisangehörige Gemeinde* ‖ **commune within a conurbation** *stadtverbandsangehörige Gemeinde* —> Stadtverband

to communicate *mitteilen* ‖ *übermitteln* ‖ *übertragen* ‖ *sich in Verbindung setzen mit* ‖ *zusammenhängen* ‖ **to communicate a declaration to** *jmd. eine Erklärung zur Kenntnis bringen* ‖ **after having communicated** *nach [erfolgter] Mitteilung*

communication, defensive ~ [Komm] *defensive Kommunikation* occurs when individual perceives threat within a group, besides talking about a common topic, the person thinks about how he appears to others, how he may dominate etc. ‖ **diagonal communication** *Kommunikation zwischen unterschiedlichen Führungsebenen* ‖ **effective communication** *wirksame Kommunikation* ‖ **formal communication** *formelle Kommunikation* ‖ **informal communication** *informelle Kommunikation* ‖ **lateral communication** *Kommunikation innerhalb der Führungsebene* ‖ **one-way communication** *Einwegkommunikation* ‖ **two-way communication** *Zweiwegkommunikation* ‖ **communications** *Nachrichtenübermittlung*

Community rule [SteuerR] *Gemeinschaftsregelung*

companies' registration office *Handelsregister* [GB] es besteht kein allgemeines Handelsregister, sondern nur sogenannte Gesellschaftsregister für England und Wales in London (für Schottland in Edinburgh)

company *Handelsgesellschaft* private company: maximal 50 Mitglieder: Beschaffung öffentlichen Kapitals (shares :: Aktien ‖ debentures :: Schuldverschreibungen ‖ bonds :: Obligationen nicht gestattet. Relativ freie Gestaltung der Geschäftsführung. Keine Veröffentlichung der Bilanz, nur schriftliche Vertragsschluß unter Beifügung des Siegels möglich (seals) —> public limited company —> chartered company ‖ *Unternehmen* ‖ **company car** [PersW]

Firmenwagen ‖ **company deal** [ArbR] *Betriebsvereinbarung* ‖ **company fringe benefits** [ArbR] *betriebliche Sozialleistungen* z.B.: betriebliche Altersversorgung :: company pension ‖ **company law** *Recht der Kapitalgesellschaften* —> company, private ~ und public limited company ‖ **company mergers and acquisitions** *Unternehmensübernahmen und -fusionen* ‖ **company organisations which are influential in shaping public opinion** *Tendenzunternehmen* [Man/Org/ArbR] e.g. media, charitable and church organisations and political bodies. The —> co-determination Act finds no application in these companies. ‖ **company pension** [Man/Org/ArbR] *Betriebsrente* ‖ **Company Pension Act** *Betriebsrentengesetz* Kurzbezeichnung für das "Gesetz zur Verbesserung der betrieblichen Altersversorgung, BetrAVG" vom 19.12.1974 ‖ **company pension scheme[s]** *betriebliche Altersversorgung* ‖ **company tax** [SteuerR/D] *Gesellschaftsteuer* ‖ **company use** [Buchf] *betriebsinterne Verwendung* ‖ **company's seal** *Körperschaftssiegel* Nach dem Common Law dürfen englische Körperschaften nur unter dem Körperschaftssiegel Verträge abschließen —> company und public. ‖ **limited company** *Gesellschaft* Gesellschaft mit Haftungsbeschränkung. Sie ist eine Körperschaft und damit juristische Person, die Rechtsfähigkeit besitzt. Die public limited company (—> public) entspricht weitgehend der amerikanischen corporation —> company, private ~ und public limited company

comparability with previous years
[Stat] *Längsschnitt-Vergleiche* ||
Vergleich zu Vorjahreszeiträumen

compensation *Entlohnung* ||
[PersW] *Vergütung* || **compensation of employees** *Bruttoeinkommen aus unselbständiger Arbeit* || **pecuniary compensation** *Entschädigung in Geld* —> konkrete Vertragserfüllung :: specific performance

competence *Kompetenz* || [Man / Org] personal and functional authority
competitiveness, price ~ *preisliche Wettbewerbsfähigkeit*

compile a management report *Lagebericht erstellen*

complaint *Forderung der Nachbesserung* [§ 476 a BGB] beim Gattungskauf im BGB i.G.z. Werkvertrag [dort Verlangen auf Erfüllen durch Neuherstellung oder Nachbesserung] nicht vorgesehen, während dem Verkäufer diese Möglichkeit bei leicht zu behebenden Sachmängeln vor Wandelung oder Minderung einzuräumen ist. || *Beanstandung* || *Beschwerde* [auch als Rechtsmittel] || **complaints procedure** *Beschwerdeverfahren* [Man/Org] im Arbeitsprozeß

completion of the purchase *Abschluß [des Kaufvertrages]* || *Erfüllung* || *Vollzug*

compliance *Einhaltung*|| [PatR] **An application [...] shall, if it otherwise complies with the law of that contracting state, not be refused, so long as the requirements specified in Articles 4 to 6 of this Convention are satisfied** :: *Eine Patentanmeldung [...] wird, wenn die Patentanmeldung dem in dem betreffenden Vertragsstaat geltenden Recht entspricht, nicht versagt, solange sie den in den Artikeln 4 bis 6 angegebenen Formerfordernissen entspricht.*|| **for compliance** *hinsichtlich der Einhaltung [der Vertragsbestimmungen]*

to comply *einhalten* syn.: to act in accordance with || to accept || submission || obedience || conformance || *Folge leisten* || *sich halten an* || *einer Pflicht nachkommen* || *respektieren*

to be composed of *bestehen aus* || **a commission is composed of** *Kommission besteht aus (Mitgliedern)*

composition [Stat] *Zusammensetzung* || **most similar in [their] composition** *[die] ihrer Beschaffenheit nach am nächsten [sind]*

compound growth *Anlageergebnis* || [InvF] *Kapitalwachstum* unter Berücksichtigung der investierten Kapitalerträge

compounding *Aufzinsung* [einer Barsumme] [InvR] Ausgehend vom Anfangskapital sucht man das um Zinsen und Zinseszinsen vermehrte Endkapital. Mittels Aufzinsungstabelle nach der Formel: $K_n = K_0 \times T_{auf}$

comprehensive coverage *Deckung kommerzieller und politischer Risiken* [Ex] protection against both commercial and political risks —> commercial credit risks ‖ political risks ‖ **comprehensive coverage guarantee (policy)** *Garantie zur Deckung kommerzieller und politischer Risiken* [Ex] guarantee [policy] covering both commercial and political risks ‖ **comprehensive coverage premium** *Garantieentgelt für die Deckung kommerzieller und politischer Risiken* [Ex] premium paid by the insured to FCIA for the coverage of both commercial and political risks ‖ **comprehensive private buyer guarantee** *Garantie zur Deckung der mit dem Ankauf einer Exportforderung an einen privaten Abnehmer verbundenen kommerziellen und politischen Risiken.* ‖ **comprehensive public buyer guarantee** *Garantie zur Deckung der mit dem Ankauf einer Exportforderung an einen öffentlichen Abnehmer verbundenen kommerziellen und politischen Risiken.*

to comprise *enthalten*

compromise formula *Kompromißformel*

COMPROs [EG] **Committee on Trade Procedures** *Ausschuß für die Vereinfachung von Handelsverfahren*

comptroller *Kontrolleur* ‖ *Rechnungsprüfer* ‖ *Revisor* —> auditor ‖ chartered accountant ‖ [PatR] *Leiter des Patentamts* ‖ **Comptroller General** [USA] *Präsident des Rechnungshofes* ‖ **Comptroller of the Currency** [USA] *Währungskommissar*

comprador *Comprador* [Ex] ‖ *Handelsmittler* ‖ *Absatzmittler im Auslandsgeschäft* als selbständiger Makler und Händler im Ostasiengeschäft —> Confirming House

compulsory *obligatorisch* ‖ the **compulsory settlement of disputes** *obligatorische Beilegung von Streitigkeiten* ‖ **compulsory jurisdiction** *obligatorische Gerichtsbarkeit* ‖ **compulsory licence** *Zwangslizenz* ‖ **compulsory liquidation** *Zwangsliquidation* ‖ **claim to a compulsory portion of an inheritance** [ErbR] *Pflichtteilanspruch* ‖ **visas are compulsory** *es besteht Visumszwang*

compulsion *Zwang* —> donation —> consideration —> Auflage

to compute sth. from the value [...] [SteuerR/D] *etwas nach dem Wert von [...] berechnen*

concealed space [ZollW] *Versteck*

concealment *Verschweigen*

concentrates of coffee *Kaffeekonzentrate*

concentration on *Schwerpunkt [legen auf etwas]*

concern *Konzern* sowohl Einzelhandelsbetriebe als auch größere Zusammenschlüsse —> combination || **extractive concerns** *Gewinnungsbetriebe* Bergwerke || Gas- und Erdölquellen || Rohstoffe allgemein

to be concerned with *befaßt sein mit* —> Aufgabe[nstellung]

concerted action *einvernehmliches Vorgehen* || *konzertierte Aktion*

concessionary beer [SteuerR/D] *Haustrunk* supplied by breweries free of charge or at reduced prices for consumption by brewery employees or their families

conciliation *Vergleich* || **conciliation commission** *Vergleichskommission* || **conciliation committee** *Vergleichskomitee* || [BetrVG] *Einigungsstelle* || **conciliation procedure** *Vergleichsverfahren*

to conclude *abschließen* || **to conclude a contract** *einen Vertrag schließen* || *abschließen* || **to conclude an agreement** *Übereinkommen schließen*

conclusion *Fazit* || *Schlußfolgerung* || **to lead to the conclusion** *sich [hieraus] ergeben* || *zu [der] Erkenntnis führen*

conclusive *bindend* || **conclusive evidence** *schlüssiger Beweis [material]* || *bindendes Beweis[material]*

condition *Bestimmung* || wesentliche, allgemeine Bestimmung, die mündlich oder schriftlich vorliegt. Wird sie nicht erfüllt, so ist die Gegenpartei nicht mehr gebunden und der Vertrag kann aufgehoben werden bzw. als aufgehoben betrachtet werden. Richter überprüft ggf., ob warranty unwesentlich —> term || warranty || provision || **conditions** *Bedingungen* || **Under the conditions provided for in this treaty** :: *nach Maßgabe dieses Vertrages* || **subject to the conditions hereinafter named** :: *vorbehaltlich der nachstehenden Bedingungen* (Satzanfang) || **the condition of infancy / minority** :: *Zustand der Minderjährigkeit* || **conditions in the share market** [Bör] *Aktienmarkt [entwicklung]* || **practice and conditions** *Methoden und Gepflogenheiten* || **terms and conditions** *Geschäftsbedingungen* || *Bedingungen* || *allgemeine Bedingungen* || *Bestimmung* || *wesentliche Vertragsbestimmung*

conditional *abhängig* || **to be conditional upon** *[von der Bedingung] abhängig sein* || **conditional gifts** [ErbStG] *Schenkungen unter einer Auflage* || **conditional sales contract** [Leas] *Abzahlungskauf* || *aufschiebend bedingter Kauf* || *Kaufvertrag unter Eigentumsvorbehalt*

condonation *Verzeihung*

conduct of business *Geschäftsführung* || [BetrVG] *Wahrnehmung* *der Aufgaben*

to conduct the sale of a real estate *Verkauf eines Grundstücks betreiben*

Confederation, the German ~ [Hist, 1815-1866] *Der Deutsche Bund*

to confer sth. upon s.o. *übertragen, jmd. etwas*

confidence *Sicherheit ‖ Rechtssicherheit* ‖ **lack of confidence in the application of the law** *Rechtsunsicherheit*

confidential *vertraulich* ‖ **Advertisement is also possible under a P.O.Box number - if you wish it to be confidential** :: *Sie können Ihre Anzeige auch unter Chiffre aufgeben, wenn Sie Vertraulichkeit wünschen*

confined waters [Mar] *enge Gewässer*

confirmation of allegiance *Treueerklärung* ‖ **to take an oath of allegiance** *Treueeid leisten*

confirmed credit *bestätigtes Akkreditiv* ‖ **unconfirmed credit** *unbestätigtes Akkreditiv*

Confirming House *Confirming House* [Ex] [bleibt unübersetzt] selbständiger englischer Handelsmittler insbesondere für die Gewährleistung gegenüber europäischen Exporteuren im Überseegeschäft mit Commonwealthländern für risikoreiche Geschäfte mit dortigen Importeuren.

confiscation *Konfiskation* ‖ *Entziehung Eigentums zugunsten des Staates* ‖ Seizure of private property by a government or other public authority without payment of adequate compensation to the owner

Conflict of Laws *Internationales Privatrecht* syn.: *Kollissionsrecht* ‖ **Private International Law** *Rechtsregeln für deutsche Gerichte zur Bestimmung, wann ausländisches Recht anzuwenden ist* [Art. 3-38 EGBGB]. Ferner Regelungen in zwei- oder mehrseitige Abkommen, deren Regeln innerhalb der Vertragsstaaten den Vorschriften der Art. 3-38 EGBGB vorgehen (z.B. die verschiedenen EWG/EG- und Haager Abkommen). Best. Rechtsordnungen können durch Willenserklärung für anwendbar erklärt werden, soweit diese mit dt. Recht nicht absolut unvereinbar sind [Art. 6 EGBGB] —> Deutsches interlokales Privatrecht. ‖ *Rechtskollision zwischen Staatsbürger unterschiedlicher Herkunft*

conglomerate *Mischkonzern* [Konzerntyp] Mischkonzern: Kombination aus horizontalem und vertikalem Konzern. Produktions- und Vertriebsprogramm umfaßt z.B. Käse und Computer ‖ [horizontaler Konzern: Konzernzusammenschluß von Unternehmen derselben Wirtschaftsstufe ‖ vertikaler Konzern: Konzernzusammenschluß von Unternehmen unterschiedlicher Wirtschaftsstufen] —> group ‖ concern ‖ combination ‖ conglomerate ‖ trust ‖

combin || pool

connected *verbunden* || **financially connected** *finanziell mit einem anderen Unternehmen verbunden* || *"verbundene Unternehmen"*

connection power *Macht durch Beziehungen* || [coll] *"Vitamin B"* (Karriere durch die Hilfe einflußreicher oder höher gestellter Positionsinhaber) || *gute Verbindungen ["nach oben"] haben*

connivance *stillschweigendes Einverständnis* || *wissentlich Geschehenlassen* || *[§ 357 StGB] Konnivenz*

conscious [VölkR/Präambel] *eingedenk* || *in dem Bewußtsein*

consecutive *aufeinanderfolgend* || **a consecutive period of 12 months** *innerhalb von 12 aufeinanderfolgenden Monaten*

consensus ad idem *Willensübereinstimmung* || *consensus ad idem* || consent to the matter :: *Willensübereinstimmung* || *Übereinstimmung*

consent *Einigung* || **a broad consent has been achieved** *es konnte eine weitgehende Einigung erzielt werden* —> *Zustimmung* || **consent in writing** *schriftliche Einwilligung* || *Genehmigung* || **without prior consent** *ohne vorherige Zustimmung* || **consent and delivery** *Einigung und Übergabe* —> zugehen

|| *"zugegangen"* || **consent to marriage** [EheR] *Einwilligung zur Heirat* || **a consent to marriage was refused** *die Heiratserlaubnis wurde verweigert.*

consequences *Folgen* || *Wirkungen* || **legal consequences** *Rechtswirkungen*

consequential damages [USA] *Folgeschäden* [aus Vertragsbruch]

conservative standards *strenge Bewerungsmaßstäbe* || **to apply the most conservative standards** *die strengsten Bewertungsmaßstäbe anlegen*

to consider *berücksichtigen* syn.: **to take into consideration** || *prüfen* || **to weigh the merit of** || **after considering all the relevant information** *nach Berücksichtigung / Prüfung aller sachdienlichen / maßgeblichen Angaben / Unterlagen*

consideration *Gegenleistung* Any inducement to a contract, such as cause, motive, price or impelling influence. The reason or material cause of a contract || *Vorleistung*, [i.d.R. bei einfachen, nicht gesiegelten Verträgen vereinbart]. Im [VertR] ist Gegenleistung gegenüber den Vertragsparteien Wirksamkeitsvoraussetzung für den formlosen schuldrechtlichen Vertrag. Erfüllung also nur einklagbar, wenn sich die Partei zuvor dazu verpflichtet hat. i.d.R. erfolgt die Consideration in Form von Geld oder Entgegenkommen. Bei einem gesiegelten Vertrag ist die Einklagbarkeit der Erfüllung

considered   **consolidated net profit**

---

auch gegeben, wenn die consideration nicht gegeben wurde. Bei der Übersetzung am besten "consideration" in Klammer hinzufügen —> past consideration ‖ *Auflage* —> donation —> *Schenkung* ‖ *Prüfen* ‖ *Prüfung* —> consider ‖ **to give due and proper consideration to** *gebührend berücksichtigen* ‖ [Man / Psych / Führungsverhalten] *Mitarbeiterorientierung* ‖ **a claim worthy of consideration** *begründeter Einwand* ‖ *berechtigter Einwand* —> consider ‖ **executed consideration** *erbrachte Gegenleistung* eine bereits erbrachte oder auch vorgeleistete Gegenleistung —> past consideration ‖ **executory consideration** *zukünftige Gegenleistung* eine noch zu erbringende Gegenleistung ‖ **favourable consideration** *wohlwollende Prüfung* ‖ **past consideration** *Gegenleistung, die der Vergangenheit angehört* —> Rechtshandlungen, die vor Vertragsschluß erfolgten, jedoch nicht Gegenleistung für ein Versprechen. Einbuße [Schaden], die eine Vertragspartei zu einem vor Vertragsschluß liegenden Zeitpunkt erlitten hat, die jedoch außer in besonderen Fällen nicht ausreichend ist für die Wirksamkeit des Vertrages ‖ **to be under consideration** *erwogen werden* ‖ **valuable consideration** *rechtserhebliche Gegenleistung* [z. B. ein Tun ‖ Dulden oder Unterlassen]

to be considered *gelten als* ‖ [PatR] **an invention is considered involving an inventive step [...] ::** *eine Erfindung gilt als auf einer erfinderischen Tätigkeit beruhend, wenn [...]*

to consign *übersenden* ‖ *verschicken* ‖ **stock of consigned merchandise** *Kommissionslager*

consignment *Lieferung* ‖ *Sendung* ‖ *Versand* ‖ **consignment bill** *Konossement-Frachtbrief* ‖ **consignment endorsement** [Ex] *Garantievertragszusatz zur Deckung politischer Risiken aus der Einrichtung von Konsignationslagern* ‖ **consignment limit** *Konsignationslagerhaftungsrahmen* a specific dollar amount per country, on a revolving basis, up to which the insured may have products in consignment stocks under a consignment endorsement. ‖ **consignment stock** *Konsignationslager* Form der Lagerwirtschaft. Ein auf Kosten des Konsignanten [Auftraggeber] bei einem Konsignatar geführtes Lager (im Freihafen ein sog. Freilager, dann werden nur Entnahmen verzollt), der in bestimmten Zeitabständen Warenentnahmen abrechnet und Zahlungen leistet. Der Konsignant [ausländischer Exporteur] übergibt meist Ware an den Konsignatar [deutscher Importeur] zwecks Absatzvermittlung (Kommissionsaufträge, dann Exportkommission)

to consist largely of *betreffen im wesentlichen* ‖ **to consist mainly of** *[bestehen] im wesentlichen [aus ...]*

to be consistent with *entsprechen* ‖ **proposed amendments which are consistent with this agreement** *Änderungsvorschläge, die mit diesem Übereinkommen vereinbar sind*

consolidated net profit [Bil] *kon-*

solidierter Jahresüberschuß

consolidation *Zusammenschluß*

consols *Consols* || [GB] *Staatliche Anleihen* redeemable bond that never matures but callable for payment by issuer persuant to the terms of the bond and —> indenture

consortium *Konsortium* [pl.] Konsortia || *Syndikate*

to constitute *begründen* || *gelten als* || *machen zu* || *ernennen* || *einsetzen* || **The fact that [...] shall not itself constitute [...]** :: *Die Tatsache, daß [...], macht [...] für sich alleine nicht zu [...]* || [...] gilt nicht allein als Grund || begründet für sich allein noch nicht, daß [...]

constituted authorities *verfassungsmäßige Behörden*

constitution *Gründungsakte* || **This constitution shall be open to acceptance by the nations specified in Annex X** :: *Diese Gründungsurkunde liegt für alle in Anlage X aufgeführten Staaten zur Annahme auf* —> charter

constitutional procedures *verfassungsrechtliche Verfahren* || **in accordance with their constitutional procedures that may be appropriate** :: *die nach Maßgabe ihrer verfassungsrechtlichen Verfahren für angemessen erachtet werden*

constraining [Man/Org/ArbR] *dämpfend* bezogen auf den Arbeitskampf zwischen den Tarifpartnern, die nach dem Prinzip der Verhältnismäßigkeit "dämpfend und entpolitisierend", i.e. regulating, constraining and depoliticising handeln müssen —> *Sozialadäquanz* || *Arbeitskampfmaßnahmen* || *Kampfparität*

construction *Bauten* || **construction or installation project** *Montage* || **construction contract** *Werkvertrag zur Durchführung eines Bauvorhaben* Contract for the execution of specified works. A feature of construction contracts is that they provide in one contract for both the supply of goods and the performance of services. || **construction cost** [Absch] *Herstellungskosten* —> Anschaffungs- und Herstellungskosten :: acquisition or construction cost || **construction enterprises** *Baugesellschaften* || **construction expenses** *Baukosten* || **construction guarantee** *Baugarantie* provides contractors with protection against certain types of losses when they undertake international construction projects —> U.S. Contractors' Guarantee Program || **construction guarantee authorization** *[endgültige] Baugarantiezusage* || **construction industry** *Bausektor* || *Bauwirtschaft* || **construction investment** *Bauinvestitionen* || **construction stocks** [Bör] *Bauwerte* || **construction-related stocks** [Bör] *baunahe Werte*

constructive *konstruktiv* || **constructive criticism** [Komm] *kon-*

struktive Kritik || **constructive dividend** *verdeckte Gewinnausschüttung* Gewährung von Vorteilen an Aktionäre, die von der Gesellschaft als Aufwand verbucht werden, in Wirklichkeit aber Gewinnbestandteile beinhalten, z. B. im Konzern die Zahlung überhöhter Preise für Lieferungen und Leistungen der Muttergesellschaft

to construe *auslegen* || [VölkR] —> **interprete** || **no provision of this article shall be construed to require any constracting state to do s.th.** *Die Bestimmungen dieses Artikels sind nicht so auszulegen, als verpflichtete sich ein Vertragsstaat, [...] zu tun.*

to consult *konsultieren* || **consulting state** *Konsultationsstaat* [14er-Club des Antarktisvertrages] || **after consulting** *nach Konsultierung*

consultants [Man] *Unternehmensberater*

consultation *Konsultation* || [Völk] **Any contracting party shall enter into consultation with the Organization** :: *Jede Vertragspartei leitet [tritt zu* || *nimmt auf] Konsultationen mit der Organisation ein* || **consultation hours** [BetrVG] *Sprechstunden*

consultative *Berater-[...]* || *beratend* || **consultative assembly** *beratende Versammlung* || **consultative capacity** *Beraterfunktion* || *beratend*

consumer *Konsument* || *Kunde* || *Verbraucher* || **consumer credit** *Konsumkredit* || *Kundenkredit* || *Konsumentenkredit* || *Verbraucherkredit* || **high consumer demand** *hohe Konsumnachfrage* || *consumer goods* [Bör] *Konsumtitel* || **consumer goods leasing** [Leas] *Konsumgüter-Leasing* || **consumer prices** *Verbraucherpreise*

consumption *Verbrauch* || *Konsum* || **consumption of crude oil** *Erdölverbrauch* || **consumption tax** [SteuerR] *Verbrauchsteuer* || **real private consumption** *realer privater Verbrauch*

to contact *Kontakt knüpfen* establish || make || get in touch with || approach || contact with || make contact with || **to intensify contacts** *Kontakte vertiefen*

container *Behälter* || *Container* || *Behältnis* || **closed container** [Verp] *geschlossenes Behältnis*

to contend *bestreiten* || **to contend a claim** *einen Anspruch bestreiten*

to contest a claim *einen Anspruch bestreiten* || **contesting of elections** [BetrVG] *Wahlanfechtung*

context *Zusammenhang* || **unless the context otherwise requires** *sofern sich aus dem Zusammenhang nichts anderes ergibt*

contiguous *benachbart* ‖ *Anlieger[...]* ‖ **contiguous zone** [Mar] *Anschlußzone* ‖ **contiguous fishing zone** [Mar] *Fischereianschlußzone* ‖ **contiguous lots of land** *angrenzende Grundstücke*

on the continent *kontinentaleuropäisch*

contingency theory [Man/Org] *Kontingenztheorie*

contingent liabilities *Haftungsverhältnisse*

continuation in office of the works council [BetrVG] *Weiterführung der Geschäfte des Betriebsrats*

to continue to *weiter* [+Verb Inf.] ‖ **new loans continue to decline** *Rückgang der Neuausleihungen an* ‖ **to continue to fall** *fallen* ‖ *nachgeben* ‖ *weiter nachlassen* ‖ **continuing education system** *Fortbildungsprogramm*‖ **management training and education** *Aus- und Weiterbildung von Führungskräften*

contraband [Mar] *Konterbande*

contract *Vertrag* Agreement besteht als Oberbegriff zu Contract. An agreement implies a final settlement of terms made or not made in writing. Not legally binding unless it is written. Contract is a species of an agreement that is enforceable at law. ‖ **contract coverage** *Deckung der Produktionsrisiken* Protection against political and certain commercial credit risks during the period of fabrication of products for which sales contracts have been signed. ‖ **contract for the loan of money** *Darlehensvertrag* ‖ *Gelddarlehensvertrag* ‖ **contract for the supply of goods** *Liefervertrag über Waren* ‖ *Warenlieferungsvertrag* ‖ **contract form endorsement** [Ex] *Garantievertragszusatz zur Deckung der Produktionsrisiken* ‖ **contract guarantee** *Garantie zur Deckung von Produktionsrisiken* [Ex] Guarantee covering selected pre-shipment risks. The contracts guarantee covers the risks of insolvency of the buyer and such political risks as cancellation of export and import licenses, war and revolution, but does not cover the buyer's concellation or the contract or the buyer's refual or unwillingness to accept the goods ‖ **contracts and liabilities** *Verträge und Verpflichtungen* ‖ **contract made by deed** *gesiegelter Vertrag* ‖ specialty contract ‖ **contract of employment** *Arbeitsvertrag* ‖ *Dienstverhältnis* im Prinzip jedes Rechtsverhältnis, in dem ein abhängig {=nicht-selbständig} Beschäftigter eine Dienstleistung erbringt —> *Dienstvertrag* :: employment contract wie z.B. der —> *Arbeitsvertrag* [auch Beamte] —> Einkünfte aus nichtselbständiger Arbeit :: income from dependet personal service —> *Arbeitslohn* :: salary ‖ wage ‖ **contract of partnership** *Gesellschaftsvertrag* ‖ **contract packaging plant** [Verp] *Lohnverpackungsbetrieb* ‖ *Lohnabpack- und Verpackungsbetrieb* ‖ **contract payment** *vertraglich vereinbarte Zahlung* ‖ **contract period** *Produktionsperiode* [Ex] The time period between execution of sales contract and shipment of the goods, i. e. the manufacturing period ‖ **contract premium** *Garantieentgelt für die Deckung der Produktionsrisiken* [Ex] premium paid by the insured to FCIA for the coverage of pre-shipment risks (manufacturing risks) ‖ **contract price** *Kontraktwert* ‖ *Vertragswert* Vertraglich zwischen Käufer und Verkäufer vereinbarter Kaufpreis einschließlich Versicherung, Fracht und andere Kosten, die der Verkäufer für den Käufer verauslagt. ‖ **informal contract** *formloser Vertrag* ‖ **simple contract under hand** *einfacher Vertrag* ‖ **to annull a contract** *Vertrag für nichtig erklären* —> to void a contract ‖ **to draw up a contract** *Vertrag aufsetzen* ‖ **to rescind a contract** *vom Vertrag zurücktreten* to cancel ‖ to withdraw from ‖ **capable to contract a marriage** *ehefähig*

contractor *Vertragsschließende* —> prime ~ ‖ **general contractor** :: *Gesamtunternehmer* ‖ **contractor's retention** *Risikobeteiligung des Bauunternehmers* —> Haftungsbeteiligung ‖ Verlusbeteiligung

contrary *gegenteilig* ‖ **to deliver a contrary declaration** :: *eine gegenteilige Erklärung abgeben* ‖ **contrary to expectations** *entgegen allen Erwartungen* ‖ **contrary to the terms of a contract** *vertragswidrig*

to contribute *Beitrag leisten* —> to have a share in s.th.

contribution *Beitrag* ‖ **tenant's contribution to the building expenses** [MietR] *Baukostenzuschuß* ‖ *Mieterdarlehen* meist einmalige rückzahlbare Zahlung des Mieters an den Vermieter zum Neubau, Wiederaufbau oder Ausbau bzw. zur Instandsetzung von Gebäuden.

contributory *beitragend* ‖ **contributory factor** *einer der Faktoren, die dazu geführt haben ...* ‖ **contributory negligence** [USA] *Mitverschulden des Klägers* —> proximate cause :: adäquate Verursachung ‖ **contributory taxes** [SteuerR/arch] *Beisteuern* originally "taxes" paid by members of the community in the form of donations and services

to contrive *entwerfen* ‖ *erfinden* ‖ *ersinnen* ‖ *Ränke schmieden* ‖ *Bewerkstelligung* ‖ *Einrichtung* ‖ *Vorrichtung* ‖ *Erfindung* ‖ **to contrive ways and means** *Mittel und Wege finden* ‖ **contrived** [Stil] *gekünstelt*

to control *beherrschen* ‖ *steuern* ‖ *leiten* ‖ *regeln* ‖ *regulieren* ‖ *bewirtschaften* ‖ [Sc] *kontrollieren* —> [dt.] kontrollieren [prüfen] :: to check up

control [of the company] *Unternehmensführung* ‖ *Unternehmensleitung* ‖ **control accounts** *Hauptbuchkonten* [Buchf] Buchungsvorgänge summarisch in einzelnen Sachkonten erfaßt [ermöglichen Fehlersuche bei Erstellung der Rohbilanz] || **control by exception** *Kontrolle durch Planabweichung* [BWL/RW] || **control by inspection** *Kontrolle durch Aufsicht* [BWL/RW] || **control of occupational hazards** *Bekämpfung der Berufsgefahren* || **control tower** *Kontrollturm* || *Tower* || *Leitstelle* || **actual control over s.th.** *die tatsächliche Gewalt über eine Sache* || **Coal Control Commission** *Lenkungskommission für Kohle* || **exchange controls** *Devisenbewirtschaftungsmaßnahmen* || **fighter control centres** *Jägerleitstellen* Im Weltkrieg II wurden von diesen J. Flugzeuge dirigiert || **[management] control** *Kontrolle* || [PersW] *Planüberwachung*

controlled *beherrscht* || *gelenkt* || **controlled company** *beherrschtes Unternehmen* [Aktienmehrheit] im Besitz eines (einzelnen) Anlegers oder Unternehmens || **controlled economy** *gelenkte Wirtschaft* || **controlled experiment** *kontrolliertes Experiment* [Sc] —> kontrollieren :: to check up

controlling *Controlling* [Buchf] Informations- und Führungsinstrument für das ganze Unternehmen als Entscheidungshilfe durch ergebnisorientierte Planung, Steuerung und Überwachung aller Bereiche und Ebenen des Unternehmens ["Kontrolle in die Zukunft"].

conurbation council *Stadtverbandstag* [VwO/D] In Saarbrücken

entspr. dem Kreistag der Landkreise

to convene *einberufen* || *vorladen* || *zusammenkommen* || *versammeln*

convenience *Einberufung* —> to convene || **for convenience of** *zu [...] Zwecken*

convenient *günstig*

conventional *konventionell*

conversion *Konvertierung* || *Austausch* [Umtauschen] einer Landeswährung gegen eine andere. —> convertibility :: Konvertibilität || *rechtswidrige Zueignung* [USA] Unterschlagung beweglicher Sachen vergleichbar mit § 246 StGB —> embezzlement || **conversion facility** *Umwandlungsmöglichkeit* [InvF] Umtauschmöglichkeit [sofern von der Investmentgesellschaft vorgesehen]. Tausch kann anzahlmäßig und zeitlich begrenzt sein. Ferner Möglichkeit des Tausches in eine Richtung (Aktienfondsanteile in Rentenfondsanteile, wobei der höhere Ausgabeaufschlag bereits bezahlt wurde) oder in beide Richtungen (Ausgleich der Differen). || **conversion to sale** *Umwandlung in Verkauf* [VertR] Umwandlung eines Mietvertrags in ein Verkaufsabkommen

convertibility *Konvertibilität* Die DM ist seit 1959 voll konvertierbar, kann also unbeschränkt an den Devisenbörsen gehandelt werden. || **non-resident convertibility** *Konvertibilität für Gebietsfremde* / Devisenausländer || **resident convertibility** *Konvertibi-*

lität für Gebietsansässige / Deviseninländer ‖ **convertibility into cash** *Liquidierbarkeit* —> liquidity

convertible bonds *Wandelanleihe* [Bör] Mischung aus festverzinslichem Wertpapier und Aktie, wobei dem Gläubiger zusätzlich zu den Zins- und Tilgungszahlungen ein Umtauschrecht in Aktien eingeräumt wird. Das Umtauschrecht ist untrennbar mit der Anleihe verbunden (Untergang der Anleihe bei Ausnutzung des Rechts). Heute weitgehend durch die Optionsanleihe verdrängtes Finanzierungsinstrument.

converting *Umbildung* syn.: transforming

to convey *übertragen* —> auflassen ‖ to convey = to transfer —> conveyance

conveyance [GrundstR] *Übertragung* ‖ *Verfügungsvertrag* z. B. Forderungsabtretung ‖ Vermögensübertragung. Contract hingegen ist ein Verpflichtungsvertrag. ‖ **conveyance deed** *Vertragsurkunde* —> contract by specialty: a contract under seal [z. B. ist der gesiegelte Vertrag bei Immobilienübertragungen erforderlich]

conveyancer *Anwalt* Notar = notary ‖ [Anwalt] der die Übertragung von Eigentum durch Urkunde vorbereitet.

conveyancing *Auflassung* —> transference. [§ 925 BGB] Die zur Übertragung des Eigentums an einem Grundstück erforderliche Einigung zw. Veräußer und Erwerber. Sie muß bei gleichzeitiger Anwesenheit beider Teile (Vertretung möglich) vor dem Grundbuchamt, Notar, Amtsgericht oder in einem gerichtlichen Vergleich erklärt werden. Das österreichische und das schweizerische Recht kennen die Auflassung nicht. ‖ *Eigentumsübertragung* —> Auflassung ‖ *Stillegung* [Betrieb ‖ Bergwerk]

to convict *schuldig sprechen* ‖ —> eines [Verbrechens] *überführen* z. B. des —> Mordes ‖ **previously convicted** *vorbestraft* ‖ **summarily convicted** *im summarischen Verfahren abgeurteilt*

conviction *Schuldspruch der Geschworenen* ‖ *Wahrspruch* verdict of guilty ‖ **conviction on indictment** *Verurteilung* [im Schwurgerichtsverfahren]

convinced [VölkR/Präamel] *in der Überzeugung* ‖ *überzeugt*

cook-off [Bal] *Selbstentzündung* [einer Waffe ohne Betätigung des Abzugs]

co-operating institution [Abbr] CI *an einer Gemeinschaftsfinanzierung beteiligtes Finanzierungsinstitut* [Ex] A non-U.S. financial institution which is granted a line of credit by Eximbank to enable it to make medium-term loans to buyers of U.S. goods and services —> cooperative financing facility ‖ non-US financial institutions

co-operative *Genossenschafts[-...]* ‖ **co-operative credit** *Genossenschaftskredit* ‖ **co-operative credit association** *Raiffeisenkasse* ‖

co-operative financing facility *Gemeinschaftsfinanzierung* CFF program ‖ Eximbank extends medium-term non-revolving lines of credit to foreign financial institutions (co-operating institutions) for the purpose of financing 42.5 percent of local buyers' purchases of US capital equipment, quasi-capital equipment and services. A 15 percent cash payment is required and the other 42.5 per cent is provided from the local financial institutions' own resources or other borrowings at market rates

copy *[Buch]Exemplar* ‖ **to forward gratis copies** *Freiexemplare zusenden* ‖ **certified (true) copy** *beglaubigte Abschrift* ‖ **single copy** *Urschrift* —> execution of a deed :: Ausfertigung

copyright *Urheberrecht* —> intellectual property ‖ industrial design ‖ trademarks ‖ service marks ‖ registered proprietor ‖ ornamental design ‖ Pariser Verbandsübereinkunft ‖ International Convention for the Protection of Industrial Property ‖ **copyright notice** *Copyright-Vermerk* ‖ **This book is sold subject to the condition that it shall not, by way of trade or otherwise, be lent, re-sold, hired out, or otherwise circulated without the publisher's prior consent in any form of binding or cover other than that in which it is published an without a similar condition including this condition being imposed on the subsequent purchaser. All rights reserved.**

This book is protected by copyright. No part of it may be reproduced, stored in a retrieval system, or transmitted in any form or by any means, electronic, mechanical, photocopying or otherwise, without written permissin from the Publishers. :: *Alle Rechte vorbehalten, insbesondere das des öffentlichen Vortrags, der Übertragung durch Rundfunk oder Fernsehen und der Übersetzung auch einzelner Teile. Fotomechanische Wiedergabe nur mit Genehmigung des Verlages.* ‖ **copyright page** [PressR] *Impressumseite*

Coroner *Gerichtsmediziner* ‖ **Coroner's inquest** *amtliche Leichenschau* —> *Obduktion* [amtliche] von Amts wegen] (durch richterlichen Beamten (Coroner's Court), der die Leichenschau in Fällen gewaltsamen oder unnatürlichen Todes vornimmt) ‖ **Coroners' Courts** *Untersuchungsgericht für Todesursachen* [since 12th cent.] concerned with matters such as treasure trove, but, principally with inquests which may necessitate a jury of seven to eleven, whose verdict is recorded in an inquisition. Jurisdiction: deaths of persons dying within the coroners' districts [reasonable cause for suspecting a violent or otherwise unnatural death, or a sudden death from causes unknown].

corporal rights *Körperschaftsrechte*

corporate höchste Unternehmensebene bzw. Gesamtunternehmen ‖ business :: einzelner Geschäftsbereich *körperschaftlich* ‖ auf eine [Handels]gesellschaft bezogen || auf Personenvereinigungen bezogen || **corporate bodies** *Personenvereinigungen* [juristische Person] —> body corporate || **corporate charter** *Gründungsurkunde* —> chartered company —> certificate of incorporation || **corporate finance** *Finanzierung* syn.: corporate financial management || i.e.S. Finanzierung der Kapitalgesellschaften —> business finance || **corporate financial policy** *Finanzpolitik der Unternehmung* Gestaltung der Finanzwirtschaft der Unternehmung (u.a. Dividendenpolitik) || **corporate financing business** *Finanzierung der gewerblichen Wirtschaft* || **corporate income tax** *Körperschaftsteuer* normal corporate income tax :: normale Steuern || surtax [=additional tax] :: Zusatzsteuer —> Übersteuer || **corporate income tax on earnings retention** [SteuerR] [AuxT] *Tarifbelastung* die auf die Gewinneinbehaltung erhobene Körperschaftsteuer —> Ausschüttungsbelastung || **corporate investment** *Investitionsbereitschaft der Unternehmen* || **corporate management** *Management auf höchster Unternehmensebene* [Man/Org] —> corporate top management. || **corporate sector** *Geschäftsbereich im Unternehmen* || [Bil] *Unternehmens-bereich* || **corporate strategy** *Unternehmensstrategie* || *Betätigungsfeld* || *Firmenstrategie* staatliche und gesellschaftliche Rahmenbedingungen || **corporate seal** *Körperschaftssiegel* Nach dem Common Law dürfen englische Körperschaften nur unter dem Kör-

perschaftssiegel (company's seal) Verträge abschließen —> company

corporation sole *1-Mann-Körperschaft* —> sole corporation. Besonderheit des engl. Rechts, bei der die Körperschaft aus nur einer Person besteht, .z.B. : rechtsfähige Anstalten, Stiftungen (indowed institutions) || Queen gilt als 1-Mann-Körperschaft || public trustee :: staatliche Treuhandstelle (Leiter von öffentlichen Anstalten wie Uni, Krankhaus etc.) bilden eine ~, die das Vermögen für die Institution treuhänderisch verwalten. || *Anstalt* —> Körperschaft || **corporation tax** [SteuerR/D] *Körperschaftsteuer*

corporations *Körperschaften* juristische Personen, die Rechtsfähigkeit besitzen || **corporations with high payout ratios** *dividendenfreudige Gesellschaften* Gesellschaften mit hohen Ausschüttungsquoten ||

to correct *bereinigen* || *berichtigen*

correction of performance [BWL / RW] *Korrektur der Abweichungen*

to correspond [Bil] *entsprechen* || *übereinstimmen* || **corresponding to** [...] *wie [in ...] vorgeschrieben* prescribed in

correspondence credit *Postlaufakkreditiv* [zwischen Banken]

corrugated cardboard box [Verp] *Wellpappschachtel*

cost *Kosten[begriff]* [BWL/ RW] bewerteter Güter- und Dienstleistungsverzehr zur Erstellung der betrieblichen Leistung —> expense :: Aufwand ‖ **cost center** [BWL / RW] *Kostenstelle* ‖ —> Erfolgsstelle [mit eigener Gewinn- und Verlustrechnung] —> Profit Center ‖ **cost of capital** *Kapitalkosten* [InvR] keine Deckung mit betriebswirtschaftl. Kostenbegriff —> costs :: Kosten[begriff]. Die Kapitalkosten sind identisch mit der von den Kaptialgebern erwarteten bzw. geforderten Mindestrendite —> Renditeforderungen, i.d.R. Gesamtkapitalkosten = Eigenkapitalkosten + Fremdkapitalkosten (i.d.R. ein gewichteter Durchschnittssatz [weighted-average cost of capital] je nach Anteil der Fremdkapitalkosten) ‖ **cost of debt** *Fremdkapitalkosten* [InvR] Zinsen + Nebenkosten des Fremdkapitals —> Kapitalkosten ‖ **cost of equity** [InvR] *Eigenkapitalkosten* ‖ **cost recovery** [Bil] *Kostendeckung* ‖ **regulation concerning costs** *Kostenregelung* ‖ **cost-centre burden rate** [BWL / RW] [Kostenstelle-] *Gemeinkostenzuschlag* ‖ **cost-reducing investment** [InvR] *Rationalisierungsinvestition* —> syn.: cost-saving investment ‖ **cost-saving investment** *Rationalisierungsinvestition* [InvR] Investition mit dem Ziel der Wirtschaftlichkeitsverbesserung —> Ersatzinvestition

council *Rat* ‖ *Ausschuß* ‖ **council committee** *Ratsausschuß* ‖ **council for the prosecution** *Anklage[behörde]* ‖ **Council of Europe** [EG] *Europarat* ‖ **Advisory Council** *Konsultativrat* ‖ **Customs Cooperation Council** *Rat für Zusam-* *menarbeit auf dem Gebiet des Zollwesens* ‖ **International Wheat Council** *Internationaler Weizenrat* ‖ **International Council for the Exploration of the Sea** *Internationaler Rat für Meeresforschung* ‖ **Parliamentary Council** *Parlamentarischer Rat* ‖ **prosecuting council** *Anklagebehörde* ‖ **trusteeship council** *Treuhandrat*

counsel *Vertreter* ‖ **counsel for the defense** *Vertreter der Verteidigung* ‖ **counsel for the prosecutor** *Anklagevertreter*

counter strike measures [ArbR] *Abwehrmaßnahmen bei Streik* —> Abwehraussperrung ‖ Angriffsaussperrung

to counterbalance [Bil] *ausgleichen*

counterclaim [USA] *Widerklage*

counterpart [Bbank] *Gegenposten* ‖ **counterparts in the balance sheet** *Bilanzgegenposten*

counterpurchase *Parallelgeschäft* wichtigste Form des Kompensationsgeschäfts, bei dem zwei unabhängige Verträge mit getrennter Zahlungsverpflichtung abgeschlossen werden. Exporteur verpflichtet sich, einen Teil oder den Gesamterlös zum Kauf aus dem Abnehmerland zu verwenden. Bezahlung erfolgt in konvertibler Währung.

countervailing duty *Ausgleich-*

szoll —> Antidumping || Werden gegen Einfuhren aus Drittländern festgelegt, wenn Waren zu niedrigeren Preisen eingeführt werden, als sie auf dem heimischen Markt des Exportlandes erzielt werden (Antidumpingzölle) oder für die im Exportland Prämien bzw. Subventionen gewährt wurden (Ausgleichszölle) und diese Einfuhren eine bedeutende Schädigung eines best. Wirtschaftszweiges der Gemeinschaft verursachen bzw. zu verursachen drohen. Besondere Bedeutung auf dem Stahlsektor.

to counterweigh [Bil] *ausgleichen*

country *Land* ≠ "Staat" || **country limit** [Ex] *garantierter Länderrahmen* || **country of consignment** [ZollW] *Versendungsland* || **country of transit** [ZollW] *Durchfuhrland* || **country risks** *politische Risiken* —> political risks || **country run by the unions** [Pol] *Gewerkschaftsstaat* || **consuming country** *Verbraucherland* [≠ "Staat"] || **host country** *gastgebendes Land* [≠ "Staat"] || **participating country** *Teilnehmerland* || **producing country** *Erzeugerland* || **countries admitted to the commission** *in der Kommission zugelassene Länder* [≠ "Kommissionsländer!"] || **countries willing to reform** *reformwillige Länder* || **third countries** *Drittländer* [≠ "Drittstaaten"] Im Verhältnis zur EG alle Staaten, die nicht Mitglied der Europäischen Gemeinschaft sind

counts of an accusation *Anklagepunkte* syn.: **counts of indictment**

county *Kreis* [VwO/D] öffentlichrechtl. Gebietskörperschaft, die das Recht besitzt, die Angelegenheiten der durch das Kreisgebiet begrenzten überörtlichen Gemeinschaft i.R.d. Gesetzes zu ordnen und zu verwalten (Kreis ist zugleich untere Landesbehörde). County sollte in der Übersetzung in Klammern stehenbleiben || **Board of County Commissioners** [Terminus wird nicht übersetzt] Chief units for administrative, judicial and political purposes (=Kreis). Behörden der Kreisverwaltung, [USA] größte Verwaltungseinheit, außer Louisiana, dort "parish" || **county committee** *Kreisausschuß* [VwO/D] Behördliches Lenkungsorgan des Kreises zur Vorbereitung der Beschlüsse des Kreistages und Entscheidung bestimmter Angelegenheiten in der [Land-]Kreisordnung bzw. vom Kreistag. In den einzelnen Bundesländern unterschiedliche Rechtsstellung. || **county councillor** *Kreisrat* [VwO/D] syn.: district councillor || [B.-W.; Bayern] Titel der Mitglieder des Kreistags || [VwO/H.; Schl.-H] *Kreistagsabgeordneter* —> Kreisrat || [VwO/Ns.; R.-P.; SL] *Kreistagsmitglied* —> Kreisrat || **county Court** *County Court* [Grafschaftsgericht] [englische Bezeichnung stehenlassen und deutsche Übersetzung in Klammern] 1846 unter dem County Courts Act gegründet. Diese Zivilgerichte verhandeln bis zu einem Streitwert:: amount of litigation von £ 400,-. Insgesamt ca. 400 districts, die ihrerseits in circuits unterteilt sind. Vorsitz führen die circuit judges. Nach der Gerichtsverfassungsreform des County Court Act 1959 erstreckt sich der Zuständigkeitsbereich auf Vertragssachen, partnerships, Hypotheken (begrenzter Streitwert), Auflösung von

Handelsgesellschaften, Vormundschafts- und Adoptionssachen. ‖ **county court judge** *Richter am County Court* [Grafschaftsgericht] [arch] heutige Bezeichnung **circuit judge** —> County Court ‖ **County Courts Act** [GB] *Gesetz über die Einteilung Englands in sogenannte County Court Districts* 1846 und Novelle 1959 —> County Court ‖ **county statute[s]** [VwO/D] *Kreisordnung* —> district regulations/statutes ‖ In jedem Bundesland eigene Landesgesetze über Kompetenzen und Verwaltungsstruktur der Kreise. ‖ **[rural] county** [VwO/D] *Landkreis* —> [rural] district

course [Uni] *Lehrveranstaltung* ‖ *Übung* [Anwesenheitspflicht] ‖ *Vorlesung* [keine Anwesenheitspflicht] ‖ *Kolloquium* ‖ *Kurs[belegung]* ‖ **in the course of the financial year 19..** *während des Geschäftsjahres 19..*

Court of Appeal *Berufungsgericht* ‖ *Ziviles Berufungsgericht* ‖ Seit dem Criminal Appeal Act, 1966 eingeteilt in zwei Kammern für Zivil- und Strafsachen. Berufung beim Zivilgericht u.U. durch Zwischenverfügung eines Richters oder Entscheidung eines County Court Richters (dort geringer Streitwert). Zuständigkeit: Appeals gegenüber Entscheidungen des High Court, der County Courts, Arbeits- und Kartellgerichte. ‖ *Rechtsmittelgericht* Appelationsgericht für Strafsachen [meist nicht übersetzt]. Einzelrichter bilden Gerichtshof neben public prosecutor (Staatsanwaltschaft), jurors (Geschworenen-Laien) und defence council (Anwalt des Angeklagten). Gegenüber Entscheidungen des High Court of Justice. Wird oft nicht übersetzt. Zusammensetzung: Lord Chief Justice, Master of the Rolls (Leiter des Staatsarchives) seit 1873, Vorsitz bei Court of Appeal und President der Family Division.

Court *Gericht* ‖ **Court of Arbitration** *Schiedshof* ‖ **court of last resort** *letzte Instanz* ‖ *höchste Berufungsinstanz*, üblicherweise ein Supreme Court of Justice ‖ **court of Protection** *Vormundschaftsgericht* [GB] **Probate Court** ‖ [Maryland, Pennsylvania] **Court of Probate** ‖ [New York] **Orphan's Court** ‖ **court of quarter session** *Quartalsgericht* [GB] mit der Gerichtsnovelle von 1971 (Courts Act) wurden diese zusammen mit den assize courts auf die Zuständigkeit des Crown Court übertragen —> Central Criminal Court ‖ **Divisional Court** *Abteilungsgericht* [zur Überprüfung eines Falles] ‖ **Ecclesiastical Court** *Kirchengericht* These courts exercise a measure of control of the clergy of the Church of England ‖ **full court** *Plenum des Gerichts* ‖ *vollzählige Besetzung des Gerichts* ‖ **Juvenile Court** *Jugendgericht* [GB] nach dem Children's and Young Persons Act —> juvenile —> minor —> Jugendlicher ‖ Heranwachsender ‖ **petty sessional court** *Gericht für Bagatellsachen* magistrate court ‖ Gericht von zwei oder mehreren Friedensrichtern zur Entscheidung von Bagatellsachen im Schnellverfahren —> petty offence ‖ **probate court** *Nachlaßgericht* ‖ **rules of the court** *Geschäftsordnung [des Gerichts]* ‖ *gerichtliche Vorschriften* ‖ *Verfahrensregeln* ‖

court of common pleas *Gericht für Rechtsstreitigkeiten untereinander* || **courts of inferior authority** *nachgeordnete Gerichte* || **courts of particular** *Sondergerichte*

covenant *[schriftliche] Vertragsabrede* || *vertragliche Zusicherung* || *Nebenvereinbarung* —> *Nebenabrede* || **full covenant [deed]** *Grundstücksübertragungsurkunde* || **covenant in a lease** *Nebenabrede Nebenvereinbarung in einem Mitvertrag* [z. B. des Mieters, das Grundstück nur zu Wohnzwecken zu verwenden] || **negative covenant** *[vertraglich vereinbarte] Unterlassung* (i.S.e. Unterlassungsversprechens) || **restricted covenant** *dinglich gesicherter Vorbehalt* || *Wettbewerbsverbot* [§§ 60, 112, 165 HGB, § 88 AktienG, § 74 ff HGB] Beschränkung der gewerblichen Tätigkeit [z.B. eines —> *Handlungsgehilfen* —> *clerk*] zugunsten anderer Unternehmen des gleichen Handelszweiges || **Rousseau's Social Covenant** *Rousseaus's Gesellschaftsvertrag* || **The Covenant of the League of Nations** *Satzung des Völkerbundes* [1919 - 1939] Gegr. von Präsident Wilson. Satzung ist in Teil I Art. 1-26 des Versailler Vertrages enthalten.

covered *gedeckt* || **occurrence of the covered event** *Eintritt des Versorgungsfalles* —> occurrence of [...] || **covered warrant** *gedeckter Optionsschein* [Bör] —> Optionsschein :: warrant

cover[age] of risks *Risiken-*

deckung scope of protection provided by guarantees, insurance policies and similar arrangements

CPM [method] *CMP-Netzplan* —> Methode des kritischen Wegs :: critical path method

craft union [ArbR] *Berufsgewerkschaft*

craftsman *Handwerker* —> syn.: **artisan** —> master craftsman || master artisan || **craftsman's masterpiece** *Meisterstück*

crash on Wall Street [Bör] *Kurseinbruch an der Wall Street* || *Börsencrash an Wall Street*

crate [Verp] *Verschlag*

cream [EG] *Rahm* [aus Milch]

to create *schaffen* || *schöpfen* || *kreieren* || *bestellen* [Recht] || **to create a mortgage** *ein Pfandrecht bestellen* || **to create a trust** *ein Treuhandverhältnis begründen*

creation of [...] *Bildung von* [...] || **creation of credit** [BankW] *Kreditschöpfung* || **creation of jobs** *Schaffung von Arbeitsplätzen*

credentials *Vollmachten* Erster Schritt bei amtlichen Verhandlungen ist die Vorlage von Vollmachten. || **credentials committee** *Vollmachtenprüfungsausschuß*

credit *Haben* [Buchf] rechte Seite eines Kontos, bei Aktivkonten für Eintragungen der Abgänge und ggfs. Abschreibungen (= Vermögensabnahme), bei Passivkonten für die Schuldenzunahme. Habenseite der Eigenkapitalkonten weist die Kapitalzunahme durch Gewinn oder Einlagen aus. Habenseite der Erfolgskonten weist die Erträge aus. || **credit abated** *erschöpfter Kredit* || **credit account** *Habenkonto* || *Habenseite* || **credit activities** *Ausleihungen* || *Kreditgeschäfte* —> credit operations || *Bankgeschäfte* || **credit agreement** [BankW] *Kreditvertrag* || **credit and debit** [Buchf] *Soll und Haben* || **credit and suretyship class of insurance** *Kredit- und Kautionsversicherung* || **credit authorization** *Kreditzusage* || **credit bail** *Kaufmiete* [Leas] credit bail bezeichnet Leasingverträge ohne Kaufverpflichtung des Leasinggegenstandes bei Ablauf der Leasingzeit || **credit ceiling** *Kreditplafond* —> AKA || **credit channels** *Kreditapparat* || **credit commission** *Kreditprovision* || **credit commitments** *Kreditzusagen* || **credit control** *Kreditkontrolle* || **cooperative credit society** *Genossenschaftsbank* || **credit delivery system** *Kreditapparat* || *Kreditversorgungswege* || **direct credits** *gebundene Finanzkredite* || **credit document** *Obligation* || *Schuldschein* —> bond —> borrowers' notes || **credit facilities** *Kreditfazilitäten* || *Kreditmöglichkeiten* || **credit float** *Geldbewegungen* [zwischen Banken] || **credit freeze** *Kreditsperre* || **credit in current account** *Kontokorrentkredit* || **credit in kind** *Naturaldarlehen* || *Naturalkredit* || **credit instrument** *Kreditinstrument* || *Wechsel* || **credit insurance** *Kreditversicherung* || **credit limit** *Kreditlinie* || *Kreditplafond* —> ceiling || **credit line** *garantierter Kreditrahmen* —> AKA —> Plafonds [Ex] Zur Finanzierung von Exportgeschäften stehen der —> AKA drei Kreditlinien zur Verfügung: Plafond A (Refinanzierungsrahmen DM 2 Mrd), B (DM 5 Mrd) und C (DM 12 Mrd) —> GEFI mit Plafonds I, II und III. || **credit management** *Kreditlenkung* || *Kreditverwendung* || **credit margin** *Kreditspielraum* || **credit note** [BankW] *Gutschriftsanzeige* || **credit on landed property** *Bodenkredit* || **credit on security** [Ex] *Dokumenten-Akkreditiv* || **credit operations** *Ausleihungen* || *Bankgeschäfte* || **credit order** *Kreditauftrag* || **credit outstanding** *Ausleihungen* || *Kreditvolumen* || **credit package** *Kreditvolumen* || **credit profits levy** [SteuerR/D] *Kreditgewinnabgabe* || **credit purchase** *Kreditkauf* || **credit rating** [Bank] *Kreditwürdigkeit[sbeurteilung]* —> SCHUFA || **credit receiver** *Darlehensnehmer* || **Credit Reporting** [*Gesetz über die*] *Erteilung von Kreditauskünften* [USA] Nach den Fair Credit Reporting Acts Regelung des Auskunftswesen im [Konsumenten] Kreditgeschäft. [15 U.S.C.A. § 1681 ff und weitere State Acts] regeln im wesentlichen die [Daten-]Schutzrechte des Kreditnehmers. [BRD] Auskunftsersuchen im BankW vergleichbar mit —> SCHUFA

‖ **credit required for starting a business** *Ankurbelungskredit* ‖ *Anlaufkredit* ‖ *Anschubfinanzierung [durch Kredit]* ‖ **credit risk** *Kredit Engagement* ‖ *Kreditrisiko* The possibility that a debtor may not be able to pay principal and interest or the contract price of goods and/or services as they come due —> credit reporting —> SCHUFA ‖ **commercial credit risks** *kommerzielle [Kredit-] Risiken* ‖ **credit sector** *Kreditsektor* ‖ *Kreditwesen* ‖ **credit security** *Kreditsicherheit* ‖ **credit squeeze** *Kreditverknappung* ‖ **credit stringency** *Kreditknappheit* ‖ **credit system** *Anrechnungssystem* ‖ [SteuerR/D] **Efforts have been made to bring corporation tax systems into line within the EC. The object was to introduce a credit system which will allow a share of corporation tax to be set off against the sahreholders' income tax** :: *Im Zusammenhang [damit] sind die angestrebten Strukturanpassungen der Körperschaftsteuer zu sehen, die darauf abzielen, ein Anrechnungssystem einzuführen, bei dem die Körperschaftsteuer teilweise auf die Einkommensteuer der Anteilseigner angerechnet wird.* ‖ **credit tranche** [BankW] *Kredittranche* in Teilbeträgen ausgegebener Kredit ‖ **credit transactions** *Kreditgeschäfte* —> credit operations ‖ **credit underwriter** *Kreditversicherer* ‖ **credit union** *Volksbank* ‖ **credit user** *Darlehensnehmer* ‖ **credits to public authorities** [Bbank] *Kredite an öffentliche Haushalte*

to credit against *anrechnen* ‖ [SteuerR/D] **Prepayments are credited against the assessed tax** :: *Vorauszahlungen werden auf die Steuerschuld angerechnet.* ‖ **to credit a sum to s.o.** *gutbringen* ‖ *gutschreiben* ‖ *Konto erkennen* ‖

crediting [Komm] *Anerkennung zollen*

creditors' [first] meeting *[erste ~] Gläubigerversammlung* [GB] Bankruptcy Act 1914. [USA] Bankruptcy Act 11 U.S.C.A. § 314 Feststellung der Gläubigeransprüche und Bestellung des Konkursverwalters [trustee]. [BRD] Organ der Konkursgläubiger im Konkursverfahren mit Vorschlagsrecht des Konkursverwalters vor dem Konkursgericht [§ 86 KO] und Beschluß über Fortführung oder Auflösung des Erwerbsgeschäfts des Gemeinschuldners [§ 132 KO].

crew member [BetrVG] *Besatzungsmitglied*

crime *Verbrechen* misdemeanor und crime sind im wesentlichen synonyme Begriffe. Crime wird zur Unterscheidung von schwerwiegenderen Straftatbeständen verwendet. Felony hingegen bezeichnet in den meisten Staaten schwere Straftatbestände, die nach 18 U.S.C.A. § 1 mit Freiheitsstrafe von über einem Jahr bzw. der Todesstrafe zu belegen sind. Felony ist dem Strafmaß nach in [drei] Gruppen unterteilt [class A, B, C , etc.].

criminal *verbrecherisch* ‖ *kriminell* ‖ *Kriminal[-...]* ‖ **criminal court** *Strafgericht* [Jus/D] —>

Strafkammer [am Landgericht] || *Strafkammer* [Jus/D] Große [3 judges and 3 lay jurors] bzw. Kleine [1 judge and 2 lay jurors] Strafkammer am Landgericht [regional court with original and appellate jurisdictiction in civil and criminal cases]. Die Große Strafkammer entscheidet über Berufungen gegen Urteile des Schöffengerichts und im ersten Rechtszug über Verbrechen, die außerhalb der Zuständigkeit der Amtsgerichte bzw. der Oberlandesgerichte liegen. Die Kleine Strafkammer entscheidet über Berufungen gegen Urteile des Einzelrichters am Amtsgericht —> High Court of Justice || **Criminal Appeal Act, 1907** *Gesetz über Appellationsrecht in Strafsachen* —> Rechtsbehelf || **on a criminal charge** *in einem [anhängigen] Strafverfahren* —> crime || *aufgrund strafrechtlicher Verfolgung*

critical *kritisch* || *Haupt[-...]* || *relevant* || **critical objective** *Hauptziel* || **critical path method** *Methode des kritischen Wegs* [Abbr] CMP[-method] —> *Methode des kritischen Pfads* || *Tätigkeits-Pfeil-Netz* The CPM is used in connection with PERT. Critical path is the longest path of the PERT network. It is called critical path as, if any activity along the path is delayed, the entire programme will be delayed correspondingly. || **critical performance analysis** *Aufgabenanalyse*

crop failures *Mißernten*

cross-border *Cross-Border* || *grenzüberschreitend* || **cross-bor**der commission processing *Lohnveredelung* || **cross-border leasing** *Cross-Border Leasing* [Leas] syn.: grenzüberschreitendes Leasing [Leasing-Gesellschaft und Leasing-Nehmer befinden sich in verschiedenen Staaten]

cross-examination *Kreuzverhör* [USA] Vernehmung von Zeugen, die von der Gegenpartei geladen wurden [who first produced the witness] und Überprüfung der Zeugenaussagen aus der [ersten] Vernehmung der ladenden Partei [examination in chief]. [BRD §§ 239, 241 StPO] im Strafverfahren die Vernehmung von Zeugen oder Sachverständigen in der Hauptverhandlung durch Staatsanwalt und Verteidiger, jedoch nicht durch den Vorsitzenden. Im Verhältnis zum angelsächsischen Rechtsgebiet von geringer Bedeutung.

crossed check *gekreuzter Scheck* [dem gleichen Zweck dient der] —> Verrechnungsscheck :: not negotiable cheque

cross rate *Kreuzkurs* Errechnung eines Wechselkurses z. B. zwischen D-Mark und australischen Dollar bei gleicher Parität z.B. zwischen Mark und US-Dollar sowie D-Mark und australischen Dollar.

crowding out *Verdrängung privater Kreditnehmer vom Kapitalmarkt durch den Staat* || *Crowding out* [W/Z] eine expansive Fiskalpolitik, die [durch zinstreibenden Effekte der Kreditfinanzierung der Staatsausgaben] zu einer Verdrängung privater Investoren vom Kapitalmarkt führt.

cruelty *Grausamkeit* —> mental ~ ‖ mental anguish :: *psychische Grausamkeit*

CS *Umwandlung in Verkauf* [Abbr] —> **conversion to sales**

CSU [Part/D] *Christlich-Soziale Union* [right-wing party, mainly in Bavaria]

cumulative *kumulativ* ‖ **cumulative credit** *kumulativer Kredit* ‖ **cumulative dividend** *Dividende auf kumulative Vorzugsaktien* —> kumulative Vorzugsaktien :: cumulative preferred stock ‖ **cumulative gross turnover tax** *kumulative Brutto-Umsatzsteuer* [SteuerR] (aus dem Jahr 1918), wurde 1968 in eine Netto-Umsatzsteuer ("Mehrwertsteuer" mit Vorsteuerabzug) umgewandelt ‖ **cumulative preferred stock** *kumulative Vorzugsaktien* Aktientypus, bei dem ein Recht auf Nachzahlung von in Verlustjahren ausgefallenen Dividenden gewährt wird.

to curb the growth of the money supply [Bbank] *Geldmengenwachstum dämpfen*

to cure *wiedergutmachen* ‖ *heilen* ‖ **to cure a default** *einen Verzug wiedergutmachen*

currency *Währung* ‖ **currency futures** *Währungsfutures* ‖ *Terminkontrakt auf Währungen* [Bör] —> futures ‖ **currency in circulation** [Bbank] *Bargeldumlauf* ‖ **currency of the contract** *Vertragswährung* ‖ **currency warrant** *Währungsoptionsschein* [Bör] —> Optionsschein ‖ **currency was weak at times** *zeitweilige Währungsschwäche*

current *laufend* ‖ **current account** [Bbank] *Leistungsbilanz* ‖ **current account credit** *Kontokorrentkredite* ‖ **current accounts** *Girokonten* ‖ **current disbursements only** *nur laufende Ausgaben* ‖ **current guaranteed amount** *[jeweiliges] Deckungserfordernis* ‖ **current ratio** *Liquidität dritten Grades* —> Liquiditätskennzahlen :: liquidity ratios ‖ **current yield on public sector bonds** *Umlaufsrendite öffentlicher Anleihen* ‖ **at current prices** [Stat] *zu laufenden Preisen*

to curtail a credit *einen Kredit kürzen*

custody *Aufsicht* ‖ *Obhut* ‖ *Gewahrsam* ‖ *Haft* ‖ *Untersuchungshaft* ‖ **discharge from custody** *Haftentlassung* ‖ **the care and custody of the infant person** *Fürsorge für die [minderjährige] Person* [GB] Auftrag des Vormunds kann beschränkt sein auf die Fürsorge der Person [special guardian] unter Ausnahme des Vermögens oder auf die Person sowie das Vermögen [general guardian]. Als Vertreter des Minderjährigen vor Gericht kann ein Vormund als guardian ad litem bestellt werden. ‖ **to be kept in strict custody** *in strengen Gewahrsam [nehmen]*

custom *Verkehrsanschauung* || **general custom** *allgemeine Verkehrsanschauung* [nach § 157 BGB bei Auslegung von Verträgen und nach Treu und Glauben entsprechend § 242 BGB zu berücksichtigen, jedoch keine Rechtsnorm] || **local custom** *ortsüblich* || *platzüblich* || **particular custom** *ortsspezifische Verkehrssitte* || *nur von bestimmten Einwohnern eines geographisch begrenzten Bereichs als üblich angesehen* —> usage :: *Handelsbrauch* || **custom lease** [Leas] *Individual-Vertrag*

customary *platzüblich* || *ortsüblich* —> [Abbr] f.a.c.a.c. || **local customary laws** *Verkehrssitte* || *lokales Gewohnheitsrecht*

customs [ZollW] *Zoll* || **customs agent** *Zollspediteur* —> syn.: *Zollagent* || **Customs and Excise Division** *Zoll- und Verbrauchsteuerabteilung* [Oberfinanzdirektion] || **customs application** *Zollantrag* || **customs clearance (recorded goods)** *Zollabfertigung nach Aufzeichnung* || **customs clearance (simplified declaration)** *Zollabfertigung nach vereinfachter Zollanmeldung* || **customs clearance formalities** *Verzollungsformalitäten* || **customs documents accompanying the products** *Zollbegleitpapiere* || **customs duties** *Zölle* || **customs duty ad valorem** *Wertzoll* || **customs enclave** *Zollanschluß* || **customs escort** *Zollbegleitung* || **customs investigation service** *Zollfahndung* || **customs office** *Zoll-*

behörde || **customs office en route** *Durchgangszollstelle* || **customs office of exit en route** *Durchgangszollstelle beim Ausgang* || **customs operations** *Amtshandlungen der Zollbehörden* || **customs penalty incurred** *verwirkte Zollstrafe* || **customs regulations** *Zollordnung* || **customs revenue** *Zollaufkommen* || **customs seal** *Zollverschluß* || **customs territory** *Zollgebiet* || *Zollgrenzgebiet* || **Customs Training College** *Zollehranstalt*|| **customs treatment (presentation exempted goods)** *Zollbehandlung nach Gestellungsbefreiung* [ZollW] method in which the entry of the goods in the consignee's records has effect of clearing them for home use or releasing them for the appropriate customs procedure, without any involvement of the customs authorities || **customs union** *Zollunion* [SteuerR] *Zusammenschluß mehrerer Zollgebiete zu einem gemeinsamen zoll- und abgabenfreien Wirtschaftsgebiet gegenüber den Partnern, jedoch mit gleichem Außenzolltarif gegenüber Drittländern* —> *Freihandelszone* || **Customs Waterguard Service** [ZollW/GB] *Wasserzolldienst* || **customs warehouse** *Zolllager* || [ZollW] **to place in a bonded warehouse** *in ein Zolllager bringen* || *öffentliche Zollager (unter Zoll[mit]verschluß werden auch als Zollniederlagen bezeichnet. Heute jedoch im Außenhandel ebenso wie private Zollverschlußlager unter Mitverschluß der Zollbehörde bedeutungslos. I.d.R. handelt es sich heute um offene Zollager. Entnahmen sind sofort zollpflichtig. Warenveränderungen sind unzulässig und* werden als aktive Veredelung angesehen.

customer *Auftraggeber* [bei Werkverträgen] The party contracting with the exporter to receive the services ‖ *Kunden* clients ‖ **customer advisor** *Firmenkundenbetreuer* [BankW] *Firmenkundenberater* ‖ **customer complaint** *Kundenbeschwerde* ‖ **Customer Engineering** *Kundendienst* [Abbr] CE ‖ **customer of the bank** *Bankkunde* ‖ **divisionalization in terms of type of customer** *Spartengliederung nach Abnehmergruppen* [Man/Org] client-centered organization ‖ **potential customer** *Kauflustige* ‖ *Kaufinteressenten*

cut[-]off rate *Mindestrendite* [InvR] —> syn.: required rate of return

cylinder [Bal] *Trommel [des Revolvers]* ‖ **cylinder capacity** [Tech] *Hubraum*

D/A *Dokumente gegen Akzept* **document against acceptance**

DAB [Abbr] *Deutsches Arzneibuch* **German Pharmacopoeia**

DAC [Abbr] **Development Assistance Committee** *Entwicklungshilfekomitee der OECD*

d/c delivery clause Teil der delivery order (d/o), eine Klausel in intern. Kaufverträgen mit der Eigentümer der Ware den Frachtführer oder Lagerhalter anweist, unter welchen Bedingungen die Auslieferung der Ware zu erfolgen hat. ‖

Abweichungsklausel —> **deviation clause**

D/Lc —> *Dokument gegen Akkreditiv* **document against letter of credit**

d/o *Teilscheine* —> *Lieferscheine* :: **delivery order**

D/P *Kasse gegen Dokument* **document against payment**

D.PP Director of Public Prosecution

daily *täglich* ‖ **based on daily averages of the last month of the period** [Bbank] *berechnet auf der Basis von Tagesdurchschnitten im letzten Monat der Periode*

damage *Schaden* [USA] Untergang, Verletzung oder Beeinträchtigung eines eines anderen in seinem Vermögen, Recht oder Eigentum, wobei der Geschädigte eine (Geld-) Entschädigung verlangen kann, dann —> damages

damages *Schadenersatz* [USA/GB] Nach Common Law im wesentlichen eine Entschädigung in Geld aufgrund einer Verletzung von Vermögen, Recht oder Eigentum durch einen Dritten. Das Billigkeitsrecht kennt unter engen Voraussetzungen auch die Möglichkeit der specific performance —> pecuniary performance. ‖ **to pay damages** *Schadensersatz leisten*

to dampen demand *die Nach-*

frage beeinträchtigen ‖ **dampening of rates of growth** [Bil] *Abschwächung des Wirtschaftswachstums*

dances [VergnügungsStG] *Tanzveranstaltungen* ‖ *Tanzlustbarkeiten*

Danube Commission *Donaukommission*

data *elektronisch gespeicherte Daten* ‖ **data bank** [EDV] *Datenbank* —> **electronic newspaper** ‖ **data base** [EDV] *Datenbank* ‖ **Federal Data Protection Commissioner** [BRD] *Datenschutzbeauftragter* ‖ *Bundesbeauftragter für den Datenschutz* ‖ [Abbr] *BfD* ‖ **data structure** *Datenstruktur*

date *Datum* —> **day** ‖ *Zeitpunkt* ‖ **date of acceptance** *Datum der Genehmigung* ‖ **date of delivery of the products** *Zeitpunkt der Lieferung der Güter* ‖ **date of filing of a letters patent** *Anmeldedatum* ‖ [PatR] *Anmeldungsdatum* ‖ **date of payment of claim** *Zeitpunkt der Bezahlung eines Schadensersatzanspruchs* ‖ **date of shipment of the goods** *Zeitpunkt des Versandes der Güter* ‖ **date of the signing of the contract** *Zeitpunkt der Vertragsunterzeichnung* ‖ **not before the date of entry into force** *nicht vor Inkrafttreten* ‖ **on the date of** *zum [Datum]* ‖ *Zeitpunkt* ‖ **upon the expiry of a period of five years after the date of its entry into force** *nach Ablauf von fünf Jahres nach*

seinem Inkrafttreten ‖ **whichever date is the later** *wobei der jeweils spätere Zeitpunkt maßgeblich ist*

DAX [index] *DAX-Index* ‖ [Bör] *Deutscher Aktienindex* Einführung 1. Januar 1988. Basiert auf Kursentwicklung von 30 an der Frankfurter Wertpapierbörse als Laufindex während des Börsenhandels minütlich notierten Aktien. Dient ferner als Basis für den deutschen Index-Terminhandel. Aktienkurse auf dem Index werden bereinigt um Kapitalveränderungen und Dividendenabschläge (gewichtet nach zugelassenem Grundkapital), womit der DAX als Performance-Index die gesamte Wertentwicklung widerspiegelt.

day *Tag* ‖ **on the 30th day following the day on which amendments have been accepted** :: [VölkR] *am 30. Tag nach Annahme der Änderung* ‖ **days of absence** *Ausfalltage* ‖ **valuation day** *Stichtag* [InvF] —> *Bewertungsstichtag* ‖ **day-to-day money** *Tagesgeld* [Bbank] *Kredit, der ohne Kündigung nach einem Tag zurückgezahlt werden muß* —> **day-to-day money rate** :: *Tagesgeldsatz* [Bbank] *Zinssatz für einen Kredit, der ohne Kündigung nach einem Tag zurückgezahlt werden muß*

DCF —> **discounted cash flow method** :: *dynamische Investitionsrechnung*

dead *tot* ‖ *leer* ‖ *Fehl[...]* ‖ **dead freight** *Flautfracht* ‖ [Mar] *Fehlfracht* ‖ **dead man** *zum Tode Verurteilter* [coll/Gefängnis] to be on death

deadline   **debt**

row :: in der Todeszelle sitzen || **dead weight** [Verp] *Leergewicht* || *Tara*

deadline *[letzter] Ablieferungstermin* || [Press] *Redaktionsschluß* || *Anzeigenschluß* || *Stichtag*

dealer *Börsenmakler* [Bör] Wertpapierhändler, der wie der jobber nur für eigene Rechnung mit Effekten handelt —> broker || jobber || dealer || factor || Effektenhändler || Händler || Wertpapierhändler || Börsenmakler

death benefit *Hinterbliebenenrente* || [PersW] *Sterbegeld[er]* [bei Todesfall fällige Versicherungsleistung]

debenture *nicht pfandrechtlich gesicherte Anleihe* —> bond || **company debenture** *Schuldverschreibungen der Gesellschafter* —> bonds || *Obligation* || **industrial debenture** *Industrieobligationen*

debit *Soll* [Buchf] Eine Hälfte einer Verbuchung in der doppelten Buchführung. Die linke Seite von Konten. Gegenstück zu Haben :: credit || **direct debit authorization** *Abbuchungsauftrag* || *Dauerauftragsermächtigung* || *Einzugsermächtigung*|| **We hereby authorize you to directly debit for 1 advertisement to be placed in the [...] the current sum of DM [...] including 15% VAT from our account. Account N° [...] at [...] Bank Code number (or: [USA] A.B.A. N° [...])** *Hiermit ermächtigen wir Sie, den Betrag von DM [...] einschl. MWSt. von unserem Konto [...] bei*

der [...] BLZ [...] einzuziehen (abzubuchen).

debottle-necking *Engpaßbeseitigung*

debt *Fremdkapital* —> Fremdfinanzierung || **bad debts** *uneinbringliche Schulden* || *uneinbringliche/zweifelhafte Forderung* || **debt capacity** *Kreditkapazität* [Buchf] Höchstmaß an möglicher Kreditaufnahme eines Unternehmens || **debt capital** *Fremdkapital* —> Fremdfinanzierung || **debt financing** *Fremdfinanzierung* || *Kreditfinanzierung* durch Zuführung von Fremdkapital in verschiedlichen Formen als Bankkredit, Lieferantenkredit, Schuldverschreibungen etc; Bedeutung für die Dividendenpolitik aufgrund Minderung des Gewinns durch Fremdkapitalkosten, mögliche Verstärkung des Leverage-Effekts auf die Eigenkapitalrendite und Erhöhung der Renditeforderungen der Kapitalgeber bei steigendem Kapitalstrukturrisiko. || **debt forgiveness** *Gläubigerverzicht* || **partial debt forgiveness** :: *partieller Gläubigerverzicht* || **debt for equity** *Umwandlung von Bankforderungen in Beteiligungsverkauf* [Schuldenkrise Entwicklungsländer] —> Securitization || *Umwandlung von Bankforderungen in Exportverpflichtungen* || **debt register claim** *Schuldbuchforderung* [Bbank] Darlehensforderungen gegen den Staat für die keine Schuldverschreibung ausgestellt sind und nur durch Eintragung in das Staatsschuldbuch beurkundet sind. || **debt service as a percentage of receipts from exports of**

100

goods and services *Schuldendienst in % der Einnahmen aus dem Export von Waren und Dienstleistungen* ‖ **debt service payments** *Schuldendienstzahlungen* ‖ **debt supplier** *Fremdkapitalgeber* ‖ **debt to the IWF** *Verschuldung gegenüber dem IWF* ‖ **debt [capital]** *Fremdkapital* ‖ **partnership's debts** *Gesellschaftsschulden* ‖ **debt-collecting agency** *Inkassofirma* ‖ **deductible debts of an estate** [ErbStG] *abzugsfähige Nachlaßverbindlichkeiten* ‖ **debts to commercial banks** *Bankschulden*

decaffeinated raw coffee *entkoffeinierter Rohkaffee*

decentralization [Man/Org] *Dezentralisierung*

decision *Beschluß[fassung]* ‖ *Entscheidung* ‖ **decision analysis** [Man] *Entscheidungsanalyse* ‖ **decision maker** *Entscheidungsträger* [Man] *Decisionmaker* ‖ *Person oder Personengruppe, die eine Wahl zwischen Entscheidungsalternativen trifft, i.d.R. die oberste Führungsebene* ‖ **[management] decision making** [Man] *Entscheidungsfindung* ‖ **decision of the council** *Beschluß des Gremiums* ‖ *Gremienbeschluß* ‖ **decision tree** [Man] *Entscheidungsbaum* ‖ **by unanimous decision of votes cast** *Einstimmigkeit aller abgegebenen Stimmen* ‖ **judicial decision** *richterliche Entscheidung* ‖ **to make decision** *Entscheidungen erlassen* ‖ **to take a decision**

Beschluß fassen ‖ *Entscheidung fällen*

decisional role [Psych] [Soz] *Rolle des Entscheidungsträgers*

decisive *maßgeblich* ‖ *entscheidend*

deck log [Handelsschiffahrt] *Logbuch* ‖ [Seestreitkräfte] *Schiffstagebuch*

declarant *Zollbeteiligter* ‖ [SteuerR/D] **The liability to taxes on imports attaches to the declarant** *Steuerschuldner bei der Einfuhr ist der Zollbeteiligte*

declaration *Erklärung* ‖ **declaration for Community transit** [ZollW] *Anmeldung zum gemeinschaftlichen Versandverfahren* ‖ **declaration of intent[ion]** *Willenserklärung* *Übereinstimmende W., z. B. zum Abschluß eines völkerrechtlichen Vertrages* ‖ *Absichtserklärung* ‖ **declaration of petitioner** *Erklärung der Klägerin* ‖ **declaration of principle** *Grundsatzerklärung* ‖ **declaration of understanding** *Einvernehmenserklärung* ‖ **agreed declaration** *vereinbarte Erklärung* ‖ *Kommuniqué* ‖ **joint declaration** *gemeinsame Erklärung* ‖ **a joint declaration of the Western powers on a Berlin issue** *gemeinsame Erklärung der Westmächte in einer Angelegenheit Berlins*

declaratory judgement *Feststel-*

lungsurteil Urteil, das sich aus einer —> Feststellungklage ergibt

declare, nothing to ~ [ZollW] *anmeldefrei [Waren]*

to decline *sich verringern* || *sich reduzieren auf* || *abnehmen [bis] auf* || *absinken [auf... Werte von ...]* || *nachlassen* || *mindern* || **decline by [...] to (a total of) [...]** *sich um [...] auf [...] verringern* || **decline in interest rate levels** *Zinsrückgang* || **declined sharply** *nahm stark ab* || **declining payments** [Leas] *degressive Mietrate* || **declining-balance depreciation** *arithmetisch-degressive Abschreibung* —> degressive Abschreibung || *Buchwertabschreibung* || Abschreibungsmethode, bei der die Abschreibungsbeträge von Jahr zu Jahr geringer werden. 1) geometrisch-degressive A.: declining-balance depreciation: Abschreibung erfolgt in einem gleichbleibenden Prozentsatz vom Restbuchwert. 2) arithmetisch-degressive Abschreibung: jährliche Abschreibungsbeträge vermindern sich jeweils um den gleichen Betrag. Wichtigste Sonderform: digitale Abschreibung

decrease, continue to ~ *weiter abbauen*

decree absolute *Endurteil*

deductible *Selbstbehalt*

deduction *Abzug* || *Nachlaß* || *Rabatt* || **extended deduction of debt interest** [§ 21 a Absatz 4 EStG] *erweiterter Schuldzinsenabzug* ||

deduction of goods returned [Bbank] *Absetzung der Rückwaren*

deed *gesiegelter Vertrag* beurkundeter Vertrag mit Verjährungsfrist :: period of limitation von 12 Jahren i.G.z. einfachen Vertrag ::simple contract mit Verjährungsfrist von 6 Jahren —> indenture || deed poll || **deed of partnership** *Gesellschaftsurkunde* || **deed-poll** *einseitig verpflichtender Vertrag* von einer Partei ausgestellte schuldrechtlich verpflichtende Urkunde, i.G.z —> indenture

to deem *nach eigenem Ermessen* || **as someone deems fit** :: *betrachtet als begründet* || *gelten als begründet* || *erachten für* || *als begründet ansehen* || **to deem worthy of consideration** *als begründet erachten*

default *Säumnis* || *Lieferverzug* || *Zahlungsverzug* || [Sport] *Nichtantreten* || *Nichterscheinen [vor Gericht]* || *Gerichtstermin nicht wahrnehmen* || *Gerichtstermin versäumen* || *ausbleiben* || *Unterlassung* || *Versäumnis* || **to make default of appearance** *den Termin der Einlassung versäumen* || **default fee** *Säumnisgebühr* || **default in delivery** *Lieferverzug* || **default in payment** *Zahlungsverzug* || **default summons** *Zahlungsbefehl* || **in case of default** *bei Verzug* || **interest for default** *Verzugszinsen* || **judgement by default** *Versäumnisurteil* || **the danger of default** *Ausfälle von Forderungen* || *Forderungsausfälle* || **to cure a default**

einen Verzug wiedergutmachen || **to put in default** *in Verzug setzen*

defect *Mangel [an der Ware]* —> *vice* || **defect from faulty design** *Konstruktionsmangel*

defence *Verteidigung[srede]* || *Verteidigungsschrift* || **Council for the defence** *Verteidigung* || **witness for the defence** *Entlastungszeuge* —> *Belastungszeuge* :: *witness for the prosecution* || **good defence** *Einlassung* || *begründete Einrede* || *Entlastung des Angeklagten*

defensive lockout [Man / Org / ArbR] *Abwehraussperrung rechtlich seitens der Arbeitgeber zulässiges Mittel im Arbeitskampf aufgrund der nach Art. 9 III GG garantierten Tarifautonomie. Planmässige von einem oder mehreren Arbeitgebern durchgeführte Verweigerung, bestimmte Arbeitnehmer zur Arbeit zuzulassen sowie Verweigerung auf Lohnzahlung. Die Abwehraussperrung führt im allgemeinen nicht zur Auflösung, sondern zur Suspendierung des Arbeitsverhältnisses.* || **lockout measures have only suspensory effect on the employment contract** :: *Aussperrungsmaßnahmen haben rein suspendierende Wirkung auf den Arbeitsvertrag*

defensive profile [InvF] *resistente Portefeuillemischung*

deferment of decisions [BetrVG] *Aussetzung von Beschlüssen*

deferred *zurückgestellt* || *hin-ausgeschoben* || *verzögert* || **deferred credit** *Ratenkredit* || *Teilzahlungskredit* || **deferred items** *zurückgestellte Posten* [Buchf] *Posten, die zu einem späteren Zeitpunkt bearbeitet werden* || **deferred payment credits** *Akkreditive mit hinausgeschobener Zahlung Dokumenten-Akkreditive [Auszahlungsakkreditive], bei deren Vorlage dem Begünstigten die Gegenleistung nicht Zug-um-Zug, sondern zu einem späteren Zeitpunkt erbracht wird. [benutzbar gegen folgende Dokumente [...] Tage nach Einreichung [Sicht] der Dokumente]* || **deferred payments** [Buchf] *Ratenzahlung*

deficiency analysis *Mängelanalyse*

deficit spending *Deficit Spending* [Konj] *Kreditfinanzierung von Haushaltsdefiziten in konjunkturschwachen Zeiten als Instrument staatl. Wirtschaftspolitik* —> *crowding-out*

to define *begrenzen* || *bestimmen* || *definieren* || **any term not otherwise defined** *jeder nicht anders bestimmte Begriff*

definitely *eindeutig*

defraudation of the revenue *Steuerhinterziehung* —> *tax fraud*

degree *Grad* || **degree of liquidity** *Liquiditätsgrad* —> *Liquiditätskennzahlen/liquidity ratios* || **degree of purity** [BierStG] *Reinheitsgrad* || **degree of unionisation** [Man /Org/ ArbR] *gewerkschaftlicher Organi-*

delegate   **delivery**

---

sationsgrad

to delegate   *übertragen* || [VölkR] as the council may delegate to it under Art. 11 :: *die ihm vom Rat gemäß Art. 11 übertragen werden.*|| **delegated authority**   *übertragene Entscheidungsbefugnis*

delegate   *Beauftragter* || **delegate of a trade union**   [BetrVG] *Beauftragter [einer im Betrieb vertretenen] Gewerkschaften* || **delegate from industrial associations** [BetrVG] *Beauftragte der Verbände*

delegation   [Psych/Man/Org] *Delegation* [von Aufgaben] || [VölkR] **delegations to the council**   *Delegationen beim Rat*

to delete   *streichen* || **the sentence be deleted** :: *den Satz streichen* || **del.** deleted *[Text] gestrichen*

deleterious   *tötlich (z.B. Giftgas)* || *deletär* —> injurious || harmful || *verderblich*

deliberate body   *beratende Körperschaft*

delimitation of tax revenues   [SteuerR/D] *Abgrenzung des Steueraufkommens*

delineating boundaries   *Flurbereinigung* delineating property by metes and bounds || reparcelling of the agricultural land of a community

to deliver   *aushändigen* || **to deliver an account**   *eine Aufstellung übermitteln*

delivery   *Lieferung* || *Abgabe* || *Ausgabe* || *Aushändigung* || *Übermittlung* || **delivery of a deed** *förmliche Aushändigung einer gesiegelten Urkunde* || **delivery order** *Lieferscheine* —> Teilscheine || Anweisung des Eigentümers einer Ware bei internalen Kaufverträgen an den Frachtführer bzw. Lagerhalter, die Ware unter besonderen Bedingungen an die im Lieferschein bezeichnete Person bzw. Firma zu übergeben. || **delivery verification certificate** *Endverbleibsnachweis* || *Wareneingangsbescheinigung* als Endverbleibsnachweis für die Ausfuhr von Embargowaren. Die Kontrollbehörde im Käuferland bzw. Verbraucherland [BRD: Bundesamt für gewerbliche Wirtschaft] bescheinigt den Eingang der Ware [zollamtlichen Nachweis]. Bei Auflage in der Ausfuhrgenehmigung ist der gebietsansässige Ausführer zur Vorlage der Bescheinigung verpflichtet. || **on delivery** *gegen Aushändigung der Ware* || *nach Ablieferung der Ware* || *bei Lieferung* || **payable on delivery** *zahlbar bei Lieferung* || **period of delivery** *Lieferfrist* || **place of delivery** *Erfüllungsort* || *Lieferort* || **prompt delivery** *prompte Lieferung* || **ready for delivery** *lieferbereit* || **to take delivery in due time** :: *Ware rechtzeitig abnehmen* || **to adhere to the time of delivery** *Lieferfrist einhalten* || **to be late in delivery** *[die Ware] verspätet abnehmen* || **to postpone delivery** *Lieferaufschub* || *Lieferung hinaus-*

schieben || **to refuse to take delivery** *Abnahme verweigern*

demand *Bedarfsdeckung* —> to meet ~ [...] || *Bedarf* || **demand deposits** *Buchgeld* || *Giralgeld* || *Sichteinlagen bei Kreditinstituten* über die jederzeit verfügt werden kann || syn.: **sight deposits** || *Sammelbegriff für alle unbefristeten, täglich fälligen Geldeinlagen bei Kreditinstituten [Banken und Sparkassen]. Abhebung ohne vorherige Kündigung jederzeit möglich, Verzinsung üblicherweise sehr gering* —> *Buchgeld* || *Giralgeld* || **demand draft** *Sichtwechsel* syn.: **sight draft** || **demand [for]** *Nachfrage [nach]* || **information demanded in accordance with German Commercial Code [HGB]** *nach § [...] HGB verlangte Angaben*

demise *Besitzübertragung* || *Verpachtung*

demurrage [Mar] *Überliegegeld* || *Überliegezeit bei verzögertem Auslaufen*

to denature *vergällen [Alkohol, etc.]* || **denatured with other substances** :: *mit anderen Stoffen vergällt*

denial [USA] *bestreiten des Sachvortrags des Klägers*|| [PatR] *Verweigerung* || *Versagen einer Patentanmeldung*

denominated in foreign currencies *auf Fremdwährung lautend* ||

[Bbank] **denominated in units of account (e. g. ECU)** *in Rechnungseinheiten*

to denote *bedeuten* || [to indicate] *anzeigen* || [Begriffsdefinition] *umfassen*

to denounce *kündigen* || [VölkR] **to denounce this Convention by giving one year's notice** :: *Übereinkommen mit einjähriger Frist kündigen* || **to denounce at the end of May having given (subject to) 4 months (previous) notice** :: *zum Ende Mai unter Einhaltung einer Frist von 4 Monaten kündigen.*

denunciation *Kündigung* || [VölkR] **The denunciation shall take effect one year after the notification thereof has been made to the Swiss government** :: *Die Kündigung wird ein Jahr nach ihrer Notifizierung an die schweizer Regierung wirksam.* || **not subject to denunciation** *unkündbar*

to deny the date of filing on formal grounds *Versagen des Anmeldedatums aus formalen Gründen*

department *Amt* [VwO/D] *Organisationseinheit, die eines oder mehrere Ämter z. B. Sozialamt, Jugendamt, Sportamt umfaßt.* || *Fachressort* || *Referat* || [Ministerial-] *Ressort* || [B.W.] *Dienststelle* || *Geschäftsbereich* || *Geschäftskreis* || *Hauptabteilung* || [Bayern] *Direktorium* || *Referat* || *Dezernat* || **department**

head *Bereichsleiter* ‖ **department meeting** [BetrVG] *Abteilungsversammlung* ‖ **department of Trade and Industry** *Beirat für Außenhandelsfragen* früher: Board of Trade :: Handelskommission ‖ *Handelsministerium*

dependants *Angehörige*

dependence benefit *Invalidenrente für Angehörige*

dependent *abhängig* ‖ *nichtselbständig* ‖ **dependent personal services** *nichtselbständige Arbeit* ‖ [SteuerR/D] **income subject to income tax from dependent personal services** :: *Einkünfte aus nichtselbständiger Arbeit*

depletable *abschreibbar* [Absch] —> depletion :: Abschreibung für Substanzverringerung

to deplete [Absch] *abschreiben*

depletion [Absch] *Abschreibung* —> amortization :: Abschreibung ‖ *Abschreibung für Substanzverringerung* [Absch] [SteuerR] syn.: *Substanzverzehr* [Wertminderung von Bodenschätzen durch Abbau bzw. Förderung]

depoliticising [Man / Org / ArbR] *entpolitisierend* —> Arbeitskampfmaßnahmen ‖ Sozialadäquanz ‖ Kampfparität

deportation *Ausweisung*

[8 U.S.C.A. §§ 1251 ff] [BRD / § 10 Ausländergesetz] enge Grenzen der Ausweisungsmöglichkeiten, z.B. bei Ausländern, die gegen die freiheitlich-demokratische Grundordnung agieren oder wesentliche Belange wie Gefährdung der Sicherheit der Bundesrepublik betroffen sind. Vollzug erfolgt durch Abschiebung —> penal colony

deposit [beim Grundstückskauf] *Anzahlung* ‖ *Draufgeld* ‖ *Angeld* ‖ *Draufgabe* [besonders in GB meist 10% des Kaufpreises] ‖ *Aufbewahrung* —> Verwahrung ‖ *hinterlegter Gegenstand* ‖ *hinterlegte Sicherheit* ‖ *Hinterlegung* ‖ *Kaution[szahlung]* ‖ [BankR] *Einlage* ‖ [GB] *Einzahlung* ‖ *Geldeinlage* ‖ *Spareinlage* ‖ *Depositen* ‖ *Depot* [BankR] zur Verwahrung gegebener Gegenstände ‖ *Verwahrung* in general: an act by which a person receives the property of another, binding himself to preserve it and return in kind. [...] with his consent, to keep for the use and benefit of the first or of a third person for a permanent or temporary disposition —> deposit money ‖ **deposit account** *Depositenkonto* für befristete Einlagen [BankR] deposit account with a bank i.G.z. Girokonto :: giro account oder Korrentkonto :: current account ‖ **deposit bottle** [Verp] *Pfandflasche* ‖ **to be a member of a deposit guarantee fund** *einer Einlagensicherung angeschlossen sein* [BankW] Gläubigerschutz im Bankgewerbe durch Sicherung privater Spareinlagen sowie Gehaltskonten durch sog. Feuerwehrfonds [Einlagensicherungsfonds] —> Gesetz über das Kreditwesen ‖ **deposit money** *Angeld* ‖ *Draufgabe* money lodged with a person as an earnest or security for the performance of some contract, to be forfeited (verfallen || verwirken) if the depositor fails in his undertaking. It may be deemed to be part payment, and to that extent may constitute the purchases the actual owner of the estate —> earnest money || **deposit policy** *Einlagenpolitik* [Bbank] Notenbank schreibt den öffentlichen Haushalten vor, inwieweit sie ihre Guthaben bei der Notenbank halten müssen oder auf Kreditinstitute übertragen dürfen || **deposit rates** *Habenzinsen*

depositary government [VölkR] *Verwahrregierung*

depreciable *abschreibbar* [Absch] für sonstige Sachanlage —> amortizable || write-off || write-down —> Abschreibung || **depreciable cost** *Bemessungsgrundlage* —> depreciation base [SteuerR] Ausdruck für die Summe der abschreibbaren Kosten, i.d.R. Anschaffungs- und Herstellungskosten (abzügl. eines eventuellen Restwerts).

to depreciate [Absch] *abschreiben*

depreciation [Absch] *Absetzung für Abnutzung* von immateriellen Anlagewerten [amortization]. [USA/SteuerR] Abschreibung auf Sachanlagen (mit Ausnahmen solcher, die einem Substanzverzehr unterliegen) und immaterielle Vermögenswerte. [USA/SteuerR] (depreciation) allowance :: Abschreibung [USA/Buchf] allowance :: Wertberichtigung. || **depreciation arrangements established under section 7 b of the Income Tax Law** [SteuerR/D] *Abschreibung nach § 7b des Einkommensteuergesetzes* || **depreciation base** *Abschreibungssumme* || *Abschreibungsbetrag* —> Bemessungsgrundlage —> syn.: depreciable cost || **depreciation charge** [Absch] *Abschreibungsbetrag* || **depreciation expense** *Abschreibungsaufwand* [Absch] Anteil der Anschaffungs- oder Herstellungskosten eines Anlagegegenstandes, der in der jeweiligen Rechnungsperiode durch Abschreibung als Aufwand verrechnet wird. || **depreciation for cost accounting purposes** *kalkulatorische Abschreibung* zur Ermittlung der Selbstkosten von Gütern und Leistungen in der Kostenrechnung || **depreciation for tax purposes** *steuerliche Abschreibung* tax depreciation || Abschreibung in der Steuerbilanz nach steuerrechtlichen Vorschriften || **depreciation on accounts receivable and other assets** *Abschreibungen auf Forderungen und sonstige Vermögensgegenstände* || **depreciation rate** *Abschreibungssatz* [Absch] Prozentsatz mit dem bei linearer Abschreibung von den Anschaffungs- und Herstellungskosten, bei Buchwertabschreibung vom Restbuchwert abgeschrieben wird || **depreciation reserve** *Wertberichtigung* Auf der Passivseite der Bilanz ausgewiesene Korrekturposten zu Positionen der Aktivseite. Durch die Bilanzierungsform der indirekten Abschreibung kommen Wertberichtigungen zum Anlagevermögen zustande. In am. Bilanzen werden diese nicht auf der Passivseite, sondern auf der Aktivseite als Abzugsposten zu den jeweiligen Positionen ausgewiesen. Termini nicht einheitlich: depreciation reserve

depreciation   **deputy**

‖ accrued depreciation ‖ accumulated depreciation ‖ allowance for depreciation ‖ valuation allowance ‖ **depreciation [allowance]** *Abschreibung* —> accrued ‖ accumulated depreciation ‖ depletion ‖ amortization ‖ Absetzung für Abnutzung ‖ **accelerated depreciation** *beschleunigte Abschreibung* Abschreibung eines Anlagegegenstands in einem wesentlich kürzeren Zeitraum als seiner erwarteten Lebensdauer entspricht oder über den Zeitraum seiner erwarteten Lebensdauer, jedoch in den ersten Jahren in wesentliche höherem Maß als in den späteren (wie z. B. nach der degressiven oder der digitalen Abschreibungsmethode) ‖ **declining-balance depreciation** *Buchwertabschreibung* —> degressive Abschreibung ‖ **direct depreciation** *direkte Abschreibung* [AuxT] kein Äquivalent in [GB/USA] [AktienG/Bilanzausweis] Aktivposten wird um den jeweiligen Abschreibungsbetrag gekürzt —> direkte Abschreibung :: direct depreciatio ‖ **extraordinary depreciation** *außerordentliche Abschreibungen* ‖ *außerplanmäßigen Abschreibungen* [§ 154 (2) AktienG] syn.: außerordentliche Abschreibungen —> planmäßige Abschreibungen ‖ **increasing-charge depreciation** *progressive Abschreibung* Abschreibungsmethode, bei der die Abschreibungsbeträge von Jahr zu Jahr steigen ‖ **indirect depreciation** *indirekte Abschreibung* [AuxT] kein Äquivalent in [GB/USA] [AktienG/Bilanzausweis] der Aktivposten wird in unverminderter Höhe mit seinen Anschaffungs- und Herstellungskosten ausgewiesen, während die aufgelaufenen Abschreibungen als Wertberichtigung auf der Passivseite erscheinen —>

direkte Abschreibung ‖ direct depreciation ‖ **ordinary depreciation** *planmäßige Abschreibung* [§ 154 (1) AktienG] Anschaffungs- und Herstellungskosten von Anlagegegenständen, deren Nutzungsdauer zeitlich begrenzt ist, sind durch planmäßige Abschreibung auf die der voraussichtlichen Nutzungsdauer entsprechenden Geschäftsjahre zu verteilen. ‖ *ordentliche Abschreibungen* ‖ **straight-line depreciation** *lineare Abschreibung* Abschreibungsmethode, nach der die Anschaffungs- oder Herstellungskosten eines Anlagegegenstandes in gleichbleibenden Jahresraten über seine voraussichtliche Nutzungsdauer verteilt wird ‖ **tax depreciation** *steuerliche Abschreibung* —> depreciation for tax purposes ‖ *Abschreibung gemäß den steuerrechtlichen Bestimmungen* ‖ *Abschreibung in der Steuerbilanz* ‖ **financing from depreciation-generated funds** *Finanzierung aus Abschreibungen* —> syn.: financing by accrued depreciation

deputy [VwO/D] *Abgeordneter* ‖ *Stellvertreter* ‖ **Deputy Chairman** *stellvertretender Vorsitzender* ‖ **Deputy Chairman of the Board of Management** [USA] stock corporation [GB] public limited company *Stellvertretender [Stv.] Vorsitzender des Vorstandes* ‖ **Deputy Chairman of the Supervisory Board** *Stellvertretender [Stv.] Vorsitzender des Aufsichtsrates*‖ **Deputy Director** [GB] *Stellvertretender Direktor* ‖ **deputy district executive** *Kreisdirektor* [VwO/Ns.; N.-W.] Stellvertreter des Oberkreisdirektors in den Landkreisen —> district director ‖ **deputy**

judge *stellvertretender Richter* ‖ **Deputy Manager** [USA] *Stellvertretender Direktor* ‖ **Deputy Member of the Board of Management** *Stellvertretendes [Stv.] Mitglied des Vorstandes*

deregulatory measures *Deregulierungsmaßnahmen*

dereliction of title *Aufgabe des Eigentums* ‖ *Dereliktion* ‖ *Verzicht auf das Eigentum*

to derive [from] *sich bestimmen nach* ‖ [VölkR] [...] **the law of that Contracting Party whose nationality the minor possessed shall determine from which of his parents he shall derive his nationality** :: *So bestimmt sich nach den Gesetzen derjenigen Vertragspartei, deren Staatsangehörigkeit der Minderjährige besaß, welchen Elternteil er in seiner Rechtsstellung folgt [...]* ‖ *bekommen* ‖ *rühren von/aus* ‖ *zurückführen auf* ‖ *herrühren* ‖ *herleiten* ‖ *gewinnen* ‖ *erlangen* ‖ **to derive profit from** *Nutzen ziehen aus*

to derogate *abändern* ‖ **to derogate a person's right** :: *jemandes Recht beschneiden* ‖ *mindern* ‖ *[teilweise] aufheben* ‖ *schaden* ‖ *berühren* ‖ [VölkR] **this provision shall not derogate from conventions** :: *diese Bestimmung berührt nicht die Übereinkommen [...]*

derogatory clause *Abänderungsklausel* ‖ *Änderungsklausel* ‖ **the statute is derogatory to common law** *das Gesetz erging in Abänderung des Common Law* ‖

derrick [Mar] *Ladebaum [an Bord des Schiffes]*

descent *Abstammung* ‖ *Abstieg*

to describe *beschreiben* ‖ *bezeichnen*

description *Beschreibung* ‖ *Bezeichnung* ‖ **description of an invention** [PatR] *Beschreibung einer Erfindung* ‖ **description of the father of a person** *Beruf[sbezeichnung] des Vaters* ‖ **The status or description of the father of a person** :: *Rechtsstellung oder Beruf des Vaters*

deserving of aid *förderungswürdig* [SteuerR/D] **recognized as being especially deserving of aid** *als besonders förderungswürdig anerkannt*

design *Design* ‖ *Ausführung* ‖ **design model** *Designmodell* ‖ **industrial design** *Gebrauchsmuster* —> **intellectual property** ‖ **trademarks** ‖ **service marks** ‖ **copyright** ‖ **registered proprietor** ‖ **ornamental design** ‖ *Pariser Verbandsübereinkunft* ‖ **ornamental design** *Geschmacksmuster* nach dem Geschmacksmustergesetz von 1879 (GschMG) *Muster in Flächenform [Tapetenmuster, Kleiderschnitt, Lampen, Bestecke] oder Modelle in Raumform*

designate | **development**

mit ästhetischen Gehalt [sonst —> Gebrauchsmuster]

to designate *angeben* || *bezeichnen* || *benennen* || **to designate s.o. as** [...] *ernennen zu* [...] || **designated territories** *bezeichnete Hoheitsgebiete* || **applicants designating different Contracting states** [PatR] *Anmelder, die verschiedene Vertragsstaaten benennen*

descending triangle :: *Abwärtsdreieck* —> in der Chartanalyse eine der Formationen :: formations

designations, commercial ~ *Firmenbezeichnungen* || *Handelsbezeichnungen*

desirous [VölkR/Präambel] *von dem Wunsch geleitet* || *in dem Wunsch* || **to be desirous of manufacturing** [...] [PatR] [...] *hat den Wunsch, [...] [mit den patentierten Veränderungen] herzustellen*

destination *Bestimmungsort*

destruction of money *Geldvernichtung* [Bbank] *Reduzierung der Geldmenge* (nominelle Kaufkraft) *durch Hortung, Stillegung von Geld bei der Notenbank, Zurückzahlung von Krediten durch den Staat an die Notenbank oder - in der BRD - durch Stillegung von Steuereinnahmen in der Konjunkturausgleichsrücklage*

detached *freistehend* || **residential lots with one detached single family dwellings** *Wohnparzellen mit einem freistehenden Einfamilienhaus*

detailed, in as ~ a way as possible *detailliert, so ~ wie möglich*

to deteriorate *verschlechtern* || **to deteriorate noticeably** [deutlich] *spürbar verschlechtern* || *erkennbar nachlassen*

determination of net income *Gewinnermittlung* *Bestimmung des im Abschluß auszuweisenden Unternehmenserfolges* —> *Gewinnausweis* || disclosure of earnings

determined by [...] *sich nach* [...] *bestimmen* || *die Frage wird nach* [...] *beurteilt*

detriment *Opfer* [USA] i.S.v. [Gegen-] *Leistung*

devastation of fishery resources [Mar] *Überfischung*

developed particularly dynamic *entwickelten sich dynamisch*

development *Bauobjekt* || [InvF] *Erschließung* || *Errichtung von Bauobjekten* || *Bauvorhaben* || *Projekt* || **development activities** *Entwicklungsaktivitäten* || **official development assistance** *öffentliche Entwicklungshilfe* || **development of business results** *Ergebnisentwicklung* || **development of more collective bargaining at the**

level of the individual company [Man/Org/ArbR] *Vertrieblichung der kollektiven Interessenvertretung* ‖ *Japanisierung* Japanese methods taking over ‖ **development of products** *Produktentwicklung* ‖ **development of the domestic economy** *Binnenkonjunktur* ‖ *Konjunktur* ‖ *konjunkturelle Entwicklung* ‖ **general economic development** *allgemeine Wirtschaftsentwicklung* ‖ *genereller Trend in der Wirtschaft*

deviation *Abweichen* ‖ [VölkR] **Nothing in the preceding paragraphs shall authorize any deviation from** :: *Aus den Absätzen 1 bis 4 kann eine Berechtigung zum Abweichen von [...] [Regelung] nicht abgeleitet werden.*

deviation clause *Abweichungsklausel* [Abbr] **d/c** Klausel in internationalen Kaufverträgen, mit der bestimmte Abweichungen bei der vereinbarten Ware zugestanden werden.

to devise [ErbR] *verfügen über* [bei Immobilien letztwillig über etwas verfügen]

devisee *Vermächtnisnehmer* bei unbeweglichen Sachen [eines Grundstücks] —> legatee :: *Vermächtnisnehmer einer bewegl. Sache*

dictum Kurzform für **obiter dictum** [pl. dicta] beiläufige Äußerung [einer Rechtsansicht], auf der die Entscheidung selbst nicht beruht und die i.G.z. ratio decidendi nicht bindend ist. Diese Bemerkungen können [in keinem Fall bindender] Teil der Entscheidung sein, dienen also nur dem Zweck der Illustration oder Analogie zur Darstellung der Entscheidungsgründe eines Falles durch einen Richter.

diesel fuel *Dieselkraftstoff* ‖ **diesel fuel-engine** *Dieselmotor*

difference *Unterschied* ‖ *Abstand* ‖ **by reducing the differences between** *indem [sie] den Abstand zwischen [...] verringern*

differential *Gefälle* ‖ **interest differential** :: *Zinsgefälle*

digests *Entscheidungsmaterial* Hilfsmittel z.B.: John Mews: The Digest of English Case Law —> obiter dictum

diligence, reasonable ~ *angemessene Bemühungen* ‖ *[erforderliche] angemessene Sorgfalt*

diminishing balance *abnehmende Restsumme[n]* der jeweilige Schuldsaldo

diploma *Diplom* ‖ **diploma leading to admission to universities** *Hochschulzugangsberechtigung* i. d. R. ein *Reifezeugnis* ‖ *Abitur* ‖ *Fachhochschulreife* ‖ **European Convention on the Equivalence of Diplomas** *Europäisches Übereinkommen über die Gleichwertigkeit von Reifezeugnissen*

diplomatic *diplomatisch* ‖ **diplomatic agent** *Diplomat* ‖ **through**

diplomatic channels *auf diplomatischem Wege* ‖ the ministry shall forward, through diplomatic channels a certified copy to each of the contracting states *Der Minister sendet auf diplomatischem Wege eine beglaubigte Abschrift [...]* ‖ **diplomatic mission** *diplomatische Mission*

direct *direkt* —> an dessen Order ‖ **direct credit** *Direktkredit*—> *gebundener Finanzkredit* ‖ **direct lending** ‖ direct loan ‖ **direct financing lease** [Leas] *direktes Finanzierungs-Leasinggeschäft* ‖ **direct importer** *Direktimporteur* ‖ **direct insurance** *Direktversicherung* Eine Form der betrieblichen Altersversorgung nach dem Gesetz zur Verbesserung der betrieblichen Altersversorgung [BetrAVG v. 1974; Betriebsrentengesetz] bei der vom Arbeitgeber für den Arbeitnehmer oder seine Hinterbliebenen eine Lebensversicherung auf das Leben des Arbeitnehmers abgeschlossen wird ‖ **direct investment** [Bbank] *Direktinvestitionen* ‖ **direct investment position of the Federal Republic of Germany** *Direktinvestitionen der Bundesrepublik Deutschland* ‖ **direct leasing** [Leas] *direct-leasing-Geschäft* Leasing-Geschäft, bei dem eine Bank der Leasinggeber ist ‖ **direct lending** *Gewährung gebundener Finanzkredite* ‖ **direct loans** *gebundene Finanzkredite* —> credit, direct ~ ‖ **direct tax** *direkte Steuer* ‖ as [the licensee] shall direct *an dessen Order* ‖ The Licensees shall pay to the patentee or as he shall direct a royalty amounting to [...] % upon the net amount received by the licensees in respect of the manufacture sale lease or hire or other dealing with any articles constructed in accordance with or by a process of manufacture in accordance with any claim of any subsisting patent in respect of which a licence has been granted to the Licensees persuant to these presents PROVIDED that the said royalty per article shall be unaffected by the number of claims or the number of patents concerned :: *Der Lizenznehmer entrichtet an den Patentinhaber oder an dessen Order eine Lizenzgebühr von x % der Nettoeinnahmen des Lizenznehmers aus Herstellung, Verkauf, Vermietung oder anderweitiger Verwertung aller Erzeugnisse im Rahmen einer gewerblichen Tätigkeit. Dies gilt für jedes Patent, für das dem Lizenznehmer auf Grund dieses Vertrages eine Lizenz erteilt wurde. Die Lizenzgebühr pro Artikel wird von der Anzahl der bestehenden Patentansprüche oder Patente nicht beeinflußt.*

directing committee *Direktionsausschuß*

directing their efforts [VölkR/Präambel] *in dem Vorsatz* ‖ Directing their efforts to the essential purpose of constantly improving the living and working conditions of their people :: *In dem Vorsatz, die stetige Besserung der Lebens- und Beschäftigungsbedingungen ihrer*

Völker als wesentliches Ziel anzustreben [...]

directives, to adopt ~ *Richtlinien erlassen* ‖ *Direktiven [erlassen]*

directly *unmittelbar* ‖ *direkt* ‖ **to communicate directly with each other** :: *sich direkt miteinander in Verbindung setzen*

director *Direktoriumsmitglied* Mitglied des Direktoriums eines Unternehmens in der Privatwirtschaft [nicht mit "Direktor" übersetzen] ‖ [Man] *Führungskraft* ‖ *Manager* ‖ **director of Labour Relations** *Arbeitsdirektor* ‖ **director of Public Prosecution** *Leiter der Generalstaatsanwaltschaft* ‖ **joint managing director** [BRD] *Vorstandsmitglied* ‖ **Director s' report** *Geschäftsbericht* ‖ **board of director** *Aufsichtsrat* ‖ [Kunstwort] *Direktorium* —> *Verwaltungsrat*

to disable *geschäftsunfähig erklären* ‖ *rechtsunfähig erklären* ‖ *untauglich (machen\erklären)* ‖ *arbeits- und erwerbsunfähig (machen\erklären)*

disability *Rechts- und Geschäftsunfähigkeit aufgrund Fehlender geistiger Reife* [Minderjährige], *geistiger Behinderung* [insane] *oder Häftlinge* [convict]. ‖ **a person under disability** *eine geschäfts- und rechtsunfähige Person* ‖ i.e.S. *heiratsunfähig* [z.B. aufgrund kirchlichen Amts oder Gelöbnis ‖ *Amtsunfähigkeit* ‖ *Er-*

werbsunfähigkeit ‖ **partial disability** [USA / workers compensation law] *geminderte Erwerbsfähigkeit durch Unfall* [bezieht sich auf die Wiederaufnahme der zuvor ausgeübten Tätigkeit] ‖ **permanent disability** *dauernde Erwerbsunfähigkeit* ‖ **total disability** [USA/VersR] *völlige Erwerbsunfähigkeit.* In der Unfallversicherung bedeutet dies nicht die völlige Erwerbsunfähigkeit aufgrund körperlicher Behinderung, sondern daß eine Eingliederung in die wesentlichen materiellen Pflichten aus einer solchen Tätigkeit nicht mehr zu erwarten ist. ‖ **disability pension** *Invalidenpension* Die nach Pensionierung wegen Invalidität gezahlte Pension :: *pension paid to invalid person after retirement*

disabled [person] *Schwerbehinderter* ‖ [USA] *eine Person, die aufgrund körperlicher oder geistiger Behinderung/Beschädigung nicht in der Lage ist, in eigenen Rechtsangelegenheiten [sui juris] zu handeln* —> **principal representative**

disarmament Commission *Abrüstungskommission*

disbursed amount of credit *zugezählter Kreditbetrag* —> *ausgezahlter ~*

disbursement *Kreditauszahlung* ‖ *Kreditzuzählung*

to be discarded *Abfall[...]* ‖ **material discarded in the process of [...]** :: *das bei [...] anfallende Abfallmaterial*

discharge   **disclosure**

---

to discharge *aufgeben* —> umkehren || *aufheben* || *befreien* durch Schulderlaß, besser: entlasten [z.B.: Gemeinschuldner wird am Ende des Konkursverfahrens entlastet] || **to discharge the burden** *Beweislast aufgeben* || *Beweislast umkehren* || **to discharge directors from their responsibility** *Vorstand entlasten* || **to discharge from custody** *Haftentlassung* || **to discharge the accused** *den Angeklagten außer Verfolgung setzen* || **to discharge of liabilities** *Entbindung von Verpflichtungen* z.B. performance of a contract :: *Vertragserfüllung* || **to discharge of a trustee** *Entlastung eines Treuhänders* || **discharged bankrupt** *entlasteter Gemeinschuldner* am Ende des Konkursverfahrens

discipline *Disziplin* || **students of disciplines of pure and applied sciences** :: *rein mathematisch-naturwissenschaftliche und angewandte Disziplinen*

to disclose to *bekanntgeben* || [PatR] beim Patent genaue Beschreibung (bei Verbesserungen etc.) *offenlegen* || *offenbaren* || *unterrichten* || *informieren* || *zugänglich machen* || The Patentee will forthwith disclose to the licensees any invention which he may devise or otherwise become possessed of in relation to any improvement of any of the inventions of the subject of the patent or application set out in the Schedule hereto :: *Der Patentinhaber offenbart dem Lizenznehmer unverzüglich jede von ihm stammende oder auf andere Weise in seinen Besitz gelangte Erfindung, die eine Verbesserung in irgendeiner Form einer der Erfindungen darstellt, die Gegenstand der in der Anlage aufgeführten Patente oder Patentanmeldungen sind.*

disclosed earnings retention *offene Selbstfinanzierung* [BRD] aus der Bilanz in Form von Rücklagen und eventuell Gewinnvortrag ersichtlich. Bei der stillen Selbstfinanzierung erfolgt eine aus der Bilanz nicht ersichtliche Bildung sog. stiller Reserven (durch Unterbewertung von Aktiven oder Überbewertung von Passiven).

disclosed reserves *offene Rücklagen* —> offene Selbstfinanzierung

disclosure *Herausgabe von Informationen* || [InvF] *Publizität eines Versicherungsfonds* || *Offenlegung* —> Publizität || *Herausgabe* || *Bekanntgabe* || **disclosure of earnings** *Gewinnausweis* syn.: reported earnings. Offenlegung des Gewinns im Abschluß bzw. der im Anschluß gezeigte Gewinn. || **disclosure of the liability in the balance sheet is mandatory** *Passivierungspflicht* [von Rückstellungen] [AuxT] kein engl. Äquivalent; the company must record the liability in its balance sheet; Für Pensionsrückstellungen besteht nach Handels- und Steuerrecht keine Passivierungspflicht, d.h. der Arbeitgeber ist berechtigt [Passivierungswahlrecht], jedoch nicht verpflichtet [Passivierungspflicht], seine Pensionsverpflichtung in

Form einer Rückstellung auf der Passivseite der Bilanz auszuweisen, d.h. Rückstellungen für seine Pensionsverpflichtungen zu bilden. ‖ **disclosure of the liability in the balance sheet is optional** *Passivierungswahlrecht* [von Positionsrückstellungen] —> *Passivierungspflicht*

discontinuation [SteuerR/D] *Wegfall*

discount *Preisnachlaß ‖ Rabatt ‖ Skonto ‖ Diskont* —> syn.: Diskontsatz ‖ **discount bond** *niedrigverzinsliche Anleihe* [Bör] Niedrigverzinsung dieser Titel führt zu Kursen stark unter pari ‖ **discount broker** *Discount Broker* [Bör] Broker, der Aufträge für extrem niedrige Provision abwickelt ‖ **discount loan** *Diskontkredit ‖ Lombardkredit* ‖ **discount loan program** [EG] *Finanzierungsprogramm durch die Gewährung von Diskontkrediten* ‖ **discount rate** [Bbank] *Diskontsatz ‖ Bankrate ‖ Banksatz* Zinsbetrag, den die Bbank den Geschäftsbanken von der auszuzahlenden Wechselsumme für einen ihr heute zum Rediskont gegebenen Wechsel für die Zeit bis zur Fälligkeit des Wechsels abzieht.‖ *Kalkulationszinsfuß* In Dividendenbewertungsmodellen zur Abzinsung der Dividendenströme angewendete Zinssatz. [InvR] Der zur Abzinsung der Zahlungsströme einer Investition [Einzahlungsüberschüsse] angewendete Zinssatz [entspricht der Rendite der besten Investitionsalternative] ‖**forward discount** [BankW] *Deport*

discounted [WechselR] *eingereicht*

‖ **discounted cash flow methods** *dynamische Investitionsrechnungsverfahren* [Abbr] **DCF** [InvR] *[mehrperiodische dynamische] Kapitalwertmethode ‖ Methode des internen Zinsfußes ‖* Annuitätenmethode] bei denen zur Bewertung der Vorteilhaftigkeit eines Investitionsvorhabens jedes Investitionsprojekt in Ausgaben und Einnahmenreihen aufgegliedert wird. Der Vergleich möglicher Vorhaben basiert auf einer Abzinsung auf einen bestimmten Zeitpunkt mit einem bestimmten Kalkulationszinsfuß. ‖ **discounted payback method** *dynamische Amortisationsrechnung* [InvR] —> *Amortisationsrechnung* :: payback method

discounting *Abzinsung* [Zinseszinsrechnung] Ausgehend von einem gegebenen Endkapital soll das Anfangskapital ermittelt werden bzw. der Bar- oder Gegenwartswert zukünftiger Zahlungen, indem die Beträge mit dem zugehörigen Abzinsungsfaktor multipliziert werden. Bei Verwendung der Abzinsungstabelle nach der Formel: $K_0 = K_n \times T_{ab}$ ‖ *Diskontierung*

discovery *Urkundenvorlage*

discretion *Ermessensspielraum ‖ Urteilskraft ‖* **discretion of the committee** *Ermessensspielraum eines Ausschusses* ‖ **the court has a discretion** *es ist in das Ermessen des Gerichts gestellt* ‖ **at one's own discretion** *nach eigenem/ freien Ermessen* ‖ **abuse of discretion** *Ermessensmißbrauch* abuse of power ‖ **a person having discretion**

Urteilsfähigkeit besitzen Urteilskraft —> Ermessen

discretionary credit line *[garantierte] Selbstentscheidungsgrenze* ‖ [Ex] *Selbstentscheidungskreditrahmen*

discrimination *Diskriminierung* ‖ *Unterscheidung*

discriminative feature *Unterscheidungsmerkmal*

discriminatory *diskriminierend* ‖ *auf der Grundlage der Diskriminierung* —> non-discriminatory ‖ *charakteristisch*

to discuss *erörtern* ‖ **Consultation may be requested at any time to either contracting party for the purpose of discussing amendments to the present agreement** :: *Zur Erörterung von Änderungen dieses Abkommens kann eine Vertragspartei jederzeit eine Konsultation beantragen.*

discussion *Beratung* ‖ *Erörterung* ‖ **after full discussion** *nach umfassender/eingehender Erörterung*

dishonoured bill or exchange *notleidender Wechsel* [Art. 43 ff. WechselG] syn.: *Wechselrückgriff* ‖ *Wechselregreß* Wechsel wird vom Akzeptanten nicht bezahlt oder vom Bezogenen nicht angenommen. Inhaber kann dann gegen Indossanten oder Aus-

steller Rückgriff nehmen. Voraussetzung ist Wechselprotest. [U.C.C. § 3-507(1), § 4-210) Refusal to accept or pay a draft or to pay a promissory note when duly presented —> protest

disinvestment *Desinvestition* [InvR] [nicht einheitlich definiert] teilweise oder vollständige Aufgabe bzw. Veräußerung von Investitionsobjekten vor Ablauf ihrer wirtschaftlichen Nutzungsdauer verstehen ‖ **disinvestment [by bondholder]** [InvF] *Reduzierung des von Anteilsinhabern gehaltenen Gesamtbestandes an Versicherungsfondsanteilen* ‖ [InvF] *Rückgabe von Versicherungsfondsanteilen*

to dismiss [ArbR] *ausstellen* entlassen ‖ *zurückweisen* ‖ **reasons for dismissing Appeal Regina v. Podola** *Gründe für die Zurückweisung der Berufung in der Sache Podola* [Regina = Queen] —> Law Reports ‖ **to dismiss an appeal** *ein Rechtsmittel abweisen* —> Rechtsbehelf ‖ appeal

dismissal [ArbR] *Entlassung von Mitarbeitern* ‖ *Mitarbeiter ausstellen* —> removal from office

dispatch money [Mar] *Eilgeld* Prämie für vorzeitiges Auslaufen

to dispense with *entbinden* ‖ *entpflichten* ‖ *überflüssig machen* ‖ *verzichten auf* ‖ [VölkR] **The Contracting States shall make no other formal requirements than those set**

out in this convention, but a contracting state may dispense with any of the requirements contained herein. :: *Die vertragsschließenden Staaten erlassen keine anderen Formerfordernisse, als diejenigen, die in diesem Übereinkommen dargelegt wurden, jedoch ist ein Vertragsstaat nicht verpflichtet, die Beachtung aller Vorschriften, die in diesem Übereinkommen angeführt sind, vorzuschreiben.*

dispenser box [Verp] *Dispenser[-Karton]*

dispersion *Streuung*—> diversification

to display *ausstellen* || *zur Schau stellen* || *ausbreiten* || *zeigen* || **for the purpose of display** *für Ausstellungszwecke*

disposable income *verfügbares Einkommen*

disposal *Verfügung* || **right of disposal** *Verfügungsrecht* || **disposal of assets** *Abgang von Gegenständen des Anlagevermögens*

to dispose of *verfügen über* || *veräußern* || *verkaufen* || *beiseite schaffen* to get rid of || **to dispose of property** *Eigentum veräußern* || **[...] shall in particular have the capacity to contract, to acquire and dispose of property** :: *besitzt im besonderen die Fähigkeit, Verträge zu schließen, Eigentum zu erwerben*

und zu veräußern

disposition, the capacity to make a binding ~ *Verpflichtungsfähigkeit*

dispute *Streitigkeiten* || **to decide the dispute** *Beschluß fassen* [zur Entscheidung] || *Streitigkeit entscheiden* || **issues in dispute** *Streitfragen* || *strittige Punkte* || **industrial dispute s** *Arbeitskampf* || *Arbeitskonflikt* || *Arbeitsstreitigkeiten* || *arbeitsrechtliche Streitigkeiten*

disqualification *Aberkennung der Fähigkeit* || *Unfähigkeit* || *Untauglichkeit* || *Erklärung der Unfähigkeit* || *Disqualifizierung* || *Feststellung der Nichteignung* (from/zu) || *Ausschluß* || *Ausschließung* || **disqualification on the ground of bias** *Ausschluß [eines Richters] wegen Befangenheit* || **disqualification for public office** *Unfähigkeit zur Bekleidung eines öffentlichen Amtes* || **disqualification from hearing a witness** *einen Zeugen ablehnen* || **disqualification from driving** *Entzug der Fahrerlaubnis* || *Führerscheinentzug* || **legal disqualification** *geschäftsunfähig*

to disqualify from driving *die Fahrerlaubnis entziehen* || *Führerscheinentzug* —> disqualification

disseminator role [Psych] [Soz] *[Rolle als] Informationsmittler* vorgesetzter wirkt als Informationsfilter an Untergebene, die ansonsten keinen Zugang zu solchen Informationen hätten.

distillation [SteuerR/D] *Abtrieb* zur Gewinnung des Weingeistes (Alkohol)

distinctly better result *ein deutlich besseres Ergebnis*

distortion of competition *Wettbewerbsverzerrung*

distributable earnings *ausschüttbarer Gewinn* Ausschüttbar sind nicht nur Gewinnteile des abgelaufenen Geschäftsjahres, sondern auch früherer Jahre, die in BRD zu Lasten eines eventuellen Gewinnvortrages sowie freier Rücklagen und in den USA zu Lasten von retained earnings ausgeschüttet werden können. || **distributable profit for 19..** *Bilanzgewinn des Jahres 19..*

to distribute a work by a book club :: *ein Werk über eine Buchgemeinschaft verbreiten*

distribution *Verbreitung* || *Vertrieb* —> sales || **distribution centre** *Auslieferungslager* || *Konsignationslager* || *Warenverteil[er]zentrum* || **distribution payout** *Ausschüttung* || *Dividenden-/Gewinnausschüttung der AG* || **equal distribution** *quotenmäßige Verteilung* z. B. Erlös [Verteilung, Ausschüttung] aus der Konkursmasse :: distribution [—> division] of bankrupt's assets —> Konkursquote || **wide distribution** *breite Streuung*

distributor *Vertragshändler*[Ex] an independent merchant who buys goods from [the exporter] for his own account and re-sells them normally at a profit for the end-user

district *Bezirk* [VwO/D] Denzentralisierte Verwaltungseinheit einer Großstadt, teilweise mit gewählten Volksvertretern || *Kreis* —> county || **district authorities** *Kreisverwaltung* [VwO/D] Verwaltungseinheit des Kreises und untere staatliche Verwaltungsbehörde —> Landratsamt || *Landratsamt* [VwO/D] —> district commission || district office || Untere staatliche Verwaltungs- und Landesbehörde || **district chief** *Landrat* [VwO/B.-W.; R.-P.; SL] Hauptverwaltungsbeamter und Ratsvorsitzender des Kreises in einer Person. [Bayern] ausschließlich als Vertreter des Staates angesehen [H., Schl.-H.] nur Hauptverwaltungsbeamter des Kreises || **district commission** *Kreisverwaltung* [VwO/D] —> district authorities || **district commissioner** *Landrat* —> chairman of the district und district chief || **district committee** *Kreisausschuß* —> county committee || **district council** *Kreistag* [VwO/D] Hauptbeschlußorgan des Landkreises als Representativorgan der Kreisbürger, nach allgemeinen, unmittelbaren, freien, gleichen und geheimen Wahlen gewählte Volksvertretung. Die Rechtsstellung des Landkreises und sein Aufgabenbereich sind in den (Land-)Kreisordnungen geregelt. || **district councillor** *Kreisrat* —> county councillor || **district court [federal]** *Bundesgericht 1. Instanz* Keinesfalls mit "Bezirksgericht" übersetzen, da diese Bezeichnung für Österreich und die Schweiz feststeht und dort als "Amtsgericht" zu verstehen ist. Entweder Bundesgericht 1. Instanz oder "District Court" stehenlassen. || **district director**

Kreisdirektor —> deputy district executive ‖ **district executive officer** [VwO/Hessen] *Kreisbeigeordneter* —> county ‖ **district executive official** *Kreisbeigeordneter* ‖ **district mayor** [VwO/SL, Berlin] *Bezirksbürgermeister* ‖ **district municipality** *kreisangehörige Städte* ‖ **district office** *Kreisverwaltung* —> district authorities ‖ **district regulations** *Kreisordnung* —> county statutes ‖ **[rural] district regulations** *Landkreisordnung* ‖ **district town** *Kreisstadt* [VwO/D] Hauptstadt der Kreise, in der sich der Verwaltungssitz des Kreises befindet ‖ **[rural] district** *Landkreis* [VwO/D] Gebietskörperschaften mit dem Recht der Selbstverwaltung. Sie sind Gemeindeverbände (außer in Bayern), d.h. eine Zusammenfassung einer Reihe von kreisangehörigen Gemeinden; gleichzeitig sind sie untere staatliche Verwaltungsbezirke

disturbance handler role *Trouble-shooter Rolle* [Psych] [Soz]

divergence *Abweichung* ‖ **in the event of divergence the English text shall prevail** :: *sofern sich Abweichungen ergeben [auftreten], ist der englische Text maßgebend.*

diversification *Streuung* ‖ **in international lending business there was greater diversification of margins in line with risks** :: *Differenzierung der Margen entsprechend den Risiken hat sich im internationalen Kreditgeschäft verstärkt*

diversity of citizenship *Diversity-of-Citizenship[-Regel]* [USA] In der amerikanischen Verfassung [Art. III § 2 verankertes Prinzip, nach dem Rechtsstreitigkeiten zwischen Bürgern aus verschiedenen [Einzel-]Staaten oder zwischen Ausländern [aliens] und einem Bürger eines Einzelstaates in die Zuständigkeit der Bundesgerichte fallen, sofern gewährleistet ist, daß der Streitwert nach 28 U.S.C.A. § 1332 erreicht ist und das Urteil im Grundsatz einem Urteil entspricht, das auch vor einem einzelstaatlichen Gericht gefällt worden wäre [der sogenannte Outcome test].*

to divest *unfähig erklären* —> disqualification

divided into smaller amounts *gestückelt* ‖ **divided into [...] bearer shares with a nominal value of DM 50 each** *eingeteilt in Inhaberaktien im Nennbetrag von je 50 DM*

dividend *Dividende* ‖ *Dividendenausschüttung* ‖ **dividend check** *Dividendenscheck* —> Verfahren der Dividendenzahlung ‖ **dividend claim** *Dividendenanspruch* —> teilweise syn. gebraucht zu Recht auf Dividende. [BRD] Anspruch durch —> Gewinnverwendungsbeschluß § 174 AktienG. [USA] durch Ausschüttungsbeschluß des board of directors —> Verfahren der Dividendenzahlung ‖ **dividend coupon** *Gewinnanteilschein* ‖ *Kupon* ‖ *Dividendenschein* [BRD] üblicherweise in einem Bogen zusammengefaßte Berechtigungsscheine [Urkunden], die den Aktien üblicherweise beigegeben werden und den Inhaber [Aktionär] zum Bezug der fälligen Dividende berechtigen.

Der letzte Abschnitt des Dividendenbogens ist üblicherweise ein Erneuerungsschein. || **dividend decision** *Dividendenentscheidung* Entscheidung darüber, welcher Teil des Gewinns als Dividende ausgeschüttet und welcher einbehalten werden soll.—> Dividendenanspruch —> Verfahren der Dividenenzahlung || **dividend distribution** *Dividendenausschüttung* || *Gewinnausschüttung* || syn.: dividend payout || profit distribution || **dividend expectations** *Dividendenerwartungen* syn.: expected dividend income. Die in Dividendenbewertungsmodelle eingehenden Annahmen über die künftigen Dividendenströme einer Unternehmung || **dividend in arrears** *rückständige Dividenden* In Verlustjahren ausgefallene Dividende auf kumulative Vorzugsaktien. || **dividend income** [SteuerR] *Dividendeneinkommen* —> Dividendenerträge || [SteuerR] *Dividendenerträge* syn.: dividends received Einkommen (oder Einkünfte) in Form von Dividenden. Die in der Gewinn- bzw. Verlustrechnung eines buchführenden Aktionärs zu erfassenden vereinnahmten Dividenden. || **dividend irrelevance proposition** *Gewinnthese* kapitaltheoretische These, nach der unter bestimmten Prämissen der im Kurswert ihrer Aktien zum Ausdruck kommende Wert einer Unternehmung allein durch die gegenwärtigen und erwarteten künftigen Gewinne der Unternehmung bestimmt wird. Für die Aktionäre ist ohne Bedeutung, ob ihnen Gewinne in Form von Dividenden oder durch Realisierung von Kurswertsteigerungen zufließen —> Dividendenthese / dividend relevance proposition || **dividend payment** *Dividendenzahlung* Die von der Gesellschaft geschuldeten Dividenden. [BRD] noch nicht eingelöste Dividendenscheine für fällige Dividenden. [USA] fällige Dividenden sind dann in der Bilanz auszuweisen, wenn der Bilanzstichtag zwischen dem declaration date und dem payment date liegt —> Verfahren der Dividendenzahlung || **dividend payment procedure** *Verfahren der Dividendenzahlung* [BRD / § 174 AktienG Gewinnverwendungsbeschluß] HV beschließt [jährlich] den an die Aktionäre auszuschüttenden Betrag [Bindung an festgestellten Jahresabschluß]. Die Auszahlung der Dividende erfolgt durch Einlösung der Dividendenscheine. [USA] üblicherweise vierteljährliche Dividendenzahlungen. Verfahren: 1. declaration date :: Board of directors erklärt eine Dividende. 2. record date :: Stichtag für die Feststellung der dividenenberechtigten Aktionäre, d.h. die am Stichtag im Aktienbuch der Gesellschaft eingetragenen Aktionäre :: stockholders of record. 3. payment date :: Tag der Auszahlung der Dividende. Die Auszahlung erfolgt über Zusendung eines Dividendenschecks :: dividend check durch die Gesellschaft oder ihren transfer agent. || **dividend payout** *Gewinnausschüttung* || *Dividendenausschüttung* || **dividend payout for window-dressing purposes** *Dividendenoptik* || Dividendenausschüttungen mit dem Hauptzweck, einen günstigen Eindruck von der finanziellen Lage der Unternehmung zu vermitteln. || **dividend payout ratio** *Ausschüttungsquote /-rate* Der in Prozent ausgedrückte Anteil der Dividendenausschüttung am Gewinn || **without dividend payout** *dividendenlos* Bezeichnung, die entweder für Unternehmen (dividendenlose Gesellschaften) oder bezüglich Zeiträumen (dividendenlose Jahre) verwendet wird. ‖ **dividend per share** *Dividende pro Aktie* ‖ **dividend policy** *Ausschüttungspolitik* —> Dividendenpolitik ‖ *Dividendenpolitik* Gestaltung aller mit der Ausschüttung von Gewinnen zusammenhängenden Maßnahmen, [theoretisch unterstelltes] Unternehmensziel ist die Maximierung des Vermögens der Aktionäre :: maximization of shareholders' wealth. Problematik: Einschätzung der gegenwärtigen Dividende :: current dividend] gegenüber Kurswertsteigerungen in der Zukunft :: capital gains —> Gewinnthese ‖ Dividendenthese ‖ **dividend rate** *Dividendensatz* In Prozent des Aktiennennwertes oder als absouter Betrag je Aktie ausgedrückte Dividende ‖ **dividend re-investment** *Wiederanlage von Dividenden* [BRD] Schütt-aus-Hol-zurück-Verfahren :: dividend round-tripping procedure ‖ [USA] i.R.d. dividend re-investment plans großer Gesellschaften eine Form der Kapitalerhöhung durch Ausschüttung einer Bardividende mit der Option an die Aktionäre, auf die Ausschüttung ganz- oder teilweise zu verzichten und in Höhe der Ausschüttung weitere Aktien der Gesellschaft zu beziehen. ‖ **dividend relevance proposition** *Dividendenthese* Theoretischer Ansatz i.G.z —> Gewinnthese, bei dem unterstellt wird, daß es den Aktionären nicht gleichgültig ist, ob Gewinne der Unternehmung in Form von Dividenden oder durch Realisierung von Kurswertsteigerungen zufließen, sondern daß der [im Kurswert ihrer Aktien zum Ausdruck kommende] Wert der Unternehmung durch die gegenwärtigen und erwarteten künftigen Dividendenzahlungen bestimmt wird —> Dividendenbewertungsmodelle ‖ **dividend round tripping procedure** *Dividenden-Kapitalerhöhung* —> Schütt-aus-Hol-zurück-Verfahren :: dividend re-investment ‖ **dividend stability** *Dividendenkontinuität* ‖ stable dividend policy Aufrechterhaltung eines konstanten Dividendensatzes über einen längeren Zeitraum ‖ **dividend stream** *Ausschüttungsstrom* ‖ *Dividendenstrom* In —> Dividendenbewertungsmodellen unterstellte künftige Dividendenzahlungen ‖ **dividend valuation models** *Dividendenbewertungsmodelle* Kapitaltheoretische Modelle zur Bestimmung des im Aktienkurs zum Ausdruck kommenden Unternehmenswertes. Aktienkurswert [Unternehmenswert] als —> Barwert der künftigen Dividendenströme —> Dividendenthese ‖ **dividend yield** *Dividendenrendite* finanzwirtschaftliche Kennzahl für das Verhältnis von Dividende/Börsenkurs ‖ **dividend [in bankruptcy]** *Konkursdividende* —> Konkursquote = der vom Konkursverwalter auf die Forderungen der Konkursgläubiger nach Verwertung der Konkursmasse ausgeschüttete Prozentsatz. Nicht bevorrechtigte Gläubiger erhalten wegen des Vorrechtes des Fiskus oft keine oder nur eine niedrige Dividende. Bei Abschlagsverteilungen wird die Höhe der Dividende vom Konkursverwalter (oder auf seinen Antrag ggf. vom Gläubigerausschuß) bestimmt.—> creditors first meeting —> erste Gläubigerversammlung ‖ bankruptcy ‖ chapter 7/11 ‖ **constructive dividend** *verdeckte Gewinnausschüttung* [USA] eine an den Aktionär noch nicht ausgezahlte Dividende, die jedoch aus steuerlichen Gründen in der Gesellschaft bereits als solche ausgewiesen ist ‖ **intercompany dividend** *konzerninterne Dividenden* von Tochter- oder Muttergesellschaften gezahlte Dividenden, die im Konzernabschluß zu eliminieren sind ‖ **noncash dividend** *unbare Dividende* —> non-cash —> Stockdividende ‖ **dividends payable** *Dividendenverbindlichkeiten* —> Verfahren der Dividendenzahlung :: dividend payment procedure ‖ **dividend receivable** *Dividendenforderungen* Die in der Bilanz eines buchführenden Aktionärs zu erfassenden, fälligen, noch nicht vereinnahmten Dividenden. ‖ **dividend received** *Dividendenerträge* —> syn.: dividend income

divisible *teilbar* ‖ **divisible credit** *teilbares Akkreditiv*

division *Abteilung* ‖ *[Gerichts] Abteilung* ‖ [VwO/D] *Dezernat* —> Dezernat/department ‖ **division head** *Hauptabteilungsleiter* ‖ **Division Manager** *Abteilungsdirektor*

divisionalization *Spartengliederung* ‖ **divisionalization in terms of type of customer** [Man/Org] *Spartengliederung nach Abnehmergruppen* client-centered organization ‖ **geographical divisionalization** [Man/Org] *Spartengliederung nach geographischen Bereichen* ‖ *nach Standorten orientierte Organisation der Unternehmung*

divorce [EheR] *Scheidung* ‖ **I hereby petition for a decree of divorce from the Respondent spouse** *Ich beantrage hiermit die Scheidung vom beklagten Ehegatten*

DJI [Bör] —> Dow-Jones-Index

DM foreign bonds [Bbank] *DM-Auslandsanleihen*

to do away with *abschaffen* ‖ *aufheben* ‖ *zurückführen*

doctor blade [Verp] *Rakelmesser*

document *Dokument* ‖ *Unterlage[n]* ‖ **document against letter of credit** *Dokument gegen Akkreditiv* ‖ [Abbr] **D/Lc** Akkreditiv: Zahlungsform im Außenhandel, bei der der Kunde seine Bank beauftragt, an seinen Lieferanten unter best. Bedingungen (z.B. Vorlage von Verschiffungsdokumenten) einen Geldbetrag auszuzahlen. Ein A. wird "eröffnet". Üblicherweise "unwiderrufliches A.", das sicherstellt, daß Importeur sich nicht einseitig seiner Zahlungsverpflichtung entzieht. Beim "bestätigten Akkreditiv" übernimmt die bestätigende Bank zusätzlich neben der eröffnenden Bank eine eigene Verpflichtung. ‖ **document of title** *gekorenes Orderpapier* Any document treated as adequately evidencing that the person in possession of it is entitled to receive, hold of dispose of the document and the goods it covers —> muniment [§§ 783-792 BGB] *Anweisung* ‖ *Wertpapier* ‖ *Rektapapier* ‖ —> Traditionspapier ‖ **document request** [USA] *Parteiverlangen auf Beibringung von Urkunden*

documentary *urkundlich* ‖ **documentary credit** *Rembourskredit* —> documentary letter of credit ‖ **to furnish documentary evidence** *urkundlichen Nachweis liefern über* ‖ **documentary letter of credit** *Rembourskredit* ‖ *Akzeptkredit* Exporteur erhält gegen Vorlage von Akkreditiv-Dokumenten ein Bankakzept, das von der Akkreditivstelle (Akkreditivbank oder einer dritten Bank) gewährt werden kann. Zahlung erfolgt bei Präsentation des fälligen Wechsels ‖ **available against following documents for acceptance with us** ‖ **available against [90] days drawn on us**] :: *[Benutzbar gegen folgende Dokumente zur Akzeptierung durch uns*

documentation *Dokumentation* ‖ [Buchf] *Sammeln* ‖ *Sortieren und Nachbearbeiten von Dokumenten*

documents *Unterlagen* ‖ *Urkunde[n]*

dodger, tax ~ *Steuerhinterzieher* [coll] [USA I.R.C. § 7201] tax evasion —> tax fraud

dog tax [SteuerR/D] *Hundesteuer* Gemeindesteuer für das Halten eines über 3 Monate alten Hundes.

dollar strength *Dollarstärke*

domestic *Inland* ‖ *Binnen-...* ‖ *heimisch* ‖ *national...* ‖ *inländisch* ‖ **domestic borrowers' notes** [Bbank] *Schuldscheine inländischer öffentlicher Stellen* ‖ **domestic currency** *Landeswährung* ‖ **domestic fixed-interest securities** *festverzinsliche Wertpapiere inländischer Emittenten* ‖ [SteuerR/D] **domestic help** *Haushaltshilfe* ‖ **domestic market** [Bör] *Inlandsbörse* Wertpapierbörse, an der inländische Papiere notieren ‖ **domestic securities** [Bör] *inländische Wertpapiere*

domicile *Wohnsitz* ‖ **domicile of choice** *Wohnsitz eigener Wahl* ‖ **domicile of origin** *Ursprungsdomizil* ‖ *Wohnsitz bei Geburt* ‖ *Wohnsitz der Herkunft* —> residence [ist der tatsächliche Wohnsitz] ‖ **change of domicile** *Wohnungswechsel* [≠ Domizilwechsel] —> domiciled bill

domiciled bill of exchange *Domizilwechsel* [WechselR] —> addressed bill of exchange :: Wechsel mit einem anderen Zahlungsort als dem Wohnsitz des Bezogenen

dominant estate *herrschendes Grundstück* —> Grunddienstbarkeit

dona annualia [arch/SteuerR] *Jahresabgaben*

donatio *Schenkung* ‖ **donatio inter vivos** *Schenkung unter Lebenden* [USA] —> donatio mera ‖ donatio remuneratoria ‖ **donatio mera** *Handschenkung* [USA] syn.: donatio pura ‖ gratuitous donation *Schenkung unter Lebenden [inter vivos] ohne* —> Auflage :: compulsion ‖ consideration [vergleichbar mit § 516 BGB] ‖ **donatio mortis causa** *Schenkung von*

Todes wegen Schenkungsversprechen unter der Bedingung, daß der Beschenkte den Beschenkten überlebt. Unterliegt den Bestimmungen über die Verfügung von Todes wegen [vorweggenommene Erbfolge § 2301 I BGB] || **donatio relata** *Schenkung für geleistete Dienste* || **donatio remuneratoria** *Schenkung, die mit einer Auflage verbunden ist* [USA] remunerative donation || vergleichbar mit § 525 BGB, eine Schenkung unter Lebenden, die an den Vollzug einer bestimmten Leistung [jedoch keinen Zwang] gebunden ist.

donation *Spende* || act of donation *Schenkung[sakt]* —> donatio [§ 516 BGB] im Rechtssinn ein Vertrag als unentgeltliche [ohne Gegenleistung] erfolgende Zuwendung (Handschenkung) —> donatio mera. Schenkung kann auch mit einer Auflage [Vollzug einer Leistung] verbunden sein [§ 525 BGB] —> donatio remuneratoria

done [VölkR / Schlußformel] *geschehen* || DONE AT The Hague on the 28 day of month of September of the year 1955, in three authentic texts in the English, French and Spanish languages. In the case of inconsistency, the text in the [...] language in which the Convention was drawn up, shall prevail :: *GESCHEHEN im Haag am 28.09.1955 in drei verbindlichen Wortlauten in englischer, französischer und spanischer Sprache. Bei Abweichungen ist der Wortlaut in [...] Sprache, in der das Übereinkommen abgefaßt wurde, maßgebend.* || **done in** *geschehen in* || **done in duplicate** *geschehen in zwei Urschriften* || **done in three original texts** *geschehen in drei Urschriften*

dormant *still* —> sleeping und partnership

dot *Mitgift* [USA/Louisiana] syn.: portion :: —> Aussteuer [Ausstattung] fortune || —> dowry which a woman brings to her husband by the marriage

dotted line [relation] [Man/Org] [im Organigramm] *funktionale Beziehung*

double entry bookkeeping *doppelte Buchführung* || [Kurzbezeichnung] *Doppik* Jeder Geschäftsvorfall löst Veränderungen auf zwei Konten aus.

double-counting [Stat] *Doppelzählung*

double-dipping *Double Dip* [Leas] Abschreibung wird sowohl im Land des Leasing-Gebers als auch im Land des Leasing-Nehmers in Anspruch genommen

Dow-Jones-Index *Dow-Jones-Index* [Abbr] **DJI** [seit 1897] börsentäglich errechneter New Yorker Index der 30 ersten Industrieaktien [sowie 20 Eisenbahn- und 15 Versorgungswerte]

down payment *Anzahlung* —> cash down payment || *Draufgabe* || *Angeld*

downswing, the economy is in a ~ *Konjunkturtief* || *die Konjunktur ist in der Talfahrt* || *in einer Talsohle* —> economic activity is declining

downtime [EDV] *nicht betriebsfähige Systemzeit* || *nicht nutzbare Zeit des Systems*

dowry *Aussteuer* —> syn.: dot || portion :: *Mitgift* || *Ausstattung* [BRD] Heute [wg. Verstoß gegen Gleichberechtigungsgrundsatz] §§ 1621-1623 BGB ersatzlos gestrichener Anspruch der Tochter gegen die Eltern wg. Heirat zur Einrichtung des Haushalts.

DP system *EDV-System* **Data processing system**

draft *gezogener Wechsel* [U.C.C. § 3-104] syn.: bill of exchange :: *Tratte* [§ 1 WechselG/gezogener Wechsel] three party instrument in which a first party [drawer] draws an order for the payment of a sum on a second party [drawee/bank] for payment to a third party [payee] at a definite future time :: Orderpapier i.d.R. als Tratte [oder eigener Wechsel, Solawechsel] mit der Anweisung des Ausstellers, daß jemand (der Bezogene) eine bestimmte Geldsumme an einen Dritten (Remittent oder an Order) zahlt. || **draft of an agreement** *Vertragsentwurf* || **draft protocol** *Protokollentwurf* || **draft version** [EDV] *Schnelldruck[ausgabe auf dem Drucker]* || [VertR] *Entwurf[sfassung]* || **preliminary draft** *Vorentwurf*

drainage [utility charge for ~]

Entwässerung [Benutzungsgebühren für ~]

dramatic right *[Urheberrecht zur] Bühnenbearbeitung*

to draw *ziehen* || *Gebrauch von Schußwaffen* :: **to point a firearm (or deadly weapon) intentionally** || *Ziehen eines Wechsels [auf einen Bezogenen]* :: to draw a bill of exchange is to cause it to be written and to sign it || **to draw [money] from** *[Geld] abheben* || **to draw money from an account** [Buchf] *Geldabhebung* || *Kontoabhebung* || **to draw money from [EC] cash point** *Geld am [EuroCheques]-Geldautomaten abheben* || **to draw up** *[Bericht] abfassen* || *[Vertrag] aufsetzen*

drawee *Trassat* syn.: payor || *Akzeptant eines Wechsels* || *Bezogener* || **drawee bank** [Giroverkehr] *bezogene Bank*

drawer *Aussteller* —> holder || drawee || payor || payee

drawing account [Buchf] *Privatkonto*

drawing authorization *Ziehungsermächtigung* || [Ex] syn.: *Negotiationskredit* || *Trattenziehung beim Akkreditiv* [authority to purchase (letter of authority) :: Trattenziehungsvorschlag auf Dokumentenbasis ohne Einlösungsverpflichtung [kein Akkreditiv] || bei order to purchase Trattenankaufskredit auf CLC-Basis

drawing credit *Wechselkredit*

to dress *aufbereiten* || [Bergb] **to dress ore** :: *Erz aufbereiten*

dressing *Aufbereitung* [Erze]

drilling platform [Mar] *Bohrinsel*

drinking purpose *Trinkzwecke*

to drop *zurückgehen auf* || *abnehmen* || *fallen*

droplock bonds *variabel verzinsliche Anleihen* [Bör] Anleihen, die bei Unterschreitung der Mindestverzinsung zu straight bonds werden || Verzinsung wird jeweils zum Zinstermin neu festgelegt, z.B. nach LIBOR

dry [Winz] *trocken* || **dry lease** [Leas] *Dry-Leasing* betrifft lediglich die Finanzierung eines Flugzeugs —> Wet-Leasing

due *angemessen* || *fällig* || *gebührend* || *gehörig* || **to give due and proper consideration** :: *gebührend berücksichtigen* || *in gebührender Weise berücksichtigen* || **due course at the right and proper time** *zu gegebener Zeit* || *im Verfahrenszuge* || **due date of interest** *Zinsfälligkeitstag* || **as and when they become due** *bei Fälligkeit* || **to accelerate and call due** *für sofort fällig erklären* || **to become due** [ErbR] *anfallen* || *fällig werden* || **to call due** *für fällig erklären* || **to pay any sums due** *fällige Beträge zurückzahlen*

dummy [Verp] *Dummy[-Packung]*

dunnage [Verp] *Staumaterial*

duress *Zwang* || *Gewalt* || *Drohung* Ein Willensmangel durch mistake (Irrtum) und fraud (Täuschung). Die Willenserklärung ist nach deutschem Recht dann zwar wirksam, unterliegt jedoch der Anfechtung.

during [19..] *im Jahresverlauf [19..]*

dutiable weight [ZollW] *Zollgewicht*

duties —> duty *Zölle* || *Abgaben* || *Steuern* || *Pflichten* || [arch] *Obliegenheiten* || **anti-dumping duties** *Antidumpingzoll* —> antidumping —> countervailing —> *Ausgleichszoll* || **death duties** *Erbschaftsteuer* || **stamp duties** *Stempelgebühren*

duty *Gebühr* —> syn.: *Pflicht* || *Steuer* || *Zoll* || **duty of care** *[geschuldete] Sorgfaltspflicht* [USA] due care || reasonable care || ordinary care Einteilung in drei Gruppen: slight, ordinary und great care. || **duty to abide by instruction** *Weisungsgebundenheit* —> syn.: chain of authority || functional authority || personal authority || **basic duty** [ZollW] *Ausgangszoll*

duty-free [ZollW] *zollfrei*

DV *Wareneingangsbescheinigung* [Ex] Delivery Verification Certificate, ein Endverbleibsnachweis [i.R.d. COCOM] bei der Ausfuhr von Embargowaren, anhand dessen die zuständige Behörde des Käufer- bzw. Verbraucherlandes den Eingang der Ware bescheinigt. Der Ausführer muß diese Bescheinigung dem Bundesamt für gewerbliche Wirtschaft vorlegen, sofern dies in der Ausfuhrgenehmigung als Auflage verlangt wurde.

E.S.O.P. [Abbr] **Employee [Share] Stock Ownership Plan**

EAES *Atomenergiegesellschaft* —> European Atomic

EAN code *EAN-Code* [Abbr] *Europaeinheitliche Artikelnummer* :: **European Article Number[ing]** [Verp] 13-stelliger Strichcode zur elektronischer Verabeitung von Artikelbewegungen in unterschiedlichen Handelsstufen. Der Code besteht aus: 2-stelligen Länderkennzeichen, 5-stelliger Betriebsnummer des Herstellers sowie einer 5-stelligen Artikelnummer. Die letzte Stelle ist eine Prüfziffer.

earlier, not ~ than *frühestens*

early retirement *vorzeitige Pensionierung* Pensionierung vor dem normalen Pensionsalter [umfaßt nicht die Pensionierung wegen Invalidität] || **early retirement scheme** [Man / Org / ArbR] *Vorruhestandsregelung*

earnest money *Angeld* —> syn.: *Anzahlung*; A sum of money paid by a buyer at the time of entering a contract to indicate the intention and ability of the buyer to carry out the contract. Normally such earnest money is applied against the purchase price. Often the contract provides for forfeiture (verfallen || verwirken) of this sum if the buyer defaults. || **earnest money deposit** *Anzahlung* [§ 336 BGB, Draufgabe] (selten: Arrha || Draufgeld || Handgeld) Nach BGB läßt die Draufgabe auf den Abschluß eines Vertrages vermuten, ist jedoch keine rechtliche Voraussetzung für den Abschluß —> earnest money

earnings *Gewinn* net income || profit [AktienG] —> ausschüttbarer Gewinn :: distributable earnings || **earnings available for distribution** *ausschüttbarer Gewinn* —> syn.: distributable earnings || **earnings manipulation** *Gewinnmanipulation* Beeinflussung des Gewinnausweises nicht nur i.R.d. durch Gesetz bzw. Grundsätze ord. Buchführung gesetzten Grenzen, sondern ggf. auch auf unzulässige Weise || **earnings per share** *Gewinn pro Aktie* [finanzwirtschaftl. Kennzahl] || **earnings retention** *Thesaurierung von Gewinnen* || *Gewinnthesaurierung* || *Selbstfinanzierung* || *Gewinnakkumulation* || **earnings retention policy** *Selbstfinanzierungspolitik* zielgerichtete Gestaltung von Umfang und Art der Gewinneinbehaltung || *Thesaurierungspolitik* || **earnings retention rate** *Selbstfinanzierungsquote* Verhältnis von einbehaltenem Gewinn zum Gesamtgewinn || **earnings situation** *Ertragslage* || **reported earnings** *Gewinnausweis* —> disclosure of earnings Offenlegung des Gewinns im Abschluß bzw. der im Anschluß gezeigte Gewinn. Die Beeinflussung des G. - i.R.d. durch Gesetz bzw.

Grundsätze ordnungsmäßiger Buchführung gesetzten Grenzen - wird als ein bedeutendes Mittel der Dividendenpolitik betrachtet.

to ease *erleichtern* ‖ **to ease bottlenecks** *Engpässe lindern*

easement *Grunddienstbarkeit* [§§ 1018 ff BGB, §§ 873 ff BGB] Belastung eines [sog. dienenden :: servient estate] Grundstücks gegenüber dem jeweiligen Eigentümer eines anderen [sog. herrschenden :: dominant estate] Grundstücks [easement apppurtenant] (z.B. Durchfahrtsrecht, Verlegen von Leitungen) ‖ *Dienstbarkeit* —> Grunddienstbarkeit

easing of credit *Lockerung der Kreditgewährung*

East Germans and other ethnic Germans, inflow of ~ *Zustrom von Aus- und Übersiedlern* —> Ostflüchtlinge deutscher Herkunft. Nach dem Bundesvertriebenengesetz sind Aussiedler deutsche Staatsangehörige oder Volkszugehörige, die vor dem 8. Mai 1945 ihren Wohnsitz in den ehemaligen deutschen Ostgebieten [ferner Albanien, Bulgarien, Lettland, Polen, Sowjetunion, etc.] hatten und diese Länder aufgrund Vertreibung verlassen mußten. Als Übersiedler werden gemeinhin Personen bezeichnet, die ihren Wohnsitz aus der [ehemaligen] DDR in die BRD verlegen. In Österreich ist übersiedeln der gängige Ausdruck für umziehen.

EC *EG* **European Community** [-ies] :: *Europäische Gemeinschaft* ‖ **EC card** [BankW] *EC-Karte* ‖ *Eurocheque-Karte* ‖ **EC cash point** *EC-Geldautomat*

ECC *Europäisches Kulturabkommen* :: **European Cultural Convention**

ECE *Wirtschaftskommission für Europa* :: **Economic Commission for Europe** Teilorganisation der UNO. Erstellt auch Jahresberichte über die Ostblockländer.

econometric models *ökonometrische Modelle* Prognosetechnik auf der Basis der Regressionsanalyse für "Was-wenn"-Studien" und Simulationsprogramme

economic *wirtschaftlich* ‖ *ökonomisch* ‖ **economic dynamism** *Konjunkturdynamik* ‖ **reacting to the strong economic** :: *unter dem Eindruck der kräftigen Konjunkturdynamik* ‖ **economic growth** *Wirtschaftswachstum* ‖ **economic growth march** *Wachstumsdynamik* ‖ **economic performance** *wirtschaftliche Entwicklung* ‖ *wirtschaftliche Lage* —> Konjunktur ‖ **[interministerial] Economic Policy Council** *Konjunkturrat* [Bbank] Für die öffentliche Hand durch das Stabilitätsgesetz [§18] eingeführtes Beratungsgremium, berät alle zur Erreichung der Ziele des Stabilitätsgesetzes erforderlichen konjunkturpolitischen Maßnahmen sowie die Möglichkeiten der Deckung des Kreditbedarfs der öffentlichen Haushalte. ‖ **economic stability** *Konjunkturstütze* ‖ **economic upswing** *Konjunkturaufrieb*

economics [VWL] *Volkswirtschaft* ‖ *Wirtschaftswissenschaft* ‖ *Nationalökonomie*

ECSC *EGKS Europäische Gemeinschaft für Kohle und Stahl* —> Montanunion **European Coal and Steel Union**

ECU ECU **European Currency Unit** *Europäische Rechnungseinheit* ‖ **ECU balances** *Guthaben in ECU* ‖ **official ECU balances** *Guthaben in offizieller ECU*‖ **private ECU balances** *Guthaben in privater ECU*

edition *Auflage* ‖ **cheap edition** *verbilligte Ausgabe* ‖ *Billigausgabe* ‖ *Billigdruck* ‖ **each and every edition of the work** *jede Auflage des Werkes*

education allowance [SteuerR/D] *Ausbildungsfreibetrag*

effect *Wirkung* ‖ *Effekt* ‖ **to be in effect** *zur Anwendung kommen* ‖ **The Basic Law is in effect** :: *Das Grundgesetz kommt zur Anwendung* ‖ **to carry into effect** *Anwendung* [*Abkommen / Übereinkommen*] *Durchführung* ‖ *Inkraftsetzen* ‖ **to give effect to** *anwenden* ‖ [*Abkommen / Übereinkommen*] *durchsetzen* ‖ **to take effect** *wirksam werden* ‖ [VölkR] **The denunciation shall take effect one year after the notification thereof has been made to the Swiss Government** :: *Die Kündigung wird ein Jahr nach ihrer Notifizierung an die Schweizer Regierung wirksam.*

to be effected by *erfolgen durch* ‖ **acceptance shall be effected by the deposit of [...]** *die Annahme erfolgt durch Hinterlegung [der ...]* **effective** *erfolgreich* ‖ *wirksam* ‖ *rechtskräftig* ‖ *gültig* ‖ **effective administration** *wirksame Anwendung* ‖ **effective application** *wirksame Anwendung* ‖ **effective average rate for variable-rate mortgage loans secured by residential real estate** [Bbank] *durchschnittlicher Effektivzins für Hypothekarkredite auf Wohngrundstücke mit variablem Zinssatz* ‖ **effective date** [VölkR] *Tag des Inkrafttretens* ‖ **effective rate of interest** *Effektivzins[satz]* ‖ *wirkliche Verzinsung* ‖ *Rendite* ‖ *Verzinsung [einer Anlage] unter Berücksichtigung des Kapitaleinsatzes und des Reinertrages pro Jahr* [Effektivzins = (Jahresreinertrag x 100) : Kapitaleinsatz] —> APR ‖ **shall become effective** *wirksam werden* ‖ [VölkR] **The proposal shall become effective for all contracting states four months after the date on which notification of acceptance shall have been received by the depositary governments from all the contracting governments** :: *Der Vorschlag wird für alle Vertragsregierungen vier Monate nach dem Tag wirksam, an dem bei der Verwahrregierung die Notifikationen aller Vertragsregierungen über die Annahme vorliegen [...]*

effectively and commercially used [PatR] *gleichentsprechend und kommerziell nutzbringend einsetzbar*

effort *Anstrengung* || *anstreben* || [VölkR] **directing their effort to [...]** *in dem Vorsatz, [...] anzustreben* || **to join an effort** :: *sich einer Bestrebung anschließen* || *sich einer Anstrengung anschließen*

EFTA *EFTA* **European Free Trade Association** *Europäische Freihandelsassoziation*

either *jede/jeder/jedes*

to elapse *ablaufen* || **time for appeal has elapsed** :: *die Rechtsmittelfrist ist abgelaufen* || *auslaufen* terminate || come to an end

to elect *entscheiden* || *freistellen, etwas zu tun* || *wählen [können]*

election *Wahlmöglichkeit* || sonst: option || alternative

elector [arch] *Kurfürst*

electoral *Wähler[...]* || *Wahl[...]* || **independent electoral associations** [WahlR/D] *unabhängige Wählervereinigungen* || **electoral board** [BetrVG] *Wahlvorstand*

electric light bulbs [Tech] *elektrische Glühlampen*

electrical machinery [Tech] *Elektrotechnik*

electricity [Tech] *Elektrizität* || **electricity prices for industry** *Industriestrompreise*

electronic [news]paper *elektronische Zeitung* —> data bank

element *Element* || *Teilbereich* || **protective element** *Schutzelement*

elements *Teile* materials :: Material[ien] || **elements of value** [ZollW] *Wertelemente*

eleventh member *elftes Mitglied* [Man/Org/ArbP] —> Montan-Mitbestimmungsgesetz

eligible *zu berücksichtigen* || *wählbar* || [VölkR] **Nothing in this Convention shall prevent a member state from accepting as eligible for Area tariff treatment any goods imported from the territory of another member state, provided that the like goods imported from the territory of any member state are accorded the same treatment** :: *Die Bestimmungen dieses Übereinkommens hindern einen Mitgliedstaat nicht daran, den Gütern die Zollbehandlung zu gewähren, vorausgesetzt, daß dieselben Güter vom Hoheitsgebiet eines Mitgliedstaates eingeführt waren.* || *in Frage kommen* || *gewähren* || *wählbar* || **eligible child** [SteuerR/D] *das zu berücksichtigende Kind* || **eligible export debt obligation** *refinanzierungsfähige Exportschuldtitel* [Ex] || **eligible for tax relief** *steuerbegün-*

stigt || [InvF] *mit Anspruch auf steuerliche Begünstigung* || **eligible products [for guarantee]** *garantiefähige Güter* || **eligible services [for guarantee]** *garantiefähige Leistungen* || **to be eligible to [...]** *berechtigt [sein zu etwas]* || *in Frage kommen [für etwas]* || *behandeln [wie]* || *Voraussetzung erfüllen [für etwas]*

embezzlement *Unterschlagung* || *Geldunterschlagung* [vergleichbar mit § 246 StGB] Der Täter begeht keinen Diebstahl [kein fremder Gewahrsamsbruch], da er bereits im Besitz des unterschlagenen Geldes ist aufgrund einer Rechtsbeziehung zwischen Eigentümer und Täter [z.B. aufgrund Arbeitsvertrag] —> conversion :: Zueignung || **theft of embezzlement** [arch] *Mundraub* [AuxT] Delikt wurde in BRD abgeschafft. Früher § 370, 5 StGB ("Mundraub") ("theft of victuals")

to embody *enthalten*

embossed label [Verp] *Prägeetikett*

EMCF *EFWZ* [W/Z] *Europäischer Fonds für Währungspolitische Zusammenarbeit* :: **European Monetary Co-operation Fund**

emergency *Notfall* || **emergency aid tax** [SteuerR/D] *Notgroschen* [only imposed in Bavaria as a local tax] || **Federal Emergency Management Agency** *Bundesverwaltungsbehörde für den Katastrophenschutz* ||

emergency will *Nottestament* [ErbR §§ 2249 ff BGB] || *außerordentliches Testament* || **national emergency** *nationaler Notstand* || *Staatsnotstand* || *innerer Notstand* **emoluments** *Bezüge* || [Bil] **the aggregate emoluments of the members of the Board of Management amounted to DM 3,025,000** *Gesamtbezüge der Mitglieder des Vorstands betragen 3.025 Tausend DM.* || *Dienstbezüge* || **emoluments they receive by reason of their employment** *Bezüge, die sie auf Grund ihres Arbeitsverhältnisses beziehen* (=Dienstbezüge) || *Einkünfte* || *Gebühr* || *Vergütung*

to empanel a jury *eine Geschworenenliste anfertigen* [USA] to impanel - alle nötigen Schritte (des Gerichtsbeamten) bis zur endgültigen Festlegung der Geschworenen[liste] für ein bestimmtes Verfahren

employee attitude survey [Komm] *Mitarbeiterbefragung*

employee savings premium *Arbeitnehmer-Sparzulage* [SteuerR/D] —> capital wealth formation :: Vermögensbildung [von Arbeitnehmern] || **employee share ownership** [Man/Org/ArbR] *Beteiligung der Arbeitnehmer am Produktivkapital* || **employee's participation and right to make complaints** [BetrVG] *Mitwirkungs- und Beschwerderecht des Arbeitnehmers* || **employee's right to be heard and request explanations** [BetrVG] *Anhörungs- und Er-*

131

Örterungsrecht des Arbeitnehmers

employer under public law *Dienstherr* juristische Person des öffentlichen Rechts, der die sogenannte Personalhoheit zusteht, d.h. das Recht, Beamte zu haben. Diese *Dienstherrenfähigkeit* steht dem Bund, den Ländern, Gemeinden sowie Gemeindeverbänden zu :: juridic person under public law which is entitled to employ civil servants —> principal || **employer's obligation to inform and discuss** [BetrVG] *Unterrichtungs- und Erörterungspflicht des Arbeitgebers*

Employment Appeal Tribunal *Arbeitsgericht* Gericht als Rechtsmittelinstanz bei Streitigkeiten aus Arbeitsverhältnissen nach dem Employment Protection Act, 1975. Berufungsinstanz für Arbeitsstreitigkeiten, z.B. Abfindungen (bei Entlassungen) :: redundancy matters und Diskriminierung am Arbeitsplatz || **employment categories** [BetrVG] *Beschäftigungsarten* || **employment contract** *Dienstvertrag* [§ 611 BGB] [Arbeitsvertrag] || **employment criteria** [BetrVG] *Beurteilungsgrundsätze* || **employment data** *Beschäftigungszahl*[Stat] syn.: **employment figures** || **employment of factors of production** *Einsatz von Produktionsfaktoren* || **employment office** *Arbeitsamt* || **Employment Promotion Act** *Arbeitsförderungsgesetz* [Abbr] *AFG* 1969 u. spät. Fass. löste das Gesetz über Arbeitsvermittlung und Arbeitslosenversicherung [AVAVG] ab. Regelt Aufgaben und Leistungen der Bundesanstalt für Arbeit. Ziel ist die Förderung des Wirtschaftswachstums durch Aufrechterhaltung und Verbesserung der Beschäftigungsstruktur, Aus- und Weiterbildung von Arbeitnehmern etc. || **employment situation** *Arbeitsmarktlage* || **total employment** [Stat] *Erwerbstätige*

to empower *Erlaubnis erteilen* || **empowered** *ermächtigt*

empties, returned ~ [Verp] *Leergut*

EMS exchange rate mechanism *Wechselkursverbund* || **Deutsche Mark interventions by other central banks participating in the exchange rate mechanism** :: *DM-Interventionen anderer am Wechselkursverbund beteiligte Notenbanken*

to enact *etw. zum Gesetz erklären* || *gesetzlich verordnen* || *gesetzlich verankern* || *Gesetzeskraft verleihen*

enactment *Erhebung zu Gesetz* || *Gesetzeserlaß* || [das Ergebnis: = Gesetz] *Gesetzesbestimmung* || *Rechtsvorschrift*

encashment [InvF] *Einlösung von Versicherungsfondsanteilen*

enclosure *Anlage* [zum Brief] || **Please find enclosed [...]** :: *Als Anlage erhalten Sie heute [...]*

to encourage *empfehlen* || **to encourage the favourable consideration [...]** :: *raten* [oder: legen ihnen nahe / empfehlen], *[...] wohlwollend zu prüfen* ‖ **to encourage corporate investment** *Investitionsbereitschaft der Unternehmen stärken* ‖ **to encourage growth in the economy** *der Wirtschaft positive Impulse geben*

encumbered *belastet* [Grundstück] ‖ **encumbered property** *belastetes Eigentum*

end *Ziel* ‖ **to this end** :: *zu diesem Zweck* ‖ **end-March 19..** [Bbank] *Ende März 19..*

end-user *Endverbraucher*

to endeavour *bemüht sein* ‖ *bestrebt sein*

endeavour *Bestreben* ‖ *Trachten* ‖ *Anstrengung* ‖ *Unterfangen* ‖ **human endeavour** *menschliche Tätigkeit*

endorsement *Indossament* ‖ **endorsement for sales denominated in foreign currency** *Garantievertragszusatz zur Deckung von Risiken aus Güterexporten, deren Fakturierung in einer Fremdwährung erfolgt.* ‖ **blank endorsement** *Blankoindossament*

endostructure [Man/Org] *Endostruktur*

endowed institution *Einrichtung in Form einer Körperschaft*

endowment *Stiftung* ‖ **endowments** *Stiftungsgeld* ‖ **endowment assurance [policy]** *Versicherung auf Erleben (und Todesfall)* ‖ **endowment with capital** *Ausstattung [eines Wertpapiers]*

energy shares [Bör] *Energietitel*

enforcement *Ausübung* ‖ *Durchführung* ‖ **enforcement of conservation schemes** [Mar] *Durchsetzung von Fischereischutzregeln* ‖ **enforcement of [...]** *Vollstreckung eines [...]* ‖ **customs enforcement** [ZollW] *Durchführung der Zollvorschriften* ‖ **enforcement of monopolies** *Ausübung von Monopolen*

to be engaged in trade or business *gewerblich tätig sein*

engineering shares [Bör] *Maschinenbautitel*

enhancement *Ausweitung*

enrichment [PersW] [job or work ~] *Arbeitsanreicherung*

ensign [Mil] *Feldzeichen* ‖ *Standarte* ‖ *Flagge [eines Staatsoberhauptes]*

to ensure *fördern* ‖ *schützen vor* ‖ *sichern* ‖ *garantieren* ‖ **to collect such taxes as will ensure [...]** *Steuern insoweit einziehen, daß dadurch sichergestellt wird, daß [...]*

to enter an amount to someone's credit   gutschreiben ‖ gutbringen ‖ to enter an appeal   sich auf eine Klage einlassen   —> Rechtsbehelf ‖ to enter into a contract   einen Vertrag abschließen   to conclude a contract ‖ to enter on the assets side [of the balance sheet]   aktivieren   allg. Ausweis auf der Aktivseite der Bilanz (auch Umlaufvermögen) - **capitalize** nur auf Anlagevermögen bezogen. ‖ **to enter on the liability side of the balance sheet**   passivieren   auf der Passivseite der Bilanz ausweisen ‖ to **to enter [a business transaction] into the books**   verbuchen

enterprise   Betrieb   [techn. Aspekte] ‖ Unternehmen   [wirtschaftlich, rechtliche Aspekte] ‖ Unternehmung ‖ **enterprise strategy**   Firmenstrategie   in bezug auf staatliche und gesellschaftliche Rahmenbedingungen —> Unternehmensstrategie (in bezug auf das Betätigungsfeld) ‖ **industrial or commercial enterprise**   Industrie- oder Handelsunternehmen ‖ **industrial enterprise**   gewerbliches Unternehmen ‖ Gewerbebetrieb ‖ **enterprises and individuals**   [Bbank] Wirtschaftsunternehmen und Privatpersonen

entertainment tax   [SteuerR/D] Vergnügungsteuer

to be entitled to   Anspruch haben auf ‖ Recht haben auf ‖ zustehen ‖ **to be entitled to dividend**   dividendenberechtigt   Teilweise syn. gebraucht zu allg. —> Recht auf Dividende; i.d.R. spricht man von dividendenberechtigt jedoch nur i.Z.m. einem best. Zeitpunkt, von dem ab eine Aktie an Dividendenausschüttungen teilnimmt bzw. nicht mehr teilnimmt, nämlich bei neuen Aktien (Kapitalerhöhungen) sowie i.Z.m —> Dividendenabschlag ‖ **above entitled [action]**   rubriziert   [Streitsache] ‖ **The Organization shall have legal capacity and the Organization, its officials, and representatives to it of the Members shall be entitled to privileges, exemptions, and immunities as follows ::** Die Rechtsfähigkeit der Organisation sowie die Vorrechte, Befreiungen und Immunitätsrechte, die der Organisation, ihren Bediensteten und den Vertretern der Mitglieder bei ihr zustehen, bestimmen sich wie folgt: [...]

entitlement [to]   Recht [zu] ‖ Anspruch auf

entity   Dasein ‖ Wesen ‖ Gebilde ‖ Entität ‖ Wesenheit ‖ Rechtsträger   Gebilde, die ohne juristische Person zu sein, wie Rechtspersönlichkeiten behandelt werden —> corporation ‖ body corporate ‖ association of persons ‖ Rechtssubjekt ‖ **legal entity**   Rechtspersönlichkeit ‖ Rechtssubjekt ‖ Rechtsträger

entrepreneurial mode   Strategiefindung nach der Art kleinerer Unternehmen ‖ **entrepreneurial organization autocracy**   [Man /Org / ArbR]   Grundstruktur ‖ **entrepreneurial role**   [Psych] [Soz] Unterneh-

merrolle

entry and search *Nachschau*[SteuerR] besondere Befugnisse der Zollbehörden i.R.d. Steueraufsicht

envoy *diplomatischer Vertreter*

EPS *Gewinn pro Aktie* [Abbr] —> **earnings per share**

EPU *EZU —> Europäische Zahlungsunion* :: **European Payment Union**

Eq. [GB] [Abbr] **Equity Appeal Cases**

equal *gleichermaßen* || **both texts being equally authentic** :: *wobei der [englische und deutsche] Wortlaut gleichermaßen verbindlich ist* || **equal distribution** *quotenmäßige Verteilung z. B. Erlös [Verteilung* || *Ausschüttung] aus der Konkursmasse* :: distribution [—> division] of bankrupt's assets —> *Konkursquote* || **equal representation** [Man/Org/ArbR] *paritätische Mitbestimmung* —> *Montan-Mitbestimmungsgesetz* || **equal say** *Mitwirkung [der Arbeitnehmer]* —> ≠ *Drittelparität [nach dem BetrVG]*

equalisation *Ausgleich* || **equalisation claim** *Ausgleichsforderung* [Bbank] 3-4 1/2%ige Schuldbuchforderungen der Geld-, Kredit- und Versicherungsinstitute und Bausparkassen gegenüber Bund und Ländern || **equalisation levy on imported spirits** [SteuerR/D] *Ausgleichsabgabe für eingeführten Branntwein*|| **Equalisation of Burdens Fund** *Lastenausgleichsfond* Unselbständiges Sondervermögen des Lastenausgleichs, dem die Ausgleichsabgaben und Mittel aus öffentlichen Haushalten zufließen. Verwaltung durch Bundesausgleichsamt || **equalisation of burdens levies** [SteuerR/D] *Lastenausgleichsabgaben* || **equalisation of turnover tax at the frontiers** [SteuerR/D] *umsatzsteuerlicher Grenzausgleich*

equality of fighting power *Kampfparität* [Man / Org / ArbR] 1955 vom Bundesarbeitsgericht festgestellte Prinzip bei Arbeitskampfmaßnahmen (Streik/Aussperrung) —> *Sozialadäquanz*

equipment *Ausrüstungen* || outfit *Ausstattung* || **equipment leasing** *Equipment-Leasing* [Leas] Vermietung einzelner oder mehrerer, meist beweglicher Ausrüstungsgegenstände (Investitionsgüter, die im gewerblichen, freiberuflichen oder öffentlichen Bereich genutzt werden) || **equipment value** *Objektwert*

equitable *billigkeitsrechtlich* || *gerecht* || *unparteiisch* || **equitable assignment** *[formlose] Abtretung nach Billigkeitsrecht* [formlose] Übertragung nach Billigkeitsrecht || **equitable claim** *billigkeitsrechtlicher Anspruch* —> equitable interest :: durch "equity" geschützer Anspruch || **equitable interest** *billigkeitsrechtlicher Anspruch* durch equity geschütztes Recht —> billigkeitsrechtlicher Anspruch, z.B. bei Treuhandverhältnissen oder wenn Form für Bestellung oder Übertragung eines legal estate nicht eingehalten wurden. Steht dem legal estate im Range nach (obwohl equity meist dem Common Law vorgeht). Die Übertragung ist grundsätzlich formfrei. ‖ **equitable lien** *Pfandrecht* durch "equity" geschaffenes, besitzloses Pfandrecht ‖ **equitable nature** *nach Billigkeitsrecht* ‖ **action of an equitable** *Klage nach Billigkeitsrecht* ‖ **act of equitable nature** :: *billigkeitsrechtlich* ‖ **equitable owner** —> beneficial owner

equity *Eigenkapital* —> syn.: equity capital ‖ *Billigkeitsrecht* entspricht im wesentlichen dem Grundsatz von Treu und Glauben [§ 242 BGB] [U.C.C. § 1-203], ohne kodifiziert zu sein, schließt Lücken im Rechtsschutz durch Weiterentwicklung der strengen Grundsätze des —> Common Law. ‖ **equity annuity** [InvF/USA] *[aktien]fondsbegundene Rentenversicherung* ‖ **equity arm** [InvF/USA] *Aktienportefeuille eines "gemischten" Versicherungsfonds* ‖ **equity assurance** [InvF] *[aktien]fondsgebundene Versicherung* ‖ **equity bond** [InvF] *Aktienversicherungsfonds* ‖ *Zertifikat eines Aktienversicherungsfonds* ‖ **equity capital** *Eigenkapital* Kapital der Aktionäre einer AG, das als haftendes Kapital den Fremdkapitalgebern als allg. Sicherheit dient. [AktienG/D] 1. Grundkapital, 2. (gesetzliche und freie) Rücklagen. [USA] 1. paid-in capital / paid-in surplus or: additional paid-in capital [im wesentl. Aktienagio] 2. retained earnings sowie stille Reserven. ‖ **equity capital as shown in the balance sheet advanced to DM 3.12 billion** :: *ausgewiesene Eigenmittel belaufen sich auf 3,12 Mrd DM* ‖ **equity capital basis** *Eigenkapitalbasis* ‖ **equity captial requirements of the companies /the companies'** ~ *Eigenkaptialbedarf der Unternehmen* ‖ **equity contract** [InvF] *[aktien]fondsgebundener Versicherungsvertrag*‖ **equity dollar bonds** *auf Dollar lautende aktienbezogene Optionsanleihen* ‖ **equity financing** *Beteiligungsfinanzierung* —> external equity financing ‖ *Eigenfinanzierung* ‖ *Einlagenfinanzierung*: Syn. bzw. Unterart der Eigenfinanzierung. Aufgliederung in Einlagenfinanzierung (Firmeninhaber oder bisherige Gesellschafter leisten neue Einlagen). Bei der Beteiligungsfinanzierung wird neues Kapital durch die Gesellschafter aufgebracht. ‖ *Einlagenfinanzierung* —> Beteiligungsfinanzierung ‖ **[external] equity financing** *Eigenfinanzierung* Zuführung von neuem Eigenkapital von außen in die Unternehmung. Bei Einzelunternehmungen, Personengesellschaften und nicht emissionsfähigen Kapitalgesellschaften durch neue Einlagen des Einzelunternehmers (Firmeninhabers) bzw. der Gesellschafter (=Einlagenfinanzierung), bei emissionsfähigen Kapitalgesellschaften durch Ausgabe neuer Aktien ‖ **equity follows the law** *analoge Anwendung des strengen Rechts im Billigkeitsrecht* equity jurisdiction Schaffung völlig neuer Rechtsinstitutionen, z. B. purchase of good faith ‖ **equity fund** [InvF] [meist] *Aktienversicherungsfonds* ‖ **equity-linked** *aktienbe-*

zogen || **equity policy** [InvF] *[aktien]fondsgebundene Police* || **equity profile** *Aktienanteil* [InvF] *am Portefeuille eines "gemischten" Versicherungsfonds* || **equity saving** *Aktiensparen* || [InvF] *Wertpapiersparen* || **equity supplier** *Eigenkapitalgeber*

equivalence *Gleichstellung* || **equivalence of diplomas leading to admission to universities** :: *Gleichwertigkeit von Reifezeugnissen*

equivalent *gleichgestellt* || **which do not bear fiscal charges of equivalent incidence** :: *die nicht im gleichem Maße/gleichwertig belastbar sind.*

ErbStG **Inheritance Gift Tax Law** :: *Erbschaftsteuer- und Schenkungsteuergesetz*

ERP Special Fund *ERP-Sondervermögen* [Bbank] *Nicht rechtsfähige Sondervermögen des Bundes, das nach dem 2. Weltkrieg dem Wiederaufbau diente und danach zur gezielten regionalen und sektoralen Förderung der deutschen Wirtschaft, des Umweltschutzes sowie verschiedener anderer öffentlicher Aufgaben eingesetzt wurde*

errors and omissions *Saldo der statistisch nicht aufgliederbaren Transaktionen* [Bbank] *fiktiver Restposten zum Ausgleich der Credit-/Debitseite der Zahlungsbilanz* || **to remedy errors** *Fehler bereinigen*

escape *Vorbehalt*[sklausel] || **escape clause** *Escape-Klausel* i.G.z. *Meistbegünstigungsklausel* —> *Ausweichklausel; in internationalen Verträgen kann vorgesehen werden, daß beteiligte Länder protektionistische Maßnahmen ergreifen können (Handelshemmnisse), wenn durch die Einfuhr die einheimische Wirtschaft gefährdet wird oder werden kann.*

escrow deposit [Buchf] *Kundenzahlung auf Anderkonto* *Zahlung über eine dritte Person, z. B. Notar. Geld steht erst bei Erfüllung best. Bedingungen zur Verfügung.* || **to give in escrow** *Hinterlegung einer Vertragsurkunde* *bei einem Dritten als Treuhänder hinterlegte und erst bei Erfüllung der Vertragsbedingung ausgehändigte Vertragsurkunde*

essential *erforderlich* || *notwendig* || *unabdingbar* || *unentbehrlich* || *unerläßlich*

to establish *aufstellen* || *einsetzen* || **to establish a commisison** *eine Kommission bilden* || *Kommission einsetzen* || *errichten* || *knüpfen* —> **Kontakt** :: contact || *nachweisen* || **determined to establish** *in dem festen Willen, [...] zu schaffen* || **to seek to establish relations** *sich um die Herstellung von Beziehungen bemühen* || *bemüht sein, Beziehungen zu knüpfen* || **of established authenticity** *von verbürgter Echtheit* || **in establishing** *bei der Festlegung*

establishment *Errichtung* ||

[PatR] **The reference to [...] shall apply not only to the establishment of a new industry, but also to the establishment of a new branch of production in an existing industry and to the substantial transformation of an existing industry and to the substantial expansion of an existing industry [...]** :: *Der Hinweis auf [...] bezieht sich auf die Errichtung [...], nicht nur eines neuen Wirtschaftszweiges, sondern auch eines neuen Produktionszweiges innerhalb eines bestehenden Wirtschaftszweiges sowie auf die wesentliche Umgestaltung oder Ausweitung eines bestehenden Wirtschaftszweiges.* || *Betrieb* [Offizielle Übersetzung des BetrVG] || **at the level of establishment** [BetrVG] *betrieblich* || **permanent establishment** *Betriebsstätte* || **a permanent place of residence or business with ground, staff and furnishment** || **persons employed in the establishment** [BetrVG] *Betriebsangehörige* || **removal of employees causing trouble in the establishment** [BetrVG] *Entfernung betriebsstörender Arbeitnehmer*

estate *Besitz* || *Eigentum* || *Konkursmasse* || *Vermögen* || **estate at sufferance** *geduldeter Besitz* [USA] nach Pachtablauf stillschweigend weitergewährtes Besitzrecht || **estate contract** *Grundstückskaufvertrag* [USA] Vertrag zur Begründung oder Übertragung eines Eigentumsrechts an Immobilien (eines legal estate) || **estate duty** *Nachlaßsteuer* syn.: estate tax || As opposed to inheritance tax, this tax is imposed upon the right to transfer property by death. It is levied on the decedent's estate and not on the heir receiving the property. Inheritance tax is levied on the right to receive such property. In vielen Einzelstaaten wurde das Uniform Interstate Compromise of Death Taxes Act bzw. das Uniform Interstate Arbitration of Death Taxes Act verabschiedet —> transfer tax [BRD] inheritance [and gift] tax :: Erbschaftsteuer und Schenkungsteuergesetz [Abbr] *ErbStG* Besteuerung des gesamten Nachlasses, i.G.z. Erbschaftsteuer, die Erbanfallsteuer ist. [GB] capital transfer tax. [USA] inheritance tax / estate tax / transfer tax || **subject to estate duty** *erbschaftsteuerpflichtig* || **estate for a term of years** *auf [bestimmte Zeit festgelegtes] Besitzrecht* || **estate in expectancy** *Anwartschaftsrecht auf Liegenschaften* Das Anwartschaftsrecht ist das Recht auf den zukünftigen Erwerb von [unbeweglichen] Sachen —> Eigentumsvorbehalt :: retention of title —> Fahrnis. Im BGB nicht als Vollrecht geregelt, jedoch allgemein als [subjektives] Recht anerkannt. || **estate in fee** *Eigentum [an Immobilien]* || **estate in possession** *Recht an Grundstücken* [die man in Besitz hat] || **estate less than freehold** *zeitlich befristetes Besitzrecht* z. B.: einjährige Miete || **estate property** *Liegenschaftskauf* —> vendee || **estate [in] fee simple** *Grundeigentum* || *unbeschränkt vererbliches oder veräußerliches Volleigentum* || **estate [in] fee simple absolute in possession** *höchstmögliches Grundeigentum* || *unbeschränkt vererbliches oder ver-*

äußerliches Grundeigentum ‖ **estate [in] fee tail** *Grundeigentum* ‖ *erbrechtlich gebundenes Grundeigentum auf Lebenszeit des Berechtigten und best. Nachkommen*; vergleichbar mit dem früheren deutschen Fideikomiß ‖ **descendant's estate** *Nachlaß* estate of a deceased person —> administrator /-trix ‖ executor /-trix ‖ **legal estate** *dingliches Recht an Immobilien* Bestellung und Übertragung durch gesiegelten und von den Parteien unterzeichneten Vertrag. Durch formlose Bestellung oder Übertragung eines dinglichen Rechts an einem Grundstück entsteht nur schwächeres equitable interest estate. [GB] Seit dem Law of Property Act 1925 gibt es nur noch zwei legal estates [in land] a) estate in fee simple absolute in possession b) a term of years absolute. Alle anderen estate sind nur equitable interest ‖ **personal estate** *bewegliches Eigentum* ‖ *Vermögen* ‖ **real estate** *Grundstück* zu real estate gehört das Grundstück zusammen mit dem Gebäude ‖ *Immobilien* ‖ **separate estate** *eigenes Vermögen* ‖ *getrenntes Vermögen* ‖ **benefits from estates and trusts** *Beträge aus Zweck- und Treuhandvermögen* ‖ **Estates of the Empire** *Reichsstände* Electors, spiritual and temporal Princes and free imperial towns :: *Kurfürsten* ‖ *geistliche und weltliche Reichsfürsten und Städte* ‖ , **estate tax** *Nachlaßsteuer* —> syn.: estate duty

EStG [Abbr] *Einkommensteuergesetz* **[Federal German] income tax law**

estimated *voraussichtlich[e]* ‖

estimated financial implication :: *voraussichtliche finanzielle Folgen* ‖ *geschätzte Auswirkungen* ‖ **estimated costs** *Kostenvoranschlag* ‖ *Aufwandsschätzung*

estimates [Bör] *Schätzwerte* ‖ *Schätzungen*

to estop *hindern* syn.: to stop ‖ to bar ‖ to impede ‖ to prevent ‖ to preclude [legal estoppel by common law, e.g.] ‖ **to be estopped by deed** *durch eine urkundlich gegebene Erklärung an der Geltendmachung eines Rechtes gehindert sein.* —> estoppel

estoppel *rechtshemmender Einwand* [BRD] —> § 242 BGB [U.C.C. § 1-203], Rechtsverwirkung wegen Unvereinbarkeit mit Treu und Glauben. A party is prevented by its own acts from claiming a right to detriment of other party who was entitled to rely on such conduct and has acted accordingly. —> apparent authority ‖ Anscheins- und Duldungsvollmacht ‖ *Hinderung* ‖ *Hinderungsgrund* —> Einwand ‖ rechtshemmend

Euro-Commercial Papers *kurzfristige, nicht von Banken garantierte Finanzierungstitel am Euromarkt* ‖ [Abbr] **ECPs**

euro-market *Euromarkt*

Euro-notes *Euronotes* [Bör] *kurzfristige am Euromarkt gehandelte verbriefte revolvierende Kredite*

Eurocurrency credit *Euro-Kredit*

Eurodollar *Eurodollar* [BankW] Dollarguthaben bei europäischen Banken

European *europäisch* ‖ **European Atomic Energy Community** *Europäische Atomgemeinschaft* [Abbr] **EURATOM** ‖ **European Atomic Energy Society** *Europäische Atomenergiegesellschaft* [Abbr] **EAES** ‖ **European Coal and Steel Union** —> Montanunion [Abbr] *EGKS* :: *ECSC Europäische Gesellschaft für Kohle und Stahl* ‖ **European Court of Justice** *Europäischer Gerichtshof* The supreme court of the European Community. Jurisdiction: interpretation of the Treaty of Rome and disputes arising from the application of its provisions. It sits in Luxembourg :: *Oberster Gerichtshof der Europäischen Gemeinschaft mit Sitz in Luxembourg. Rechtsprechung: Auslegung der Römischen Verträge sowie Streitigkeiten hinsichtlich ihrer Anwendung.* ‖ **European Cultural Convention** *Europäisches Kulturabkommen* [Abbr] *ECC* ‖ **European Free Trade Association** *die "Assoziation"* [Abbr] **EFTA** *Europäische Freihandelsassoziation* ‖ **European patent** *europäisches Patent* beim Patentamt in München für die BRD ‖ **European Payment Union** *Europäische Zahlungsunion* [Abbr] *EPU* :: *EZU* [1958] durch das *Europäische Währungsabkommen* :: **European Monetary Agreement.** abgelöst. Zielsetzung u.a. Schaffung eines europ. Fonds sowie multilaterales Systems eines Zahlungsausgleichs, Liberalisierung des Handels durch [kurzfristige] Devisenkredite der Zentralbanken der Mitgliedstaaten. ‖ **European Wagon Community** *Europäische Güterwagengemeinschaft*

evaluation *Auswertung* ‖ *Bewertung* ‖ *Einschätzung* ‖ **evaluation of performance** *Abweichungskontrolle* [BWL/RW] process of analyzing and interpreting performance and results ‖ **evaluation sheet** *Auswertungsbogen*

event *Ereignis* ‖ **event of default** *Garantiefall* ‖ *Haftungsfall*

Everyman, Mr. *Herr Mustermann*

evidences *Beweismaterial*

evidence [nur sing.] *Beweisstücke* pieces of evidence = evidences, d.h. gesamtes Beweismaterial, alle Beweismittel, auch Zeugenaussagen ‖ **conclusive evidence** *schlüssiger Beweis* ‖ *bindendes Beweismaterial* ‖ **evidence of payment** *Zahlungsnachweis* Evidence showing that the supplier of goods and/or services has been paid by the buyer ‖ **in the fault [absence] of evidence** *mangels Beweises* ‖ **to furnish documentary evidence** *den urkundlichen Nachweis liefern* ‖ **to give evidence** *Beweismaterial vorlegen*

EWIG *Europäische wirtschaftliche Interessenvereinigung.* Eigene europäische Gesellschaftsform. Seit

1. Juli 1989 gilt in allen EG-Ländern die vom Rat der EG verabschiedete Verordnung über die Schaffung der EWIG. zwecks grenzüberschreitender Zusammenarbeit mit anderen europäischen Unternehmen. EWIG unterscheidet sich von einer deutschen Gesellschaft durch ihren Zweck, der alleine in der Erleichterung der wirtschaftlichen Tätigkeit ihrer Mitglieder besteht. EWIG darf keine Leitungs - oder Kontrollfunktion über Tätigkeiten ihrer Mitglieder oder eines anderen Unternehmens ausüben. Sie darf auch keine Anteile an einem Mitgliedsunternehmen halten, somit nicht als Holding-Gesellschaft oder als Verwaltungsgesellschaft auftreten. Im deutschen Raum am ehesten mit der OHG vergleichbar, wenngleich auch wesentliche Teile des GMBH-Gesetzes berücksichtigt wurden. Deutsches AusführungsG schreibt vor, daß nachrangig zum EG-Recht bei Vereinigungen mit Sitz in der BRD das OHG-Recht Anwendung findet.

Ex. [GB] [Abbr] Exchequer Case
ex dividend *ex Dividende*
[Abbr] [dt.] *exD* [USA] **XD**

exaction *Gewinnung* || **place of exaction** *Stätte der Gewinnung* [Abbau] *von Rohstoffen* —> extractive

examination *Befragung von Zeugen* || *Zeugenbefragung* || *Verhör* || **examination in chief** *Zeugenvernehmung durch ladende Partei* —> **cross-examination** :: *Kreuzverhör*

to examine *prüfen*|| *untersuchen*

to exceed one's expectations *Erwartungen übertreffen* || **volume**

clearly exceeded the peak level of [year] *deutlich den Höchststand von [Jahr] übertreffen*

excellent *ausgezeichnet*

exception *Ausnahme* || **exceptions granted** *Prozeßrüge wird stattgegeben* || **security exception** *Ausnahmen zur Wahrung der Sicherheit*

exceptional dismissal [BetrVG] *außerordentliche Kündigung*

excess *über [...]* || *mehr* || *darüberhinausgehend* || **excess costs** *Mehrkosten* || **excess liquidity** *Überliquidität Liquidität, die das betriebsnotwendige Maß übersteigt* || **excess of liabilities over assets** *Überschuldung Zustand, bei dem das Vermögen nicht mehr die Schulden deckt* —> *Insolvenz* || —> *Zahlungsunfähigkeit* || —> *Ausschüttungssperren* || **excess payments will be refunded** [SteuerR/D] *überzahlte Beträge werden zurückerstattet* || **excess profits tax** *Übergewinnsteuer*|| **in excess of** *mehr als* || *über* || *höhere* || || **to be in excess of** *überschreiten* || **investment of excess** *Geldanlage* —> syn.: *Anlage überschüssiger Gelder* || **to apply fiscal charges in excess of** *höhere fiskalische Abgaben erheben als [...]*

exchange [Buchf] *Umtausch* || **exchange arrangements** *Bestimmungen über den Zahlungsverkehr mit dem Ausland* || **exchange credit**

excipients / execution

Valutakredit || **exchange of information** *Informationsaustausch* || **exchange of letters** *Briefwechsel* || **exchange of liabilities** *Passivtausch* [Bbank] Austausch von Positionen der Passivseite der Bilanz und induziert ohne Vergrößerung bzw. Verringerung der Bilanzsumme eine Veränderung der Kapitalstruktur || **exchange of notes** *Notenwechsel* || **exchange office** *Wechselstube* || **exchange rate fluctuations** *Wechselkursschwankungen* || **expenditure arising from exchange rate fluctuations** :: *Aufwendungen aus Wechselkursschwankungen* || *wechselkursbedingte Aufwendungen* || **adjusted for exchange rate induced influences** *wechselkursbedingte Einflüsse* || **exchange rate risk** *Kursrisiko* || **exchange value** *Umrechnungswert* || *Umrechnungskurs* || **foreign exchange** *Devisen* || **foreign exchange controls** *Devisenbewirtschaftungsmaßnahmen* d.h. Exporteure müssen Devisen bei der Bank angeben, Importeure müssen Devisen beantragen, um eine Kontrolle zu ermöglichen || **to exchange at** [VölkR] *austauschen in* || **The instruments of ratification (acceptance or approval) shall be exchanged at [...]** :: *Die Ratifikationsurkunde (Annahme- oder Genehmigungsurkunde wird in [...] ausgetauscht*

excipients *Hilfsstoffe* [ArzneiMG] in einem Arzneimittel neben den —> Wirkstoffen verwendeten Bestandteile [soweit sie nicht die Wirkung des Arzneimittels beeinflussen. In neuerer Zeit vom BGA auch als *weitere Bestandteile* bezeichnet.

to excise *jdn. besteuern* || [Med] *exzidieren* || *herausschneiden* || *ausmerzen*

excise licence [GB] *Schankkonzession* || **excise taxes** [SteuerR/D] *Verbrauchsteuern*

exclusion of liability *Haftungsausschluß*

to execute *rechtsgültig ausfertigen* durch Unterschrift [und eventuell Siegelung] || *erfüllen* to complete || to make || to sign ||| to perform || to do || to follow out || to carry out according to its terms || to fulfil the command or purpose of || to perform all necessary formalities as to make and sign a contract or sign and deliver a note || **to execute a contract** *Vertragsausfertigung* [VertR] —> *Erfüllung* —> *Ausfertigung* || **to execute a deed** *Urkunde ausfertigen* || **to execute a power of attorney** *eine Vollmacht ausstellen* || **to execute a will** *Testament rechtsgültig errichten*

executed *vorgeleistet* —> Gegenleistung || *consideration* || **executed contract** *erfüllter Vertrag* d.h. performed

execution *Ausfertigung* || *Pfändung* || **execution and levy** [USA] *Pfändung von beweglichen Sachen* || **execution of a deed** *Ausfertigung [einer gesiegelten Urkunde]* nach

142

Beurkundungsgesetz §§ 47 ff. amtliche Abschrift eines amtlichen Schriftstücks, das die Urkunde im Verkehr ersetzen soll. Urkunde wird mit Ausfertigung überschrieben und erhält den Ausfertigungsvermerk ["Für die Übereinstimmung mit der Urschrift" sowie Ort, Datum, Unterschrift und Dienstsiegel]

executive *geschäftsführend* [Man/Org] —> managing || **executive body** *ausführendes Organ* || *Exekutivorgan* || **executive committee** *Hauptausschuß [in einem Verband]* || *Vollzugsausschuß* || **executive directors** *Exekutivdirektoren* || **Executive Manager** *Generalbevollmächtigter* [USA] stock corporation [GB] public limited company || **Executive Officer** [Seestreitkräfte] *Erster Offizier*|| **executive staff** [BetrVG] *leitende Angestellte*

executor *Nachlaßverwalter* nicht mit —> Testamentsvollstrecker übersetzen ! —> administrator. Während administrator vom Gericht eingesetzt wird, ist der executor der im Testament vom Erblasser best. *Nachlaßverwalter* —> *Nachlaßpfleger* || *Testamentsvollstrecker* || a person appointed by a testator [Erblasser = Testator] to carry out the directions and requests in his will, and to dispose of the property according to the testamentary provisions after his decease || **personal representative includes executor** :: *Testamentsvollstrecker einer Partei* || *vom Erblasser/Testator eingesetzter Nachlaßverwalter*

executory *zukünftig* —> Gegenleistung consideration || **executory costs**

[Leas] *Mietnebenkosten*

executrix [f.] *Nachlaßverwalterin* [m.] executor —> administrator [Nicht mit "Testamentsvollstrecker" übersetzen]

to be exempt from *befreien* || **in no way exempts a private person from any obligation whatsoever under the law of the territory** :: *befreit eine Privatperson nicht von den Rechtsvorschriften des Hoheitsgebietes.* [nicht "von irgendwelchen Rechtsvorschriften" übersetzen]

exemption *Befreiung* || **exemption limit** *Freigrenze* [z.B. bei der Vermögensteuer] || **non-tariff exemptions from import duties and taxes** [SteuerR/D] *außertarifliche Eingangsabgabenbefreiungen* ||

exercise *Ausübung* || **in the exercise of** *in Ausübung von* || **to be entitled to exercise the right to the European patent** *das Recht auf das europäische Patent geltend zu machen*

exhaustion of productive reserves *Ausschöpfung der Produktionsreserven*

to exhibit *nach Vorlage* || [VölkR] **The High Contracting Parties [...] have appointed their plenipotentiaries [...] who after having exhibited (communicated, exchanged, deposited) their respective full powers, found to be in good and due

form, have agreed as follows: :: *Die hohen vertragsschließenden Parteien haben zu ihren Bevollmächtigten ernannt [...]: diese sind nach Vorlage (Mitteilung, Austausch, Hinterlegung) ihrer in guter und gehöriger Form befundenen Vollmachten wie folgt übereingekommen: [...]*

Eximbank Export-Import Bank of the United States - Eximbank *[staatliche] Außenhandelsbank der USA* || **Eximbank direct loan participation** *Beteiligung der Eximbank an einem gebundenen Finanzkredit*

exostructure [Man / Org / ArbR] *Exostruktur*

Exp [Verp] [CH] **Expiry** :: *Verfalldatum* || [GB] —> **best before** :: *verwendbar bis* || *Verfalldatum*—> Expiry

expanding volume, succeed in ~ [more rapidly than in the previous year] *Geschäft* [gegenüber dem Vorjahr stärker] *ausweiten* || **world trade expanding** *Welthandel auf Expansionskurs*

expansion *Ausweitung* || **expansion investment** *Erweiterungsinvestition* [InvR] *Investition zum Zwecke der Kapazitätserhöhung* —> *Ersatzinvestition* || **replacement investment** || **sustained expansion of business activity** [Bil] *Wachstumskräfte* || **expansion of business operations** [Bil] *Ausbau des Geschäfts* || **expan-**

sion of turnover [Bil] *Umsatzsteigerung*

expatriate *im Ausland lebender Staatsbürger*

expectation, to give rise to *erwarten lassen*

expected write-down requirements [Bil] *erwartete Abschreibungsbedarf*

expeditor *Termin[sach]bearbeiter*

expenditure *Ausgaben* || **capital expenditure decision** *Investitionsentscheidung* || **expenditure for raw materials, supplies and merchandise purchased** [Bil] *Aufwendungen für Roh-, Hilfs- und Betriebsstoffe und für bezogene Waren* || **expenditure for services** [Bil] *Aufwendungen für bezogene Leistungen*

expense *Aufwand* [Absch] Unterscheidung zwischen capital expenditure (=aktivierungspflichtige Kosten) und revenue expenditure (=erfolgswirksame Kosten). Expense umfaßt alle revenue expenditures sowie den Teil der aktivierten capital expenditures, der in Form von Abschreibungen in der betreffenden Rechnungsperiode erfaßt wird —> cos[s] :: *Kostenbegriff* || *Ausgaben* || *Auslagen* || *Kosten*

to expense *als Aufwand verbuchen* to charge to expense

experience *Erfahrungen* ‖ **to have wide experience in matters of the kind in dispute** :: *über umfassende Erfahrungen in denen von der Streitigkeit betroffenen Fragen verfügen* ‖ **experience satisfactory business development** *eine zufriedenstellende Geschäftsentwicklung verzeichnen*

expert *Sachverständiger* ‖ **to invite experts to attend the meetings in an advisory capacity** :: *Sachverständige als Berater zu den Sitzungen hinzuziehen* —> testimony ‖ **expert advice** *fachmännischer Rat* ‖ **expert power** *Macht durch Sachkompetenz* ‖ **expert system** *Expertensystem* [EDV/Org/BWL/VWL] [Software-] Programme, die in der Lage sind, innerhalb eines bestimmten Fachgebiets an einen definierten Benutzerkreis bestimmte Informationen gebündelt zu übermitteln. Diverse Ausrichtungen, z.B. Beratungssysteme, die dem Benutzer bestimmte [Entscheidungs- und] Handlungsvarianten vorschlagen. ‖ **expert's opinion** *Gutachten*

expiration date of the preliminary commitment [Ex] *Ablaufdatum der Promesse*

to expire *außer Kraft treten* ‖ *erlöschen*

expiry *Erlöschen* to lapse ‖ to cease to have effect ‖ **upon the expiry of a period of [...] years** :: *nach Ablauf von [...] Jahren erlöschen* ‖ *außer Kraft treten* ‖ [Verp] *Verfalldatum*

syn.: best before ‖ [als Packungsaufschrift bei Arzneimitteln] **expiry date** :: *verwendbar bis*

explanation *Erklärung* ‖ **interpretation and explanation of provisions** :: *Auslegung und Erklärung der Bestimmungen*

explanatory *erläuternd* ‖ **explanatory notes** :: *erläuternde Anmerkungen* ‖ *Fußnoten*

to exploit *ausbeuten* ‖ *ausnutzen* ‖ *auswerten* ‖ *benutzen* ‖ *bewirtschaften* ‖ **to exploit the letters patent** [PatR] *das Patent gewerblich nutzen*

exploitation *Ausbeutung* ‖ *Ausnutzung* ‖ *Auswertung* ‖ *Bewirtschaftung* ‖ **exploitation rights** *Nutzungsrechte* ‖ **place of exploitation** *Betriebsstätte* ‖ *Stätte der gewerbliche Nutzung*

export *Export[...]* ‖ **export contract** *Exportvertrag* ‖ **export contract denominated in foreign currency** *auf eine Fremdwährung lautende Exportverträge* ‖ **export credits** *Exportkredite* ‖ **export credit guarantee** *Exportkreditgarantien* —> Exportrisikogarantien. Government-insurance facilities covering risks which are peculiar to export transactions but are not normally covered by commercial insurance. Export credit guarantees are given for the purpose of encouraging trade with other countries, whether the transactions concerns visible or invisible export.

export   expropriation

‖ *Exportrisikogarantien* —> syn.: Exportkreditgarantien ‖ **export credit insurance** *Ausfuhrkreditgarantien* —> Ausfuhrkreditversicherung ‖ —> syn.: *Exportkreditversicherung* ‖ *Ausfuhrkreditversicherung* provides exporters and their financing institutions the assurance that the major part of a credit, granted by an exporter or his commercial bank to a foreign buyer, will be paid, even though the related account has not been settled by the buyer. ‖ **export credit insurance policy** *Exportkreditgarantie* ‖ *Exportrisikogarantie* ‖ **export credit insurance [company]** *Exportkreditversicherer* in der BRD z.B. Hermes-Kreditversicherungs-AG ‖ **export financing** *Exportfinanzierung* includes all measures for the provision and transfer of funds required for the export of goods and services. ‖ **export guarantee** *Exportkreditgarantie* ‖ *Exportrisikogarantie* ‖ **export industry** [Bil] *Exportwirtschaft* ‖ **export leasing** [Leas] *Export-Leasing* ‖ **export levies** [SteuerR/D] *Ausfuhrabgaben* ‖ **export licence** *Exportlizenz* a permit to export specific goods to the particular country ‖ **export of capital** [Bbank] *Kapitalexport* ‖ **export promotion program** *Exportförderungsprogramm* ‖ **export quota** [Bbank] *Exportquote* ‖ **export receivables** *Exportforderungen* claims against foreign debtors [usually limited to uncollected amounts of completed exports of goods and/or services] ‖ **to provide export refunds** [SteuerR/D] *Gewährung von Ausfuhrerstattungen* ‖ **export sales** [Bil] *Auslandsumsatz* ‖ **export trade** [Bil] *Außenhandel* ‖

export warehouse *Ausfuhrlager* ‖ **Export-Import Bank of the United States - Eximbank** *Außenhandelsbank der USA* [Abbr] **Eximbank** ‖ **exports** *Exporte* ‖ [Bbank] [Ex] **exports by main categories of commodities** *Warenstruktur der Ausfuhr*

exporter [ZollW] *Ausführer* ‖ **exporter participation** [Ex] *Finanzierungsbeteiligung des Exporteur* ‖ **exporter's certificate of eligibility** *Berechtigungsnachweis des Exporteurs* ‖ **exporter's certificate of product use** *Produktverwendungserklärung des Exporteurs* Certificate stating the country in which the exported products are to be used ‖ **exporter's retention** *Risikobeteiligung des Exporteurs* ‖ *Haftungsbeteiligung/Verlustbeteiligung des Exporteurs*

exporting members *Ausfuhrmitglieder*

exposure of child *Kindesaussetzung* [§ 221 StGB, Aussetzung Hilfloser]

express terms *ausdrückliche Bedingungen* —> implied terms

expressing their wish *in dem Wunsche* ‖ [VölkR/Präambel] *von dem Wunsche geleitet*

expropriation *Enteignung* ‖ **transfer of title in connection with expropriation of real property**

146

[SteuerR/D] *Eigentumsübergang im Enteignungsverfahren*

expulsion *Abschiebung* —> deportation of an alien [also use of force] when it is not likely that he will leave the country without use of such measure [and force] —> *Ausweisung*

to extend *sich erstrecken auf* ‖ **this conventions shall extend to all territories for the national relations of which it is responsible** :: *das Übereinkommen erstreckt sich auf alle Hoheitsgebiete, für deren internationale Beziehungen er verantwortlich ist [die sie wahrnimmt]*

extent *Ausmaß* ‖ *Umfang* ‖ *Rahmen* ‖ **the obligations of the Federal Government shall to this extent be the same as those of Parties which are not Federal States [...]** :: *Hat die Bundesregierung die gleichen Verpflichtungen wie die Vertragsparteien, die nicht Bundesstaaten sind* ‖ **only to the extent admitted by [...]** *nur insoweit als dies [durch ...] zugelassen ist* ‖ **to the extent which** *insoweit als*

extension *Ausdehnung* ‖ **extension of industrial production potential** *Ausweitung des industriellen Produktionsapparats* ‖ **reasonable extension of terms** *angemessene Nachfrist* [nicht Fristverlängerung !] ‖ **to apply for extension of a patent** *Verlängerung der Patentschutzfrist beantragen*

external *außen* ‖ *außerbetrieblich* ‖ **external audit procedure** [SteuerR] *Außenprüfungsverfahren* ‖ **external audits** [ZollW] *Betriebsprüfung*‖ **external debt of developing countries** *Auslandsverschuldung der Entwicklungsländer* ‖ **external equity financing** *Eigenfinanzierung* Finanzierung durch Zuführung von Eigenkapital von außen, d.h. bei AGs durch Ausgabe von Aktien ‖ **external financing** *Außenfinanzierung* Unternehmung wird Kapital von außen zugeführt durch Fremd- oder Eigenfinanzierung ‖ *exogene Finanzierung* besser: Außenfinanzierung ‖ **external position of the Bundesbank** *Auslandsposition der Bundesbank* ‖ [Bbank] **balancing item in respect of the Bundesbank's external position** :: *Ausgleichsposten zur Auslandsposition der Bundesbank* ‖ **External Tax Law** *Außensteuerrecht* [SteuerR] i.e.S. besondere Vorschriften des nationalen SteuerR im Hinblick auf die internat. Beziehungen, z.B. Bestimmungen des Einkommensteuergesetzes (Erfassung von Auslandseinkünften und zur einseitigen Vermeidung einer Doppelbesteuerung). I.w.S. steuerrechtliche Regelungen in bi- und multilateralen Abkommen ‖ **external trade** *Außenhandel* ‖ **external value of the US dollar** *Außenwert des US-Dollars* ‖ [W/Z] **the global trade-weighted external value of the D-Mark** :: *der globale Außenwert der DM*

extra dividend *Bonus* Zusätzlich zur regulären Dividende in Jahren außergewöhnlich hoher Gewinne ausgeschüttete Dividende (Wahrung der Dividendenkontinuität)

extra-strong beer [SteuerR/D] *Starkbier*

extract-producing firm [SteuerR/D] *Extrakthersteller*

extractive concern *Gewinnungsbetriebe* Gas || Bergwerke || Erdölquellen || Rohstoffe allgemein. —> concern :: Unternehmen. [dt.] Konzern ist group

extracts *Extrakte* || *Essenzen* || **extracts of coffee** [KaffeeSt/D] *Kaffeessenzen* || **solid extracts of coffee** *feste Auszüge aus Kaffee* || **extracts of hop** *Hopfenerzeugnisse*

to extradite [StrafR] *ausliefern*

extradition *Auslieferung* || **extradition proceedings** :: *Auslieferungsverfahren*

eyes, in the ~ of the law *rechtlich gesehen* || *im Rechtssinn*

FA [Abbr] **forwarding agent** :: *Spediteur*

FAA [Abbr] [Mar] **free of all average** :: *Versicherung gegen Totalhavarie*

f.a.c. [Abbr] **fast as can** :: *so schnell wie möglich*

f.a.c.a.c. [Abbr] **fast as can as customary** :: *so schnell wie platzüblich*

f.a.q. [Abbr] **free alongside quai** :: *frei längsseits Kai des Abgangshafens*

F.C.R. —> **Forwarding Agent's Certificate of Receipt** F.I.A.T.A.-Klausel: Bescheinigung eines Spediteurs, eine Warensendung zur Beförderung oder Verfügungsstellung an eine vom Auftraggeber vorgeschriebene Adresse übernommen zu haben. Für den Ablader (Ausführer) gelten in diesem Fall bes. Vorschriften.

f.d. [Abbr] **free discharge** :: *freies Löschen*

f.i. [Abbr] **free in** :: *frei eingeladen*

f.m. [Abbr] **fair merchantable** :: *gute Durchschnittsbeschaffenheit [der Ware]*

f.o.c. [Abbr] **free of charge** :: *frei von Kosten*

f.o.d. [Abbr] **free of damage** :: *unbeschädigt*

f.o.q. [Abbr] **free on quai** :: *frei auf Kai*

f.o.r. [Abbr] **free on rail** :: *frei Waggon Abgangsort*

f.o.s. [Abbr] **free on steamer** :: *frei Schiff*

f.o.t. [Abbr] **free on truck** :: *frei Güterwagen/Lastwagen, benannter Abgangsort*

f.o.w. [Abbr] **first open water chartering** :: *sofort nach Schiffahrtseröffnung*

f.o.w. [Abbr] **free on wagon** :: *frei auf Güterwagen*

f.p. [Abbr] **fully paid** :: *voll bezahlt*

f.p.a. [Abbr] **free of particular average** :: *frei von besonderer Havarie*

face value *Nennwert* value written on the face of a commercial paper —> *Nominalwert*

facie [Beweis des ersten Anscheins] —> **prima facie**

to facilitate *erlangen* —> *erleichtern* || *erreichen* || *fördern* || **as may facilitate the achievement of objectives** :: *die Erreichung von Zielen zu erleichtern* || *einräumen* —> *Fazilitäten* :: *facilities*

facilities *Annehmlichkeiten* || *Erleichterungen* || *Vergünstigungen* || *Fazilitäten* [BankW] Kreditlinien, die Banken entsprechend dem Kapitalbedarf der Unternehmung einräumen —> *revolving* :: *revolvierend* || *Buchstellen* professional and trade organisations provide service facilities to look after their members' tax affairs

fact *Tatsache* || **points of fact** *Tatfragen*

factor *Kommissionär* hat die Ware, die er verkauft, im Besitz und handelt i.G.z. Makler (broker) in eigenem Namen —> *broker* || *jobber* || *dealer* || *Faktor*|| *Kapitalgeber*, i.d.R. ein Finanzierungsinstitut im Factoring —> *factoring*

factors *Einflüsse* || *Faktoren* || **factors destroying mutual assent** *Willensmängel* [z.B.: Irrtum :: mistake] —> *fraud* :: *Fälschung* || **other factors** *sonstige Einflüsse*

Factoring *Factoring* Finanzierungs- bzw. Dienstleistungsgeschäft (meist kurzfristige Forderungen mit Laufzeit bis zu 90 Tagen), bei der ein Factor (Kapitalgeber), d.h. i.d.R. ein Finanzierungsinstitut, von einem Unternehmen (sog. Anschlußunternehmen) mittels Rahmenvertrag einmalig oder laufend mehrere Geldforderungen aus Warenlieferungen oder Dienstleistungen gegenüber dessen Abnehmern kauft. Vorteile und Funktion: Der Forderungswert wird sofort gezahlt, die Anschlußfirma ist vor zahlungsunfähigen Kunden geschützt (Delkrederefunktion), Übernahme von Debitorenbuchhaltung, Inkasso- und Mahnwesen, Prüfung der Abnehmerbonität.

factory *Fabrikationsstätte* [*Fabrik* begrifflich zu ungenau] || *Werk* || **in this factory in the City of New York and in no other place or places** :: *in seinem Werk in New York ausschließlich* || **factory cost adjustment** [Buchf] *Herstellungsko-*

stenberichtigung

to fail *unterlassen* || *versäumen* || **if they fail to agree** *wenn uneinstimmig* || *im Falle der Uneinstimmigkeit* || *falls keine Einigung erzielt wird* || **to fail to keep pace with** *nicht Schritt halten mit* || **failing which** [...] *widrigenfalls*

failure to co-operate [USA] *Unterlassung der Mitwirkung[shandlung]*

fair *günstig* || **fair average quality** *mittlerer Art und Güte* —> *Handelsgut* || *Gut* || *marketable* || **fair compensation** *angemessene Entschädigung* || **to decide in fair judgement** *billiges Ermessen* —> [Man / Org / ArbR] *Verhältnismäßigkeit, Gebot der ~* || *Sozialadäquanz* || *Kampfparität* || **fair value** *fairer Preis* [Bör] *theoretischer Preis im Termingeschäft, bei dem sich Käufer und Verkäufer gegenüber dem Kassageschäft nicht schlechter stellen.* || **fair value of the leased property** [Leas] *Zeitwert des Leasing-Gegenstandes* [z.B. *Endabrechnung nach* [vorher festgelegtem] —> *Restwert*] || **Fair-Employment-Practices-Committee** *Kommission zur Überwachung der Nichtdiskriminierung von Angestellten und Arbeitern bei ihrer Einstellung und Beschäftigung* [USA] [Abbr] **FEPC**

faith *Glauben* || **in faith whereof** *zu Urkund dessen* [VölkR] —> syn.: *in witness whereof*

faithfully *gewissenhaft* || *werkgetreu* || **the translation shall be made faithfully and accurately** :: *die Übersetzung ist werkgetreu und sorgfältig anzufertigen*

to fall *fallen* || *zurückgehen* || *abfallen* || *nachlassen* || *nachgeben* || **in volume** [Bil] *zurückgehen auf* || **falling demand** *rückläufige Nachfrage* || **US dollar falling sharply against DM** *Dollar gegenüber DM stark nachgebend*

family *Familie* || **family bond** [InvF] *Familiensparbrief eines Kleinversicherungsvereins* || **Family Division** *Abteilung des High Courts für allgemeine familienrechtliche Angelegenheiten* [created in 1970] It has an exclusive jurisdiction over matrimonial disputes, grant of legal title to executors and matters relating to legitimacy, guardianship, etc. || **Family Divisional Court** *Beschwerdekammer bzw. Berufungskammer des High Court für Entscheidungen der Familiy Division* It hears appeals from decisions of magistrates' courts, county courts and Crown Courts in matters concerning family law, affiliation, maintenance and adoption orders :: *Überprüfung der Entscheidungen von Magistrates' Courts, County Courts und Crown Courts in Familien-, Vaterschafts-, Unterhalts- und Adoptionssachen*

families *Familienmitglieder* || **families forming part of the household of the members of the diplomatic mission** :: *die zum Haushalt gehörenden Familienmitglieder der* *diplomatischen Mission*

farm mortgage bank *landwirtschaftliche Rentenbank* [USA] land bank or soil bank created under the Federal Farm Loan Act

FAS *FAS* **free alongside ship [named port of shipment]** :: *frei längsseits Schiff [benannter Verschiffungshafen]*

fastenings [ZollW/TIR] *Befestigungsmittel*

fatigue of material [Verp] *Materialermüdung* —> *Verschleiß* ‖ *Abnutzung*

fats *Fette*

favo[u]rable *günstig* ‖ *wohlwollend* ‖ **favo[u]rable consideration** *wohlwollende Prüfung* ‖ **to encourage the favo[u]rable consideration of the present convention** :: *legen nahe / empfehlen / raten, [...] wohlwollend zu prüfen* ‖ **in the case of a favo[u]rable decision of the council** :: *falls der Rat zugunsten der [...] beschließt*

FB [Abbr] **free boder** :: *frei Grenze*

FCIA *Auslandskreditversicherungs-Gesellschaft* **Foreign Credit Insurance Association**

FCL f.d. FCL [Abbr] **full container load for delivery FCL** :: *Verlader packt Container, Empfänger entlädt*

fco [Abbr] **franco** *franco*

fears of a recession *Rezessionsbefürchtungen*

feasibility study *Projektvorstudie*

feature *Merkmal*

federal *Bundes [...]* ‖ **Federal Administrative Court** [Jus/D] *Bundesverwaltungsgericht* ‖ **Federal Agricultural and Forestry Foundation** [BankW/D] *landwirtschaftliche Rentenbank* —> farm mortgage bank ‖ **Federal and Länder Governments** *Bund und Länder* [BRD] Bund als Gesamtoberhoheit gegenüber den Ländern —> Länder Governments ‖ **Federal Audit Office** [Jus/D] *Bundesrechnungshof* ‖ **Federal Authority for the Supervision of Banks** *Bundesaufsichtsamt für das Kreditwesen* —> Federal Banking Supervisory Office [BRD] selbständige Bundesbehörde mit Sitz in Berlin. Ausübung der Bankenaufsicht nach dem Gesetz über das Kreditwesen ‖ **Federal Banking Supervisory Office** *Bundesaufsichtsamt für das Kreditwesen* ‖ **Federal Banking Supervisory Office's ruling according to which general provisions for bad debts are required to be released** :: *die vom Bundesaufsichtsamt für das Kreditwesen vorgeschriebene Auflösung von Sammelwertberichtigungen* ‖ **Federal Border Guard** [ZollW] *Bundesgrenz-*

schutz ‖ **Federal Civil Service Remuneration Act** *Bundesbesoldungsgesetz* [Gesetz zur Regelung der Vergütung des Beamten für seine Dienste] ‖ **Federal Constitution** *Grundgesetz für die Bundesrepublik Deutschland* ‖ **Federal Constitutional Court** [Jus/D] *Bundesverfassungsgericht* ‖ **Federal Court of Justice** [Jus/D] *Bundesgerichtshof* ‖ **Federal Customs Office** [ZollW/ SteuerR] *Bundeszollverwaltung* ‖ **Federal Data Protection Commissioner** *Beauftragter des Bundes für den Datenschutz* [EDV] *Bundesbeauftragter für den Datenschutz* [BfD] ‖ **Federal Data Protection Law** *Bundesdatenschutzgesetz* [BDSG] ‖ **Federal Emplyment Office [or: Agency]** *Bundesanstalt für Arbeit* [Abbr] *BfA* ‖ **Federal Equalization of Burdens Office** *Bundesausgleichsamt* ‖ **Federal finance authorities** *Bundesfinanzbehörden* [Art. 108 Abs. 1 GG] ‖ **Federal Finance Court** [Jus/D] *Bundesfinanzhof* ‖ **Federal Gazette** *Bundesanzeiger* [Abbr] *BAnz* —> Official Gazette of the Federal Republic [of Germany] vom Bundesminister der Justiz herausgegebenes amtliches Verkündigungsblatt, untergliedert in amtlichen Teil [Verkündigungen und Bekanntmachungen der Bundesregierung, soweit nicht im Bundesgesetzblatt veröffentlicht], einem nicht-amtlichen Teil sowie einem Teil für gerichtliche und sonst. Bekanntmachungen. ‖ **Federal Government** *Bund* [BRD] Bund als Gesamtoberhoheit gegenüber den Ländern —> Länder Governments ‖ **Federal Indemnification Law** *Bundesentschädigungsgesetz* [Abbr] *BEG* Gesetz über Entschädigung von Personen, die aufgrund Rasse, Glaubens oder Weltanschauung durch das nationalsozialistische Regime geschädigt wurden (—> Wiedergutmachung). —> Federal Reparations Law ‖ **Federal Industrial Tribunal** *Bundesarbeitsgericht* [Abbr] *BAG* Supreme —> labour court (in Kassel) ‖ **federal institute** *Bundesanstalt* —> federal agency ‖ **Federal Labour Court** *Bundesarbeitsgericht* [Abbr] *BAG* Sitz in Kassel, oberstes Arbeitsgericht :: supreme labo[u]r court ‖ **Federal Law Gazette** *Bundesgesetzblatt* [Abbr] *BGBl* ‖ **federal loan** *Bundesanleihe* [USA] government bond ‖ **federal office** *Bundesamt* ‖ **Federal Patents Court** [Jus/D] *Bundespatentgericht* ‖ **Federal Public Prosecutor** *Bundesanwalt* ‖ **Federal Public Prosecutor's Office** *Bundesanwaltschaft* ‖ **Federal Reparations Law** *Bundesentschädigungsgesetz* —> syn.: Federal Indemnification Law ‖ **Federal Republic** *Bund* [als Bundesrepublik Deutschland, als Gesamtoberhoheit gegenüber den Ländern —> Länder Governments ‖ **Federal Republic, Länder and districts** *Bund, Länder und Gemeinden* —> Federal and Länder Governments and local authorities ‖ **Federal Revenue Administration** [ZollW] *Bundesfinanzverwaltung* ‖ **Federal Social Court** [Jus/D] *Bundessozialgericht* ‖ **Federal Spirits Monopoly Administration** [ZollW] *Bundesmonopolverwaltung für Branntwein* ‖ **Federal Statistical Office** *Stati-*

stisches Bundesamt ‖ **Federal Statutes** [USA] *Bundesgesetze* ‖ **Federal Supervisory Office for Insurance Companies and Bausparkassen** *Bundesaufsichtsamt für das Versicherungs- und Bausparwesen* [Abbr] *BAV* ‖ **Federal tax** *Bundessteuer* z. B. surtax in den USA

federation [StaatsR] *Bund* ‖ *Bundesstaat* ‖ **federation of communes** [VwO/D] *Verwaltungsgemeinschaft* —> association of communes

fee *Gebühr* ‖ **fee due date** *Fälligkeitstag des [Garantie-]Entgelts* ‖ **fee simple** *Eigentum an Immobilien* ‖ *unbeschränktes Grundeigentum* fee oder fee simple üblicherweise Grundbesitz, generell jede Sache, über die eine Person auf unbestimmte Zeit Herrschaftsrecht ausübt [der insbesondere vererbbar ist] ‖ **fee simple absolute** *unbeschränktes Grundstückseigentumsrecht* fee simple absolute is an estate limited absolutely to a man and his heirs and assigns forever without limitation or condition. An absolute or fee-simple estate is one in which the owner is entitled to the entire property with unconditional power of disposition during his life, and descending to his heirs and legal representatives upon his death intestate :: *ein zeitlich unbefristet und unbeschränkt ausschließliches Eigentumsrecht. Der Berechtigte hat bei absolute oder fee-simple estate das volle Eigentumsrecht zu Lebenszeiten, das [bei nicht testamentarisch geregelter Erbfolge] auf* die *Erben und Rechtsnachfolger übergeht.* ‖ **fee simple conditional** *beschränktes Grundstückseigentumsrecht* Type of transfer in which grantor conveys fee simply on condition that something be done or not done. A defeasible fee which leaves grantor with right of entry for condition broken, which right may be exercised by some action on part of grantor when condition is breached. At common law an estate in fee simple conditional was the fee limited or restrained to some particular heirs, exclusive of others. But the state "De donis" converted all such estates into estates tail —> fee tail :: *ein Eigentumsrecht, daß vom Berechtigten nur gegen Erfüllung einer Auflage übertragen wird [verfällt bei Nichterfüllung]. Im Common Law wurde das bedingt übertragene Eigentumsrecht auf besonders bezeichnete unter Ausschluß anderer Erben beschränkt.* ‖ **fee simple deed guarantee** *Grundstückskaufvertrag mit Auflassung, Rechtsmängel-/Gewährleistungsversprechen* ‖ **fee simple with fully statutory covenants** *Grundstücksauflassungsurkunde mit voller Rechtsmängelgewährleistung des Grundstücksveräußerers* ‖ **owner in fee simple** *unbeschränkter Grundstückeigentümer* ‖ **estate in fee simple** *Eigentum an Immobilien*

feedback *Feedback* ‖ [Komm] *Rückkopplung*

feeder service [Mar] *Zubringerdienst [im Containerverkehr]*

felony *Verbrechen* —> crime

female labour force [Stat] *Frauenerwerbsquote*

feme covert *verheiratete Frau* ‖ **feme sole** *unverheiratete Frau*

FEPC *Kommission zur Überwachung der Nichtdiskriminierung von Arbeitern und Angestellten bei ihrer Einstellung und Beschäftigung* —> **Fair-employment-Practices-Committee**

feticide *Kindestötung* —> prolicide

FGG [BRD] *Gesetz über die Angelegenheiten der freiwilligen Gerichtsbarkeit* :: **Law concerning matters of non-contentious litigation**

fiducial *Vergleichs [...]* ‖ *vertrauend* ‖ *vertrauensvoll*

fiduciary *Betrauter* ‖ *Vertrauensmann* ‖ *fiduziarisch* —> treuhänderisch ‖ *Treuhänder* —> truster. a person who holds s.th. in trust, i.e. acts in a capacity [involving confidence] ‖ **fiduciary property** *treuhänderisches Eigentum*

field *Feld* ‖ *Flur* ‖ **field damage** *Flurschaden* ‖ **in the field of [...]** *im Bereich von [...]*

Fifo *Fifo* [Buchf] **First-in First-out** Steuerrechtlich zulässiges Bewertungsverfahren bei fallenden Anschaffungspreisen [Einstandspreisen]. Bewertet wird das Vorratsvermögen [zu Preisen der zuletzt gekauften Waren] unter der Annahme, daß zuerst gekaufte Waren auch zuerst verbraucht worden sind —> Lifo

figurehead roles [Psych/Soz] *[Rolle der] Repräsentationsfigur*

to file *einreichen* ‖ to make an application for a patent ‖ to apply for ‖ to file for a patent ‖ **to be on file** *aktenkundig sein*

to fill *füllen*

film shows [VergnügungsStG] *Filmvorführungen*

final *Schluß[...]* ‖ *final* ‖ *letzt[...]* ‖ **final act** [VölkR] *Schlußakte* ‖ **final offer** *letztes Angebot* [Man/Org/ArbR] offer of the employers' representatives in the negotiating committee put to the vote in the unions (i.e. Tarifkommission :: full negotiating committee) ‖ **final payment** [SteuerR/D] *Abschlußzahlung* ‖ **final resort** [Man/Org/ArbR] *letztes Mittel* im Arbeitskampf bei Tarifauseinandersetzungen z.B. Streik

finance *Finanz[...]* ‖ **finance bill** *Finanzwechsel* —> Leerwechsel. Ein Wechsel, dem kein Warengeschäft zugrundeliegt, sondern nur der Geldbeschaffung dient. Darf nicht diskontiert werden. Gegensatz: Warenwechsel ‖ **finance committee** [BetrVG] *Wirtschaftsausschuß* ‖ **finance company** *Finance Company* [Leas] Eine im deutschen Bankwesen unbekannte Institution des amerikanischen Kreditwesens, die neben einer Vielzahl von Kreditformen auch Leasing in allen Formen anbietet ‖ **Finance Court** [Jus/D] *Finanzgericht* ‖ **finance lease** [Leas] *Finanzierungs-Leasing* [Abbr] *FL* syn.: financial leasing. Mittel- bis langfristige Vermietung von Investitionsgütern mit i.d.R. unkündbarer Grundmietzeit durch Gesellschaften, die die Mietobjekte für von vorneherein feststehende Mieter anschaffen oder herstellen, wobei die Objekte nach den Forderungen und Bedürfnissen der Mieter ausgerichtet werden und Mieter objektbezogene Risiken trägt ‖ *Grundmietvertrag* [Leas] —> Finanzierungsleasing Leasingvertrag, über einen Mindestzeitraum, der zur Amortisierung der gemieteten Anlage ausreicht. ‖ **finance leasing company** [Leas] *[produktunabhängige] Leasing-Gesellschaft*

financial *finanziell* ‖ *Finanz[...]* ‖ *Kassen[...]* ‖ **financial assets** [Bil] *Finanzanlagen* ‖ [Finanzanlagen - Vermerk:] **The information demanded in accordance with Section 285 No. 11 of the German Commercial Code has been compiled in a schedule of business interests and deposited with the Commercial Register of the Hamburg District Court under Deutsche BP AG's registration number (HR 8243).** :: *Die in § 285 Nr. 11 HGB verlangten Angaben sind in einer gesonderten Aufstellung des Anteilsbesitzes erfaßt worden und werden beim Handelsregister des Amtsgerichs Hamburg unter der Registernummer der Deutschen BP AG (HR 8243) hinterlegt.* ‖ **financial burdens imposed by the war** [SteuerR/D] *Kriegsfolgelasten* ‖ **extraordinary financial burdens** [SteuerR/D] *außergewöhnliche Belastungen* ‖ **Germany as a financial centre** *Finanzplatz Deutschland* ‖ **financial committee** *Finanzausschuß* ‖ **financial credit** *Barkredit* ‖ *Kassenkredit* ‖ **financial deficit** *Finanzierungssaldo* ‖ **financial equalisation** [SteuerR/D] *Finanzausgleich* ‖ **financial futures** [Bör] *Finanzterminkontrakte* ‖ *Termingeschäft in Finanzinstrumenten* erstmals Mai 1972 in den USA, steigende Bedeutung aufgrund schwer kalkulierbarer Zins- und Währungsschwankungen auf intern. Finanzmärkten. Ziel entweder Gewinnerzielung durch Spekulation oder Risikoausgleich. Ort, genauer Liefertermin, Kontraktmenge und Warengattung sind standardisiert. Gegenstand sind Aktien, Optionen, Indices, Devisen, Edelmetalle etc., Kontrakte werden i.G.z. herkömml. Terminkontrakt nicht tatsächl. erfüllt, sondern durch Gegengeschäft vor Fälligkeit glattgestellt (durch Verkauf erworbener Kontrakte oder Rückkauf leerverkaufter Kontrakte. In [BRD] an der Deutschen Terminbörse seit Ende 1990 Handel auf eine fiktive 6%ige Bundesanleihe und Futurehandel auf den DAX. ‖ **financial guarantee** *Garantie für einen gebundenen Finanzkredit* [Ex] —> Eximbank ‖ **financial authorization** :: *Garantiezusage für einen gebundenen Finanzkredit* ‖ **non U.S.- financial institutions** *Institute des finanziellen Sektors* ausländische Niederlassungen nordamerikanischer Banken, Investmentbanken, Handelsgesellschaften etc. *außerhalb der USA* —> Kreditinstitute :: banking firms || **financial leasing** *Financial-Leasing* —> syn.: finance lease || **financial management** *Finanzierung* || *Finanzwirtschaft* —> syn.: business finance || **international financial markets** *internationale Finanzmärkte* || **short-term financial planning** *kurzfristige Finanzplanung* i.d.R —> syn.: Liquiditätsplanung || **financial portion** *Finanzierungsquote* verbleibender Restschuldsaldo nach Abzug der Anzahlung auf den Kaufpreis durch den Käufer :: balance remaining after deducting the buyer's down payment from the total contract price || **financial ratio** *finanzwirtschaftlich [relevante] Kennzahl* || *Verhältniszahl* z.B.: PER :: KGV || **financial relations with foreign banks** [Bbank] *Finanzbeziehungen mit ausländischen Banken* || **financial services** *Finanzdienstleistungen* || **financial statements** *Abschluß* —> *Jahresabschluß* || **annual financial statements** *jährliche Finanzaufstellung* —> Jahresabschluß || **financial straits** *Finanznot*

financially connected *fianziell [mit anderen Unternehmen] verbunden* Unternehmen mit denen ein wirtschaftlicher Zusammenhang | ein Beteiligungsverhältnis besteht

financing *Finanzierung* || **short-term arrangement** [Bil] *kurzfristige Finanzierungen* || **financing by accrued depreciation** *Finanzierung aus Abschreibungen* Finanzierungsart für Abschreibungsgegenwerte, die dem Unternehmen über den Preis der verkauften Waren oder Dienstleistungen wieder zufließen. i.G.z. Selbstfinanzierung wird dadurch kein neues Eigenkapital gebildet. || **financing from depreciation-generated funds** *Finanzierung aus Abschreibungen* —> syn.: financing by accrued depreciation || **financing paper** [Bbank] *Finanzierungspapier* || *Geldmarktpapiere, Schatzwechsel und unverzinsliche Schatzanweisungen (U-Schätze), die von öffentlichen Haushalten (Bund, Länder, Bundespost, Bundesbahn) zur Überbrückung von Kassendefiziten (=Kassenverstärkungskredite) nach Abstimmung mit der Bbank ausgegeben werden.* || **financing requirements** *Finanzierungsbedarf* || **financing with [or: by/out of] retained earnings** || earnings retention || profit retention *Gewinnthesaurierung* —> syn.: Selbstfinanzierung || **debt financing** *Finanzierung mit Fremdkapital* —> Fremdfinanzierung || **non-recourse financing** *regreßlose Finanzierung* The purchase by a bank of a client's (exporter's) note, draft or other evidence of payment without such client's obligation to refund the purchase money should the note, draft or other evidence of payment be unpaid when it falls due

finding *Feststellung* [bei Gericht]

fine-cut tobacco *Feinschnitt*

fines [Steuer/StrafR] *Bußgelder* || [BetrVG] *Zwangsgeld*

finished products and merchandise [Bil] *fertige Erzeugnisse und Waren*

FIO *FIO-Klausel* **"free in and out"** Vereinbarung i.d.R. im Chartervertrag, bei der die Kosten für Laden und Stauen bzw. Löschen vom Befrachter bzw. Empfänger (d.h. nicht vom Reeder) getragen werden —> Linerterm

fire brigade levy *Feuerwehrabgabe* ‖ **fire protection tax** *Feuerschutzsteuer*

firm's stamp *Firmenstempel*

first *erst* ‖ *erststellig* ‖ *erstrangig* ‖ **first mortgage credit** [first mortgage loan] *erststelliger Hypothekarkredit* ‖ *erstrangiger Hypothekarkredit* ‖ **first registration for operation of a passenger car** [SteuerR/D] *Erstzulassung des PKW*

fiscal *Fiskal[...]* ‖ *fiskalisch* ‖ *steuerlich* ‖ *Abgaben[...]* ‖ **fiscal administration** [SteuerR/D] *Finanzverwaltung* ‖ **fiscal agent** *Fiscal Agent* gemeint ist die Tätigkeit [der Bundesbank] für öffentliche Verwaltungen als Mitwirkung bei der Abwicklung des bargeldlosen Zahlungsverkehrs von Bund und Ländern sowie bei der Aufnahme von Krediten jeder Art an den Kreditmärkten und Kurspflege öffentlicher Anleihen. ‖ **fiscal charges on commercial vehicles** [SteuerR] *Abgaben für Nutzfahrzeuge* ‖ **Fiscal Code** *Abgabenordnung* [SteuerR] [Abbr] *AO*; Rahmengesetz, das die abgabenrechtlichen Vorschriften zusammenfast, umfassende Neuregelung des allgemeinen SteuerR einschließlich Verfahrensrechts, Vollstreckung und außergerichtlichen Rechtsbehelfsverfahren sowie StrafR und Bußgeldvorschriften. Steuergesetze im einzelnen regeln, in welchen Fällen welche Steuern anfallen, während AO regelt, in welcher Weise dies geschieht. Geltung für alle Steuern (auch Zölle und Abschöpfungen) sowie Steuervergünstigungen. Auch Anwendung für Erhebung von Abgaben aufgrund landesrechtlicher Vorschriften. ‖ **fiscal courts** *Finanzgerichtsbarkeit* ‖ [SteuerR] **jurisdiction in tax matters is vested in the fiscal courts** :: *Steuerrechtsprechung ist Aufgabe der Finanzgerichtsbarkeit* ‖ **fiscal evasion** *Steuerersparnis* [strafbewehrt] —> *Steuerflucht* ‖ *Steuerhinterziehung* ‖ **fiscal jurisdiction of the Reich** *Steuerkompetenz des Reichs* ‖ **Fiscal Planning Council** *Finanzplanungsrat* [Bbank] Beratendes Gremium der Bundesregierung, gibt Empfehlungen für die Koordinierung der Finanzplanungen des Bundes, der Länder und Gemeinden ‖ **fiscal territory** [SteuerR] *Erhebungsgebiet*

fishery-limiting agreement [Mar] *Fischereiabkommen*

fishing tax [SteuerR/D] *Fischereisteuer*

fit, to think ~ *nach eigenem Ermessen*

fitness *Eignung* ‖ **[warranty for] fitness of a particular purpose** *Eignung für einen bestimmten*

Zweck

fittings *Zubehör* —> fixtures

fixed *fest* || *angelegt* || *festgesetzt* || **fixed assets** [Bil] *Anlagevermögen* || **fixed assets leasing company** [Leas] *Immobilien - Leasing - Gesellschaft* || **tangible fixed assets** [Bil] *Sachanlagen* || **fixed income bond** [InvF] *Rentenversicherungssparbrief mit gleichbleibender Einkommensausschüttung* || **fixed place of business** *feste Geschäftseinrichtung* || **fixed-income dollar bonds** *festverzinslichen Dollaranleihen* || **fixed-interest securities** *festverzinsliche Wertpapiere* || *Rentenwerte*

fixtures and fittings *Einbauten und Zubehör* introduced by a tenant upon leasehold property :: *bei Pachtverhältnissen vom Eigentümer eingebracht*

FL [Abbr] *Finanzierungsleasing* :: **finance lease**

flag of convenience *Billigflagge* [Mar] [Abbr] **FOC**

flags and pennants *Flaggen und Wimpel* [Bör] trendbestätigende Formation des Sekundärtrends bei der Chartanalyse. Nach starkem Anstieg über einen Zeitraum von ca. drei Wochen verharren die Kurse einige Zeit in einer leichten Abwärtsbewegung **flag** oder Seitwärtsbewegung **pennant** mit starkem Umsatzrückgang.

flat *flach* || *platt* || *gleichbleibend* || **flat car** *Plattformwagen* || **flat rate tax** [SteuerR] *gleichbleibender Steuersatz* || **flat-rate allowance for provident expenses** [SteuerR/D] *Vorsorgepauschale* || **flat-rate-lease** [Leas] *Netto-Leasing* —> net lease

fleet *Fuhrpark* || **fleet leasing** [Leas] *Fleet-Leasing* || syn.: *Flottenleasing* Leasing von mehr als 10 Kraftfahrzeugen || **fleet works council** [BetrVG 116 (1)] *Seebetriebsrat*

flexi-time [Man/Org/ArbR] *flexible Arbeitszeit* || *gleitende Arbeitszeit* || *Gleitzeit*

flexible *flexibel* || *gemischt* || **flexible bond** [InvF] *[Zertifikat eines] gemischten Versicherungsfonds* || **flexible package** [Verp] *Weichverpackung* || **flexible [arrangement] in working hours** *Flexibilisierung der Arbeitszeit*

flight from taxation *Steuerflucht*

floater *Wechselwähler* [GB] syn.: floating voter

floating market rates *flexible Marktzinssätze* The rates of interest charged by commercial banks for loans extended to their customers. These commercial rates are linked to the prime lending rates. || **floating rate note** *Floating Rate Note* [Bör] [Abbr] **FRN[s]** || *Anleihen mit variablem Nominalzins am internationalen Kapitalmarkt*

‖ **floating rental rate** [Leas] *gleitender Mietsatz*

floor *Floor* ‖ [Bör] *Zinsuntergrenze [variabler Anleihen]* ‖ *New Yorker Börsensaal*

flotsam *Treibgut* Goods [not deliberately thrown overboard] which float on the sea when a ship is sunk —> jetsam :: *Strandgut*

flow statement *Kapitalflußrechnung* [arch] heute: statement of changes in financial position

FNL [Abbr] *Fünf Neue Länder*, i.e. die zur "alten Bundesrepublik" hinzugekommenen Bundesländer der ehemaligen DDR :: Five New Länder, i.e. the so-called "new Länder" formerly pertaining to East Germany [German Democratic Republic] *Brandenburg, Freistaat Sachsen, Sachsen-Anhalt, Thüringen, Mecklenburg-Vorpommern*

fob/fob [Abbr] **free on board/free off board** :: *frei an Bord und wieder frei von Bord*

FOC countries [**Flag of convenience**] [Mar] *Billigflaggenländer*

foil [Verp] *Folie*
folding sizes [Verp] *Legemaß*

folio *Band* ‖ **entered and compared in ... Folio ..., this ... day of ..., 19..** :: *Eingetragen und verglichen in ... Band ... 19..*

food *Lebensmittel* ‖ **food labelling regulations** *Lebensmittel-Kennzeichnungsverordnung* ‖ **food laws** *Lebensmittelrecht* ‖ **food, beverages and tobacco** *Nahrungs- und Genußmittel*

foodstuffs or semi-luxuries *Lebens- und Genußmittel*

foot *Fuß* [GB / Längenmaß] **1 ft =** *30,38 cm* [pl.: feet]

football-pool betting [RennwLottG] *Fußballtoto*

forbearance *[zivilrechtliche] Unterlassung* ‖ **act of forbearance** :: *Tun oder Unterlassen*

force *Wirkung* ‖ *Kraft* ‖ **binding force** *Bindungswirkung* —> binding authority ‖ **legal force** *rechtskräftig* d.h. z.B.: Urteil ‖ unabänderlich (=res judicata) ‖ **to remain in force for an unlimited time** *zeitlich unbegrenzt in kraft* ‖ *unbefristet in kraft*

fore-matron *Sprecherin der Geschworenen* —> foreman [m.] :: *Obmann*

to forecast [Bil] *prognostizieren* ‖ [Stat] *Soll[wert]* ‖ [**management**] **forecast** *Prognose*

forecasting *Prognose* —> syn.: cash planning :: *Liquiditätsplanung*

foreclosure *Recht des Hypothe-*

kengläubigers, sich bei Leistungsverzug des Schuldners aus dem Grundstück zu befriedigen [USA] Schuldner verliert dabei alle Ansprüche [strict foreclosure]

foregoing shall apply mutatis mutandis to ... *entsprechendes gilt für ...*

foreign *auswärtig* ‖ **Ministry of Foreign Affairs** *Außenministerium* ‖ *Auswärtiges Amt* ‖ *Auswärtige Angelegenheiten* ‖ **foreign commitments of the highly indebted developing countries** *Auslandsverbindlichkeiten der hochverschuldeten Entwicklungländer* ‖ **foreign content** *Auslandsanteil* ‖ **Foreign Credit Insurance Association** *Auslandskreditversicherungs-Gesellschaft* FCIA is an organization of some fifty of US leading marine, property and casualty insurance companies. It was organized in 1961 to enable US exporters to compete on more favourable terms with exporters in other countries and thus effectively to contribute to the expansion of US exports. The Association offers insurance coverage for commercial credit risks, and, under contract, serves as agent for political risk insurance coverage which is offered exclusively by Eximbank. Together they insure the very broad risk of non-payment for products or services sold to a foreign buyer —> HERMES ‖ AKA ‖ GEFI ‖ **foreign currency bonds** *Fremdwährungsanleihen* ‖ **strong foreign demand** *kräftige Auslandsnachfrage* ‖ **foreign exchange arrangements** *Zahlungsverkehr mit dem Ausland* ‖

foreign exchange markets *Devisenmärkte* ‖ **foreign exchange movements** [Bbank] *Devisenbewegungen* ‖ **foreign exchange spot deal** *Devisenkassageschäft* [Bbank] Entsprechend den vertraglichen Vereinbarung über den Zeitpunkt der Erfüllung eines Devisengeschäfts unterscheidet man zwischen Devisenkassa- und Devisentermingeschäften. Dabei gelten die "sofort" (d.h. mit einer Valutierungsfrist von 2 Tagen) zu erfüllenden Abschlüsse als Kassageschäft ‖ *Devisenkassahandel* [Bbank] —> Devisenkassageschäft ‖ **foreign exchange swaps** *Devisenswap* Bbank verkauft für kurze Fristen Devisen - faktisch immer Dollar -, die von Kreditinstituten nach Ablauf der Frist zu einem festgesetzten Kurs wieder zurückgekauft (=zurückgegeben) werden. Vorteil liegt für Bbank in der Schaffung bzw. Abschöpfung von Zentralbankgeld. ‖ **foreign exchange transaction under repurchase agreement** *Devisenpensionsgeschäft* [Bbank] bes. Form des Pensionsgeschäfts. Bbank kauft den Kreditinstituten best. Vermögenswerte wie Wechsel, Wertpapiere, Devisen - in der Gegenwart ab oder dient diese mit der Maßgabe an, daß diese Geschäfte zu einem genau festgelegtem Zeitpunkt sowie zu einem vorher fest vereinbarten Kurs oder Zinssatz wieder rückgängig gemacht werden. Kombination aus Kassageschäft mit gegenläufigen Termingeschäft, wobei Zins (als Differenz zwischen Kassa- und Terminkurs) und Zeitpunkt des Rückkaufs vorher fest vereinbart wird. Bei D. stellt sie Zentralbankgeld zur Verfügung. Es werden jedoch nicht effektiv Devisen in Pension gegeben, sondern Bbank tritt nur für die vereinbarte Zeit ihren Herausgabeanspruch an die Banken ab, d.h. es werden Ansprüche in Pension genommen. Devisenbestände bleiben unberührt, Geschäftsbanken zahlen DM-Gegenwerte an Bbank. Vorteil gegenüber Devisenswaps sind geringere Transaktionskosten, da keine Geldmarktanlagen der Bbank in USA aufzulösen sind. || **foreign investment in Germany** *ausländische Anlagen im Inland* || **Foreign Office** [GB] *Außenministerium* —> [USA] **State Department** || **foreign sales** *Auslandsumsatz* || **Foreign Secretary** *Außenminister* || **foreign securities** *ausländische Wertpapiere* || **foreign subsidiaries** *ausländische Kreditinstitute* —> Kreditinstitut :: banking firms || **foreign trade** *Außenhandel* || **foreign trade advisor** [AuxT] *Außenhandelsberater*

foreman [Man/Org] *Vormann* || *Vorarbeiter* [BRD] *Meister* [kein Titel im Rechtssinn] darf sich nur nennen, wer die Meisterprüfung bestanden hat [§ 51 HandwO /Handwerksmeister]. Andere Bezeichnungen sind gesetzlich nicht geschützt, z.B. Werkmeister, Maschinenmeister [aber: geprüfter Industriemeister] —> master artisan || master craftsman || **foreman of the Jury** *Obmann der Geschworenen* forematron [f.] [Jus/D] "*Geschworene*" arch. Bezeichnung für ehrenamtliche Richter beim Schwurgericht, heute *Schöffen* [wie übrige ehrenamtliche Beisitzer der Strafgerichte

foreperson [ArbR] *Vorarbeiter* syn.: foreman :: *Vormann*

forestry official *Forstbediensteter*

to forfeit *einbüßen* || *verwirken* || *verfallen* || *einziehen* to loose a right by offence or crime or error or fault || **to forfeit a sum** :: *einen Betrag einbüßen* || **the security shall be forfeited** :: *die Kaution verfällt* || **he forfeited his property** :: *sein Vermögen wurde eingezogen*

forfeiture *Verwirkung* || *Verlust von Eigentum oder Rechten als Folge bestimmten Tuns oder Unterlassens* —> Vertragsstrafe

forgery of documentation *Falschbeurkundung* [ZollW] —> Urkundenfälschung

form *Vordruck* || *Muster* || *Art* || *Form* || **form of agreement** *kommentiertes Vertragsmuster* || **form of Formal Licence** *Muster einer formellen Lizenz* || **in customary form** *in üblicher Form* || **legal form** *Rechtsform* || *Rechtsform eines Unternehmens* syn.: legal structure

formal *förmlich* || **formal grounds** *Formerfordernisse* || || **on formal grounds** *aus Formgründen* [VölkR] **The Contracting States shall make no other formal requirements than those set out in this convention but a Contracting State may dispense with any of the requirements contained herein** :: *Die vertragsschließenden Staaten erlassen keine anderen Formerfor-*

formalities **forward rate**

dernisse als diejenigen, die in diesem Übereinkommen dargelegt wurden, jedoch ist ein Vertragsstaat nicht verpflichtet, die Beachtung aller Vorschriften, die in diesem Übereinkommen angeführt sind, vorzuschreiben. ‖ **formal notice** *förmliche Mitteilung* ‖ *schriftliche Aufforderung*

formalities *Formvorschriften* ‖ **formalities required** *Formerfordernisse* ‖ [selten] *Formalitäten* ‖ [PatR] **European Convention relating to the Formalities required for the Patent applications** :: *Europäisches Übereinkommen über die Formerfordernisse bei Patentanmeldungen*

formation of [...] *Bildung von* [...]

formations *Formationen* ‖ [Bör] In der Chartanalyse sich bildende Figuren aus der Kurskurve ‖ **Double top** :: *Doppelspitze. Trendumkehrformation.* Nach hohem Kurswert starker Einbruch im Abstand mehrerer Monate. ‖ **broadening top** :: *umgekehrtes Dreieck.* Umkehrformation, gilt als Signal für starke Kurseinbrüche ‖ **rectangle** :: *Rechteck.* Formationen, die einen Trend bestätigen oder umkehren. Mit abnehmendem Volumen pendeln die Kurse zwischen zwei waagrechen Linien hin und her. ‖ **triangles** :: *Dreiecke* ‖ **symmetrical triangle** :: *symmetrisches Dreieck* ‖ **ascending triangle** :: *Aufwärtsdreieck* ‖ *aufsteigendes Dreieck* ‖ **descending triangle** :: *Abwärtsdreieck*

forthwith *sofort* ‖ *unverzüglich* ‖ **all rights shall forthwith revert to** [...] :: *alle Rechte fallen unverzüglich zurück an* [...]

to forward *schicken* ‖ *zusenden* ‖ *zuleiten* ‖ *übersenden* ‖ *zukommen lassen* ‖ *übergeben* ‖ **to put forward** *vorbringen* [bei Gericht] ‖ *vorschlagen* ‖ [Sitzung] *vorverlegen*

forward discount *Deport* [Bbank] [Bör] Im Devisenterminhandel der Unterschied zwischen dem Kassakurs und dem Terminkurs einer Währung, wenn diese per Termin unter dem Kassakurs gehandelt wird

forward exchange rate *Devisenterminkurs* [Bbank] der Kurs [Preis], zu dem Devisentermingeschäfte abgeschlossen werden

forward market for loans *Kapitalmarkt* ‖ *Rentenmarkt* ‖ *Termingeldmarkt* Ausleihungen, deren Befristung mehr als 29 Tage beträgt [Zweimonats-, Dreimonats-, Halbjahres und Jahresgelder sowie Ultimogelder, sofern Laufzeit größer 29 Tage]. Fälligkeitstermin ist (gegenüber Tagesgeld) bekannt, längerfristige Disposition dadurch möglich.

forward premium *Report* [Bbank] [Bör] Wenn der Devisenterminkurs bei einer Währung über ihrem Kassakurs liegt, so bezeichnet man die positive Differenz als Report —> Deport

forward rate [of exchange] *Devi-*

senterminkurs [Bbank] —> forward exchange rate

forwarding agent *Spediteur* ‖ [Abbr] **FA** ‖ **forwarding agent's Certificate of Receipt** *Übernahmebescheinigung des Spediteurs*

found against the accused *schuldig sprechen* d.h. = guilty [= "convicted" als Schuldspruch der Jury] ‖ **found for the accused** *freisprechen* d.h. = not guilty [= "acquitted" als Schuldspruch der Jury]

founder *Gründer* —> promoter ‖ **founder 's stock** *Gründeraktien* —> promoter's stock

foundling *Findelkind* domicile of origin ist an dem Ort, wo es gefunden wird.

four directional management [Psych/Man] *Führung in vier Richtungen* —> to manage up, down, and across. The manager's task to get effective action from his peers, his subordinates, his superior and from himself.

four-star motor fuel *Superbenzin* super motor fuel

FPO [Abbr] **Free Post Office**

framework credit *Rahmenkredit*

franchise *Franchising* Vertriebsform für Handel- und Diestleistungsgewerbe. Der **franchisor** :: *Gründer des Franchising-Systems*

räumt dem **franchisee** :: *Vertriebspartner* das Recht ein, bestimmte Waren und/oder Dienstleistungen (unter Verwendung von Namen, Warenzeichen, sonstige Schutzrechte und Know-How) in einem best. Absatzgebiet anzubieten. Der Franchisee nutzt dabei vertraglich die entwickelte Organisations- und Absatzstruktur, bleibt jedoch selbständiger Unternehmer. Vorteil gegenüber dem Filialsystem ist die geringere Kapitalbindung, da u.a. Schaffung neuer Absatzwege entfällt

franchisee *Franchisee* —> Franchising

franchisor *Franchisor* —> Franchising

franking machine *Frankiermaschine*

fraud [StrafR] *Betrug* —> larcency

free *frei* ‖ **free alongside ship [named port of shipment]** *frei längsseits Schiff [benannter Verschiffungshafen]* [Abbr] **FAS** ‖ **free border** *frei Grenze* Käufer trägt Frachtkosten ab Grenze ‖ **free sale [certificate]** *Freiverkäuflichkeit[sbescheinigung]* ‖ **Free State of Bavaria** *Freistaat Bayern* [Bland/D] Freistaat war in der Weimarer Republik ursprünglich die Bezeichnung für —> Länder ‖ **free trade area** *Freihandelszone* sofern fälschlich für: *Freihandelsassoziation* der **European Free Trade Association** :: *Europäische Freihandelsassoziation*. ‖ *Freiverkehr* für Waren mit Ursprung aus dem geograph. Bereich einer Freihandelszone werden gegenüber den Partnerländern nicht mit Zöllen oder Abgaben gleicher Wirkung belegt, während gegenüber Drittländern Außenzolltarif und Zollpolitik der einzelnen Staaten erhalben bleiben —> Zollunion :: customs union || **European Free Trade Association** *Freihandelsassoziation, Europäische ~* [Abbr] **EFTA** || *"die Assoziation"* || **Latin American Free Trade Association** *Lateinamerikanische Freihandelszone* —> ALALC

freeboard certificate [Mar] *Freibordzeugnis*

freehold *Volleigentum* || *unbeschränktes Eigentum,* d.h. privatrechtlich das *unbeschränkte Herrschaftsrecht über eine Sache* [§§ 903 ff. BGB] An estate for life or in fee which must be immobile [i.e. property must be land or some interest issuing out of or annexed to land] and of indeterminate duration [at least the utmost term to which an estate can be fixed and determined].

freeholder *unbeschränkter Eigentümer* || *Inhaber eines unbeschränkten [auf Lebenszeit oder darüber hinaus durch Vererbung gültigen] Besitztitels an einer Sache mit unbeschränktem Herrschaftsrecht*

freight declaration [ZollW] *Anmeldung der Ladung*

fresh money *Neuaufnahme [von Krediten]* [IWF] i.R.d. mit dem IWF vereinbarten Sanierungsprogramms zur Umschuldung von Problemländern, z.B. durch Cofinanzierungen zur Entlastung des Länderrisikos

friendly society bond [InvF] *Sparbrief eines Kleinversicherungsvereins*

fringe benefits [PersW] *freiwillige Arbeitgeberleistungen* —> **company fringe benefits are payments to employees, composed of the base salary and additional benefits voluntarily paid by the employer** :: *freiwillige Arbeitgeberleistungen sind zusätzlich zum Grundlohn geleistete Zahlungen des Arbeitgebers an den Arbeitnehmer* || *Personalzusatzkosten*

FRN [Abbr] —> Floating Rate Note

from *von* || *ab* || **from this moment on** *ab sofort* || **from time to time disbursed** *jeweils zugezählt* —> Kreditbetrag, jeweils [...]

frontier waters [Mar] *Grenzgewässer*

frt. [Abbr] **freight** :: *Fracht*

frt. ppd. [Abbr] **freight pre-paid** :: *Fracht vorausbezahlt*

fructose [ZuckerStG] *Fruchtzucker*

fruit [SteuerR/D] *Obststoffe* || **fruit juice** *Obst- und Fruchtmoste* || **fruit wine** *Obst- und Fruchtwein*

164

‖ **yield of fruits** *Fruchtziehung*

ft. [Abbr] **full terms** :: *volle Bedingungen*

fuel *Brennstoffe* ‖ **fuel oil tax** [SteuerR/D] *Heizölsteuer*

full *voll* ‖ *umfassend* ‖ *ganz* ‖ *erreicht* ‖ **full age** *Volljährigkeit* [GB] Beginn der Volljährigkeit mit Vollendung des letzten Tages des 18. Lebensjahres —> Jugendlicher —> Heranwachsender —> juvenile —> legal age ‖ **full discussion** *eingehende [umfassende] Erörterung* ‖ **full negotiating committee** [Man/Org/ArbR] *Tarifkommission [der Gewerkschaften]* —> joint negotiating committee ‖ **full service lease** [Leas] *Full-Service-Leasing* Leasing-Geber übernimmt die Instandhaltung, Wartung und Unterhaltung des Leasing-Objekts ‖ **full title** *unbeschränktes Eigentum* —> *Volleigentum* [= fee simple ‖ [GB] freehold ‖ **full-payment lease** *Finanzierungs-Leasing* lease which returns to the lessor the full cost of the assets, the cost of financing and administering the asset, and a satisfactory return on investment ‖ **full-payout lease** [Leas] **full-pay-out-leasing** Leasing-Geber kann während der Grundmietzeit aus den vereinbarten Mietraten die Investitionskosten für das Leasingobjekt in voller Höhe amortisieren ‖ **full payout lease with purchase option** [Leas] *Vollamortisationsvertrag mit Kaufoption* ‖ **full payout lease with renewal option** [Leas] *Vollamortisationsvertrag mit Mietverlänge-*

rungsoption ‖ **full payout lease without option** [Leas] *Vollamortisationsvertrag ohne Option* ‖ **full payout movable asset lease** [Leas] *Mobilien-Vollamortisationsvertrag*

functional *funktionell* ‖ **functional area strategy** *Unternehmensteilbereichsstrategie* ‖ **functional authority** *funktionelle Weisungsbefugnis* power assigned to a position ‖ **functional commission** *Fachkommission*

fund *Kasse* ‖ **pension fund** :: *Pensionskasse* —> funds

fundamental analysis *Aktienanalyse* ‖ *Fundamentalanalyse* Methoden der Aktienanalyse, mit denen versucht wird, den inneren Wert der Aktie zu bestimmen.

funded debt *Rentenanleihen* —> government securities without date of repayment :: *Regierungsanleihen ohne Tilgungszwang* [Frist]

funding activities *Refinanzierung*

funds [flow] statement [arch] *Kapitalflußrechnung* heute: **statement of changes in financial position**

furlong [GB] *Längeneinheit*: 1 furlong = 201,168 m

to furnish *ausstellen* to give a bond :: *Schuldschein ausstellen* ‖ **to furnish with** *übermitteln* ‖ *beibringen* ‖

zur Verfügung stellen ‖ *geben* ‖ [VölkR] **The Government of [...] shall furnish each State party to the present convention with certified copies of the instruments of ratification** :: *Die [...] Regierung übermittelt jedem Vertragsstaat beglaubigte Abschriften der Ratifikationsurkunde* —> übermitteln ‖ **to furnish a written statement** :: *einen schriftlichen Bericht vorlegen*

further *ferner* ‖ *weiter* ‖ *zusätzlich* ‖ *hinzu kommt* ‖ *erneut* ‖ **such further sum as will amount with [...] to a total equal to the said sum [...]** :: *Differenzbetrag zwischen der Gesamtsumme von [...] und der genannten Summe* ‖ **further rise** :: *erneuter Anstieg*

future *zukünftig* ‖ **right to future pension benefits** *Versorgungsanwartschaft* —> syn.: *Pensionsanwartschaft* —> pension

futures *Termingeschäfte* —> precious metal futures ‖ stock index futures ‖ currency futures ‖ financial futures ‖ hedging [leverage] ‖ spot

fuzzy set [Stat] *unscharfe Menge*

g.b.o. [Abbr] **goods in bad order** :: *Waren in schlechtem Zustand*

g.o.b. [Abbr] **good ordinary brand** :: *gute, gewöhnliche Sorte*

G/A [Abbr] **general average** :: *große Havarie*

GAAP *Grundsätze ordnungsmäßiger Buchführung* [Abbr] —> **generally accepted accounting principles**

GAAS [Abbr] **generally accepted autiding standards**

to gain *verdienen* ‖ *erreichen* ‖ *erlangen* ‖ *übergreifen* ‖ *sich verstärken* ‖ *Gewinn machen* ‖ *Profit machen* ‖ **to gain access to** *[sich] Zugang* | *Zutritt verschaffen zu* ‖ [coll] *herankommen an* (z. B. Daten aus Datenbanken) ‖ **to gain importance** *an Bedeutung gewinnen* ‖ **gain twist** [Bal] *Progressivdrall* ‖ **number of gainfully employed** *Erwerbstätige* ‖ *Zahl der Erwerbstätigen*

game warden *Jagdaufseher*

gaming casino *Spielbank* ‖ **public gaming casino** *Betrieb einer öffentlichen Spielbank* ‖ **gaming casinos levy** [VergnügungsStG] *Spielbankabgabe* ‖ **gaming machines** [VergnügungsStG] *Spielapparate*

Gantt chart *Balkendiagramm* [zur Projektanalyse]

gaps *Lücken* [Bör] in der Chartanalyse bei Balkencharts erkennbare Formation, die auf ein ausgeprägtes Ungleichgewicht zwischen Angebot und Nachfrage weisen. **breakaway gap** :: *Ausbruchslücke.* Beim Bruch einer Trendlinie auftretende Lücke ‖ **runaway gaps** oder **continuation gaps** ::

Fortsetzungslücken. Innerhalb einer sehr schnellen Auf- oder Abwärtsbewegung auftretende Lücken. ‖ **exhaustion gap** :: *Erschöpfungslücke* [Verkaufssignal]

garbage *Müll* ‖ *Abfall* ‖ **utility charge for garbage disposal** *Benutzungsgebühren für Müllabfuhr*

gas well *Erdgasvorkommen*

gas-discharge lamps [Tech] *Entladungslampen*

GATT *GATT* —> **General Agreement on Tariff and Trade** :: *Allgemeines Zoll- und Handelsabkommen*

gauge [Bal] *Kaliber*

gavel *Hammer* [des Auktionators oder des Richters] ‖ *Tribut* [GB] [arch] *Jährliche Abgaben* in verschiedenen Formen :: **gavel-corn** ‖ **gavel-malt** ‖ **oat-gavel** ‖ **gavel-fodder**, etc —> [SteuerR/D] **oats levy** :: *Haferabgaben* ‖ *Abgaben* —> *Tribut* ‖ *Steuer* ‖ *tax* ‖ *levy*

gavelkind tenure *Erbrecht an Grundbesitz* —> **tenure** :: *Lehensrechte*

gazetted, it has just been ~ *veröffentlicht* bei Gesetzen in [GB] schlägt der Clerk of the Parliament :: *Kanzleidirektor des Parlaments an das Bekanntmachungsbrett* :: noticing board an, daß die Zustimmung der Krone :: Royal Consent vorliegt, d.h. das Gesetz ist gültig. Publikation in der London Gazette. In der [BRD] nur "veröffentlicht"

GDR *DDR* [Abbr] **German Democratic Republic** :: *Deutsche Demokratische Republik* [bis zur Vereinigung Deutschlands am 3.10.1990 —> German]

geared bond [InvF] *Immobilienversicherungsfonds* —> **geared** [assurance] **fund** ‖ **geared** [assurance] **fund** *Versicherungsfonds* [InvF] [Immobilien] *Versicherungsfonds, der auch Fremdmittel zum Kauf von Anlagewerten einsetzt*

gearing *Hebelwirkung des Fremdkapitals* ‖ [InvF] *Multiplikatoreffekt des Fremdkapitals* (auf die Ertragslage des Eigenkapitals) ‖ *Verhältnis Eigenkapital-Fremdkapital* —> **Leverage-Effekt**

GEFI *GEFI* [Ex] *Gesellschaft zur Finanzierung von Industrieanlagen mbH*. Kreditgewährung nach gleichen Grundsätzen wie bei der —> AKA. Die Kreditlinien heißen hier jedoch Plafonds I, II und III.

general *allgemein* ‖ **General Agreement on Tariff and Trade** *Allgemeines Zoll- und Handelsabkommen* [Abbr] **GATT** *Förderung der Beschäftigung und allgemeinen Wirtschaftswachstum unter der Mitgliedern durch Zollabbau* [Zollrunden], *Prinzip der Meistbegünstigung, Abbau der Devisenbewirtschaftung etc*. ‖ **general application** *allgemeine Bestimmung*

‖ **laws of general application** *allgemeine [gesetzlich/rechtliche] Zuständigkeit* ‖ **general assembly** *Generalversammlung* plenary assembly :: Vollversammlung ‖ **general committee** *Präsidialausschuß* ‖ **general contractor** *Gesamtunternehmer* —> **prime contractor** ‖ **General Counsel** [USA] *Leiter der Rechtsabteilung* ‖ **General Economic Situation** *allgemeine Wirtschaftslage* ‖ **General Executive Manager** *Hauptgeschäftsführer* [eines Verbandes] ‖ **general jurisdiction** [Jus/D] *Amtsgericht* —> Lowest German Court of Record; Terminus ist keinesfalls mit "Country Court" o.ä. zu übersetzen ‖ **general management** [Man/Org] *allgemeines Management* ‖ **General Manager** *Generaldirektor* ‖ **general part** [BGB] *Allgemeiner Teil* ‖ **general partner** *persönlich haftender Gesellschafter* ‖ *Komplementär* in der Kommanditgesellschaft ‖ **general performance of** [...] [Bil] *Geschäftsverlauf der [...]* ‖ **general-purpose filament light bulb** [Tech] *Allgebrauchslampen*

generally accepted accounting principles *Grundsätze ordnungsmäßiger Buchführung* [BRD] Im wesentlichen nicht definierte Prinzipien der Rechnungslegung der AGs nach gesetzlichen Vorschriften, insb. §§ 148 ff. AktienG sowie § 149 Abs.1 AktienG (Jahresabschluß). [USA] Entwicklung von Vorschriften zur Rechnungslegung durch das Financial Accounting Standards Board (FASB). Ferner gibt es für börsennotierte Gesellschaften Rechnungslegungsvorschriften der am. Wertpapier- und Börsenaufsichtsbehörde SEC.

genocide *Völkermord*

geographical distribution [Stat] *örtliche Verteilung*

German *deutsch* ‖ *Deutscher* Staatsangehörigkeit nach Art. 116 GG ‖ **German Commercial Code** *Handelsgesetzbuch* [Abbr] *HGB* ‖ **German Confederation** *Deutsche Bund* [1820-1866] ‖ **German Customs Union** *Deutscher Zollverein* [SteuerR/1834] ‖ **German investment abroad** [Bbank] *Deutsche Anlagen im Ausland* ‖ **German Länder** *deutsche Bundesländer* ‖ **German model** [Man/Org/ArbR] *deutsches Modell* ‖ **German Reich** *Deutsches Reich* ‖ [...] what until October 3rd [1990] were the two German states *ehemaliges Ost- und Westdeutschland* bis zur Vereinigung Deutschlands am 3.10.1990 ‖ **German Stock Exchange Association** *Arbeitsgemeinschaft der Deutschen Wertpapierbörsen*

to get on with the job *sich etwas einfallen lassen*‖ *etwas fertigbringen* Wir lassen uns etwas für Sie einfallen :: We're getting on with the job for you [Werbeslogan]

GGO [Abbr] *gemeinsame Geschäftsordnung*

gift *Geschenk* ‖ **gift of honour**

[SteuerR/arc] *Ehrenabgaben* ursprünglich Abgaben an die Fürsten, die germanische Stammesangehörige aus ihrem Viehbestand und Ernteertrag leisten mußten || **gift parcel** [ZollW] *Geschenksendung* || **gift tax** [SteuerR/D] *Schenkungsteuer* || **liable to gift tax** [ErbR] *schenkungsteuerpflichtig*

Giro Association *Girozentrale*|| *Landesbanken* || *Spitzeninstitut und Zentralbank des Sparkassensektors* Funktion einer zentralen Verrechnungsstelle für den bargeldlosen Zahlungsverkehr sowie Refinanzierung der Sparkassen

to give notice of an appeal *ein Rechtsmittel einlegen* —> Rechtsbehelf

global *global* || *weltwirtschaftlich* || **global economic setting** [Bil] *weltwirtschaftliches Umfeld* || **global external value of the D-Mark** *globale Außenwert der DM* || **global money reserves** *Weltwährungsreserven* || **global trade-weighted external value of the D-Mark** *globale handelsgewichtete Außenwert der DM*

GNP *Growth National Product* **BSP** *Bruttosozialprodukt* —> gross —> brutto || **real GNP growth in the OECD countries was stronger than expected at approximately 3.5%, though not as marked as in the previous year (+4.3%)** :: *Sozialprodukt der OECD-Länder nahm mit etwa 3,5% kräftiger zu als erwartet, allerdings nicht mehr ganz so stark wie im Vorjahr (+4,3%)* || **GNP-based own resources** [SteuerR/EG] *BSP-Eigenmittel*

to go down *zurückgehen auf*

to go off well *günstiger Verlauf*

to go off the market *aus dem Angebot genommen werden*

to go out of print *nicht mehr als Neuauflage erscheinen* || *nicht mehr neu aufgelegt werden*

to go to law *Gerichtsverfahren einleiten*

to go to protest [WechselR/ScheckR] *zu Protest gehen* z.B. *einen Wechsel nicht honorieren* —> protest —> dishonoured bill

goal *Teilziel* || *Unternehmensziel* :: management objective || *Ziel* || **goals of the firm** || objectives [...] *Unternehmensziele* —> Aktionärsschutz || *Dividendenpolitik*

going value *Barwert* || **going value of the pension liability** *Barwert der Pensionsverpflichtung* —> besser: Teilwert der Pensionsverpflichtung || *Teilwert der Pensionsverpflichtung* syn.: going-concern value. Teilwert ist der Betrag, den ein Erwerber des ganzen Betriebs i.R.d. Gesamtkaufpreises für das einzelne Wirtschaftsgut ansetzen würde, dabei ist davon auszugehen, daß der Erwerber den Betrieb fortführt [§6[1] EStG], d.h. analog der Betrag, den der Erwerber eines Betriebs für eine zu übernehmende Pensionsverpflichtung i.R.d. Gesamtkaufpreises in Ansatz bringen würde, im wesentl. der Barwert :: present value der Pensionsverpflichtung

going-concern value *Teilwertabschreibung* —> write-down to the going value || **going-concern value of the pension liability** *Teilwert der Pensionsverpflichtung* —> syn.: going value of the pension liability

good *ausreichend* || *verläßlich* || *[rechtlich] hinreichend* || *[kreditwürdig] gut* || **to have a good title** *einen einwandfreien / hinreichenden Rechtstitel haben* —> marktfähig :: marketable || **good offices** *Gute Dienste* [VölkR] **bons offices** || *die Aufnahme von Verhandlungen durch einen unbeteiligten zur Beilegung von Streitigkeiten unter Staaten.* Der Begriff ist nicht mit Vermittlung gleichzusetzen [unbeteiligter Staat macht Vorschläge zur Lösung des Konflikts] || **good offices committee** *Ausschuß für Gute Dienste*

goods *Kaufgegenstand*—> Sache || *Sache* [BRD] [§ 90 BGB] körperlicher, flüssiger, gasförmiger Gegenstand, der sinnlich wahrnehmbar und beherrschabar ist. Sache beinhaltet auch die zusammengesetzte Sache (Auto). I.G.z. Sachgesamtheiten (Lagerbestände) kann nur über jede einzelne Sache verfügt werden. [GB] Regelung im Sale of Goods Act 1979 sowie Supply of Goods [Implied Terms] Act 1973 und Unfair Contract Terms 1977. Ferner Hire Purchase Act 1965 und Consumer Credit Act 1974. || ***Handelsgut*** [§§ 373-382 HGB] *Gegenstand des Handelskaufs.* Bei Gattungskauf sind Durchschnittswaren, d.h. Waren mittlerer Art und Güte zu liefern [§ 360 HGB], sofern nicht andere Vereinbarungen getroffen wurden —> tel-quel. [USA] Regelung im Uniform Commercial Code. Generally items of merchandise [supplies, raw materials, etc.], usually movable things [including specially manufactured goods] [U.C.C. §§ 2-105(1), 7-102(1) (f), 9-105(1) (h) / 9-105(1) (f), 1962/72 of fair average quality —> merchantable || marketable || **goods declaration** [ZollW] *Zollanmeldung* || **goods of US origin** *Güter amerikanischen Ursprungs* goods produced or manufactured in the United States || **goods of non-US origin** :: *Güter ausländischen Ursprungs* [goods produced or manufactured outside the United States] || **goods returned** [ZollW] *Rückwaren* Waren, die nachweislich aus dem Zollgebiet ausgeführt und von demjenigen wieder eingeführt werden, der sie ausgeführt hat oder hat ausführen lassen. || **goods and chattels** *Hab und Gut* i.G.z. unbeweglichen Eigentum jede Form des persönlichen [beweglichen] Vermögens. Im am. Erbrecht ohne das gesamte Privatvermögen.

Goodtitle —> John Doe

governed by *sich bestimmen nach* || *geregelt durch*

governing body *Verwaltungsrat* —> *Vorstand*, sofern es sich nicht um eine Gesellschaft des Aktienrechts handelt.

Governing Mayor *Regierender Bürgermeister* [VwO/D] Berlin Bezeichnung für den Bürgermeister und Regierungschef des Landes Berlin

government *Regierung* ‖ *Staat* ‖ **government consumption** *Staatsverbrauch* ‖ **government loan** *Staatsanleihe* von Bund, Ländern oder fremden Staaten ausgegebene Schuldverschreibungen (—> Anleihe). Sonderform: Rentenanleihe. ‖ **government outlays** *Staatsausgaben* ‖ **government securities** *Regierungsanleihen* —> syn.: funded debt :: *Rentenanleihen*

gr.wt. [Abbr] **gross weight** :: *Bruttogewicht*

grace period *tilgungsfreie Zeit* ‖ *rückzahlungsfreie Periode* ‖ [Eurokredit] *Einräumung einer tilgungsfreien Zeit bei Kreditvergabe*

grades [Man/Org/ArbR] *Lohngruppen* —> syn.: wage grades

grading procedures [Man / Org / ArbR] *Einstufungsverfahren* [Festsetzung der Entlohnungsstufen /-gruppen durch Betriebsrat und Geschäftsleitung]

gradually *stufenweise*

graduated according to income *gestaffelt nach Einkommen*

to grant *gewähren* ‖ *erteilen* ‖ **to grant the right** :: *das Recht gewähren* ‖ **the proprietor hereby grants to the publishers the sole right to translate the work** :: *der Inhaber gewährt dem Verlag hiermit das ausschließliche Recht, das Werk zu übersetzen*‖ **Agreement granting non-exclusive licence with royalty** :: [PatR] *Vertrag zur Vergabe einer nichtausschließlichen Lizenz und Zahlung von Lizenzgebühren* ‖ **agreement granting non-exclusive licence** *Vertrag zur Vergabe einer nichtausschließlichen Lizenz* ‖ **granting of a patent** *Erteilung einer Lizenz* d.h. issue of a patent

grape must *Traubenmost*

grapevine *Gerüchte* ‖ *Spekulationen* ‖ *Klatsch[küche]*

graphs are not part of the official statement *die Graphiken sind nicht Bestandteil des Lageberichts*

gratis copies, to forward ~ *Freiexemplare zusenden*

gravestone *Grabdenkmal* ‖ **expenditure on the gravestone** [ErbStG] *Aufwendungen für das Grabdenkmal* —> tombstone

greenback [coll] *Dollar*

green clause *Green Clause Ermächtigungsklausel bei Eröffnung eines* —> Packing Credits :: *Vorschußakkreditiv im Rohstoffexporthandel. Die Vor-*

schußleistung erfolgt nur gegen Vorlage von Lagerscheinen, Sicherungsübereignung oder anderen Sicherheitsleistungen —> red clause

grievance procedure [ArbR] *Beschwerdeverfahren* [im Arbeitsprozeß]

gross *brutto* ‖ **gross domestic product** *Bruttoinlandsprodukt* [Abbr] **GDP** :: *BIP* ‖ **gross fixed capital formation** *Investitionsausgaben* ‖ *Anlageninvestition* ‖ **gross fixed capital formation of enterprises** *Bruttoanlageinvestitionen der Unternehmen* ‖ **gross invoice value** *Bruttofakturenwert* the invoice value of the products plus any insurance, freight or other charges paid or to be paid by the seller on the buyer's behalf ‖ **gross issues** *Brutto-Emissionen* ‖ **gross lease** [Leas] *Brutto-Leasing* ‖ **real gross national product** *reales Bruttosozialprodukt* [Abbr] **GNP** :: *BSP* ‖ **gross placements of fixed-interest securities** *Bruttoabsatz festverzinslicher Wertpapiere* ‖ **gross public debt** *Staatsverschuldung* ‖ **gross receipt** *Bruttospielertrag* ‖ **gaming casino levy is computed on the basis of gross receipt, i.e. the daily balance of stake money and winnings, generally at a rate of 80% of receipts** :: *Spielbankabgabe wird erhoben vom täglichen Saldo aus den Einsätzen und Gewinnen der Spieler, i.d.R. 80 vH der Bruttospielerträge* ‖ **gross rent** *Wohnungsmiete*

ground *Grund* ‖ **ground and soil** *Grund und Boden* d.h. man besitzt Boden, Erde und Gelände. [Boden = Fläche; Grund = Tiefe] ‖ **ground lease** *Grundstückspacht* ‖ **ground lessee** *Erbbauberechtigte* [GB] lessee under a long lease ‖ **ground rent** *Erbbauzins* —> rent under long lease

group *Gruppe* ‖ *Konzern* syn.: group of companies ‖ Standardübersetzung für Begriff des AktienG sowie [GB] Company Act 1948 und [USA] ‖ **group executive management** *Konzernleitung* ‖ **group manager** *Gruppenleiter* ‖ **group net income for the year** [Bil] *Konzernjahresergebnis* ‖ **Group Report 19..** [Bil] *Konzerngeschäftsbericht 19..* ‖ **group result for the year** *Konzernjahresergebnis* ‖ **Group's total assets rose 8.7 %** *Bilanzsumme im Konzern wuchs um 8,7%* ‖ **groups of countries** *Ländergruppen*

grouping box [Verp] *Versandkarton*

to grow by 7.5% *um 7,5% wachsen* ‖ **growing** *zunehmend*

growth *Wachstum* ‖ **growth bond** *Wachstumsrentenversicherungssparbrief* [InvF] Fonds ohne Ausschüttung mit garantiertem Mindestrückkaufpreis ‖ **growth companies** *Wachstumsgesellschaften* Stark expandierende Gesellschaften, deren Dividendenpolitik i.d.R. durch niedrige Ausschüttungsquoten gekennzeichnet ist. ‖ **moderate growth forecasts** *ge-*

dämpfte Wachstumserwartungen || **growth in sales** *Umsatzsteigerung* || **to curb the growth of the money supply** *das Geldmengenwachstum dämpfen* || **to enhance growth potential** *das Wachstumspotential erhöhen* || **growth rate in real Gross National Product** *Wachstum des realen Bruttosozialprodukts* || **growth stock** *Wachstumsaktien* || *Aktien von Wachstumsgesellschaften* —> growth companies

guarantee *Garantie* [i.S. eines Garantievertrags] an undertaking by an individual or entity to be answerable for the payment of some debt, or the due performance of some contract or duty by another individual or entity, who is in the first instance liable for such payment or performance. || **guarantee agreement** *Garantievertrag* || **guarantee authorization** *Garantiezusage* || **guarantee card** [ZollW] *Bürgschaftskarte* || **guarantee fee** *Garantieentgelt* —> premium || **guarantee of lease payments** *Leasinggarantie* || *Leasingzahlungsgarantie* || **guarantee of payment** *Zahlungsgarantie* || **guarantee period** *Laufzeit des Garantievertrages* || **guarantee of title** *Besitztitelversicherung* —> insurance of title; warrants the validity of the title in any and all events. It is not always easy to distinguish between such insurance and a guaranty of title given by such a company, except that in the former case the maximum limit of liability is fixed by the policy, while in the latter case the undertaking is to make good any and all loss resulting from defect or failure of the title. || **application**

for a guarantee [policy] *Garantieantrag* || **guarantees** [BankW] *Bürgschaften* || **guarantees for bills and cheques** *Wechsel- und Scheckbürgschaften*

guaranteed *garantiert* || *Aval[...]* || *Bürgschafts[...]* || **guaranteed bond** [InvF] *Rentenversicherungssparbrief* || *Avalkredit* || *Bankbürgschaft* || **guaranteed interest rate** *garantierter Zinssatz* || **guaranteed percentage** *Deckungsquote* syn.: guaranteed portion :: *Garantiequote* || **guaranteed property bond** [InvF] *Immobilienversicherungsfonds* || *Zertifikat eines Immobilienversicherungsfonds mit garantiertem Mindestrückkaufkurs*

guarantor *Garantiegeber* || *Garant* an individual or entity who promises to answer for the payment of some debt, or the due performance of some contract or duty by another individual or entity, who himself remains liable to pay or perform the same. || *Bürge* [USA] haftet i.G.z. —> surety nur für den Fall, daß der Hauptschuldner seiner Leistungspflicht nicht nachkommt

guardian *Vormund* || **testamentary guardian** :: *testamentarisch bestellter Vormund* || **guardian ad litem** *Prozeßbevollmächtigter des Minderjährigen*

guardianship *Vormundschaft* || **to place under guardianship** :: *jmd. unter Vormundschaft stellen* || **Court of Guardianship** *Vormund-*

schaftsgericht

guide dogs for the blinds [SteuerR/D] *Blindenführhund*

policy and procedure guide *Handbuch der Firmenrichtlinien* syn.: company handbook ‖ *Mitarbeiterhandbuch*

guidelines for selection [BetrVG] *Auswahlrichtlinien*

guilty state of mind *Verschulden aufgrund von Fahrlässigkeit oder auf Vorsatz beruhend* —> negligence :: Fahrlässigkeit

gunsmith [Bal] *Büchsenmacher*

GVG [Jus/D] *Gerichtsverfassungsgesetz* :: **Judicature Act**

H.L. [GB] [Abbr] **House of Lords**

H.L.Sc. and Div. [GB] [Abbr] **House of Lords, Scotch and Divorce Appeals**

H.R. [USA] [Abbr] **House of Representatives**

Habeas Corpus Act (1679), writ of ~ *Habeascorpusgesetz* [GB] *Habeascorpusakte von 1679* ‖ *Haftprüfung[stermin]* "that you have the body"; gerichtl. Anordnung eines Haftprüfungstermins (Richter erläßt dann ggf. Haftbefehl oder ordnet Fortdauer der Haft bzw. Freilassung an). [USA] Art. I sec. 9, Constitution of the United States.

Dort Feststellung der Rechte eines jeden Staatsbürgers, der seiner Freiheit beraubt worden ist, auf Einschaltung eines Richters innerhalb einer best. Frist (Haftbefehl ‖ Haftprüfung) [im dt. Recht vergleichbar §§ 112, 114, 128 StPO und Grundgesetz Art. 104]. Heute ausgedehnt auf Auslieferung, Einlieferung in einer Heilstätte etc.

habendum *Klausel einer Übertragungsurkunde, die das Eigentumsrecht des Käufers definiert und beschreibt* —> premises ‖ parcels

habitable area [SteuerR/D] *Wohnraum*

hacking *Hacken* [EDV] mißbräuchliche Nutzung von Datenbanken bzw. unerlaubtes Eindringen in fremde Datenbanken

Hamburg [BLand/D] *Freie und Hansestadt Hamburg*

hammer [Bal] *Hahn* [Schlagstück]

hand guns [Bal] *Faustfeuerwaffen* —> Handfeuerwaffen

handbook of the company *Handbuch der Firmenrichtlinien* policy and procedure guide

hands and seals *Unterschriften und Siegeln* ‖ **the parties have hereunto set their respective hands and seals** :: *die Vertragsparteien haben dieses Schriftstück mit ihren Unterschriften und ihren Siegeln versehen*

Hanseatic town [Freie und] *Hansestadt* [VwO/D] Schl.-H. (Lübeck); Freie Hansestadt Bremen (Bremen); Freie und Hansestadt Hamburg (Hamburg)

hard copy *Ausdruck [auf Papier]* [EDV] i.G.z. Speicherung auf einer Diskette

harmful *tötlich* (z.B. Giftgas) ‖ *deletär* —> injurious ‖ deleterious

hatch [Mar] *Ladeluke*

to have access to *verfügen über* —> to gain access to ‖ *zur Verfügung stehen* ‖ *Zugang haben zu*

Hawthorne experiments [Komm] *Hawthorne Experimente*

hazard *Gefahr* ‖ **occupational hazards** *Berufsgefahren* ‖ **Control of occupational hazards** :: *Bekämpfung der Berufsgefahren*

head *Leiter* ‖ **head of department** [VwO/D] *Dezernent* —> head of service ‖ *Stadtrat* [VwO/D] Niedersachsen; Nordrhein-Westfalen; Hessen; Schl.-H.; Freistaat Bayern; Freie Hansestadt Bremen —> head of division / section; municipal administrative officer; *Verwaltungsbeamter in Städten* ‖ *Leiter eines Dezernats* ‖ **head of division** [VwO/D] *Dezernent* —> head of service ‖ **head of government** *Regierungschef* ‖ **head of section** *Dezernent* —> head of service ‖ **head of service** *Dezernent* ‖ [VwO/D] leitender hauptamtlicher Kommunalbeamter ‖ *Beigeordneter* ‖ *Stadtrat* ‖ *Verwaltungsrat* ‖ **head of state** *Staatsoberhaupt* ‖ **head of the Legal Department** *Leiter der Rechtsabteilung* [USA] —> General Counsel ‖ **head of the Personnel Department** *Leiter der Personalabteilung* ‖ **head office** *Sitz [eines Unternehmens]* registered office ‖ **head and shoulders top** :: *Umkehrformation* —> [Chartanalyse] —> top ‖ formations

Headquarter Agreement *Sitzstaatabkommen* ‖ The status, privileges and immunities of the Organization, of the Executive Director, its staff and experts, and of the representatives of Members while in the territory of the United Kingdom of Great Britain and Northern Ireland for the purpose of exercising their functions, shall continue to be governed by the Headquarter Agreement concluded between the Government of the United Kingdom of Great Britain and Northern Ireland (hereinafter referred to as the host government) and the Organization on 28 May 1969 [...] :: *Die Rechtsstellung, Vorrechte und Immunitäten der Organisation, ihres Exekutivdirektoriums, ihres Personals und ihrer Sachverständigen sowie der Vertreter der Mitglieder werden für die Zeit, in der sie sich in der Wahrnehmung ihrer Aufgaben im Hoheitsgebiet des Vereinigten Königreichs Großbritannien und Nordirland (im folgenden Gastregierung bezeichnet) und der Organi-*

sation am 28. Mai 1969 abgeschlossene Sitzstaatabekommen geregelt.

head hunting *Methode der Personalbeschaffung insbesondere für höchste Firmenebenen mittels Abwerbung von Managern bei anderen Firmen*

headquarters [Mil] *Hauptquartier* || *Hauptverwaltung* || *Sitz* || *Zentralverwaltung* || **headquarters of the United Nations** :: *Sitz der Vereinten Nationen*

health *Gesundheit* || **health board** *Gesundheitsamt* || **private health insurance** [VersR] *private Krankenversicherung* || **statutory health insurance** [VersR] *gesetzliche Krankenversicherung*

healthy economic situation *gute Konjunkturlage*

hearing *Termin* [Anhörung]

hearsay rule [USA] *Verbot der Präsentation von Zeugen vom Hörensagen*

heating gas [SteuerR/D] *Heizgas*

heating oil *Heizöl*

to heave to [Mar] *aufbringen* [Schiff] i.S.v. *stoppen* || *beidrehen*

heavy economic growth *kräftiges Wirtschaftswachstum*

hectare *Hektar* [Flächen-/Feldmaß] 100 Ar = 10000 Quadratmeter

hectolitre *Hektoliter*

hedge ratio *Hedge ratio* || *Absicherungsrate* Angabe über die Zahl der Optionen im Verhältnis zur Anzahl der benötigten Anktion, um ein bestehendes Portfolio vollkommen gegen Preisveränderungen des Basiswerts abzusichern.

hedger [Bör] *Hedger* Marktteilnehmer im FinanzterminkontrAktienGeschäft, der Preisänderungsrisiken abdeckt. Neben die offene Risikoposition aus einem Grundgeschäft (z.B. Export zu $-Festpreis mit Zahlungsziel) wird eine entgegengesetzte offene Position aus einem TerminkontrAktienGeschäft gestellt, deren Wertveränderung (z.B. durch Wechselkursschwankungen) die Wertveränderung im Grundgeschäft ausgleicht. Grundgeschäft wird dann entspr. der ursprüngl. Planung und unabhängig vom Sicherungsgeschäft durchgeführt. Die offene Futures-Position wird glattgestellt, sobald das Grundgeschäft abgeschlossen ist.

hedging *Hedge-Geschäft* [Bör] *Risikoausgleich* durch Absichern einer Risikoposition durch eine entgegengesetzte Position, z.B. Fremdwährungs-Wertpapiergeschäft durch Devisentermingeschäft in der Fremdwährung —> Hedger || [Rohstoffhandel] Form der Risikoabsicherung im Warenhandel [bes. Welthandelsrohstoffen] zur *Verringerung der Preisrisiken*. Hersteller mit langfristigen Lieferverpflichtungen zu festen Preisen schließt z.B. Kauf der benötigen Rohstoffprodukte per Termin ab, um das Verlustrisiko durch Preissteigerungen auszugleichen. ‖ **hedging principle** *Fristenkongruenz* —> goldene Finanzierungsregel ‖ *Fristenparallelität* ‖ *Grundsatz der Fristenkongruenz* Überlassungsdauer des Kapitals sowie Kapitaldienst entsprechen der Nutzungsdauer des finanzierten Objekts und dessen Einzahlungsrhythmus, d.h. allg. Grundsatz, nach dem langfristig gebundene Vermögen mit langfristigem Kapital und kurzfristige Vermögen mit kurzfristigen Kapital zu finanzieren ist

heir *Erbe* ‖ **joint heir** *Miterbe*

held —> **to hold** *halten* [Anteile, etc.] ‖ **held by** *in Händen von* ‖ **most widely held** [Bör] *überwiegend behauptet* Tendenzbewertung an der Börse, bei der trotz zeitweiser Belastung im Börsengeschehen das Kursniveau weitgehend gehalten wurde

Heligoland import tax [SteuerR/D] *Einfuhrsteuer in Helgoland*

help *Vermittlung* ‖ *Hilfe*

herein *hiermit* ‖ *kurz genannt* ‖ *nachstehend* ‖ *nachfolgend* ‖ *im folgenden* ‖ *unten* [aufgeführt/bezeichnet]

hereinafter *im folgenden [...] als [...] bezeichnet* ‖ *nachstehend (als [...] bezeichnet)* ‖ hereinafter referred to as

hereto *zu [diesem Vertrag]*

hereunder *in [diesem Vertrag]* below ‖ in this document

Hesse [BLand/D] *Hessen*

Hessian *hessisch* pertaining to —> Hesse

HGB [BRD] *Handelsgesetzbuch* :: **German Commercial Code** —> UCC

hidden *still* ‖ **hidden earnings retention** *stille Selbstfinanzierung* [BRD] aus der Bilanz ersichtlich in Form von Rücklagen und eventuellem Gewinnvortrag —> *Stille Selbstfinanzierung* :: disclosed earnings retention ‖ **hidden reserves** *stille Rücklagen* —> syn.: secret —> reserves :: stille —> Rücklagen ‖ Selbstfinanzierung

hierarchy *Hierarchie* ‖ **hierarcy of needs** *Bedürfnishierarchie* nach A. Maslow eine in 5 Kategorien von Bedürfnissen, eingeteilte Motivationspyramide: physiologische, Sicherheits-, soziale, ich-bezogene, innere Befriedigungsbedürfnisse, die mit dem steigenden Grad der Befriedigung auch eine gesteigerte Motivation erreichen ‖ **hierarchy of strategies** *Strategiehierarchie*

high *hohe* ‖ **High Authority of the ECSC** *Hohe Behörde der EGKS* —> Montanunion ‖ **High Court of Justice** *Oberstes erstinstanzliches Gericht* Londoner Zentralzivilgericht = Supreme Court of Judicative und Court of Appeal vgl. mit der [Jus/D] Zivilgerichtskammer am Landgericht. Zusammensetzung: Queen's Bench division, Chancery Division (einschließlich Patents Court [Patents Act 1977] sowie Family Division. Rechtsprechung und Verhandlung in England and Wales [ausgenommen sind Scotland, Isle of Man, Channel Islands]. Im wesentlichen werden Grundsatzentscheidungen gefällt [hohe Kosten]. Ferner Überprüfung von Entscheidungen nachgeordneter Gerichte (z.B. Magistrate Court) ‖ **high domestic demand** *lebhafte Inlandsnachfrage*

higher *höhere* ‖ [BRD] *Landes-[...]* ‖ **Higher Labour Court** [Jus/D] *Landesarbeitsgericht* ‖ **higher Land authority** [VwO/D] *mittlere Landesbehörde* ‖ *Landesmittelbehörde* allg. und bes. Verwaltungsbehörde, die einem Landesministerium untersteht und nur für einen Teil des Landes zuständig ist —> Landesmittelbehörde ‖ **Higher Regional Court** [Jus/D] *Oberlandesgericht* ‖ [Berlin] *Kammergericht* Spruchkörper bilden die sogenannten Senate [Zivil- und Strafsenat]. Entscheidung grundsätzlich in Besetzung von drei Richtern [erstinstanzliche] Strafsachen, Hauptverhandlung und Abschlußentscheidung mit fünf Richtern]. In Zivilsachen Berufungs- und Beschwerdekammer für Entscheidungen der Landgerichte. In Strafsachen Revision gegen Berufungsurteile des Landgerichts ‖ **Higher Administrative Court** [Jus/D] *Oberverwaltungsgericht* In Baden-Württemberg, Bayern und Hessen der "Verwaltungsgerichtshof". Mittelinstanz der Verwaltungsgerichtsbarkeit für die Rechtsprechung im Bereich der öffentlichen Verwaltung. [§ 40 VwGO] Zuständig [außer verfas-

sungsrechtliche] für alle öffentlich-rechtlichen Streitigkeiten. Entscheidung über Berufung gegen Urteile und Beschwerde gegen Entscheidungen der Verwaltungsgerichte. Wesentliche Zuständigkeit im ersten Rechtszug für technische Großvorhaben und Normenkontrollverfahren ‖ **Higher Social Court** [Jus/D] *Landessozialgericht*

highly indebted *hochverschuldet*

to hire [Mar] *anheuern* to employ a person ‖ to hire a worker ‖ *anstellen* [arch] *dingen* ‖ **to hire out** to procure or to grant the use of a thing for a stipulated payment [bei beweglichen Sachen] *mieten* ‖ *vermieten*

hire purchase *Mietkauf* ‖ [Leas] *Hire Purchase* Vertrag über den Kauf des Mietgegenstandes durch den Mieter nach oder vor Vertragsende. Das Mietobjekt wird für Bilanzierungszwecke nach Handels- und/oder Steuerrecht dem Mieter zugerechnet ‖ *Teilzahlung* ‖ **hire purchase debts** *Teilzahlungsschulden*

historical review *historischer Rückblick*

hit-and-run offence *Fahrerflucht* ‖ [§ 142 StGB] to abscond from the scene of accident :: *unerlaubtes Entfernen vom Unfallort*

Hohenstaufen Emperor *Stauferkaiser*

to hold *entscheiden* ‖ **the court held** :: *das Gericht entschied [...]* ‖

es dahin halten

hold-over credit   *Überbrückungskredit*

holder   *Wechselnehmer* || *Remittent* [BRD] [Art. 1 Nr. 6., Art. 75 Nr. 5 WG] [USA] [U.C.C. § 1-201 (20)] **first holder** :: *erster Remittent* —> *Zahlungsempfänger* || *Anweisungsempfänger* syn.: payee [§ 783 ff. BGB] *Wechselnehmer* || *Zahlungsempfänger* [Art. 5 ScheckG] eines Schecks || *Inhaber* || **holder of a bill**   *Wechselgläubiger* || **holder of the guarantee**   *Garantienehmer* || **holder [of a patent]**   [PatR] *Inhaber eines Patents*   patentee :: Patentinhaber

holding of cash balance   *Kassenhaltung* i.e.S. Halten von Zahlungsmittelbeständen

holdings of securities   [Wertpapiere] *Bestand an [...]* || *Portefeuille*

homage   [arch] *Lehnspflicht*

home   *heim[...]* || *national* || *Haus* || *Heim* || *regional* || **home brewers**   [SteuerR/D] *Hausbrauer* || **home rule**   *regionales Selbstverwaltungsrecht* [USA] im wesentlichen municipal ordinances, rules and regulations || **matrimonial home**   *ehelicher Wohnsitz* || *Wohnsitz der Eheleute* || **home-grown barley**   *selbstgewonnene Gerste*

homeless   *obdachlos* || *ohne festen Wohnsitz*

homicide   *Tötung eines Menschen* || **excusable homicide** :: *Tötung mit Rechtfertigungsgrund* [Notwehr] || **felonious homicide** :: *vorsätzliche Tötung* [ohne Rechtfertigungsgrund] || **justifiable homicide** :: *rechtmäßige Tötung eines Menschen* [z.B. Todesschuß zur Vereitelung einer Straftat] || **homicide by necessity** :: *Tötung aus Notwehr* || **negligent homicide** :: *fahrlässige Tötung* || **vehicular homicide** :: *fahrlässige Tötung im Straßenverkehr*

honorary   *ehrenamtlich* || **honorary Chairman of the Board of Directors**   *Ehrenvorsitzender* [eines Verbandes] || **honorary nature of post**   [BetrVG] *ehrenamtliche Tätigkeit* || **Honorary President**   *Ehrenpräsident*

to honour a credit   *einen Kredit auszahlen*

honourable   *ehrenwert* || **honourable court**   *das ehrenwerte Gericht* || **The Honourable Mr. Justice ...** :: *Der ehrenwerte Gerichtsvorsitzende ...*

hopes of a D-Mark revaluation [this also promted ~]   *Aufwertungsphantasie für die D-Mark* [auslösen]

host government   *Gastregierung*

hostility   *Feindseligkeit[en]* || [Vertragsklausel im Patentvertrag] || **lost by reason of hostility** :: *durch Feindseligkeiten nicht nutzen können*

hot money *spekulatives Geld* ||
heißes Geld kurzfristige Disposition
großer Geldmengen zur Maximierung
der Rendite ausländischer Guthaben, d.h.
das Geld wandert zwischen einzelnen
Ländern || heiß = flüchtig. Gelder, die aus
politischen oder währungsimmanenten
Gründen zwischen einzelnen Ländern
transferiert werden.

hourly paid worker [Man / Org /
ArbR] *Zeitlöhner* worker who is paid
on a time-wage or time-rate basis

House of Lords *Oberhaus* The ~ is
the final court of appeal in civil matters.
Appeals are heard from the Court of Appeal with leave of that Court or the
Appeals Committee of the House.

House of Representatives *Abgeordnetenhaus* || [USA] *Repräsentanten* || [VwO/D] *Volksvertretung
[des Landes Berlin]* || *Parlament*

household *Haushalt* || **household allowance** [SteuerR/D] *Haushaltsfreibetrag* || **private households** *private Haushalte*

housekeeper [SteuerR/D] *Hausgehilfe* || [Sozialvers] *Haushaltshilfe*
:: **domestic help**

housekeeping *Arbeit im Haushalt* || *Hausfrauenarbeit* || *Haushaltstätigkeiten*

housing construction [BauW]
Wohnungsbau —> low-cost housing ||
minimum economic rent :: *Kostenmiete* ||

Housing Law *Wohnungsbaugesetz* —> sozialer Wohnungsbau :: low-cost housing || **employee housing premium** [SteuerR/D] *Wohnungsbauprämie* || **housing sector** *Wohungsbau* || [Bbank/Stat] **outside the housing** :: *ohne Wohnungsbau* ||
acute housing shortage [SteuerR/D]
Wohnungsnot

huge industrial unions [Man / Org /
ArbR] *Massengewerkschaften*

hull insurance [VersR] *Seeschiffskaskoversicherung*

human *menschlich* || **human capital** *Humankapital* || **human factors engineering** [Man/Org] *arbeitswissenschaftliche Organisationsgestaltung* —> Management Engineering System || **human relations**
Human Relations [Komm] syn.: *Unternehmenspraxis* || **human resources management** [PersW] *Personalführung* || *Personalmanagement* || *Personalverwaltung*

humanization of work [Man / Org /
ArbR] *Humanisierung der Arbeit[swelt]*

humidity *Feuchtigkeit* || **relative
[ambient] humidity** *relative
[Raum-] Feuchtigkeit*

hunter, licenced ~ *Jagdberechtigter*

hunting and fishing tax [SteuerR/D]
Jagd- und Fischereisteuer eine von

Gemeinden, Stadt- und Landkreisen erhobene Steuer neben der Jagdscheingebühr nach Jahresjagdwert oder Pachtpreis.

hunting privileges [SteuerR/D] *Jagdwert* || **annual value of the hunting privileges** *Jahresjagdwert*

hurdle *Hürde* || *Sperrklausel* —> Fünf-Prozent-Klausel || *Fünf-Prozent-Klausel* [§ 6 Abs. 4 BWahlG] Parteien werden bei Wahlen ins Parlament nur berücksichtigt, wenn sie auf den Landeslisten mindestens 5% der gültigen abgegebenen Stimmen erhalten. Im Gegensatz zum Bundestag und den Landtagen ist die 5-%-Klausel bei kommunalen Wahlen nicht üblich. || **hurdle rate** [InvR] *Mindestrendite* —> syn.: required rate of return

Hybrids *Hybrids* relativ neue Finanzierungsinstrumente, die die Elemente eines Kredits mit denen einer Anleihe verknüpfen —> NIFs || RUFs || TLIs **hybrid investment vehicle** [InvF] *gemischtes Investmentmedium* z.B. balanced bond || **hybrid securities** *Wandelschuldverschreibungen* —> Wandelanleihe. hybrid securities umfassen im Prinzip alle Papiere, die sowohl den Dividendenwerten als auch den festverzinslichen Wertpapieren zuzurechnen sind. Wandelschuldverschreibungen sind nur eine der möglichen Formen

hysterical amnesia *hysterischer Gedächtnisverlust*

I.N.S. [USA] **Immigration and Naturalization Service** :: *amerikanische Einwandungsbehörde*

IATA *IATA* || **International Air Transport Association** seit 1945 Nachfolgeorganisation der International Air Traffic Association (1919). Sitz: Genf. Zusammenschluß von Luftfrachtspediteuren zur Förderung eines sicheren, regelmäßigen und wirtschaftlichen Luftverkehrs.

IC *IEB* || **International Import Certificate** :: *Internationale Einfuhrbescheinigung* —> Import certificate :: Einfuhrbescheinigung

identification and realization of requirements *Erkennen und Umsetzen von Bedürfnissen*

ideological establishments [Betr VG] *Tendenzbetriebe*

idiot *Geisteskranker* ohne lichte Momente, während der **lunatic** lichte Momente hat (he has lucid intervalls)

if *im Falle* || **if they fail to agree** :: *falls keine Einigung erzielt wird* || **if applicable** *gegebenenfalls* || *falls zutreffend*

IFC —> International Finance Corporation :: *Internationale Finanz-Corporation*

IGOs intergovernmental organizations :: *zwischenstaatliche Organisationen*

illegitimate *nichtehelich* ‖ [USA] **illegitimate child** :: *nichteheliches Kind*. Terminus [GB] bastard ist in den USA äußerst selten gebraucht [unehelich ist in der Übersetzung zu vermeiden.]

illicit traffic in drugs [ZollW] *Drogen- und Rauschmittelschmuggel*

illiquidity *Illiquidität* —> Liquidität ‖ Solvenz ‖ Zahlungsfähigkeit ‖ **temporary illiquidity** *vorübergehende Zahlungsstockung*

Immigration and Naturalization Service [USA] *Einwandungsbehörde* ‖ [Abb] **I.N.S.**

imminent danger *Notwehrlage* [§ 32 ff. StGB] Verteidigung gegen einen gegenwärtigen, rechtswidrigen Angriff auf geschützte Rechtsgüter durch einen anderen Menschen [streitig ist, ob auch ein Tier genügt] —> Notwehr :: self-defense —> reasonable force

immunities [VölkR] *Immunitätsrechte*

immunity from taxes *Steuerfreiheit* [für Diplomaten]

impact *Anstoß* ‖ **to have a notable impact** *ein spürbarer Anstoß geht aus von [...]*

to impanel a jury *Geschworenenliste anfertigen* —> [USA] empanel

imparting of knowledge *Vermittlung von Wissen*

imperative *unerläßlich* ‖ *unabdingbar notwendig* essential

Imperial *Reichs[...]* ‖ **Imperial Army** *Reichsheer* ‖ **Imperial Assembly** *Reichsversammlung* ‖ **Imperial Customs Duty** *Reichsgrenzzoll* ‖ **Imperial Diet** *Reichstag* ‖ **imperial villages** *Reichsdörfer*

to implement [rules / a contract] *in kraft setzen* [Verordnung / Vertrag] to fulfil ‖ to complete ‖ *anwenden* ‖ *durchführen* ‖ *ausführen*

implementing *Durchführungs[...]* ‖ **implementing agency** *ausführende Dienststelle* ‖ *Amt* ‖ **implementing orders** *Durchführungsverordnungen* zu bereits bestehenden Staatsverträgen und Gesetzen etc. ‖ **implementing regulations** *Ausführungsbestimmungen* ‖ *Durchführungsbestimmungen*

implication *Auswirkung* ‖ *Folgen* ‖ **financial implications** *finanzielle Folgen*

implicit *stillschweigend* syn.: tacit ‖ **implicit agreement** :: *stillschweigende Vereinbarung* ‖ **implicit foundation of a partnership** :: *stillschweigende Gründung einer Personengesellschaft* ‖ **implicit partnership** *stille Mitgliedschaft* ‖ **with the implicit understanding that** [...] *unter der stillschweigenden Voraussetzung, daß [...]*

implied terms *stillschweigende Bedingungen* —> express terms

importation *Import* ‖ *Einfuhr* ‖ **international importation certificate** *internationale Einfuhrbescheinigung* ‖ [Abbr] IC :: *IEB* Endverbleibsnachweis beim Verkehr mit Embargowaren, zu beantragen beim Bundesamt für gewerbliche Wirtschaft [Ausfuhrkontrollbehörde] —> IC/DV-[Verfahren] ‖ **importation control notification** [ZollW] *Einfuhrkontrollmeldung* ‖ **importation dynamics** *Importdynamik* ‖ **importation leasing** [Leas] *Import-Leasing* ‖ **importation levies with a price equalisation function** *Eingangsabgaben mit Preisausgleichsfunktion* ‖ *Abschöpfungen* Bei Einfuhr landwirtschaftlicher Erzeugnisse in die EG wird ein Schwellenpreis festgelegt. Wenn Angebotspreis für ein Produkt auf dem Weltmarkt niedriger als in der Gemeinschaft, wird der Weltmarktpreis auf den Schwellenpreis "heraufgeschleust". Abschöpfungen sind Steuern i.S.d. Abgabenordnung und werden von der Bundeszollverwaltung erhoben und fließen als sog. eigene Einnahmen in den EG-Haushalt. ‖ **importation notification** [ZollW] *Einfuhranmeldung* ‖ **importation turnover tax** [SteuerR/D] *Einfuhrumsatzsteuer*

to impose a tax *auferlegen* [Steuern] ‖ *Steuer erheben [auf]* ‖ *besteuern*

impressed seal *eingedrucktes Siegel*

imprest fund *Handkasse* [arch für] —> petty cash

imprisonment *Freiheitsstrafe* [verurteilt werden zu einer ~]

improper advantage *mißbräuchliche Ausnutzung*

to improve again by about 10 % in real terms *sich um ca. 10% real ausweiten* —> beleben

improved mainly *belebte sich vor allem*

improvement of the supply-side conditions *Verbesserung der Angebotsbedingungen*

impugnment of a contract *Anfechtung eines Vertrages* —> challenge of a contract

imputation system [SteuerR] *Anrechnungsverfahren* bei der Körperschaftssteuer

in *in* ‖ **in 1000 DM billions expressed in 19.. prices** *in 1000 Mrd DM in Preisen von 19..* [Grafikerläuterung] ‖ **in a row** *ununterbrochen* ‖ **in accordance to / with** *gemäß* —> persuant to ‖ *in Übereinstimmung mit* ‖ *nach Maßgabe von* ‖ *nach* ‖ **in agreement with** *im Einvernehmen* ‖ **in forma pauperis** *in forma pauperis* —> Prozeßkostenhilfe ‖ Appeal ~ ‖ **in lieu of** *anstelle von* ‖ **to be in on things** [coll] *auf dem laufenden sein/bleiben* ‖ **in this** *dabei*

inability to pay due debts Zahlungsunfähigkeit syn.: insolvency Dauerndes Unvermögen eines Schuldners bzw. Unternehmens seine fälligen Verbindlichkeiten zu erfüllen —> Überschuldung —> excess || Ausschüttungssperren —> capital impairment rule ||

incandescent devices [Tech] *Glühkörper*

incapable *handlungsunfähig* || *unfähig* || *nicht in der Lage sein, etwas zu tun* || **to be incapable to perform legal acts** *minderjährig sein* || *handlungsunfähig sein* [gilt für infants || minors]

incapacitated relative [SteuerR/D] *hilfloser Angehöriger*

incapacity *Handlungsunfähigkeit* || *Unfähigkeit, zum rechtlichen Handeln* (z. B. Minderjährige; Geisteskranke; Kranke) || *Prozeßunfähigkeit* [unter 18 Jahren] || **incapacity to sue** *prozeßunfähig* —> disqualification || **legal incapacity** *rechtsunfähig* —> disqualification

incentive compensation [PersW] *Leistungsanreiz*

inception of the lease [Leas] *Beginn des Leasing-Geschäfts*

incidence of a tax *Steuerbelastung* || *Steuerlast* || **what is the incidence of this tax** :: *wer hat diese Steuern zu zahlen* || *[...] who do not bear fiscal charges of equal incidence* :: *[...] die nicht gleichwertig steuerlich sind* || *die nicht im gleichen Maß steuerlich sind*

to include *einschließen* || *beinhalten* || **to include on the assets side [of the balance sheet]** *aktivieren* allg. Ausweis auf der Aktivseite der Bilanz (auch Umlaufvermögen) "capitalize" nur auf Anlagevermögen bezogen. || **to include on the liability side [of the balance sheet]** *passivieren* auf der Passivseite der Bilanz ausweisen

including *einschließlich* || **including partly estimated assets of Taiwan** *einschließlich teilweise geschätzter Anlagen Taiwans*|| **including those** *davon* || *einschließlich*

income *Ertrag* || *Einkommen* || *Einkünfte* || *Einnahmen* || *Gehalt* || *Verdienst* || **Income / Expenditure Arising from Participations** [Bil] *Beteiligungsergebnis* || **income account** *Ertragsrechnung* || **income and growth bond** [InvF] *kombinierter Rentenversicherungssparbrief* || **income bond** [InvF] *Rentenversicherungssparbrief mit laufender Ausschüttung [und Rückzahlung des Nominalwertes am Ende der Laufzeit]* || **income facility** [InvF] *Abhebemöglichkeit* —> withdrawal facility || **income from dependent personal services** [LohnSt] *Einkünfte aus nicht-selbständiger Arbeit* || *Arbeitslohn* || *The wage or salary comprises all the receipts accruing to an employee from present or former contract of employ-*

ment including payments in kind (such as room and board) as well as other benefits (e.g., the use of a company car for private purposes) :: *alle Einkünfte, die dem Arbeitnehmer aus dem jetzigen oder früheren Dienstverhältnis zufließen. Hierzu zählen nicht nur Barvergütungen, sondern auch Sachbezüge (Koste und Logis) sowie andere geldwerte Vorteile (z.B. Benutzung eines Firmen-PKWs für private Zwecke)* || **income splitting method** [SteuerR/D] *Splitting-Verfahren* || *Ehegattensplitting* || **income statement** *Gewinn- und Verlustrechnung* —> syn.: profit-and-loss statement || **income tax** *Einkommensteuer* —> *Körperschaftsteuer* || **income tax according to the basic scale** *tarifliche Einkommensteuer* || **income tax prepayment** *Einkommensteuervorauszahlung* || **income tax schedule** *Einkommensteuertarif* || **individual income tax** [USA] *Einkommensteuer* || **disposable income of private households** *verfügbares Einkommen der privaten Haushalte* || **income-connected expenses** *Werbungskosten* || **income-splitting for married couples** *Splitting-Verfahren für Ehegatten* || *Veranlagung zur Einkommensteuer nach der Splittingtabelle für Ehegatten*

inconsistent with *unvereinbar mit*

incorporation *Inkorporierung* || **incorporation by special act of Parliament** :: *Inkorporierung durch ein Sondergesetz des Parlaments*. [In-

korporierung = *Erlangung der Körperschaftsrechte*]. || **certificate of incorporation** :: *Gründungsurkunde* [Bescheinigung über die rechtskräftige Feststellung der Gründung. Oft syn. zu Articles of incorporation :: Satzung || Statuten. [USA] einzelstaatliche Regelung (meist nach dem Model Business Corporation Act)

Incoterms *Incoterms* Lieferbedingungen im Außenhandel nach Festlegung der Internationalen Handelskammer in Paris [Einheitliche Regeln für die Auslegung bestimmter im internationalen Handel gebräuchlichen Lieferklauseln] Deutsche Fassung zu beziehen bei "Deutsche Landesgruppe der Internationalen Handelskammer", Kolumbastr. 5, 5000 Köln 1

to increase *erhöhen* || *Zuwachs erzielen*

increase *Zunahme* || *Ausweitung* || *Anstieg* || *Anhebung* || *Verlängerung* || *Steigerung* || *Ausweitung* || [Bil] increment || augmentation *Aufstockung* || **increase in foreign trade** exports *Anstieg des Außenhandels* || **increase in the ceiling** *Anhebung der Höchstgrenze* ceiling :: *wirtschaftliche Grenze* || *Obergrenze* || *obere Grenze* || *Höchstgrenze* || **increase in total assets and liabilities** *Bilanzverlängerung* [Bbank] gleichwertige Erhöhung einzelner oder mehrerer Aktiv- und Passivposten in der Bilanz, z. B. Bezug einer Maschine auf Kredit || **increase in turnover** [Bil] *Umsatzsteigerung* || **increase in interest surplus** *Zinsüberschuß steigern*

increasing *wachsend* ‖ *steigend* ‖ **increasing income bond** [InvF] *Rentenversicherungssparbrief mit steigender Ausschüttung* ‖ *it appears that an increasing part is being played in this by the [...] eine wachsende Rolle spielen dabei [...]*

incremental *inkremental* ‖ **incremental costs** *relevante Kosten* [Marketing] *Incrementalkosten* In der Kostenrechnung jener Teil der Gemeinkosten, von deren Höhe eine bestimmte [betriebliche] Entscheidung abhängig ist. ‖ **incremental reserve ratio** *Zuwachs-Mindestreservesatz* [Bbank] Mindestreservesatz wird nicht auf den gesamten Bestand mindesreservepflichtiger Einlagen bezogen, sondern nur auf den Zuwachs dieser Einlagen

to incur obligations *Pflichten zu begründen*

indebted *verschuldet*

indefinite *unbestimmt* ‖ **indefinitely** *auf unbestimmte Zeit*

indemnity *Versprechen der Schadloshaltung* ‖ **a fully secured indemnity** *ein vollkommen gesichertes Versprechen der Schadloshaltung* ‖ **indemnities** [BetrVG] *Nachteilsausgleich*

indenture *Urkunde* i.w.S. Wertpapier, d.h. Urkunde, die die Emissionsbedingungen, Zinszahlung, Fälligkeit etc. einer —> Schuldverschreibung [Anleihe] aufweist. Vertragsparteien treten in gegenseitiges Schuldverhältnis, i.G.z —> deed poll

independence of judiciary *Unabhängigkeit der Richter* ‖ *Unabhängigkeit des Richterstandes*

independent *unabhängig* ‖ *selbständig* ‖ **independent leasing company** [Leas] *unabhängige Leasing-Gesellschaft* ‖ **income subject to income tax from independent personal services** [SteuerR/D] *Einkünfte aus selbständiger Arbeit* ‖ **independent town** *selbständige Städte* [VwO/D] vereinzelt Bezeichnung für Kreisstädte in Niedersachsen

index *Index* ‖ **index of share prices** [Bör] *Aktienkursindex* ‖ *Index der Aktienkurse*

indicator *Indikator* ‖ **industry development indicator** [Stat] *Branchenentwicklungs-Indikator* The trend in production in individual sectors in relation to the trend in industry as a whole (manufacturing, mining, quarring, electricity, gas and water) :: *Entwicklung der Produktion einer Branche im Verhältnis der gesamten Industrie eines Landes (verarbeitende Industrie sowie Bergbau und Elektrizitäts-, Gas- und Wasserversorgung* ‖ **key monetary indicators** [Bbank] *wichtige monetäre Indikatoren*

indictable [offence] *schwurgerichtlich verfolgbar [Straftat]*

indictment [before the Crown Court] *Anklage* [vor einem Geschworenengericht Crown Court] ‖ **bill of indictment** *Anklageschrift* ‖ **counts of indictment** *Anklagepunkte* ‖ **the essential points of the indictment** *die wesentlichen Punkte der Anklage* d.h. counts of an indictment

indigent [defendant] *minderbemittelter* [Angeklagter] without funds —> appeal in forma pauperis

indirect taxes *indirekte Steuern*

indirectly affected *mittelbar betroffen*

individual *Einzel[...]* ‖ *individuell* ‖ *einzeln* ‖ **individual employment contract** [ArbR] *Einzelarbeitsvertrag* ‖ **individual items** [Bil] *einzelne [Bilanz]Posten* ‖ **individual leasing** [Leas] *Einzel-Leasing* ‖ *Individual-Leasing* ‖ *Non-Fleet Leasing* ‖ **individual leaves** *Blättchen* [für Selbstdreher von Zigaretten] ‖ **Individual Retirement Accounts** *Altersvorsorge durch steuerbegünstige Vermögensbildungspläne* [Abbr] **IRA** [USA] Steuerbegünstigte Möglichkeit der Altersvorsorge durch jährliche Anlage von US $ 2000,- pro Person bzw. US $ 4000,- pro Eheleute, Auszahlung im 60. Lebensjahr (steuerfrei) ‖ **individual valuation** *Einzelbewertung* Bewertungsgrundsatz, nach dem jeder Vermögensgegenstand [auch Schuld] bei der Bilanzaufstellung einzeln zu bewerten ist [§ 252 HGB]

indowed institution *rechtsfähige Anstalt* ‖ *Stiftung* ‖ *staatliche Treuhand[stelle]* —> **sole corporation / corporation sole** [GB] Sonderfall, bei der die Körperschaft nur aus einer Person besteht, z.B. : rechtsfähige Anstalten, Stiftungen; Queen gilt als 1-Mann-Körperschaft; public trustee :: staatliche Treuhandstelle (Leiter von öffentlichen Anstalten wie Uni, Krankhaus etc.) bilden eine sole corporation, die das Vermögen treuhänderisch für die Institution verwalten. Bestellung eines Treuhänders :: Commission of a trustee

industrial *gewerblich* ‖ *wirtschaftlich* ‖ *industriell* ‖ **industrial actions** [Man/Org/ArbR] *Arbeitskampfmaßnahmen* ‖ **industrial design** *Gebrauchsmuster* [= utility] [BRD] GebrMG = Gebrauchsmustergesetz, i.d.F.1986 Erfindungen, deren Gegenstand Arbeitsgeräte oder Gebrauchsgegenstände bzw. Teile davon sind, die dem Arbeits- bzw. Gebrauchszweck durch neue Raumform dienen [Werkzeuge, Haushaltsgeräte, Maschinen, Spielzeug (jedoch nicht Spielregeln). Unterschied muß erkennbar sein zu bisher Dagewesenem [z.B. neuer Werkstoff, Kunststoff etc.] ‖ **industrial equipment leasing** [Leas] *Industriemaschinenleasing* ‖ **industrial or commerical profits** *gewerbliche Gewinne* [aus einem Unternehmen] ‖ **extension of industrial production potential** [Bil] *die Ausweitung des industriellen Produktionsapparats* ‖ **industrial relations** [Man/Org] *Mitarbeiterbeziehungen* —> labor relations —> employee relations ‖ **industrial sector** *Industrie-*

sektor ‖ **susceptible of industrial application** [PatR] *gewerblich anwendbar*

industrialized countries *westliche Industrieländer*

industry *Branche* ‖ [produzierendes] *Gewerbe* ‖ *gewerblicher Betrieb* ‖ *Industrie* ‖ *Wirtschaftszweig* ‖ **industry development** *Branchenentwicklung* ‖ **in any kind of industry** *auf gewerblichem Gebiet*

infant *Minderjähriger* [unter 18 Jahre] —> minor

infanticide *Kindestötung* [§ 217 StrafR/D] *Bestrafung der Mutter, die ihr [uneheliches] Kind während oder nach der Geburt tötet [nach den Wehen].* [USA] *Oberbegriff:* **Prolicide**, *d.h. Tötung von Abkömmlingen. Unterteilt nach* **feticide**, *d.h. Tötung des fetus in utero, und* **infanticide**, *Tötung des Neugeborenen.*

inflating of a credit *Kreditaufblähung* ‖ *Kreditinflation*

inflation *Inflation* ‖ *Preisauftrieb*

inflationary risks *inflationäre Gefahren*

infliction of emotional distress [StrafR/USA] *Verletzung der Gefühle des Opfers*

inflow of East Germans and other ethnic Germans *Zustrom von*

Aus- und Übersiedlern

influenced by *beeinflußt durch* ‖ **initially influenced by** *zunächst im Zeichen [von ...] stehen*

influences *Einflüsse* ‖ **a number of influences including** [...] *ein Bündel positiver Begleitumstände, wie z. B.* [...]

to inform *benachrichtigen* ‖ *in Kenntnis setzen* ‖ *mitteilen* ‖ *informieren* ‖ [arch] *sich ins Benehmen setzen* ‖ *auf den neuesten [Sach]Stand bringen*

informal contract *einfacher Vertrag* *Üblicherweise verwendet für die mündliche Absprache i.G.z. schriftlichen Vereinbarung syn.: einfacher* ‖ *formloser* ‖ *nicht gesiegelter Vertrag* [Während beim simple contract Ansprüche nach 6 Jahren verjähren, ist die Verjährungsfrist [period of limitation] beim gesiegelten Vertrag 12 Jahre —> parol contract

information *Angaben* ‖ *Auskünfte* ‖ *Informationen* ‖ *Unterlagen* ‖ *[Informations-]Material[ien]* ‖ **information demanded in accordance with** [...] :: *nach [...] verlangte Angaben* ‖ **information centre** *Informationszentrum* ‖ *Informationsstelle* ‖ **information power** *[Macht durch] Informationsvorsprung*

informational *Informations[...]* ‖ **informational content of dividends** *Informationsfunktion der Dividende*

da sie den Aktionären Anhaltspunkte für die Einschätzung der künftigen Gewinnsituation der Gesellschaft ermöglicht ||
informational role [Psych / Soz] *informatorische Rolle*

infringement *Eingriff [in ein Recht]* || *Verletzung [eines Rechts]*

inhabitants [Stat] *Einwohner*

inheritance [ErbR] *Erbanfall* || **Inheritance Gift Tax Law** *Erbschaftsteuer- und Schenkungsteuergesetz ErbStG* —> [law of] succession —> inheritace tax —> estate tax || **inheritance tax** *Erbschaftsteuer* [USA] tax imposed on the privilege of receiving property from a decedent at death. It is not a tax on the property itself, but on the right to acquire the property by descent or testamentary gift —> estate tax

initial *Erst[...]* || *Anfangs[...]* || **initial cash payment** *Anzahlung* —> cash down payment || **initial expenditure** [InvR] *Anfangsausgabe* —> initial outlay || **initial lease term** [Leas] *Mindestmietzeit* —> syn.: base lease term || **initial margin** [Bör] *Ersteinschuß* —> margin :: *Einschuß[zahlung]* || **initial outlay** *Anfangsausgabe* [InvR] entspricht i.d.R. den Anschaffungskosten des Investitionsobjekts || **initial payment** [Leas] *erhöhte Erstmiete* || *erhöhte Erstraten* || **initially influenced by** *zunächst im Zeichen stehen*

initial[ling] [VölkR] *paraphieren* || *mit der Paraphe versehen* || *ab-*

zeichnen besonders einen Vertragsentwurf, ein Verhandlungsprotokoll etc.; d.h. Bestätigung des bisherigen Verhandlungsergebnisses; Unterzeichnung nur mit Anfangsbuchstaben der Unterhändler, nicht mit vollem Namen [hat keine Rechtswirkung, sondern dient nur der Bestätigung]

to initiate *anbahnen* || *beginnen* || *unterbreiten* || **proposals may be initiated by any State [...]** *Vorschläge können von jedem Mitgliedstaat unterbreitet werden* || **to initiate business relations with** *Geschäftsanbahnung* pave the way for || prepare the ground for || initiate || open || begin || start

injunction, preliminary ~ [USA] *vorläufige Anordnung / Verfügung* [§§ 935, 940 ff ZPO] vorläufige Anordnung eines Gerichts zur Sicherung eines Anspruchs [nicht dessen Befriedigung]. Voraussetzung ist ein [individueller] Verfügungsanspruch [Herausgabe einer Sache] sowie Verfügungsgrund [wesentliche Erschwerung oder Vereitelung eines Zustandes]. Zuständigkeit fällt in das für die Hauptsache zuständige Gericht. || [Verwaltungsgerichtsverfahren] *einstweilige Anordnung*

injuries *Rechtsverletzungen* || **civil injuries other than breach of contract** *außervertragliche Rechtsverletzungen*

injurious *tötlich* (z.B. Giftgas) || *deletär* —> deleterious || harmful

inner reserves [Bil] *innere Reser-*

ven —> geisteskrank :: insane

Inns of Court *Berufsorganisation der Barristers* [GB] Rechtsschulen in London. Gebäude der vier Innungen der Barristers in London [Inner Temple, Middle Temple, Lincoln's Inn und Gray's Inn] zur Ausbildung und Zulassung der —> Barristers sowie Rekrutierung der höheren Richter —> Bar Council :: Anwaltsverein || professional organization :: Standesorganisation

in-process control [Verp] *Inprozeßkontrolle*

input tax *Vorsteuer* || **input tax deduction** [SteuerR/D] *Vorsteuerabzug* || **permitted to deduct input tax** *vorsteuerabzugsberechtigt*

inputs [SteuerR/D] *Vorumsätze*

insane *geisteskrank* Term is a social and legal term rather than a medical one. More or less synonymous with mental illness or psychosis [non compos mentis]. In law, term is used to denote that degree of mental illness which negates the individual's legal responsibility or capacity —> Sec. 4.01 Model Penal Code || responsibility for criminal conduct || *unzurechnungsfähig* || *nicht schuldfähig aufgrund Geistesstörung* —> [StrafR] Schuldunfähigkeit § 20 StGB || [ZivR] §§ 827 f. BGB Deliktsfähigkeit / Billigkeitshaftung || **a person who has been judicially declared insane** :: *eine vom Gericht für geisteskrank erklärte Person*

insanity *Unzurechnungsfähigkeit*

insertion order *Anzeigenauftrag* || [Press] to insert [= to place] an advertisement :: *eine Anzeige schalten* [aufgeben] || [coll] *eine Annonce in die Zeitung setzen*

insolvency *Insolvenz* —> *Zahlungsunfähigkeit* :: excess of liabilities over assets syn.: Insolvenz || *Überschuldung*. [USA] § 101 (26) Bankruptcy Act. U.C.C. § 1-201 (23) person who either ceased to pay his debts in the ordinary course of business or cannot pay his debts as he falls due or is insolvent within the meaning of the Federal Bankruptcy Law || **insolvency insurance** *Insolvenzversicherung* Bei Insolvenz des Arbeitgebers haben die Arbeitnehmer, deren Ansprüche aus einer Versorgungszusage nicht erfüllt werden, einen Anspruch gegen den —> Pensions-Sicherungs-Verein auf die Leistungen, die der Arbeitgeber aufgrund der Versorgungszusage zu erbringen hätte [§§ 7ff. Betriebsrentengesetz] || **threatened with insolvency** *insolvenzbedroht*

inspection *Aufsicht* || *Inspektion* || *Kontrolle* || *Prüfung* || **inspection system** *Inspektionssystem* || **having the national arrangement necessary to apply an inspection system** :: *über die innerstaatlichen Vorkehrungen verfügen, die erforderlich sind für die Anwendung eines Inspektionssystems*

installment *Rate* [beim Abzahlungskauf]

Institute Cargo Clauses *Institute Cargo Clauses* [GB] *Bedingungen für Warentransportversicherungsverträge* zur Absicherung insbesondere von Seetransportrisiken des Institute of London Underwriters [Neufassung 1983] || **Institute Cargo Clauses All Risks** *Deckung A* Volle Deckung aller Risiken gegen Gefahren der See || **Institute Cargo Clauses Free Particular Average [F.P.A.]** *Deckung C* Entspricht weitgehend der [dem Deckungsumfang nach geringeren] deutschen Strandungsfalldeckung. [§ 700 HGB] Versicherung gegen Gefahren der See, die auf Schäden aus großer Havarie beschränkt ist. Bei Abschluß eines Kaufvertrags mit nach [Incoterms] Lieferbedingung "cif" ist Exporteur zum Abschluß einer F.P.A. gedeckten Versicherung verpflichtet. || **Institute Cargo Clauses with Average [W.A.]** *Deckung B* weitgehend wie Deckung A [Institute Cargo Clauses All Risks], erfaßt jedoch auch Risiken des Landtransports und Risiken im Hafen

to institute legal proceedings against s.o. *Gerichtsverfahren gegen jmd. anstrengen* || *rechtliche Schritte gegen jmd. einleiten*

institution incorporated under public law *Anstalt des öffentlichen Rechts* —> incorporation || corporation || charter

to instruct *beauftragen* || **the solicitor instructs the barrister** :: *Solicitor beauftragt den Barrister*

instruction *Weisung* || **to act without instructions of any government** :: *ohne Weisung einer Regierung tätig sein/handeln*

instrument *Urkunde* || **instrument of approval** [VölkR] *Genehmigungsurkunde* || **instrument of accession** *Beitrittsurkunde*

insurable title *versicherungsfähiger [Rechts]titel*

insurance *Versicherung* || **insurance against damage by hail** [VersR] *Hagelversicherung* || **insurance bond** [InvF] *Versicherungssparbrief* mit oder ohne Lebensversicherungselement || **insurance company** *Versicherung* || *Versicherungsgesellschaft* || *Versicherer* || **insurance of an advance commitment** *Promessenerteilung* —> insurance of a preliminary commitment || **insurance of the guarantee [policy]** *Garantiestellung* || **insurance of title** *Besitztitelversicherung* versichert den Käufer gegen Rechtsmängel bei Immobilienerwerb —> guaranty || **insurance percentage** *Deckungsquote* || *Garantiequote*|| **insurance tax** [SteuerR/D] *Versicherungssteuer* || **variable insurance** [InvF/USA] *[aktien-]fondsgebundene Lebensversicherung*

insured *Garantienehmer* || *Versicherter*

insurer *Versicherer* || *Garantiegeber*

intangible [Bil] *immateriell*

integral part *Bestandteil* || [...] are an integral part of this Basic Law :: *[...] sind Bestandteil dieses Grundgesetzes [GG]*

integration *Integration* || short-time integration *schnelle Einbindung*

intellectual property *geistiges Eigentum*

intelligence test [PersW / Psych] *Intelligenztest*

intending [VölkR/Präambel] *in der Absicht* || *in dem Vorsatz* || *gewillt*

intent *Vorsatz*

intention *Wille* || *Absicht* || *Intention* || intention of the parties *Parteiwille* Berücksichtigung des Parteiwillens bei der Vertragsauslegung ist eine Errungenschaft des equity law || declaration of intention *Willenserklärung* —> [statement or] manifestation of intention

intergovernmental fiscal relations *Finanzausgleich* Verteilung [Zuweisung] des Steueraufkommens zwischen Bund, Ländern, Gemeinden und Gemeindeverbänden —> matricular contributions

inter-state *zwischen Gliedstaaten* [StaatsR/USA] für Beziehungen zwischen Gliedstaaten verwendet. "national" zuweilen als Gegensatz zu "state" [=Gliedstaat] gebräuchlich, ansonsten meist entsprechend "Bundes-[...]".

intercession *Vermittlung* || *Eingreifen*

intercompany dividends *konzerninterne Dividenden* von Tochter- oder Muttergesellschaften gezahlte und im Konzernabschluß zu eliminierende Dividenden

interdepartmental agreements *Ressortabkommen*

interest *Anteil* || [Bil] *Zinsergebnis* || we have an interest in the business :: *wir halten Anteile an der [...]* || *finanziell beteiligt sein* || interest arbitrage *Zinsarbitrage* [Bbank] Versuch der Ausnutzung der Unterschiede, die häufig zwischen den Zinssätzen verschiedener Orte, insbesondere zweier Länder, bestehen || interest differential *Zinsgefälle* || interest held by BV *BV-Anteil* [BV=Bayerische Vereinsbank] || interest in right *Anteil auf ein Recht [an einem Grundstück]* || interest income *Erträge* || *Zinserträge* || interest level *Zinsniveau* || interest margins *Zinsmarge[n]* [BankW] Zinsdifferenz zwischen vereinnahmten Aktivzinsen [Kunde bezahlt] und Passivzinsen [Bank bezahlt]. || interest rate *Kalkulationszinsfuß* [InvR] Zur Abzinsung der Zahlungsströme einer Investition angewendete Zinssatz || interest rate advantage of the US dollar *Zinsvorteil des US-Dollars* || interest rate arbitrage *Zinsarbitrage* [Bbank]

—> interest arbitrage || **interest rate differential** *Zinsgefälle* || *internationale Zinsdifferenzen* 1. Unterschied des Zinsniveaus an verschiedenen Orten [insbes. Ländern], wobei Geld unter sonst gleichen Bedingungen an den Ort höherer Zinsen fließt. Zinsunterschied zwischen Geld- und Kapitalmarkt. I.d.R. ist der Zins auf dem Geldmarkt niedriger, die anlagebereiten Mittel werden daher dem Kapitalmarkt zuströmen. || [Bbank] **interest rate differential vis-á-vis the United States in the ten-year field** :: *Zinsgefälle gegenüber den Vereinigten Staaten im Zehn-Jahresbereich* —> arbitrage || **this development was encouraged by the diminishing of the interest rate disadvantage of German DM bonds** :: *diese Entwicklung wurde durch die Einebnung des Zinsnachteils von DM-Anlagen verstärkt* || **interest rate movements in the bond market** *Zinsentwicklung am Rentenmarkt* || **interest rates** *Renditen* || **interest rates rose considerably** *kräftige Zinssteigerungen* || **interest rates went down** *Zinsen gingen zurück* || **long-term interest rates** *[langfristige] Kapitalmarktzinsen* || **interest test** [PersW] *Interessentest* || **financial interest** *finanzielle Beteiligung* || **to have no interest in [...]** :: *nicht finanziell beteiligt sein* || **life interest** *das lebenslängliche, nicht vererbliche Eigentum* —> life tenancy = property held for life, but which cannot be inherited

intergovernmental *zwischenstaatlich* || **intergovernmental committee for European Migration** *Zwischensstaatliches Komitee für Auswandung* || **intergovernmental organisations** *zwischenstaatliche Organisationen* [Abbr] IGOs || **Maritime intergovernmental Consultative organization** *Zwischenstaatliche Beratende Seeschiffahrts-Organisation*

interim *einstweilig* || *Interims[...]* || *Übergangs[...]* || *Zwischen[...]* || *vorläufige* || **interim agreement** *vorläufige Vereinbarung* || **interim balance** *Zwischenbilanz* || **interim commission** *Interimskommission* || **interim credit** *Überbrückungskredit* || **interim dividend** *Abschlagsdividende* [BRD] § 59 AktienG ermöglicht nach Ablauf eines Geschäftsjahres die Ausschüttung einer Dividende auf den vorraussichtlichen Bilanzgewinn. [USA] i.d.R. werden Dividenden vierteljährlich während des laufenden Geschäftsjahres gezahlt. || **interim lease term** [Leas] *Vormietzeit*

interlocutory order *Zwischenverfügung* || **interlocutory proceedings** *Zwischenbegehren* [Antrag vor Gericht]

to intermarry *Misch[ling]ehe eingehen* syn.: **miscegenation** :: *Mischehe, z.B. zwischen einer Weißen und einem Schwarzen*

intermediate Land authority [VwO/D] *Landesmittelbehörde* —> higher land authority

internal *Innen* ‖ *intern* ‖ **internal financing** *Innenfinanzierung* ‖ *interne Finanzierung* finanzielle Mittel werden aus dem Umsatzprozeß des Unternehmens generiert ‖ **internal rate of return** [InvR] *interner Zinsfuß* ‖ *interne Rendite* [Abbr] **IRR** *Effektivverzinsung einer Investition.* ‖ —> **internal rate of return method** *Methode des internen Zinsfußes* [InvR] Verfahren der —> Investitionsrechnung zur Entscheidung über die Vorteilhaftigkeit einer Investition. Bestimmung des Umfangs eines Investitionsvorhabens wie bei der —> Kapitalwertmethode, wobei nur solche Projekte verwirklicht werden, deren interner Zins über einer vorher festgelegten Höhe liegt. Die Wiederanlage rückfließender Beträge kann sofort stattfinden, Gewinne werden entsprechend in Höhe des internen Zinsfußes. ‖ **Internal Revenue Code** [USA] *Steuergesetzgebung* [Title 26, U.S. Code und Durchführungsverordnung Treasury Regulations and Revenue Rulings] bundesrechtliche Vorschriften über die Erhebung von Einkommen-, Grund-, Stempel-, Schenkungs-, Verbrauchssteuern, etc. Verwaltung dieser Steuern erfolgt durch den Internal Revenue Service [außer für Alkohol-, Tabak-, Feuerwaffen, Sprengstoff- und Wettsteuern]

international *international* ‖ **International Association for Vocational Guidance** *Internationale Vereinigung für Berufsberatung* ‖ **International Atomic Agency** *Internationale Atomenergiebehörde* ‖ **International Code of Advertising Practice** *Internationale Verhaltensregeln für die Werbepraxis* von der Internationalen Handelskammer ausgearbeitete Regeln für die Durchführung einer "friedlichen" Auslandswerbung ‖ **International Commercial Terms** *Lieferbedingungen im Außenhandel* —> Incoterms ‖ **International Commission for Agricultural Industries** *Internationale Kommission für landwirtschaftliche Industrie* ‖ **International Convention for the Protection of Industrial Property** *Verbandsübereinkunft zum Schutze des gewerblichen Eigentums* erstmals in Paris, 20. März 1883, mehrfach rev. PVÜ verpflichtet ca. 90 Vertragsparteien zu gegenseitigem wirksamen Schutz gegen unlauteren Wettbewerb, d.h. gegen jede Wettbewerbshandlung, die den anständigen Gepflogenheiten im Gewerbe zuwiderläuft. Nebenabkommen sind das Madrider Abkommen v. 14.04.1891 über die intern. Registrierung von Marken sowie Madrider Abkommen v. 14.04.1891 über die Unterdrückung falscher oder irreführender Herkunftsangaben auf Waren, ebenfalls mehrfach revidiert. ‖ **International Cooperation Allicance** *Internationaler Gewerkschaftsbund* ‖ **International Court of Justice** *Internationaler Gerichtshof* ‖ **International Finance Corporation** *Internationale Finanz-Corporation* [Abbr] **IFC** rechtlich selbständige Organisation innerhalb der Weltbank. Mitglieder ca. 130 Staaten. Ziel: Beschaffung von Finanzierungsmitteln durch Begebung eigener Anleihen oder durch Mittelaufnahme an intern. Kapitalmärkten zur Förderung der privatwirtschaftlicher Initiative [ärmste Entwicklungsregionen]. Darlehen haben [teilweise] beteiligungsähnlichen Charakter. Verwaltung zusammen mit IDA [International Development Association] || **international institutions** *international operierende Institutionen* || **International Narcotics Control Board** *Internationales Suchtstoffkontrollamt* || **international operations** [Bil] *Auslandsgeschäft* || **international trends** *internationale Entwicklungen*

interpersonal roles [Psych] [Soz] *interpersonelle Rollen*

to interprete *auslegen*

interrogatory unter Eid zu beantwortende schriftliche *Beweisfragen*

Intersat space segment *Intersat Weltraumsegment*

interspousal *zwischen Eheleuten* between husband and wife

intervention *Vermittlung* || *Eingreifen* || **intervention appropriation** *Interventionsmittel*

interview [PersW] *Einstellungsgespräch* || *Vorstellungsgespräch*

intrinsic value *innerer Wert [einer Aktie]* Dividendenbewertungsmodelle dienen zur Bestimmung dieses "wahren" Werts einer Aktie

to introduce *einführen* || *einleiten* —> institute *Verfahren einleiten* || **to introduce a product into Community commerce** [ZollW] *Ware auf den Markt der Gemeinschaft verbringen* || **introduced at the beginning of [year]** *zu Jahresbeginn [Jahr] eingeführt*

invalidity *Nichtigkeit* || **invalidity of a testament** :: *Nichtigkeit eines Testaments*

invention *Erfindung* || **description of an invention** :: *Beschreibung der Erfindung*

inventive *erfinderisch* || **involving an inventive step** [PatR] *auf einer erfinderischen Tätigkeit beruhen*

inventor [PatR] *Erfinder* || **mention of inventor** *Erfindernennung*|| **protection of inventors** *Erfinderschutz*

inventory turnover [Buchf] [MatW] *Lagerumschlag* —> *Umschlaghäufigkeit* **turnover ratio** || *Umschlaggeschwindigkeit* Kennzahl der Warenwirtschaft zur Ermittlung, wie lange ein Artikel durchschnittlich lagert bzw. das Warenlager in einer Periode umgesetzt wird.

invert sugar *Invertzucker*

investigation *Prüfung* || **investigation of title** *Prüfung des Besitztitels* [z.B.: bei Eigentumsübertragungen] —> guarantee of title —> *Besitztitelversicherung* || **investigation services** [ZollW] *Fahndungsdienste*

investment *Investition* [InvR] syn.: capital investment *Umwandlung von Geld in Sachvermögen oder Finanzanlagen* ‖ *längerfristige Kapitalbindung* Investition wird durch Zahlungsströme gekennzeichnet, die i.d.R. mit einer Ausgabe beginnen ‖ **investment bank** *Effektenbank* Für die BRD nicht übliche Spezialinstitute, die ausschließlich auf die Finanzierung von Emissionen spezialisiert sind ‖ **investment bond** [InvF] *Versicherungsfond* ‖ **investment decision** *Investitionsentscheidung* ‖ *Wahl zwischen Investitionsalternativen* ‖ **investment in capacity extensions** *Erweiterungsinvestitionen* ‖ **investment in financial assets** *Finanzinvestition* ‖ *Investition in Finanzanlagen* ‖ **real investment in machinery and equipment** *reale Ausrüstungsinvestitionen* ‖ **investment in physical assets** *Sachinvestition* ‖ *Investition in Sachanlagen* ‖ **investment of excess cash** *Anlage überschüssiger Gelder* syn.: **investment of surplus cash** Funktion des Cash Management. Alle über das zur Erhaltung der Zahlungsfähigkeit erforderliche Mindestmaß hinausgehenden Bestände an Zahlungsmitteln sind in eine rentable kurzfristige Anlageform zu überführen ‖ **international capital investment opportunities** *Beteiligungsmöglichkeit* ‖ **investment planning** *Investitionsplanung* ‖ *Vorbereitung von Investitionsentscheidungen* ‖ **investment policy** *Investitionspolitik* Auf der Grundlage der Investitionsrechnung werden Maßnahmen zur Planung und Durchführung von Investitionsentscheidungen getroffen. ‖ **investment product** —> syn.: **investment vehicle** *Anlagemedium* ‖ **investment program** *Investitionsprogramm* ‖ **investment project** *Investitionsobjekt* ‖ *Investitionsprojekt* ‖ *Investitionsvorhaben* syn.: **investment proposed** ‖ **Investment Sudsidy Law** [SteuerR/D] *Investitionszulagengesetz* ‖ **investment trust** *Investmentfonds des Gesellschaftstypus* ‖ *Kapitalanlagegesellschaft* ‖ **investment vehicle** *Anlageform* syn.: *Investmentform* ‖ *Investmentmedium* ‖ **hybrid investment vehicle** :: *gemischtes Investmentmedium* [z.B.: balanced bond] ‖ **[capital] investment** *Investition* ‖ **individual investment** *Einzelinvestition* syn.: **single investment** *das einzelne Investitionsobjekt* i.G.z. Investitionsprogramm ‖ **mutually exclusive investments** *sich gegenseitig ausschließende Investitionen* Investitionsalternativen, von denen nur eine realisiert werden kann

investor *Investor* ‖ **both domestic and foreign investors [...]** :: *sowohl inländische als auch ausländische Investoren*

invoice *Rechnung* —> bill ‖ **commercial invoice** *Handelsrechnung* ‖ **specified invoice** *detaillierte Rechnung* —> spezifizierte Rechnung

to invoke *Anspruch erheben auf* ‖ *geltend machen* ‖ **to invoke a statute** :: *sich auf ein Gesetz berufen*

inward clearance [Mar] *Einklarierung* Abfertigung des Schiffes bei der Einfahrt in den Hafen. Wird im Normalfall für den Kapitän durch einen Schiffsmakler besorgt. Im einzelnen sind u.a. Schiffsbauart, Schiffsname, Nationalität, Netto-, Bruttoraumgehalt, Abgangs- und Bestimmungshafen, Besatzung, Art der Ladung, Name des Kapitäns etc. nachzuweisen.

ipso jure *ipso jure* [lat] *von Gesetz[es] wegen* :: by the law itself || by the mere operation of law

IRA —> **Individual Retirement Accounts** :: *Altersvorsorge durch steuerbegünstigte Vermögensbildungspläne*

IRR [InvR] —> Methode des internen Zinsfußes

irrecoverability *Uneinbringlichkeit (der Forderung)*

IRS [USA] **Internal Revenue Service** ist die nach dem —> Internal Revenue Code zuständige Steuerbehörde.

Island Company [GB] Gesellschaft, die in den Channel Islands Jersey, Guernsey bzw. auf der Isle of Man gegründet wurde

isoglucose *Isoglukose*

to issue *begeben* || syn.: *emittieren*|| *ausstellen* || **to issue a patent** *ein Patent erteilen* granting [of] a patent ||

issue *Emission* || *Streitfall* || *Streitsache* || **new issue business** *Emissionsgeschäft* Grundhandelsgeschäft i. S. des § 1 II4 HGB, das sich mit der Emission von Wertpapieren befaßt, deren Einführung an der Börse und der Vermittlung der Bezugsrechtsausübung. Die Unterbringung oder Konversion von Anleihen ist das Anleihegeschäft, die Plazierung von Aktien und industriellen Schuldverschreibungen das Finanzierungsgeschäft. Vielfach wird das Emissionsgeschäft in Gemeinschaft mit mehreren Banken, durch ein Konsortium durchgeführt [Konsortialgeschäft]. Das Emissionsgeschäft bearbeitet die Emissionsabteilung, das Konsortialbüro oder die Effektenabteilung der Bank. || **issues denominated in foreign currencies** *Fremdwährungsanleihen* || **issue of visas** :: *Erteilung [Ausstellung] eines Sichtvermerks* || **at issue prices** [Bör] *zu Emissionkursen*

issued *emittiert* —> syn.: *begeben* || **when issued** [Bör] *per Erscheinen* wenn Wertpapiere bereits gehandelt werden, bevor die Stücke verfügbar sind

issuing activity in other important currencies *Emissionsaktivität in anderen wichtigen Währungen* || **Issuing activity on the international bond market increased steeply in the year under review** :: *Emissionstätigkeit am internationalen Bondmarkt hat im Berichtsjahr kräftig zugenommen* || **issuing and investment activity on the domestic bond market** *Emissions- und Anlagetätigkeit am inländischen Rentenmarkt*

item [Stat] *Position* [in einer Tabelle] ‖ *Ziffer* in dt. Gesetzen [ungebräuchliches] Gliederungssymbol als kleine römische Ziffer "i", "ii", etc. In der Übersetzung als solche wiederzugeben und als Bezugnahme mit "Ziffer" zu bezeichnen und mit Klammer zu versehen sofern vorgesetzt: "i)" oder "Ziffer i)"; im laufenden Text nur "i" etc. ‖ *Posten* [Bil] syn.: *Bilanzposten* ‖ [ZollW] *Warenposition* ‖ **item number** *Pos. Nr.* ‖ [Rechnung] *Positionsnummer* ‖ **item of credit** [Buchf] *Einnahmeposten* ‖ **the structure of the individual items** *die Aufgliederung der einzelnen Bilanzposten*

itemized *detailliert*

itinerant justices *reisende Königsgerichte* [Hist/GB] —> syn.: travelling justices :: Königsgerichte

jack [Mar] *Gösch* ‖ *Bugflagge*

jams [ZuckerStG] *Marmelade*

Japanese methods taking over [Man/Org/ArbR] *Japanisierung* —> syn.: *Vertrieblichung der kollektiven Interessenvertretung*

JDS [Abbr] **Job diagnostic survey** *Arbeitsplatzbefragung*

jetsam *Strandgut* goods thrown voluntarily overboard in order to lighten the ship —> flotsam :: Treibgut

Jewish congregations *Judengemeinden* ‖ *jüdische Gemeinden*

jingle [Werb ǀ TV ǀRadio] *Jingle* kurze einprägsame Werbemelodie

job *Arbeitsplatz* ‖ **jobs were created** *Arbeitsplätze wurden geschaffen* ‖ **job analysis** [PersW] *Arbeitsanalyse* ‖ **job attitude survey** [Komm] *Mitarbeiterbefragung* ‖ **job design** [Man/Org] *Arbeitsgestaltung* —> work design ‖ **job diagnostic survey** *Arbeitsplatzbefragung* [Abbr] **JDS** ‖ **job enrichment** [PersW] *Arbeitsanreicherung* Anreicherung von motivationsarmen Jobs mit motivators z.B. Verantwortlichkeit, Ausweitung, Anerkennung etc. ‖ **job evaluation** *Arbeitsbewertung* ‖ **job evaluation sheet** [PersW] *Arbeitsbewertungsbogen* ‖ **job rating** [PersW] *Leistungsbewertung* —> *Leistungsbeurteilung* —> performance ‖ **job rotation** *Rotationsprinzip* ‖ **job-task analysis** *Arbeits- und Aufgabenanalyse*

jobber [Bör] *Börsenmakler* Börsenhändler für eigene Rechnung, der mit dem Publikum durch den —> broker handelt und auf bestimmte Effektenarten spezialisiert ist —> bull ‖ bear ‖ stag ‖ dealer ‖ factor ‖ Konzertzeichner ‖ Haussier ‖ Baissier ‖ broker ‖ Zwischenhändler

Johari Window *Johari-Fenster* [Psych/Man] von Joseph Luft and Harry Ingham entwickelte Methode zur Beurteilung der Persönlichkeit und Führungsqualitäten

John Do [USA] nach römischem Vorbild [Titius] *fiktiver Name, sofern eine [Streit]Partei namentlich noch*

nicht bekannt ist. Gelegentlich auch als "Goodtitle" bezeichnet.

to join in matrimony [EheR] *trauen*

joint *gemeinsam* ‖ *gemeinschaftlich* ‖ *Gesamt[...]* ‖ *gemeinschaftlich* ‖ *zusammen* ‖ **joint account** [BankW] *Gemeinschaftskonto* ‖ **joint assessment** [SteuerR/D] *Zusammenveranlagung* [von Ehegatten] ‖ **joint authority** [VwO/D] *Zweckverband* —> joint body ‖ **joint body** [VwO/D] *Zweckverband* syn.: joint authority Rechtsfähiger Zusammenschluß von Gemeinden oder Gemeindeverbänden zur gemeinsamen Erfüllung bestimmter Aufgaben ‖ **joint business venture** *Metagesellschaft* —> ad-hoc partnership :: Gelegenheitsgesellschaft ‖ **joint committee** *gemeinsame Sitzung von Oberhaus und Unterhaus* ‖ **joint commune** [VwO/D] *Verbandsgemeinde* —> Samtgemeinde ‖ Amt ‖ In RLP Bezeichnung von Gemeinden, der mehrere benachbarte kreisangehörige Ortsgemeinden angehören ‖ **joint negotiating committee** [GewerkW] *Tarifkommission* mehrere Berufsgewerkschaften treten gemeinsam in Verhandlung mit der Unternehmensleitung ‖ **joint negotiating council** [GewerkW] *Große Tarifkommission* ‖ **joint ownership** *Gesamteigentum* Joint ownership venture i.e.S. das joint Venture Unternehmen —> Beteiligungs-, Gemeinschafts-, Partnerschaftsunternehmen oder mit dem englischen Begriff bezeichnet. ‖ **joint research centre** *gemeinsame Forschungsstelle* ‖ **joint right** *Gemeinschaft zur gesamten Hand* [§ 719 BGB] Gesamthandverhältnis :: Rechtsinstitut dt. Ursprungs. Die einzelnen Gesamthänder sind nicht zu einem bestimmten Bruchteil an den einzelnen Gegenständen [dann Bruchteilgemeinschaft], sondern zu einem Bruchteil an dem gemeinsamen Sondervermögen der G.z.g.H. beteiligt. Sie haben daher keine Verfügungsberechtigung über einen Anteil an den einzelnen Gegenständen. Das Sondervermögen betreffende Rechtsgeschäfte müssen vielfach gemeinschaftlich von oder gegenüber den Gesamthändern vorgenommen werden. Die Ausgestaltung im einzelnen ist für die verschiedenen G.z.g.H. unterschiedlich geregelt. Gesellschaft des bürgerl. Rechts: Offene Handelsgesellschaft ‖ Kommanditgesellschaft ‖ Erbengemeinschaft am ungeteilten Nachlaß. ‖ **joint stock company** *Kapitalgesellschaft* Oberbegriff für die Public limited company —> private company ‖ public limited company ‖ **joint tenancy** *Gemeinschaftseigentum* —> Bruchteilsgemeinschaft ‖ Gemeinschaft zur gesamten Hand ‖ Miteigentum ‖ *Bruchteilsgemeinschaft* [GB] ownership in definable divided shares [abolished in 1925 as to the holding of title to a thing]; can still exist in respect of the proceeds of sale of the thing held in joint tenancy; —> tenancy in common :: Bruchteilsgemeinschaft [GB] joint ownership :: title can only vest in not more than 4 persons as "joint tenants" with survivorship rights who can be either beneficial i.e. real owners or only trustees for any number of other beneficial owners entitled to the proceeds.: [AuxT] *Gesamthandeigentum* —> § 719 BGB ‖ **new**

establishment of joint ventures [Bil] *Neugründung von Gemeinschaftsunternehmen*

jointly and severally liable *unbeschränkte und gemeinschuldnerische Haftung* [der Gesellschafter]

journal [Buchf] *Journal* syn.: *Tagebuch* || *Grundbuch* the ledger in which all transactions of the day are recorded || **learned journal** *Fachzeitschrift* [wissenschaftl.] || **trade journal** *Fachzeitschrift* [Gewerbe]

jubilee bonuses, obligation for ~ [Bil] *Verpflichtungen für Jubiläumsgratifikationen*

judge made *auf richterlicher Entscheidung beruhend* || **judge made law** *durch richterliche Entscheidung geschaffenes Recht*

judgement *Urteil* || **judgement by default** *Versäumnisurteil* Urteil im Zivilprozeß, wenn die generische Partei trotz ordnungsgemäßer Ladung zum Termin ausbleibt. || **judgement reversed and remanded** *Urteil wird aufgehoben und an die untere Instanz zurückverwiesen* —> remand || **declaratory judgement** *Feststellungsurteil* Urteil in der Feststellungsklage über das Bestehen oder Nichtbestehen eines Rechtsverhältnisses || **interlocutory judgement** *Zwischenurteil* Urteil in dem über einen prozessualen Zwischenstreit insbesondere über Prozeßvoraussetzungen entschieden wird [§§ 303, 280 II ZPO, § 109 VwGO, §97 FGO]. Über materiell-rechtliche Vorfragen ist ein Z. grundsätzlich nicht zulässig, eine Ausnahme bildet das Grundurteil. Ze. binden das Gericht bei späteren Entscheidungen [§ 318 ZPO]. Sie können nur dann selbständig angefochten werden (Rechtsmittel), wenn es im Gesetz ausdrücklich zugelassen ist. || **to deliver judgement** *Urteil und Urteilsbegründung* —> to give / to pronounce judgement

judging by [...] will continue to develop favourably *aus [...] läßt sich eine Fortsetzung der bisherigen positiven Entwicklung erkennen*

judication *Gerichtsbarkeit* —> *Zuständigkeit* || *Gerichtsbezirk*

Judicature *Rechtsprechung* || *Rechtspflege* || *Justizwesen* || **Judicature Act** *Gerichtsverfassungsgesetz* [Abbr] *GVG* || **Supreme Court of Judicature** *Oberster Gerichtshof*

judicial *gerichtlich* || *Gerichts[...]* || **judicial authorities** *Justizbehörden* || **Judicial Committee of the Privy Council** *Rechtsausschuß des geheimen Kronrats* [Judicial Committee Act, 1833] Höchste Revisionsinstanz für Rechtsstreitigkeiten und Strafsachen für Gerichte außerhalb GB [Isle of Man, Channel Islands, Commonwealth-Länder sowie appeals geistlicher Gerichte und Prisengerichte] —> *Geheimer Staatsrat* :: Privy Council || **judicial decision** *Gerichtsurteil* —> law report || **judicial district** *Gerichtsbezirk* ||

judicial error *Justizirrtum* ‖ **judicial proceedings** *Gerichtsverfahren*

junior management [Man/Org] *unteres Management* —> lower management

juridical person [GB] *juristische Person* in den USA ist der Begriff **juristic person** gebräuchlich —> juristic ‖ legal ‖ artificial person i.G.z. natural person : natürliche Person.

jurisdiction *Gerichtsbarkeit* ‖ *Zuständigkeit* i.e.S. von competence ‖ *Jurisdiktion bei einem Gericht* ‖ *Rechtsprechung* ‖ *Rechtshoheit* ‖ **compulsory jurisdiction** *obligatorische Gerichtsbarkeit* ‖ **contentious jurisdiction** *streitige Gerichtsbarkeit* ‖ **exclusive jurisdiction** *ausschließliche Gerichtsbarkeit* ‖ **original jurisdiction** *erstinstanzliche Jurisdiktion*

jurisdictional amount *Streitwert* [28 U.S.C.A. §§ 1331 f] syn.: **amount in controversy**

jurisprudence *Rechtswissenschaft* ‖ [coll] *Juristerei*

jurist *Rechtsgelehrter* bezeichnet einen **eminent jurist** [lat.] jurisperitus, der sich durch Veröffentlichung einen Namen gemacht hat

juristic person [USA] *juristische Person* [GB] **juridical person** —> legal ‖ artificial i.G.z. natural person : natürliche Person.

jurors *Geschworene* Laiengeschworene, die nicht Bestandteil des [urteilenden] Gerichts sind —> Schöffen :: jury ‖ **aid jurors** *Beisitzer* [Jus] ohne wesentlichen Befugnisse in der Urteilsfindung —> Schöffen :: jury

jury *Schöffen* —> jurors ‖ aid jurors [Jus/D] Schöffen sind wie jurors ehrenamtlich [als Beisitzer] tätige Laienrichter ohne juristische Vorbildung beim Schöffengericht. I.G.z. den advisory juries handeln die Schöffen bes. im Strafprozeß in voller Unabhängigkeit und gleichem Stimmrecht wie Berufsrichter.

juvenile *jugendlicher Straftäter* [USA 18 U.S.C.A. § 5031 / Juvenile Delinquency Act] juvenile i.G.z. minor üblicherweise i.Z.m. Strafsachen ein Jugendlicher —> Heranwachsender, der noch kein legal age, die Volljährigkeit, erreicht hat. Minor bezieht sich auf den Minderjährigen hinsichtlich der noch nicht erlangten Geschäftsfähigkeit. ‖ *Jugendlicher* [JugendstrafR/D] [§§ 5 ff JGG] i.U.z. —> Heranwachsenden bei Begehung der Straftat bereits 14 Jahre, jedoch noch nicht das 18. Lebensjahr vollendet (Keine Freiheitsstrafe oder Geldstrafe) According to the German juvenile criminal law a person who has already attained the age of 14, but has not yet reached the legal age of 18 as opposed to —> Heranwachsender (no fine or imprisonment). ‖ *Heranwachsender* [JugendstrafR/D] [§§ 5 ff / §§ 105 f JGG] i.U.z. —> Jugendlichen bei Begehung der Straftat bereits 18 Jahre, jedoch noch nicht das 21. Lebensjahr vollendet. According to the German juvenile criminal law a person who has already attained the legal age of 18, but has not yet reached the age of 21 (full responsibility) at the time of commitment as opposed to —> Jugendlicher.

juvenile court *Jugendgericht*

to keep books [of account] [Buchf] *Buch führen* || *Geschäftsbücher führen* || [PatR] **The Licensee shall keep true and correct books of account** :: *Der Lizenznehmer führt die Geschäftsbücher mit der Sorgfalt eines ordentlichen Kaufmanns*

key factor *Hauptfaktor* || *wichtigste Einflußgröße* || **key factors in the strong growth** *entscheidend für das Wachstum[...]* || **key firms** [Man / Org / ArbR] *Schlüsselunternehmen* || **key monetary indicators** [Bbank] *wichtige monetäre Indikatoren* || **key numbers** *Kennzahlen* [BWL] [absolute Zahlen (z. B. Umsatz, Vorräte etc.) || i.e.S. ratios (=Verhältniszahlen)] || **key objective** *Gesamtziel*

KG a.A. [BRD] [Abbr] —> *Kommanditgesellschaft auf Aktien* :: *partnership limited by shares*

in kind *Natural [...]*

kite *Reitwechsel* —> *Kellerwechsel* || *Wechselreiterei* :: *kiting* || **kite-flying** *Kellerwechsel* gegenseitige Wechselziehung [Gefälligkeitswechsel] bei Scheinfirmen, d.h. ohne daß ein Waren- oder Dienstleistungsgeschäft zugrundeliegt [sog. Reitwechsel]

kiting *Scheckmißbrauch* i.S.v. *Ausstellung ungedeckter Schecks* —> Scheckmißbrauch. Writing checks against bank account of insufficient funds to cover them and hoping at the same time that before they are presented the necessary funds will be deposited, i.e. practice of taking advantage of the period between the deposit of a check in one bank and its collection in another. In der BRD nur bei Vorsatz und Bereicherungsabsicht nach § 263 StGB strafbar. Allein die mangelnde Deckung zum Zeitpunkt der Begebung ist für die Erfüllung des Tatbestands noch nicht ausreichend.
—> kite :: Wechselreiterei

know-how *Know-How* || *technisches Wissen* || *Sachkenntnis* || *praktisches Wissen*
labelling *Etikettierung*

labo[u]r *Arbeit* || **labo[u]r relations** *Mitarbeiterbeziehungen* [Man / Org] —> industrial relations —> employee relations || **an increase in labo[u]r cost pressure** *Verstärkung des Lohnkostendruck* || **Labo[u]r Court** [Jus/D] *Arbeitsgericht* || **labo[u]r director** [Man/Org/ArbR] *Arbeitsdirektor* —> Montan-Mitbestimmungsgesetz —> "worker director" :: Arbeitnehmervertreter / (non-executive) employee representative on the supervisory board. Arbeitsdirektor gehört nicht dem Aufsichtsrat an. || **labo[u]r disputes** *Arbeitskämpfe* || **labo[u]r office** *Arbeitsamt* nachgeordnete Behörden der Bundesanstalt für Arbeit :: Federal Employment Office [or Agency] (BfA) (=die sogenannte Arbeitsverwaltung || Arbeitsamt). [USA] government employment office || [GB] job centre ||

employment exchange ‖ **International Labo[u]r Office** *Internationales Arbeitsamt* ‖ **labo[u]r relation board** *Arbeitskammer* Körperschaften des öffentlichen Rechts mit Beratungsaufgaben für Gerichte und Behörden in Fachfragen im Interesse von [ihren] Arbeitnehmern sowie Fort- und Weiterbildungsmaßnahmen

lamp tax [SteuerR/D] *Leuchtmittelsteuer*

Land [VwO/D] *Bundesland* Im Sprachgebrauch des Grundgesetzes ist das Bundesland das "Land", d.h. die Bezeichnung für die einzelnen Gliedstaaten der BRD; im allgemeinen Sprachgebrauch "Bundesland" ‖ [Sachenrecht] *Grundstück* Land generally comprehends any ground, soil, or earth whatsoever including fields, meadows, pastures, woods, moors etc., i.e. the material of the earth which may be composed of soil, rock or other substance including free or occupied space for an indefinite distance upwards as well as downwards, subject to the limitations upon the use of airspace imposed, and the rights in the use of airspace granted by law. Interchangeable term with property, including real estate or real property. I.S.d. Sachenrechts [BGB] sowie Grundbuchordnung jeder abgegrenzte Teil der Erdoberfläche, der im Bestandsverzeichnis des Grundbuchblattes gesondert aufgeführt ist, jedoch nicht das Flurstück [Katasterparzelle], da nur vermessungstechnische Einheit —> Grund und Boden ‖ Grundstücksrecht ‖ Grundbuch ‖ **land records** ‖ **land areas** *Landgebiete* ‖ [VölkR] **the territory [...] shall be deemed to be the land areas and territorial waters adja-** cent thereto :: *als Hoheitsgebiete eines Staates gelten die Landgebiete und angrenzenden Hoheitsgewässer* ‖ **Land authority** [VwO/D] *Landesbehörde* —> Gliederung in obere, mittlere, untere Landesbehörde. Die Landesverwaltungen in den einzelnen Bundesländern sind - mit Ausnahme des SLes, Schleswig-H. und der Stadtstaaten - dreistufig aufgebaut. 1) die obersten und oberen Landesbehörden auf Landesebene; 2) ggf. die Bezirksregierungen (bzw. Regierungen; Regierungspräsidien; Regierungspräsidenten) als Mittelinstanz und 3) die Landräte/Landratsämter als untere Landesbehörde ‖ **territory of the Land Berlin** *das Gebiet des Landes Berlin* ‖ [VölkR] **The Convention of [...] concerning [...] shall also apply to Land Berlin as from ([...] this being) the date on which that Convention shall enter (or, in the case of a subsequent declaration has entered) into force for the Federal Republic of Germany** :: *Das Übereinkommen von [...] über [...] gilt mit Wirkung von dem Tag (oder: Mit Wirkung vom [...]), an dem es für die Bundesrepublik Deutschland in Kraft treten wird (oder: [bei nachträglicher Erklärung:] in Kraft getreten ist), auch für das Land Berlin* ‖ **land certificate** *Eigentumsurkunde* [USA] urkundlicher Nachweis mit genauer Lagebeschreibung des Grundstücks [wie in den land records eingetragen] sowie Name und Anschrift des Eigentümers. Die darin gemachten Angaben gelten als —> prima facie-Beweis —> Hypothek ‖ **depositing the land certificate** [formlose] *Bestellung einer Hypothek*‖ *Eigen-*

203

tumsbrief ‖ *Grundbuchauszug,* jedoch in GB nur zum Teil realisiert) —> land records ‖ **land charges** *Grundstückbelastung* [nach dem Land Charges Act] ‖ **land contract** *Grundstückskaufvertrag* ‖ *Grundstücksübertragungsvertrag*‖ *Grundstückveräußerungsvertrag* ‖ **land credit bank** *Bodenkreditbank* —> syn.: *Bodenkreditinstitut* :: **real estate credit institution** ‖ **Land diet** [in der Terminologie des GG] *Landtag* [VwO/D] —> state parliament ‖ **Land finance authorities** *Landesfinanzbehörden* [Art. 108 Abs. 2 und 3 GG] ‖ **land improvement loan** *Meliorationskredit* ‖ **Land minister** syn.: **state minister** [VwO/D] *Landesminister*‖ **Land ministry** [VwO/D] syn.: **state ministry** *Landesministerium* ‖ **land records** *Grundstücksregister* [USA] öffentlich geführte, die Liegenschaften betreffende Übertragungs- und ähnliche Urkunden. [USA] Liegenschaftsrecht kennt im allgemeinen keine Grundbücher i.S.d. dt. Rechts. Die Eintragung (registration) in den land records hat keine rechtsbegründende Wirkung. Von den in einer Anzahl von Einzelstaaten bestehenden Ausnahmen des Torrens-Systems abgesehen, ist sie nur für den Gutglaubenschutz erheblich (—> recording system). Handhabung dieser land records ist einzelstaatlich unterschiedlich geregelt.

Länder —> pl. von *Land* ‖ **Länder share** [SteuerR/D] *Länderanteil*

landlord and tenant law [MietR / USA] *Mietrecht*

languages you use in corresponding with your business partners *Korrespondenzsprachen* Sprachen, in/mit denen Firmen mit ihren Partnern kommunizieren

to lapse *außer Kraft treten* ‖ *erlöschen*

lapse *Ablauf* expiry ‖ termination

larcency *Diebstahl* theft [= popular name for larcency] Theft ist jedoch umfassender als Diebstahl und enthält auch z.B. embezzlement :: *Veruntreuung* ‖ Unterschlagung ‖ **larcency and theft insurance** *Diebstahlversicherung* ‖ **larcency by finder** [USA] *Fundunterschlagung* ‖ **grand larcency** [USA] *schwerer Diebstahl* ‖ **petit larcency** *leichter Diebstahl* —> petty larcency ‖ **petty larcency** [USA] *leichtes Vergehen* Diebstahl bis zu best. Wertgrenze (z.B. $100,-) syn.: petit larcency

large rise in interest rates *kräftiger Anstieg der Zinsen*

large-scale interventions *beträchtliche Interventionen*

later *später* ‖ **not later than** *spätestens* ‖ **not later than at the age of 18** :: *spätestens mit der Vollendung des 18. Lebensjahres* ‖ **whichever ist the later** *wobei der jeweils spätere Zeitpunkt maßgebend ist*

launching date [InvF] *erster Zeichnungstag* für einen Fonds

law *Gesetz* ‖ **laws** *Recht* ‖ *Gesetze* [eines Staates] ‖ *Rechtsordnung eines Staates* —> law[s] of the country ‖ **Law amending tax concessions for owner-occupied property** *Wohneigentumsförderungsgesetz* [SteuerR/BRD] v. 1.1.1987 regelt den Wegfall, der Besteuerung des Nutzungswerts der selbstgenutzten eigenen Wohnung ‖ **law enforcement officer** *Vollzugsorgan* ‖ *Vollzugsbeamter* —> z.B. Polizei als Vollzugsorgan der Staatsanwaltschaft ‖ **law of agency** *Recht der Stellvertretung* ‖ *law of contracts Vertragsrecht* ‖ **law of nations** *Völkerrecht* ‖ **law of persons** *Personenrecht* i.w.S. personality, status and capacity ‖ **law of succession** *Erbrecht* [BRD] Wesentlich im 5. Buch des BGB [§§ 1922ff.] geregelt sowie Sachenrecht [§ 857 BGB] und Familienrecht [§ 1371 BGB] —> estate duty :: Erbschaftsteuer ‖ **law of the country** *geltendes Recht des betreffenden Staates* ["Recht", um auch common law einzuschließen, daher nicht "Gesetz"] ‖ **law of the person** *Personenrecht* —> law relating to persons ‖ law of persons ‖ **law of tort** *Haftungs- und Deliktrecht* ‖ **Law on Premiums for Saving for Home Ownership** [SteuerR/D] *Wohnungsbau-Prämiengesetz* ‖ **Law on tax consultancy** *Steuerberatungsgesetz* [StBerG 1961] Regelungen zur Hilfeleistung durch Beratung in Steuersachen. Befugt sind hierzu —> Steuerberater sowie z.B —> Lohnsteuerhilfevereine ‖ **law report** *Gerichtsurteil* syn.: **judicial decision** [Berichterstattung des Incorporated Council of Law Reporting (ab 1843) als halboffizielle Publikationen].

Nach dem Judicature Act 1873 Berichterstattung in elf verschiedenen Reihen :: series, reduziert auf sechs nach der Justizreform 1875. Seit 1891 übliche Bezeichnungen: Appeal Cases [A.C.], Chancery Division [Ch.]; Queen's/King's Bench Division [Q.B./K.B.], Probate Division [P.D.]. Zur Zitierweise —> v. [versus] ‖ **Law Society** *Anwaltsverein* [GB] Berufsorganisation der Solicitors, jedoch nicht der Barristers [—> Inns of Court] ‖ **Law to improve depreciation facilities for commercial and industrial premises and modern heating and hot water plant** [SteuerR/BRD] *Gesetz zur Verbesserung der Abschreibungsbedingungen für Wirtschaftsgebäude und für moderne Heizungs- und Warmwasseranlagen* [v. Dez. 1985] ‖ **by law** *aufgrund geltenden Rechts* ‖ **canon law** *kanonisches Recht der Katholischen Kirche* ‖ **case law** *Fallrecht* des Common Law ‖ **civil law** *Zivilrecht* —> private law ‖ **commercial and maritime law** *See- und Handelsrecht* [bes. im Mittelalter] ‖ **company law** *Recht der Kapitalgesellschaften* ‖ **criminal law** *Strafrecht* ‖ **federal law** *Bundesrecht* ‖ **matrimonial law** *Eherecht* ‖ **private law** *Zivilrecht* —> civil law ‖ **Roman Law** *Römisches Recht* —> civil law ‖ **state law** *einzelstaatliches Recht* ≠ Staatsrecht :: constitutional law ‖ national law ‖ **statute law** *gesetztes Recht* ‖ **laws of the continent** *Rechtsordnungen auf dem europäischen Kontinent* [von England aus gesehen] ‖ **local customary law[s]** *lokale Gewohnheitsrecht[e]* ‖ *örtli-*

che Verkehrssitte —> customs —> usage || **the laws** *Rechtsordnungen*

lawful strikes [Man/Org/ArbR] *rechtsmäßige Streiks*

to lay down *festlegen* || *festsetzen* || **to lay down the rules by agreement** *in beiderseitigem Einverständnis Bestimmungen erlassen* || *sich über den Erlaß von Richtlinien einigen*

lay judges *ehrenamtliche Richter* [Man/Org/ArbR] in Arbeitsgerichte "industrial courts" (since these are fully-fledged courts they cannot be totally equated with British industrial tribunals"

layman *Laie*

L/C procedure *Akkreditivverfahren* —> letter of credit procedure —> CLC-Verfahren —> Bona-Fide-Klausel

LDC *LDC-Länder* —> Less Developed Countries

LEAD questionaire [Psych/Man] *Fragenbogen zum Führungsstil* —> *Führungsstil* || leader effectiveness

leaded petrol [SteuerR/D] *verbleites Benzin*

leader effectiveness and adaptability description || **LEAD** [Psych/Man] *Fragebogen zum Führungsstil* Entwickelt vom Center for Leadership Studies, Ohio University (P. Hersey and K.H. Blanchard) zur Bewertung des Führungsverhaltens (mittels Frageboegen wird die eigene Wahrnehmung der Führungsqualitäten nach Stil und Anpassungsfähigkeit bzw. Effektivität bewertet).

leader roles [Psych] [Soz] *Führungsrolle*

leadership *Führung* || *Leit[...]* || **leadership evolution** [Psych/Man] *Entwicklung des Führungsverhaltens* —> LEAD || **leadership force** [Psych/Man] *von einer Führungspersönlichkeit ausgeübte Druck* || **leadership style** [Psych/Man] *Führungsstil* —> LEAD —> *Führungsverhalten* || *Managementverhalten* || *Verhalten von Vorgesetzten*

leading banking firms *führende Kreditinstitute*

league [StaatsR] *Bund* || *Bündnis*

leap-year *Schaltjahr* —> bissextile

learned journal *Fachzeitschrift* [GB] wissenschaftliche Fachzeitschrift i.G.z. trade journal :: gewerbliche Fachzeitschrift

lease *Land verpachten* || **to hold under a lease** *vermieten* || *Leasing* Einräumung eines zeitlich beschränkten Benutzungsrecht an einer Immobilie [= conveyancing act] || period for which a real estate is leased :: *Pachtzeit* || *Mietzeit* || *Miet[vertrag]* || *Pacht[vertrag]* || **lease agreement** [Leas] *Leasing-Vertrag* || **lease broker** [Leas] *Leasing-Makler* || **lease deposit**

Mieterdarlehen [Leas] Einmalige Sonderzahlung des Leasing-Nehmers an den Leasing-Geber, die entweder nach Vertragsende zurückgezahlt oder bei Vertragsverlängerung auf die weiteren Zahlungen oder auf den Kaufpreis angerechnet wird —> Baukostenzuschuß :: tenant's contribution to the building expenses ‖ [MietR] *Mieterkaution* ‖ **lease guarantee** *Leasinggarantie* —> guarantee of lease payments ‖ **lease guarantee program** *Exportförderungsprogramm durch die Gewährung von Leasinggarantien* ‖ **lease payment[s]** [Leas] *Leasingrate[n]* ‖ *Mietzahlungen* periodic payments by a lessee to a lessor for the use of land, buildings, machinery and other assets for a stated period of time ‖ **long lease** *Erbbaurecht* —> building lease ‖ **non-payout lease** *Operating-Leasing* syn.: *Restbuchwert-Leasing*

leasing company [Leas] *Leasing-Gesellschaft*

leather *Leder[waren]*

leave *Genehmigung* ‖ **with the leave of [...]** :: *mit Genehmigung [...]* ‖ **to leave by will** *testamentarisch vermachen* ‖ **to be on leave** [Mil] *dienstfrei haben* ‖ *dienstfrei[e Zeit]*

ledger [Buchf] *Hauptbuch* Geschäftsbuch zur Eintragung der Summen der Sachkontenverbuchungen —> journal :: Journal ‖ *Tagebuch* ‖ *Grundbuch*

legal *rechtlich* ‖ *legal* ‖ *gesetzlich* ‖ *gesetzmäßig* ‖ *von Rechts wegen* ‖ *kraft Rechts* ‖ *kraft Gesetzes*‖

legally restricted retained earnings and paid-in surplus *gesetzliche Rücklage* [AuxT] [§ 150 AktienG] bestimmte Teile des Jahresüberschusses sind solange in die ~ einzustellen, bis sie 10% des Grundkapitals erreicht haben (auch Aktienagio). Verwendung für Dividendenausschüttungen nicht statthaft —> Rücklage ‖ **legal aid** [arch] *Armenrecht* ‖ [heute] *Prozeßkostenhilfe* [meist unter Verweis auf §§ 114 ff. ZPO] :: right to counsel [proceed without incurring costs or fees of court on condition of one's indigence [Fed.R.Crim.P. 44] —> syn.: appeal in forma pauperis ‖ **legal committee** *Rechtsausschuß* ‖ **the bulk of legal matters** *Rechtssachen* ‖ *Hauptteil der Rechtssachen* ‖ *Rechtsangelegenheiten* ‖ *Rechtsstoff* ‖ **legal person** *juristische Person* —> juridical ‖ juristic ‖ artificial person i.G.z. natural person : *natürliche Person.* ‖ **legal system** *Rechtssystem*

legalese [coll] *Juristendeutsch* ‖ *Juristenenglisch* für den Laien nur schwer zugängliche Ausdrucksweise der Juristen

legatee *Vermächtnisnehmer* [einer beweglichen Sache] —> devisee:: *Vermächtnisnehmer eines Grundstücks*

legislating, act of ~ [als Vorgang] *Gesetzgebung* ‖ *Rechtsvorschriften* [als Ergebnis]

legislation *Gesetzgebung* ‖ **national legislation** *innerstaatliche Gesetzgebung* ‖ *innerstaatliche Rechtsvorschriften* ‖ **social legisla-**

tion *Sozialgesetzgebung*

legislative *gesetzgebend* ‖ *Legislativ[...]* ‖ **legislative action** *Gesetzgebung[smaßnahmen]* ‖ **legislative and administrative action** [provisions] :: *Gesetzgebungs- und Verwaltungsmaßnahmen* ‖ *Rechts- und Verwaltungsvorschriften* ‖ **legislative bodies** *gesetzgebende Körperschaften* ‖ *Gesetzgebungsorgan* ‖ **by means of legislative measures** *durch Erlaß von Rechtsvorschriften* ‖ *im Wege der Gesetzgebung*

Leipzig Spring Fair *Leipziger Frühjahrsmesse*

lending business [BankW] *Kreditgeschäft* ‖ **lending by banks to nonbanks** [Bbank] *Kredite der Kreditinstitute an Nichtbanken* ‖ **lending limit** [Bbank] *Beleihungsgrenze* —> *Beleihungsquote* ‖ *Beleihungssatz* Prozentsatz vom Beleihungswert, bis zu dem ein Gegenstand oder Recht beliehen werden kann —> limit up to which credit may be granted ‖ **lending rates** *Sollzinsen* ‖ **lending to non-residents** [Bbank] *Kredite an Ausländer* ‖ **lending to residents** [Bbank] *Kredite an Inländer*

length *Dauer* ‖ *Laufzeit* ‖ **length of credit** *Kreditlaufzeit* syn.: term of loan ‖ **length of time advertised** *Anzeigendauer* ‖ *Dauer, für die eine Anzeige geschaltet wird*

less *abzüglich* ‖ *außer* ‖ *minus* ‖ *ohne* ‖ [Bil] **less mineral oil tax** :: *abzüglich Mineralölsteueraufwand* ‖ **not less than** *mindestens* ‖ **less 25% of the contracting states shall be entitled to call for a meeting** :: *von mindestens 25% der Vertragsstaaten kann ein Antrag auf Einberufung einer Konferenz [...] gestellt werden*

lessee [Leas] *Leasingnehmer* ‖ **ground lessee** *Erbbauberechtigte* lessee under a long lease

lessor [Leas] *Leasinggeber*

letter *Schreiben* ‖ *Brief* ‖ *Anschreiben* ‖ **letter of authority** *Letter of Authority* syn.: *Authority to purchase* —> drawing authorizations :: *Ziehungsermächtigungen* ‖ [Überseehandel] Importbank ermächtigt den Exporteur (Verkäufer) [widerruflich], Tratten auf den Importeur (Käufer) zu ziehen, die eine Bank im Land des Exporteurs im eigenen Risiko negoziieren kann. Verkäufer erhält unmittelbar nach Versand der Ware ohne Inkasso den Gegenwert der Lieferung (im eigentlichen Sinn kein Akkreditiv, da nur Hinweis auf Zahlungsweg ohne Verpflichtungscharakter der Bank i.G.z. order of purchase. ‖ **letter of awareness** *Letter of Awareness* Erklärung eines Dritten (z.B. Muttergesellschaft), daß er die Kreditaufnahme billigt oder für die Mittel zur Tilgung Sorge trägt (dann letter of comfort), ohne Begründung einer mittelbaren Haftung ‖ **letter of comfort** *Letter of Comfort* —> Letter of Awareness ‖ **letter of credit procedure** *Akkreditivverfahren* ‖ **letter of intent** *Absichtserklärung* —> letter of preparedness, verbindliche Zusage bei Exportgeschäften, insbesondere im Rahmen von Ausschreibungen || **letter of license** *Stundung* || *Moratorium* || *Zahlungsaufschub* [GB] vertragliche Vereinbarung aller Gläubiger, die Leistung für eine bestimmte Zeit weder gerichtlich noch anders einzufordern, um damit dem Schuldner die Möglichkeit zu geben, seinen Zahlungsverpflichtungen in der Zukunft nachzukommen [Einrede]. Im wesentlichen ein befristeter pactum de non petendo || **letter of lien** *Letter of Lien* —> letter of trust Bescheinigung für die finanzierende Bank durch den Importeur, daß die ihm durch Übergabe der Konnossemente übereignete, jedoch nicht ausgehändigte Ware als Pfand zur Verfügung der Bank bleibt || **letter of preparedness** [im Exportgeschäft] *verbindliche Zusage* —> letter of intent || **letter of understanding** *Vorvertrag* besonders bei Großprojekten

letters patent [PatR] *Patenturkunde* || *Bestallung[surkunde]* || *Erfindungspatent* —> patent of invention || **claim of a letters patent** [PatR] *formulierter Patentanspruch*

leverage [InvF] *Hebelwirkung* —> gearing :: Hebelwirkung des Fremdkapitals || *Leverage-Effekt* || *Hebelwirkung* 1) Eine Erhöhung des Fremdkapitalanteils in der Kapitalstruktur einer Unternehmung führt zu einer Erhöhung der Eigenkapitalrendite, solange die Fremdkapitalkosten unter der Gesamtkapitalrendite liegen. 2) Effekt der Ertragssteigerung durch Aufnahme zusätzlichen Kredits bei erfolgversprechenden Anleihen. Überproportiales Risiko bei Kursrückgängen, allerdings entsprechend höherer absoluter Gewinn bei Kurssteigerungen. 3) Bei Futures rasche Wirkung auf Erzielung von Kursgewinnen durch relativ geringe Einschußzahlungen im Verhältnis zur kontrollierten Menge an Basiswerten || Überproportionaler Durchsatz von Kurssteigerungen oder Kursrückgängen in der Bewertung der mit den gehandelten Titeln verbundenen Warrants oder Optionen. || **leverage risk** *Kapitalstrukturrisiko* Risiko, das sich aus einem übermäßigen Anteil des Fremdkapitals am Gesamtkapital ergibt || syn.: *Verschuldungsrisiko*

leveraged *[unterstützt durch] Fremdmittel* || *Hebel-[...]* || *Leverage-[...]* || **leveraged lease** [Leas] —> *Leveraged-Leasing* || *"leveraged"-Leasing-Geschäft* Leasing-Geschäft, bei dem unter Hinzunahme von dritten Institutionen bei der Finanzierung des Leasing-Objekts Risiken von der Leasing-Gesellschaft auf die Kapitalbeteiligten verlagert werden, da die Leasing-Gesellschaft nur in Höhe ihrer Eigenmittel haftet || **leveraged MBO** *fremdfinanzierter MBO* —> Management Buy-Out

to levy on *erheben* || *besteuern* || *Steuern auf etw. erheben* :: to impose a tax upon s.th. || **levied on behalf of any authority** :: *[...], die aufgrund einer Rechtshoheit erhoben werden*

liabilities [Bil] *Passiva* || *Passivseite* [der Bilanz] || **liabilities arising from guarantees** [Bil] *Verbindlichkeiten aus Bürgschaften* || **liabilities for social security** [Bil]

Verbindlichkeiten im Rahmen der sozialen Sicherheit ‖ **liabilities from the acceptance of bills drawn and the issue of new bills** [Bil] *Verbindlichkeiten aus der Annahme gezogener Wechsel und der Aufstellung eigener Wechsel* ‖ **liabilities on bills negotiated and transferred** [Bil] *Verbindlichkeiten aus der Begebung und Übertragung von Wechseln* ‖ **liabilities to banks and other creditors** [Bil] *Verbindlichkeiten gegenüber Kreditinstituten und anderen Gläubigern* syn.: **liabilities to banks and other customers** ‖ **liabilities to customers** [Bil] *Verbindlichkeiten gegenüber Kunden* ‖ **liabilities towards banks** [Bil] *Verbindlichkeiten gegenüber Kreditinstituten* ‖ **liabilities towards companies in which [we] hold an interest** [Bil] *Verbindlichkeiten gegenüber Unternehmen, mit denen ein Beteiligungsverhältnis besteht* ‖ *Verbindlichkeiten gegenüber Unternehmen im Konzern* ‖ **liabilities towards Group companies** [Bil] *Verbindlichkeiten gegenüber verbundenen Unternehmen* ‖ **contingent liabilities** [Bil] *Haftungsverhältnisse* ‖ **contracts and liabilities** [Bil] *Verträge und Verpflichtungen* ‖ **other liabilities for taxes** [Bil] *Verbindlichkeiten aus Steuern* ‖ **term liabilities** [Bbank] *befristete Verbindlichkeiten* —> time liabilities ‖ **time liabilities** [Bbank] *befristete Verbindlichkeiten*

liability for culpable negligence of one's duties [StrafR] *Verschuldensfähigkeit* —> responsibility [...] ‖ **liability for payment** [SteuerR/D] *Leistungspflicht* ‖ **liability for tortious act** *Haftung aus unerlaubter Handlung* —> liability in tort ‖ **liability in / for tort** *Deliktfähigkeit* [BRD] *Haftung für unerlaubte Handlung ab 7. Lebensjahr.* [GB] *unbeschränkte Haftung, ohne Rücksicht auf das Alter des Minderjährigen: Verschulden (guilty state of mind) oft wegen fehlender geistiger Reife nicht feststellbar (mental maturity).* ‖ **liability reserves** *Rückstellungen* [Bil] *Passivposten der Bilanz zum Ausweis ungewisser Verbindlichkeiten, die am Bilanzstichtag zwar dem Grund nach, nicht aber ihrer Höhe und Fälligkeit nach bekannt sind.* [z.B. Prozeßrisiko, bei schwebenden Prozessen mit zweifelhaften Erfolgschancen, Gewährleistungen, Pensionsverpflichtungen etc.] [USA] [arch] reserves [heute —> liability reserves] *Kurzfristige Verbindlichkeiten* :: accruals ‖ accrued liabilities *langfristige Verbindlichkeiten* einschließl. *Pensionsrückstellungen* :: reserves ‖ **aggregated limit of liability** *Haftungshöchstbetrag* ‖ *Garantiehöchstbetrag*

liable capital [Bbank] *haftendes Eigenkapital* syn.: *haftende Mittel Die Kreditinstitute müssen zum Schutz ihrer Gläubiger und zur Sicherheit der ihnen anvertrauten Vermögensgegenstände ein angemessenes h.E. nachweisen (in § 10 KWG nach den Rechtsformen der Kreditinstitute differenziert)* ‖ **liable to cause** *sich ergeben* ‖ *führen zu* ‖ [EG] Considering that cases of multiple nationality are liable to cause difficulties and that joint action to reduce as far as possible the number of multiple nationality, as between member states, corresponds to the aims of the Council of Europe :: *In der Erwägung, daß sich in Fällen mehrfacher Staatsangehörigkeit Schwierigkeiten ergeben können und daß ein gemeinsames Vorgehen zur möglichst weitgehenden Verringerung dieser Zölle im Verhältnis zwischen den Mitgliedstaaten dem Ziel des Europarates entpricht, [...]*

liaison committee *Verbindungsausschuß* ‖ **liaison role** [Psych] [Soz] *[Rolle des] Verbindungsmannes*

libel *Beleidigung* ‖ *schriftliche [Ehren]Beleidigung* ‖ **group libel** *Kollektivbeleidigung*

liberal *freizügig* ‖ *permissiv* ‖ **liberal professions** *freie Berufe*

liberty, to be at full ~ *liegt in [seinem] Ermessen* ‖ *steht frei, [...] zu tun* —> discretion

LIBOR [EuroM] *LIBOR London Interbank Offered Rate* :: *Interbankrate in London.* Basis für die Zinsberechnung am Euromarkt. Im Kreditvertrag werden [i.d.R. 5] am Platz London im Depositenhandel tätige Banken als Referenzbanken bestimmt. Aus deren Zinsofferten wird für die gewünschte Währung der Zinssatz fixiert (arithmetisches Mittel), zu dem Gelder an andere Banken ausgereicht werden. Besondere Interbankraten an anderen Euromarkt-Plätzen, z.B. **LUXIBOR** (für Luxemburg), **FIBOR** (Frankfurt), **MIBOR** (Madrid).

licence *Lizenz* ‖ *Konzession* ‖ **licence for the sale of intoxicating liquors** *Schankkonzession* wird beim Justice of the Peace beantragt —> licencing ‖ **licence of rights** [PatR] *Zwangslizenz* ‖ **licence under letters patent N° 1010** [PatR] *Lizenz gemäß Patent N° 1010*

licenced *mit staatlicher Erlaubnis* ‖ *genehmigt* ‖ **licenced hunter** [Jagdgesetz/D] *Jagdausübungsberechtigter* ‖ **licenced premise** *Gastwirtschaftsbetrieb* ‖ **procurement of a permit to keep licenced premises or to engage in the retailing of spirits** :: *Erlangung der Erlaubnis zum Betrieb einer Gastwirtschaft oder eines Kleinhandels mit Branntwein* ‖ **licenced public accountants** [SteuerR] *Wirtschaftsprüfer*

licencee [PatR] *Lizenznehmer*

licencing appeal *Rechtsmittel gegen die Verweigerung einer Konzession durch einen Justice of the Peace* —> Rechtsbehelf ‖ **licencing tax [sale of intoxicants]** [SteuerR/D] *Schankerlaubnisteuer*

licensor [PatR] *Lizenzgeber*

licking stone [SalzStG] *Leckstein*

lien *Pfandrecht* [des Hypothekengläubigers an dem belasteten Grundstück] —> equitable lien ‖ **lien prior to bond** *vorrangiges Gläubigerrecht* —> upset price :: *geringstes Gebot*

life *Leben* ‖ *Erleben* ‖ *Lebensdauer* —> physical life ‖ **life assurance company rate** [InvF] [SteuerR] *begünstigter Steuersatz für Lebensversicherungsgesellschaften* ‖ **life cover** [InvF] [VersR] *Lebensversicherung[sschutz]* ‖ **life insurance** [VersR] *Lebensversicherung* ‖ **life insurance product** [InvF] [VersR] *Investmentmedium der Lebensversicherungswirtschaft* ‖ **life linked investment** [InvF] [VersR] *Kapitalanlage mit Versicherungsschutz* ‖ *fondsgebundene Kapitalanlage* ‖ *Versicherungsfondswesen* ‖ **nonqualifying life policy** *Lebensversicherungspolice, bei der die Prämienzahlung für den Versicherungsnehmer nicht steuerlich absetzbar sind z.B. ab 1968 Einmalpolicen* ‖ **life preserver** *Totschläger* syn.: *[Hartgummi-]Knüppel* ‖ **life tenancy** *das lebenslängliche, nicht vererbliche Eigentum* —> life interest = property held for life, but which cannot be inherited ‖ **phycical life** *Lebensdauer* syn.: *Nutzungsdauer* i.e.S. die technische Nutzungsdauer eines Anlagegegenstandes ohne Rücksicht auf seine Nutzungsdauer in einem best. Betrieb, z. B. die Nutzungsdauer von Kraftfahrzeugen für einen Betrieb auf eine Kilometerleistung von 100 000 km bezogen, wenn die Fahrzeuge danach regelmäßig ersetzt werden, obwohl ihre tatsächiche Lebensdauer vielleicht einer Kilometerleistung von 150 000 km entspricht

lifetime gifts [ErbStG] [§§ 516 ff BGB] *Schenkungen unter Lebenden* —> syn.: *donatio inter vivos*

LIFO [Buchf] *LIFO* **Last-in Last-out** *Bewertungsverfahren der Vorratsgegenstände, bei dem unterstellt wird, daß zuletzt gekaufte Waren auch zuerst verbraucht wurden, d.h. dieses Verfahren kommt bei steigenden Einkaufspreisen zur Anwendung. Grundlage sind die Preise der ersten Einkäufe.*

lighter [Mar] *Leichter* ‖ *Schute*

lighterage [Mar] *Leichtergeld* ‖ *Leichtertransport*

likewise *gleichfalls*

limit *Grenze* ‖ **limit below which no tax is payable** [SteuerR/D] *Nichterhebungsgrenze* ‖ **lending limit** *Beleihungsgrenze* [bei Lombardkredit] ‖ **time limit** *zeitliche Begrenzung* ‖ **to come up against the limits set by the growth of [...]** *an die Grenzen [...] stoßen*

limitation *Verjährung* ‖ **statute of limitation** *Verjährungsgesetz* ‖ **term of limitation** *Verjährungsfrist* 20 Jahre bei gesiegelten Verträgen ‖ **to be barred by limitation** *verjähren* ‖ **limitations of liability** *Haftungsbeschränkungen*

limited *begrenzt* ‖ **limited company** [AuxT] *GmbH* —> company ‖ corporation ‖ law ‖ charter ‖ **limited partner** *Kommanditist* [in der Kommanditgesellschaft] ‖ **Limited Partnership** *Kommanditgesellschaft* ‖ **Limited Partnership with Limited Company as General**

Partner *GmbH & Co. KG* || **limited title** *Eigentumsbeschränkung*

line *Branche* —> Geschäftsbereich || trade || **principle of line loss** *Prinzip der Entstellung* || **line relationship** [Man/Org] *Linienbeziehung*

linear method [Bil] *lineare Abschreibung* —> planmäßige Abschreibungen || **linear programming** [Man] *lineare Programmierung* || *lineare Optimierung* —> syn.: *lineare Planungsrechnung* || *Linearplanung* Teilgebiet der Operations Research [mathematische Operationsforschung || Unternehmensforschung] || **linear scale** [Bör] *linearer Maßstab* || **linear-progressive schedule** [SteuerR] *gradlinig-progressiver Tarif*

linerterm *Linerterm* Klausel, nach der der Reeder die Kosten für Ein- bzw. Ausladen trägt —> FIO

link *Verbindung* || **to link [up] with** *in Verbindung bringen mit* to combine with || to suspect a connection with || **link-up** *Verbindung* || **linked contract** [InvF] [VersR] *fondsgebundener Versicherungsvertrag*

liquid *liquide* || *flüssig* —> cash assets || liquid assets || quick assets || **liquid assets** [Bil] *flüssige Mittel* syn.: *liquide Mittel* liquide Mittel 1. Grades: Bargeld und Sichteinlagen || liquide Mittel 1. und 2. Grades: Bargeld, Sichteinlagen, diskontfähige Wechsel,

börsengängige Wertpapiere, sog. liquid assets. Liquide Mittel 3. Grades: Warenbestände und andere Sachgüter. Außerdem quick assets = liquid assets + Forderungen aus Warenlieferungen und Leistungen —> liquidity ratios :: Liquiditätskennzahlen || **liquid credit** *Geldkredit*

to liquidate [Bör] *glattstellen* —> to settle || to balance. Ausgleich einer offenen Risikoposition (Verpflichtung) durch ein entgegengesetztes Geschäft —> Hedger || *liquidieren* || **liquidated damages** *Schadensersatzbetrag* der von den Parteien von vornherein festgelegt wird (—> Konventionalstrafe). The sum which party to contract agrees to pay if he breaks some promise and, which having been arrived as by good faith effort to estimate actual damages that will probably ensure from breach, is recoverable as agreed damages if breach occurs

liquidating dividend *Liquidationserlösanteil der Aktionäre* Bei Liquidation der Gesellschaft nach Befriedigung aller weiteren Ansprüche zur Verteilung an die Aktionäre verbleibende Restbetrag.

liquidation *Liquidation* || *Verflüssigung* Umwandlung von Vermögenswerten in Geld —> Liquidierbarkeit || liquidity || **compulsory liquidation** :: *zwangsweise Liquidation* || **to go into liquidation** :: *in Liquidation treten* || **voluntary liquidation** :: *freiwillige Liquidation* —> Konkursverfahren || bankruptcy || winding-up || Chapter 7/11

liquidity *Liquidierbarkeit* Eigenschaft von Vermögenswerten, in Zahlungsmittel umgewandet werden zu können || *Liquidität* Fähigkeit zur Erfüllung fälliger Verbindlichkeiten. Insoweit als Zahlungsfähigkeit gebraucht || Eigenschaft von Vermögenswerten, in Zahlungsmittel umgewandelt werden zu können —> Liquidierbarkeit || Zahlungsmittel (Liquiditätsbeschaffung) —> cash || **liquidity cushion** *Liquiditätspolster* —> motives for holding cash :: Kassenhaltungsmotive || **liquidity policy measures** [Bbank] *liquiditätspolitische Maßnahmen* || **liquidity pooling [within a corporate group]** *Liquiditätsausgleich [im Konzern]* Ausgleich von Zahlungsmittelüberschüssen und -defiziten zwischen Konzerngesellschaften || **liquidity position** *Liquiditätslage* liquiditätsmäßige Situation eines Unternehmens, wie sie z. B. durch die versch. Liquiditätskennzahlen zum Ausdruck gebracht werden || **liquidity ratios** *Liquiditätskennzahlen* Bilanzkennzahlen über Liquiditätsgrade, d.h. Verhältnis zw. kurzfristigen Verbindlkeiten und den zu ihrer Deckung zur Verfügung stehenden Mitteln. Keine einheitl. Definition. Unterscheidung nach: 1) Liquidität 1. Grades = Verhältnis von Zahlungsmitteln zu kurzfristigen Verbindlichkeiten [cash ratio = cash divided by current liabilities] || 2) Liquidität 2. Grades = Verhältnis von Umlaufvermögen ohne Vorräte zu kurzfristige Verbindlkeiten [quick ratio (oder acid-test ratio) = current assets exclusive of inventory divided by current liabilities] || 3) Liquidität 3. Grades = Verhältnis von Umlaufvermögen zu kurzfristigen Verbindlichkeiten [current ratio = current ratio divided by current liabilities] || **high**

overall liquidity *hohe gesamtwirtschaftliche Liquidität*

liquid[s] *Öl[e]*

list of offices *Ämterverzeichnis* || *Behördenverzeichnis* || *Ämterführer*

listed [Bör] *börsennotiert*

listening and responding [Komm] *Listening and Responding*

listing committee [Bör/D] *Zulassungsstelle*

litigation, amount in ~ *Streitwert*

live [Bal] *scharf* Munition :: ammunition

livestock owner *Viehbesitzer*

living expenses, normal ~ [EKStG /D] *Aufwendungen für Lebensführung* dürfen grundsätzlich das zu versteuernde Einkommen nicht mindern (Ausnahme: private PKW-/Telefonnutzung)

L.J. *L.J.* [GB] [Abbr] **Law Journal** || **Law Judge**

LLDC *LLDC-Länder* —> Least Developed Countries

loading bill *Frachtbrief* || **loading date** *Verladetag*

loan *Anleihe* || *Kredit* || *Darlehen* || **loan availabiity date** *Stichtag* [letzter Termin] *für die Kreditinanspruchnahme* || **loan commitments to** *Kreditzusagen an* || **contract for the loan of money** [§ 607 BGB] *Gelddarlehensvertrag* || **loan on securities** *Lombardkredit* syn.: *Lombardgeschäft* [Darlehen durch Hinterlegung von Wertpapieren (als Pfandrecht) oder Waren [dann Warenlombard] —> Realkredit || *Realkredit* i.G.z. —> Personalkredit [dort Bürgschaft] :: personal loan ist die Sicherung hierbei durch Haftung von Sachen, z.B. Grundpfandrechte (Hypothek, Grundoder Rentenschuld) gegeben. Solche Kredite werden von Hypothekenbanken bzw. Sparkassen ausgegeben —> Lombardkredit :: loan on securities || **personal loan** *Personalkredit* durch Bürgschaft abgesicherter Kredit || **loan redemptions** *Tilgungsleistungen* || **loan repayable by installments** *Amortisationskredit* || **loan to finance a capital project** *Investitionskredit* || **government loan** *Staatsanleihe* || **inter-governmental loan** *zwischenstaatliche Anleihe* || **loans to business** *Wirtschaftskredite* || **loan to finance investment projects** *Investitionskredit* || **loan to finance participations** *Finanzierungen für Beteiligungserwerb*

local advisory council *Ortsamtsbeirat* [VwO/D] in Bremen für die Belange der Stadtteile zuständig, jedoch nur geringe Kompetenz || **local area authority** [VwO/D] *kommunale Gebietskörperschaften* || **local authority office** [VwO/D] *Ortsamt*—> local district office. In HB und HH Verwaltungsinstanz in einem Gemeindeteil mit best. begrenzten Aufgaben || **local costs** *Aufwendungen an Ort und Stelle* || *lokale Kosten* expenses incurred by the buyer of foreign goods and services for the purchase in his own country of goods and services associated with the transaction (engineering services, public utility, connections, locally available construction materials, labor, equipment installation, employee housing and similar items of host country origin) || **local councillor** [VwO/D] *Gemeinderat[smitglied]* Bezeichnung für das Ratsmitglied || **local district** [VwO/D] *Ortsbezirk* Gemeindeteil, der für best. Aufgabengebiete (ausnahmsweise) über eine eigene Verwaltung verfügt || **local government body** [VwO/D] *kommunale Gebietskörperschaften* || **local government law** [VwO/D] *Gemeindeordnung* —> local government regulations || local government statutes. Die GO sind für jedes Land eigens geschaffene Landesgesetze zur Regelung der Kompetenz und Verwaltungsstruktur der Gemeinden. || **local taxes** [SteuerR/D] *örtliche Steuern* || **local [government] authority** [VwO/D] *Selbstverwaltungskörperschaft* Gebietskörperschaft mit dem Recht der Selbstverwaltung

lockout by stealth [Man/Org/ArbR] *kalte Aussperrung* —> Streikparagraph :: strike clause

to lodge with [Antrag] *stellen* to **lodge an appeal** *Rechtsmittel einlegen* to make / file an appeal —> Rechtsbehelf | **to lodge an application with the appropriate authority** :: *einen Antrag bei der zuständigen*

Behörde stellen

log. scale *logarithmischer Maßstab*

logistics centre *Logistik-Zentrum*

lombard loans *Lombardkredite* ‖ **raising of lombard loans** *Aufnahme von Lombardkrediten* ‖ **lombard rate** [Bbank] *Lombardsatz* Zinssatz der Bbank für Ausleihungen an andere Kreditinstitute gegen Hinterlegung von Wertpapieren. Liegt über dem Diskontsatz und ist Zinsindikator

London Interbank Offered Rate *Interbankrate in London* —> LIBOR

long *lang* ‖ **long gun** [Bal] *Lang[lauf]waffe* ‖ **long lease** *Erbbaurecht* —> building lease ‖ **lessee under a long lease** *Erbbauberechtigte* [GB] ground lessee ‖ **rent under long lease** *Erbbauzins* —> ground rent ‖ **long lease** [Leas] *Long-Leasing* Leasing mit einer durchschnittlichen Vertragsdauer von zehn Jahren und mehr ‖ **long-term** *langfristig* ‖ **long-term bonds** *langfristige Anleihen* ‖ **in the long-term segment it was well down** :: *im langfristigen Bereich stark geschrumpft*

Lord *Lord* Mitglied des Oberhauses ‖ **Lords spiritual and temporal** *geistliche und weltliche Mitglieder des Oberhauses* ‖ **Lord Chancellor** [GB] *Justizminister* Der "Lordkanzler" ist gleichzeitig Justizminister und Präsident des House of Lords ‖ **Lord Mayor** [VwO/D] *Oberbürgermeister* ‖ **Lord Chief Justice** *Lord Oberrichter*

lorry *Lastkraftwagen*

loss *Verlust* ‖ **expenditure arising from loss assumption** [Bil] *Aufwendungen aus Verlustübernahme* ‖ **loss by reason of hostility** [PatR] *Verlust durch Feindeinwirkung* ‖ *Patentlizenz durch Feindseligkeiten nicht nutzen können* ‖ **loss by theft, fire or other casualty** *Schäden durch Diebstahl, Feuer oder andere Schadensfälle* ‖ **loss carry-back** [SteuerR] *Verlustrücktrag* ‖ **loss of remuneration** [BetrVG] *Verdienstausfall* ‖ **loss of working time** [BetrVG] *Arbeitsversäumnis* ‖ **loss on one day on the bourse** *Tagesverlust an der Börse* ‖ **commercial loss** *kommerziell bedingter Schaden* ‖ **losses incurred in connection with the disposal of assets** [Bil] *Verluste aus dem Abgang von Gegenständen des Anlagevermögens*

lost goods [ZollW] *untergegangene Waren*

lot [Verp] *Charge* [ArzneiMG § 4] eine in einem einheitlichen Herstellungsgang erzeugte Menge eines Arzneimittels, die jeweils mit einer Chargenbezeichnung zu versehen sind —> lot number ‖ [GrundstücksR/USA] *Parzelle* —> block :: Block ‖ [Bör] *Handelseinheit* ‖ *Schlußeinheit für Aktienaufträge* —> round bzw. odd lot ‖ [Mar]

Partie ‖ **lot number** *Chargen-Bezeichnung* [Abbr] *CH.-B.* Nach AMG [§ 10] sind Arzneimittel regelmäßig chargenweise gekennzeichnet und mit Chargenbezeichnungen versehen. Diese ist notwendiger Bestandteil von Behältnissen [auch äußeren Umhüllungen von Fertigarzneimitteln]. ‖ **to lot out** *parzellieren* to subdivide oder to lot out a real estate [land] :: Immobilien/Grundbesitz parzellieren [=in Parzellen aufteilen/to divide a tract of land into lots] ‖ **residential lots** *Wohnparzellen*

lottery *Lotterie* ‖ **lottery tax** [SteuerR/D] *Lotteriesteuer* ‖ **lottery ticket** [RennwLottG] [Lotterievertrag] *Los* ‖ *Spielschein*

low *niedrig* ‖ *geringfügig* ‖ *schwach* ‖ **low rate of inflation** *niedrige Preissteigerungsrate* ‖ **minimum economic rent for low-cost housing** *Kostenmiete im sozialen Wohnungsbau* [§ 25 II Wohnungsbaugesetz] publicly assisted housing construction for a determinded category of persons [usually] of low income which is carried out by [co-operative] buiding societies [Wohnbaugenossenschaften] or building associations [Wohnbau- und Siedlungsgesellschaften]. These institutions were initially founded after World War II for the procurement of housing, today they also are concerned with financing of construction projects, such as owner-occupied homes or assistance for the constručtion of owner-occupied residential property :: selbstgenutzter Wohnraum for those who by these means will move out of publicly assisted homes, and, therefore, will create more habitable area :: Wohnraum for persons of low income. ‖ **low-value** [SteuerR/D] *geringwertig* ‖ **low-value assets** [§6 [2] EStG] *geringwertige Wirtschaftsgüter* Abnutzbare bewegliche Wirtschaftsgüter des Anlagevermögens, deren Anschaffungs- oder Herstellungskosten eine best. Wertgrenze (z.Z. DM 800,-) nicht übersteigen; Kosten sind im Jahr der Anschaffung oder Herstellung in voller Höhe als Aufwand abzugsfähig.

lower *untere* ‖ *niedere* ‖ **lower Land authority** [VwO/D] *Landesbehörde* unterste Instanz der staatlichen Verwaltung nach einer Landesoberbehörde oder Landesmittelbehörde , z. B. Landratsamt oder Kreisverwaltung ‖ **Lower Saxony** [BLand/D] *Niedersachsen*

to lower *nachlassen* ‖ *ermäßigen* ‖ **lowering interest rates** *Ermäßigung der Zinssätze*

lowest German Court of Record [or: general jurisdiction] *Amtsgericht* [ist keinesfalls mit "Country Court" oder ähnlichem zu übersetzen] [Austria] *Bezirksgericht*

L.T.R. *L.T.R.* [GB] [Abbr] **Law Times Report** mit erster Reihe von 1843-1859, zweite Reihe von 1859-1947 [(1933) 22 L.T. 148]

lump-sum *Pauschale* ‖ *einmalige Zahlung* ‖ **lump-sum allowance** [SteuerR/D] *Pauschbetrag* ‖ **lump-sum home care allowance** *Pflege-Pauschbetrag* gültig seit dem Steuerreformgesetz 1990 ‖ **lump-sum in-**

vestment [InvF] *Anteilserwerb durch einmaligen Anlagebetrag* ‖ **lump-sum settlement** *Pauschale Abfindung* ‖ **lump-sum taxes** [SteuerR/D] *Pauschalsteuern*

lunacy *Geisteskrankheit* —> insanity [a person who is incapable by reason of unsoundness of mind of managing his affairs]

lunatic *Geisteskranker* [mentally deranged person] mit lichten Momenten, während der idiot keine lichten Momente hat [idiot - profound mental retardation]

m.d. *m.d.* [Abbr] **month/s after date** :: *Monat/e nach Datum*

M.I.P *M.I.P.* [Abbr] **Marine Insurance Policy** :: *Seeversicherungspolice*

M.O. *M.O.* [Abbr] **money order** :: *Zahlungsanweisung*

M.R. *M.R.* [Abbr] **Master of the Rolls**

machine bureaucracy [Man/Org] *bürokratische Organisationsstruktur* —> mechanistic organization ‖ bürokratische Organisation

machinery [excluding electrical] *Maschinenbau* ‖ **machinery and equipment** *Ausrüstungen*

macro-economic [Bil] *gesamtwirtschaftlich* ‖ For the rest, the improvements which have been initiated in the recent years in the underlying macro-economic conditions are now apparently starting to pay dividends :: *im übrigen zahlt sich nun die Verbesserung der gesamtwirtschaftliche Rahmenbedingungen aus* ‖ **macro-economic performance** [Stat] *makroökonomische Indikatoren*

magic square [Bbank] *magisches Viereck* Wirtschaftspolitische Zielkombination gleichzeitiges Erreichen von Vollbeschäftigung, Preisstabilität, angemessenes Wirtschaftswachstum und Zahlungsbilanzgleichgewicht

magistrate *Friedensrichter* theexamining justice of the peace ‖ *Schiedsgericht* ‖ **Magistrates' Court** *Magistrates' Court* [GB] erstinstanzliches Gericht für [geringfügige] Strafsachen :: minor offenses (einschließlich Jugendsachen); summary offences :: im Schnellverfahren abgeurteilte Sachen mit niedrigem Streitwert :: small claims oder im Untersuchungsverfahren Voranhörungen :: preliminary hearings und Überweisung an ein höheres Gericht. Zivilgericht mit Zuständigkeit für Unterhalts-, Ehetrennungs- [nicht Scheidungs]sachen sowie Schankkonzessionen (licencing). In London —> Police Court. Berufung gegen Entscheidungen an den Crown Court zulässig oder Antrag einer Prozeßpartei auf Verweis der Entscheidung an den High Court. [USA] einzelstaatliches Gericht für Strafsachen sowie [in Ausnahmefällen] Zivilsachen.

mail credit [BankW] *Postlaufakkreditiv* [zwischen Banken] ‖ **mail-**

main   **make**

---

box rule   [USA] *Annahme ist grundsätzlich mit dem Zeitpunkt der Absendung wirksam*

main   *wichtigste* || *Haupt[...]* || **the main cause was falling demand** *die wichtigste Ursache war die rückläufige Nachfrage* || **main committee** *Hauptausschuß* || **main customs office** [ZollR/D] *Hauptzollamt* || **main elements in the item "[...]" are [...]** [Bil] *[...] sind im wesentlichen* || **the Main** *die Hohe See* || [Mar] **Main Committee** :: *Ausschüsse der Seerechtskonferenz* || **mainly** *hauptsächlich* || *in erster Linie*

mainstream parties   [Pol] *[große] Volksparteien*

to maintain   [Bör] *sich behaupten*

maintenance   [ZivilR] *Unterhalt* || [Tech] *Unterhaltung* || [Buchf] *Wartung[saufwand]* || **maintenance of a stock of goods or merchandise** :: *Bestände von [unterhaltenen] Gütern oder Waren* || **maintenance of bank accounts** :: *Unterhaltung von Bankkonten* || **maintenance arrears** [GB] *Unterhaltsrückstände* || **maintenance lease** [Leas] *Dienstleistungs-Leasing* syn.: *Service Leasing*

Majesty   *Majestät* || [GB] **Be it enacted by the King's most Excellent Majesty, by and with the advice and consent of the Lords spiritual and temporal and Commons, in this Present Parliament, and by the authority of the same, as follows:** :: *Durch des Königs allerhöchste Majestät unter Mitwirkung und Zustimmung der im gegenwärtigen Parlament versammelten weltlichen und geistlichen Mitglieder des Oberhauses und des Unterhauses aufgrund ihrer gesetzlichen Befugnisse wird folgendes beschlossen: [...]* —> **Queen** —> **sole corporation** —> 1-Mann-Körperschaft

major   *wesentlich* || *Haupt-[...]* || *Voll-[...]* || **on all major business transactions** *über alle wesentlichen Geschäftsvorfälle* || **major debtor countries** [WW] *Hauptschuldnerländer* || **major person** *Volljähriger* [person of full age] —> legal age || juvenile || full age || *Herandwachsender* || *Jugendlicher* || *Erwachsener*

majority   *Mehrheit* || *Volljährigkeit* full age || **to attain majority** :: *volljährig werden* || **to acquire the majority controlling interest** [Bil] *mehrheitliche Übernahme*

to make   *machen* || *herstellen* || *leisten* || **to make an advance payment on orders** *eine Anzahlung leisten* || **to make an allocation to the statutory reserves** *eine gesetzliche Rücklage einstellen* || **to make funds available** *Liquidität zur Vefügung stellen* || **to make good progress** [Bil] *günstiger Verlauf* || **to make up one's abode** *seinen Wohnsitz begründen* —> to take up

219

one's abode

malaceous fruit *Kernobst*

malice aforethought, with ~ *vorsätzlich*

malt *Malz*

to manage [Sache] *führen* || *verwalten* || [Angelegenheit] *erledigen* || [Betrieb] *leiten* || *führen* || *vorstehen* || [Gut] *bewirtschaften* || [Sportler] *managen* || [col] *deichseln* || *bewerkstelligen* || **to manage up, down and across** [Psych/Man] *Führungsaufgaben im Hinblick auf den Vorgesetzten, die Kollegen und die nachgeordneten Mitarbeiter wahrnehmen* —> syn.: *Führung in vier Richtungen* || **managed bond** [InvF] *gemischter Versicherungsfonds* —> syn.: balanced bond

management *Geschäftsführung* || **management arrangement** :: *ständige Regelung zur Geschäftsführung* || **management budget** *Budget* || **management buy-out** [Man] *Management Buy-Out* [Abbr] *MBO* Kauf eines Unternehmens oder Unternehmensbereichs durch Manager und/oder Investoren, unter deren Leitung diese Bereich bisher gestanden haben || **leveraged management buy-out** *Management Buy-Out durch [Teil-] Fremdfinanzierung* || **management by participation** [Man] *partizipatives Mangement* Führungskonzept mit starker Betonung der Mitarbeiterbeteiligung an der Zielerreichung durch Identifikation. || **management by objectives** *Führung durch Zielvereinbarung* Führungskonzept, das Entscheidungen weitgehend auf Mitarbeiter delegiert, Feststellung und Vereinbarung von Zielen mit den Mitarbeitern (Rückkopplung und Belohnungssystem je nach Grad der Zielerreichung) || **management by results** *ergenisorientierte Führung* bei dem die Zielplanung wesentlicher Bestandteil des Führungskonzepts ist. || **management by system** *Führung durch Systemsteuerung* Führungskonzept, bei dem alle Leitungs- und Kontrolltätigkeiten durch procedures (Verfahrensordnungen) systematisiert werden, bei denen genau vorgeschrieben ist, welche Tätigkeiten wann, wo, wie, von wem zu tun sind. || **management charge** [InvF] *Fondsverwaltungsgebühr* || **management communication** [Komm] *Kommunikation* || **management concept** *Führungskonzept* || **management control** [PersW] *Planüberwachung* || **management information system** [Komm] *Management-Informationssystem* [Abbr] *MIS* || *Führungsinformationssystem* [Abbr] *FIS* Softwaresystem für die Führungsebene der Unternehmung, um strategische oder taktische Entscheidungen zu fällen. Grundlage für die computergestützte Unternehmensplanung || **management objectives** *Unternehmensziele* || **management organization** [Man / Org] *Organisation* —> Unternehmensordnung —> organization || **management policy** *Direktive* || *Richtlinie* || *Firmenrichtlinie* || **management procedure** *Arbeitsanweisung* || *Arbeitsverfah-*

ren ‖ **Management Report** *Lagebericht* ‖ **management selection** [PersW] *Auswahl[kriterien] bei Neueinstellungen* ‖ *Personalauswahl i.S.d. Personalauslese* ‖ **management technique** *Führungstechnik* ‖ **management tool** *Führungsinstrument* ‖ **management training and development** [PersW] *Fort- und Weiterbildung von Führungskräften* ‖ **lower management** [Man/Org] *unteres Management*‖ *untere Managementebene* —> junior ‖ **permanent management arrangement** *Regelung der Geschäftsführung* —> *Vereinbarung der Geschäftsführung* ‖ **scientific management** *wissenschaftliche Betriebsführung* ‖ **to share in the management** *sich an der Geschäftsführung beteiligen*

Manager *Führungskraft* ‖ [GB] *Direktor*

managerial grid [Psych/Man] *GRID-Muster* ‖ *Verhaltensgitter* entwickelt von R. Blake und J.S. Mouton. Eine Kombination von zwei Führungsstilen, deren Zweck in der Erreichung des Zieles im Quadranten 9.9 des Gitters ist [Führungsverhalten], d. h. hohe Arbeitsleistung von begeisterten Mitarbeitern und gemeinsame Zielverfolgung. Das Gitter wird aufgrund der zugrundeliegenden idealtypischen Vorstellung von Führungsverhalten kritisiert.

managing [Man/Org] *geschäftsführend* —> executive ‖ **managing change** [Komm] *Veränderungen* *mit höchstmöglicher Akzeptanzbreite unter den Mitarbeitern durchführen* ‖ **managing conflicts** *Konfliktbereinigung* ‖ *Konfliktlösung* ‖ **Managing Director** [GmbH] *Geschäftsführer* ‖ *Verbandsgeschäftsführer* ‖ **Managing Partner** [KG/OHG] *Geschäftsführender Gesellschafter* ‖ **managing time** *Arbeitsplanung* ‖ *Zeiteinteilung* ‖ *Zeitplanung*

mandatory *obligatorisch* —> obligatory ‖ compulsory

manifest of cargo [Mar] *Ladungsmanifest*

manipulation *Beeinflussung* ‖ *Transport*

manpower committee *Arbeitskräfteausschuß* ‖ **Manpower Services Commission** roughly comparable to [Man/Org/ArbR] *Bundesanstalt für Arbeit*

manslaughter [StrafR] *Totschlag* ‖**to be convicted of manslaughter** :: *des Totschlags überführt werden*

manual worker [Man/Org/ArbR] *Arbeiter*

manufacture [LandW] *Erzeugung* ‖ [Prod] *Fertigung* ‖ *Herstellung* ‖ **manufacture company** *Herstellungsbetrieb* ‖ *Fertigungsbetrieb*‖ syn.: manufacture concern ‖ manufacture corporation ‖ **manufacture licence** [PatR] *Herstellungslizenz* ‖ **process**

of manufacture *gewerbliche Tätigkeit* ‖ **in accordance with or by a manufacture** :: *im Rahmen einer gewerblichen Tätigkeit* ‖ *im Rahmen eines Gewerbebetriebes*

manufacturer *Hersteller* ‖ **manufacturer's fully absorbed producer's price** *vorkalkulierte Kosten* ‖ **manufacturer's price which shall include total cost recovery** :: *volle Herstellungskostendeckung*

manufacturing cost [Buchf] *Herstellungskosten* ‖ **manufacturing date** [FertW] *Herstell[ungs]datum* ‖ **manufacturing industry** *verarbeitendes Gewerbe* ‖ **manufacturing period** *Produktionsperiode*‖ **manufacturing risks** *Produktionsrisiken*

margin *Marge* ‖ [Bör] *Einschuß[zahlung]* Betrag in Höhe von ca. 10-20% des Abschlußbetrags, der als Sicherheit bei ungedeckten Optionsgeschäften bzw. Termingeschäften in bar einzuzahlen bzw. in Wertpapieren zu hinterlegen ist ‖ **initial margin** :: *Ersteinschuß* [bei Eröffnung der Terminposition zu entrichten] ‖ **interest margin** *Zinsmarge*‖ **variation margin** [Bör] *Nachschuß[forderung]* 1) bei einem Terminkontrakt fällige *Ausgleichsforderung für börsentäglich ermittelte [vorläufige] Gewinne und Verluste.* Gesamtergebnis durch Addition von Gutschrift der Gewinne bzw. Belastung der Verluste bis zur Glattstellung der Position —> offset ‖ bei Wertpapierbeleihung zur weiteren

Deckung bei rückläufiger Kursentwicklung ‖ 3) [satzungsabhängige] *Forderung an Gesellschafter über den Nennwert eines bereits entrichteten Geschäftsanteils hinaus*

marginal tax rates [SteuerR] *Grenzsteuersätze*

marital *ehelich* ‖ *Ehegatten[...]* ‖ **marital bliss** *Eheglück* ‖ **to live together in a marital bliss** :: *glückliches Eheleben genießen* ‖ **law[s] relating to marital property** *eheliches Güterrecht* [§§ 1363 ff., 1558 ff. 1388, 1357 1412 BGB] nach dem Gleichberechtigungsgrundsatz eine Zugewinngemeinschaft. Sonderregelungen durch Ehevertrag bzw. Eintrag in Güterrechtsregister möglich ‖ **marital vows** *Ehegelübde*

Maritime Consultative Organization *[Zwischenstaatliche] Beratende Seefahrtsorganisation* ‖ **maritime credit** *Schiffspfandkredit*‖ **maritime law** *Seerecht*

marked *ausgeprägt* ‖ **marked increase in investment activity** :: *gute Investitionskonjunktur*

market maker [BankW/Bör] *Market-Maker* Banken und Broker, die sich verpflichten, für einzelne oder mehrere Wertpapiere während der Handelszeit jederzeit verbindliche Geld- bzw. Briefkurse zu stellen. Unterhalten den —> Freiverkehrsmarkt in den USA —> pink sheet —> OTC

market *Markt* ‖ *Absatzmarkt* ‖

market organisations [SteuerR] *Marktordnungen* —> *Gemeinsame Marktorganisation der EG* ‖ **to defend a market position** *Marktstellung behaupten* ‖ **market potential** *Marktpotential* ‖ **market segment of fixed-income dollar bonds** *Marktsegment der festverzinslichen Dollaranleihen* syn.: *Teilmärkte*

marketable title *marktgängiger Rechtstitel*

marketing credit *Kredit zur Absatzförderung*

marks [Verp] *Packstückmarkierung*

marriage *Heirat* ‖ **marriage certificate** *Heiratsurkunde* [Personenstandsurkunde nach Personenstandsgesetz [§ 63 PStG] —> syn.: *Trauschein* ‖ **marriage law** *Eherecht* ‖ **marriage records** *Heiratsbuch* [§§ 9 ff. PStG] ein Personenstandsbuch zur Eintragung über die persönlichen Verhältnisse der Ehegatten ‖ **marriage settlement** *Ehevertrag* [§ 1410 ff. BGB] Regelung des ehelichen Güterrechts ‖ **a consent to marriage was refused** *Heiratserlaubnis wurde verweigert* ‖ *Verweigerung der Einwilligung zur Heirat* ‖ **capable to contract a marriage** *ehemündig* [§§ 1, 2 u. 18 EheG, Ehefähigkeit und Nichtigkeit der Eheschließung] ‖ **celebration of a marriage** *Eheschließung* syn.: *Trauung* ‖ **church marriage** *kirchliche Trauung* ‖ **civil marriage** *standesamtliche Trau-*

ung syn.: [§ 15 EheG] *Eheschließung* ‖ **mixed marriage** *Mischehe* —> *intermarry* ‖ **to enter into marriage** *eine gültige Ehe schließen*

married couple *Ehegatten*

marshalling area [Mar] *Containerdepot*

mass *Massen[...]* ‖ *Mehrstück[...]* ‖ **mass package** [Verp] *Multipack* syn.: *Mehrstückpackung* ‖ **mass production** *Massenproduktion* ‖ *Fließbandproduktion* ‖ *Massenherstellung*

master *Meister[...]* ‖ *Rahmen[...]* ‖ *Pauschal[...]* ‖ *Blanket[...]* ‖ **master artisan** *Handwerksmeister* —> *Meister* :: *foreman* ‖ **master craftsman** *Handwerksmeister* ‖ **master guarantee agreement** *Rahmengarantievertrag* ‖ **master in chamber** *Master in chamber* [wird nicht übersetzt] sind einem High Court Judge beigeordnet. Ein ausgebildeter Jurist mit Richterbefugnis, der als Assistent bzw. Vertreter des Richters fungiert. Einige Fälle werden nicht vom Richter selbst, sondern vom Master in chamber in dessen Amtszimmer unter Ausschluß der Öffentlichkeit entschieden ‖ **master lease** [Leas] *Blanket-Leasing* Leasing-Geber ist dem Leasing-Nehmer gegenüber bis zu einer bestimmten Höchstgrenze verpflichtet, diesem vereinbarte Ausrüstungsgegenstände zu überlassen ‖ **Master of the Rolls** *Vorsitzender des Court of Appeal* [Abbr] **M.R.** ‖ früher: Leiter des Staatsarchives Heute Zuständigkeit

masterpiece master

für die public records :: im Record Office aufbewahrte öffentliche Akten (Staatsarchiv) und die Zulassung von solicitors. ‖ **master policy** *Pauschalgarantie für kurz- und mittelfristige Güterexporte* ‖ **master-servant relationship** [§ 831 BGB] *Abhängigkeitsverhältnis des Verrichtungsgehilfen gegenüber dem Geschäftsherrn*

masterpiece [craftman's ~] *Meisterstück* ‖ fig. **master-stroke** :: *Meisterleistung*

match tax [SteuerR] *Zündwarensteuer* eine der Reichsverbrauchsteuern

matching [strategy] [Ex] *Matching* i.R.d. *Ausfuhrdeckung*, Anpassung eines [staatlichen] Kreditversicherers an die Konditionen eines anderen [staatlichen] Exportkreditversicherers ‖ [Wettbewerb] bei internat. operierenden Unternehmen Preise und Konditionen von Konkurrenten, um trotz der dadurch kurzfristigen geringeren Kostendeckung i.L.d. Geschäftsentwicklung langfristig Gewinne einzufahren. ‖ [Bör] Zusammenführung von kurs-, mengen- und terminmäßige übereinstimmende Kontraktkäufe und -verkäufe am Terminmarkt

material *wesentlich* ‖ *wichtig* ‖ [Verp] *Werkstoff* ‖ [LagerW] **material code** *Sachnummer* ‖ **material facilities** [BetrVG] *Sachaufwand* ‖ [LagerW/Verp] **material handling** *Materialbewegung* ‖ **material reference number** [MatW] *Materialnummer* ‖ [Verp] **material testing** *Materialprüfung* ‖ **basic**

material list [Grundstoffübereinkommen] *Grundstoffliste*

materials *Materialien* elements :: Teile ‖ **auxiliary materials** [Prod] *Hilfsstoffe* ‖ **working materials** *Arbeitsmittel*

maternity *Mutterschaft* ‖ **maternity benefit** *Mutterschaftsgeld* ‖ **maternity leave** *Mutterschaftsurlaub* —> Mutterschutz nach dem Gesetz zum Schutz der erwerbstätigen Mutter [1968 u. rev. Fass.] mit Beschäftigungsverbot 6 Wochen vor Niederkunft

matricular contributions [SteuerR] *Matrikularbeiträge* Bezeichung für Umlagen [Zuweisungen], die vor 1018 von den Bundesstaaten an das Deutsche Reich abgeführt wurden. Heute werden an den Bund keine Umlagen abgeführt —> Finanzausgleich :: intergovernmental fiscal relations

matrimonial *ehelich* ‖ *auf die Ehegatten bezogen* ‖ **matrimonial cause** *Ehesache* ‖ **matrimonial home** *Wohnsitz der Ehegatten* ‖ **matrimonial jurisdiction** *Zuständigkeit in Ehesachen* ‖ **matrimonial law** *Eherecht*

matrimony, to join in ~ *trauen*

matrix organization [Man/Org] *Matrix-Organisation* syn.: **matrix structure**

matter *Angelegenheiten* ‖ *Bereich* ‖ *Sachverhalt* —> Beweis des ersten Anscheins ‖ **primary matter** *Hauptsache* ‖ **secondary matter** *Nebensache* ‖ **subject matter** *Vertragsinhalt* ‖ **subject matter of an international instrument** :: *internationales Vertragswerk* ‖ *Vertragsgegenstand*

mature *fällig* ‖ syn.: *anfallen* [z.B. ein zur Auszahlung kommender Versicherungsvertrag]

maturity *Fälligkeit* ‖ *Laufzeit* ‖ **with a maturity of at least four years** :: *mit einer Laufzeit von mindestens 4 Jahren* ‖ [Psych/Man] *Reife[grad]* ‖ **mental maturity** :: *geistige Reife* ‖ **moral maturity** :: *sittliche Reife*

maximization of shareholders' wealth *Gewinnmaximierung*

maximum *Maximum* ‖ *Höchst[...]* ‖ **maximum amount of coverage** [Ex] *Deckungshöchstbetrag* ‖ *Haftungshöchstbetrag* ‖ *Haftungshöchstgrenze* ‖ *Garantiehöchstbetrag* ‖ **maximum amount of liability** [VersR] *Haftungshöchstbetrag* ‖ *Haftungshöchstgrenze*‖ **maximum possible extent** *größtmöglicher Umfang* ‖ [PatR] **The Licensees will use their best endeavours to operate in accordance with the patents licenced hereunder to the maximum possible extent** :: *Die Lizenznehmer bemühen sich nach besten Kräften die gemäß der Lizenz erteilten Patente im größten Umfang auszunutzen [oder: um einen größtmöglichen Absatz der Vertragserzeugnisse zu erzielen]*

may *kann* ‖ **procedures as may be appropriate** :: *die für angemessen erachtet werden* ‖ **may wish to [...]** *gegebenenfalls* ‖ **such as may [...]** *[der\die\das] geeignet, ist zu [...]*

maze, chemical ~ *chemische Keule*

MBO *MBO* —> Management Buy-Out

to mean *bedeuten* ‖ *auslegen* ‖ *dahingehend auslegen, daß* ‖ *in der Weise auslegen, daß*

means *Mittel* ‖ **means must be commensurate with the action** *Verhältnismäßigkeit der Mittel* ‖ **means of raising revenues** *Bedarfsdeckungsmittel*

measurement of performance [BWL / RW] *Erfolgskontrolle*

measures *Maßnahmen* ‖ **measures improving agricultural structure** *Agrarstrukturmaßnahmen* ‖ **alternative corrective measures** *andere mögliche Abhilfemaßnahmen*

Mecklenburg-West Pomerania [BLand/D] *Mecklenburg-Vorpommern*

media circus *Journalistenauflauf*

|| *Medienrummel* || *Presseandrang*

mediation *Vermittlung* || [voluntary] mediation :: *Vermittlung* || *Vermittlertätigkeit*

medical aid *ärztliche Behandlung* || *ärztliche Betreuung* || *Therapie* treatment

medicament *Arznei[mittel]*

medium *halb* || *mittel* || *medium* || **medium-dry** [Winz] *halbtrocken* || **medium-strong beer** [BierStG/D] *Schankbier* || **medium-term** *mittelfristig* [Im amerikanischen Export-Förderprogramm eine Kreditlaufzeit von 181 Tagen bis zu 5 Jahren.] || **medium-term policy** [Ex] *Garantie zur Deckung kommerzieller und politischer Risiken aus mittelfristigen Güterexporten* || **medium-term political risks policy** *Garantie zur Deckung politischer Risiken aus mittelfristigen Güterexporten* || **medium-term services policy** *Einzelgarantie für mittelfristige [Dienst-]Leistungsexporte* || **medium-term supplier credits** *mittelfristige Lieferantenkredite*

to meet eine Forderung/Verbindlichkeit *begleichen* :: liability || **The Commission shall meet in A and B** :: *Die Kommision tritt in A. und B. zusammen* || **to meet a bill of exchange** *einen Wechsel bei Fälligkeit einlösen* || [Wechsel] *honorieren* || **to meet [their] demand for goods abroad** [Bil] *Bedarf im Ausland decken*

meeting *Sitzung* || *Besprechung* || *Konferenz* || *Versammlung* || *Meeting* || **meeting of creditors** *Versammlung der Konkursgläubiger* [GB] Bankruptcy Act 1914 und [USA] Bankruptcy Act § 314 || **to convene an extraordinary meeting** :: *eine außerordentliche Versammlung einberufen* || **general annual meeting** *Jahreshauptversammlung*

member *Gesellschafter* —> GmbH —> partner || *Teilnehmer* || *Mitglied* || **member commune** [VwO/D] *Mitgliedsgemeinde* syn.: *Ortsgemeinde* || **Member of the Board of Management** [USA] stock corporation [GB] public limited company *Mitglied des Vorstandes* || **member of the conference** *Konferenzteilnehmer* || **member of the mission** *Missionsangehörige* [≠ Vertretungsangehörige oder Mitglieder der Mission übersetzen!] || **member of the Supervisory Board** *Mitglied des Aufsichtsrates*

memo[randum] item [Bör] [Stat] *nachrichtlich* || **memorandum of acceptance** *Einlassungserklärung* || **memorandum of agreement** *[Niederschrift eines] Vertrags* schriftliche Aufzeichnungen über die Vertragsparteien und den Vertragsinhalt || *Übereinkunft* [Meist jedoch ein Vertrag, der jedoch noch nicht abgeschlossen wurde!] || *Vereinbarung* || **memorandum of appearance** *Einlassungserklärung* || **memorandum of associa-**

tion *Gründungsurkunde* [einer joint stock company] document stating the objectives for which the company is formed, the name of the concern (Firma), the amount of the authorized capital, issue of shares etc. ; [USA] **certificate of corporation || charter of corporation || memorandum of understanding** *Abmachung*

mental cruelty *psychische Grausamkeit* [USA/EheR] schwere Eheverfehlung i.S.d. seelischen Grausamkeit, im allg. zur Zerrüttung der Ehe und damit [Möglichkeit der Eheaufhebung] führend. In Verbindung mit physischer Bedrohung oder tatsächlicher Körperverletzung unter Ehegatten spricht man von **mental anguish**.

mention of inventor [ParR] *Erfindernennung*

mercantile credit *Lieferantenkredit || Warenkredit*

merchandise *Handelsgüter || Waren* || **expenditure for merchandise purchased** *Aufwendungen für Betriebsstoffe* —> operating supplies || **commissioned merchandise** *Konsignationsware* Gegenstand des im Welthandel praktizierten Kommsisionsgeschäfts, bei dem der Konsignant [inländischer Exporteur] die Ware in das Konsignationslager des Konsignatars [ausländischer Verkaufskommissionär] liefert. Konsignant bleibt Eigentümer, bis Konsignatar die Ware ab Lager für Rechnung des Konsignanten verkauft hat, wofür der Verkaufskommissionär eine Provision erhält. Bei Verkauf aus Konsignationslager im Freihafen [dann Freilager] wird nur die jeweilige Entnahme verzollt. || **consigned merchandise** *Kommissionsware* —> Konsignationsware [bes. im Außenhandel] || **turnover of merchandise** *Warenumschlag*

merchandising leasing [Leas] *direktes Leasing* syn.: *Hersteller-Leasing* || *Direktvermietung des Leasinggegenstandes* durch den Hersteller oder Händler

merchant bank *Handelsbank*

merchantable *marktgängig* [U.C.C. § 2-314(2)] bei beweglichen Sachen solche, die nach üblicher Verkehrsanschauung von durchschnittlicher Beschaffenheit, [beim Gattungskauf § 243 BGB, beim Kaufmann das Handelsgut, § 360 HGB] mittlerer Art und Güte [fair average grade, quality and value (of similar goods)] und für die vertraglichen Zwecke geeignet ist.

mere[ly] *bloß* || **the mere purchase of merchandise** :: *der bloße Erwerb [Einkauf] von Waren* || **mere[ly because]** [...] *liegt nicht vor, wenn lediglich*

merger *Fusion* || **acquisition by merger** :: *Verschmelzung durch Übernahme* || *Merger* || jede Form des Unternehmenszusammenschlusses von zwei oder mehreren Unternehmen —> amalgamation :: Zusammenschluß von zwei oder mehreren Unternehmen in einem Gesamtunternehmen, z. B. **bank merger** :: *Bankenfusion* || **mergers and acquisitions** [BankW] *Mer-*

gers and Acquisitions Serviceeinrichtung der Banken zur Beratung von Unternehmen, die Anteile an anderen Gesellschaften erwerben oder verkaufen möchten —> Verschmelzung || joint venture || amalgamation —> merger

merit rating [PersW] *Entlohnung nach Leistung* || **on the merits** [USA] judicial decision *in der Sache selbst*

metal *Metall* || **metal filament light bulbs** [Tech] Metalldrahtlampen || **metal products** *Metallwaren*

methods of relief [SteuerR/D] *Entlastungsmethoden* Tarifbelastung oder Ausschüttungsbelastung bei Körperschaften zur Veranlagung bei der Körperschaftssteuer

metropolitan territory *Mutterland*

micro credit *Kleinkredit*

mid-scale bulge in marginal tax rates [SteuerR] *Mittelstandsbogen* nach oben gewölbter Verlauf der Grenzbelastungskurve beim Einkommensteuertarif

mid-size companies *Mittelstand* syn.: *mittelständische Betriebe* | *Unternehmen*

mid-year *Jahresmitte*

middle line [management] [Man / Org] *mittleres Management*

middle-market lease [Leas] *Middle market-Leasing* Anschaffungswert des einzelnen Leasing-Objektes liegt zwischen $100,000 und $ 500,000; die durchschnittl. Mietdauer beträgt zehn Jahre

mile *Meile* [deutsches Wegemaß] *1 Meile* = 7,420 Km || [Mar] Seemeile: *1 sm* = 1,852 km || [GB Längenmaß] *1 mile* = 1,60934 km

military *militärisch* || **within the military sector** *in[nerhalb des] militärischen Bereichs* within the civil sector :: im zivilen Bereich || **Military Staff Committee** *Militärausschuß*

mineral *Mineral* || *mineralisch* || **mineral fuels** *mineralische Brennstoffe* || **mineral oil tax** *Mineralölsteuer* || [Bil] *Mineralölsteueraufwand*

Miners' Premium Law [SteuerR/D] *Bergmannsprämiengesetz*

mini-max tactics [ArbR] *Mini-Max-Taktik* [Neolog] Durch gezielte Bestreikung [Teilstreiks in Schlüsselunternehmen] der Versuch, die Dauer eines Arbeitskampfes mit möglichst geringen Kosten für die Gewerkschaftskassenm, jedoch mit größtmöglichem Durchsatz zu reduzieren. Versuch der Eindämmung durch den sogenannten —> Streikparagraphen :: Employment Promotion Act § 116.

minimum *Minimum* || *Mindest[...]* || **minimum cash balance** *Mindestkassenbestand* Zur Erhaltung der Zahlungsfähigkeit unbedingt erforderliche Bestand an Zahlungsmitteln || **minimum church tax** [SteuerR/D] *Mindestkirchensteuer* || **minimum discount loan rate** *Mindestdiskontsatz* || **cars complying with minimum emission standards** [SteuerR/D] *schadstoffarme Personenkraftwagen* || **minimum lease payments** [Leas] *Mindest-Leasingraten* || **minimum lifetime for new issures of DM foreign bonds** *Mindestlaufzeit von DM-Auslandsanleihen* || **minimum prices** *Mindestpreise* || **minimum reserve ratio on the increment in liabilities subject to reserve requirements** [Bbank] *Zuwachs-Mindestreservesatz* —> incremental reserve ratio

mining *Bergbau* || **mining share** *Kux*

Minister President [VwO/D] *Ministerpräsident* Chef einer Landesregierung —> chief minister || prime minister

Ministry [VwO/D] *Behörde* [z.B. Behörde für Arbeit, Jugend und Soziales] Hamburger Behörden entsprechen weitgehend den Ministerien in anderen Bundesländern; darüberhinaus sind sie die obere Verwaltungsbehörde der Kommunalverwaltung || **Ministry of Foreign Affairs** *Ministerium für Auswärtige Angelegenheiten* || *Außenministerium*

minutes *Protokoll* || *Mitschrift* || **agreed minutes** :: *vereinbarte Nie-*

derschrift || **to take the minutes** :: *protokollieren* || *Protokoll führen* || **minutes book** *Protokollbuch*

MIS *MIS* —> Management Informationssystem

misc [Abbr] —> **miscellaneous**

miscellaneous *sonstige* || [Presse] *Vermischtes* || *Verschiedenes* || *Miszellen* || *Miszellaneen*

misdemeanor *Delikte* || *Verbrechen* —> felony || crime

misdirection of the jury *Irreleitung der Jury* || *falsche Rechtsbelehrung der Jury* durch den Richter

misfit [Arbeitsphsychologie] *fehlende Entsprechung zwischen objektiver Arbeitssituation und subjektiven Fähigkeiten bzw. Bedürfnissen eines Beschäftigten (Folge: Streß).*

misrepresentation *falsche Angabe[n]* syn.: *unrichtige Darstellung* || *falsche Darlegung eines Sachverhalts* || [VersR] *Vorspiegelung falscher Tatsachen* bei der Risikobewertung einer Versicherung in der Police || *Vorenthalten von Tatsachen*

mission *Marktaufgabe* —> strategic mission || *Mission* || **diplomatic mission** *diplomatische Mission* [≠ diplomatische Vertretung] || **member of the mission** *Missionsangehörige* [≠ Vertretungsangehörige oder Mitglieder der Mission übersetzen!] || **staff**

of the mission :: *Mitglieder des Personals der Mission* || **head of the mission** :: *Missionschef*

to mitigate *verringern* || **to mitigate a backwardness** :: *Rückstand aufholen*

mixed *gemischt* || **mixed bond** [InvF] *[Zertifikat] eines gemischten Versicherungsfonds* —> **balanced bond** || **mixed committee** *gemischter Ausschuß* || **mixed credit** *Mischkredit aus öffentlichen und privaten Finanzierungen*

moderate *gedämpft* || **moderate growth forecasts** *gedämpfte Wachstumserwartungen* || *[...]* **led to a more moderate increase in spring** *[...] führten zu einem gedämpfteren Anstieg im Frühjahr* || **the willingness to invest was relatively moderate** *die Anlagebereitschaft war zurückhaltend*

modification *Umstellung* || *Modifizierung* || *Änderung* || *Veränderung* || *Abänderung*

momentum of business activity *Konjunkturdynamik*

monetary *monetär* || *Geld[...]* || *Währungs[...]* || **monetary capital** [Bbank] *Geldkapital* || **monetary committee** *Währungsausschuß* || **monetary compensatory amounts** [SteuerR/D] *Ausgleichsbeträge Währung* || **monetary expansion** *Geldmengenexpansion*

money *Geld* || *Bargeld und Buchgeld* || **money and securities dealing** *Geld- und Rentenhandel* || **money dealing** *Geldhandel* || **money development** *Geldmengenentwicklung* || **money judgement** [USA] *Urteil auf Zahlung von Geld* || **money market rates** [W/Z] *Geldmarktsätze* || **Bundesbank's money market regulating arrangements** *Geldmarktpolitik Geldmarktpapiere, die in die Geldmarktpolitik der Bbank einbezogen sind, können jederzeit vor Fälligkeit an die Bbank zurückgegeben werden* || **money order** [Abbr] **M.O.** *Zahlungsanweisung* || **money stock M1** [Bbank] *Geldmenge M1 Bargeldumlauf (ohne Kassenbestände der Kreditinstitute) + Sichteinlagen der inländischen Nichtbanken bei Kreditinstituten* —> syn.: *Quasigeld* || **money stock M1** *Quasigeld* —> *Beinahe-Geld oder Geldsubstitute, d.h. alle finanziellen Aktiva, die nicht unmittelbar als Zahlungsmittel einsetzbar sind, jedoch in enger Beziehung zu Zahlungsmitteln stehen, z.B. Termingelder mit Laufzeit unter 4 Jahren bei den inländischen Nichtbanken* —> *Geldmenge* :: **money stock** || **money stock M2** [Bbank] *Geldmenge M2 M1 + Termineinlagen inländischer Nichtbanken bis zu vier Jahren Laufzeit (Quasigeld)* || **money stock M3** *Geldmenge M3 M2 + Spareinlagen mit gesetzlicher Kündigungsfrist* || **money supply** *Geldversorgung* || **money-back annuity** [InvF] *Rentenversicherungssparbrief* || **money-back guarantee** *Geld-zurück-Garantie ein Mittel der Absatzförderung* —> **money-refund** :: *Rückerstattung* || **money-refund offer**

Rückerstattungsangebot [Werb] heute[v.a. TV/Radio] als money-back guarantee :: Geld-zurück-Garantie bezeichnet, d.h. das Angebot der Rückerstattung des Kaufpreises an den Käufer, bei Nichtgefallen des Produkts. Häufig darf der Kunde die ursprünglich neben dem Produkt gelieferten Artikel behalten, während die eigentliche Kaufsache zurückgegeben werden muß [z.B. Kauf eines Kochtopf-Sets und Gratisbeigaben 6 Messer)

moneyeer *Banker* —> banker

monier *Banker* —> banker

monies *Gelder* —> transfer of moneys

monitor role [Psych] [Soz] *Beobachterrolle*

monography [Pharm] *Monographie*

monopoly equalisation charge [SteuerR/D] *Monopolausgleich* eine Ausgleichsabgabe in Höhe der inländischen Steuerbelastung, die neben dem Zoll auf die Einfuhr von Branntwein und weingeisthaltigen Erzeugnissen erhoben wird.

moot points *Zweifelsfälle*

moral *sittlich* —> Reife

morale, organizational ~ [Man/Org] *Unternehmensmoral* || *Arbeitswilligkeit* [der Belegschaft]

more advanced nations *weiterentwickelte Nationen*

mortgage *Grundpfandrecht* —> *Hypothek* || *Realkredit* || **mortgage bank** [BankW] *Hypothekenbank* || **mortgage credit** *Hypothekarkredit* syn.: **mortgage loan** || **mortgage financings** || **mortgage loan** *Hypothekarkredit* || **mortgage profits levy** [SteuerR/D] *Hypothekengewinnabgabe*

motion *Antrag* —> amendment: *Änderungantrag* || **motion picture right** *Recht zur Verfilmung* || *Filmrechte*

motivation and hygiene theory [Komm] *Zwei-Faktoren-Theorie* von F. Herzberg über Motivationsfaktoren bei der Arbeit.

motives for holding cash *Kassenhaltungsmotive* [Keynes] drei Motive: 1) Transaktionsmotiv: zur Deckung des Liquiditätsbedarfs i.R.d. normalen Geschäftsverkehrs :: [transaction motive] || Vorsichtsmotiv: Schaffung eines Liquiditätspolsters [liquidity cushion] für unerwarteten Liquiditätsbedarf || Spekulationsmotiv: Ausschöpfung von Anlagemöglichkeiten [speculative motive]

motor fuels [SteuerR/D] *Treibstoff* || *Kraftstoffe* || **motor fuel vehicles** *Kraftfahrzeuge*

motorcycle [SteuerR/D] *Kraftrad* || [coll] *Krad* zweirädriges Landfahrzeug (auch mit Beiwagen) mit einem Hubraum von mehr als 50 ccm oder einer Höchstgeschwindigkeit von mehr als 40 km/h. Fahrerlaubnis Klasse 1.

movable *Mobilie[n]* ‖ *beweglich* ‖ *bewegliche Habe* ‖ [Tech] *bewegbar* ‖ [Tech] *verschiebbar* ‖ [Tech] *verstellbar* ‖ [Buchf] **movable asset leasing** *Mobilien-Leasing* ‖ **movable asset leasing company** *Mobilien-Leasinggesellschaft*

to move *umziehen* ‖ *beantragen* ‖ **I move that the question be now put** :: *Ich beantrage den Schluß der Debatte* ‖ **when the taxpayer moves abroad** [SteuerR/D]*Wohnsitzverlegung des Steuerpflichtigen ins Ausland*

moved by the desire [VölkR/Präambel] *von dem Wunsch geleitet* ‖ *in dem Wunsch[e]*

MSAC *MSAC-Länder* —> **Most Seriously Affected Countries**

MSC *MSC* **Manpower Services Commission** vgl. mit —> *Bundesanstalt für Arbeit*

multi-purpose package [Verp] *Mehrzweckverpackung*

multipack [Verp] *Mehrstückpackung* syn.: **multi-unit pack[age]**

multiple-buyer policy *Pauschalgarantie* —> **blanket policy**

multiplier [SteuerR/D] *Steuermeßbetrag* ‖ **multipliers applied in assessing the tax** [SteuerR/D] *Hebesätze* syn.: **percentage**

municipal councillor [VwO/D] *Bezirksabgeordnete* —> syn.: **borough councillor** ‖ **municipal administration** [VwO/D] *Stadtverwaltung* kommunale Verwaltungseinheit einer Stadt. Ämter und Einrichtungen der Stadt mit dem hauptamtlich angestellten Dienstkräften und ihrem Leiter an der Spitze ‖ **Municipal Bonds** *Kommunalanleihen* ‖ **municipal committee** [VwO/D] *Magistrat* —> collegiate executive. Kollegiale Verwaltungsbehörde der Städte in Hessen und Schl.-H. aus Oberbürgermeister/Bürgermeister und den Stadträten (Beigeordneten) ‖ **municipal council** [VwO/H; Schl.-H.] *Gemeindevertretung* Beschlußorgan in den Landgemeinden —> *Gemeinderat* ‖ *Rat der Landgemeinde* —> *Gemeinderat* /communal council ‖ [VwO/Bayern; R.-P.; SL] *Stadtrat* ‖ [VwO/H.;HB] *Stadtverordnetenversammlung* ‖ *Stadtvertretung* —> *Stadtrat* ‖ **municipal councillor** *Gemeindevertreter* —> *Gemeinderat[smitglied]* ‖ [VwO/R.-P.; SL] *Stadtrat[smitglied]* gewähltes Mitglied des Rates einer Stadt ‖ [VwO/H.; HB] *Stadtverordneter* —> *Stadtrat* ‖ **municipal court** *erstinstanzliches [Stadt-] Gericht* [USA] erstinstanzliches Gericht für Zivil- und Strafsachen minderer Bedeutung. Berufungsgericht gegenüber Entscheidungen der —> magistrates. ‖ **municipal leasing** [Leas] *kommunales Leasing* ‖ **municipal pawn office** *städtische Leihanstalt* ‖ *Pfandleihanstalt* ‖ **municipal tax** [SteuerR/D] *Gemeinde-*

steuer || [SteuerR/D] **municipal trade tax apportionment** *Gewerbesteuerumlage*

municipalities' share [SteuerR/D] *Gemeindeanteil*

municipality [VwO/D] *Gemeinde* —> commune || *Stadtgemeinde*

muniment *Urkunde, aus der das Eigentum an Immobiliarvermögen hervorgeht* —> document of title —> deed —> Eigentum —> Orderpapier

murder [StrafR] *Körperverletzung mit Todesfolge* voluntary/involuntary manslaughter [Model Penal Code, § 210, 3(1)(a) und (b)] —> *Tötung* || *Mord* || *Totschlag* || *Mörder*

murder [BRD] [§§ 211 ff. StGB] *Tötung* Unterschieden werden Mord, Totschlag, Tötung auf Verlangen, —> Kindes-Tötung, fahrlässige Tötung, —> Völkermord. *Mörder ist, wer einen Menschen tötet und dabei hinsichtlich Tatmotiv, Tatausführung oder Tatzweck besonders verwerflich handelt* [Mordlust, Befriedigung des Geschlechtstriebs, Lustmord, Habgier, Rachsucht, heimtückisch, grausam, mit gemeingefährlichen Mitteln [Brandstiftung], zur Ermöglichung oder Verdeckung einer Straftat]. *Totschlag ist ebenfalls die vorsätzliche Tötung eines Menschen durch eine Person, die jedoch nicht Mörder i.S.d. Gesetzes ist.* [USA] Model Penal Code, § 210,2] Unterscheidung nach **murder in the first degree** [vorsätzliche, besonders aus verwerflichen Motiven begangene Tötung, z.B. heimtükisch :: lying in wait]. Alle übrigen Motive werden unter **murder in the second degree** zusammengefaßt [in einigen Einzelstaaten gibt es auch murder in the third degree] —> manslaughter || homicide —> crime —> felony

mushroom-shaped [Tech] *pilzförmig*

mutual *gegenseitig* || *wechselseitig* || **by mutual agreement** *im gegenseitiges Einvernehmen* || **mutual agricultural credit fund** *ländliche Kreditgenossenschaft* || **mutual fund** [InvF / USA] *offener Investmentfonds entspricht etwa dem britischen "unit trust"*

muzzle loading pistol [Bal] *Vorderladerpistole*

NASD [Abbr] [Bör] **National Association of Securities Dealers**

N-paper [Bbank] *N-Papier Der Zusatz "BN", "BaN" bzw. PN bezeichnet solche Titel, die nicht vor Fälligkeit zurückgegeben werden können*

N.E. [USA] [Abbr] **North Eastern Reporter**, seit 1885 (ab 1936 second series N.E.2d) Berichterstattung über die Rechtsprechung in Massachusetts, New York, Ohio, Indiana, Illinois

N.W. [USA] [Abbr] **North Western Reporter** Berichterstattung über die höchstrichterliche Rechtsprechung seit 1879 (ab 1941 als Second Series [N.W.2d]) in Michigan, Wisconsin, Minnesota, Iowa, Nebraska, Nord- und Süddakota

naked warrant [Bör] *nackter Optionsschein* —> *Optionsschein* :: *warrant*

names and styles *Namen und Titel* [names and appelations]

nation *Staat* ‖ *Nation* ‖ *Land* ‖ **creditor nation** *Gläubigerstaat* ‖ **debtor nation** *Schuldnerstaat*

national *national* ‖ *inländisch* ‖ *staatlich* ‖ [Person] **Staatsangehöriger** [GB] syn.: **citizen** [schließt auch Commonwealth-Länder ein] ‖ **British national** *britischer Staatsbürger* British subject und British citizen sind gleichbedeutend. —> citizen —> British Nationality ‖ **national debt** *Staatsschuld* ‖ **National Economic Development Council** [GB] [Abbr] **NEDC** [Man /Org / ArbR] Regierungsstelle zur Untersuchung der Wirtschaftsentwicklung auf dem öffentlichen und privaten Sektor —> tri-partite talks ‖ **in some national economies** *einzelne Volkswirtschaften* ‖ **national emergency** *nationaler Notstand* ‖ *Staatsnotstand* ‖ **national ensign** [Mar] *Nationalflagge* ‖ **national income** *Volkseinkommen* ‖ **national jurisdiction** *nationale Rechtshoheit* ‖ *staatliche Hoheitsgewalt* ‖ *innerstaatliche Gerichtsbarkeit* ‖ *innerstaatliche Rechtsprechung* ‖ **national law[s]** *Heimatrecht* ‖ *innerstaatliches Recht* ‖ *nationales Recht* ‖ **national security** *innere Sicherheit* ‖ *innerstaatliche [=na-*

tionale] Sicherheit [die Belange der öffentlichen Sicherheit und Ordnung betreffend] ‖ **national territory** *Staatsgebiet* ‖ **national wealth** *Volksvermögen*

nationality *Staatsangehörigkeit* ‖ *"Staatsbürgerschaft"* war früher in der DDR gebräuchlich; übliche Bezeichnung in Österreich ‖ [Mar] *Staatszugehörigkeit* eines Schiffes ‖ *Volkstum* ‖ *Volkszugehörigkeit* ‖ **British nationality Act** *Britisches Staatsangehörigkeitsgesetz* (1981) replaces the 1948 Act, and divides citizenship into three classes: 1) British citizenship (2) British Dependent Territories citizenship, conferred upon citizens of a number of specified countries, e. g. Bermuda, Hong Kong and (3) British Overseas citizenship, a residual category. ‖ **to acquire the nationality of [...]** *die [...] Staatsangehörigkeit erwerben*

nationalization *Verstaatlichung*

natural *natürlich* ‖ *Natur[...]* ‖ **natural hinding place** [ZollW] *baubedingtes Versteck* ‖ **natural person** *natürliche Person* i.G.z.: juridical ‖ juristic ‖ legal ‖ artificial person

naturalizing *Einbürgerung* —> nationalizing

Navegation of the Rhine *Rheinschiffahrt* —> Central Commission [...]

near *beinahe* ‖ *fast* ‖ **near banks** [KreditW] *Fastbanken* syn.: *Quasibanken* solche Anbieter von Finanzdienstleistungen, die als Substitutionskonkurrenten zu den Kreditinstiuten auftreten, ohne selbst Bank zu sein [Bausparkassen, Versicherungen, Unternehmen im Kreditkartengeschäft] —> non-banks —> non-bank banks || **near-money assets** *geldnahe Vermögenswerte* Vermögenswerte, die relativ kurzfristig in Geld umgewandelt werden können, z. B. börsengängige Wertpapiere

necessity, the prime ~ *oberstes Gebot*

NEDC [Man/Org/ArbR] **National Economic Development Council**

Neddy [coll] **National Economic Development Council**

needs *Bedürfnisse* [Bil] syn.: **requirements** || **according to [your] needs** *abgestimmt auf [Ihre] Bedürfnisse* || *bedarfsgerecht* || *firmenspezifisch*

negative pledge [EuroM] *Negative Pledge* Sicherungsform im Euro-Kreditgeschäft, bei der Kreditnehmer sich verpflichtet, bestehende oder noch einzugehende Verpflichtungen nicht zu besichern.

negligence, gross ~ *grobe Fahrlässigkeit* guilty state of mind :: Verschulden wegen [z.B.: Fahrlässigkeit oder auch auf Vorsatz beruhend]

negociable instruments *begebbare Wertpapiere* begebbar = Ausgabe (=issue) bzw. negotiation (=in Umlauf bringen) || emitieren || to launch || **uni-**

form negociable instruments acts :: *Gesetz betreffend begebbarer Wertpapiere*

negotiating committee [Man/Org / ArbR] *Verhandlungsausschuß* || *Verhandlungskommission* Commission composed of representatives of the unions and employers to settle industrial disputes

negotiation *Verhandlung* || *Vermittlung* || *Übergabe eines Wertpapiers* || [USA] *Übertragung*

neonate [Med] *Neugeborenes*

net *Netto [...]* || **net asset value** [InvF] *Nettoinventarwert* eines Fonds || **net bank lending** [BankW] *Netto-Bankkredite* || **net book value** *Restbuchwert* Bilanzwert eines Anlagegegenstandes am Ende des jeweiligen Jahres || [Bbank] **net capital exports** *Netto-Kapitalexport* || **net claims on parties outside the Federal Republic of Germany** [Bbank] *Nettoforderungen an Geschäftspartner außerhalb der BRD* || **net income** *Gewinn* syn.: profit || earnings || **determination of net income** :: *Gewinnermittlung* [Bestimmung des im Abschluß auszuweisenden Unternehmenserfolges —> Gewinnausweis] || **net income for the year** :: *Jahresergebnis* || *Jahresüberschuß nach Steuern* [Der im Geschäftsjahr erwirtschaftete Überschuß/Reingewinn] || **net lease** [Leas] *Netto-Leasing* Funktion des Leasing-Gebers ist auf die Finanzierung des Leasing-Objektes beschränkt. Der

Leasing-Nehmer ist für Nebenleistungen verantwortlich —> flat-rate lease || **net placements von Euro-notes** *Netto-Placierungen von Euronotes* || **net present value method** [InvR] [Abbr] NPV *Kapitalwertmethode* klassisches dynamisches Verfahren der —> Investitionsrechnung, bei dem die Netto-Zahlungsströme [=Differenz zwischen Einnahmen und Ausgaben] einer Investition auf den Bezugszeitpunkt abgezinst werden. Ermittelt wird ein absoluter Betrag, i.G.z —> Methode des internen Zinsfußes, bei der ein Prozentsatz ermittelt wird. Ermittelt wird der Kapitalwert je DM [eingesetzten Kapitals, d.h. Anschaffungsausgaben] eines möglichen Investitionsvorhabens. Bei Durchführung der Investition müssen die zurückfließenden Beträge [für die Lebensdauer des Investitionsobjekts] unverzüglich wieder angelegt werden und einen Gewinn mindestens in Höhe des Kalkulationszinsfußes bringen. || **net profit for the year** [Bil] *Jahresüberschuß* || **net purchase** [of domestic shares] [Bör] *Netto-Erwerb* || **net sales** [of domestic shares] [Bör] *Netto-Veräußerung* || **net savings of private households** *Ersparnis der privaten Haushalte* || **net working capital** [USA/RW] *Nettoumlaufvermögen* Meßzahl zur Bewertung der Liquiditätsveränderungen einer Unternehmung, d.h. Differenz zwischen —> Umlaufvermögen und kurzfristigen Verbindlichkeiten —> work capital ratio :: Liquiditätskoeffizient || **net worth method** [SteuerR] *Veranlagung zur Vermögensteuer* Methode der Steueraufsicht zur Veranlagung eines seinen Buchführungspflichten nicht nachkommenden Steuerpflichtigen || **net worth tax** [SteuerR/USA]

Vermögensteuer || **net worth tax burden on business assets** :: *Vermögensteuer auf Betriebsvermögen* —> net worth method

network analysis *Netzwerk [plan] technik*

neutral member [Man/Org/ArbR] *neutrales Mitglied* —> Montan-Mitbestimmungsgesetz

never, to buy on the ~ [coll] *abstottern*

new *Neu[...]* || **new assessment** [SteuerR/D] *Neuveranlagung* Veranlagung zur Vermögensteuer bei größeren Vermögens- und Wertänderungen innerhalb eines Hauptveranlagungszeitraums || **new business in medium and long-term international syndicated loans** *Neugeschäft bei mittel- und langfristigen Konsortialkrediten* || **new commitments** *Neuzusagen* || **new listings** *Börsenneueinführungen* || **new loans to** [...] *Neuausleihungen an* [...] || **New Year's Eve share** [AuxT] [Bör] *Silvesteraktie* meist [in Familienbesitz befindliche] Wertpapiere [Aktien], deren Kurs zu Weihnachten und Sylvester durch Verkäufe am Aktienmarkt nach unten manipuliert wird, um dadurch eine Verringerung der Vermögensteuerlast zu erzielen :: stock exchange market manipulation around X-mas through sale of shares in order to lower [corporate] income tax burden levied on profits

newcomers *Zuwanderer* || **newcomers from East Germany** ::

Übersiedler || *Umsiedler* || *Neubürger* [aus den Ostblock-Staaten bzw. der ehemaligen DDR (=aus den neuen Bundesländern)]

newspaper advertisement *Zeitungsinserat* syn.: *[Zeitungs]annonce*

NIC's, Asian ~ *Ostasiatische Schwellenländer* near industrialized countries [Hongkong, Singapur, Taiwan, Südkorea]

NIF [EuroM] —> **Note Issuance Facilities**

nomenclature *Nomenklatur* || **nomenclature committee** [ZollW] *Nomenklaturausschuß* || **nomenclature for the classification of goods in customs tariff** [ZollW] *Zolltarifschema für die Einreihung der Waren in die Zolltarife*

to nominate *benennen* || *zu etw. berufen* || *bestellen* [Amt]

nomination *Bestallung* || *Ernennung* || *Nominierung*

non-acceptance coverage [Ex] *Deckung des Annahmerisikos* Deckung gegen willkürliche Verweigerung der Annahme oder Weigerung des Käufers, die Ware anzunehmen

non-accountable expense accounts [PersW/SteuerR] *Spesenabrechnung ohne Nachweis* —> Eigenbelegsabrechnung —> Reisekosten —> Bewirtungsaufwendungen

non-assessed income taxes on earnings [SteuerR/D] *nicht veranlagte Steuern vom Ertrag*

non-banks [Bbank] *Nichtbanken* Wirtschaftssektoren, die nicht Kreditinstitute sind, z.B. Staat, Privathaushalte, Ausland, Privatunternehmen etc. —> near banks —> non-bank-banks

non-bank *bankfremd* || **non-bank banks** *bankfremde Anbieter* Anbieter von Finanzdienstleistungen, die als Substitutionskonkurrenten zu den Kreditinstituten und Quasibanken [Fastbanken] auftreten [Versandhäuser, Autohändler] || **non-bank place** [Bbank] *Nebenplatz* Ort, an dem sich keine Landeszentralplatz befindet :: banking place without a Bundesbank office

non-business purpose *betriebsfremde Nutzung* || [UStG/D] i.S.v. *Eigenverbrauch*

non-cash dividend *unbare Dividende* —> syn.: *Naturaldividende* || *Wertpapierdividende* Stockdividende || [USA] liability dividend || bond dividend || scrip dividend [dividend in the form of promissory notes called scrip]

non-clients *Nichtkunden*

non-discount cash flow method [InvR] *statisches Investitionsrechnungsverfahren* Verfahren, bei denen keine Abzinsung der Zahlungsströme erfolgt, v.a. —> Amortisationsrechnung und Rentabilitätsvergleichsrechnung || *Kostenvergleichsrechnung* Kostenvergleich von Investitionsalternativen [AuxT] **accounting cost comparison method** || *Gewinnvergleichsrechnung* Vergleich der absoluten Gewinne von Investitionsalternativen [AuxT] **accounting profit comparison method**

non-discriminatory *nicht diskriminierend* || **on a non-discriminatory basis** :: *auf der Grundlage der Nicht-Diskriminierung*

non-exclusive licence [PatR] *einfache Lizenz* || *nichtausschließliche Lizenz*

non-interest bearing Treasury Bond [Bbank] *U-Schatz* —> unverzinsliche Schatzanweisung Kurzfristige Schuldverschreibungen der öffentl. Hand mit Laufzeiten von 1 bis 3 Jahren. Sie werden - ebenso wie die Finanzierungsschätze des Bundes - als Abzinsungsgeschäft ausgegeben und daher als "unverzinslich" bezeichnet.

non-leveraged lease [Leas] *"non-leveraged-lease"* Der Leasing-Geber bringt 100% der Anschaffungskosten des Leasing-Objektes auf

non-littoral state [Mar] *Nichtanrainerstaat*

non-manual worker *Angestellter* [white-collar worker]

non-metalic mineral products Be- und Verarbeitung von Steinen, Erden, Glas

non-monetary budget *nicht-monetäres Budget* [budgets for direct-labor-hours, machine-hours, units of materials, square feet allocated, and units produced]

non-negotiable bill of exchange *Rektawechsel* Wechsel mit negativer Orderklausel

non-payout lease [Leas] *Buchrestwert-Leasing* —> Operating leasing

non-performance *Nichterfüllung*

non-profit-related tax [SteuerR] *ertragsunabhängige Gewerbesteuerbelastung* trade tax :: Gewerbesteuer

non-qualifying *steuerlich nicht absetzbar* [InvF] z.B. Einmalpolicen (Lebensversicherungspolicen), bei der die Prämienzahlungen für den Versicherungsnehmer nicht steuerlich absetzbar sind.

non-recourse financing *regreßlose Finanzierung* —> financing

non-recurrent [Bör] *einmalig*

non-repairable aid *nicht rückzahlungspflichtige Beihilfe*

non-resident *Devisenausländer* || *Gebietsfremder* || [Bör] *Ausländer* || [SteuerR/D] *beschränkt Steuerpflichtige* Personen, die im Inland [der BRD] weder einen Wohnsitz noch ihren gewöhnlichen Aufenthalt haben :: a person who has neither his/her domicile nor his/her customary place of abode within the territory of the Federal Republic ‖ **non-resident convertibility** :: *Konvertibilität für Gebietsfremde* / Devisenausländer ‖ resident convertibility :: Konvertibilität für Gebietsansässige / Deviseninländer

non-tariff barriers [ZollW] *zollfremde Hindernisse*

non-U.S. content *Auslandsanteil* —> foreign content

non-vested pension right *verfallbare Pensionsanwartschaft* —> Unverfallbarkeit

non-voting preferred stock *stimmrechtslose Vorzugsaktien* —> Vorzugsaktien

nonetheless *nach wie vor* ‖ **nonetheless domestic investors continued to buy large amounts of foreign currency bonds** :: *nach wie vor erwarben inländische Anleger aber in beträchtlichem Umfang Fremdwährungsanleihen*

North *Nord[...]* ‖ *Norden* ‖ **North German Confederation** [Hist] *Norddeutscher Bund* ‖ **North Rhine-Westphalia** [Bland/D] *Nordrhein-Westphalen*

notable impact, to have a ~ *spürbarer Anstoß geht aus von [...]*

notarization *notarielle Beurkundung* z.B. eines Vertrages

notary *Notar* conveyancer = Anwalt, der die Übertragung von Eigentum durch Urkunde vorbereitet ‖ **public notary** :: *öffentlich bestellter Notar*

note *Kennzeichen* ‖ *Zeichen* ‖ *Merkmal* ‖ ‖ *Anmerkung* ‖ *Bemerkung* ‖ Kommentar am Rande ‖ **explanatory notes** *erläuternde Anmerkungen* ‖ *Fußnoten* ‖ **advice note** *Versandanzeige* ‖ **note book** [EDV] *Note-book* tragbarer PC ‖ **bought and sold note** *Schlußschein* ‖ **customs' note** [ZollW] *Zollvormerkschein* ‖ **Note Issuance Facilities** [Abbr] **NIFs** Als sog. —> Hybrid Finanzierungsinstrument am Euromarkt, wobei die Eurobanken nicht direkt als Kreditgeber auftreten (klassisches Eurogeschäft), sondern die Kreditnehmer ihre Mittel über den kurzfristigen [Euro-]Geldmarkt beschaffen. NIFs sind entsprechend erstklassigen Adressen eingeräumte Kreditlinien innerhalb derer sich im Plazierungsgeschäft tätige Banken zu Unterbringung von kurzfristigen [nichtbörsennotierten] Papieren (1-12 Monate Laufzeit) verpflichten [Plazierung von Euronotes] —> RUFs ‖ **promissary note** *Solawechsel* [U.C.C. § 3-104] [Art. 75 WG] *eigener Wechsel* ‖ *trockener Wechsel*, d.h. "[Ausstellungsort], den [Datum]. Gegen diesen Wechsel zahle ich an [Remittent] am [Datum] in [Zahlungsort] den Betrag von DM [Betrag] [Name des Ausstellers]

noted, having ~ *zur Kenntnisnahme, daß [...]*

notice *Beobachtung* ‖ *Wahrnehmung* ‖ *Notiz* ‖ *Anzeige* ‖ *Nachricht* ‖ **notice in writing of desire to terminate this agreement** *Kündigungsschreiben* ‖ **notice of appearance** *Termin der Einlassung* ‖ **notice of assessment** *Bescheid* —> assessment: *Einschätzung* ‖ *Bewertung* ‖ *festgesetzter Betrag* —> *Steuerbescheid* ‖ *Veranlagung* ‖ [...]. **is determined by notice of assessment** :: *[...] wird durch Bescheid festgesetzt* [The assessment shall not be altered for the current year :: Die festgesetzten Beträge werden für das laufende Jahr nicht geändert.] ‖ **notice of dishonor** *Wechselregreß* syn.: *Wechselrückgriff* —> syn.: *notleidender Wechsel* :: dishonoured bill or exchange ‖ **notice of invitation to tender** No. ... *Ausschreibung Nr.* ... ‖ **notice of protest** *Wechselprotest* [U.C.C. § 3-509] [Art. 79 ff. WechselG] Windprotest:: Person gegen die protestiert werden soll, ist nicht zu ermitteln ‖ Weigerungprotest: Zahlung wird ganz oder teilweise verweigert ‖ Platz- oder Wandprotest: Zutritt zu Wohnung oder Geschäftsräumen wird verweigert bzw. es wird niemand angetroffen. ‖ **notice of withdrawal** [Organisationen] *Austritterklärung* ‖ [Übereinkommen] *Rücktrittsanzeige* ‖ **notice race type statutes** *Eintragungssystem* syn.: **Race-Notice Statute** Bei Eintragungen in Grundstücksregister gilt in den USA [teilweise], daß ein nicht eingetragenes dinglisches Recht an einem Grundstück [unrecorded conveyance or other instrument] einem späteren entgeltlichen [gutgläubigen] Erwerber nicht entgegengehalten werden kann [subsequent bona fide purchaser prevails over the prior interest whether the subsequent purchaser records or not], sofern der gutgläubige Erwerber zur Zeit der Verfügung keine Kenntnis (notice) vom Bestehen dieses Rechts hatte. Unkenntnis des späteren Erwerbers wird durch tatsächliche Kenntnis des Ersterwerbers oder durch Eintragung zerstört. ‖ **notice with return receipt request** *Mitteilung als Einschreiben mit Rückschein* ‖ **formal notice** *förmliche Aufforderung* ‖ *förmliche Mitteilung* ‖ **to give notice** *kündigen* ‖ **with notice** *mit vorheriger Ankündigung*

noticeable *erkennbar* ‖ **noticeable dynamic economic development in the industrialized countries** *die in den westlichen Industrieländern spürbare gute konjunkturelle Entwicklung*

noticing board [GB] *Bekanntmachungsbrett*

notification *Notifikation*‖ *Notifizierung* ist die erfolgte Genehmigung eines von Unterhändlern ausgehandelten Vertrages, die dem Vertragspartner offiziell mitgeteilt werden muß ‖ **notification of vacancies** [BetrVG] *Ausschreibung von Arbeitsplätzen* ‖ *Stellenausschreibung*

to notify *notifizieren* ‖ **The Government of [the] [...] shall immediately notify the Government of all States [...] a) of any signature of this protocol and the date thereof** ... :: *Die Regierung [...] notifiziert den Regierungen [...] a) jede Unter-*

noting													oath

zeichnung dieses Protokolls und deren Zeitpunkt ... || **each member shall notify the agency of the numbers [...]** :: *jedes Mitglied notifiziert dem Amt die Anzahl [...]*

noting [VölkR] *in Anbetracht* || *in Beachtung* || *im Hinblick* || *in Kenntnis* || *angesichts*

notion of accessment [SteuerR] *Steuerbescheid*

notwithstanding *abweichend von* || *ungeachtet*

now therefore, the parties have agreed as follows :: *dies vorausgeschickt, haben die Vertragsparteien folgendes vereinbart*

NPV [Abbr] **net present value method** :: *Kapitalwertmethode*

nubility [EheR] *Ehefähigkeit* || *E-hemündigkeit* [BRD] Mädchen ab 16 Jahren mit Erlaubnis des Vormundschaftsgerichts (Court of Guardianship). Männer mit der Volljährigkeit. [GB] männliche und weibliche Personen ab 16 Jahren.

null and void, to become ~ *null und nichtig*—> cancel :: *annullieren*

number *Nummer* || *Anzahl* || *Bündel* —> *Begleitumstände* || **the number of employed persons rose by [...]** *Beschäftigung stieg um [...]* || **the number of people employed** *die Zahl der Beschäftigten* || **the number of people seeking jobs** *die Zahl der Stellensuchenden* || **the number of persons drawing company pensions at the end of the year was 3,101** [Bil] *die Zahl der Pensionäre beträgt zum Jahresultimo 3.101* || **numbers lottery** [RennwLottG] *Zahlenlotto*

NYSE [Abbr] **New York Stock Exchange** —> *Wall Street* [Börsenplatz New York]

O.C. [Abbr] **Open Charter**

o.d. [Abbr] **on deck**

o/a [Abbr] **on account** :: *für Rechnung*

oath *Eid* Die feierliche Bekräftigung einer Erklärung durch einen *Schwur*. [§ 66c StPO I § 481 ZPO] [nicht notwenigerweise religiöse] Eidesformel: Sie schwören [bei Gott dem Allmächtigen], daß Sie nach bestem Wissen die reine Wahrheit gesagt und nicht verschwiegen haben. Der Zeuge antwortet daraufhin mit: Ich schwöre es. —> **testimony** —> *Zeugenaussage* || **affirmation in lieu of oath** *Versicherung an Eides Statt* || **false oath** *falsche Versicherung an Eides Statt* [früher: Offenbarungs(eid)versicherung] || **to take an oath of allegiance** *einen Treueid leisten* [als Schwur auf die Verfassung nach US Verfassung Art. II, Sec. 1 und Art. VI] || **confirmatin of allegiance** *Treueerklärung* || **under oath** *beeidet* [Personen sowie Aussagen und Gutachtererstattung] || *vereidigt* [Person, insbesondere Zeuge vor Gericht]

oats levy [SteuerR/arch] *Haferabgaben* früher für militärische Zwecke erhobene Abgabe —> [GB] gavel :: *Tribut*

obiter dictum *beiläufige Bemerkung* [Anmerkung] eines Richters —> dictum

object, the ~ here is to [...] *abzielen auf*

objection *Einspruch*[vor Gericht] ‖ *Einsprache* [Österreich und Schweiz für] —> Einspruch ‖ **objection to an arbitrator by a party** *Einspruch wegen Befangenheit eines Schiedsrichters* ‖ **no objections were raised** *dabei ergaben sich keine Beanstandungen*

obligation *Verpflichtung* ‖ *Pflicht* ‖ **obligation of repayment** *Rückzahlungsverpflichtung* ‖ **the taxpayer's obligations to cooperate** [SteuerR] *Mitwirkungspflicht des Steuerpflichtigen* d.h. seine steuerlichen Verhältnisse den Finanzbehörden umfassend zu offenbaren ‖ **obligation to file tax returns** [SteuerR] *Steuererklärungspflicht* ‖ **obligations arising from** [Bil] *Verpflichtungen aus [...]*

obligator *Schuldner*

obligatory *obligatorisch*

to observe [Bestimmungen] *beachten* z.B. the terms of a treaty :: *Vertrag[sbestimmungen] einhalten*

obstacle *Hindernis* ‖ *Hinderung*

obvious *offensichtlich* ‖ **if it is not obvious by having regard to the state of art** :: *wenn sich nicht offensichtlich aus dem Stand der Technik ergibt [...]*

occasional operation *Gelegenheitsgeschäft*

occupation *Beruf* profession :: *höhere Berufe* ‖ **housing made ready for occupation** [SteuerR/D] *bezugsfertiger Wohnraum*

occurrence *Vorkommen* ‖ *Lagerstätte* ‖ **occurrence of the covered event** *Eintritt des Versorgungsfalles* z. B. die Vollendung eines best. Lebensalters, Eintritt der Invalidität, womit bestimmte Zahlungen zu leisten sind [Pensionsleistungen] ‖ **occurrence of the event of default** *Eintritt des Garantiefalls* —> event of default ‖ **natural occurrence** *natürliche Lagerstätte* ‖ *natürliches Vorkommen*

ocean law [Mar] *Seerecht* ‖ **ocean regime** :: *Seerechtsordnung*

OD [Man/Org] *OE* **organization development** :: *Organisationsentwicklung*

odd lot [Bör] *nicht handelsübliche Schlußeinheit* Handelseinheit für Aktienaufträge an der US-Börse, die nicht die handelsübliche Schlußeinheit von 100 Stück (Aktien) bzw. nominal US$

1000,- (Anleihen) erreichen —> round lot

OECD region *OECD-Raum* Organization for Economic Co-operation and Development

of which [Stat] *darunter* ‖ **of which - due in 1995/- due in 1996** *davon - fällig 1995 ‖ - fällig 1996*

OFD [SteuerR/D] *Oberfinanzdirektion*

off board [Bör] *außerbörslich*

offence *Straftat* ‖ **indictable offence** :: *schwurgerichtlich verfolgbare Straftat* ‖ **summary offence** :: *Straftat, deren Bestrafung durch summarisches Urteil eines Friedensrichters erfolgen kann* [nicht schwurgerichtlich verfolgbar] ‖ **petty offence** *Bagatellsache* [StrafR/D] §§ 153, 153 a, 153 b StPO / § 175 II StGB / §§ 45, 47 JGG / §§ 47, 56 IV OWiG]. [USA 18 U.S.C.A. § 1] *Strafmaß nicht höher als 6 Monate und oder Geldstrafe bis zu $ 500,-*

offender [StrafR] *Straftäter* ‖ *Straffälliger* syn.: *Täter* ‖ **juvenile offender** *jugendlicher Straftäter* ‖ *Jugendstraffälliger* ‖ **first offender** *nicht vorbestrafter Straftäter* ‖ *Ersttäter* ‖ **alledged offender** *mutmaßlicher Täter* ‖ [Tat]*Verdächtiger* :: suspect ‖ **first offender** *Ersttäter* ‖ *nicht vorbestrafter Täter* ‖ **habitual offender** *Gewohnheitsverbrecher* ‖ *Wiederholungstäter* ‖

juvenile offender *Jugendstraffälliger*

offensive lockout [Man/Org/ArbR] *Angriffsaussperrung seit 1945 von den Arbeitgebern nicht mehr gewähltes Mittel im Arbeitskampf* —> *Abwehraussperrung* :: defensive lockout

offer *Angebot* ‖ *Briefkurs* ‖ *Ausgabekurs*‖ **offered price** *Ausgabepreis* [InvF] *Ausgabekurs für Versicherungsfondanteile* ‖ **offer and acceptance** [VertrR] *Antrag und Annahme* ‖ **offer and acceptance resulting in a binding land sale** *Auflassung* ‖ **offer of [such] rights** *Angebot für Rechte* ‖ **general offer** *öffentliches Angebot z.B. Ankündigung einer Versteigerung in der Presse* ‖ **implicit offer** *stillschweigendes Angebot* ‖ **revocation of an offer** *Widerruf des Angebots* ‖ **special offer** *das nur an eine bestimmte Person gerichtete Angebot* ‖ **the other party of the offer** *Gegenpartei*

office *Amt* ‖ *Büro* ‖ **central office** *Zentralamt* ‖ *Zentralbüro* ‖ **executive office** *Exekutivbüro* ‖ **International Office of Epizootics** *Internationales Tierseuchenamt* ‖ **registered office** *Sitz einer Organisation* ‖ **to accept the office** *Amt annehmen* ‖ **to decline the office** *Amt ablehnen*

officer [Mil] *Offizier* ‖ [Administration] *Beamte[r]* ‖ *Amtsträger* [im öffentlichen Dienst] ‖ *Funktionär* ‖

official   on

public officer *Beamter im öffentlichen Dienst* || **Officer of the Deck** [Seestreitkräfte] *wachhabender Offizier* [Abbr] **OOD** || **Officer of Health** [GB] *Beamter im Gesundheitsdienst* || **officer of state** *Minister* || *Vorsitzender eines Klubs* || **officer with statutory authority** *Prokurist* || **officers** *höhere Angestellte* || **Purchasing Officers' Association** *Verband der Einkäufer* || **Officers' Training Corps** [GB] *Offiziersausbildungskorps* [für Mannschaftsgrade]

official *amtlich* || **official crew list** [Mar] [Handelsschiff] *Musterrolle* || **Official Gazette** *wöchentliche Bekanntmachung des US Patent and Trademark Office über Patente und Warenzeichen, Anmeldungen und Registrierungen.* || **official reports** *Entscheidungssammlungen*

offset [Bör] *Glattstellung* —> Hedger || **offset credit** *Verrechnungskredit*

offshore area [Mar] *Offshore-Gebiet*

offspring *Nachkommen* || *Kinder* || *Sache* || *Angelegenheit*

of record *[urkundlich] belegt*

of the blood *blutsverwandt*

oil *Öl* || *Erdöl* || **oil well** *Erdölvorkommen* || **oil-spill disaster** *Ölkatastrophe*

old-age *Alters[...]* || *Pension[salter]* || **old-age pension** *Alterspension* Die nach Erreichen des normalen Pensionsalters bzw. nach vorzeitiger Pensionierung gezahlte Versorgungsleistung [Pension] || [Bil] **expenditure for old-age pension** *Aufwendungen für Altersversorgung* || [company] **old-age-pension scheme** *betriebliche Altersversorgung* || **old age relief amount** [SteuerR/D] *Altersentlastungsbetrag* Freibetrag für alle Steuerpflichtigen nach dem Einkommensteuer G, sofern sie vor Beginn des maßgebenden Kalenderjahres das 64. Lebensjahr vollendet hatten. || **old-age allowance** *Altersfreibetrag* [AuxT] Nach EStG vom Einkommen abzuziehender Betrag für Steuerpflichtige, die vor Beginn des Kalenderjahres das 64. Lebensjahres vollendet hatten.

Olympic Committee *Olympisches Komitee*

omission *Unterlassung* || *Unterlassen* || **act or omission** *Tun oder Unterlassen* || **omissions and additions** *Auslassungen und Zusätze*

on *auf* || *sobald wie* || *längsseits* || *angrenzend* || *Nachbar[...]* || [payment] **on account** *teilvergütet* || *teilweise zurückgezahlt* || *Teilzahlung* i.G.z. in full :: *volle [geschuldete] Leistung* || **on all fours** *paralleler Fall* eine vor Gericht zu klärende Sache ist dem Wesen nach einer anderen Sache gleich || **on average in [year]** [Bil] *im Jahresdurchschnitt* [Jahresangabe] || **on balance construction stocks made the greatest gains in**

244

1989 *per saldo wiesen 1989 Bauwerte die höchsten Kurssteigerungen auf* || **on behalf** *aufgrund* || *für* || *im Namen von* || *in Vertretung von* || **on behalf of governments** *Staaten, die Regierungen vertreten* || **[payable] on call** [Buchf] *[zahlbar] bei Abruf* || *auf Abruf* || *auf Anruf* syn.: on demand || when demanded || at any time called for || *in Bereitschaft* || **on-call credit** *Tagesgeld* || **on the agreement** *unter der Bedingung, daß*

one or two [coll] *ein paar [einige]* || **here are one or two tips** :: *[Hier noch] ein paar [kleine] Anmerkungen*

one-page spread *ganzseitige Anzeige*

on-line service *Online-Service*

onus of proof *Beweislast* || *Behauptungslast* || *objektive Feststellungslast* [lat] onus probandi —> prima facie

onus probandi [lat.] —> onus of proof

open *offen* || *[Blanko[...]]* || *aufliegen* || **open account** *[offene] Kreditlinie* || *offene Rechnung* ähnlich wie Kontokorrentvertrag (dessen Vorschriften jedoch hier keine Anwendung finden), bei dem der Lieferers der Leistung in Rechnung gestellt werden und nach zuvor vereinbarten Rechnungsperioden beglichen werden (z.B. in monatlichen Summen). ||

open account credit *Blankokredit* || **open for the accession by all states** [VölkR] *zum Beitritt aufliegen* [Dieses Protokoll liegt für alle Staaten zum Beitritt auf]. || **[...] shall be open to the signatory states** *aufliegen* || *zur Unterzeichnung aufliegen* || **open interest** [Bör] *offene [Risiko-]Position* noch nicht glattgestellte offene Risikopositonen in einer Optionsserie || **open market operation** *Offenmarktgeschäft* syn.: **open market transaction** [Bbank] Nach §21 BankG darf die Bbank zur Regelung des Geldmarktes am offenen Markt best. Titel [alle Arten marktfähiger Titel mit Ausnahme von Aktien] kaufen und verkaufen || **open market price** [ZollW] *freier Wettbewerbspreis* || **open market transaction** [Bbank] *Offenmarktoperation* —> syn.: open market operation :: Offenmarktgeschäft || **open shop** *Koalitionsfreiheit* [Art. 9 III GG] In den USA die Koalitionsfreiheit, einer Gewerkschaft fernzubleiben und deshalb jedoch nicht den Arbeitsplatz zu verlieren [wie bei closed shop bis 1947 —> Taft-Hartely Act]. Positive open shop ist das Recht der freien Organisation /Zugehörigkeit zu einer Interessensvertretung || **open system theory** [Man/Org] *Theorie des offenen Systems* || **open-end lease** [Leas] *Open-end Leasing* KfZ-Leasing, bei dem der Leasing-Nehmer das Gebrauchtwagenrisiko trägt

opening *Öffnung* || **opening of East German borders** [BRD/1990] *Öffnung der Grenzen der DDR* || **opening-up of Eastern Europe** *Öffnung Osteuropas* || **reading and**

opening of a will *Testamentseröffnung*

operating *Arbeits- [...]* ‖ *in Betrieb befindlich* ‖ **overall operating ceiling** *Finanzierungs- und Haftungsrahmen* ‖ **operating companies** *Betriebsführungsgesellschaften* ‖ **operating conditions** *Betriebsbedingungen* ‖ **operating core** [Man/Org] *Facharbeiter* [als Teil der Belegschaft] ‖ **operating expenses** *Sachaufwand* ‖ **operating instructions** *Bedienungsanleitung* ‖ *Betriebsanweisung* ‖ **operating lease** [Leas] *betriebstechnisches Leasing* syn.: *Operating-Leasing* Kurz- und mittelfristiger Leasingvertrag [kein Kapital-Leasing-Geschäft] mit Kündigungsrecht des Leasingnehmers innerhalb einer bestimmten Frist. ‖ **current operating profits** [Bil] *Ergebnis im laufenden Geschäft* net result in current operations ‖ **operating result before provisions and extraordinary items** [Bil] *Teilbetriebsergebnis* ‖ **operating results [including trading results]** [Bil] *Betriebsergebnis* ‖ **operating supplies** *Betriebsstoffe* [Treibstoff] fuel ‖ [Kühlmittel] coolants ‖ [Schmiermittel] lubricants ‖ [Arbeitsmittel] working material

operation [ZollW] *Vorgang* ‖ **operation credit** *Betriebskredit* ‖ **by operation of** *aufgrund* ‖ *durch* ‖ **by operation of [the] law** *kraft Gesetzes* ‖ **assignment by operation of law** *Übergang von Rechten und Pflichten kraft Gesetzes* —> Ze-

dent ‖ **provisional operation** *vorläufige Anwendung* ‖ **smooth operation** *reibungsloser Ablauf* ‖ *problemlose Handhabung*

operational expenditure [Bil] *betriebliche Aufwendungen* ‖ **operational income** *betriebliche Erträge* ‖ **operational planning** *operative Planung*

operative words *Einleitung[ssätze]* syn.: premises —> parcels

opinion *Gutachten* ‖ *Meinung* ‖ *Stellungnahme* ‖ **to seek the expert's opinion** *ein Gutachten [eines Sachverständigen] einholen*

opportune *günstig*

option *Option* ‖ Nationals of the contracting parties who are of full age and who acquired of their own free will, by means of naturalization, option or recovery, the nationality of another party shall lose their former nationality [...] they shall not be authorized to retain their former nationality ... :: *Volljährige Staatsangehörige einer Vertragspartei, die infolge einer ausdrücklichen Willenserklärung durch Einbürgerung, Option oder Wiedereinbürgerung die Staatsangehörigkeit einer anderen Vertragspartei erwerben, verlieren ihre vorherige Staatsangehörigkeit, die Beibehaltung der vorherigen Staatsangehörigkeit ist ihnen zu versagen.*

optional protocol *Fakultativprotokoll*

order *Auftrag* ‖ *Bestellung* ‖ *Weisung* ‖ *Verfügung* ‖ *Gerichtsbeschluß* ‖ *Anweisung* ‖ *Order* ‖ **final order** *definitive Verfügung* ‖ **interlocutory order** *Zwischenverfügung* ‖ **order to negotiate** *Order to negotiate* ‖ [Ex] *Ziehungsermächtigung auf Akkreditivbasis* (Negotiationskredit) —> drawing authorization bei der sich die Importbank i.d.R. im Rahmen eines —> CLC verpflichtet, vom Exporteur ausgestellte Tratten, die auf die Importbank gezogen werden, zu honorieren. Die Exportbank negoziiert diese (dokumentäre) Tratte aufgrund —> Bona-fide

ordinance [SteuerR/D] *Verordnung* ‖ **zoning ordinance** *Bebauungsvorschriften*

ordinary useful life [SteuerR/Absch] *betriebsgewöhnliche Nutzungsdauer* [§7 [1] EStG] Zeitraum, in dem ein Wirtschaftsgut bei normaler Benutzung zur Einkunftserzielung eingesetzt wird.

ore *Erz* ‖ **ore body** *Erzgestein* ‖ **ore deposit** *Erzlager[stätte]* ‖ **to dress ore** *[Erz] aufbereiten*

ORGALIME [Abbr] **Organisme de Liaison des Industries Métalliques Européennes** Loser Zusammenschluß der Verbände der metallverarbeitenden Industrie in Europa. Festlegung allg. Bedingungen für die Entsendung von technischem Personal ins Ausland, etc. Ferner Mustervorlagen für [Patentlizenz]verträge.

organisation [organization] *Organisation* ‖ *Ausgestaltung* ‖ *Unternehmensordnung* —> management organization ‖ *Gestaltung* design ‖ **organisation and design of jobs** [BetrVG] *Arbeitsablauf* ‖ **formal organisation** [Man/Org] *geregelte Kompetenz[ordnung]* syn.: *formelle Organisation* ‖ **informal organisation** *informelle Organisation* ‖ **organization of the arbitration** *Ausgestaltung des Schiedsverfahrens* ‖ **organisation chart** *Organigramm* ‖ *Organisationsdiagramm* ‖ *Organisationsplan* ‖ *Organisationsschema* ‖ **organisation design** *Organisationsdesign* ‖ *Organisationsgestaltung* ‖ **organisation design objective** *Zielsetzung der Organisationsgestaltung* ‖ **organisation development** *Organisationsentwicklung* [Abbr] **OD** :: **OE** ‖ **Organisation for Economic Cooperation and Development** *Organisation für wirtschaftliche Zusammenarbeit und Entwicklung* [Abbr] *OECD* [1960 aus der OEEC hervorgegangen] ‖ **Organisation for Trade Cooperation** *Organisation für Zusammenarbeit auf dem Gebiet des Außenhandels* [zur Durchführung des GATT geschaffen] ‖ **organization form** *Unternehmensgliederung* ‖ **organisation pattern** *Unternehmensgliederung* ‖ **organisation structure** *Organisationsgefüge* ‖ *Organisationsmuster* ‖ *Organisationsgliederung* ‖ *Unternehmens-*

gliederung || **organisation theories** *Organisationstheorien*

organizational climate *Unternehmensklima* —> climate —> *Betriebsklima* || *Unternehmensatmosphäre* || **organizational culture** *Unternehmenskultur* || **organizational morale** *Unternehmensmoral* || *Arbeitswille* || *Engagement der Mitarbeiter* || **organizational norm** *Unternehmensnorm* —> norm —> standard || **organizational purpose** *Geschäftszweck* || *Unternehmenszweck* || **organizational size** *Unternehmensgröße* —> size || **organizational value** *Unternehmenswerthaltung* —> value

organiser *Veranstalter*

organs of the company *Gesellschaftsorgane* —> company

orientation program [PersW] *Orientierungsprogramm*

origin rules *Ursprungsregeln*

original *Original* || *Urschrift* || **original cost** [§ 255 HGB] *[aktivierte] Anschaffungs- und Herstellungskosten* —> cost || **original jurisdiction** *erstinstanzliche Gerichtsbarkeit* || **original wort content** *Stammwürzgehalt* [im Bier] —> [German] purity law :: *Reinheitsgebot* || **domicile of original** *Ursprungswohnsitz*

OSHA [USA] [Abbr] **Occupational Safety and Health Act**, 1970 [Bestimmungen zum Arbeitsschutz]

to ossify *erlahmen* || *verknöchern* || *erstarren* || **ossified law** :: *erstarrtes Recht*

OTC *OZA* **Organization for Trade Cooperation** :: *Organisation für Zusammenarbeit auf dem Gebiet des Außenhandels*

OTC [over the counter] *Freiverkehrsmarkt* || *OTC-Markt* || [USA] [Bör] *Over the counter* || *Computerbörse* über —> Market Maker für alle nicht zum offiziellen Börsenhandel zugelassenen Wertpapiere unter der Aufsicht der —> NASD

OTC products [Kosmetik] *OTC-Produkte* [Over-the-Counter-] Produkte, die ausschließlich über das Vertriebsnetz der Apotheken in Verkehr gebracht werden

other *sonstige* || *übrige* || *andere* || **other factors** *sonstige Einflüsse* || **other liabilities** [Bil] *übrige Verbindlichkeiten* || **other subsidiaries** [Bil] *sonstige Beteiligungen* || **other than those** [...] *mit Ausnahme von* [...]

out of the money [Bör] *aus dem Geld[-Option]* Basispreis einer Verkaufsoption liegt unter dem aktuellen Kurs des Basiswerts bzw. Basispreis einer Kaufoption liegt über dem aktuellen Kurs des Basiswerts

outcome test [USA] *Prozeßvoraussetzung* ‖ [Prozeßrechtsverhältnis] —> diversity of jurisdiction

outfit —> equipment *Ausstattung*

[cash] outlays *Abflüsse* ‖ [InvR] *Ausgaben* —> Abflüsse von Zahlungsmitteln

outlet, sales ~ *Verkaufseinrichtung*

outlines *wirtschaftliche Rahmenbedingungen*

outlock *Aussperrung* based on Article 9 of the Basic Law :: Grundgesetz —> defensive outlock

output *Produktivität* ‖ *Ausstoß* ‖ *Output* ‖ **output per hour** *Stundenproduktivität* ‖ **annual output** [BierStG] *Ausstoß pro Jahr* e.g. breweries [annual beer output] :: z.B. Brauereien [Bierausstoß]

outright *Outright* ‖ **outrightforward operation** *Outright-Termingeschäft* syn.: —> *Outright-Geschäft* ‖ *Outright-Termingeschäft* ‖ *Outright-Terminoperation* ‖ *Sologeschäft* ‖ *Solotermingeschäft* ‖ *Soloterminoperation* Am Terminmarkt können die Marktteilnehmer Termindevisen nur kaufen oder nur verkaufen. Beim outright [zum festen Kurs] wird [im Gegensatz zum —> Swapgeschäft] nicht gleichzeitig ein Gegengeschäft per einer anderen - früheren oder späteren - Fälligkeit abgeschlossen. ‖ **outright forward transaction**

[Bbank] *Outright-Termingeschäft* —> syn.: **outright forward operation** ‖ **outright sale** [Buchf] *Verkauf* direct sale to customer :: echter Verkauf, i.G.z. Umwandlung oder Vermietung ‖ **outright transaction** [Bbank] *Outright-Devisengeschäft* —> outright forward operation

outside *außer* ‖ *außen* ‖ **outside financing** *Außenfinanzierung* besser: **external financing** Unternehmung wird Kapital von außen zugeführt durch Fremd- oder Eigenfinanzierung

outstanding [Bbank] *Umlauf* ‖ **bank bonds outstanding** *Umlauf an Bankschuldverschreibungen* ‖ **outstanding amount of credit** *aushaftender Kreditbetrag*

outward clearance [Mar] *Ausklarierung* Abfertigung eines Schiffes bei der Ausfahrt gegenüber Hafenbehörden, i.d.R. durch Schiffsmakler erledigt.

overall *Gesamt[...]* ‖ **overall cost of capital** [InvR] *Gesamtkapitalkosten* —> Kapitalkosten ‖ **overall economic development** *gesamtwirtschaftliche Entwicklung* syn.: **overall economic growth** ‖ **high overall liquidity** *hohe gesamtwirtschaftliche Liquidität* ‖ **overall operating ceiling** *Gesamtfinanzierungs- und Haftungsrahmen* —> syn.: *Finanzierungs- und Haftungsrahmen* ‖ **overall quota** [Bbank] *Globalkontingent* —> combined quota ‖ **overall target** [Bil] *Gesamtziel*

overbought [Bör] *überkauft* graphische Darstellung von Höchst- bzw. Tiefstkursen. Überverkauft-/Überkauft-Indikator bei der techn. Aktienanlyse, der als Signal für Kauf- bzw. Verkaufsentscheidungen dient.

overdraft commission [BankW] *Überziehungsprovision*

overdrawn credit *überzogener Kredit[rahmen]*

overtrading [Bör] **Overtrading** Wenn ein Spekulant sich übernimmt, weil er zu viele Risikopositionen hält, wodurch Ein- bzw. Nachschuß nicht für alle ausreicht

overview *Überblick*

owing to *als Folge von* ‖ **owing to** [+ Substantiv ohne Artikel] :: *angesichts der/des [...]* ‖ *wegen* ‖ *bedingt durch* ‖ **owing changes in interest rates and business activity** *zins- und konjunkturbedingt*

own *Eigen[...]* ‖ **own resources** *Eigenmittel* ‖ [SteuerR/EG] **VAT-based own resources** :: *MWSt-Eigenmittel* ‖ **GNP-based own resources** :: *BSP-Eigenmittel* ‖ **own-account business** *Eigengeschäft*

owner *Eigentümer* proprietor ‖ i.G.z. owner ist bei title nicht ohne weiteres erkennbar, ob der als Inhaber des Rechtstitels bezeichnete Berechtigte auch tatsächlich alle Ansprüche aus dem Titel genießt oder z.B. nur als Treuhänder fungiert. ‖ **beneficial owner** *wahrer Eigentümer* ‖ *wirtschaftlicher Eigentümer* ‖ *der Rechtsinhaber nach dem Billigkeitsrecht* ‖ jemand, der nach Billigkeitsrecht Eigentümer (cestui que trust) [Grundstück oder Treugut] ist, jedoch nicht den Besitztitel in Händen hält [i.G.z. legal owner], also ein Berechtigter, der alle Ansprüche aus einer Sache genießt, die jedoch von einer anderen Person [Treuhänder] verwaltet werden ‖ **equitable owner** *Eigentümer nach Billigkeitsrecht* syn.: **owner in equity** [der Eigentümer, dem die Sache tatsächlich gehört [ebenso wie Nutzung], der Rechtstitel als solcher jedoch bei einem Dritten treuhänderisch liegt.] ‖ **estate owner** *Grundstücksbesitzer* ‖ **legal owner** *formeller Eigentümer* ‖ **owner in trust** *Eigentümer zu treuen Händen* ‖ **owner-occupied home** *Eigenheim* ‖ **owner-occupied residential property** [SteuerR/D] *selbstgenutzte Wohnung im eigenen Haus* —> low-cost housing

ownership *Eigentum* [AuxT] keine äquival. Deckung mit dt. Eigentumsbegriff, daher ist Eigentum je nach Kontext :: ownership ‖ title ‖ property ‖ **perfect oder absolute ownership** ist das Eigentumsrecht, das unbeschränkt, ohne Rechte Dritter und zeitlich unbefristet einer Person gegeben ist ‖ **imperfect ownership** Eigentumsrecht unter Beeinträchtigung des absoluten Verfügungs- und Herrschaftsrechts ‖ possession ist i.G. hierzu Besitz, die tatsächliche Gewalt über eine Sache ‖ **ownership in common** *Miteigentum* —> Bruchteilsgemeinschaft —> tenancy ‖ joint tenancy

P. [GB] [Abbr] **Probate Division** ‖ [GB] [Abbr] **President** :: *Vorsitzender der Probate, Divorce and Admiralty Division*

Pac. [USA] [Abbr] **Pacific Reporter** [auch: **P.**] ab 1883 (ab 1931 second series: P2d) Berichterstattung über die Rechtsprechung in Montana, Wyoming, Washington, Oregon, Kalifornien, Colorado, Nevada, Idaho, Utah, Arizona, New Mexico, Oklahoma, Hawaii, Alaska

P.C. [GB] [Abbr] **Privy Council Appeals**

P/D *Dokumente gegen Kasse* **payment against document**

P. & D. [GB] [Abbr] **Probate and Divorce**

P&L *G+V* **Profit and Loss** :: *Gewinn und Verlust* ‖ **without P/L effect** *erfolgsneutral* [without profit/loss effect] Während die Zuführungen zur Pensionsrückstellung als Aufwand verbucht werden, erfolgen z.B. die aus der Pensionsrückstellung geleisteten Zahlungen erfolgsneutral, d.h. berühren nicht die Gewinn- und Verlustrechnung

P/O [Abbr] **postal order** :: *Postanweisung*

package [Verp] *Packung* Kombination aus der zu verpackenden Sache und dem Packmaterial :: combination of product to be packaged together with the packaging material as such ‖ *Kollo* [pl.: Kolli] —> syn.: *Packstück* package and/or [auxiliary] packaging means plus packaged goods] ‖ **package deal** [Pol] *Paketlösung* ‖ **package price** [Verp] Packungspreis ‖ **package to be returned** [Verp] *Mehrwegverpackung* syn.: **returnable package** :: *Leihpackung*

packaging [Verp] *Verpackung* to pack a product [e.g., into a folding box] ‖ **packaging material** [Verp] *Packstoff* material from which packages are manufactured :: Werkstoffe etc. aus dem Packmaterial hergestellt wird ‖ **packaging means** [Verp] *Packmittel* product of one or more packaging materials designed to envelop, wrap or hold together the product :: Kombination aus einem oder mehreren Packstoffen, womit das entspr. Produkt umhüllt, umwickelt oder zusammengehalten wird. ‖ **contract packaging plant** *Abpackbetrieb* syn.: *Lohnabpack- und Verpackungsbetrieb* ‖ **packaging specification** [Verp] *Verpackungsvorschrift* detailed description of the type of product as far as materials are concerned [liquid to be packaged into a vial/bottle/can, etc.] as well as the type of [auxiliary] packaging material to be used for packaging [folding carton :: Faltschachtel /partition walls :: Stegeinsätze, etc.]

packing credits [Ex] *Vorschußakkreditiv* Ein insbesondere im Rohstoffhandel mit Wolle, Kaffee, Reis, etc. üblicher Barvorschuß an den Exporteur nach Akkreditiveröffnung zur Finanzierung von Herstellung und Transport —> red clause —> green clause

page *Seite* ‖ *Bogen* [Papier] ‖ **use**

additional pages if necessary :: *falls erforderlich, zusätzliche Bögen einlegen*

palace [Hist] *Pfalz* —> *Königspfalz*

Palatinate [BLand] *Pfalz* —> *Rheinland-Pfalz* :: *Rhineland-Pfalz*

pallet [Verp] *Palette*

panel *Gruppe* || *Gutachtergruppe* || *Verzeichnis* || *panel of experts Gruppe von Sachverständigen* || *Liste* || *Gruppe* oder *Stelle* [je nach Vertragsinhalt, jedoch nicht mit "Ausschuß" zu übersetzen] || **advisory panel** *Beratergruppe* || *Beratungsgruppe*

par value *Nennwert* —> syn.: *Nominalwert* auf einem Wertpapier aufgedruckter Wert [in DM]. Bei Aktien üblicherweise DM 50,-. Bei Rentenwerten nominelle Höhe der Forderungen —> *Kurswert* :: *quoted value*

parcel *Parzelle* || *Stück Land* || *Grundstück* || **parcels** Teil einer Urkunde, der auf die premises [=operative words] folgt, bei der Übertragung von Grundstücken die Beschreibung des übertragenen Grundeigentums.

parcenary *Miterbe* —> joint heirship || co-parcenary

parent *[von der] Hauptgesellschaft* || *Muttergesellschaft* || **parent supervisor** *Koordinator einer Muttergesellschaft,* der für alle weltweiten Aktivitäten innerhalb eines be-stimmten Bereichs zuständig ist.

parish *Behörde der Kreisverwaltung in Louisiana* [unübersetzt lassen] [USA] Board of County Commissioners ist die größte Verwaltungseinheit, außer in Lousiana, dort parish || Chief units for administrative, judicial and political purposes (=Kreis) :: *Behörden der Kreisverwaltung*

Parliament [VwO/D] *Abgeordnetenhaus Volksvertretung des Landes Berlin* sonst *Parlament* oder *Volksvertretung* || **The Queen in Parliament** :: *Die Krone hat gesetzgebende Gewalt* [statute making power] || **Member of Parliament** *Parlamentarier* || *Volksvertreter*

parol contract *einfacher Vertrag* —> simple contract || **parol treaty** *mündlicher Vertrag* —> contract by parol || contract by word of mouth

part *Teil* || [VölkR] *Teil eines Vertrages* || [...] **of the 1st part and** [...] **of the 2nd part** zwischen [Vertragspartei Name] *einerseits [...] und* [Vertragspartei Name] *andererseits* [wird nachstehendes vereinbart] —> party :: *Vertragspartei*

partial *partiell* || *teilweise*

to participate by a deposit *sich mit einer Vermögenseinlage beteiligen* || **to participate in the process of law** *am Rechtsverkehr teilnehmen* to be involved in [...] —> § 104 BGB

participating certificates [Bör] *Genußschein* syn.: *Genüsse* Wertpapier, i.d.R. Inhaberschuldverschreibung, in dem ein Genußrecht verbrieft wird. Jedoch wird damit einer Person nur ein Anspruch auf [Rein-]Gewinnanteile eingeräumt, kein Recht auf Mitgliedschaft [wie bei der Aktie]. Zweck: Belohnung, Vergütung für Patent-/Lizenznutzung oder besondere Gewinnanteile für Gründer oder Erben. Inhaber hat kein Stimmrecht in der Hauptversammlung. [bearer security type] certificate granting the right to participate in additional dividend payments, but not to vote or share in equity. ‖ **participating financial institution** *Finanzierungsinstitut* [Ex/USA] Institut, das einer an der Gemeinschaftsfinanzierung beteiligten Bank einen Kredit einräumt, der zur Deckung eines Teils des von der ausländischen Bank an einen ausländischen Importeur gewährten Kredites dient. ‖ **participating preferred stock** *partizipierende Vorzugsaktien* Aktientypus, der einen Anspruch auf eine Mindestdividende zuzüglich eines Anteils am verbleibenden Gewinn nach bestimmten Modus gewährt, z. B.: 1. Zahlung einer Mindestdividende an die Vorzugsaktionäre, 2. Zahlung einer Dividende an die Stammaktionäre in Höhe der Mindestdividende sowie 3. Aufteilung des verbleibenden Gewinns zu gleichen Teilen an Stammaktionäre und Vorzugsaktionäre.

participation *Kapitalbeteiligung* ‖ **participation financing** *Konsortialfinanzierung* syn.: *Mitfinanzierung* ‖ **participation rate** *Erwerbstätigenquote* ‖ **commercial bank participation** *Finanzierungsbeteiligung einer Geschäftsbank* ‖ em-

ployee participation *Beteiligung* ‖ *Einwirkung* ‖ *Mitgestaltung* ‖ *Mitsprache* ‖ *Mitwirkung* ‖ i.w.S. co-determination :: Mitbestimmung

particular average [Mar/VersR] *besondere Havarie* ‖ **particularly marked [was]** *besonders ausgeprägt [war]*

particulars *Einzelheiten* ‖ [Ergebnis] *Befund* ‖ **to set out particulars of s.th.** *Einzelheiten [darstellen/darlegen] zu [...]* ‖ **particulars of examination carried out** [ZollW] *Zollbefund* Angaben über das Ergebnis der zollamtlichen —> Beschau :: examination

parties [to the agreement] *Vertragsparteien* ‖ **stipulation of parties** *Parteiabmachung*

partition wall [Verp] *Steg[einsatz]*

partly revised figures [Stat] *teilweise berichtigte Angaben*

partner *Gesellschafter* ‖ *Sozius* ‖ *Teilhaber* ‖ *Partner* ‖ **partner countries of the EC** *Partnerländer der EG* ‖ **dormant partner** *stiller Teilhaber* —> syn.: **sleeping partner** ‖ **general partner** *Komplementär* syn.: *Vollhafter* —> limited partnership. Natürliche oder juristische Person, die als Gesellschafter einer Kommanditgesellschaft oder einer Kommanditgesellschaft auf Aktien für deren Verbindlichkeiten mit ihrem vollen Vermögen haftet. Rechtstellung entspricht der eines Gesellschafters der OHG. Umstritten ist die K.-Eigenschaft bei einer GmbH u. Co —> Kommanditist || **limited partner** [KG] *Kommanditist* Gesellschafter einer Kommanditgesellschaft, dessen Haftung gegenüber den Gesellschaftsgläubigern auf den Betrag einer bestimmten Vermögenseinlage beschränkt ist —> Komplementär. A partner in a limited partnership whose liability in respect of the partnership's creditors is limited to the specific amount of his contribution —> general partner || **sleeping partner** *stiller Teilhaber* syn.: **dormant partner**

partnership [OHG] [GB] Entspricht etwa: *Offene Handelsgesellschaft* :: **General partnership under German Law (OHG)** in Bezug auf die Gründung, Rechtspersönlichkeit, Vertretung, Haftung etc. —> general partnership || **partnership limited by shares** *Kommanditgesellschaft auf Aktien* [Abbr] *KGaA* Rechtsform als Kombination aus Kommandit- und Aktiengesellschaft. Die KGaA hat mindestens einen [unbeschränkt haftenden] Komplementär und Kommanditaktionäre, die an dem in Aktien angelegten Grundkapital beteiligt sind, ohne persönlich für die Verbindlichkeiten der Gesellschaft zu haften. Legal form combining limited partnership and company limited by shares. There is at least one general partner with unlimited liability, and limited shareholders who have an interest in the company's equity capital divided into shares and who are not personally liable for the compay's obligations. || **ad hoc partnership** *Gelegenheitsgesellschaft* —> joint venture; bei nur 2 Personen:

Metagesellschaft :: **joint business venture** [Metageschäft :: joint business venture (transacted by two partners only, each of whom takes part of the profit or loss)]; Die Partner in einem solchen Metageschäft sind die sogenannten Metisten :: parties to a joint business venture. || **contract of partnership** *Gesellschaftsvertrag* || **general partnership under German law** *offene Handelsgesellschaft* [AuxT] *OHG* || **limited partnership** *Kommanditgesellschaft* [Abbr] *KG* Personengesellschaft, deren Zweck auf den Betrieb eines Handelsgewerbes unter gemeinschaftlicher Firma gerichtet ist. Sie besteht aus einem oder mehreren —> Komplementären :: general partners [haften unbeschränkt] und mindestens einem —> Kommanditisten :: limited oder special partner [haften nur mit ihrer Einlage]

party *Vertragspartei* —> parties || part || **party under contract** *die durch Vertrag verpflichtete [Vertrags]Partei* || [PatR/Formulierungsmöglichkeit] **the party of the 1st part** *Lizenzgeber* || **the party of the 2nd part** *Lizenznehmer* [have agreed as follows:] || **political party activity** [ArbR/BetrVG] *parteipolitische Betätigung* Arbeitgeber und Betriebsrat dürfen sich u. a. zur Wahrung des Betriebsfriedens nicht parteipolitisch betätigen.

pass *Freifahrschein* [USA/Railroad] syn.: **free ticket**

to pass [Prüfung] *bestehen* || **to pass a sentence** [Urteil] *Strafmaß*

verhängen || **to pass s.th. to s.o.**
übergehen auf || **full ownership shall pass to the buyer** *das Eigentum geht an den Käufer über*

passage right [Mar] *Durchfahrtsrecht*

passenger car *Personenkraftwagen* [Abbr] *PKW*

past consideration [VertrR] *Gegenleistung, die der Vergangenheit angehört* —> consideration :: Gegenleistung

pastry, fancy ~ [ZuckerStG] *feine Backwaren*

patent [PatR] *Patent* || **patent ability** *Patentfähigkeit* || **patent advertising** *Patentberühmung* || **patent agent** [GB] *Patentanwalt* || **patent application** *Patentanmeldung* || **patent applicant** *Patentanmelder*|| **patent article** *Markenartikel* || **patent assignment** *Patentübertragung* || **patent attorney** [USA] *Patentanwalt* || **patent claim** *Patentanspruch* || **Patent Coorporation Treaty** (1976) *Vertrag über die internationale Zusammenarbeit auf dem Gebiet des Patentwesens* || **patent description** *Patentbeschreibung* || **patent granting** *Patenterteilung* || **patent infringement** *Patentverletzung* || **patent law** *Patentrecht* —> patent rights || **patent lawyer** [GB] *Patentanwalt* || **patent of addition** *Zusatzpatent* || **patent matter** *Patentgegenstand* ||

Gegenstand des Patentvertrags || *Patentsache* || **patent office** *Patentamt* || **patent pending** *Patent ist angemeldet, jedoch noch nicht erteilt* [Abbr] **p.p.** [=patent applied for] || **patent rights** *Patentrechte* || **patent roll** *Patentrolle* || *Patentregister* || **patent specification** [and drawings] *Patentbeschreibung* || *Patentschrift* || **abuse of patent** *mißbräuchliche Patentbenutzung* || **letters patent** *Patent[urkunde]*

patentable [PatR] *patentfähig*

patentee *Patentinhaber* || *Patentgeber* holder of a patent || patentor

patentor *Patentgeber*

patient [Med] *Patient* || [ArzneiMG] **patient information** *Gebrauchsinformation* [ArzneiMG § 2] Title of a patient information leaflet which has to appear on top of the leaflet's text whereas the leaflet as such is called —> Packungsbeilage patient information leaftlet || **patient information leaflet** [ArzneiMG] *Packungsbeilage* —> Gebrauchsinformation

to pay *zahlen* || **to pay a sum in advance** *eine Vorauszahlung auf etwas leisten* || **to pay [out]** *auszahlen* || **to pay taxes** [an die Steuer] *abführen* || *Steuern zahlen*

pay survey [PersW] *Lohn- und Gehaltsvergleich*

payable tax [SteuerR] *Zahllast* —>

payback

Steuerbelastung ‖ *Steuerlast* ‖ *Veranlagung*

payback *Rückfluß* ‖ **payback matrix** [InvR] *Kapitalrückfluß-Matrix* ‖ [Man] —> syn.: **payoff matrix** ‖ **payback method** [InvR] *Amortisationsrechnung* syn.: *Kapitalrückflußmethode* Ermittlung der Amortisationsdauer einer Investition, d.h. des Zeitraums, in dem das investierte Kapital durch Rückflüsse in Form von Gewinnen und Abschreibungen zurückgewonnen wird; da keine Aussage über Rentabilität der Investition, i.d.R. nur ergänzende Hilfsrechnung ‖ **discounted payback method** *dynamische Kapitalrückflußmethode* Kapitalrückflüsse in Form von Gewinnen und Abschreibungen werden auf den Investitionszeitpunkt abgezinst, dadurch gegenüber statischer Kapitalrückflußmethode längere Amortisationsdauer ‖ **payback period** [InvR] *Amortisationsdauer* —> *Amortisationsrechnung*

payee [WechselR] *Anweisungsempfänger* syn.: holder :: Wechselnehmer

payer [WechselR] *Trassant* Aussteller eines gezogenen Wechsels

payment *Zahlung* ‖ *Begleichung* [einer Schuld] ‖ **payment against letter of credit** *Zahlung gegen Dokumentakkreditiv* ‖ **payment appropriations** *Zahlungsermächtigungen* syn.: **payment authorizations** ‖ **payment of an installment** *Ratenzahlung* ‖ **payment of interest** *Zinszahlung* ‖ **all payments due**

payout

alle fälligen Zahlungen ‖ **initial payment** [Leas] *erhöhte Erstrate* ‖ *erhöhte Erstmiete* ‖ **place of payment** *Zahlungsort* ‖ **payments** [Bil] *Entgelte* —> *Zahlung* ‖ *Leistung* ‖ **payments in kind** [LohnSt] *Sachbezüge* —> syn.: **income from dependent personal services** :: *Einkünfte aus nicht-selbständiger Arbeit* ‖ **payments in money** [SteuerR] *Geldleistungen* ‖ **progress payments** [Buchf] *Zahlung nach Leistungsabschnitten* —> syn.: *Fortschrittszahlungen* ‖ *Zahlung Zug um Zug*

payoff matrix [InvR] *Kapitalrückfluß-Matrix* syn.: **pay back matrix** ‖ **payoff period** [InvR] *Amortisationsdauer* —> *Amortisationsrechnung*

payor *Bezogener* [WechselR Art. 1 Nr. 3 WG, Art. 1 Nr. SchG] syn.: **drawee** [the one requested to pay, or on whom a bill is drawn] —> payee ‖ holder ‖ drawer [the one who signs the bill or draft]

payout [Bil] *Ausschüttung* ‖ **payout of DM 13 on each DM 50 common share** :: *eine Dividende von DM 13,- je 50-DM-Stammaktie ausschütten* ‖ **payout period** [InvR] *Amortisationsdauer* —> *Amortisationsrechnung* ‖ **[dividend] payout ratio** *Ausschüttungsrate* syn.: *Ausschüttungsquote* Anteil der Dividendenausschüttung am Gewinn in Prozent ‖ **[dividend] payout restrictions** *Ausschüttungssperre* [BRD] [AktienG] Dividenden dürfen nicht zu

256

Lasten des Grundkapitals und der gesetzlichen Rücklage ausgeschüttet werden. [USA] Einzelstaatlich unterschiedlich geregelt [business corporation acts]. Die capital impairment rule verbietet die Ausschüttung von Dividenden aus dem Grundkapital, während die insolvency rule verbietet die Ausschüttung von Dividenden bei bestehender oder drohender —> insolvency

payroll [Buchf] *Gehaltsliste* syn.: *Lohnliste* || *Lohnbuch* Zusammenstellung aller Lohnkosten für eine Lohnperiode über Lohnzeit, Bruttolohn, Abzüge, Netto- bzw. Restlohn. Grundlage für die Finanzbuchhaltung || **payroll items** Posten der Lohn- und Gehaltsliste || **payroll tax** [SteuerR] *Lohnsteuer* || *Lohnsummensteuer* bis 1979 nicht in allen BLändern bestehende Erhebungsform der Gewerbesteuer [§§ 6, 23 ff. GewStG], die den Gemeinden zufluß und auch von diesen verwaltet wurde. Aufgehoben durch Steueränderungsgesetz von 1979. || **payroll withholdings** [Buchf] *Gehaltsabzüge* syn.: *Lohnabzüge*

peace observation commission *Friedensbeobachterkommission*

peaceably *ohne Gewaltanwendung* || *ungestört* || *friedlich*

peaceful solution of the conflict [ArbR/Art. 9 GG] *friedliche Lösung des Konflikts*

peak level, to exceed clearly the ~ *Höchststand von [Jahr] übertreffen*

pecuniary compensation *Vertragserfüllung* [durch Entschädigung in Geld] —> specific performance

peeping tom [coll] *Spanner*

peer *Peer* || **life peer** [GB] *Peer auf Lebenszeit* [Titel nicht vererbbar] Angehöriger des britischen Hochadels mit Anspruch aus Sitz im Oberhaus (duke, marquis, viscount, baron) || **to create a peer** *jmd. zum Peer ernennen* || **peer perception** [Psych/PersW] *Peer Perception*

PEFCO Private Export Funding Corporation

penal colony *Strafkolonie* [USA] usually a so-called act of transportation of a criminal from his own country to another for a determined period as a species of punishment —> deportation

pending case *schwebender Fall* a case sub judice

pension *Altersruhegeld* syn.: *Pension* || *Ruhegeld* Übliche Bezeichnung für Rente, die bei Erfüllung best. Voraussetzungen an einen Arbeitnehmer nach Beendigung seines Arbeitsverhältnisses oder an seine Hinterbliebenen gezahlt wird. [arch] Synonym für pension häufig annuity || syn. für pensioner :: annuitant —> pension reserve || annuity reserve || **pension benefit** *Pensionsleistung* i.d.R. Zahlung einer Rente || **pension claim** *Pensionsanspruch* —> syn.: **pension right** *Versorgungsanspruch* —> syn.: *Pensionsanspruch* —> occurrence of the covered event :: Eintritt des Versorgungsfalles ‖ **pension commitment** *Pensionszusage* ‖ *Versorgungszusage* Arbeitgeber gewährt einen Rechtsanspruch auf künftige Pensionsleistungen; muß in schriftlicher Form erfolgen und kann entweder als Einzelzusage einzelnen Arbeitnehmern oder als Gesamtzusage durch —> Pensionsplan, Betriebsvereinbarung oder Tarifvertrag allen oder einer best. Gruppe von Arbeitnehmern eines Unternehmens erteilt werden ‖ **pension cost** *Aufwendungen für Altersversorgung* —> syn.: pension expense ‖ **pension expense** *Aufwendungen für Altersversorgung* Zuführungen zu Pensionsrückstellungen, Zuweisungen an Pensions- und Unterstützungskassen, Prämienzahlungen für Direktversicherungen zur künftigen Altersversorgung von Mitarbeitern ‖ **pension fund** *Pensionskasse* rechtsfähige Versorgungseinrichtung, die dem Arbeitnehmer oder seinen Hinterbliebenen auf ihre Leistungen einen Rechtsanspruch gewährt [§ 1[3] Betriebsrentengesetz] ‖ **Pension-Insurance Association** *Pensions-Sicherungs-Verein* Träger der —> Insolvenzversicherung nach Betriebsrentengesetz. Rechtsform: Versicherungsverein auf Gegenseitigkeit, finanziert durch Beiträge der Arbeitgeber, die sich zu Leistungen der betriebl. Altersversorgung durch Pensionszusage, Unterstützungskasse oder Direktversicherung verpflichtet haben ‖ **pension liability** *Pensionsverpflichtung* wird durch —> Pensionszusage des Arbeitgebers begründet, seinen Arbeitnehmern für das Alter oder für den Fall der Invalidität oder im Todesfall deren Hinterbliebenen aus betriebl. Mitteln eine Pension zu gewähren ‖ **valuation of pension liabilities** *Bewertung von Pensionsverpflichtungen* [§ 156 AktienG] Rentenverpflichtungen sind mit ihrem —> Barwert anzusetzen. Nach § 6a (3) EStG darf eine Pensionsrückstellung höchstens mit dem —> Teilwert der Pensionsverpflichtung angesetzt werden —> Einzelbewertung ‖ **current pension payments** [Bil] *laufende Pensionszahlungen* ‖ **pension plan** *Pensionsordnung* —> syn.: *Pensionsplan* Einzelbestimmungen der Pensionszusage für alle oder eine bestimmte Gruppe von Arbeitnehmern eines Unternehmens ‖ **pension reserve** *Pensionsrückstellung* Passivposten der Bilanz für den Ausweis der Pensionsverpflichtung —> Rückstellungen ‖ **release of pension reserves** *Auflösung der Pensionsrückstellungen* Pensionsverpflichtungen fallen weg oder vermindern die Pensionsrückstellungen um die laufend gezahlten Pensionsleistungen ‖ **setting-up** [syn.: formation/creation] **of pension reserves** *Bildung von Pensionsrückstellungen* i.d.R. durch jährliche Zuführung von Beträgen zu Lasten des Jahresergebnisses ‖ **pension right** *Pensionsanspruch* syn.: *Versorgungsanspruch* Durch die —> Pensionszusage begründeter Anspruch auf Pensionsleistungen nach Eintritt des —> Versorgungsfalls —> occurrence of covered event ‖ **company pension scheme** [Bil] *betriebliche Altersversorgung* Leistungen der Alters- Invaliditäts- oder Hinterbliebenenversorgung aus Anlaß eines Arbeitsverhältnisses [§1 [1] Betriebsrentengesetz]. Im BetriebsRG vorgesehene Formen: Pensionszusage [—> Pensionsrückstellungen], Direktversicherung,

Pensionskasse, Unterstützungskasse. || **unitized company pension scheme** [InvR] fondsgebundener Pensionsversicherungsplan || **pension schemes, accident and health insurance** [VersR] *Renten-, Unfall- und Krankenversicherung*

pensionable pay *pensionsfähiges Arbeitsentgelt* Das der Pensionsberechtigung zugrunde gelegte Entgelt

pensioner *Pensionär* Empfänger einer Pension (Ausnahme: Hinterbliebenenpension) —> Rentner

people-centred behavior [Psych/Man] *kooperativer Führungsstil* —> relationship behaviour || *mitarbeiterorientierte Führung*

PER *KGV* [Bör] [USA] **price-earnings-ratio** :: [BRD] *Kurs-Gewinn-Verhältnis*

per *je* || *pro* || [Stat] **Deutsche Mark per US dollar** :: *DM je US-Dollar*|| **per capita** [Stat] *pro Kopf*

percentage *Prozentsatz* || [SteuerR] *Hebesatz* —> multipliers || **annual average percentage changes** [Stat] *jahresdurchschnittliche Veränderungsraten* || **percentage lease** *Umsatzpacht* || **percentage of cover** [VersR] *Deckungsquote* syn.: *Garantiequote* —> insured percentage || **percentage points** *Prozentpunkte* || *%-Punkte*

to perform an act *eine Handlung vornehmen* || **to perform well** *erfolgreich arbeiten* || *sich gut entwickeln* || **acts performed** *Handlungen*

performance [Bör] *Performance[entwicklung]* —> Wertentwicklung || *Kursentwicklung einzelner Aktien* || [InvF] *Anlageerfolg* || **performance appraisal** [PersW] *Leistungsbeurteilung* || **performance of a contract** *einen Vertrag erfüllen* || **performance period** *Leistungserbringungsperiode* || **performance rating** [PersW] *Leistungsbeurteilung* || **performance standards** [Man] *Führungsgröße* —> *Standard* || *Leistungsstandard* || *Maßstab* || *Anforderungsprofil* || *Leistungsmerkmale* [in einer Stellenbeschreibung] || **specific performance** *konkrete Vertragserfüllung* [U.C.C. §§ 2-71 (2-711 (2)(b), 2-716] Doktrin, nach der eine Heilung eines Vertragsbruchs durch Schadensersatzleistung in Geld aufgrund der besonderen Umstände des Vertrages als nicht ausreichend angesehen wird [z.B. Grundstücksübertragung] und daher auf eine effektive Vertragserfüllung erkannt wird [Fed.R. Civil P. 70], d. h. es wird [gerichtlich] auf die Erfüllung der vereinbarten Vertragsbedingungen bestanden.

period *Frist* || *Periode* || *Zeitraum* || *Dauer* || **for the full period of their respective terms** [PatR] *während des gesamten Zeitraums ihrer jeweiligen Schutzfrist* || **period of cover[age]** [VersR] *Deckungsdauer* || **period of development** *Entwicklungszeit* || **period of limita-**

tion *Verjährungsfrist* —> deed :: gesiegelter Vertrag || uniform product liability act

perishable goods *leicht verderbliche Waren*

perjury *Meineid* [§§ 66 d StGB, § 484 ZPO, §§ 154 f StGB] vorsätzliche eidliche Bekräftigung einer unrichtigen Aussage. [USA] Model Penal Code, § 241.1. und 18 U.S.C.A. § 1621 || **subornation of perjury** [USA] 18 U.S.C.A. § 1622 *Anstiftung zum Meineid*

permanent commission *laufend* || **permanent commission** *Ständige Kommission*

permissible *zulässig* || *statthaft* || **maximum permissible weight** *zulässiges Gesamtgewicht*

perpetual credit *unbefristeter Kredit*

perpetuals [Bör] *Perpetuals* ewige Rentenpapiere [mit unendlicher Laufzeit]

persistent weakness of exchange rates *anhaltende Wechselkursschwäche*

person *Person* || **person entitled to a pension** *Pensionsberechtigter* || *Anwartschaftsberechtigte* || *Anspruchsberechtigte* aus einer Pensionszusage —> pension || **person of full age** *Volljähriger* adult || major person || *Erwachsener* || *volljährige Person* [Vollendung des 18. Lebensjahres]

—> legal age

personal *persönlich* || **in persönlicher Eigenschaft** —> personal capacity || **personal allowance** [GB] *Steuerfreibetrag* || **personal and household effects** *Hausrat* movable or chattel property of any kind || **to act in personal capacity** *in persönlicher Eigenschaft handeln* || **Personal Identification Number** [EDV] *Personenkennzahl* [Abbr] **PIN** :: **PK** syn.: *Personenkennzeichen* :: personal identity number || **application to personal use** [SteuerR] *Eigenverbrauch* —> *betriebsfremde Nutzung*

personality test [PersW] *Persönlichkeitstest*

personnel *Mitarbeiter* || *Personal* || *Belegschaft* || **personnel administration** *Personalverwaltung* || **personnel authority** *personelle Weisungsbefugnis* || **Personnel Director** [Human Ressources] *Leiter der Personalabteilung* || **personnel expenditure** [Bil] *Personalaufwand* || **personnel recruitment** [PersW] *Bewerbereinstellung* syn.: *Rekrutierung*

perspectives for 19.. [Bil/Texttitel] *Ausblick 19..*

persuaded [VölkR/Präambel] *in der Überzeugung* || *überzeugt*

persuance, in ~ of *aufgrund* —> *gemäß* || **In persuance of the**

said agreement and in consideration of the sum of one pound now paid by the licensees to the patentee (the receipt of which is hereby acknowledged) the patentee grants to the licensees an exclusive licence in respect of all the patents set out in the Schedule hereto for the full period of their respective terms including any extension thereof. :: *Gemäß / Aufgrund des genannten Vertrages und Zahlung der Summe von £ 1,- durch die Lizenznehmer an den Patentinhaber als Gegenleistung (der Empfang wird bestätigt) gewährt der Patentinhaber dem Lizenznehmer eine ausschließliche Lizenz bezüglich aller im Anhang aufgeführten Patente für ihre volle Patentschutzfrist einschließlich aller Verlängerungen.*

persuant to *aufgrund —> nach* || *gemäß* || **negotiations conducted persuant to article 15 of the present agreement** :: *aufgrund von Artikel 15 geführten Verhandlungen*

PERT program-evaluation and review technique :: *PERT-Netzplan[technik]*

to pertain to *sich beziehen auf* —> *bezüglich* || to refer to

petition *Antrag* || [Gerichtsentscheid] **and this court doth order and adjudge that there be no costs of petition** :: *die Entscheidung ergeht kostenfrei* || **to file a petition in bankruptcy** *Antrag auf Konkurs-*

eröffnung || *Konkurseröffnungsantrag*

petrol-engine *Benzinmotor*

petroleum products *Mineralöle*

petty *Bagatelle* || **petty case** *Bagatellfall* || *Bagatellstrafsache* —> probation || **petty cash** [Buchf] *Handkasse* syn.: *Portokasse* [selten: imprest fund] || **petty cash voucher** [Buchf] *Kassenausgangsbeleg* Formular für die Geldentnahme aus der Handkasse

pharmacopoeia *Arzneibuch*

to pick up again *sich erholen*

piece-rate worker [ArbR] *Leistungslöhner*

piggyback unit [Verp] *Piggyback-Einheit* || *Großpackung*

piggybacking procedure [WahlR] *Huckepack-Verfahren* Wahlkandidaten kleinerer Parteien, die voraussichtlich die 5%-Hürde nicht schaffen würden, erhalten Listenplätze bei größeren Parteien :: candidates of smaller parties which otherwise would not attain seats in parliament due to the 5%-hurdle rule are granted a place on lists of bigger parties

PIMS-program *PIMS-Programm* **profit impact of market strategy** Forschungsprogramm am Strategic Planning Institute (SPI) in Cambridge, Mass.

PIN PK [EDV] —> Personenkennzahl ‖ Personenkennzahl :: personal identification number [PK]

pincer-like policy [Bbank] *Zangenpolitik kombinierter Einsatz von Offenmarkt- und Diskontpolitik*

pink sheet[s] [Bör/USA] *Freiverkehrskursliste* ‖ *Kursliste der OTC-Papiere* —> market maker

pint *Pint* [GB] [Volumeneinheit] 1 pt = *0,568261 l* ‖ [USA] [für Trockensubstanzen] **1 dry pt.** = *0.55061 l* ‖ [für Liquida] **1 liquid pt.** = *0,4731765 l*

pipe tobacco *Pfeifentabak*

piracy of a patent [PatR] *Patentdiebstahl*

pistol [Bal] *Pistole*

to place *erteilen* ‖ **to place a contract** *einen Auftrag erteilen* ‖ *eine Order erteilen vergeben* ‖ **to place an order** :: *Auftrag erteilen* ‖ *Bestellung aufgeben* ‖ *bestellen* ‖ **to place in possession** *verfügen über* ‖ *in Besitz gelangen*

place *Ort* ‖ *Stätte* ‖ **place of business** *Produktionsstätte* ‖ *Sitz des Unternehmens* ‖ **place of hearing** [Jus] *Ort des Termins*

placement [Arbeitsplatz] *Vermittlung* ‖ **placement of an advertisement** *inserieren* —> *eine Anzeige*

schalten ‖ **placement order** *Annoncenauftrag* syn.: *Anzeigenschaltung* ‖ *Insertionsauftrag*

placing [Bör] *Unterbringung* ‖ *Streuung* ‖ **placing of domestic shares** [Bör] *Unterbringung inländischer Aktien* ‖ **placing of shares and their listing** *Aktien über die Börse breit streuen*

plaintiff *Kläger* ‖ **plaintiff's claim** *Klagebegehren* —> Schriftsätze :: pleadings

plan of reorganization *Zahlungsplan Vorlage vor Gericht bei Konkurs des Gemeinschuldners innerhalb einer best. Frist* —> bankruptcy ‖ chapter 7

planning *Planung[s...]* ‖ **planning board** *Planungsamt* ‖ *Planungsstelle* ‖ **planning horizon** *Planungshorizont Ende des Zeitraums, auf den sich ein Plan erstreckt* ‖ **planning mode** *Strategiefindung durch aktive Planung* ‖ **planning premise** *Planungsprämisse* syn.: *Planungsvorgabe*

plant *Fabrik* ‖ *Betrieb* ‖ **plant closure** *Betriebsschließung* —> Sozialplan ‖ **plant deal** *Betriebsvereinbarung* ‖ **plant leasing** [Leas] *Fabrikpacht* ‖ *Plant Leasing Vermietung kompletter Betriebsanlagen* ‖ **Plant Manager** *Werksleiter* —> Betriebsleiter :: production manager

plastics fabrication sector *Kunststoffproduktion*

plat   [Grundstücks-] Bebauungsplan

to play a role [here]   hierzu beitragen ‖ ein weiterer Faktor sein ‖ eine Rolle spielen

PLC —> private limited company :: Gesellschaft mit beschränkter Haftung

pleadings   Schriftsätze [§§ 129, 132, 282 f. ZPO] Parteivorbringen vor Gericht ‖ Plädieren ‖ Plädoyer [eines Anwalts]   [Common Law] plaintiff's declaration ‖ defendant's plea ‖ plaintiff's replication ‖ defendant's rejoinder ‖ plaintiff's surrejoinder ‖ defendant's rebutter ‖ plaintiff's surrebutter [nachfolgende Schriftsätze haben keine festgelegte Bezeich nung]. [Rules of Civil Procedure] [GB] statement of claim ‖ defence ‖ reply ‖ petition and answer. [USA] complaint [declaration] ‖ answer ‖ reply to a counterclaim ‖ answer to a cross-claim ‖ third party complaint ‖ third party answer ‖ [Schriftwechsel] **pleadings to be delivered** Schriftwechsel wird beantragt ‖ **pleadings are as follows** Schriftwechsel findet wie folgt statt —> Schriftsatz

plenipotentiaries   [VölkR] Bevollmächtigte ‖ **the undersigned plenipotentiaries, duly empowered [...]** :: die Unterzeichneten, hierzu gehörig befugten Bevollmächtigten [...]

plot   Flurstück vermessungstechnische Bezeichnung des Grundstücks als Katasterparzelle —> [term for the parcel of land in survey] —> land ‖ —> Flurstück ‖ plot ‖ plat ‖ parcel of land ‖ **vacant plot of land**   Bauland unbebautes Grundstück —> building land

plough-back   [USA] **plowing back** Reinvestition von Kapitalerträgen Dividenden, Mieten etc. ‖ **plowing back [of earnings/profits]**   Selbstfinanzierung —> syn.: Gewinnthesaurierung ‖ Gewinnakkumulation

point of sale purchase advertisement   [Verp] Werbung am Verkaufsort [Abbr] **POP ad**

points of fact   Tatfragen

Police Court   Police Court [coll] —> Magistrates' Court in London

policing activities   [Mar] Polizeiaufgaben ‖ **policing of the coast** [Mar] küstenpolizeiliche Aufgabenwahrnehmung

policies   Maßnahmen ‖ **government policies**   staatliche Maßnahmen [≠ Regierungs-...] ‖ **implementation of general policies**   Durchführung allgemeiner Maßnahmen ‖ **selective policies**   gezielte Maßnahmen

policy   Grundsatz ‖ Ziel[setzung] ‖ Maßnahmen ‖ Firmenrichtlinie—> **policy and procedure guide** :: Handbuch der Firmenrichtlinien‖ ‖ **policy committee**   Grundsatzausschuß ‖ **policy limit**   [VersR] Garantiehöchstbetrag‖   Haftungshöchstbetrag :: aggregate limit of liabi-

263

lity || **policy period** *Laufzeit des Garantievertrages* || **assignment of policy proceeds** *Abtretung der Garantieansprüche* Transfer of the insured's right, title and interest in any amount payable under the policy || **expressed policy** *formelle Direktive* syn.: **formal policy** || **implied policy** *informelle Direktive* **informal policy** || **public policy** *öffentliche Ordnung*

policyholder [VersR] *Garantienehmer* —> insured

political *politisch* || **political claim** [VersR] *politischer Schadensersatzanspruch* || **political event of loss** *politischer Schadenstatbestand* || **political insured percentage** *Deckungsquote für politische Risiken*|| **political loss** *politisch bedingter Schaden* || **political risks** *politische Risiken* || **political risks coverage** *Deckung politischer Risiken* || **political risks guarantee** *Garantie zur Deckung politischer Risiken* || **political risk premium** *Garantieentgelt für die Deckung der politischen Risiken*|| **political risks private buyer guarantee** *Garantie zur Deckung der mit dem Ankauf einer Exportforderung an einen privaten Abnehmer verbundenen politischen Risiken* || **political strikes** *politische Streiks*

poll tax [SteuerR] *Kopfsteuer* syn.: *Bürgersteuer*

polling station [WahlR] *Wahllokal*

pollution *Verschmutzung* || *Umweltverschmutzung* || **pollution control investment by industry** *Umweltschutzinvestitionen der Industrie* || **pollution of the seas** [Mar] *Meeresverschmutzung*

pontoon [Mar] *Leichter* || *Schute*

pool *Gewinnverteilungskartell* —> group :: *Konzern*

POP advertising point of sale purchase advertisement *Werbung am Verkaufsort*

population by sex and age [Stat] *Bevölkerungsstruktur*

port of transshipment [ZollW] *Umladehafen*

portfolio *Portefeuille* || **portfolio management** *Vermögensverwaltung* kundenorientierte Aufteilung eines Wertpapiervermögens || **portfolio mix** [InvF] *Zusammensetzung eines Portefeuille* || **portfolio planning** *Portfolio-Planung*

portion *Mitgift* —> dot :: *Mitgift* —> *Ausstattung* || *Aussteuer* [EheR] § 1624 BGB Ausstattung ist alles, was einem Kind von den Eltern aufgrund Verheiratung bzw. Erlangung selbst. Lebensstellung zugewendet wird —> *Mitgift* || *Aussteuer* || dos || dowry

POS *POS* [BankW] **Point of Sale** als Teil des Electronic Banking || Einkaufen ohne Bargeld oder Scheck durch Plastikgeld mit [Kredit-]Karte.

position [Man/Org] *Position* —> *Stelle* —> [Bör] offset :: Glattstellung ‖ **position as at Jan. 1, 19..** [Stat/Bil] *Stand am 1.1.19..* ‖ **position charter** [ArbR/Man] *Stellenbeschreibung* —> job description ‖ *Funktions- und Verantwortlichkeitsbeschreibung* ‖ *Positionsbeschreibung* ‖ **position title** [ArbR] *Stellenbezeichnung* —> Positionsbezeichnung ‖ **vacant position** *freie Stelle*

possession *Besitz* ‖ *Verfügungsgewalt* ‖ to be in s.o.'s power of possession *in jds. Verfügungsgewalt sein* ‖ to place in possession *in Besitz gelangen* ‖ *verfügen über*

post-industrial society *Dienstleistungs- und Informationsgesellschaft* [Soz] eigentlich nach Daniel Bell eine post-industrielle Gesellschaft

post office *Postamt* ‖ postal service —> *Post[wesen]* ‖ **on post office account** [BankW] *Postgiroguthaben* ‖ **post-office address** *postalische Anschrift*

post-shipment coverage [VersR] *Deckung der Ausfuhrrisiken* ‖ **post-shipment period** *Ausfuhrperiode* Zeitspanne zwischen Versendung der Ware und Begleichung des im Exportvertrag festgelegten Entgelts durch den Käufer [Importeur] ‖ **post-shipment risks** *Ausfuhrrisiken* any political and commercial credit risk during the post-shipment period —> post-shipment coverage

post-war *Nachkriegs[...]* ‖ post-war high, number rose to a new ~ of 27 million [...] verzeichnete einen neuen Nachkriegshöchststand von 27 Mio. ‖ **in the post-war period** *in der Nachkriegsgeschichte*

postal ballot [WahlR] *Briefwahl*

Postal Service *Postwesen* United States Postal Service löste 1971 das Post Office Department ab.

posting [Buchf] *Buchung* entering a business transaction into the books —> ledger ‖ journal ‖ Hauptbuch ‖ Tagebuch ‖ Journal

to postpone *aufschieben* ‖ *verschieben* ‖ **to postpone delivery** *Lieferaufschub* ‖ *Lieferung hinausschieben*

potassium salt [SalzStG] *Kalirosalz*

potential customers *Interessenten* syn.: *Kaufinteressenten* ‖ *Kauflustige*

power *Macht* ability to exert influence ‖ *Energie* ‖ power input [Tech] *Leistungsaufnahme* ‖ **power of attorney by estoppel** *Anscheins- und Duldungsvollmacht* [§ 166 ff. BGB] syn.: *Rechtsscheinsvollmacht* syn.: apparent [or: ostensible] authority and authority by estoppel [As opposed to implied power of attorney,] a principal knowingly or negligently tolerates acts of his agent without power of attorney in business transactions [Duldungsvollmacht :: authority by estoppel], and, therefore, with relation to a third party [acting in good faith] such power of attorney [Anscheinsvollmacht :: apparent authority] is supposed.

pp [PatR] [Abbr] **patent pending** *angemeldetes, jedoch noch nicht erteiltes Patent*

pre-authentication of form T2L [ZollW] *Vorausfertigung der Vordrucke T2L*

pre-shipment coverage *Deckung der Produktionsrisiken* —> contract coverage || **pre-shipment guarantee** *Garantie zur Deckung der Produktionsrisiken* —> contract guarantee || **pre-shipment period** *Produktionsperiode* —> contract period || **pre-shipment risks** *Produktionsrisiken* syn.: **manufacturing risks**

pre-strike ballot [ArbR] *Urabstimmung* —> Arbeitskampfrecht :: strike laws

preamble *Präambel*

precatory *eine Bitte enthaltend* || **precatory trust** *eine [testamentarisch] verbindliche Bitte [enthaltend]* || **precatory words** *eine [im Testament] als Bitte [und nicht als Auftrag] formulierte Aussage*

precautionary motive *Vorsichtsmotiv* Motiv der —> Kassenhaltung || Cash Management

to precede *vorausgehen* || *vorangehen* || *vorausschicken* || **the preceeding provisions** *vorstehende Bedingungen*

precious metal futures [Bör] *Edelmetall-Terminkontrakt* Terminkontrakte in Gold, Silber und Platin

to preclude from *ausschließen* || Nothing in this agreement shall not preclude the use by a contracting party of exchange controls :: *Dieses Abkommen schließt nicht aus, daß eine Vertragspartei Devisenbewirtschaftungsmaßnahmen anwendet*

predetermined cost [Buchf] *vorkalkulierte Kosten*

predicate wine *Prädikatswein* red wine :: Rotwein || white wine :: Weißwein || Rosé :: rosé || quality wine :: Qualitätswein || trocken :: dry || halbtrocken :: medium-dry || süffig :: sweet.

preferential arrangements *Präferenzregelungen* || **preferential rights** *Vorzugsrecht* || **preferential sugar** *Präferenzzucker*

preferred stock *Vorzugsaktien* I.d.R. stimmrechtslose Aktien, die dafür bestimmte Privilegien gegenüber Stammaktien gewähren, z.B. Vorrechte bei der Gewinnverteilung. Zahlung einer festen Dividende vor den Stammaktionären evtl. mit Nachbezugsrecht (—> kumulierte Vorzugsaktien :: cumulative preferred stock) oder zusätzliche Beteiligung am verbleibenden Gewinn (—> partizipierende Vorzugsaktien :: participating preferred stock). Bevorrechtigte Befriedigung vor den Stammaktionären bei Liquidation der Unternehmung. Obwohl rechtlich Eigenkapital, werden sie besonders in kapitaltheoretischen Modellen i.d.R. wie Fremdkapital behandelt. || **preferred stock dividend** *Vorzugsdividende* || *Dividende auf Vorzugsaktien* || **preferred stockholder** *Vorzugsaktionär*

prejudice *Vorurteil* || *Befangenheit* || *Schaden* || *Nachteil* || **without prejudice to the claims** *unbeschadet der Ansprüche/Rechte*

preliminary commitment *Finanzierungspromesse* || *Garantiepromesse* —> advance commitment

premise *Vorgabe* || *Prämisse*

premises *Gelände* || *Lokalitäten* || *Räumlichkeiten* || *Grundstück* a tract of land including buildings || Grundstück mit allen darauf befindlichen Gebäuden :: a building and its appurtenances :: Haus nebst Grund und Boden sowie zugehörige Gebäude/Haus nebst Zubehör || **business premises** *Geschäftsräume* —> Geschäftsgrundstücke mit den Räumlichkeiten || **in consideration of the premises** *Einleitung[ssätze]* einer Urkunde. Teil, der dem *habendum* vorausgeht. Die Parteien, einschließlichen Namen und Titeln sowie alle Urkunden, Vereinbarungen, Nebenabreden und Tatsachen und inbesondere Grundlagen [vor allem Eigentumsverhältnisse der zu übertragenden Sache] , die für die Rechtshandlung von Belang sind. || **on the premises** *auf dem Gelände* || *an Ort und Stelle*

premium *Garantieentgelt* syn.: *Prämie* guarantee fee || [Bbank] *Report* —> forward premium || Swap || **premium on stock** *Aktienagio* Betrag, um den der Ausgabekurs von Aktien über dem Nennwert der Aktie liegt —> Report || **premium rates** *Prämiensätze* —> premium

prepaid expense [Buchf] *Vorauszahlung*

preparations *Vorarbeiten* —> *Vorbereitungen* || **preparations are underway** *in Vorbereitung* || *Vorarbeiten laufen* || *wird vorbereitet*

preparatory committee *Vorbereitungsausschuß*

to prepare *aufbereiten* i.S.v. vorbereiten || **to prepare reports** *Berichte abfassen/ausarbeiten* || **to prepare the balance sheet** *Bilanz aufstellen*

prepayment *Vorauszahlung* auf etw. leisten

prequalification *Präqualifikation* —> Vorauswahl —> prequalified bidders || tender guarantee

prequalified bidders *vorausgewählter Anbieterkreis* Bei internationalen Ausschreibungen geht die Ausschreibung nur an best. Anbieter (sog. inoffizielle Tenders) bzw. an im Markt registrierte Lieferanten, d.h. ein potentieller Anbieter qualifiziert sich durch die sog. prequalification (Vorauswahl) mittels Bestätigung einer Bank, daß er die angebotenen Lieferungen und Leistungen erbringen kann bzw. für den Fall der Nichterbringung die Vertragsstrafe zahlen kann. Erst nach dieser Präqualifikation werden diese Anbieter offiziell nach Veröffentlichung der Ausschreibung zur Angebotsabgabe aufgefordert.

to prescribe regulations *Verordnungen* || *Bestimmungen* || *Regelungen* || *Durchführungsvorschriften* || *Vorschriften erlassen*

prescibed in *wie in [...] vorgeschrieben* corresponding to [...]

to present *unterbreiten* || **to present one's case** *seinen Fall vorlegen* || *darlegen* || *darstellen* || *vortragen* || **to present one's interests** *Selbstdarstellung*

presents, by these ~ *vorliegende Urkunde* [im Vertragstext] *diese ...* || in this document :: in diesem Dokument || Schriftstück

present *vorliegend* [im Vertragstext besser] *dieser* Vertrag || *dieses* Übereinkommen || **present value** *Barwert* [InvR] syn.: *Gegenwartswert* || *Kapitalwert* —> *Dividendenbewertungsmodelle* || *Kapitalwertmethode*. Der auf den Bezugszeitpunkt abgezinste Wert künftiger Zahlungsströme. [Pension] Barwert einer —> Pensionsverpflichtung ist der auf den Bewertungsstichtag abgezinste Wert der künftigen

—> Pensionsleistungen

presentation [Verp] *Aufmachung* || [ZollW] *Gestellung* jede, die Grenze zum Zollgebiet überschreitende Ware wird zum Zollgut und ist zollamtlich zu gestellen, d. h. zum Zollbeschau bereitzuhalten. || **presentation-exemption** [ZollW] *Gestellungsbefreiung* —> Zollbehandlung nach Gestellungsbefreiung :: customs treatment according to presentation exemption || **presentation ledger** [ZollW] *Gestellungsbuch* || **upon presentation** *bei Vorlage* || *bei Sicht* || **cheque is paid promply upon presentation** :: *Scheck wird prompt / unverzüglich bei Vorlage [—> Sicht] eingelöst*

president [Man/Org] *Generaldirektor* || [Kirchenvorstand] *Präses* || [VwO/D] *Senator als Leiter einer Behörde* || chairman *Präsident* [in einem Verband] || **president of a state parliament** [VwO/D] *Landtagspräsident* || **president of the competent Chamber of Commerce** *Handelskammerpräsident* besser: *Präsident der zuständigen Handelskammer*

press *Presse* || *Zeitungsmedien* || *Printmedien* || **press advertising** *Anzeigenwerbung* || **press coverage** *Berichterstattung in den Medien* || *Presseberichterstattung* (bezieht sich jedoch auch auf visuelle Medien)

pressure on the money market *angespannter Geldmarkt*

to prevail *maßgebend sein* || the

English text shall prevail [...] ::
[...] ist der englische Wortlaut maßgebend

to prevent from *hindern an* || No contracting party shall prevent any enterprise under its jurisdiction from acting in accordance with the principles of subparagraphs (a) and (b) of this paragraph :: *Eine Vertragspartei wird ein ihrer Rechtshoheit unterstehendes Unternehmen nicht daran hindern, nach den unter den Buchstaben a und b erwähnten Grundsätzen zu handeln.*

prevention of employment injuries [BetrVG] *Arbeitsschutz*

preventive detention [§ 127 StPO] *vorläufige Festnahme*

previous notice *fristgerecht kündigen* || This agreement may be denounced in writing by either contracting party on the expiry of any period of five years after its entry into force, subject to six months' previous notice :: *Dieses Abkommen kann zum Ende jedes Zeitabschnittes von fünf Jahren nach seinem Inkrafttreten von einer der Vertragsparteien unter Einhaltung einer Frist von sechs Monaten schriftlich gekündigt werden* || previous year *Vorjahr*

price *Preis* || *Entgelt* || *Kaufpreis* || *Prämie* || price competitiveness *preisliche Wettbewerbsfähigkeit* ||

administrative price increases *administrative Preiserhöhungen* || price leadership *Preisführerschaft* || For instance, the price situation deteriorated noticeably *dabei hat sich das Preisklima spürbar verschlechtert* || price stability *Preisstabilität* || ordinary competitive price *üblicher Wettbewerbspreis* || price-earnings ratio [Bör] *Kurs-Gewinn-Verhältnis* [Abbr] PER :: *KGV* Kennzahl läßt erkennen, um das Wievielfache des auf eine Aktie entfallenden tatsächlichen Gewinns für das Papier an der Börse gezahlt wird (=nach wieviel Jahren das in einer Aktie angelegte Kapital von der Gesellschaft verdient wird). Hier von Bedeutung seit Körperschaftsteuerreform 1977 ist die Steuergutschrift || prices continued to fall *Preise gaben weiter nach* || expressed in 1980 prices *in Preisen von 1980* || prices climbed by just under 5% *Teuerung betrug durchschnittlich knapp 5%*

prima facie case, to establish a ~ *Anscheinsbeweis* —> syn.: *Beweis des ersten Anscheins* Teil der [erleichterten] Beweiswürdigung, bei der eine Behauptung dann als bewiesen gilt, wenn nach der allg. Lebensanschauung [Lebenserfahrung] ein bestimmter typischer Verlauf vorliegt (ein bestimmter Erfolg ist auf eine bestimmte Ursache und viceversa zu schließen) —> *Schadensersatz* || [StrafR] *Indizienbeweis*

primarily *hauptsächlich*|| [arch] *vornehmlich* || *in erster Linie* || *wichtigste [...]*

primary matter *Hauptsache* ‖ **primary production** *Bodennutzung* —> *Urproduktion* volkswirtschaftliche Bezeichnung für die Nutzung des Bodens [Nutzung der Erdoberfläche als organisch mitwirkendem Produktionsfaktor (Landwirtschaft, Forstwirtschaft, Gartenbau, Fischerei)] und durch den Abbau von Bodensubstanzen (Bergbau, Erdölförderung)

to prime *Vorabinformationen geben* ‖ *in Gang bringen* ‖ *an erster Stelle stehen* ‖ *rangerste[...]* ‖ *vorab in Kenntnis setzen*

prime *Haupt[...]* ‖ *Anfang* ‖ *Beginn* ‖ *Prim* ‖ *Primasorte* ‖ **prime bank accept** *Privatdiskont* ‖ *Finanzwechsel* zwischen Banken untereinander ‖ **prime contractor** syn.: **general contractor** *Generalunternehmer* syn.: *Gesamtunternehmer* party to a building contract who enters into sub-contracts for such work as electrical, plumbing, flooring, painting, etc. ‖ **prime cost** *Selbstkosten* ‖ **prime [lending] rate** [Bbank] *Primarate* syn.: *Sollzinsfuß für erste Adressen* ‖ *Vorzugszinsen* Zinssatz der US-Banken für Diskontierung erstklassiger Geldmarktpapiere (mit 90 Tagen Laufzeit), der in jedem Federal Reserve District von der Federal Reserve Bank festgesetzt wird. Nach der Prime rate richten sich die Sätze für alle anderen Arten von Krediten, daher von wesentlicher Bedeutung für die Zinsentwicklung und einer der Konjunkturindikatoren.

principal *Auftraggeber* ‖ *Vollmachtgeber* ‖ *Vertreter* ‖ *Mandant* client ist die übliche Bezeichnung für den Mandanten eines Rechtsanwalts ‖ [SchulW] *Rektor* [einer Realschule] ‖ *Direktor* [Gymnasium] ‖ [§ 60 HGB] *Prinzipal* ‖ *Geschäftsherr* —> master-servant relationship ‖ **principal in the first degree** [StrafR] *Haupttäter* ‖ **principal in the second degree** [StrafR] *Mittäter*

prime amount from time to time disbursed and outstanding *jeweils zugezählter und aushaftender Kreditbetrag* ‖ **prime assessment** [SteuerR/D] *Hauptveranlagung* Veranlagung zur Vermögensteuer alle drei Jahre ‖ **prime installment** *Kapitalrückzahlungsrate*‖ **prime representatives of the disabled** [BetrVG] *Gesamtschwerbehindertenvertretung*

principle *Grundsatz* ‖ *Prinzip* ‖ *Rechtsgrundsatz* ‖ **principle of adequate evidence** [Man] *Prinzip des ausreichenden Beweises* ‖ **principle of application** [Komm] *Prinzip der Anwendung* Je größer Anwendung und Nutzung einer Information ist, umso größer ist auch das Verständnis und die spätere Erinnerung daran ‖ **principle of business** [Man] *Prinzip der Aufgaben-Orientierung* ‖ **principle of carryover** [Man] *Vergangenheitsprinzip* early characteristics of organization tend to persist in later organizational forms :: Organisationsformen neigen dazu, ihre ursprünglichen Charakteristiken beizubehalten ‖ **principle of complete accountability** *Prinzip der Einzelverantwortlichkeit*‖ **prin-**

ciple of conservation *Vorsichtsprinzip* Bilanzierungsgrundsatz, mit dem vor allem überhöhte Gewinnausschüttungen verhindert werden sollen, im wesentlichen: Nicht realisierte Gewinne dürfen nicht ausgewiesen werden; nicht realisierte, aber erkennbare Verluste müssen ausgewiesen werden. Aktivposten sind mit dem niedrigsten zulässigen, Passivposten (z. B. Wertberichtigungen, Rückstellungen) mit dem höchsten zulässigen Wert abzusetzen. || **principle of definition** [Man] *Formulierungsprinzip* || **principle of delegated authority** *Delegationsprinzip* || **principle of emotional appeal** [Komm] *Prinzip der emotionalen Appelle* emotionale Appelle haben mehr Einfluß als Appelle an die Vernunft || **principle of homogenous grouping** *Prinzip der Übersichtlichkeit* || **principle of identity** *Prinzip der Identität* [Man] Unschärfegrad der Beobachtung im Verhältnis zum Zeitpunkt und dem Beobachter :: facts may appear to differ depending on the point of view and the point in time from which they are observed || **principle of line loss** *Prinzip der Entstellung* Die Veränderung einer Information ist umso größer, je höher der Verbreitungsgrad || **principle of logical arrangement** *Prinzip der Zweckmäßigkeit* || **principle of management emphasis** *Prinzip der Bevorzugung* || **principle of maximum span** *Prinzip der größten Kontrollspanne* || **principle of minimum levels** *Prinzip der minimalen Führungsebene* || **principle of seniority** *Prinzip der Annuität* || **principle of specialization** *Prinzip der Arbeitsteilung* || **principle of split functions** *Prinzip der geteilten Aufgabenbereiche* || **principle of the critical few** *Prinzip der wenigen Ursachen* || **principle of the objective** *Prinzip der Zielorientierung* || **principles** *Grundsätze* || **to act according to the principles of sub-paragraphs (a) and (b)** :: *nach den unter den Buchstaben a und b erwähnten Grundsätzen handeln*

print *Druck* || **print proofs** *Druckunterlagen* || *Fahnen[abzüge]*|| **to go out of print** *nicht mehr neu aufgelegt werden*

printings *Druckauflagen* || **an account of all printings and sales of a work** *Aufstellung über alle Druckauflagen und den Verkauf des Werkes*

priority [PatR] *Priorität* || **priority period** [PatR] *Prioritätsfrist* || **date of priority** [PatR] *Prioritätsdatum* || **declaration of priority** [PatR] *Prioritätserklärung*

private *privat* [i.G.z. public] || *persönlich* || **private company** *Handelsgesellschaft* || **private consumption** *privater Verbrauch* || **Private Export Funding Corporation - Pefco** [USA] *PEFCO*, gegr. 1970 als nicht-staatliche Exportfinanzierungsgesellschaft durch über 50 Banken sowie Industriebetrieben zur Finanzierung vom mittel- und langfristigen öffentlichen wie privaten Exportgeschäften ausländischer Käufer von US Waren und Dienstleistungen. || **private financial**

participation [BankW] *Finanzierungsbeteiligung der Privatbanken* ‖ **private health insurance** *private Krankenversicherung* ‖ **Private International Law** *Internationales Privatrecht* —> Conflict of Laws ‖ **private leasing** [Leas] *Privat-Leasing* syn.: *Privatpersonenleasing* ‖ *Privathaushalt-Leasing* ‖ **private limited company** *Gesellschaft mit beschränkter Haftung* [GB] Entspricht etwa der GmbH, eine Gesellschaftsform für Klein- und Mittelbetriebe mit Beschränkung der Übertragung von Anteilen. Max. 50 Gesellschafter —> company, darf i.G.z. den public limited companies kein Kapital in der Öffentlichkeit beschaffen. ‖ **private pension** [PersW] *Firmenrente* —> company pension scheme

Privy Council [GB] *Geheimer Staatsrat* ‖ *Kronrat* [GB] Oberste Beratungsinstanz der Krone, dessen Entscheidungen für die Gerichte nicht bindend sind, aus Kabinettsministern und durch die Krone bestellte privy councillors. Heute weitgehend an Bedeutung verloren und durch das Kabinett verdrängt. —> Judicial Committee of the Privy Council :: Rechtsausschuß des Kronrates

prize court [VölkR] *Prisengericht* Prisen im Seekriegsrecht sind die von den Kriegführenden beschlagnahmten Schiffe und Waren. Das Prisenrecht ist die Gesamtheit der Rechtsnormen zur Regelung der Zulässigkeit einer Beschlagnahme und Einziehung von Prisen (—> Konterbande). Verfahrensnormen sind innerstaatliches Recht. Die Pläne für einen internationalen Prisenhof sind gescheitert.

‖ **prize master** [Mar] *Prisenkapitän* ‖ **prize money** [Mar] *Prisengeld*

probability *Wahrscheinlichkeit* ‖ **on the balance of probabilities** :: *(nachweisen) aufgrund der größeren Wahrscheinlichkeit* ‖ **probability assessment** [Man] *Bewertung der Ereigniswahrscheinlichkeit*

probate court *Nachlaßgericht* ‖ **probate procedure** *[Über]Prüfung [der Rechtmäßigkeit] des Testamentss durch das* —> *Nachlaßgericht* syn.: **probate proceedings**

probation [ArbR] *Probezeit* ‖ [StrafR] *Bewährungsfrist* usually applied to first offenders and juveniles convicted of minor offences [petty cases] to avoid imprisonment who are put under supervision of a probation officer :: I.d.R. jugendlichen Straffälligen bzw. Ersttätern eingeräumte Befreiung von der Haftstrafe bei Bagatellstrafsachen. Meist unter Aufsicht eines Bewährungshelfers. ‖ **probation officer** [StrafR] *Bewährungshelfer*

procedural committee *Verfahrensausschuß*

procedure *Arbeitsanweisung* ‖ *Arbeitsverfahren* ‖ **appeal procedure** *Rechtsmittelverfahren* ‖ *Berufungs- oder Revisionsverfahren* —> appeal ‖ **code [rules] of Civil Procedure** *Zivilprozeßordnung* ‖ **code [rules] of Criminal Procedure** *Strafprozeßordnung* ‖ **conciliation**

procedure *Schlichtungsverfahren* ‖ **constitutional procedure** *verfassungsrechtliches Verfahren*

to proceed at an increased pace *sich beschleunigt fortsetzen* ‖ **to proceed with an application** *eine Anmeldung weiterführen*

proceeds of sale *Verkaufserlös*

proceedings *Verfahren* ‖ **extradition proceedings** *Auslieferungsverfahren* ‖ **legal proceedings** *rechtliche Schritte* ‖ *gerichtliche Maßnahmen*

process of law *Rechtsverkehr* ‖ **to participate in the process of law** *am Rechtsverkehr teilnehmen*

processed products [ZollW] *Verarbeitungserzeugnisse*

processes *Gepflogenheiten*

processing *Verarbeitung und Bearbeitung* ‖ *Vergällen* ‖ **inward processing procedure** [ZollW] *aktive Veredelung* ‖ **outward processing procedure** [ZollW] *passive Veredelung*

processor [ZollW] *Verarbeiter*

procurement *Beschaffung* ‖ *Vermittlung* ‖ **procurement of credit facilities** *Kreditbeschaffung*

producer target price [EG] *Erzeugerrichtpreis*

product *Produkt* —> *Ware* ‖ *Güter* ‖ *Investmentfonds* ‖ *Wertpapier* ‖ *Medium* ‖ **product category** [ZollW] *Warengruppe* ‖ **product idea** *Produktidee* ‖ **product liability** *Produzentenhaftung* —> Uniform Products Liability Act ‖ **product novelty** *Produktneuheit* ‖ **product range** *Produktpalette* —> assortment :: *Sortiment* ‖ variety :: *Sortiment* ‖ *Geschmacksrichtungen* ‖ *Auswahl* ‖ **product use** *Gebrauchsnutzen* ‖ **product use and application** *Produktnutzen* ‖ **product warranty and guarantee** [Buchf] *Garantie*

production *Produktion* ‖ **production direktor** *Betriebsdirektor* ‖ **production levy on sugar** [SteuerR/D] *Produkionsabgabe für Zucker* ‖ **production manager** *Betriebsleiter* —> Werksleiter :: plant manager ‖ **production method** *leistungsabhängige Abschreibung* —> *Mengenabschreibung* ‖ **production method [of depreciation]** *Mengenabschreibung* —> *leistungsmäßige Abschreibung* Abschreibungsmethode, bei der die jährlichen Abschreibungsbeträge nach dem Umfang der Beanspruchung oder der Leistung der betreffenden Anlagegegenstände bemessen werden ‖ **new production methods** *neue Fertigungsverfahren* ‖ **expansion of the production potential** *Ausweitung des industriellen Produktionsapparat* ‖ **production reserves** *Produktionsreserven* ‖ **exhaustion of production reserves** *Ausschöpfung von Produktionsreserven*

productive credit *Anlagekredit* ‖ **productive reserves** [Bil] *Produktionsreserven* ‖ **productive tax** [SteuerR] *ertragsreiche Steuer*

professional *berufs[...]* ‖ *professionell[...]* ‖ *geschäftsmäßig* ‖ **professional and trade organisations** *Handwerkskammern* ‖ **professional assistance** *geschäftsmäßige Ausübung* ‖ **professional association** *Berufsverband* —> Standesorganisation :: professional organization ‖ [ArbR] *Kammer* ‖ **professional effects** [ZollW] *Berufsausrüstung* ‖ **professional organization** *Standesorganisation* ‖ *Standesvereinigung* ‖ *Berufsorganisation* ‖ *Ständevertretung* —> Bar Council :: Anwaltsverein ‖ inns of court :: Rechtsschulen

profile [InvF] *Portefeuillemischung* [eines Versicherungsfonds] ‖ **defensive profile** *eine gegen Kursrückgänge resistente Portefeuillemischung*

profit *Gewinn* syn.: earnings ‖ net income ‖ **profit and loss statement** [Bil] *Gewinn- und Verlustrechnung* syn.: P&L statement —> income statement ‖ **profit appropriation policy** [AuxT] *Gewinnverwendungspolitik* kein engl. Äquivalent, im wesentlichen Ausschüttung und Einbehaltung von Gewinnen —> dividend policy ‖ **profit carryforward** [AuxT] *Gewinnvortrag* [BRD] [Gewinnverwendungsbeschluß § 174 AktienG] Ein verbleibender Restbetrag darf auf das folgende Geschäftsjahr übertragen werden. ‖ **profit center** [BWL/RW] *Erfolgstelle mit eigener Profit Center* ‖ *Gewinn- und Verlustrechnung* —> Profit Center ‖ Cost Center ‖ **profit distribution** *Gewinnausschüttung* syn.: dividend distribution ‖ dividend payout Verteilung des zur —> Ausschüttung bestimmten Unternehmensgewinns an die Aktionäre ‖ **profit dynamic** *Gewinndynamik* ‖ **profit from** [...] [Bil] *Erträge aus [...]* ‖ **profit increase** [Bil] *weitere Ergebnisverbesserung* ‖ **profit maximization** [InvR] *Gewinnmaximierung* ‖ **profit reserves** [Bil] *Gewinnrücklagen* ‖ **profit retention** *Thesaurierung von Gewinnen* ‖ Gewinnthesaurierung —> Selbstfinanzierung ‖ Gewinnakkumulation ‖ syn.: financing with [or: by/out of] retained earnings ‖ earnings retention ‖ **profit sharing** [PersW/Man] *Gewinnbeteiligung* ‖ **profit taking** [Bör] *Gewinnmitnahmen* Abstoßen von Wertpapieren bei fallender Kurserwartung zur Sicherung der Erträge ‖ **income from profit transfer agreements** [Bil] *Erträge aus Gewinnabführungsverträgen* ‖ **Profit Utilization Proposal and Certification** We propose to the General Meeting that the balance sheet profit of DM [...] million for the financial year 19.. be utilized as follows:
- Payment of a dividend of DM [...] million and additionally
- Payment of a bonus of DM [...] million
Vorschlag für die Verwendung des Bilanzgewinns mit Bestätigungsvermerk

Wir schlagen der Hauptversammlung vor, den für das Geschäftsjahr 19.. ausgewiesenen Bilanzgewinn in Höhe von [...] Millionen DM wie folgt zu verwenden:
- Ausschüttung einer Dividende von [...] Millionen DM und zusätzlich
- Zahlung eines Bonus von [...] Millionen DM ‖ **with commensurate profit** *mit angemessenem Ertrag* ‖ **profit-capital ratio** [Stat] *Gewinn-Kapital-Verhältnis* ‖ **profit-shifting abroad** [SteuerR] *Gewinnverlagerung ins Ausland* ‖ **profits tax** *Gewinnsteuer* ‖ **excess profits tax** [GB/USA] *Übergewinnsteuer* ‖ **windfalls profits** *unerwartete Gewinne*

program[me] *Programm* ‖ **future program** *zukünftiges Programm* ‖ **financial implication of a program** *finanzielle Folgen eines Programm* ‖ **longterm program** *langfristiges Programm* ‖ **programme-evaluation and review technique** *PERT-Netzplan* stochastische Netzplantechnik

progress payments [Buchf] *Fortschrittszahlungen* ‖ *Zahlung Zug um Zug* ‖ *Zahlung nach Leistungsabschnitten* periodic payments proportional to the services performed

progressive *Progressiv[...]* ‖ **progressive differentiation** [Bbank] *Progressivstaffelverfahren* Verfahren: Mindestreservesätze sind nach verschiedenen Gesichtspunkten gestaffelt, unter anderem der Umfang der reservepflichtigen Verbindlichkeiten (drei Typen, jeweils in drei Reservestufen aufgeteilt, für die von Stufe zu Stufe ansteigende Reservesätze gelten). ‖ **progressive zone** [of the income tax schedule] [SteuerR/D] *Progressionszone*

prohibition *Verbot* ‖ *Untersagung* ‖ **prohibition of employee's contributions** [BetrVG] *Umlageverbot* ‖ **prohibition to include objects in retail packages** [Verp] *Beipackverbot* [i.e. objects intended to be given to purchaser free of charge]

project *Projekt* ‖ **project country** *Projektland* Land, in dem ein bestimmtes Bauvorhaben durchgeführt wird. Country or dependent territory in which the construction project is located ‖ **project loan** *Projektkredit* ‖ **project owner** *Bauauftraggeber* syn.: *Bauherr* ‖ **project team** task force *Projektgruppe* ‖ **construction project** *Bauvorhaben*

prolicide *Kindestötung* —> infanticide ‖ fetecide

prominence *Vorragen* ‖ *deutliche Sichtbarkeit* ‖ *Hervorstechen* auffälliger Gegenstand ‖ **The name of the author shall appear in its customary form in due prominence on the title page** *der Name des Autors erscheint in der üblichen Weise an deutlich sichtbarer Stelle / deutlich sichtbar*

prominent *herausragend* ‖ *deutlich sichtbar*

promise *Versprechen* ‖ *Zusage* ‖ *Zusicherung* ‖ **promise of credit** *Kreditzusage* ‖ **promise to pay** *Zahlungsversprechen* ‖ **promise to perform** *Leistungsversprechen* ‖ **breach of promise** *Bruch des Heiratsversprechen* ‖ **promises and warranties** *Gewährleistungs- und sonstige Zusagen*

promising [Verlauf ‖ Entwicklung] *günstig*

promisor *Versprechender*

promissary note *trockener Wechsel* ‖ *eigener Wechsel* ‖ *Solawechsel* "[Ort/Datum] gegen diesen Wechsel zahle ich an [Name des Remittenten] am [...] den Betrag von DM [...] [Name des Ausstellers]" ‖ *Schuldanerkenntnis* [USA/U.C.C. § 3-104] two-party commercial papers :: Wertpapiere mit zwei Beteiligten

to promote [Produkt] *bewerben* ‖ *werben für* ‖ *vorantreiben*

promoter *berufsmäßiger Gründer* [USA] verläßt die Gesellschaft nach deren Gründung wieder, erhält seine Gründeraktien zurück ‖ **promoter's stock** *Gründeraktien* —> founder's stock

promotion from within [PersW] *Beförderung aus den eigenen Reihen*

to prompt hopes of [...] *Hoffnungen* ‖ *Erwartungen auslösen*

promptly *prompt* ‖ *unverzüglich* ‖ *postwendend* ‖ **as promptly as possible** *so schnell wie möglich*

proof *Beweis* ‖ **proof house** [Bal] *Beschußamt* ‖ **proof marks** [Bal] *Beschußzeichen* ‖ **proof of authenticity** *Beweis der Echtheit* ‖ **to show proof** *Beweis erbringen* ‖ *Nachweis erbringen* ‖ **proofs** [Druck] *Fahnenabzüge* in der Druckerei, erste Probeseiten/Korrekturfahnen

proper *echt* ‖ *eigentlich* ‖ *eigen* ‖ *korrekt* ‖ *selbst* ‖ *richtig* ‖ **having considered it proper to increase the number** [...] *[... haben] es für zweckmäßig erachtet [...]*

properties [Bör] *Immobilienwerte* ‖ [Chem] *Eigenschaften*

property *Eigentum* —> Vermögen ‖ **property [fund]** [InvF] *Immobilienversicherungsfonds* ‖ **property and entrepreneurial income** [SteuerR] *Bruttoeinkommen aus Unternehmertätigkeit und Vermögen* ‖ **property arm** [InvF] *Immobilienportefeuille* eines "gemischten" Versicherungsfonds ‖ **property assets** *Vermögenswerte* ‖ **property bond** [InvF] *Zertifikat eines Immobilienversicherungsfonds* ‖ **property company** *Immobiliengesellschaft* ‖ **property developer** *Grundstückerschließungsgesellschaft* ‖ *Grundstückserschließungs- und Verwaltungsgesellschaft* ‖ **property dividend** *Naturaldividende* Dividende in Form von Sachwerten, z. B.

aus der Produktion der Gesellschaft ‖ **property fund** [InvF] *Immobilienversicherungsfonds* ‖ **property levy** [SteuerR/D] *Vermögensabgabe* ‖ **property tax** [SteuerR] *Vermögensteuer* —> real property tax ‖ **property unit** [InvF] *Anteil am Vermögen eines Immobilien[versicherungs]fonds* ‖ **property unit trust** [InvF] *Immobilienfonds des Vertragstypus* kein Publikumsfonds, bietet Anteile nur ausgewählten Institutionen an ‖ **property valuation** [InvF] *Bewertung von Immobilien* ‖ *Bewertung des Immobilienportefeuilles* ‖ **built-up property** [USA] *bebautes Grundstück* —> real estate ‖ land ‖ **immovable property** *Grundstück* ‖ *Liegenschaft* [i.G.z. beweglichen Sachen, die als Fahrnis bezeichnet werden] —> tangible property ‖ **intellectual property** *geistiges Eigentum* —> industrial design ‖ tradmarks ‖ service marks ‖ copyright ‖ registered proprietor ‖ ornamental design ‖ **joint property** *Gesellschaftsvermögen* ‖ **land property** *Immobilie* ‖ **landed property** *Grundbesitz* ‖ *Liegenschaft* ‖ **personal property** *persönliches Eigentum* an beweglichen Sachen ‖ **public property** *Eigentum der öffentlichen Hand* ‖ *Staatseigentum* ‖ **tangible property** *bewegliches Vermögen* dingliches Recht an einer beweglichen Sache —> *Fahrnis i.G.z. Liegenschaft* :: landed property ‖ **to acquire property** [title] *Eigentum[Titel] erwerben* ‖ **to acquire property by accretion** *durch Verbindung oder Vermischung und als Erzeugnis einer Sache erwerben* ‖ **to own**

common property *gemeinschaftlich Vermögen besitzen* ‖ **trust of property** *in Treuhand gegebenes Vermögen[sstück]*

proportional zone [SteuerR/D] *Proportionalzone* ‖ **lower proportional zone** *untere Proportionalzone* Steuersatz bei 22/19% v.H. bis zu Einkommen v. 18035/36071 DM ‖ **upper proportional zone** *obere Proportionalzone* Steuersatz von 56/53% v.H. (über 120000/24000 DM)

proposal for the amendment of the convention *Änderungsvorschlag bezüglich des Übereinkommens*

to propose *vorschlagen* ‖ **may wish to propose** *[...] kann ggf. vorschlagen*

proprietary *Eigen [...]* ‖ **proprietary capital** *Eigenkapital*

proprietor *Geschäftsinhaber* [in der GmbH & Co. KG] ‖ *Alleininhaber* —> Einzelkaufmann :: sole proprietor

proprietorship, single ~ *Einzelunternehmung* —> sole

Prosecuting Council *Anklage[behörde]* ‖ **witness for the prosecuting council** *Belastungszeuge* nicht mit "Zeuge der Anklage" übersetzen.

prospects *Kauflustige* ‖ [arch für] *[Kauf-]Interessenten* ‖ **prospects for 19..** *Ausblick auf das Jahr 19..*

**prospectus, issue[ing] of a ~
[Emissions-] Prospekt** [USA/§ 1 Securities Act, 1933] [§§ 45-49 BörsenG] Prospekt über die Erstbegebung eines Wertpapiers mit Offenlegung der Vermögensverhältnisse einer Gesellschaft [und Zeichnungseinladung vor Einführung an der Börse]

protection [BetrVG] *Schutzbestimmungen* || **protection against obstruction** [BetrVG] *Wahlschutz* || **protection by patent** [PatR] *Patentschutz* —> Pariser Verbandsübereinkunft || **protection of creditors** *Gläubigerschutz* —> überhöhte Gewinnausschüttung || *Kreditsicherung* || **protection of exhibited articles** *Ausstellungsschutz* || **Protection of Industrial Property** *Schutz des gewerblichen Eigentums* [PatR] —> Verbandsübereinkunft zum Schutze de gewerblichen Eigentums or: Agreement on Association [...] || **proection of inventor** [PatR] *Erfinderschutz* || **protection of shareholder** *Aktionärsschutz* —> Maximierung des Vermögens der Aktionäre; Bilanzierungsvorschriften; Dividendenpolitik; Prüfung des Jahresabschlusses durch unabhängige Wirtschaftsprüfer, etc.

protectorate [arch/D] *Vogtei* —> advocatus || advocati ecclesiæ || Kirchenvogt || Landvogt || Reichsvogt

protein certificate [ZollW] [Agrarmarktordnung] *Eiweißlizenz*

to protest *protestieren* || **to have a bill of exchange protestet** *protestieren* || *einen Wechsel zu Protest gehen lassen* —> Wechselprotest :: notice of protest || **to protest against** *demonstrieren gegen* || *protestieren gegen*

protest *Protest* || **protest rally** *Protestkundgebung* || **protest march** *Protestmarsch* || **to go to protest** [WechselR] *zu Protest gehen* z.B. einen Wechsel nicht honorieren —> notice of protest :: Wechselprotest || **note of protest** *Wechselprotest* [USA/U.C.C. § 3-509] [BRD/Art. 79 WechselG]

protocol *Protokoll* minute of transaction [VölkR] [dt.] ist der Oberbegriff zu Übereinkunft/Vertrag || **protocol of extension** *Verlängerungsprotokoll*

protracted default *anhaltender Zahlungsverzug*

provided for *vorgesehen* || **In as far as concerns the loss of nationality as provided for in the present article, the age or majority and minority and the conditions of capacity and representation shall be determined by the law of the contracting party whose nationality the person concerned possesses** *Für den in diesem Artikel vorgesehenen Verlust der Staatsangehörigkeit bestimmen sich die Volljährigkeit, die Minderjährigkeit und die Voraussetzungen der Ermächtigung und Vertretung nach den Gesetzes derjenigen Vertragspartei, deren Staatsangehörigkeit der Betreffende besitzt.*

provided that *[dies gilt] mit der Maßgabe, daß* ‖ *sofern* ‖ *vorausgesetzt* ‖ *unter der Voraussetzung, daß* ‖ *soweit*

provident nature, expenses of a ~ [SteuerR/D] *Vorsorgeaufwendungen* ‖ *Aufwendungen mit Vorsorgecharakter*, z.B. Versicherungsbeiträge, Bausparbeiträge

provision *Bestimmung* term ‖ warranty ‖ condition ‖ —> proviso ‖ **provision of central bank balances** [Bbank] *Bereitstellung von Zentralbankguthaben* ‖ **provisions for the administration of Article 9** *[wichtige] Bestimmungen für die Durchführung des Artikel 9*

provisional *vorläufig* ‖ **provisional tax return** [UStG/D] *Voranmeldung*

proviso *Bedingung* ‖ *Klausel* ‖ *Vorbehaltsklausel* ‖ **object to the proviso** [or: **with the proviso that**] *unter der Bedingung, daß [...]* ‖ **to make it a proviso** *etwas zur Bedingung machen* —> provision

proximity to the customer as a result of our regional focus *durch die Regionalisierung bedingte größere Kundennähe*

prudent *umsichtig* ‖ *vorsichtig* ‖ **prudent man of business** *umsichtiger Geschäftsmann*

public *öffentlich* ‖ *öffentlich-rechtlich* ‖ **public body** *öffentlich-rechtliche Körperschaft* ‖ **public buyer** *öffentlicher Abnehmer* such as ministry of finance, central bank or other governmental department, agency or office [guaranteed by the ministry of finance or central bank] ‖ **public company limited by shares** *Aktiengesellschaft* [GB] Entspricht etwa der dt. AG ‖ **public [sector] consumption** *Staatsverbrauch* ‖ **public creditors** *öffentliche Gläubiger* ‖ **public funds** [SteuerR/D] *[öffentliche] Fördermittel* ‖ **public law** *öffentliches Recht* ‖ **public limited company** *Handelsgesellschaft* [Abbr] P.L.C. ‖ *Aktiengesellschaft mit beschränkter Haftung* Unbeschränkte Mitgliederzahl, können sich zur Kapitalbeschaffung an die Öffentlichkeit wenden. Vorschriften über Berichterstattung und Bilanzveröffentlichung —> company, private ~ [USA] —> corporation ‖ **public resources** *öffentliche Mittel* ‖ **public sector** *öffentliche Haushalte* ‖ *Staat* ‖ *öffentliche Hand* ‖ **there was considerably less public sector borrowing** *die öffentliche Hand beanspruchte den Rentenmarkt deutlich weniger* ‖ **public sector bonds** *öffentliche Anleihen* ‖ **public sector issues** *Ausgabe von Anleihen der öffentlichen Hand* ‖ **public trustee** *öffentlicher Treuhänder* syn.: *staatliche Treuhandstelle*

publication *Veröffentlichung* ‖ **serial publication** *Veröffentlichung in Fortsetzungen* ‖ **volume publication** *Veröffentlichung in*

Buchform

to publish *veröffentlichen* ‖ *publizieren* ‖ **published price** *Ladenpreis*

publisher *Verleger* —> **publishing house** :: *Verlag*

pump-priming credit *Anschubfinanzierung [durch Kredit]*

purchase *Kauf*—> hire-purchase ‖ *Ankauf* [e.g., a picture which is added to an existing collection] ‖ *Einkauf* [the act of buying a thing, e.g. also purchasing department of a company] ‖ **purchase order** *Bestellung* —> order ‖ **purchase rate** [Bbank] *Rücknahmesatz* —> buying rate ‖ **hire purchase** *Teilzahlung* ‖ *Abzahlungskauf* ‖ *Ratenkauf* ‖ *Ratenzahlung[skauf]* —> installment ‖ **purchased service** [Buchf] *fremde Dienstleistungen* ‖ **merchandise purchased** [Bil] *bezogene Waren*

purchaser *Käufer*

purchasing officer *Einkäufer*

purity law [BierStG/D] *Reinheitsgebot* Bier darf nur aus Gerstenmalz, Hopfen oder best. Hopfenerzeugnissen, Hefe und Wasser hergestellt werden :: *German provisions ruling the brewing of beer forbid any ingredients other than barley, malt, hops or certain extracts of hop, yeast and water*

to purport *besagen* ‖ *darstellen* ‖ *zum Inhalt haben* ‖ *so tun als ob* ‖ *scheinbar [...]* ‖ **purporting to represent [a person]** *angeblich jmd. vertreten* [... gibt vor, ... zu vertreten]

purpose *Zweck* ‖ **for the purpose of** *im Sinne des [...]* ‖ **for the purpose among others** *insbesondere zum Zwecke der/des [...]* ‖ **organizational purpose** *Zweck der Unternehmung* ‖ *Geschäftszweck*

PVC [Verp] *PVC* **polyvinyl chloride** *Polyvinylchlorid*

pyrotechnic pistol [Bal] *Leuchtpistole*

PZN [Abbr] *Pharmazentralnummer* z.B. Code 39, ein 7-stelliger Strichcode auf Arzneimittelpackungen —> EAN

Q.B. [GB] [Abbr] **Queen's Bench Cases**

quadripartite committee *Viererausschuß* syn.: *Vierparteienausschuß*

qualified *autorisiert* ‖ *qualifiziert* ‖ *geeignet* ‖ *tauglich* ‖ *befugt* ‖ *eingeschränkt* ‖ *modifiziert* ‖ *bedingt* ‖ **except when qualified** *wenn nicht näher bestimmt*

quality *Qualität* ‖ *Güte* ‖ **quality assurance** [AMG] *Qualitätssicherung* ‖ **quality control** [Verp] *Qualitätskontrolle* ‖ **quality specification** [Verp] *Qualitätsvorschrift* ‖

quality stamp [Verp] *Qualitätsstempel* ‖ **quality standard** [Verp] *Qualitätsniveau* ‖ **quality wine** [Winz] *Qualitätswein*

quarantine regulations [Mar] *Quarantänebestimmungen*

quarring *Gewinnung von Erdöl*

quarter *Quartal* ‖ **within one month of the usual quarter** *innerhalb eines Monats nach dem jeweiligen Quartalstag*

quarterly averages *Vierteljahresdurchschnitte*

quasi-gifts [ErbStG] *gemischte Schenkungen* transfer of assets for a consideration less than their actual value

Queen *Königin [von England]* [Queen als Titel] **Queen Elizabeth the Second by Grace of God, of the United Kingdom of Great Britain and the Northern Ireland and of Her Realms and Territories Queen, Head of the Commonwealth, Defender of the Faith** *Elizabeth II, von Gottes Gnaden, des Vereinigten Königreiches Großbritannien und Nordirland sowie ihrer anderen Reiche und Hoheitsgebiete Königin, Oberhaupt des Commonwealth und Beschützerin des Glaubens* —> majesty —> sole corporation —> 1-Mann-Körperschaft ‖ **Queen's Bench Division** *Abteilung des High Court* für die allgemein streitige Gerichtsbarkeit [GB] [Common law] Zivil- und Strafgericht (auch Berufung) für Vertrags- und Schadensersatzsachen. Handelssachen können auch vor dem Commercial Court verhandelt werden. Drei Richter sind gleichzeitig am Restricted Practices Court tätig, ein Richter sitzt ferner dem Employment Appeal Tribunal bei. ‖ **Queen's Bench Divisional Court** *Beschwerdekammer bzw. Berufungskammer des High Court für Entscheidungen der Queen's Bench Division.* [GB] Appeal court exercising the appellate jurisdiction of the Queen's Bench Division. In civil cases, jurisdiction extends to supervisory matters relating to inferior courts and tribunals by way of applications for preoperative writs in habeas corpus.

question *Debatte* ‖ *Frage* ‖ **I move that the question be now put** *Ich beantrage den Schluß der Debatte*

quick *schnell* ‖ *liquide* ‖ **quick assets** *liquide Mittel* —> liquid assets ‖ **quick ratio** *Liquidität zweiten Grades* —> Liquiditätskennzahlen ‖ **as quick as possible** *zu einem möglichst frühen Zeitpunkt* ‖ *möglichst früh* ‖ *frühzeitig* ‖ **to expand quickly** *zügig expandieren*

quiet *ungestört* ‖ *friedlich* ‖ **warranty of quiet enjoyment** *Zusicherung des ungestörten Besitzes*

quorum *beschlußfähig* ‖ *Quorum* ‖ **to establish that the quorum was present** there was a quorum *feststellen, daß die Versammlung beschlußfähig ist*

quoted value [Bör] *Kurswert* syn.: *Börsenwert*

quotes [Bör] *Quotes* verbindliche Preiseingabe [in Computer] eines —> Market Makers für den An- bzw. Verkauf einer Aktie —> pink sheets || Freiverkehrsmakler

R&D *FuE* || *F+E* **Research and Development** *Forschung und Entwicklung* || **R&D prices** *F+E Preise* || *Preisnachlässe für besondere Personengruppen* [wie Studenten, Lehrer etc.]

R.P.C. [GB] [Abbr] *Veröffentlichung des Patentamts als Reports of Patent, Design and Trade Mark Cases*

races type statute [USA] *Eintragungssystem bei Grundstücken*, in einzelnen Staaten bestehende Gesetze, die bestimmen, daß bei Grundstückeintragungen in Grundstücksregister im Falle sich widersprechender Verfügungen die Ansprüche dem letzteintragenden Erwerber zufallen, d.h. Zeitpunkt der Eintragung ist maßgeblich. Der Erwerber eines Liegenschaftsrechts wird gegenüber zeitlich vorhergehenden Verfügungen die das Grundstück betreffen geschützt, wenn ihm als Erster die Eintragung beim recording office gelingt.

radic mode [Psych/Man] *partizipatives Verhalten* ein ausgeglichenes Verhältnis hinsichtlich der Berücksichtigung eigener und fremder Bedürfnisse in der sozialen Umwelt

raider [Bör] *Aufkäufer* [Börsen] Spekulant, der Aktien aufkauft

to raise *erhöhen* || *heraufsetzen* || *aufstocken* || **to raise revenue** [Steuern] *einnehmen* || *erheben* || **to raise the discount rate** [Bbank] *Diskontsatz heraufsetzen* || **to raise the limit [of ...] to [...]** *aufstocken* || **raising of lombard or special lombard loans** [Bbank] *Aufnahme von Lombard- bzw. Sonderlombardkrediten* || **for the purpose of raising revenue** *zur Erhöhung der öffentlichen Einnahmen* —> Bedarfsdeckungsmittel —> means

range *Palette* —> *Produktpalette* || *Sortiment* *variety* || **our range of products for new, successful international business contacts** *Unsere Produktpalette für neue erfolgreiche internationale Geschäftsverbindungen*

ranking *Rangfolge* —> syn.: *Ranking* || *Rangordnung* [InvR] Ordnung von Investitionsalternativen nach ihrem Vorteilskriterium

rate *Rate* || *Satz* || **rate for one-month funds** [monthly averages including changes due to working-day variations (e. g. in "short" Februaries)] [Bbank] *Monatsgeldsatz* [*Monatsdurchschnitte einschließlich kalendarisch bedingter Veränderungen (wie etwa in "kurzen" Februar-Monaten)*] || **low rate of inflation** *niedrige Preissteigerungsrate* || **rate of return** *Rendite*

‖ [InvR] *Effektivverzinsung des investierten Kapitals* —> return ‖ **internal rate of return method** *Methode des internen Zinsfußes* [Abbr] **IRR** [InvR] [nicht: interne Zinsfußmethode] *Dynamische Methode der Investitionsrechnung zur Ermittlung der internen Rendite* [—> rate of return]. Interne Zinsfuß entspricht Zinssatz, bei dem die auf den Bezugszeitpunkt abgezinsten Zahlungsströme der Investition gleich sind. ‖ **rate of saving** *Sparquote* ‖ **13.5% rate of saving remained at about the level of 1987** *die Sparquote verharrte mit 13,5% etwa auf dem Niveau des Vorjahres* ‖ **rate schedule** [VersR] *Prämientabelle* ‖ **rates for reversible assistance measures** [Bbank] *Sätze für reversible Ausgleichsoperationen* Wenn der Zugang zum Lombardkredit unmittelbar quantitativ begrenzt, kann der Tagesgeldsatz nach weitgehender Ausschöpfung des Lombardspielraums des Bankensystems den Lombardsatz deutlich übersteigen. Er richtet sich dann nach den für reversible A. gültigen Sätzen, mit denen die Bundesbank in diesen Fällen normalerweise für den Marktausgleich sorgen wird ‖ **rates in the capital market** [BankW] *Kapitalmarktsätze* ‖ *Zinssätze am Kapitalmarkt*

ratification [VölkR] *Ratifikation* Genehmigung der von den Unterhändlern [—> negotiators] ausgehandelten Verträgen. Die erfolgte Genehmigung muß dem Vertragspartner offiziell mitgeteilt werden [—> Nofizierung]. Erfolgt i.d.R. durch Austausch der entsprechenden Ratifikations- bzw. Notifikationsurkunde. Bei mehrseitigen Verträgen erfolgt die Ratifizierung im allgemeinen durch —> Hinterlegung (etwa bei der UNO oder einem —> Depositarstaat) ‖ **ratification, approval and acceptance** [VölkR] *Ratifikation, Genehmigung und Annahme*

to ratify [VölkR] *bestätigen* ‖ *ratifizieren* —> ratification

ratio decidendi *Grund[lage] einer richterlichen Entscheidung*

ratios *Verhältniszahlen* betriebswirtschaftliche Schlüsselzahlen. i.w.S. key numbers, sowohl absolute Zahlen [z. B. Umsatz, Vorräte etc.] als auch Verhältniszahlen. i.e.S. ratios (=Verhältniszahlen) ‖ **financial ratios** *finanzwirtschaftliche Kennzahlen*

rationalization effects *Rationalisierungseffekte* —> Synergie-Effekte :: synergy effects

rationing of loans *Kreditkontingentierung*

raw *Roh[...]* ‖ **raw coffee** [KaffeeStG] *Rohkaffee* ‖ **raw materials** [Buchf] *Rohstoffe* ‖ **expenditure for raw materials, supplies and merchandise purchased** [Bil] *Aufwendungen für Roh-, Hilfs- und Betriebsstoffe und für bezogene Waren*

re-registration [AMG] *Nachzulassung*

to reach *erreichen* ‖ **to reach mutual agreement** *gegenseitiges*

Einvernehmen herstellen || *sich verständigen [auf]* || **to reach 10%** *[...] liegen bei 10%* || **to reach its peak of 6.5% for [19..]** *[...] erreichen [19..] mit 6,5% [ihren] Jahreshöchststand* || **to reach the lowest level of the year** *[...] erreichen den niedrigsten Stand des Jahres* || **to reach a decision** *entscheiden*

reacting to the strong economic dynamism *unter dem Eindruck der starken Konjukturdynamik*

ready for use [EDV] [Abbr] **RFU** *technische Betriebsbereitschaft*

real *real* || **real estate broker** *Grundstücksmakler* || **real estate credit institution** *Bodenkreditinstitut* syn.: *[Grund]Bodenkreditbank* Befaßt sich mit der Gewährung von Realkrediten, d.h. Kredite gegen Grundpfandrechte. Mittelbeschaffung für ihre Ausleihungen durch Ausgabe von Pfandbriefen. Privatrechtlich organisiert als Hypothekenbank oder öffentlich-rechtliche [public sector real estate credit institution] als Landesbodenkreditanstalt oder Deutsche Pfandbrief[anstalt] :: German Pfandbrief || **real estate lease** *Immobilienpacht* Pacht von Grund und Boden und Gebäuden, wobei der Verpächter vom Pächter den Gebrauch der Immobilien für einen best. Zeitraum einräumt; der Pächter ist im Gegenzug zur Entrichtung des vereinbarten Pachtzinses verpflichtet || **real Gross National Product** *reales Bruttosozialprodukt* || **real private consumption** *realer privater Verbrauch* || **real property tax** [Steu-

erR/D] *Grundsteuer* communal tax levied on real property —> real property transfer tax || **real property transfer tax** [SteuerR/D] *Grunderwerbsteuer* communal tax of approx. 2% levied on acquisition of landed property || **in real terms** *real [...]* [wird den Prozentzahlen im Deutschen vorangestellt, z.B.: real 3%] || **real time processing** [EDV] *Echtzeitbetrieb*

realignment *Neuordnung der Wechselkurse* —> Europäisches Währungssystem || [Stat] *Anpassung*

reallocation of communal property *Umlegung* —> Flurbereinigung :: reparcelling

ream [of paper] *Ries* [Verp] Packungseinheit sortengleichen Planopapiers zu 500 Stück :: pack of 500 identical sheets of plano paper

reappraisal *Nachberechnung* || [InvR] *Neubeurteilung von durchgeführten Investitionen* nach einem best. Zeitraum durch Vergleich der einer Investitionsentscheidung zugrundeliegenden Annahmen mit der tatsächlichen Entwicklung

reason of, by ~ *für*

reasonable *angemessen* syn.: fair || proper || just || equitable || tolerate || honest || moderate || suitable under the circumstances || fit and appropriate to the end in view || Not immoderate or excessive || **if he acted under the reasonable belief** *unter den Umständen angemessene Annahme* || **to allow a reasonable time *zumutbare [Nach] Frist gewähren* || **reasonable force** [StGB] *mildestes Mittel zum Abwehr eines Angriffs* Bei der Notwehr hat der Handelnde grundsätzlich das mildere Mittel zur Verteidigung zu wählen, sonst Notwehrexcess :: excessive force || **reasonably allocated** *zweckmäßig zugeteilt* anweisen || zuteilen || zuweisen || Platz bestimmen für

recalling [VölkR/Präambel] *eingedenk* || *unter Hinweis*

recapitalization of equity for reorganization purposes *Umschichtung des Eigenkapitals zwecks Sanierung*

to recede *zurückgehen auf*

receipt *Empfang* || **receipt of notification** *Empfangsbestätigung* || **to acknowledge the receipt** *den Empfang bestätigen* || **upon receipt of** *nach Eingang von* || **[services] receipt** [Bbank] *Einnahmen* || **receipts [of taxes]** [SteuerR] *Aufkommen [an Steuern]*

receivables *Forderungen* || **receivables from affiliated companies** [Bil] *Forderungen gegen Unternehmen, mit denen ein Beteiligungsverhältnis besteht* || **receivables from Group companies** :: *Forderungen gegen verbundene Unternehmen*

to receive *erhalten*

received *eingegangen* || **a notification received** *eine eingegangene Notifikation* || **a sum has been received** *der Betrag ist eingegangen*

[official] receiver *Konkursverwalter*

receiving state *Empfängerland* || *Empfangsstaat*

reciprocity doctrine [USA] *Prinzip der Gegenseitigkeit*

recognition of the event of default *Anerkennung des Garantiefalles* —> event of default

recognized *anerkannt* —> *zugelassen* [a language recongnized for the purpose :: eine [für die Zwecke der Patentanmeldung] zugelassene Sprache

recommendation *Empfehlung* || **to make a recommendation** *eine Empfehlung abgeben* || **to address a recommendation** *eine Empfehlung vorlegen* richten an || **to give due and proper consideration to recommendations** *Empfehlungen gebührend berücksichtigen* || **recommendation authority** *Vorschlagsrecht* || **favourable recommendation** *etwas befürwortend zur Kenntnis bringen* to bring s.th. with a favourable recommendation to the notice of [...]

recommending *empfehlen* || *vorschlagen* || **we are recommending** *es wird vorgeschlagen*

reconstruction *Neubildung* ‖ *Sanierung* ‖ *Neugründung* ‖ *Neuorganisation* ‖ *Umbildung* ‖ *Umschichtung*

record *Aufzeichnung* ‖ *Eintrag* ‖ *Niederschrift* ‖ *Bericht* ‖ *Registrierung* ‖ *Buch* ‖ *Liste* ‖ *Verzeichnis* ‖ *Urkunde* ‖ *Zeugnis* ‖ **court of record** *ordentliches Gericht* ‖ **record date** *Stichtag* [der Eintragung] ‖ [USA] *Dividendentermin* Die im Aktionärsregister eingetragenen Aktionäre haben Anspruch auf Dividenenzahlung an diesem Stichtag —> Verfahren der Dividendenzahlung ‖ **record notice** *Grundbucheintrag* ‖ **record office** *Archiv* ‖ *Register* ‖ **share market achieved a record result** *der Aktiennmarkt erzielte ein Rekordergebnis* ‖ **off the records** *inoffiziell* ‖ *nicht für die Öffentlichkeit bestimmt* ‖ **on record** *verzeichnet* ‖ *nachgewiesen* ‖ *schriftlich belegt* ‖ **to go on record** *[für die Akten] erklären* ‖ *festhalten* ‖ *aktenkundig machen* ‖ **on the records** *offiziell* ‖ *für die Öffentlichkeit bestimmt*

to record *schriftlich niederlegen* ‖ *aufzeichnen* ‖ *festhalten* ‖ *registrieren* ‖ *aufschreiben* ‖ [Meßwerte] *aufzeichnen* ‖ *festhalten* ‖ *auftragen* ‖ [Radio] *mitschneiden* ‖ *zu Protokoll nehmen* ‖ *protokollieren* ‖ *beurkunden* ‖ **recorded delivery** *Zustellung [gegen Empfangsbestätigung]*

recorder [GB] *[nebenamtlicher] Einzelrichter* für Strafsachen an einem Quartalgericht/Crown Court ‖ *Registrator* ‖ *Archivar* ‖ *Protokollführer* ‖ [Tech] *Aufnahmegerät* ‖ *[Bild-|Kurven-] Schreiber*

recording *Eintragung* ‖ *Erhebung* ‖ **recording system** *Eintragungssystem* —> land records —> races type statute ‖ notice type statute ‖ notice-race type ‖ **statistical recording** [Stat] *statistische Erhebung*

recourse [on] *Rückgriff [auf]* ‖ **recourse to a credit** *Aufnahme eines Kredits* ‖ *Inanspruchnahme eines Kredits*

to recover *wiedererlangen* ‖ **to recover damages, profits or other compensation by legal proceedings** *auf dem Gerichtswege Schadensersatzzahlungen oder sonstige Leistungen erhalten* ‖ **to recover from** *sich erholen*

recoveries *Eingang bereits aufgegebener Forderungen*

recovery [InvR] *Rückfluß* —> *Kapitalrückfluß* ‖ *Wiedereinbürgerung* ‖ *Wiedererlangung* ‖ *Wiedergewinnung*

rectangle [Chartanalyse / Bör] *Rechteck* Formationen, die einen Trend bestätigen oder umkehren. Mit abnehmendem Volumen pendeln die Kurse zwischen zwei waagrechen Linien hin und her.

to rectify *beheben* ‖ **to rectify**

violations *Vertragsbrüche beheben* rückgängig machen

to recuperate *sich erholen*

red clause [Ex] *Red Clause* Vorschußleistung bei packing credits. Eine Art des Vorschußakkreditivs, bei der die Akkreditivstelle berechtigt ist, gegen einfache Verpflichtungserklärung zur termingerechten Nachlieferung/Einreichung der Dokumente Barvorschuß zu leisten. Bei Vorlage nach Versand erfolgt Verrechnung [der ungesichert geleisteten Vorschüsse]

Red Ensign [GB] *Red Ensign* Flagge der britischen Handelsmarine

redemption *Einlösung einer Anleihe* || *Einlösung eines Versicherungsfondsanteils* || *Rückkauf* || *Rücknahme von Fondsanteilen* || **redemption date** *Rückzahlungstermin* || *Anleihefälligkeit* || **redemptions** *Tilgung*

redhibition [§ 462 BGB] *Wandelung* —> reduction :: Minderung

to reduce *herabsetzen* || *mindern* || *reduzieren* || *abnehmen* || *verringern* || *verkleinern* || [Mil] *degradieren* || *verwandeln* || *fassen* || *niederlegen* || *zwingen* || *unterwerfen* || **to reduce [the] income** *zu Mindereinnahmen führen* || **to reduce to 2 years** *auf 2 Jahre herabsetzen*

reduction *Herabsetzung* —> to reduce || **reduction for tax purposes** *Steuerermäßigungen* || **reduction in price** [§ 462 BGB] *Minderung* || *Herabsetzung des Kaufpreises* reduction || lowering of the purchase price —> Wandelung :: redhibition || *Herabsetzung der Vergütung* [Werkvertrag] || **reduction in working hours** [Man/Org/ArbR] *Arbeitszeitverkürzung* || **reduction of debts to commercial banks** *Abbau von Bankschulden*

redundancy programme [Man / Org] *Sozialplan* Bei Ausstellung von Mitarbeitern [Entlassungen] durch Betriebsschließung [plant closure] oder neuen Arbeitsmethoden [working practice] und Fertigungsverfahren [production methods]

to refer to *sich beziehen auf* || *hinweisen auf* || *übergeben an* || *verweisen auf* || *vorlegen* || *[bei Gericht] zurückweisen an [eine Stelle]* || **referred to in paragraph 2** *in Absatz 2 aufgeführt* || **protocol referring to [...]** *Protokoll über [...]*

referee in bankruptcy *Konkursrichter* || **official referee** *amtlicher Sachverständiger* dem Supreme Court zugeteilt und von Richtern zur Bearbeitung spezieller Fragen [z. B. commercial cases] eingesetzt

reference *Bezugnahme* [auf einen Artikel] || *Hinweis* || **reference bank** *Referenzbank* —> LIBOR || **reference number [n°] of supplier** *Kommissionsnummer* || **with reference to** *Bezug nehmen auf* || *unter*

Bezug auf ‖ **reference wages** [ArbR] *Ecklöhne* syn.: *Tariflöhne* ‖ **terms of reference** *Aufgaben* ‖ *Aufgabenkreis* ‖ *Aufgabenstellung* ‖ *Zuständigkeitsbereich* ‖ *Richtlinien* ‖ *Verweisungen* ‖ **the commission's reference** *die der Kommission zugeteilten Aufgaben* ‖ **references** *Verweisungen* ‖ **Any reference in other enactments to provisions repealed by this Act shall be construed as references to the corresponding provisions of this Act, and any expression used in other enactments and amended by this Act shall be replaced by the corresponding expressions in this Act.** *Soweit in anderen Vorschriften auf Vorschriften verwiesen wird, die durch dieses Gesetz aufgehoben oder geändert werden, treten an ihre Stelle die entsprechenden Vorschriften oder Bezeichnungen dieses Gesetzes*

refinancing loans *Refinanzierungskredite* credits for the financing in the exporter's country or in a third country, of claims arising from supplier credits or direct credits

refined tin *reines Zinn*

refrigeration traffic [Transp] *Kühlverkehr*

refun [ZollW] *Erstattung*

refusal *Verweigerung* ‖ **the right of first refusal** *Vorkaufsrecht*

to refuse [PatR] *versagen* ‖ [Anmeldung ‖ application] *verweigern*

regard *Hinsicht* —> respect

to regard *[aufmerksam] betrachten* ‖ *ansehen* ‖ **to regard as** *betrachten als* ‖ *halten für* ‖ *auslegen* ‖ *berücksichtigen* ‖ *betreffen*

Regina [lat.] *Königin* ‖ **Regina vs. Meyers** *Vereinigtes Königreich gegen Meyers* ‖ **reasons for dismissing Appeal Regina v. Meyers** *Gründe für die Zurückweisung der Berufung in der Sache Meyers*

regional *regional* ‖ *Bezirk[-s...]* ‖ **regional administration** [VwO/NS., Rh.-Pf., N.-W.] *Bezirksregierung* Staatliche Verwaltungsbehörde des Regierungsbezirks. Landesmittelbehörde für alle Aufgaben der Landesverwaltung zuständig, die nicht ausdrücklich besonderen Behörden übertragen sind —> higher Land authority ‖ [VwO/Bayern] *Regierung* auf der Mittelstufe der Landesverwaltung stehende obere Verwaltungsbehörde (Bezirksregierung) —> regional commision ‖ **regional commission** [VwO/D] *Bezirksregierung* —> regional administration ‖ *Regionalkommission* ‖ **regional commissioner** [VwO/NS., N.-W., H., B.-W., Bayern, R.-P.] *Regierungspräsident* Vertreter der Landesregierung und Leiter der staatl. Verwaltung in seinem Bereich ‖ **regional court** [Jus/D] *Landgericht* —> High Court of Justice —> criminal court —> *Strafkammer* ‖ **regional focus** *Regionalisierung* ‖ re-

register　　　　　　　　　　　　　　　　　　　　regular

gional policy　*Regionalpolitik*

to register　*registrieren* ‖ *verzeichnen* ‖ *eintragen*

register　*Register[amt]* ‖ **register of patents**　[PatR] *Patentrolle* beim Deutschen Patentamt geführtes öffentliches Register der Patente und Patentanmeldungen

registered　*eingetragen* ‖ [PatR] *verfügungsberechtigt* —> Inhaber ‖ **registered bond**　*Namensschuldverschreibung* Anleihe lautet auf den Namen des Inhabers ‖ **registered proprietor**　[PatR] *Inhaber eines Patents* der in die Patentrolle eingetragene, rechtmäßige, allein verfügungsberechtigte Patentinhaber —> intellectual property ‖ industrial design ‖ tradmarks ‖ service marks ‖ copyright ‖ ornamental design ‖ **registered stock**　*Namensaktien* In den USA übliche Form der auf den Namen des Aktionärs ausgestellten Aktie. Die Übertragung der Aktie erfolgt durch Umschreibung im —> Aktienbuch der Gesellschaft —> Inhaberaktien

registrar [of the court]　*Urkundsbeamte [der Geschäftsstelle des Gerichts]* [in einzelnen Staaten Bezeichnung für den Urkundsbeamten im Bereich der Grundstücksurkunden] syn.: recorder ‖ register [officer authorized by law to keep a [public] record called a registry or register] ‖ registrant

registration　*Eintragung in ein öffentliches Register* ‖ *Registrierung* [§§ 39 ff. AMG] I.G.z. —> Zulassung sind keine Angaben über Wirkungen und Anwendungsgebiete zu machen bzw. keine Unterlagen und Gutachten über die pharmakologisch-toxische und klinische Prüfung eines Arzneimittels zu machen. Im wesentlichen muß es sich um ein Arzneimittel handeln, daß keinen besonderen Voraussetzungen unterliegt —> Fertigarzneimittel, das nach einer homöopathischen Verfahrenstechnik hergestellt wurde, für das noch keine Zulassung erteilt wurde —> AMG ‖ **registration of a letters patent**　[PatR] [Eintragung in die] *Patentrolle* [beim Patentamt]

registry　*Geschäftsstelle* ‖ **registry of a court of justice**　*Geschäftsstelle* [eines Gerichtshofes] ‖ **registry of companies**　*Handelsregistereintrag* [§ 91 HGB/Vollmachten des Handelsvertreters] öffentliches Verzeichnis zur Auskunft gegenüber jedermann, wer Vollkaufmann ist und deren Rechtsverhältnisse. Mit der Führung ist [§8 HGB, § 125 FGG] das Amtsgericht [als sogenanntes Registergericht] am Sitz des Unternehmens betraut

regression analysis　*Regressionsanalyse* Prognosetechnik auf der Basis statistischer Beziehungen einer abhängigen Variablen [endogene Variable ‖ Regressand] als Prognoseziel und dem Wert einer oder mehrerer erklärender Variablen [exogene Variable ‖ Regressor] mit Ansatz einer zufälligen Komponente [Störgröße]

regular　*regulär* ‖ *normal* ‖ *regelmäßig* ‖ *planmäßig* ‖ *fest* ‖ *Stamm[-...]* ‖ **regular motor fuel** [SteuerR/D] *Normalbenzin* two-star motor fuel ‖ **regular premium investment**　[InvF] *Anteilserwerb*

regulate   **relevant**

---

durch ein Sparprogramm eines Versicherungsfonds ‖ **regular premium scheme** [InvF] *Sparprogramm eines Versicherungsfonds* —> regular premium investment

to regulate   *anpassen* ‖ *regeln* ‖ *lenken* ‖ *ordnen* ‖ *regulieren* ‖ **regulating**   *regelnd*

regulations   *Verordnungen* ‖ *Bestimmungen* ‖ *Richtlinien* ‖ **regulations under the Patent Cooperation Treaty** *Ausführungsverordnung zum Vertrag über die internationale Zusammenarbeit auf dem Gebiet des Patentwesens* ‖ **to adopt regulations and directives and to make decisions**   *Verordnungen, Richtlinien und Entscheidungen erlassen* ‖ **laws and regulations** *Vorschriften, Gesetze und sonstige Verordnungen* ‖ **obligatory regulations**   *Mußvorschriften*

regulative tax [SteuerR] *Ordnungssteuer*

Reich   *Deutsches Reich* [Hist] erstes Deutsches Reich (911-1806) ‖ zweites Deutsches Reich (1871) ‖ Drittes Reich Third Reich (1933-1945) ‖ **Reich excise tax** [SteuerR] *Reichsverbrauchsteuern* ‖ **Reich finance administration**   *Reichsfinanzverwaltung* ‖ **Reich Law Gazette**   *Reichsgesetzblatt* [Abbr] *RGBl* [official gazette in which statutes were published up to 1945] —> Federal Law Gazette

to reimburse   *entschädigen* ‖ *[zu-*

rück]erstatten ‖ *vergüten* ‖ *[Kosten] decken* ‖ **to reimburse o.s. for** *sich schadlos halten*

reimbursement   *Rückerstattung* ‖ **reimbursement procedure**   *Rückerstattungsverfahren* ‖ **reimbursement undertaking**   *Rückerstattungsverpflichtung*

reinvested income   [InvF] *reinvestierte Kapitalerträge*

reinvestment   [InvR] *Reinvestition Wiedereinsatz der aus einem Investitionsobjekt zurückgeflossenen Mittel,* insb. —> *Ersatzinvestition*

rejection, the right of ~   *Recht der Abnahmeverweigerung*

related   *verbunden* ‖ *[darauf] bezogen* ‖ **expenditure for [[old-age pension] related benefits**   [Bil] *Aufwendungen für [mit der Altersversorgung verbundene] Unterstützung*

relationship behaviour   [Psych / Man] *mitarbeiterorientierte Führung* —> people-centered behaviour ‖ **relationships**   [Man/Org] *Kompetenzordnung*

release   [BetrVG] *Freistellung* ‖ [ZollW] *zollamtliche Überlassung* ‖ [ZollW] *Freigabe*

relevant   *entsprechend* ‖ *maßgeblich* ‖ *entsprechend* ‖ **relevant information**   *maßgebliche Auskünfte*

|| *sachdienliche Hinweise*

relief *Ermäßigung* || **tax relief** *Steuervergünstigung* || **reliefs asked** *Anträge* || **relief fund** *Unterstützungskasse* rechtsfähige Versorgungseinrichtung, die auf ihre Leistungen keinen Rechtsanspruch gewährt [§ 1[4] Betriebsrentengesetz]

relinquishment *Aufgabe des Eigentums* || *Verzicht auf Eigentum* —> renunciation

to relinquish voluntarily *[freiwillig] auf ein Recht verzichten* || *ein Recht aufgeben* —> to waive || renunciation

reloading, without immediate ~ [ZollW] *ohne Umladung des Inhalts*

to remain *verbleiben* || **to remain in force** *gelten weiterhin* || **to remain unchanged (at DM [...])** *unverändert bleiben [Betrag]* || **title and ownership remain in sellor** *Eigentum verbleibt beim Verkäufer* || **the rate of saving remained at about the level of 19.. [or: the previous year]** *die Sparqote verharrte etwa auf dem Niveau des [Jahres ...] [oder: Vorjahres]* || **remaining book value** *Restbuchwert* Bilanzwert eines Anlagegegenstandes am Ende des jeweiligen Jahres || **remaining deficit** [Bil] *verbleibender Fehlbetrag* || **remaining misc[ellaneous] operational expenditures** [Bil] *übrige sonstige betriebliche Aufwendungen* || **remaining useful life** *Restnutzungsdauer* Die verbleibende Nutzungsdauer eines Anlagegegenstandes nach Ablauf einer best. Zeit

to remand *zurückverweisen an höheres Gericht* verweist Sache an Vorinstanz zurück :: a case returned to a lower court is said to be remanded to such court —> procedendo

remarks *Erläuterungen* || **remarks on Deutsche BP AG's Balance Sheet** *Erläuterungen zur Bilanz Deutsche BP AG* || **remarks on the profit and loss account Deutsche BP AG** *Erläuterungen zur Gewinn- und Verlustrechnung Deutsche BP AG*

remedy [gerichtlich und außergerichtlich] *Rechtsbehelf* (i.w.S.) || *Rechtsmittel* (i.e.S.)

to remedy errors *Fehler bereinigen*

reminder copy *Reminder copy* || [nochmalige Zusendung einer Erinnerungs-] Kopie eines Briefes oder Fax, auf das innerhalb einer best. Frist keine Antwort eingegangen ist. || **reminder item** *Merkposten* mit einem Erinnerungswert [DM 1,-] angesetzter Bilanzposten || **reminder value** *Erinnerungswert* Nach dem Bilanzgrundsatz der Vollständigkeit sind alle voll abgeschriebenen Anlagegegenstände, die noch im Betrieb eingesetzt sind, in der Bilanz mit einem Erinnerungswert [syn.: Merkposten] von DM 1,- anzusetzen.

remittance *Überweisung* || The

Licensee shall furnish to the Patentee a statement showing the amount of royalty due and shall accompany the same with a ~ for the amount shown by such statement to be due [PatR] *Die Lizenznehmer erteilen (legen vor) jedem Patentinhaber eine Aufstellung über den Betrag der geschuldeten (fälligen) Lizenzgebühren und überweisen den gemäß der Abrechnung fälligen Betrag.* || **remittances of foreign workers** *Überweisungen ausländischer Arbeitskräfte*

removal *Entfernung* || *Entlassung* || **removal from office** [BetrVG] *Ausschluß* —> *entlassen* || *dismiss* || **removal of employees causing trouble in the establishment** [BetrVG] *Entfernung betriebsstörender Arbeitnehmer*

to renew a writ *Vorladung erneuern*

renewal *Erneuerung* || *Verlängerung* || **renewal or replacement** *Verlängerung oder Ablösung* || **renewal fees** *Verlängerungsgebühren*

renovation [Bil] *Renovierungsbedarf*

rent [meist pl.] *Mieteinkünfte* || **to be entitled to the rent** *Anspruch auf Mieteinkünfte haben* || **Rent Act** *Mieterschutzgesetz* || **rent deductions** [Buchf] *Mietabzüge* || **rent review** *Neufestsetzung von Mieten*

|| **rent under long lease** *Erbbauzins* —> *ground rent*

rental and leasing agreements [Bil] *Miet- und Leasingverträge* || **rental income** [SteuerR] *Erträge aus Vermietungen und Verpachtungen* || **rentals** *Vermietungen* Produkte, die einem Kunden nicht verkauft, sondern gegen eine best. Gebühr auf best. Zeit zur Verfügung gestellt werden

rented property, luxurious ~ [Bil] *luxuriöse Mietobjekte*

renunciation [§§ 1944 f. BGB] [ErbR] *Ausschlagung* —> *relinquishment* || *Aufgabe des Eigentums* [U.C.C. § 1-107] einseitige Willenserklärung eines Rechtsinhabers, auf bestimmte Ansprüche aus einem Vertrag [Urkunde] ohne Gegenleistung zu verzichten —> syn.: *relinquishment*

reorganization *Umschichtung des Eigenkapitals zwecks Sanierung*

recapitalization [Bil] *Umstellung*

to repair a breach of contract *rückgängig machen* || [Vertrag] *wiedergutmachen*

reparcelling *Flurbereinigung* delineating property by metes and bounds; reparcelling of the agricultural land of a community [in order to improve exploitation purposes] I.G.z —> *Umlegung* :: reallocation of communal plots for the development or re-organization of estate property] dient die Flurbereinigung der Förderung forst- und landwirtschaftlicher Flächennutzung

repayment *Tilgung* || **repayment of a credit** *Abdeckung eines Kredits [durch Rückzahlung]* || **repayment of long-term loans** *Abdeckung langfristiger Kredite* || **repayment of lombard loans** *Tilgung von Lombardkrediten* || **repayment for a loss** *Entschädigungszahlung* || *Entschädigungsbetrag*

to repeal a statute *aufheben* [Gesetz] || *außer kraft setzen*

repetitive sales - single buyer policy *Rahmengarantie (je Kunde)* —> medium-term policy

replacement [VölkR] *Ablösung* z.B. eines Vertrages durch einen anderen || **replacement investment** [InvR] *Ersatzinvestition* Investition zum Ersatz einer alten durch eine neue Anlage. Bei hierdurch erzielter Wirtschaftlichkeitsverbesserung —> Rationalisierungsinvestition; bei Verbesserung der Kapazitätauslastung —> Erweiterungsinvestition

report of the Board of Managing Directors *Bericht des Vorstandes*

reported *ausweisen* —> reported earnings || **reported earnings** *Gewinnausweis* disclosure of earnings :: ausgewiesener Gewinn, d. h. Offenlegung des Gewinns im —> Jahresabschluß —> Dividendenpolitik

reporter system [USA] *Entschei-*

dungssammlung[ssystem]

to repossess *Wiederinbesitznahme* wieder in Besitz nehmen || [selten] *zurückgeben*

to represent *gewährleisten* || *repräsentieren* || *darstellen* || **the licensor represents and warrants** *der LG gewährleistet, ...* || *der LG versichert, ...*

representation [VersR] *Tatsachendarlegung des zu übernehmenden Risikos* [detaillierte Beschreibung im Versicherungsvertrag]. Bei falschen Angaben —>misrepresentation, d.h. eine falsche Darstellung von Tatsachen bezüglich des zu übernehmenden Risikos durch den Versicherungsnehmer gegenüber dem Versicherungsgeber. || *Erläuterungen zum Vertragsgegenstand* || *Erklärungen* || *Angaben* || *Behauptungen* || *Zusicherungen* bezüglich des Vertragsgegenstandes, die von den Parteien gemacht werden, bevor der Vertrag geschlossen wird. Diese Abreden sind nicht Inhalt des Vertrags und berechtigen die Parteien nicht, ihre Klage bei Vertragsbruch darauf zu stützen —> misrepresentation || **representation allowance** [PersW] *Aufwandsentschädigung* || *Bewirtungsaufwendungen* syn.: [coll] *Spesen* || *Geschäftsfreundebewirtung* Bewirtungsaufwendungen für Geschäftsfreunde, d. h. Personen, die nicht Arbeitnehmer des Steuerpflichtigen sind nach § 4 II EStG || **representation of young and trainee employees** [BetrVG] *Jugend- und Auszubildendenvertretung*

representative [VwO/D] *Abgeordneter* ‖ *persönlicher Vertreter* ‖ *Bevollmächtigter* syn.: agent [includes an agent, an officer of a corporation or association, and a trustee, executor or adminstrator of an estate, or any other person empowered to act for another] ‖ **personal representative** *Nachlaßverwalter*‖ **most representative** *maßgebend*

repression *Bekämpfung* suppression :: *Verhinderung*

repudiated, to consider a contract as ~ *einen Vertrag als gebrochen betrachten*

repudiation risk *Annahmerisiko*

repurchase *Rücknahme* ‖ *Rückkauf* ‖ **repurchases** *Rückläufe* ‖ **repurchase of stock** [AktienR] *Erwerb eigener Aktien* —> acquisition :: *Erwerb* ‖ **repurchase rate** [Bbank] *Rücknahmesatz*—> buying rate ‖ [Bbank] *Pensionssatz* [average monthly interest rate for one-month securities repurchase agreements; uniform allotment rate (volume tenders, "Dutch" interest rate tenders) or weighted allotment rate "US-style" interest rate tenders) :: *Monatsdurchschnittlicher Zinssatz für Wertpapierpensionsgeschäfte mit einmonatiger Laufzeit; einheitlicher Zuteilungssatz (Mengentender "holländische" Zinstender) bzw. gewichteter Zuteilungssatz ("amerikanische" Zinstender)* ‖ **repurchase transaction in securities** [Bbank] *Wertpapierpensionsgeschäft* Geschäfte, bei denen der Pensionsgeber Vermögensgegenstände wie Wechsel, Forderungen oder Wertpapiere gegen Zahlung eines Betrages auf einen Pensionsnehmer mit der Vereinbarung überträgt, daß der Pensionsnehmer verpflichtet oder auch berechtigt ist, die Vermögensgegenstände zu einem best. bzw. noch zu bestimmenden Zeitpunkt zurückzuübertragen

request *Antrag* ‖ *Ersuchen* ‖ **at the request of** *auf Antrag von* ‖ *auf Ersuchen von* ‖ **request and certificate of guarantee** *Antrag und Garantiebescheinigung* ‖ **request for reimbursement** *Rückerstattungsantrag* —> reimbursement procedure ‖ **requests for appropriations** *Mittelanforderungen* ‖ **offers and requests** *Angebote und Gesuche*

to require *jmd. etwas auferlegen* ‖ *erfordern* ‖ *auffordern* ‖ *ersuchen* ‖ *unterwerfen* [Bestimmungen] ‖ *verpflichten zu* ‖ [VölkR] **No provision of this article shall be construed to require any state to** [...] *Dieser Artikel ist nicht so auszulegen, als verpflichte er einen Vertragsstaat, [...]*

required *gefordert* ‖ **required rate of return** *Mindestrendite* —> *Renditeforderungen* [InvR] *von den Kapitalgebern erwartete bzw. geforderte Mindestverzinsung des von ihnen eingesetzten Kapitals [identisch mit den Kapitalkosten der Unternehmung]* ‖ **as required** *nach Bedarf* ‖ **if so required** *auf Anfrage* ‖ *auf Antrag* ‖ [selten] *auf Verlangen*

requirement[s] *Bedarf* demand ‖ needs ‖ *Bedürfnisse* ‖ *Anforderungen* ‖ *Erfordernisse* ‖ *Voraussetzungen* ‖ **requirements engineering** *Requirements Engineering* Festlegen von Anforderungen an ein Computersystem / Softwareprodukt etc. zur Feststellung des Leistungsumfangs z.B. eines betrieblichen Informationssystems ‖ **according to requirements** *nach Bedarf* ‖ **to meet legal / constitutional requirements** *rechtliche / verfassungsmäßige Voraussetzungen erfüllen*

requisition *Beschlagnahme* The taking over of property by a government for its own use, with or without compensation

re-rating of portfolios [InvF] *Neubewertung von Portefeuille*

res judicata *rechtskräftiges Urteil* ‖ *unabänderliches Urteil* formelle Rechtskraft eines Urteils ist erreicht, wenn das Urteil nicht mehr angefochten werden kann ‖ **res judicata effect** [USA] *Rechtskraft eines Urteils*

resale [ZollW] *Weiterverkauf*

research and development *Forschung und Entwicklung* [Abbr] **R&D** *FuE*

reservation *Vorbehalt* ‖ **to make a reservation** *einen Vorbehalt machen / vorbringen / anbringen / geltend machen / äußern* ‖ **to with-**

draw a reservation *einen Vorbehalt widerrufen / zurücknehmen / fallenlassen / rückgängig machen*

reserve *Wertberichtigung* —> valuation allowance ‖ **reserve positions in the IMF** *IWF-Reservepositionen* ‖ **reserve ratio for growth [over the average level]** [Bbank] *Zuwachs-Mindestreservesatz* —> incremental reserve ratio ‖ **reserves** *Pensionsrückstellungen* reserves sind langfristige Rückstellungen einschließlich Pensionsrückstellungen —> Rückstellungen/reserves ‖ **global money reserves** [W/Z] *Weltwährungsreserven* ‖ **hidden reserves** [Bil] *stille Reserven* ‖ *stille Rücklagen* —> secret reserves. Durch Unterbewertung von Aktiva oder Nichtaktivierung aktivierungsfähiger Wirtschaftsgüter bzw. Überbewertung von Passiva entstandene Reserven, die nicht aus der Bilanz ersichtlich sind. [BRD] bis 1965 bedeutendes Instrument der Dividenenpolitik. Übermäßige Bildung solcher Reserven ist nach dem Prinzip der Bilanzwahrheit ein aktienrechtlicher Verstoß [Gewinn ist für die Aktionäre effektiv nicht zu ermitteln]. Regelung in USA u.a. durch GAAP. ‖ **inner reserves** [Bil] *innere Reserven*

reserved, rights are ~ by the proprietor *das Recht verbleibt beim Inhaber*

reservoir of offers *Vielfalt von Angeboten*

residence *tatsächlicher Wohnsitz* —> domicile ‖ **residence tax** [SteuerR/Baden-Württemberg] *Einwohnersteuer* local [poll] tax

resident *ansässig* || [SteuerR/Bör] *Inländer* || *Deviseninländer* || *Gebietsansässiger* || [ZollW] **non-resident convertibility** *Konvertibilität für Gebietsfremde / Devisenausländer* || **resident convertibility** *Konvertibilität für Gebietsansässige / Deviseninländer* || **resident in its territory** *in diesem Hoheitsgebiet ansässige Person* || *seinen Wohnsitz in diesem Hoheitsgebiet haben*

residential construction *Wohnungsbau* || **residential lots** *Wohnparzellen*

residual *als Rest errechnet* || **residual maturity in years** [BankW] *Restlaufzeit in Jahren* || **residual term** *Restlaufzeit* || **residual theory of dividends** *Residualtheorie der Dividenden* [Profittheorie] über die optimale Dividendenpolitik. Gewinne der Aktiengesellschaft sollen nur solange thesauriert [—> Selbstfinanzierung] werden, wie die damit im Unternehmen erzielbare Rendite über der Rendite von Kapitalanlagen liegt, die durch die Aktionäre bei vergleichbarem Risiko selbst erzielt werden könnte (sonst Ausschüttung der Gewinne)

resolution *Entscheidung* || *Entschließung* || *Entschluß* || **resolution on the Utilization of the Balance Sheet Profit** [Bil] *Beschluß über die Verwendung des Bilanzgewinns* || *Gewinnverwendungsbeschluß der Hauptversammlung der AG* —> Gewinn || *Rücklagen* || *Ausschüttungsbetrag* || *Aufwand* —> *Dividendenausschüttung*

resolved [VölkR/Präambel] *in dem Entschluß* || *entschlossen* || *gewillt*

to resort to *in Anspruch nehmen* || *Gebrauch machen von* || *Zuflucht nehmen zu*

resource allocation role [Psych] [Soz] *[Rolle des] Ressourcenverteiler*

resources *Hilfsquellen* || *Ressourcen* Mittel, die in die Produktion von Gütern oder Dienstleistungen eingehen || [EWG-Präambel] *Wirtschaftskräfte* || **natural resources** [VWL] *Produktionsfaktor Boden* || *Bodenschätze* || *Naturschätze*

respect *Hinsicht* —> regard || **in respect of** *für* || *hinsichtlich* || **in this respect** *in dieser Hinsicht* || **in this respect / in many respects** *in mancher / vielerlei Hinsicht* *in a way* :: *in gewisser Weise* || **in every respect** *in jeder Hinsicht* || **having respect to [...]** *im Hinblick auf [...]* || *mit Rücksicht auf* || *eingedenk*

respective *jeweils*

respite [§§ 455 ff. StPO] *Strafaufschub* || *Vollzugsaussetzung* || *Aussetzung des Vollzugs*

respondent [Prozeßpartei] *Beklagte*

responsibility *Verantwortlichkeit* —> accountability || **responsibility accounting** *verantwortungsorientiertes Rechnungswesen* || **advisory and service responsibility** *Beratungsfunktion* [Abbr] A/S responsibility || **critical responsibility** *Verantwortlichkeit für Unternehmenshauptziele* —> accountability || **reserved responsibility** *Verantwortlichkeit für Aufgaben* [die nicht delegiert werden] || **terminal responsibility** *Gesamtverantwortung*

restitution in species *Leistung in Naturalien* besser: —> *Naturalherstellung* syn.: *Naturalrestitution* [§§ 249 ff BGB] —> *Schadensersatz*

to restore to the market *wieder in das Angebot [auf]genommen werden*

restraining notices [USA] *Verfügungsverbote*

restricted *begrenzt* || *beschränkt* || *bewirtschaftet* || *nur für den Dienstgebrauch* || *vorbehaltlich* || **restricted committee** *engerer Ausschuß* || *engere Rechtsausschüsse* (von Juristen) zur Untersuchung von Gesetzesvorlagen || **Restricted Practices Court** *Kartellgericht* Gericht für Wettbewerbsbeschränkung nach dem Restricted Practices Act, 1956 || **restricted trading agreements** *Preisabsprachen* i.S.v. *Wettbewerbsabsprachen*

restriction *Beschränkung* || *Kontingentierung* || *Einschränkung* || **restriction of loans** *Kreditkontigentierung* || **restriction of title** *Eigentumsbeschränkung* || **currency and bank accounts restrictions** *Währungs- und Devisenbeschränkung*

restrictive covenant *dinglich gesicherter Vorbehalt* z.B. über die Nutzung einer Sache bzw. das Verbot bestimmter Nutzungen || *Konkurrenzverbot* —> covenant

restructure existing loans to a longer-term basis *Umschuldungen zu längeren Kreditlaufzeiten vornehmen*

restructuring [Bil] *Neuordnung*

result *Ergebnis* || **to achieve a better result** *ein besseres Ergebnis erreichen* || *eine Verbessunger des Ergebnisses erzielen*

retail *Einzelhandel* || **closed and sealed retail packages** *geschlossene verkaufsfertige Kleinverkaufsverpackung* || **retail price** [SteuerR/D] *Einzelhandelspreis* —> *Kleinverkaufspreis* || **retail sector** [Bil/BP] *Tankstellensektor*

to retain *beibehalten* || **nationals shall not be authorized to retain their former nationality** *die Beibehaltung der vorherigen Staatsangehörigkeit ist ihnen zu versagen* || **to retain a legal minimum quota** *gesetzliche Mindestbeteiligung be-*

halten ‖ **retained earnings and paid-in surplus** [AuxT] *Gewinnrücklagen* entstehen hauptsächlich durch Einbehalten von Gewinnen. [USA] bes. Aktienagio, das in den amerikanischen Bilanzen als paid-in surplus (or: additional paid-in capital) ausgewiesen wird. [BRD] Einstellung des Aktienagio in gesetzliche Rücklagen vorgeschrieben ‖ **retained percentage of loss** *Haftungsbeteiligung* syn.: *Risikobeteiligung* ‖ *Verlustbeteiligung* —> insured's retention

retention [VersR] *Selbstbehalt* ‖ **retention of earnings** *Selbstfinanzierung* internal equity financing. Finanzierung aus einbehaltenen Gewinnen ‖ [VWL] *Gewinnakkumulation* ‖ [BWL] *Gewinnthesaurierung* wodurch neues Eigenkapital gebildet wird; teilweise als —> Eigenfinanzierung [Finanzierung mit Eigenkapital]. ‖ **retention of title** *Eigentumsvorbehalt* ‖ **[earnings] retention rate** *Selbstfinanzierungsquote* syn.: *Selbstfinanzierungsrate* Verhältnis von einbehaltenem Gewinn zu Gesamtgewinn ‖ **commercial bank retention** *Risikobeteiligung der Geschäftsbank*

retirement [Absch] *Abgang* Ausscheiden von Anlagegegenständen aus dem Betrieb ‖ **normal retirement age** *normales Pensionsalter* i.d.R. das vollendete 65. Lebensjahr ‖ **income from the retirement of fixed assets** [Bil] *Erträge aus dem Abgang von Gegenständen des Anlagevermögen* ‖ **retirement pension** *Alterspension* syn.: **old-age pension**

to return *rentieren* ‖ *sich lohnen* ‖ *etwas abwerfen* ‖ *profitabel sein* ‖ *zurückreichen* [anbei reichen wir [Unterlagen] zurück :: we return [...] as enclosure ‖ *zurückgeben* ‖ *übermitteln* ‖ *retournieren* rücksenden nicht verkaufter Exemplare

return *Entgelt* ‖ *Gegenleistung* ‖ *Aktien-/Dividendenrendite* ‖ *Rendite* ‖ [InvR] *Effektivverzinsung des investierten Kapitals* syn.: —> [rate of] return ‖ [Buchf] *Rücksendung* ‖ *Rückgabe* ‖ *Rücklauf* ‖ *Wiederkehr* ‖ ‖ *Rückfall* ‖ *Zustellungsurkunde* ‖ *Rückvorlage eines Vollstreckungsbefehls* (mit Vollzugsbericht) ‖ *Vollzugsbericht* [des Gerichtsvollziehers] ‖ *Stellungnahme* ‖ *Erklärung* [Steuer] ‖ *amtliches [Parlaments-] Wahlergebnis* ‖ **annual return** *Jahresbericht* ‖ *Jahresausweis* ‖ **bank return** *Bankausweis* Überblick der Transaktionen [Geldmarktsituation], eine Art verkürzte Bilanz der Zentralnotenbank von England ‖ **false return** *mangelhafter oder nicht ordnungsgemäßer Nachweis über die Zustellung* [BRD §§ 166-213 ZPO] (Zustellungsnachweis) eines amtlichen Schriftstückes an eine Partei in einem Rechtsstreit [durch Zustellbeamten] ‖ **notice with return receipt** *Mitteilung per Einschreiben mit Rückschein* [zustellen/zugehen lassen] ‖ **on sale or return** [Ware] *in Kommission* ‖ **required rate of return** *Mindestrendite* —> Renditeforderungen ‖ **without return** *unentgeltlich* ‖ *kostenlos* ‖ **return cargo** *Rückfracht* ‖ **return copies** [Buch] *Remittenten* ‖

return day [Fed.R.Civil P. 4] *Vorlagetermin* [Rückvorlage eines Zustellungsnachweises] bei Gericht für die mit der Übergabe eines Schriftstückes betrauten Person über den Vollzug [BRD/§§ 190-192 ZPO Zustellungsurkunde —> false return ‖ **return of capital** *Kapitalrückzahlung* [BRD] Rückzahlung von Grundkapital an die Aktionäre [i.r. einer Kapitalherabsetzung nach §§ 222 ff. AktienG]. [USA] Rückzahlung von paid-in capital (—> Eigenkapital) an die Aktionäre. Syn.: —> liquidating dividend ist unzutreffend, da es sich dabei in Wirklichkeit um keine Dividende handelt ‖ **return of premium** [Vers] *Prämienrückgewähr* ‖ *Prämienrückzahlung* ‖ *Ristorno* ‖ **return on equity** *Eigenkapitalrendite* Verhältnis von Gewinn zu Eigenkapital ‖ **return on investment** *Anlagenrendite* [Abbr] **ROI** ‖ **return on stock** *Aktienrendite* Verzinsung des eingesetzten Kapitals + Kursgewinne ./. Kursverluste in Bezug auf Anlagezeit: (lfd. Verzinsung + Kursgewinn (Kursverlust) : Laufzeit) x (100:Kurs) ‖ **return postage** *Rückporto* ‖ **returns** *Erträge* ‖ *Einnahmen* ‖ *Gewinne* ‖ *Abrechnungsblätter* ‖ **to make full and true returns under oath** *genaue und beeidete Abrechnungsblätter [oder: Abrechnungsunterlagen] vorlegen* ‖ ‖ **customs returns** *Zollerträge* ‖ **returns and exchanges** [Buchf] *Rücksendungen und Umtäusche* ‖ **election returns** [WahlR] *amtliches Endergebnis der Wahl* ‖ *amtliches Wahlergebnis*

returnable package [Verp] *Pfand-*
verpackung syn: *Leihverpackung* ‖ *Mehrwegverpackung*

revaluation [Währung] *Aufwertung* ‖ [Buchf] *Nachberechnung* ‖ [InvR] —> syn.: reappraisal *Neubeurteilung* ‖ [Buchf] *Wertberichtigung* —> valuation allowance

revenue *[Staats] Einnahmen* ‖ **revenue authorities** *Finanzbehörden* ‖ *Steuerbehörden* ‖ *Fiskus* ‖ **revenue duties** *Finanzzoll* ‖ *Fiskalzölle* Zoll auf Waren, die im Importland meist aus klimatischen oder anderen Gründen nicht oder nur in geringen Mengen hergestellt werden [in europ. Ländern z. B. Kaffee; Tee; Tabak]. F. belastet die Waren nach Art einer —> indirekten Verbrauchsteuer. F. ist mit der Politik der Nichteinmischung des Staates in den Außenhandel vereinbar —> Erziehungszoll ‖ Schutzzoll ‖ **revenue expenditure** *erfolgswirksame Kosten* [Absch] —> capital expenditure :: *aktivierungspflichtige Kosten* ‖ *Kapitalaufwand zum Ersatz verbrauchter Waren* ‖ **revenue office** syn.: **revenue board** [GB] *Finanzamt* ‖ **government revenue** *öffentliche Einnahmen* ‖ *Staatseinnahmen* ‖ **internal revenue** *Steueraufkommen*

reverse, the ~ was true of [+ n.] *umgekehrt war die Situation bei*

to revert [arch] *anheimfallen*‖ *wieder übergehen auf* ‖ **property that reverts to the Crown/to the state** *an den Fiskus zurückfallen* ‖ [PatR]

The licence shall revert to the proprietor *die Lizenz fällt an den Inhaber zurück*

review *Kontrolle* || *Überprüfung* || historical review *geschichtlicher Rückblick* to look back in history || review of norm *Normenkontrolle* judicial review of provisions so as to assure that they are consistent with the constitution; exercise of this control generally lies with all courts, especially administrative courts, and the constitutional court || in the year under review *im Berichtszeitraum*

to revise *berichtigen* || *ändern* || *überarbeiten* || *nachbessern* || *auf den neuesten Stand bringen* up-date

to revoke a will *Testament widerrufen*

revolver [Bal] *Revolver*

revolving [BankW] *revolvierend* || *automatisch verlängern* [fortlaufend kurzfristige Anschlußfinanzierung] || revolving credit *Revolving-Kredit* syn.: *revolvierender Kredit* [fortlaufend prolongiertes Schuldscheindarlehen] || revolving fund *Umlauffonds* || revolving leasing [Leas] *Revolving-Leasing* Leasinggeber verpflichtet sich gegenüber Leasingnehmer zum Austausch bestimmter Ausrüstungsgegenstände [Leasinggegenstände] nach bestimmten Nutzungsfristen bzw. auf Wunsch des Leasingnehmers.

reward *Entgelt* || *Finderlohn* ||

Belohnung || reward power [Man/Psych] *Macht durch die Möglichkeit, Belohnungen zu vergeben*|| reward system [PersW] *Belohnungssystem*

RFU [EDV] *RFU* ready for use *technische Betriebsbereitschaft*

RGBl —> *Reichsgesetzblatt* Reich Law Gazette

Rhineland-Palatinate [BLand/D] *Rheinland-Pfalz*

rifle [Bal] *Büchse* Gewehr mit gezogenem Lauf :: long-barreled weapon

right *Recht* || *Anspruch* || right of action *Klagerecht* || *Klagebefugnis* || right of benefit[s] *Leistungsanspruch*|| right of first refusal *Vorkaufsrecht* || right of notice *Kündigungsrecht* || right of persuing title *Verfolgungsrecht* || *Recht zur Wiederergreifung einer abhandengekommenen Sache* right of recovery of a lost object or article || right of redemption *Rückerwerbsrecht* [USA] Schuldner erwirbt bei voller Tilgung Recht auf Rückerwerb des Grundstücks gegenüber dem Hypothekengläubiger || right of visit and search [Mar] *Durchsuchungsrecht* || right to a dividend *Recht auf Dividende*—> *Dividendenanspruch* || right to a share in the residual assets on liquidation *Recht auf Anteil am Liquidationserlös* —> common stock || right to be elected [WahlR] *passives Wahlrecht*

300

‖ **right to counsel** [ZPO] *Beratungsrecht* [Minderbemittelter] —> *appeal in forma pauperis* :: *Prozeßkostenhilfe* ‖ **right to examine the goods** [ZollW] *Beschau der angemeldeten Waren* —> presentation :: Gestellung ‖ **right to future pension benefits** *Pensionsanwartschaft entsteht mit der* —> *Pensionszusage und beinhaltet einen aufschiebend bedingten* —> *Pensionsanspruch, der bei Eintritt des* —> *Versorgungsfalls wirksam wird* ‖ **right to issue bank notes** [Bbank] *Notenausgaberecht* —> authority to [...] ‖ **right to strike** [ArbR] Art. 9 GG *Streikrecht* —> *Aussperrung* :: *lockout* ‖ **in his own right** *kraft eigenen Rechts* ‖ **legal rights and duties** *Rechte und Pflichten* ‖ **capable of rights and liable of duties** [Definition der Person] *jemand, der Rechte und Pflichten haben kann*

riot *Aufruhr*

to rise *beleben* ‖ [...] **rose strongly** :: [...] *belebte sich stark* —> *Anstieg* ‖ *steigen* —> increase ‖ increment ‖ *Anhebung* ‖ **to rise by a relatively high 2.5%** *mit 2,5% relativ kräftig steigen* ‖ **to rise by DM 1.3 billion DM to 3.3 billion** *um 1,3 Mrd DM auf 3,3 Mrd DM zunehmen* ‖ **operating results rose** *Betriebsergebnis konnte gesteigert werden* ‖ **rising sales** [Bil] *Umsatzsteigerung* ‖ **rise in central bank money** [Bbank] *Anstieg der Bestände an Zentralbankgeld* ‖ **rise in the number of employed persons** [Stat] *Anstieg der Beschäftigung* ‖ *Beschäfti-gungszuwachs* ‖ **large rise in interest rates** [Bbank] *kräftiger Anstieg der Zinsen* ‖ *starker Zinsauftrieb*

risk *Gefahr[enlage]* ‖ *Risiko* ‖ **the care must be commensurate with the risk** *die Sorgfalt muß sich nach der Gefahrenlage richten* —> risk :: Risiko ‖ **the goods shall nevertheless remain at the Sellor's risk until delivery has been completed** *Risiko / Gefahren bleiben bei Verkäufer bis zur vollständigen Auslieferung der Liefergegenstände* ‖ **at the sellor's risk** *auf Rechnung und Gefahr des Verkäufers* ‖ **commercial risks coverage** *Deckung kommerzieller Risiken* ‖ **risks covered** *gedeckte Risiken* ‖ **risks guaranteed** *gedeckte Risiken* syn.: **risks covered** ‖ **risk of cancellation of the contract** *Risiko der Vertragsstornierung* ‖ **risk of confiscation** *Konfiskationsrisiko* —> confiscation ‖ **risk of disputes** *Streitrisiko* ‖ **risk of exchange rate fluctuations** *Kursschwankungsrisiko* ‖ **risk of incovertibility** *Konvertierungsrisiko* —> convertibility :: Konvertibilität ‖ **risk of insolvency** *Insolvenzrisiko* —> insolvency ‖ **risk of non-acceptance** *Annahmerisiko* —> repudiation risk ‖ **risk of protracted default** *Risiko des anhaltenden Zahlungsverzugs* —> protracted default

road transport tax [SteuerR/D] *Straßengüterverkehrsteuer*

roadstead [Mar] *Reede*

roasted coffee [KaffeeStG] *Röstkaffee*

rock salt [sodium chloride in the form of ~] [SalzStG] *Steinsalz*

rod form [Tech] *stabförmig*

ROI [Abbr] *ROI—>* return on investment

role *Rolle* || **role plays** [PersW] *Rollenspiele* || **to play a role here** [... die hier] *zum Tragen kommen*

rollback *Rollback* || *Rückschritt* [GATT] in den einzelnen Verhandlungsrunden (Zollrunden) der weitere Abbau von Handelshemmnissen. Bislang konnte man sich jedoch nur darauf verständigen, die bestehenden Handelshemmnisse nicht weiter auszubauen —> stand still

roll-over [BankW] Ausdruck für die *Verlängerung* [extension] *oder Erneuerung* [renewal] *eines kurzfristigen Darlehens auf einen längeren Zeitraum* || *Fristentransformation* die im Markt überwiegend kurzfristige Liquidität wird für die mittel- und langfristige Kreditvergabe eingesetzt || Zustand, bei dem die Kapitalbindung durch [Investition] planmäßig von der Überlassungsdauer des Kapitals abweicht [Wertpapiere || Teilschuldverschreibungen] —> [EuroM] Roll-over-Kredit am Eurobondmarkt || **roll-over credit** [EuroM] *Roll-over-Kredit* langfristige Kreditengagements, bei denen der Zinssatz kurzfristig (alle 6 Monate) der Marktentwicklung angepaßt wird. Schuldner trägt Zinsrisiko. Kreditnehmer sind Großunternehmen und Staaten in Konsortialfinanzierung (Syndizierung zur Risikoverteilung), Refinanzierung meist über 6-monatige Einlagen an internationalen Geldmärkten. Basis für die Zinsfestlegung ist —> LIBOR sowie Zuschlag [margin] nach Bonität des Kreditnehmers. Laufzeiten der Kredite: 3 - 7 Jahre.

rosé [Winz] *Rosé*

to rotate an employee [PersW] *Rotation* || *Einsatz der Mitarbeiter nacheinander in verschiedenen Firmenbereichen*

round lot [Bör] *handelsübliche Schlußeinheit* [Handelseinheit für Aktienaufträge an der US-Börse] Aktienaufträge, die die handelsübliche Schlußeinheit von 100 Stück (Aktien) bzw. nominal US$ 1000,- (Anleihen) erreichen —> odd lot

round of ammunition [Bal] *Schußeinheit* || *Patrone*

roundabout transaction [Bbank] *Karussellgeschäft* Kombination eines Kapitalexports, bei dem die Kurssicherung durch ein Geschäft mit der Bbank erfolgt, mit einem Kapitalimport, bei dem die zur Tilgung benötigten Termindevisen auf dem freien Terminmarkt gekauft werden

rounding *Abrunden* || *Aufrunden* || **discrepancies in the totals are due to rounding** [Stat] *Differenzen in den Summen durch Runden der Zahlen* || **rounding top** [Bör] *Rounding top* Chart in Form einer abflachenden Kurve, hohe unregelmäßige Umsätze, gilt als Signal für einen starken Abwärtstrend

royal consent [GB] *Zustimmung der Krone* ‖ **royal courts** *Königshöfe* ‖ **royal household** *königlicher Haushalt* ‖ **royal palace** *[Königs]Palast* ‖ [arch] *Königspfalz* die Pfalz war im Frankenreich und mittelalterlichen Deutschen Reich schloßartige Wohnsitze der Könige bzw. Kaiser [—> Kaiserpfalz]

royalty [PatR] *Lizenzgebühren* [früher: Abgaben an den König, z.B. bei der Ausübung von Schürfrechten/Bergbau ‖ *Bergwerksabgabe*] ‖ **payments of all such royalties received on such accounts** *Zahlung aller daraus erhaltenen Lizenzgebühren* ‖ **to ascertain the royalties payable** *die zu zahlenden Lizenzgebühren feststellen* ‖ **amount of royalties** *Lizenzgebühren* [meist pl.]

RTPA [Abbr] **Restricted Trade Practices Act** Gesetz, das die richterliche Untersuchung bestimmter wettbewerbsbeschränkender Absprachen und deren Verbot regelt, sofern Interessen der Allgemeinheit betroffen sind —> restricted practices

rubber check *ungedeckter Scheck* [coll/USA] cheque returned by drawee bank due to insufficient funds in drawer's account

RUFs [EuroM] *RUFs* **Revolving Underwriting Facilities** relativ neues Finanzierungsinstrument (ein sog. Hybrid), der im wesentlichen der —> Liquiditätsbeschaffung erstklassiger emissionsfähiger Unternehmen dient. i.G.z. herkömmlichen —> Euromarktgeschäft räumen Banken ersten Adressen Kreditlinien ein, über die —> revolvierend kurzfristige Schuldtitel plaziert werden —> Note Issuance Facilities

rule *Rechtsregel* ‖ *Rechtsvorschrift* ‖ *Vorschrift* ‖ *richterliche Entscheidung* ‖ *Akzedentenentscheidung* eine Entscheidung von geringerer Bedeutung ‖ **5% rule** *5% Klausel* —> hurdle :: Fünf-Prozent-Klausel ‖ **to establish rules** *Regeln aufstellen* ‖ **rules of evidence** [USA] *Beweisregeln* ‖ **rules of the road** [Mar] *Seestraßenordnung* ‖ **origin rules** *Ursprungsregeln* ‖ **statutory rule** *Durchführungsvorschriften* implementing orders

to rule [richterlich] *entscheiden* ‖ **the Judge ruled [...]** *der Richter hat entschieden*

rumors, [false] ~ *Gerüchte* ‖ [coll] *Gerüchteküche* ‖ *Klatsch[küche]*

run [Bör] *Run* ungewöhnlich starke Nachfrage nach Aktien und damit einhergehende —> Hausse ‖ panikartige Auflösung bzw. Räumung von Bankguthaben bei [vermuteter] Zahlungsschwierigkeit eines Kreditinstituts

to run [Press] *mehrfach schalten* a newspaper runs an advertisement :: Zeitung bringt eine Anzeige mehrmals

rural commune [VwO/D] *Land-*

gemeinde

S. [USA] [Abbr] **supplement** ‖ **Senate**

S.Ct. [USA] [Abbr] **Supreme Court**

S.D. [Abbr] **sight draft** *Sichtwechsel*

S.D.B/L [Abbr] **sight draft, Bill of Loading attached** *Sichtwechsel und Konnossement beigefügt*

S.E. [USA] [Abbr] **South Eastern Reporter** seit 1887 (ab 1941 als Second Series: S.E. 2d) Berichterstattung über die Rechtsprechung in Virginia, Westvirginia, Nord- und Südkarolina und Georgia

S.W. [USA] [Abbr] **South Western Reporter** seit 1886 (ab 1928 als Second Series: S.W. 2d) Berichterstattung über die Rechtsprechung in Kentucky, Tennessee, Arkansas, Missouri, Texas

S.W.I.F.T. *S.W.I.F.T.* [Abbr] **Society for Worldwide Interbank Financial Telecommunication** EDV-Verbundnetz, bei dem mittels S.W.I.F.T.-Code (computergerechte Kundenadressen) Zahlungsaufträge zwischen den USA und Westeuropa auf kürzestem Weg an den Empfänger geleitet werden

S/A [Abbr] **shipping agent** *Schiffsmakler*

S/N [Abbr] **shipping note**

Schiffszettel

Saarbrücken conurbation [VwO/D] *Stadtverband Saarbrücken* "Greater Saarbrücken", oder "Saarbrücken association of municipalities". Ein Gemeindeverband, dem die Stadt Saarbrücken und umliegende Stadt- und Landgemeinden angehören

Saarland [BLand/D] *Saarland*

safe harbor lease [Leas] *safe-habor-lease* Leasing-Geschäft im Sinne der "safe harbor"-Regeln der US-Einkommensteuerbehörde ‖ **safe habor provision** *safe-habor-Regeln* [Leas] Bestimmungen über die grundlegenden Kriterien, die zur steuerrechtlichen Anerkennung eines Finanzierungsgeschäfts als Leasing-Geschäft führen

to safeguard *gewährleisten* ‖ **safeguarding duty** *Schutzzoll*

safeguards, to strengthen the ~ [VölkR] *wahren und festigen*

safety [lock] [Bal] *Sicherung*

salaried employee [BetrVG 6(2)] *Angestellter* ‖ **Salaried Employees Insurance Act** *Angestelltenversicherungsgesetz* ‖ **salaried personnel** [Bil] *Angestellte* [im Unternehmen Beschäftigte]

salaries [Buchf] *Gehälter*

salary [LohnSt] *Arbeitslohn* syn.: [SteuerR] **income from dependent**

personal services *Einkünfte aus nicht-selbständiger Arbeit* || **salary continuance** *Lohnfortzahlung* || **salary continuance in case of disability** *Lohnfortzahlung bei Arbeitsunfähigkeit* || **salary continuance in case of illness** *Lohnfortzahlung im Krankheitsfall*

sale *Kauf[vertrag]* allgemeine Regelung im Uniform Commercial Code [Art. 2] || **sale and lease back** [Leas] *Kauf-Rückvermietung* || **sale and lease back contract** [Leas] *Sale and Lease-Back Contract* Leasingnehmer ist Eigentümer eines [neuen oder gebrauchten] Objektes, das er wiederum an einen Leasinggeber [meist Leasing-Gesellschaft] verkauft und für eigene Betriebszwecke zurückleast. Diese Transaktion kommt insbesondere bei Immobilien, Flugzeugen und bei Schiffen vor. || **sale on credit** *Verkauf gegen Zahlungsziel* || **sale trader** *Einzelhandelskaufmann* trader :: Kaufmann || **contract of sale** *Kaufvertrag* || **judicial sale** [USA] *Zwangsversteigerung* [eines Grundstücks] || **sales** *Vertrieb* || *Verkauf* || *Umsatz* || *Absatz* || **sales of domestic bonds or shares** [Bör] *Absatz inländischer Rentenwerte bzw. Aktien* || **sales appeal** [Verp] *Kaufanreiz* || **sales budget** *Absatzbudget* syn.: expense budget || **sales consultant** [BankW] *Firmenkundenberater* || *Firmenkundenbetreuer* || **sales out of consignment endorsement** [Ex] *Garantievertragszusatz für Verkäufe aus einem Konsignationslager im Ausland* || **sales out of trade fair endorsement** [Ex] *Garantievertragszusatz zur Deckung von Risiken aus dem Verkauf von Gütern, die sich auf einer Handelsmesse im Ausland befanden* || **sales revenue** [Bil] *Umsatzerlöse* || **sales tax** [AuxT] *Verkaufsteuer* einzelstaatlich erhobene Steuer auf den Wert der verkauften Ware. || [BRD] *Mehrwertsteuer* [Abbr] *MWSt* || *Umsatzsteuer* [Abbr] *USt* || *Einphasenumsatzsteuer* Umsatzsteuer wird nur bei einer Phase der Leistungskette erhoben || **sales trend** [Bil] *Umsatzentwicklung* || **sales-aid leasing** [Leas] *absatzorientiertes Leasing* syn.: *Verkaufsförderungs-Leasing* || **sales-type lease** [Leas] *Umsatz-Leasing-Geschäft*

salt liquors [SalzStG] *Salzsole* || **salt liquors obtained as a by-product in the chemical industry** [SalzStG] *Salznebenerzeugnisse der chemischen Industrie* || **sodium chloride in the form of salt liquors obtained by evaporation** [SalzStG] *Siedesalz* || **salt tax** *Salzsteuer* || **salt waste** *Salzabfälle*

salutary *positiv* || *heilsam* || *gesund* || *zuträglich* || **to have a salutary effect on net income for the year** [Bil] *sich positiv auf das Jahresergebnis auswirken*

salvage [value] *Rest[buch]wert* —> *Schrottwert* nach Vornahme aller Abschreibungen am Ende der Nutzungsdauer eines Anlagegegenstandes verbleibender Veräußerungswert syn.: *Rest[buch]wert*

sandwich film [Tech/Verp] *mehrfach beschichteter Film*

sans frais [frz.] *sans frais* without expense   *gebührenfrei* || *ohne Kosten*

saturated market [Bil] *gesättigter Markt*

savers' tax free amount [SteuerR] *Sparerfreibetrag*

savings *Spar[...]* || **Savings and Loan Association** *Sparkasse* [USA] private Sparkassen im Einlagen- und Hypothekenkreditgeschäft mit bausparkassenähnlichem Charakter || **savings bank** *Sparkasse* || **mutual savings bank** [USA] *Sparkasse auf Gegenseitigkeit* [mit gemeinnützigen Zielen]. Sparer tragen Gewinne und Verluste [kein Grundkapital] || **stocks savings bank** *private Sparkasse* als Erwerbsgesellschaft [werden für Rechnung der Anteilsigner geführt, der Einleger übernimmt kein Risiko, erhält jedoch Zinsen auf seine Einlagen] || **trustee savings banks** [GB] *private Einrichtung mit gemeinnützigen Zielen mit Treuhandkontenerwaltung.* || **Savings Banks and Giro Association** [BankW/BRD] *Landesbank Girozentrale* || **savings deposits** [Bbank] *Spareinlagen* beurkundete Mittel, die Banken als Vermögensanlage von Nichtbanken zur Verfügung gestellt werden. Sie können nur unter Einhaltung einer dreimanatigen Kündigungsfrist abgehoben werden || **savings deposits at agreed notice** *Spareinlagen mit vereinbarter Kündigungsfrist* || **savings deposits at statutory notice** *Spareinlagen mit gesetzlicher Kündigungsfrist* || **savings scheme** [InvF] *Sparprogramm* eines Fonds || **national savings security** [GB] *Sparbrief*

Saxony [BLand/D] *Sachsen* seit dem 27.10.1990 Freistaat Sachsen —> free state

Saxony-Anhalt [BLand/D] *Sachsen-Anhalt*

SBU [Man/Org]   **SGE strategic business unit**   *strategische Geschäfts[feld]einheit*

scale   *Skala* || *Maßstab* || *Staffelung* || *Tarif* || *Gebührenordnung* || [PatR] **the royalties shall be calculated according to the following scale**   *die Lizenzgebühren werden nach folgendem Modus errechnet.* || **linear scale**   *linearer Maßstab* || **log[arithmic] scale**   *logarithmischer Maßstab*

schedule   *Tabelle* || *Aufstellung* || *Verzeichnis* || *Zeitplan* || *Stundenplan* || *Konkurstabelle* Verzeichnis der Konkursforderungen nach Gläubiger, Rechtsgrund, Betrag, Konkursvorrecht und Beweisen. Dient zur Schaffung einer Übersicht über die angemeldeten Konkursforderungen, die zur Berücksichtigung grundsätzlich in der Konkurstabelle anzumelden sind. || *Liste* [appendix =] *Anhang* || **The patentee is the registered proprietor of the patents set**

out in the schedule hereto [PatR] *Der Patentinhaber ist der in die Patentrolle eingetragene verfügungsberechtigte Inhaber der im Anhang aufgeführten Patente.*

scheduled depreciation calculated by the linear method [Bil] *planmäßige Abschreibungen nach der linearen Methode*

Schengen agreement [EG] *Schengener Abkommen* seit dem 1.1.1990 geltendes [jedoch nicht vollständig durchgeführtes] Übereinkommen über den Wegfall der Personenkontrollen an den Grenzen zwischen Frankreich, den BENELUX-Staaten und der BRD.

Schleswig-Holstein [BLand/D] *Schleswig-Holstein*

SCHUFA [BankW] *Schutzgemeinschaft für allgemeine Kreditsicherung* Auskunftsstelle über Gewährung und Abwicklung von Krediten. In den USA und GB kein Äquivalent [dort ist die Bank-an-Bank Auskunft als credit reports nach dem Fair Credit Reporting Act üblich]. In Bankverträgen meist als *SCHUFA-Klausel*, d.h. als Voraussetzung für die Prüfung der Kreditwürdigkeit willigt der Schuldner in das Auskunftsersuchen der Bank ein. Üblich sind auch Bank-an-Bank Auskünfte nach den Grundsätzen über die Erteilung von Bankauskünften.

scope [Vertr] *Anwendungsbereich* || [Vertr] *Geltungsbereich* || [Vertr] *Gebiet* || [Tätigkeit] *Rahmen* || *Aufgabenbereich* || *Spielraum* || *Bewegungsfreiheit* || [Bal] *Reichweite* || [Bal] *Schußweite* || **scope for raising prices** [Bil] *Preiserhöhungsspielräume* || **scope mount** [Bal] *Zielfernrohrgesteck*

scrip *Interimsschein* || *Berechtigungsschein* || *Zwischenschein* vorläufige Bescheinigung [Verbriefung] über den Besitz von Wertpapieren [Aktien] und damit Mitgliedschaft nach § 8 IV AktienG. Erteilung insbesondere wenn Einlagen nicht voll bezahlt sind, müssen auf den Namen lauten, dürfen nach § 10 III, IV AktienG nicht auf Inhaber lauten. Übertragung wie Namensaktien durch Indossament [§ 68 V AktienG]

SDR [IWF] *SZR* **special drawing rights** *Sonderziehungsrecht* entsprechen dem Gegenwert eines Währungskorbs aus den wichtigsten Handelswährungen und sind reines Buchgeld. Können als Zahlungsmittel zwischen einzelnen Notenbanken oder mit dem IWF verwendet werden.

sea *Meeres[...]* || **sea fish** [Mar] *Seefisch*|| **sodium chloride in the form of sea salt** [SalzStG] *Seesalz* || **sea-bed** [Mar] *Meeresboden*

seal *Körperschaftssiegel* Nach Common Law dürfen englische Körperschaften nur unter dem Körperschaftssiegel [company's seal] Verträge abschließen —> company || [in]corporation || public || charter || **a company's common seal** *Firmensiegel*|| **impressed seal** *eingedrucktes Siegel* || **to affix the seal** [VölkR] *mit dem Siegel versehen*

sealed document *gesiegelte Urkunde* —> deed

search *Suche* ‖ *Durchsuchung* ‖ **search of private homes** [ZollW] *Durchsuchung von Wohnungen* ‖ **searching** *Recherche* z.B. in einer Datenbank

to search the title [GrundstR] *Besitztitel prüfen* —> title

seating arrangement *Objektbestuhlung*

SEC [USA] —> Securities and Exchange Commission *Börsenaufsicht[sbehörde]*

second hand leasing [Leas] *Second-Hand-Leasing* Leasinggegenstand ist ein bereits gebrauchtes Wirtschaftsgut, das bereits Gegenstand eines Leasing-Vertrags mit einem anderen Leasingnehmer war.

secondary *sekundär* ‖ *Hilfs[...]* ‖ *Neben[...]* ‖ **secondary home tax** [SteuerR] *Zweitwohnungsteuer*‖ **prices on the secondary market** *Preise am Sekundärmarkt* ‖ **secondary matter** *Nebensache*

secret *geheim* ‖ *still* ‖ **secret ballot** *geheime Wahl* ‖ **secret earnings retention** *stille Selbstfinanzierung* syn.: **hidden earnings retention** ‖ **secret reserves** *stille Reserven* syn.: **hidden reserves** —> Rücklagen ‖ valuation allowance ‖ Wertberichtigung

secret *Geheimnis* ‖ **industrial secret** *Betriebsgeheimnis* ‖ **professional secret** *gewerbliches Geheimnis* ‖ **to treat as a secret** *geheimhalten*

secretary *Sekretär[in]* ‖ [Verein] *Schriftführer* ‖ *Verwaltungsleiter* ‖ *Verwaltungsdirektor* ‖ **secretary of [a] company** *leitender Angestellter einer Gesellschaft* —> company ‖ **secretary of embassy** *Botschaftsrat* ‖ **secretary of [...]** [USA] *Minister* ‖ **secretary of Defense** ‖ **of Health, Education and Welfare** ‖ **of the Interior** ‖ **of Labor** ‖ **State** ‖ **of the Treasury** [USA] *Verteidigungs-* ‖ *Gesundheits-* ‖ *Innen-* ‖ *Arbeits-* ‖ *Außen-* ‖ *Finanzminister*

section [VölkR] *Abschnitt in einem Vertrag* ‖ *Paragraph* [§] ‖ [VwO/D] *Dezernat* —> department

sectional meeting [BetrVG] *Teilversammlung*

sector *Bereich*‖ **within the military sector** *im militärischen Bereich* ‖ **within the civil sector** *im zivilen Bereich* ‖ [Unternehmen] *Geschäftsbereich* —> strategische Geschäftsfeldeinheit :: strategic business unit

sects. ‖ **ss.** ‖ **secs** —> section

to secure [Mar] *laschen* ‖ *befestigen* —> strap ‖ lash ‖ butt strap ‖ scarf ‖ fish ‖ **secured by customs sealing** [ZollW] *verschlußsicher* ‖ **secured**

credit [BankW] *dinglich gesicherter Kredit*

securities [Bör/BankW] *Effekten* ‖ **Securities and Exchange Commisssion** *[staatliche] Börsen- und Wertpapieraufsichtsbehörde* [USA] [Abbr] SEC. Sitz: Washington, gegr. nach Securities Act 1933. Zuständigkeit: Neuzulassung von Wertpapieren zum Börsenhandel, Überwachung des Börsenhandels. Börsennotierte Gesellschaften müssen bei der SEC viertel- oder ganzjährlich Unterlagen über die wirtschaftliche Lage des Unternehmens zur Prüfung einreichen, die der Öffentlichkeit zugänglich gemacht werden ‖ **securities dealing** *Rentenhandel* ‖ **stock exchange trading of securities denominated in foreign currency** [Bör] *Wertpapiere in ausländischer Währung* ‖ **securities repurchase agreements** [Bbank] *Wertpapierpensionsgeschäfte* —> repurchase ‖ **[volume of] holdings of securities** *Wertpapierbestand*

securitization *Forderungsverkauf* ‖ *Securitization* besonders bei hochverschuldeten Entwicklungsländern eine Form der Finanzierung durch Verbriefung der Kreditbeziehungen. Banken verkaufen gegen erheblichen Abschlag ihre Forderungen auf dem Sekundärmarkt, womit die abgeschriebenen Forderungen verbrieft - handelbar - werden —> debt for equity —> debt for export —> Umwandlung von Bankforderungen

security [MietR] *Kaution* ‖ [BankW] *Garantie* ‖ *Bürgschaft* ‖ *Sicherheit* ‖ [Bör] *Wertpapier* ‖ *Aktie* ‖ [pl.] *Effekten* ‖ **security agreement** [USA] *Sicherungsvereinbarung* ‖ **security credit** *Bürgschaftskredit* ‖ **security interest** [GrundstR] *Sicherungsrecht* [USA] [U.C.C. § 1-201 (37), 9-102. ‖ **any interest in property acquired by contract for the purpose of securing payment or performance of an obligation or indemnifying against loss or liability (exists at any time)** *Jedes Recht an beweglichen Sachen und Zubehör von Grundstücken, das einen Zahlungsanspruch oder Erfüllung einer Verbindlichkeit sichert*

seeding quantity *Seedingware* Einführung einer begrenzten Menge eines neuen Produkts auf einem Testmarkt

to seek *sich bemühen* ‖ [Weisungen] *einholen* ‖ *trachten nach*

newcomers from East Germany seeking employment *arbeitssuchende DDR-Übersiedler*

segment *Segment* ‖ *Abschnitt* ‖ *Teil* ‖ *Glied* ‖ *Marktsegment* ‖ **Intersat space segment** *Intersat Weltraumsegment*

to seize *beschlagnahmen* ‖ *ergreifen* ‖ *fassen* ‖ *packen* ‖ *sich einer Sache bemächtigen* ‖ *an sich reißen* ‖ [Mar] *zurren* ‖ [Konkursverfahren] *Beschlagnahme des Vermögens des Schuldners* [bankrupt] durch den Konkursverwalter [official receiver]. Gemeinschuldner wird in einem Gerichtsverfahren von seiner Schuld befreit [discharged] || **to be seized by** *beschlagnahmt sein von*

seizure *Beschlagnahme* || *Inbesitznahme* || **Convention for the suppression of unlawful seizure of aircraft** *Übereinkommen über die Bekämpfung der illegalen Inbesitznahme von Flugzeugen*

select committee *engerer [Rechts]Ausschuß* (von Juristen) zur Untersuchung von Gesetzesvorlagen

to select *[aus]wählen* || [Amt] *bestellen* || *berufen zu* || **to select an arbiter** *einen Schiedsrichter bestellen* || **a chairman selected anonymously [...]** *ein von [...] einstimmig bestellter Vorsitzender*

selection, [management] ~ [PersW] *Personalauslese* [für gehobene Positionen] || *Assessment*

selective *gezielt* —> policies || **selective bond** [InvF] *Zertifikat gemischter Versicherungsfonds* || **selective strikes** *Punktstreik* || *Teilstreiks* || *Schwerpunktstreik* taktische Streiks in Zulieferbetrieben [Schlüsselunternehmen]

self *eigen* || *selbst[...]* || **self-administrative (company) pension scheme** [Bil] *betriebliche Altersversorgung* || **principle of self-control** *Prinzip der Selbstkontrolle* || **self-defense** [§ 32 ff. StGB] *Notwehr* —> Notwehrlage || **self-employed** *Selbständiger* || **self-go-**

verning bodies [Man/Org/ArbR] *Selbstverwaltungsorgane*

to sell *verkaufen* || *veräußern* || *vertreiben* || **to manufacture and to sell [...]** *[...] herzustellen und zu vertreiben* || **to sell to advantage** *(nur) nach Gewinn verkaufen* || **selling rate** [Bbank] *Abgabesatz* Satz, zu dem bestimmte Geldmarktpapiere von der Bbank abgegeben werden

sellor *Verkäufer* von mobilem/persönlichem Eigentum [persönliche Vermögensgegenstände des beweglichen Vermögens] || one who sells personal estate —> vendee

semi-detached house *Doppelhaushälfte* —> detached

semi-annual installments *Halbjahresraten*

senate *Senat* [VwO/D Schl.-H.; Freie Hansestadt Bremen; Freie und Hansestadt Hamburg; Berlin] —> city government *Kollegiales Exekutivorgan in den Stadtstaaten und in der Hansestadt Lübeck* || **Bavarian Senate** [VwO / Bayern] *Bayerische Senat* legislatives Organ im Freistaat Bayern.

senator [VwO/D] *Senator*

senior *ranghöher* || *dienstälter* || **senior committee** *Oberausschuß* || **senior executive of a conurbation** [VwO/D] *Stadtverbandsbeigeordneter* Funktion von Kreisbeigeordneten || **senior lien** *ranghöheres Pfand-*

recht || **bevorrechtigtes** *Pfandrecht* || **senior local government official** [VwO/D] *Beigeordneter* —> head of department || division || section *leitender hauptamtlicher Kommunalbeamter,* der mit dem Hauptverwaltungsbeamten (Oberbürgermeister, Bürgermeister, Oberstadtdirektor; Stadtdirektor) zusammenarbeitet und ihn ggf. vertritt. In einigen Ländern tragen Beigeordnete den Titel "Bürgermeister" || **senior borough official** [VwO/D] *Bezirksstadtrat* leitender Verwaltungsbeamter in den Berliner Bezirksämtern || the **Senior Service** [GB] *Kriegsmarine*

seniority [PersW] *Prinzip der Seniorität* || *Annuitätsprinzip* der im Rang nächstfolgende || [Management] [dienstältere / rang-]höhere Manager

sensibility training [PersW] *T-Gruppen-Training* || *Sensibility Training*

sensing session [PersW] *Sensibilitäts-Training*—> T-Gruppen-Training

sensitivity analysis [InvR] *Empfindlichkeitsanalyse* syn.: *Sensitivitätsanalyse* mathematisches Optimierungsproblem, z. B. Einfluß von Änderungen bestimmter Daten bei Investitionsentscheidungen hinsichtlich der Vorteilhaftigkeit einer Investition.

sentence *Strafmaß* || *Strafurteil* || **to pass [a] sentence [upon]** *ein Strafmaß verhängen* || **to serve a sentence of imprisonment** *Freiheitsstrafe verbüßen* || [coll] *Strafe absitzen* || *verurteilen zu* || **capital**

sentence *Todesstrafe*

separate assessment [SteuerR] *getrennte Veranlagung* [von Ehegatten] —> Splitting-Verfahren

serial [...] *Fortsetzungs [...]*

series *Reihe[nfolge]* || *eine Reihe von* || **series production** [Prod] *Serienanlauf*

servant *Bediensteter* || [BGB] *Gehilfe* || *Dienstbote* || [§ 831 BGB] *Verrichtungsgehilfe* —> master servant relationship || *Abhängigkeitsverhältnis* || **domestic servant** *Hausangestellter* || **public servant** *Beamte* || *Angestellte im öffentlichen Dienst*

to serve *zustellen* || **to serve automatically a notice** *jmd. unverzüglich eine [Be]nachricht[igung] zustellen* || **to serve s.b. with a writ** *jmd. eine [gerichtl.] Ladung zustellen* —> to deliver —> report —> Zustellungsurkunde

service [VwO/D] *Dezernat* —> department || *Zustellung* || **service address** *Zustelladresse* || **service and information society** [Soz] *Dienstleistungs- und Informationsgesellschaft* || **service contract** *Werkvertrag* [nicht mit Werksvertrag übersetzen!] [BRD] [§ 631 BGB] syn.: **work contract** [USA] [15 U.S.C.A. § 2301] Any contract entered into by a supplier with a customer to perform services such as maintenance or repair on a consumer

service   **settle**

product for a specified duration ‖ **service lease** [Leas] *betriebstechnisches Leasing* syn.: *Operating-Leasing* —>non-payout lease —> Restbuchwert-Leasing ‖ **service life** *Nutzungsdauer* ‖ *Lebensdauer* Zeitraum, in dem ein Anlagegegenstand in einem Betrieb genutzt wird ‖ **service marks** *Dienstleistungsmarken* [USA] [15 U.S.C.A. § 1127]. [BRD] [Warenzeichengesetz/WZG] Kennzeichen von Dienstleistungsunternehmen zur Unterscheidung ihres Unternehmens bzw. ihrer Leistungen [z.B. Symbole, Firmenabkürzungen]. Es gelten sinngemäß die Vorschriften über Warenzeichen —> intellectual property ‖ industrial design ‖ trademarks ‖ copyright ‖ registered proprietor ‖ ornamental design ‖ **years of service** *Betriebszugehörigkeit eines Arbeitnehmers nach Dienstjahren* —> Dienstzeit ‖ **service-output method** [Abschr] *Mengenabschreibung* —> leistungsmäßige Abschreibung —> production method of depreciation ‖ unit-of-production method. Abschreibungsmethode, bei der die jährlichen Abschreibungsbeträge nach dem Umfang der Beanspruchung oder der Leistung der betreffenden Anlagegegenstände bemessen werden ‖ **services** [BankW] *Dienstleistungen* ‖ **purchased services** *fremde Dienstleistungen* outsourcing ‖ **services companies** *Dienstleistungsunternehmen* —> service marks ‖ **services of U.S. origin** *Leistungen amerikanischen Ursprungs* services performed by personnel headquartered in the U.S. or by personnel headquartered in the U.S. and temporarily assigned in the customer's country ‖ **services policy**

Dienstleistungsgarantie ‖ *Leistungsgarantie* ‖ *Garantie zur Deckung von Risiken aus [Dienst-]Leistungsexporten* ‖ **services rendered** *geleistete Dienste* ‖ **commencement of services** *Beginn der Leistungserbringung* ‖ **unbundled services** [Vertrieb] *entbündeltes Produktangebot*

servient estate *dienendes Grundstück* —> Grunddienstbarkeit :: easement

session *Konferenz[tagung]* ‖ *Tagung* ‖ *Sitzung* ‖ *Besprechung* ‖ **The 11th session of the Hague Conference on [...]** *Die Elfte Tagung der Haager Konferenz für [...]*

to set up *aufführen* ‖ *einrichten* ‖ *einsetzen* ‖ *schaffen* ‖ **to set up business relations** *Geschäftsanbahnungen*

setback *Rückschlag* ‖ *Niederlage* ‖ *Einbruch* ‖ *Preiseinbruch* ‖ *Preisverfall* ‖ [Wand] *Rücksprung* ‖ [Fassade] *zurückgesetzt* ‖ *[hinterer] Grenzabstand zu*

setting [wirtschaftliches] *Umfeld* ‖ *Rahmenbedingungen* ‖ *Hintergrund* ‖ *Lage* ‖ **for setting up in business** [um] *sich selbständig* [zu] *machen*‖ **setting-up of [...]** *Bildung von [...]*

to settle *vereinbaren* ‖ *abmachen* ‖ *festlegen* ‖ *sich niederlassen* ansiedeln ‖ [Bör] *glattstellen* besser: **offset** —> Hedger ‖ **to settle one's debts** *seine Schulden begleichen* ‖ **to settle a claim** [transaction] *einen Anspruch befriedigen*

settlement *Vermittlung* [zur] Beilegung [von Streitigkeiten] ‖ **settlement day** *Wertstellungstermin* ‖ **settlement** [of difficulties and doubts] *Ausräumen* ‖ *Beseitigung* [von Schwierigkeiten und Zweifeln]

severance *Abtrennung* ‖ *Trennung* von / from ‖ *Auflösung* ‖ *Abbruch* der diplomatischen Beziehungen ‖ **severance pay** [PersW] *Abstandszahlungen* ‖ *Abfindung[ssumme]* ‖ [MietR] *Baukostenzuschuß* —> contribution to building expenses

shall [VölkR] **the protocol shall be ratified** *das Protokoll bedarf der Ratifizierung* ‖ **[...] shall be subject to ratification** *[...] bedarf der Ratifizierung* ‖ [als Weisung für Dritte] *[...] sind zu [...]* ‖ **Such application shall be addressed to [...]** *die Anträge sind an [...] zu richten* ‖ [bei Absichtserklärungen/nicht bestimmten Handlungen] *werden* ‖ [VölkR] **The contracting parties shall endeavour [...]** *Die Vertragsparteien werden bestrebt sein [...]* [hier keinesfalls mit "sollen" übersetzen]

share [of stock] *Aktie* verbrieftes Anteilsrecht an einer Aktiengesellschaft ‖ **share capital** [Bil] *Grundkapital* ‖ **share in the Group's turnover** [Bil] *Anteil am Konzernumsatz* ‖ *Umsatzanteil innerhalb des Konzerns* ‖

share market achieved a record result in [...] [Bil] *der Aktienmarkt erzielte [...] ein Rekordergebnis* ‖ **conditions in the share market** [Bör] *Entwicklung am Aktienmarkt* ‖ **foreign shares** [Bör] *ausländische Dividendenwerte* ‖ **fully paid shares** *voll eingezahlte Aktien* ‖ **placing of domestic shares** [Bör] *Unterbringung inländischer Aktien* ‖ **sales of domestic shares** [Bör] *Absatz inländischer Aktien* ‖ **to subscribe for shares** *Aktien zeichnen*

shareholder *Aktionär* —> AG ‖ *Gesellschafter* —> GmbH ‖ **Shareholder's Meeting** *Gesellschaftsversammlung* —> GmbH ‖ *Hauptversammlung* [Abbr] *HV* —> AG ‖ **limited [liability] shareholder** (of a limited partnership) *Kommanditaktionär* —> Kommanditgesellschaft auf Aktien [KGaA] ‖ **The British Petroleum, London, is our company's sole shareholder** [Bil] *alleinige Aktionärin unserer Gesellschaft ist The British Petroleum, London* ‖ **shareholder's ledger** *Aktienbuch* —> stock register

sheet [Formular] *Bogen*

shelf life [Verp] *Laufzeit* syn.: **storage life** *Lagerbeständigkeit*

Sherman Antitrust Act [15 U.S.C.A. §§ 1-7] verbietet jede Art des Kartells bzw. sonstige Absprache gegen Mitbewerber insb. durch Preiskartelle oder Boykott [einschließlich Bedrohung oder Einschüchterung von potentiellen

Kunden oder Arbeitnehmern eines Mitbewerbers]

shift [Mar] *Liegeplatz wechseln* || *verholen*

shifts of Federal balances under section 17 of the Bundesbank Act [Bbank] *Verlagerungen von Bundesmitteln gemäß § 17 BBankG*

ship's committee [BetrVG 115 (1)] *Bordvertretung*

shipment coverage *Deckung des Ausfuhrrisikos* —> post-shipment coverage || **shipment period** *Ausfuhrperiode* —> post-shipment period || **shipment premium** *Garantieentgelt für die Deckung der Ausfuhrrisiken*

shipped not billed *versandt, jedoch [noch] nicht in Rechnung gestellt* [Buchf/Abbr] *SNB* goods that are already on their way to the customer, but which have not yet been invoiced

shipping house *Reederei* || **shipping mark** [ZollW] *Versandzeichen*

shock wave caused by the crash on W.S. *Schockwelle durch den Kurseinbruch an Wall Street*

shop *Unternehmens[teil]bereich* || *Geschäftsbereich* [strategic] business unit :: [strategische] Geschäftsfeldeinheit || **shop drawing** *Werkstattzeichnung* || **shop floor worker**

[Man/Org] *Arbeiter* || **at shop floor level** [Man/Org] *arbeitsplatzbezogen* || **shop stewards** [Betriebs]obmänner* [der englischen Gewerkschaften]

short *kurz* || *klein* || *knapp* || *ohne Deckung* [verkaufte Waren oder Wertpapiere] || *beim Blankoverkauf benötigte Wertpapiere zur Glattstellung* || **short sale** [Bör] *Leerverkauf* || *Blankoverkauf* || *"Fixen"* [Bei fallenden Kursen] Short sale bezeichnet den Verkauf von Stücken (Aktien) per Kasse oder Termin, die der Verkäufer (noch) nicht in Besitz hat, um sie später zu einem dann niedrigeren Kurs zurückzukaufen. Der Kauf von Stücken zur Glattstellung von solchen Leerverkäufen wird als "eindecken" bezeichnet. || **short time work** [ArbR] *Kurzarbeit* reduction of daily work hours or planned cutback [shortfalls] in working hours due to a lack of orders —> short-term money || **short weight** [Verp] *Mindergewicht* || **short-lived fixed assets** *kurzlebige Anlagegüter* Anlagegüter mit einer Nutzungsdauer von ein bis zwei Jahren, deren Anschaffungs- oder Herstellungskosten im Jahre der Anschaffung oder Aufwand verbucht werden. || **short-term** *kurzfristig* im amerikanischen Exporthandel eine Frist von 180 Tagen || **short-term bonds** *kurzfristige Anleihen* [i.d.R. 12 Monate] || **short-term lease** *Short-Leasing* [Leas] Leasing mit einer durchschnittlichen Vertragsdauer von fünf bis sechs Jahren || **short-term money** [Man/Org/ArbR] *Kurzarbeitergeld* [§§ 63-73 AFG] Leistung über Arbeitsämter für einen Zeitraum von höchstens 6 Monaten, wenn betriebsübliche Arbeitszeit innerhalb 4 Wochen seit erstem Ausfall für mind. ein Drittel der im Betrieb tatsächl. beschäftigten mehr als 10% ausfällt || **short-term policy** *Pauschalgarantie für kurzfristige Güterexporte* || **short-term comprehensive policy** *Pauschalgarantie zur Deckung kommerzieller und politischer Risiken aus Güterexporten mit kurzfristigen Zahlungszielen*|| **short-term political risks policy** *Pauschalgarantie zur Deckung politischer Risiken aus Güterexporten mit kurzfristigen Zahlungszielen* || **short-term service policy** *Pauschalgarantie für kurzfristige [Dienst-]Leistungsexporte* || **short-term supplier credits** *kurzfristige Lieferantenkredite*

shortfalls [SteuerR/D] *Ausfälle* —> windfall profits || *Fehlbeträge* || *Defizit*

shot *Schuß* || *Knall* || **shot charge** [Bal] *Schrotladung* || **shot marriage** *Mußheirat* || **shot numbers** [Bal] *Schrotnummern* || **shot welding** [Tech] *Schußschweißen*|| **shotgun** [Bal] *Flinte* || *Schrotflinte* Lang[lauf]waffe für das Verschießen von Schrotladung

should Im deutschen Text Vertragspräsens, im englischen Text "shall"—> shall adopt :: nehmen an || shall bind :: bindet

to show *zeigen* || [Bil] *ausweisen* ||

to show a rising tendency *Steigerung erfahren* || **to show on the assets side** [of the balance sheet] *aktivieren* || *Ausweis auf der Aktivseite der Bilanz (auch Umlaufvermögen)* —> capitalize [nur Anlagevermögen] || **to show on the liability side of the balance sheet** *passivieren* || *auf der Passivseite der Bilanz ausweisen*

siege, state of ~ *Belagerung[szustand]* to declare the state of siege to a town :: den Belagerungszustand über eine Stadt verhängen

sight *Sicht* || **sight credit** [BankW] *Buchkredit* || *Kontokorrentkredit*|| **sight deposits** *Sichteinlagen* syn.: **demand deposits** || **sight draft** [Art. 2 II WechselG] *Sichtwechsel* syn.: **demand draft**

signal pistol [Bal] *Signalpistole* —> very pistol

signatory *Unterzeichner* meist Regierung oder Staat—> undersigned :: Unterzeichnete [natürliche Personen] || **signatory acceeding state** [VölkR] *beitretender Staat* each state acceeding to the protocol :: Jeder Staat, der diesem Protokoll beitritt

signature [VölkR] *Unterzeichnung*|| **on signature of the agreement** *bei [der] Unterzeichnung des [...]* || **to append the signature to** *Unterschrift setzen unter*

significant *signifikant* || *deutlich* || *spürbar* || **significant interest dif-**

ferential   *deutliches Zinsgefälle* ||
significantly increased   *spürbar erhöht*

silencer   [Bal] *Schalldämpfer*

similar   *ähnlich* || *entsprechend* || *gleich*

simple organization structure   *Grundstruktur*

to simplify   *vereinfachen* || simplify and unify   *vereinfachen und vereinheitlichen*

sine diæ   [lat.] *auf unbestimmte Zeit* || to adjourn to sine diae   *auf unbestimmte Zeit vertagen*

single   *einmalig* || *Einmal[...]* || single investment   [InvR] *Einzelinvestition   das einzelne Investitionsobjekt im Gegensatz zum Investitionsprogramm* || single market   [EG] *gemeinsamer Markt* || single [person] [SteuerR/D] *Alleinstehender* || [Soz] *Single* || single premium policy [InvF] *Einmalprämienpolice* || principle of single reporting relationships   [Komm] *Prinzip des Vorgesetztenverhältnisses   Ein Angestellter empfindet umso weniger Verantwortung je höher die Anzahl der Vorgesetzten ist, an die er berichtet* || single selling agency   *Syndikat* z.B.: *Verkaufs- oder Einkaufssyndikate* [z.B. *Rheinisch-westfälisches Syndikat mit zentralem Konzernverkauf* etc.] —> syndicate :: *Konsortium* || single-family house [SteuerR/D]   *Einfamilienhaus* ||

single-sale policy   *Einzelgarantie* policy covering a single medium-term export sale to a foreign buyer :: *Police zur Deckung eines mittelfristigen Exportgeschäfts*

site   [Stadt || Baulichkeit] *Lage* || *Bauplatz* || *Gelände* || site building *Bauausführung* —> construction or installation project [meist zusammengefaßt als Montage]

sitting [of a court]   *Gerichtsverhandlung* || *Sitzung* [bei Gericht]

situation   [örtliche] *Lage* || *Platz* || *Situation* || *Zustand* || *Sachlage* || situation map   *Lageplan* || situation report   [Mil] *Lagebericht* || economic situation   *wirtschaftliche Lage* || healthy economic situation   *gute Konjunkturlage*

situational leadership simulator [Psych]   *Simulator zur praktischen Anwendung der situativen Führungstheorie* leadership theory :: *Führungstheorie*

size   *Größe* || *Maß* || *Format* || *Umfang* || [tech] *Abmessungen* || *Unternehmensgröße* —> organizational size

SKE   [Abbr] *Steinkohleeinheiten* metric tons of coal equivalent. *Einheit, bei der die Energie in Masse Steinkohle angegeben wird. Umrechnung nach dem spezifischen Heizwert von 29,3076 J/kg = 7000 kcal/kg* [1 SKE = 29,3076 Gigajoule]

skeleton agreement [VölkR] *Rahmenabkommen* [zwischen zwei Staaten] || *Rahmenübereinkunft* [zwischen zwei oder mehr Staaten]

skimmed milk [EG] *Buttermilch*

to slacken *nachlassen* [bei seinen Bemühungen] || *lockern* || *nachlässig werden* || *erlahmen* || [Konjunktur] *stocken* || *sich verlangsamen*

sleeping partnership *stille Gesellschaft* eigentlich keine Gesellschaft, sondern eine Beteiligung; Mitglied ist der sleeping oder dormant partner —> Kommanditgesellschaft [KG]

slosh [USA/coll] *Gummiknüppel* syn.: **blackjack** || life preserver :: *Knüppel* || *Totschläger*

slowdown *Abschwächung* || **slowdown in dynamic economic growth** *Abschwächung der Wirtschaftsdynamik* || **economic slowdown** *Abwächung des Wirtschaftswachstums* || *konjunktureller Einbruch*

slowing down cash receipts *Verzögerung der Zahlungsausgänge* —> Kassenhaltungspolitik

sluggish *schleppend* || **after a sluggish start** [Bör] *nach verhaltenem Beginn*

small *klein* || *gering* || *kaum* || *schmächtig* || *bescheiden* || **small arms** [Bal] *Handfeuerwaffen* || Langwaffen (Büchsen, Flinten) und Faust- oder Kurzfeuerwaffen (Revolver, Pistolen) :: long guns (rifles, shotguns) and hand guns (revolvers, pistols) || **small beer** [BierStG] *Einfachbier* || **small bore** [Bal] *Kleinkaliber* Kaliber 5,6 mm [GB] [=.22 "] || **small business** *Kleinunternehmen* || **small business - medium-term policy** [Ex] *Garantie an Kleinunternehmen für mittelfristige Güterexporte* || **small business - short-term policy** [Ex] *Pauschalgarantie an Kleinunternehmer für kurzfristige Güterexporte* || **Small Business Program** [Ex] *Finanzierungsprogramm durch die Gewährung von Garantien für Forderungsankäufe zur Förderung der Exporte von Kleinunternehmen* || **small distilleries** [BranntwMonG] *Abfindungsbrennereien* Bei diesen wird unter Verzicht auf Verschlüsse [zollamtlicher Verschluß normalerweise bei Betrieben wie Brennereien, die Alkohol erzeugen] die Menge des herzustellenden Alkohols nach festgesetzten Ausbeutesätzen abgeschätzt. || **small farmer** *Nebenerwerbslandwirt* || **small farmer lending programmes** *Darlehen für landwirtschaftliche Nebenerwerbsbetriebe* || **small-scale producer** [EG] *Kleinerzeuger* Erzeuger mit einer Jahres-Referenzmenge bis zu 60.000 kg :: producers with an annual reference production not exceeding 60,000 kg

smokeless tabacco [TabakStG] *Kautabak*

smoking tobacco [TabakStG] *Rauchtabak*

to smooth [Stat] *ausgleichen* ‖ *glätten* ‖ smooth *glatt* ‖ *eben* ‖ *zügig* ‖ [Winz] *lieblich* ‖ *mild* ‖ smooth operation *reibungslose Handhabung* ‖ *reibungsloser Ablauf*

SNB [Abbr] shipped not billed *versandt, jedoch noch nicht in Rechnung gestellt*

snuff [TabakStG] *Schnupftabak*

So. [USA] [Abbr] Southern Reporter seit 1887 (ab 1941 Second Series: So. 2d) Berichterstattung über die Rechtsprechung in Florida, Alabama, Mississippi, Louisiana

social *sozial* ‖ *gesellschaftlich* ‖ social adequacy [Man/Org/ArbR] *Sozialadäquanz* ‖ social compensation plan [BetrVG] *Sozialplan* ‖ social control *soziale Kontrolle* ‖ social courts [Jus/D] *Sozialgerichte* full court status [deal with disputes about social security benefits] ‖ social engeneering *angewandte Sozialwissenschaften* ‖ social insurance *Sozialversicherung* —> social security ‖ social insurance benefits *Sozialversicherungsleistungen* ‖ social legislation *Sozialgesetzgebung* ‖ social policy *Sozialpolitik* ‖ social security benefit *Sozialversicherungsrente* —> Rente der gesetzlichen Rentenversicherung ‖ social security benefits [Man/Org/ArbR] *Sozialversicherungsleistungen* ‖ Social Security check [USA] *Sozialhilfe* —> transfer payments ‖ social

security contributions [Bil] *Sozialabgaben* syn.: *soziale Abgaben* ‖ social transfer payments *Sozialtransfers* —> transfer payments ‖ *Übertragungen*

societies —> society

society *Vereinigung* ‖ corporate society *Genossenschaft* ‖ friendly society *Förderverein* Vereinigung zur gegenseitigen Förderung der Mitglieder ‖ societies formed for the purpose to give assistance to their members concerning wages tax [SteuerR/D] *Lohnsteuerhilfevereine* nach § 13 I Steuerberatungsgesetz Selbsthilfeeinrichtungen von Arbeitnehmern zur Hilfeleistung in Lohnsteuersachen für ihre Mitglieder. Anerkennung [§§ 14 ff. StBerG] muß durch Aufsichtsbehörde [Oberfinanzdirektion] erfolgen

sold support [Buchf] *gebührenpflichtige Dienstleistungen* support provided against charge, over and above the provision agreed in the sales/lease agreement

sole *alleinig* ‖ sole agency *Alleinvertretung* ‖ sole bill *Solawechsel* ‖ sole right *ausschließliches Recht* ‖ sole concessionaire [ZollW] *Alleinkonzessionär* ‖ sole corporation *1-Mann-Körperschaft* aus einer Person bestehende Körperschaft, z. B. public trustee, der öffentliche Treuhänder, staatliche Treuhandstelle —> corporation ‖ sole proprietor *Einzelkaufmann* [§ 112 BGB, selbständiger Betrieb eines Erwerbsgeschäfts] derjenige, der als allei-

niger Inhaber ein Handelsgewerbe betreibt, auch Minderjähriger mit Zustimmung des Vormund[schaftsgerichts] ||
sole vote   *einstimmige Wahl* || **solely**   *ausschließlich*

solemn agreement   *feierliches Versprechen* [unter Buch und Siegel]

solicitor   *Anwalt*   Anwaltsstand ist in GB in zwei Gruppen eingeteilt —> Solicitor [wird überwiegend in geringwertigen Sachen tätig, ferner beim Konkursgericht, country courts und in Ausnahmefällen vor dem Crown Court in bestimmten Verfahrenszügen auch vor dem Supreme Court. Für Prozesse vor höheren Gerichten Vermittlungstätigkeit eines Solicitors an einen —> Barrister. Im wesentlichen Rechtsberatung, Prozeßvorbereitung, Beurkundung, Errichtung von Testamenten, Beglaubigung von Unterschriften und andere [dem deutschen Notar vergleichbare] Aufgaben —> Law Society || **treasury solicitor**   *Anwalt beim Schatzamt*   [Fachanwalt]

solid   *fest* || *starr* || **solid line** [Man/Org] *disziplinarische Beziehung* || **solid leather**   *Kernleder* || **solid waste**   *Festmüll* || **solids**   *Kohle*

solidarity   *Verbundenheit* || *Solidarität*

solvency   *Solvenz* || *Zahlungsfähigkeit* || *Zahlungsbereitschaft*

sought, to be ~ against   *erklären gegenüber* || **parties against whom [a waiver] is sought** :: *[...], denen*

gegenüber [ein Verzicht] erklärt wird

of sound mind   *zurechnungsfähig*   —> insanity :: Geisteskrankheit

source and use of funds statement [arch] *Kapitalflußrechnung* [heute] —> **statement of changes in financial position**

sovereign   [arch] *Landesfürst* || *Souverän* || *Monarch* || [GB] *Sovereign*   Goldmünze 20 Schilling

space   *Raum* || *Weltraum* || *Weltall* || *Zwischenraum* || *Stelle* || *Lücke* || [Druck] *Spatium* || *Ausschluß[stück]* || **space band**   [Druck] *Spatienkeil* || **space bar**   [Tastatur PC] *Leertaste* || **space probe**   *Weltraumsonde* || **Intersat space segment**   *Intersat Weltraumsegment* || **space size of an advertisement**   *Anzeigengröße*

to spark off investment in capacity extensions   [Bil] *Erweiterungsinvestitionen auslösen*

sparkling wine of grapes   [Winz] *Traubenschaumwein* || **sparkling wine tax**   [SteuerR/D] *Schaumweinsteuer*

special   *Sonder[...]* || *besonders* || *eigen* || **incorporation by special act of Parliament**   *Inkorporierung durch ein Sondergesetz des Parlaments* —> incorporation || **special buyer credit limit**   *garantier-*

special   specific

ter Sonderkreditrahmen ‖ **special commission** *Sonderkommission* ‖ **special committee** *Sonderausschuß* —> specialized committee :: Fachausschuß ‖ **special credit** *Sonderkredit* ‖ **special drawing rights** [IWF] *Sonderziehungsrechte* Buchkredit, den der IWF seinen Mitgliedern einräumt ‖ **special expenses** [SteuerR/D] *Sonderausgaben* ‖ **Special Funds of the Federal Government** [Bbank] *Sondervermögen des Bundes* Verwaltungsmäßig vom übrigen Bundesvermögen getrennt und mit eigenen Haushalt versehene Vermögen (Deutsche Bundespost, Deutsche Bundesbahn, ERP-Sondervermögen, Ausgleichsfonds) ‖ **special leasing** [Leas] *Special-Leasing* Leasinggüter- bzw. Gegenstände, die auf die besonderen Bedürfnisse des Leasingnehmers zugeschnitten oder für diesen speziell hergestellt wurden. Diese Güter oder Gegenstände können nach Ablauf der Leasingzeit von keinem anderen mehr benutzt werden ‖ **special lombard loan** [Bbank] *Sonderlombardkredit* Zum Ausgleich übermäßiger Spannungen am Geldmarkt gewährte die Bbank ab Nov. 1973 mit Unterbrechungen Sonderkredite, deren Verzinsung zum Sonderlombardsatz täglich geändert werden konnte. Bei Kündigung [jederzeit möglich], mußte dieser am nächsten Tag abgedeckt werden ‖ **raising of special lombard loans** *Aufnahme von Sonderlombardkredit* ‖ **approved special package** [Verp] *anerkannte Spezialverpackung* special tried and tested package approved by German and Austrian railroads ‖ **special trade** [Bbank] *Spezialhandel* ‖ **special-purpose**

funds *Zweckvermögen*

specialist journal *Fachzeitschrift* ‖ *Fachzeitung*

specialty *Spezialfach* ‖ *Spezialgebiet* ‖ *Spezialität* ‖ *Spezialartikel* ‖ *Neuheit* ‖ [SteuerR/USA] Im Zusammenhang mit der Bewertung nach steuerrechtlichen Grundsätzen bezeichnet specialty ein einzelnes Gebäude oder einen Gebäudekomplex, dessen bauliche Gegebenheiten nach den Bedürfnissen des Geschäftszweckes des Bauherrn ausgerichtet wurden und daher nach Veräußerung nicht ohne weiteres [ohne wesentliche Verlust bzw. Investition von Kapital] einer allgemeinen gewerblichen Nutzung zugeführt werden kann ‖ **specialty contract** *gesiegelter Vertrag* ‖ *formgebundener Vertrag* Vertrag [besiegelte Urkunde], für den besonderen Formerfordernisse gelten —> deed

specialized *Sonder[...]* ‖ *Fach[...]* ‖ **specialized agency of the UN** *Sonderorganisation der UNO* ‖ **specialized committee** *Fachausschuß* special committee :: Sonderausschuß ‖ **specialized leasing company** [Leas] *Spezial-Leasing-Gesellschaft*

specially contrived hiding place [ZollW] *nachträglich eingebautes Versteck*

specific *bestimmt* ‖ *spezifisch* ‖ *konkret*—> specific performance ‖ **specific objective** *operatives Ziel* ‖ **specific performance** *konkrete Vertragserfüllung* Nach Common Law kann Schadensersatz nur in Geld-

320

form erfolgen. Das Billigkeitsrecht kennt unter engen Voraussetzungen die Möglichkeit der —> specific performance als Anspruch auf die konkrete Erfüllung der vertraglichen Verpflichtungen. Besondere Bedeutung aufgrund der Tatsache, daß Engländer grundsätzlich bei Schadensersatz an eine Form der Entschädigung in Geld denken.

specification [PatR] *Patentbeschreibung* —> Patentschrift || **printed patent specification** [PatR] *Patentschrift* bezeichnet den Antrag —> Patentbeschreibung [mit Skizzen, Zeichnungen etc.] || **When a declaration of priority is made in accordance with paragraph 1 of this article, the applicant may be required to submit a certified copy of the specification and drawings of the original application and such other documents as the law of the country in which the subsequent application is made may require** :: *Wird eine Prioritätserklärung gemäß Absatz 1 abgegeben, kann vom Patentanmelder die Einreichung einer beglaubigten Abschrift der genauen Beschreibung und Zeichnungen der ursprünglichen Patentanmeldung sowie aller anderen Unterlagen gefordert werden, die in dem Land der weiteren Anmeldung durch das geltende Recht vorgeschrieben sind.* || **specifications** *Vorschriften* —> rules || provisions || **specifications for acceptance** [VertR] *Annahmevorschriften*

specified invoice [Buchf] *de-*

taillierte Rechnung syn.: *spezifizierte Rechnung*

to specify *angeben* || *aufführen* || *detaillieren* || *festlegen* || *festsetzen* || *benennen* || *spezifizieren* || **[...] to specify the territories to which the provisons shall apply** *[...] die Hoheitsgebiet angeben, in welchen diese Bestimmungen Anwendung finden sollen*

speculative motive *Spekulationsmotiv* —> Kassenhaltungsmotive :: motives for holding cash

speeding up cash receipts *Beschleunigung der Zahlungseingänge* —> Kassenhaltungspolitik :: motives for holding cash

spill, accidental ~ [Mar] *Tankerunfall* z.B.: Ölkatastrophe

spirits *alkoholische [geistige] Getränke* || [Färberei] *Beize* || **spirits monopoly** [SteuerR/D] *Branntweinmonopol* || **spirits surcharge** [SteuerR/D] *Branntweinaufschlag* || **spirits tax** [SteuerR/D] *Branntweinsteuer* || **spirituous product** [SteuerR/D] *Branntweinerzeugnis*

split-reimportation [ZollW] *Teil-Wiedereinfuhr*

splitting up of tax affairs *Aufsplitterung des Steuerwesens*

splitup *Aktiensplit* —> stock split

spokesman role [Psych] [Soz] *Sprecherrolle*

sports betting tax [RennwLottG] *Sportwettsteuer* part of the Rennwett-, Lotterie- und Sportwettsteuer imposed by some Länder on sporting events, such as football-pool betting

spot *Kassageschäft* in commodity trading and in foreign exchange the immediate delivery —> spot trading || **spot announcement** [TV; Radio] *Werbespot* || *Geschäftsreklame* —> jingle || **spot basis** [Bör] *Erfüllung eines Devisengeschäfts* || **spot exchange rate** [Bbank] *Devisenkassakurs* Kurs, zu dem Devisenkassageschäfte abgeschlossen werden || **spot exchange trading** [Bbank] *Devisenkassahandel* syn.: **spot foreign exchange transaction** —> Devisenkassageschäft || **spot price** [Bör] *Kassakurs* Preis für ein —> Kassageschäft, das unmittelbar nach Abschluß [BRD] spätestens jedoch am zweiten Börsentag nach dem Schlußtag zu erfüllen ist [Bezahlung bzw. Lieferung] || **spot rate of exchange** [Bbank] *Devisenkassakurs* —> spot exchange rate || **spot trading** [Bör] *Kassahandel* the cash sales for immediate delivery in contrast to trading in —> futures —> spot

spousal support [USA] *Unterhaltszahlung* non-support constitutes ground of divorce :: Weigerung bzw. Nichtleistung ist Ehescheidungsgrund [BRD] —> Unterhaltspflicht —> support

spread [Bör] *Spread* im Options-handel gleichzeitiger Kauf und Verkauf einer gleichen Anzahl von Optionen, die sich durch Basispreis und/oder Verfalldatum unterscheiden || **horizontal spread** *Optionen haben unterschiedliche Fälligkeiten* || **vertical spread** *Optionen unterscheiden sich in den Basispreisen* || **diagonal spread** *Diagonal Spread* Zwei Positionen [Optionen] haben unterschiedliche Verfalldaten und unterschiedliche Basispreise || **one-page spread** [Press] *ganzseitige Anzeige* || **double-spread** [Press] *zweiseitige Anzeige* || **spread of risks** *Risikostreuung*

spreading *Streuung* —> stock split || spread || portfolio

squatting, acquisition by ~ rights [or title] or [by squatters] [§ 872 BGB] *Ersitzung* Eigentumserwerb an einer beweglichen Sache, die man mindestens 10 Jahre in Eigenbesitz hatte —> Ersitzung an Grundstücken —> [§ 900 BGB] Buch- oder Tabularersitzung [wer 30 Jahre als Eigentümer im Grundbuch eingetragen war und dieses Grundstück in Eigenbesitz hatte

ss. *sections* —> section

stability *Kontinuität*

stabilization of the economy [Bil] *Konjunkturstütze*

stable US Dollar, a relatively ~ *ein relativ stabiler US-Dollar*

staff and experts *Personal und*

staffing state

Sachverständige || **staff cutbacks** [BetrVG] *Personalabbau* || **staff expenses** *Personalaufwand* || *Personal[kosten]* || *Aufwendungen für Personal* —> ausstellen || entlassen || **staff movement** [BetrVG] *personelle Maßnahme* || **staff questionaire** [BetrVG] *Personalfragebogen* || **staff relationship** [Man/Org] *Stabsbeziehung* || **executive staff** [BetrVG] *leitende Angestellte*

staffing [PersW] *Personalplanung*

stag [Bör] *Konzertzeichner* || *Stag* Zeichner von Neuemissionen von Wertpapieren, die aufgrund erwarteter Zuteilungsbeschränkung bei mehreren Kreditinstituten gleichzeitig zeichnen

stages of appeal *Instanzenweg*

staggering of credit *Kreditstaffelung*

stake [RennwLottG] *Einsatz*

to stand surety *bürgen* —> surety || **contract of surety** *Bürgschaftsvertrag* || **to stand a trial** *vor Gericht erscheinen*

stand-by amount *Bereitstellungsbetrag* || **stand-by credit** [IWF] *Beistandskredit* syn.: *Stand-by-Kredit* || *Bereitschaftskredit* i.d.R. einjährige Kreditlinien an Mitgliedsländer, garantieren best. Ländern Ziehungsrechte über die 25%-Quote hinaus, wobei sich diese Länder im Gegenzug zur Durchführung best. wirtschaftspolit. Maßnahmen verpflichten.

standard [Mil] *Standarte* syn.: *ensign* || [flag] *Feldzeichen* || *Flagge* || [Edelmetalle, Münzen] *Feinheit* || *Feingehalt* || **standard by-laws** [SteuerR] *Mustersatzungen* || **standard quota** [Bbank] *Normkontingent* || *Normrediskontkontingent* Globalkontingent, das für die Kreditinstitute nicht allgemeinverbindlich ist, sondern nur der Festlegung von Individualkontingenten dient || **standard tax** [SteuerR] *Tarifbelastung* || **standard [specification]** [Verp] *Norm* || **[performance] standard** [Man/Org] *Führungsgröße* || *Standard* || *Leistungsstandard* || *Maßstab*

standing *Rang* || *Stand* || *Ansehen* || *Ruf* || *Berufserfahrung* || *Praxis* || *Berufsjahre* || **barrister of at least ten years' standing** *Gerichtsanwalt mit 10jähriger Berufspraxis* || *Bonität* || syn.: **credit** [or: **financial] standing** *Kreditwürdigkeit [eines Unternehmens]* || **standing commission** *Ständige Kommission* || **standing invitation to tender** [ZollW] *Dauerausschreibungsverfahren* [für Agrarerzeugnisse] || **standing orders** [BetrVG] *Geschäftsordnung* || **legal standing** *Ruf als Jurist*

starch sugar [ZuckerStG] *Stärkezucker*

state [VwO/D] *Land* —> Land || *Staat* || [Geisteszustand] —> Stand ||

Zustand || [general] state administration [VwO/D] *[allgemeine] Landesverwaltung* || state assembly [VwO/D] *Landtag* —> state parliament || syn.: **Land diet** [in der Terminologie des Grundgesetzes] || state chancellery *Senatskanzlei* || *Staatskanzlei* untersteht dem Ministerpräsidenten einer Landesregierung || **State Department** [USA] *Außenministerium* || [GB] **Foreign Office** || state government *Landesregierung* syn.: state ministry || [nur Bayern] *Staatsregierung* || [Stadtstaaten] *Senat* || state minister *Landesminister* syn.: **Land minister** || [nur Bayern] *Staatsminister* Der Begriff ist in anderen Bundesländern zwar üblich (z. B. R.-P.), aber nicht offiziell || state ministry *Landesministerium* syn.: **land ministry** [nur Bayern] *Staatsministerium* || *Landesministerium* || [B.-W.] *Ministerium des Ministerpräsidenten* || **official state lottery** [RennwLottG] *staatliche Klassenlotterie* || state parliament *Länderparlament* || *Landtag* mit Ausnahme der Stadtstaaten - in den Verfassungen der Länder der BRD so bezeichnete Volksvertretung (Parlament) || state secretary *Senatsdirektor* || *Staatssekretär* Mitglieder einer Landesregierung und ständige Vertreter des Ministers in dessen Eigenschaft als Behördenchef. In einigen Ländern können sie ihren Minister im Kabinett oder im Parlament vertreten || head of state *Staatsoberhaupt* || union of states *Staatenverbund*

state *Stand* || *Zustand* || guilty state of mind *Verschulden* || state

of the art *Stand der Technik* || not to form part of the state of the art *über den Stand der Technik hinausgehen* || to be comprised in the state of the art *zum Stand der Technik gehören*

stated [Betrag] *ausgewiesen* || a case stated *eine dem High Court von einem Magistrate Court zur Entscheidung vorgelegte Rechtssache*

statement *Bericht* || *Darlegung* || *Erklärung* [im politischen Bereich] Ansonsten sind Erklärungen in Richtung —> declaration zu übersetzen || *Mitteilung* || *Rechnung* —> bill || invoice || *Stellungnahme* || *Statement* || **statement of changes in financial position** [Bil] *Bewegungsbilanz* Rohbilanz zur Darstellung der Bewegungen des Vermögens und Kapitals einer Rechnungsperiode hinsichtlich Einnahmen/Ausgaben sowie Aufwendungen/Erträge —> Kapitalflußrechnung —> Betriebsvermögen —> Nettoumlaufvermögen —> net working capital || *Finanzierungsrechnung* || *Kapitalflußrechnung* syn.: *finanzwirtschaftliche* —> *Bewegungsbilanz* || *Bauersche Bewegungsbilanz* Aufstellung [nicht nur Bewegungsbilanz aus Anfangs- und Schlußbilanz], aus zwei aufeinanderfolgenden Bilanzen einschließlich Aufwands- und Ertragspositionen zur Darstellung der Investitions- und Finanzierungsströme und deren Auswirkungen auf die Liquidität. Meßzahl für die Beobachtung der Veränderungen der Liquidität ist das —> working capital, d.h. die Differenz zwischen Umlaufvermögen und kurzfristigen Verbindlichkeiten. Veränderungen als solche werden in einer Bewegungsbilanz erfaßt (Aktivseite zeigt Mittelverwendung, Passivseite zeigte Mittelherkunft, links Zunahmen der Einzelposten des Umlaufvermögens und Abnahmen der Posten der kurzfristigen Verbindlichkeiten, rechts Zunahmen der kurzfristigen Verbindlichkeiten und Abnahmen der Posten des Umlaufvermögens. Saldo ergibt Zunahme (Verbesserung der Liquidität) oder Abnahme (Verschlechterung der Liquidität). || **statement of facts** [Mar] *Liegezeitprotokoll* || **statement of solicitor** *Erklärung des Prozeßbevollmächtigten*

status *Rechtsstellung* || **legal status** *Rechtsfähigkeit* d.h. legal capacity || [seltener:] *Geschäftsfähigkeit*

statute [vom Parlament erlassene] *Gesetzesvorschrift* || **statute book** *geltendes Recht* it's still on the statute book :: es ist immer noch geltendes Recht || **statute law** *Gesetzesrecht* vom Gesetzgeber geschaffenes Recht i.G.z. —> common law :: Gewohnheitsrecht || **statute making** *Gesetzgebung* legislation || **statute of a court** *Satzung eines Gerichts* || **to invoke a statute** *sich auf ein Gesetz berufen* || [Anspruch] *geltend machen* || **uniform statute** *Bundesgesetz* gilt dann einheitlich für alle Einzelstaaten der USA, z.B. Uniform Negotiable Instruments Act :: einheitliche Bundesstaatliche Regelung für begebbare Wertpapiere mittels Kommission

statutory agent *gesetzlicher Vertreter* des Mindesjährigen [minor], üblicherweise die *Eltern* || guardian [vom Gericht bestimmter] *Vormund* In [GB] trifft der statutory agent Fürsorge für Person des Minderjährigen (care and custody of the infant: Ausnahme: Schenkungsakt : act of donation || Verfügungsakt (will). i.G.z. kontinentaleuropäischen Recht, die gesetzlichen Vertreter können rechtswirksam für die Kinder handeln || **statutory authority** *durch gesetztes Recht die Basis bekommen* Das Parlament erläßt ein Gesetz, die Einzelheiten werden von den Gerichten selbst getroffen, z. B. Verfahrensregeln etc. || **statutory fund[s]** *gesetzliche Rücklage* || **statutory instruments** *Durchführungsvorschriften* zusammenfassender Begriff für statutory rules / orders = implementing orders/rules || **Statutory Instruments Act** *Statutory Instruments Act* [GB] v. 1946 über amtl. Verordnungen, die aufgrund parlamentarischer Ermächtigung erlassen werden

to stave off *abwenden* z. B. Konkursverfahren

stay *Aussetzung* [des Vollzugs] || *Einstellung* [des Vollzugs] || **stay of execution** *Vollzugsaufschub* [§§ 455 ff StPO] [Strafausstand]

steel shares [Bör] *Stahltitel*

steeped in tradition *traditionsreich*

Steering Board for Trade *Handelsdirektorium* || **steering committee** *Lenkungsausschuß* || **Steering Committee for Nuclear Energy Direktionsausschuß für Kernenergie

to stem mainly from *hauptsächlich ausgehen von*

step *Schritt* || *Phase* || involving an inventive step [PatR] *auf einer erfinderischen Tätigkeit beruhen* —> state of the art :: Stand der Technik || further steps were taken in 1989 to strengthen Germany's role as a financial centre *Weichenstellungen zur Stärkung des Finanzplatzes Deutschland sind 1989 unternommen worden*

stepchild [ZivR] *Stiefkind*

stevedore *Stauereifirma* || [Mar] *Stauer* || *Schauermann*

stewardship concept *Erfolgstellen-Konzept* —> *Profit Center or Cost Center-Konzept*

stipendiary allowance *Bezüge* || *Gehalt* || stipendiary justices of the peace *besoldete Friedensrichter* solche, die nicht ehrenamtlich tätig sind

to stipulate *ausbedingen* || [vertragliche] *Bedingungen festlegen* || stipulated by contract *vertraglich vereinbart*

stipulation *Klausel* || *Vertragsbestimmung* || stipulation of conditions *Festlegung von Vertragsbedingungen* || stipulation of parties *Parteiabmachung* || on the express stipulation that *mit der ausdrücklichen Bestimmung, daß[...]* || supplementary stipulation *ergänzende Vereinbarung*

stock *Lager* || *Vorrat* || to have in stock *am Lager haben* vorrätig haben || it is not in stock for the moment *es ist vorübergehend nicht vorrätig* || stock analysis [Bör] *Aktienanalyse* Untersuchung von Aktien für Bewertungszwecke || stock broker *Börsenmakler* || [§ 7 BörsenG] *Handelsmakler* der an der Börse Kauf und Verkauf von Effekten und Waren vermittelt und Ausgleich der Order besorgt. Sonderform [§ 30 BörsenG] Kursmakler || stock corporation *Aktiengesellschaft* [BRD] im Aktiengesetz einheitliche Regelung für Kapitalgesellschaft, die ihr Grundkapital durch die Ausgabe von Aktien beschafft. [USA] einzelstaatlichen Gesetzgebung [business corporation acts]. Wesentlicher Unterschied- auch für die Dividenenpolitik - besteht in der Anzahl der Organe. [AG] drei Organe, Hauptversammlung, Aufsichtsrat und Vorstand. stock corporation: zwei Organe: shareholders (shareholders' meeting) und board of directors || stock dividend *Bonusaktie* syn.: *Kapitalberichtigungsaktien* zur Kapitalerhöhung aus Gesellschaftsmitteln —> syn.: Gratisaktie || *Gratisaktie* Form der Selbstfinanzierung, bei der an die Aktionäre zusätzl. Aktien ausgegeben werden, d.h. die alten Akitionäre erhalten "junge" Aktien aus freien Rücklagen und dem Reingewinn etwa im Verhältnis 3 alte : 1 neue Aktie. Nach dt. AktienG ist die Ausgabe neuer Aktien ohne Gegenleistung nicht statthaft, daher wird die —> Dividende formell ausgeschüttet, jedoch nachträglich als Kapitaleinlage verrechnet. Aktienrechtl. gilt die Ausgabe der Gratisaktien als Gewinnausschüttung. Der Bilanzgewinn wird dadurch dann nicht beeinflußt, wenn die Beträge für junge Aktien aus Rücklagen zur Verfügung gestellt werden —> Stockdividende ‖ *Stockdividende* syn.: *Zusatzaktien* Anstelle der Barausschüttung einer Dividende werden zusätzliche Aktien ausgegeben —> Gratisaktien ‖ Aktiensplit ‖ **stock exchange law** [AuxT] *Börsengesetz*‖ **stock exchange management** [AuxT] *Börsenvorstand* ‖ **stock exchange trading** [Bör] *Börsenhandel* ‖ **stock exchange transactions tax** *Börsenumsatzsteuer* gehört zu den Kapitalertragsteuern und erfaßt Wertpapierumsätze ohne Rücksicht auf die Person der Beteiligten. Rechtsgrundlage sind das Kapitalverkehrssteuergesetz [KVStG, 1972] und die Kapitalverkehrssteuer-Durchführungsverordnung [KVStGDV, 1960] ‖ **to be introduced to the stock exchange** *an die Börse kommen* [notieren] ‖ **other major international stock exchanges** *an den übrigen internationalen Börsenplätzen* ‖ **stock index futures** *Index-Terminkontrakte* Kontrakte über ein best. Vielfaches von Aktienindices ‖ **stock option** *Aktienvorkaufsrecht* ‖ **stock price appreciation** *Kurswertsteigerung* Anstieg des Marktpreises bzw. Börsenkurses einer Aktie gegenüber dem Anschaffungspreis ‖ **stock-market crash** *Börsencrash* ‖ **stock reduction on ex dividend date** *Dividendenabschlag* Reduzierung des Börsenkurses von Aktien um den Betrag der ausgeschütteten Dividen-

de ‖ **stock purchase plan** *Aktienkaufplan* ‖ **stock register** *Aktienbuch* [§ 67 AktienG] Register über die Inhaber von —> Namensaktien und —> Zwischenscheine einer Gesellschaft. Ferner Eintragung aller Übertragungen, Kaduzierung, Umwandlung in —> Inhaberaktie etc.. Nach § 68 AktienG gilt nur der Eingetragene als Aktionär der Gesellschaft. [USA] stockholders' ledger [Angaben über die jeweiligen Aktieninhaber] sowie stock transfer books [Umschreibungen bei Aktienübertragungen] Die Führung dieser Bücher wird von den Gesellschaften i.d.R. sogenannten transfer agents, [üblicherweise Banken oder Treuhandgesellschaften] übertragen, die oft auch für die Gesellschaft die Auszahlung von Dividenden an die Aktionäre übernehmen. ‖ **stock split[-up]** *Aktiensplit* Aktiennennwert wird reduziert, Grundkapital bleibt unverändert i.G.z —> stock dividend, bei der der Aktiennennwert unverändert bleibt und offene Rücklagen in Grundkapital bzw. retained earnings in capital stock umgewandelt werden. ‖ **stock transfer books** [USA] *Aktienbuch* [für Umschreibungen]. In der BRD kein separates Buch —> stock register :: Aktienbuch ‖ **stock valuation** *Aktienbewertung* Bestimmung des "inneren Wertes" von Aktien ‖ **buffer stock[s]** *Ausgleichslager* ‖ *Pufferbestand* —> Common Stock —> Gemeinsamer Fonds für Rohstoffe ‖ **common stock** *Stammaktien* ‖ **preferred stock** *Vorzugsaktien* —> preferred ‖ **registered stock** *Namensaktien* In den USA übliche Form der auf den Namen des Aktionärs ausgestellten Aktien. Übertragung erfolgt durch Umschreibung im —> Aktienbuch der Gesell-

327

schaft —> Inhaberaktien ‖ stockholders' ledger ‖ **return on stock** *Aktienrendite*—> return

stocks [Bil] *Vorräte*

stockholder *Aktionär* ‖ [§ 67 ff. AktienG] *Gesellschafter* ‖ **stockholder's meeting** *Gesellschaftsversammlung* ‖ *Hauptversammlung*

stone fruit [SteuerR/D] *Steinobst* Kirschen, Zwetschgen :: cherries, plums

stoppage [Bal] *Ladehemmung*

storage *Lagerung* ‖ *Einlagerung* ‖ *Lagern* ‖ *Speicherung* ‖ *Lagerraum* ‖ *Depot* ‖ **storage agency bill** [Bbank] *Solawechsel der Einfuhr- und Vorratsstellen* syn.: *Vorratsstellenwechsel* Durch Waren gedeckte und vom Bund verbürgte Wechsel zur Finanzierung der eingelagerten Überschüsse der Agrarwirtschaft. Die Bbank verwendet sie zur —> Geldmarktregulierung ‖ **storage cost equalisation charge for sugar** [SteuerR/D] *Lagerkostenausgleich für Zucker* ‖ **storage facilities** *Lagermöglichkeiten* ‖ *Stapelgelegenheit* ‖ *Vorratsräume* ‖ **storage life** *Lagerbeständigkeit* syn.: **shelf life** *Laufzeit*

to store *aufspeichern* ‖ [EDV] *[ab]speichern* ‖ [Daten auf Datenträger (Diskette, Festplatte)] *sichern* ‖ **goods placed in temporary storage** [ZollW] *vorübergehend verwahrt*

straight bonds [Bör] herkömmliche *Anleihe* ‖ *Straight Bonds* normale Anleihe gegenüber variabel verzinsl. Anleihen [—>droplock bonds] gleichbleibende Nominalverzinsung —> Zerobonds

strategic [Mil] *strategisch* ‖ *kriegswichtig* ‖ *taktisch* ‖ **strategic apex** [Man/Org] *Unternehmensspitze* ‖ *Führungsspitze* ‖ *Spitzenmanagement* ‖ *Topmanagement* ‖ *Führungsstab* ‖ **strategic business unit** *strategische Geschäfts[feld]einheit* [Abbr] **SBU** :: *SGE* ‖ **strategic mission** *Marktaufgabe* —> mission ‖ **strategic planning** *strategische Planung* syn.: *Unternehmenspolitik*

to strengthen *festigen* ‖ *stärken*—> safeguards

strict *strikt* ‖ *streng* ‖ *völlig* ‖ **strict cost management** *striktes Kostenmanagement* ‖ **strict liability** [USA] *Gefährdungshaftung*

strike *Schlag* ‖ *Hieb* ‖ *Stoß* ‖ [ArbR] *Streik* ‖ [ArbR] *Ausstand* ‖ **second strike ballot** [Man/Org/ArbR] *zweite Urabstimmung* Bei mehrheitlicher Annahme des sogenannten letzten Angebots der Arbeitgeber in der Tarifkommission, wird in einer zweiten Urabstimmung (geheime Wahl) entschieden, ob der Streik fortgesetzt oder abgebrochen wird. Für die Beendigung müssen mindestens 25% der an der Urabstimmung teilnehmenden Arbeitnehmer stimmen (in GB einfache Mehrheit erforderlich). ‖ **strike clause** [ArbR]

Streikparagraph Insbesondere in der Presse geprägte Bezeichnung für § 116 Arbeitsförderungsgesetz. Änderung 1986 auf Betreiben der Arbeitgeberseite, die verhindern wollte, daß die Gewerkschaften sich allzu leicht für Streikmaßnahmen entscheiden, da das Arbeitsamt u. a. Kurzarbeitergeld auszahlt, wenn [Groß-]Betriebe wegen Punktstreiks in Zulieferbetrieben teilweise nicht weiterarbeiten können. Die Gewerkschaften wurden beschuldigt, dieses Kurzarbeitergeld als Ersatzstreikkasse zu mißbrauchen. Die Arbeitgeberseite wiederum reagierte in diesen Fällen mit der sog. kalten Aussperrung :: lockout by stealth || **strike fund** *Streikkasse* || **strike incidence** *Streikhäufigkeit* || **strike is legitimate, but only as ultima ratio [final resort]** [Art. 9 GG] *Streik als letztes Mittel der Arbeitskampfmaßnahmen* || **strike laws** *Arbeitskampfrecht* || **strike pay** *Streikgeld* —> Mini-Max || **pre-strike ballot** *Urabstimmung* || **striking price** [Bör] *Basispreis* Bei Optionsgeschäften in Aktien oder festverzinslichen Wertpapieren der Preis, zu dem der Käufer den Basiswert fordern (Kaufoption) bzw. liefern muß (Verkaufsoption) —> underlying asset :: Basiswert

strip *[Walz]Rohling* || **strip building** *Reihenbauweise* || **strip lighting** [Tech] *Soffittenbeleuchtung* || **strip mining** [USA] *Tagebau*

strong beer [BierStR/D] *Vollbier* almost 99% of the beer brewed in Germany is strong beer, with an —> original wort content of 11 to 14 per cent :: Auf die Gattung Vollbier mit einem —> Stammwürzgehalt von 11-14% entfallen nahezu 99% des deutschen Bierausstoßes

structure [Bil] *Aufgliederung* || **Structure and Development of Balance-Sheet Total** [Bil] *Zusammensetzung und Entwicklung der Bilanzsumme* || **structure of employment** *Erwerbstätigenstruktur* || **legal structure** *Rechtsform [eines Unternehmens]* syn.: **legal form** || **structuring of jobs** [BetrVG] *Gestaltung von Arbeitsplätzen*

style adaptability [Psych/Man] *Situationsanpassung des Führungsstils* || **style range** *Variationsbreite des Führungsstils* —> LEAD || **business style** *Firmenname* || **styles and names** *Titel und Namen* eigentlich: names and styles :: Namen und Titel

sub judice [lat.] *schwebend* —> pending

sub poena duces tecum *Zeugenvorladung mit der Auflage, Beweismaterial beizubringen* [Fed. R. Crim. P. 17 / Fed.R.Civ.P. 45] [auf Antrag einer Prozeßpartei kann das Gericht die Beibringung von Büchern, Dokumenten etc. durch eine Prozeßpartei oder Dritte anordnen] —> to subpoena s.o.

sub-agent *Unterbevollmächtigter* agent allgemein: Bevollmächtigter || Vertreter [des Vermögens] || Vermittler

sub-commission *Unterkommission*

sub-contract *Vertrag zwischen einem Generalunternehmer und einem Subunternehmer*

sub-contractor *Subunternehmer* || *Unterunternehmer*

to sub-divide *parzellieren*

sub-divider *Parzellierender*—> to lot out :: parzellieren

sub-paragraph *Buchstabe* [innerhalb eines zitierten Artikels]

Subcommittee on Iron and Steel *Unterausschuß Eisen und Stahl*

subitem *Nummer* [z.B.: im Sinne des Artikels 1 Absatz 2 Buchstabe a]

to be subject to *bedürfen* || *unterliegen* || [VölkR] **this agreement shall be subject to approval** :: *dieses Übereinkommen bedarf der Genehmigung* || **to be subject to mutual agreement** :: *bis zur Vereinbarung entsprechender Vertragsklauseln* || *entsprechende Vereinbarungen über etwas treffen*

subjects *Erklärende* [Übereinstimmende Willenserklärung z. B. zum Abschluß eines völkerrechtlichen Vertrages (=declaration of intention)]

subject matter *Vertragsinhalt* || *Vertragsgegenstand* || **subject matter jurisdiction** [USA] *sachliche Zuständigkeit* [eines Bundesgerichts]|| **subject matter of an international instrument** *internationales Vertragswerk* || **subject matter of international law** *Völkerrechtssubjekt*

sublease [MietR/Leas/USA] *Untervermietung*

submission of claims *Einbringung von Schadensersatzansprüchen*

to submit [Unterlagen] *beibringen* syn.: *herbeischaffen* || *vorlegen* —> produce || present || disclose || *einreichen* [Unterlagen, z.B. für Anmeldung] —> file || *mitteilen* [Kenntnisse/Wissen] —> communicate || give notice || *unterbreiten* [Vorhaben] —> propose || *vorbringen* [Einwand] —> to raise [objection] || **to submit a proposal for acceptance** *einen Vorschlag zur Annahme vorlegen* || *vortragen* [Sachverhalt || Vortrag des Sachverständigen || Lied [Interpret]] —> to brief || express || utter || report on || *zuleiten* den Entwurf den Gesetzgebungsorganen zuleiten :: to submit the draft to the legislative bodies for further consideration || *anheimstellen* || *in jds. Ermessen legen* || *raten* || [StrafR] *unterstellen* we submit that the charge is not proved :: wir unterstellen, daß die Anklage nicht bewiesen ist.

subordinate *nachgeordnet* || *untergeordnet* || **subordinate body** *nachgeordnetes Organ* || *nachgeordnete Stelle* || **subordinate committee** *nachgeordneter Ausschuß* || **subordinate position** *unterge-*

suborn | substantive law

ordnete Position || *Stellung*

to suborn *anstiften* [USA] Innerhalb des amerik. Strafrechts die Anstiftung zu einer vorsätzlichen Straftat, im wesentlichen jedoch Anstiftung zur Leistung eines Meineides —> perjury

to subpoena s.o. *Beweiserhebung durch Zeugenvorladung* —> sub poena duces tecum

to subscribe for shares *Aktien zeichnen* || **subscribed capital** *gezeichnetes Kapital* || **subscribing to Berlin loans** *Zeichnung von Berlin-Darlehen*

subscription of an oath of allegiance *Leistung eines Treueeids*

subsequent tax demands [SteuerR] *Nachforderungen* || **on any subsequent occasion** *im Nachhinein* || *später* || *bei einer späteren Gelegenheit* || **subsequently** *in der Folge* || *später* || *zu einem späteren Zeitpunkt* || *nachfolgend*

subsidiary *untergeordnet* || *Neben[...]* || **subsidiary body** *Nebenorgan* || **subsidiary corporation** *Filialgesellschaft* || **subsidiary firm** *Tochterfirma* || *Zweigniederlassung* || **subsidiary [company]** *Tochtergesellschaft* a subsidiary is controlled by its parent company :: Eine Tochtergesellschaft wird von der Muttergesellschaft kontrolliert.

subsiding company *Filialgesell-*

schaft —> company || corporation || law || charter || subsidiary

subsidized credit *Kredit zu verbilligtem Zinssatz* credit at reduced interest rate

to subsist *bestehen* to remain [in existence] || to survive || to extant

subsistance allowance *Unterhaltszuschuß*

subsisting patent [PatR] *bestehendes Patent*

substance weight [Verp] *Riesgewicht* basis or ream weight of a ream of paper in lbs/r :: Flächengewicht eines —> Rieses Papier in g/m2

denatured with other substances *vergällt mit anderen Stoffen* [Alkohol, etc.]

substantial *materiell* || *stofflich* || *greifbar* || *fest* || *beträchtlich* || *wesentlich* || *stattlich* || *stichhaltig* || **substantial new business contributes to the large volume of credit commitments** *das Zusagevolumen durch umfangreiche Geschäftsabschlüsse erhöhen* || **substantial transformation criterion** [ZollW] *Kriterium der wesentlichen Be- oder Verarbeitung* || **in substantial agreement** *im wesentlichen übereinstimmend*

substantive law *materielles Recht* Die Rechtsgrundsätze, die das Recht an

331

sich ordnen, z.B. Strafrecht, bürgerliches Recht etc. ‖ [PatR] **Convention on the Unification of certain points of Substantive Law on Patents of Invention, 1976** :: *Übereinkommen zur Vereinheitlichung bestimmte Begriffe des Materiellen Rechts der Erfindungspatente, 1976*

substitute *Ersatz[...]* ‖ *Surrogat* ‖ *Ersatzwort* ‖ **substitute products** [SteuerR] *Substitutionserzeugnisse* ‖ **substitute strike fund** *Ersatzstreikkasse* gemeint ist damit die Zahlung der Arbeitsämter von Kurzarbeitergeld nach § 116 Arbeitsförderungsgesetz, z.B. bei Punktstreiks, die die Gewerkschaftskassen entsprechend entlasten. —> Streikparagraph :: strike clause ‖ **substitutes** [§ 25 BetrVG] *Ersatzmitglieder* Scheidet ein Mitglied aus dem Betriebsrat aus, so rückt ein Ersatzmitglied nach :: Whenever a member leaves the works council he shall be replaced by a substitute

successful performance *erfolgreicher Geschäftsverlauf*

succession duty [USA] *Erbschaftsteuer* syn.: **succession tax** —> inheritance tax

successor [in title] *Rechtsnachfolger* successor in right

such *die[-se/-er/-es]* ‖ **Persons having wide experience, two such persons nominated [...]** :: *zwei Personen, die die gleichen Voraussetzungen/Anforderungen erfüllen [...]* ["solche" ist in der Übersetzung

eher zu vermeiden]

to sue *verklagen* ‖ **to sue for specific performance** *auf Erfüllung klagen* ‖ **incapacity to sue** *prozeßunfähig*

sugar tax [SteuerR] *Zuckersteuer*

suggestion system *betriebliches Vorschlagswesen*

suit *Zivilprozeß* ‖ **immunity from suit and legal process** *zivile und strafrechtliche Immunität [genießen]*

suitable for sealing [ZollW] *verschlußsicher*

to sum up *summieren* ‖ *addieren* ‖ *stehen für* ‖ *sich belaufen auf*

sum *Betrag* ‖ *Einnahmen* ‖ *Erlös* ‖ *Summe* ‖ **payment of all sums received** *Zahlung aller erzielten Beträge* ‖ **to pay any sums due** *alle fälligen Zahlungen leisten* alle fälligen Beträge zahlen ‖ **until the sum due has been received** *wenn die zu leistende Summe eingegangen ist* ‖ **to forfeit a sum** *einen Betrag verlieren* ‖ **sum-of-the-year-digits depreciation** *digitale Abschreibung* Form der arithmetisch-degressiven Abschreibung, bei der die Differenz zwischen den arithmetischen jährlichen Abschreibungsbeträgen immer gleich ist —> degressive Abschreibung

summary *sumarisch* ‖ **summa-**

rily convicted [StrafR] *im summarischen Verfahren abgeurteilt* || **summary action for eviction** [MietR/ USA] *Räumungsklage* || **summary criminal cases** *summarische Strafsachen* —> *Schnellverfahren* [nicht: Massenverfahren] || **summary customs procedures** [ZollW] *Sammelzollverfahren* || **summary offence** *Schnellverfahren* Straftaten, die von einem Friedensrichter im Schnellverfahren abgeurteilt werden können [mit mehreren Angeklagten zusammen; nicht mit *kollektive Strafen* übersetzen!]

summing up, [the judge is ~] *Rechtsbelehrung[en] der Geschworenen* [erfolgt durch den Richter]

summons, to take out a writ of ~ against s.o. *jmd.* [vor Gericht] *laden* || *vorladen lassen*

super *über[...]* || *übermäßig* || *Ober[...]* || **super motor fuel** [SteuerR/D] *Superbenzin* four-star motor fuel || **super quota** [EG] *Superquote* Milchgarantiemengenabgabe, die der Landwirt bei Überschreitung der Milch-Gesamtquote zu entrichten hat

to superintendent *Aufsicht führen über* || *leiten* || *verwalten* || **superintendent** [Fabrik] *Betriebsleiter* —> plant manager :: *Werksleiter* || *Leiter* || *Direktor* || *Oberaufseher* || *Aufsichtsbeamter* || [Schule] *Inspektor* || [AuxT] *Kommissar* || [USA] *Polizeichef* || [Kirche] *Superintendent*

to supersede *ablösen* [ein Abkommen durch ein anderes] || **to supersede, amend or supplement** *ablösen, ändern oder ergänzen*

supervision of professional activities *Berufsaufsicht*

supervisory board *Aufsichtsamt* || *Überwachungsamt* || **Supervisory Board Report** [Bil] *Bericht des Aufsichtsrats*

supplementary assessment [SteuerR/D] *Nachveranlagung* Erfassung aller [Steuer]Fälle, bei denen innerhalb des Hauptveranlagungszeitraums die Vermögensteuerpflicht neu begründet wurde oder sich geändert hat || **supplementary grants** [Art. 107 II GG] *Ergänzungszuweisungen* Ausgleichszuweisung an leistungsschwache Länder zur ergänzenden Deckung ihres allgemeinen Finanzbedarfs beim horizontalen Länderfinanzausgleich || **supplementary trade items and mechanting trade** [Bbank] *Ergänzungen zum Warenverkehr and Transithandel*

supplier *Lieferant* || *Zulieferbetrieb* || *Zulieferer* || **supplier credits** *Lieferantenkredite* syn.: *Lieferkredite* Typische Form des kurzfristigen Kredits zwischen 1-3 Monaten bzw. Absatzdauer üblicherweise unter Eigentumsvorbehalt. Durch Skontoabzugsmöglichkeit lohnt sich u.U. die Aufnahme eines Bankkredits zum Barkauf. || **supplier's certificate** *Lieferantenbescheinigung* || *Lieferantenerklärung*

supplies *Bestand* || *Vorrat* || *Lager[bestand]* || *Hilfsstoffe* [Kostenrechnung] Hilfsmaterial, das nicht Rohstoff und nicht wesentlicher Bestandteil des Produkts ist, jedoch bei der Erzeugung in das Produkt eingeht [z.B. Lack]. Verrechnung unter Betriebsstoffe als unechte Gemeinkosten || **operating supplies** *Betriebsstoffe*

supply *Lieferung* || *Zufuhr* || *Beschaffung* || *Bereitstellung* || *Belieferung* || *Versorgung* || *Anschluß* [an das Versorgungsnetz] || *Angebot* || **supply and demand** *Angebot und Nachfrage* || **contract for the supply of goods** *Liefervertrag über Waren* || **supply plant** [Auslieferung] *Lieferwerk* || **supply rights** *Lieferrechte* || **supply-side** *angebotsorientiert* || **the improvement of the supply-side conditions** *Verbesserung der Angebotsbedingungen* || **supply[ing]** *Vermittlung*

support arrears [USA] *Unterhaltsrückstände* —> maintenance arrears || obligation to support [...] || **support staff** [Man/Org] *Stabsabteilungen* || **obligation to support spouse and children** [BRD] [§§ 1360 ff. sowie §§ 1601 ff. BGB] *Unterhaltspflicht der Ehegatten* || **sold support** [Buchf] *gebührenpflichtige Dienstleistungen*

suppression *Verhinderung* repression :: Bekämpfung

supra-national *überstaatlich*

supreme *höchste* || *Ober[...]* || *oberste[...]* || **supreme command** [Mil] *Oberbefehl* || *Oberkommando* || **supreme commander** *Oberbefehlshaber* || **Supreme Court** [USA] *Oberstes Bundesgericht* || **supreme Land authority** [VwO/D] *Oberlandesbehörde* landesweit zuständige Verwaltungsbehörde, die einem Ministerium unmittelbar unterstellt ist || **supreme punishment** *Todesstrafe*

surcharge [SteuerR/D] *Aufgeld* || **surcharge on income and corporation tax** [SteuerR] *Ergänzungsabgabe*

surety *Bürge* [USA] haftet unmittelbar aufgrund eigener vertraglicher Verpflichtung für Schuld eines anderen (Hauptschuldner) aus Vertrag —> guarantor || **to stand surety** *bürgen* —> suretyship

suretyship *Bürgschaft* || **suretyship class of insurance** *Kautionsversicherung* || **contract of suretyship** [§ 765 BGB] *Bürgschaftsvertrag* Vertrag, durch den sich ein Bürge gegenüber einem Gläubiger verpflichtet, für die Verbindlichkeiten eines Dritten (Schuldner) einzustehen. Die wichtigste Form ist die Bankbürgschaft.

surplus *Überschuß* —> cash surplus || **surplus production** [EG] *Überschußproduktion*

surrender *Kapitulation* || [MietR/USA] *Aufhebungsvereinbarung* Beendigung des Mietverhältnisses nach Ablauf der vereinbarten Mietzeit ‖ **surrender penalty** [InvF] *Rückkaufwertverlust* bei Rückgabe eines Sparbriefes [Police] vor Ende der Laufzeit entstehender Verlust aus der Differenz zwischen Vertragssumme bei voller Laufzeit und Rückkaufwert zum Zeitpunkt der Rückgabe ‖ **surrender value** [InvF] [Versicherungsfondsanteil ‖ Sparbrief ‖ Police] *Rückkaufkurs* syn.: *Rückkaufwert*

surtax *Übersteuer* —> coporate income tax ‖ [USA] *Zusatzsteuer* ‖ *Zuschlagsteuer* progressiv bis 88% bei Einkommen [bei Körperschaft ab $25.000,-]

surveillance [ZollW] *Überwachung*

surviving dependants' pensions-*Hinterbliebenenrenten* —> Hinterbliebenenpension —> survivors pension

survivors pension *Hinterbliebenenpension* syn.: *Hinterbliebenenrente* an die Hinterbliebenen eines Arbeitnehmers nach dessen Ableben gezahlte Pension

susceptible, to be ~ of [...] *gelten als* ‖ *etwas zulasssen* ‖ [Krankheit ‖ Empfindlichkeit] *anfällig sein für* ‖ [PatR] [...] whether an invention shall be susceptible of industrial application :: [...] *eine Erfindung als gewerblich anwendbar gilt*

to suspend *zeitweilig aufheben* ‖ *aufschieben* [Urteilsverkündung] ‖ *aussetzen* [Verfahren ‖ Vollstreckung]

‖ *einstellen* ‖ *außer Kraft setzen* ‖ *unterbrechen* [Strafvollzug] ‖ **temporarily suspended** *vorübergehend eingestellt* ‖ *[zeitweilig] außer Kraft gesetzt* ‖ *ausgesetzt*

suspension of customs duties [ZollW] *Zollaussetzung*

suspensory effect [ArbR] *suspendierende Wirkung* —> Abwehraussperrung

to sustain *stützen* ‖ *tragen* ‖ **to sustain damages** *Schaden erleiden* ‖ *[Anspruch auf] Schadensersatz zustehen* ‖ **sustained expansion of business activity** [EWG-Präambel] *anhaltende Entfaltung der Wachstumskräfte* ‖ **sustained growth of the world economy** *anhaltender Aufschwung der Weltwirtschaft*

swap [Bör] *Swap[geschäft]* Kombination aus —> Kassageschäft und —> Termingeschäft im internationalen Devisenhandel. Liegt Terminkurs höher als Kassakurs, wird der Swapsatz [Differenz zwischen Tages (=Kassa)-Kurs und Terminkurs] als Report :: premium oder Agio [Kurs]Aufschlag bezeichnet. Liegt der Terminkurs unter dem Kassakurs, dann Deport :: discount (Disagio). Zur Ausschaltung dieses Kursrisikos vereinbart man mit der Bank eine Kurssicherung (Umwechseln der Devisen in DM bzw. DM in Devisen per Termin, d.h. für den Tag der Fälligkeit). Die Höhe des Swapsatzes richtet sich nach dem Zinsgefälle zwischen den beiden betroffenen Währungen. ‖ **attractive terms and con-**

ditions for swaps   *attraktive Swapbedingungen*

swearing   *Schwur* —> Eid —> oath

sweet [Wein] *süffig*

switch transaction   *Switch-Geschäft* [heute aufgrund multilateraler Abwicklung des Zahlungsverkehrs fast unbedeutendes] Außenhandelsgeschäft, das [buchungstechnisch] über ein Drittland abgewickelt wird. Dreieckskompensation, bei der eine Firma Anlagen in ein Schwellenland liefert, das Waren aus eigener Produktion in ein drittes Land exportiert, von wo aus die Firma dann per Devisen oder Rohstoffen bezahlt wird.

sympathy strikes   [ArbR] *Sympathiestreik*syn.: **sympathetic strike** || **boycott** —> Sherman Antitrust Act

syndicate   *Arbeitsgemeinschaft* || *Konsortium* z. B.: bank syndicate :: Bankenkonsortium. Beispiel für ein Joint [ad-]Venture [nicht mit "Syndikat" übersetzen] || **new business in medium and long-term international syndicated loans**   *Neugeschäft bei mittel- und langfristigen Konsortialkrediten*

synergy effects   *Synergie-Effekte* Effekt von gemeinsam erarbeiteten Gruppenlösungen gegenüber Einzellösungen. Ziel der Synergie-Planung ist eine verbesserte Ausnutzung gegebener Verhältnisse und Stärken, z.B. Einpassung von Know-How in bestehende oder neue Anwendungsgebiete.

T-group training   [PersW] *Sensibilitäts-Training* || *T-Gruppen-Training*

T.L.R. Times Law Report   anerkannte Berichterstattung in der "Times", einen Tag nach Verkündung eines Urteils, Gerichtsentscheidung

table   *Tabelle* || *Übersicht* || **table vinegar**   *Speiseessig*

Taft-Hartely Act   [USA] löste 1947 den Wagner Act ab, aus Ausgleich zu den dort vereinbarten Verpflichtungen der Arbeitgeber gegenüber den Gewerkschaften. Unter anderem wurde der closed shop :: [negative] Koalitionsfreiheit abgeschafft, d.h. die Pflicht des Arbeinehmers, vor Einstellung einer Gewerkschaft beizutreten [jetzt —> open shop]. Ferner wurde den Gewerkschaften größere Tarifautonomie eingeräumt; Redefreiheit sowie Schiedsverfahren

to take   *nehmen* || *annehmen* || **to take actions**   *Maßnahmen ergreifen* || *Schritte unternehmen* || *Vorgehen* || **to take advantage of**   *in Anspruch nehmen* || **to take into account**   *berücksichtigen* || *unter Berücksichtigung von* || *einer Sache Rechnung tragen, indem [...]* || **to take on vacant jobs**   *freie Stellen besetzen* || **to take up one's abode**   *seinen Wohnsitz begründen*   to make up one's abode || **taken over the year**   *im Jahresdurchschnitt* || **taking advantage of Section 6 a of the Federal German Income Tax Law (EStG) [...]**   *steuerliche Verteilungsmöglichkeiten gemäß EStG* ||

[...] **taking one third of the seats** [BetrVG] *Drittelbeteiligung* nicht "equal say" :: *Mitwirkung* ‖ *Drittelparität*

tally [Mar] *tallieren* ‖ **tally clerk** [Mar] *Tallymann*

tangible fixed assets *Sachanlagen* ‖ **tangible property** *materielle Vermögensgegenstände*

tara [Verp] *Tara Gewicht der Verpackung* ‖ *Differenz zwischen Brutto- und Nettogewicht einer Ladung im Gütertransport.*

target *Ziel* ‖ *Zielvorgabe* ‖ **target date** *Stichtag* ‖

tariff *Tarif* ‖ **tariff agreement** syn.: **industrial agreement** ‖ **collective agreement** *Tarifvertrag* ‖ *Tarifabschluß* ‖ **tariff basis** *Tarifgrundlage* ‖ **tariff heading** [ZollW] *Tarifnummer* ‖ **tariff regulation** *Tarifbestimmung[en]* —> tax bracket

task behaviour [Psych/Man] *aufgabenorientierte Führung* —> task-centered behaviour

tax *Steuer* —> levy ‖ charges ‖ **authorised tax franking machine** *Steuerstempler Frankiermaschine zur Stempelung von Wechselsteuermarken. Wertkarten können wie die Marken selbst bei jedem Postamt bezogen werden* ‖ **communal shortfalls in tax revenue** *kommunale Steuerausfälle* ‖ **Federal, State, Länder or municipal tax** *Abgaben des Bundes, der Einzelstaaten, der Länder oder der Gemeinden* ‖ **for tax purposes** *steuerlich* ‖ **interest chargeable or payable on tax demands and refunds** *Verzinsung von Steuernachforderungen und Steuererstattungen* ‖ **legal provisions on tax liability** *Steuerschuldrecht* ‖ **local tax receipts** *örtliches Steueraufkommen* ‖ **measures taken with regard to tax and duties** *Abgabenangelegenheiten* ‖ **tax of substantially similar character** *eine ihrem Wesen nach ähnliche Steuer* ‖ **public tax discussion** *öffentliche Steuerdiskussion* ‖ **purchasing tax** *Kaufsteuer* ‖ **tea tax** *Teesteuer* ‖ **tax abatement** *Steuernachlaß* ‖ **tax assessment** *Steuerveranlagung* ‖ **tax assessment subject to subsequent re-examination** *Steuerfestsetzung unter dem Vorbehalt der späteren Nachprüfung* ‖ **tax attorney** *Anwalt für Steuersachen* ‖ **tax audit** *Betriebsprüfung z.B. Außenprüfung (Betriebs-, Umsatzsteuer-, Lohnsteuerprüfung) nach §§ 193 AO* ‖ **tax audit regulation** *Betriebsprüfungsordnung* ‖ **tax authorities** *Finanzbehörden* ‖ *Steuerbehörden* ‖ [GB] **revenue authorities** —> taxation authorities ‖ *Finanzverwaltung* ‖ *Finanzkasse* ‖ **tax band** *Steuerzeichen* [Wertzeichen auf Tabakpackungen] ‖ **tax base** *Steuerbemessungsgrundlage* ‖ **tax benefits** *steuerliche Möglichkeiten* ‖ **tax computation** *Selbstveranlagung* ‖ **tax concession** *Steuererleichterung* ‖ *Steuervergünstigung* —> tax relief ‖ **tax consultant** *Steuerbera-*

ter ‖ **tax consultation** *Steuerberatung* ‖ **assistance in tax matters** *Hilfeleistung in Steuersachen* —> Lohnsteuerhilfeverein :: societies formed for the purpose to give assistance to their members concerning wages tax ‖ **tax credit** *Steuergutschrift* Anrechnung, wenn zuviel bezahlt wurde ‖ [USA] *Steuerfreibetrag* —> Steuergutschrift ‖ **tax declaration** *Steuererklärung* ‖ **tax deferment scheme** [InvR] *Steueraufschubplan* —> top slicing :: Steuerbelastung des Anlageerfolgs ‖ **tax dodger** *Steuerhinterzieher* —> tax fraud :: Steuerhinterziehung ‖ **tax exempt transactions** *Rechtsgeschäfte innerhalb der steuerlichen Freigrenze* ‖ **tax exemption** *Steuerfreiheit* exemption from taxes ‖ **tax filing date** *Steuertermin* ‖ *Termin für die Abgabe der Steuererklärung* ‖ *Abgabetermin* ‖ *Einreichungstermin* ‖ **tax fraud** *Steuerhinterziehung* [USA I.R.C. § 7201] **tax evasion** Unterscheidung nach civil und criminal fraud. Beim civil tax fraud kann die IRS [Internal Revenue Service I Steueraufsicht] bis zu 50% des nicht versteuerten Betrages als Geldstrafe verhängen. Für criminal tax fraud wird zudem Freiheitsstrafe verwirkt. In beiden Fällen gilt bloße Fahrlässigkeit als nicht ausreichender Rechtsgrund für die Erfüllung des Straftatbestandes. ‖ [SteuerR/D] *Steuerstraftat* i.S.d. § 370 AO als vorsätzliche Steuerverkürzung und Steuerordnungswidrigkeit nach § 377 AO. ‖ **tax harmonisation within the European Community** *Steuerharmonisierung in den Mitgliedstaaten*‖ **tax heaven** *Steueroase* z.B. Bahamas ‖ **tax imposed on an object**

Objektsteuer ‖ **tax increase** *Steuererhöhung* ‖ **tax inflows** *Steuereinnahmen* ‖ **tax investigation service** *Steuerfahndung* ‖ **tax lease** [Leas] *steuerbegünstigtes Leasing* ‖ **tax on director's fees** [SteuerR/D] *Aufsichtsratsteuer* ‖ **tax on value increments** *Wertzuwachssteuer* ‖ **tax payer in arrears** *säumiger Steuerpflichtiger* ‖ **tax payment date** *Steuertermin* syn.: **tax filing date** ‖ **tax penalty** *Steuersäumniszuschlag* wird erhoben bei Nichteinhaltung von Steuerterminen ‖ **tax provisions** *Steuerrückstellungen* ‖ **tax rate** *Steuersatz* [BRD] 1% des Vermögens [exemption limit] ‖ **tax reduction** *Steuerermäßigung* ‖ **tax reduction effective from the beginning of [year]** *die zu Jahresbeginn [Jahr] in Kraft getretene Steuersenkung* ‖ **reductions contained in the German tax reform** *nach der Steuerreform erreichte Steuersenkung* ‖ **tax relief** *Steuererleichterung* ‖ *Steuervergünstigung* ‖ *Steuerentlastung* ‖ **Tax Relief Law** [BRD] [1984] *Steuerentlastungsgesetz* ‖ **tax reliefs** *Steuervergünstigung* —> reliefs for tax purposes ‖ **tax remission** *Steuererlaß* ‖ **tax return** *Steueranmeldung* ‖ *Steuererklärung für die Einkommensteuer* ‖ *Steuervergünstigung* ‖ *Steuererleichterung* ‖ **taxes on real property** *Grundsteuern* ‖ **to fix or decide the amount of a tax** *veranlagen*

taxable *steuerlich* ‖ *Steuer[...]* ‖
taxable capacity *Steuerkraft* ‖

taxable subject *Steuersubjekt* ‖
taxable years *Steuerjahre*

taxation ratio *Besteuerung* ‖ **taxation ratio** *volkswirtschaftliche Steuerquote* total tax revenue as a percentage of nominal GNM :: Steuereinnahmen insgesamt in vH des nominalen Bruttosozialprodukts ‖ **Agreement for the Avoidance of double taxation of Income** *Abkommen zur Vermeidung der Doppelbesteuerung des Einkommens* ‖ **internal taxation** *interne Besteuerung*

technical committee for job safety *Arbeitssicherheitskommission*

technostructure [Man/Org] *Technostruktur* Erstellung von Systemen zur Planungs- und Arbeitskontrolle

telescopic sight [Bal] *Zielfernrohr*

television and broadcasting right *[Recht zur] Rundfunk und Fernsehbearbeitung*

temporal *weltliche Mitglieder des Oberhauses* —> temporal lords, i.e. the peers of England; strictly speaking, bishops are lords of parliament but not temporal lords [einschließlich Richter]

temporary detention *vorübergehend festhalten* —> vorläufige Festnahme ‖ custody ‖ custodial arrest ‖ **temp[orary] work** *Zeitarbeit* Zeitarbeiter :: person [temporarily] employed by an employment agency

tenancy in common *Bruchteilsgemeinschaft* —> joint tenancy ‖ **hereditary tenancy** *Erbpacht* [früher] dingliches Recht, einen landwirtschaftlichen Betrieb auf fremdem Boden zu betreiben. I.d.R. ist heute damit ein langfristiger Pachtvertrag gemeint (u.U. mit Anwartschaft auf ein Erbbaurecht]

tender guarantee *Bietungsgarantie* —> bid bond Der Bieter sichert bei internationalen Ausschreibungen den Ausschreiber ab, falls er die aufgrund seines Angebots übernommene Verpflichtung nicht übernehmen kann. Garantieübernahme durch eine Bank ‖ **global tender** *Angebotsabgabe bei internationalen Ausschreibungen* ausländische Hersteller oder Händler können direkt anbieten, für After-Sales-Service ist Nachweis einer Vertretung auf dem inländischen Markt erforderlich —> local tender ‖ **legal tender** *gesetzliches Zahlungsmittel* ‖ **local tender** *Angebotsabgabe bei internationalen Ausschreibungen* ausländische Händler bzw. Hersteller können sich bewerben, offizielles Angebot wird jedoch i.d.R. von der Vertretung im inländischen Markt abgegeben

tenor [wesentlicher] *Inhalt* ‖ [genauer] *Wortlaut* ‖ *Sinn* [einer Urkunde / eines Vertrages]

tenure [GB/Kent] *Lehensrechte* species of socage tenure common to all the sons, heirs of nearest degree. Erbrecht an Grundbesitz der ehelichen Abkömmlinge zu gleichen Teilen in Wales und Irland als Beispiel für local customary law/lokales Gewohnheitsrecht —> Realteilung [Zersplitterung] || **tenure [of a bond]** [InvF] *Laufzeit* eines Versicherungssparbriefes

term *Bestimmung* warranty || provision || condition || **term deposit** *Termineinlage* || *Termingeld* || **term lease** [Leas] *Term-Leasing* || **term liabilities** [Bil/Bbank] *befristete Verbindlichkeiten* —> time liabilities || **term of loan** *Kreditlaufzeit* —> restructure || **term of a patent** [PatR] *Patentschutzfrist* [BRD] 18 Jahre (nicht verlängerbar) || [GB] 16 Jahre (verlängerbar) || **term of payment** *Zahlungsziel* || **term of a sum** [Math] *Audruck* || *Summand* || **terms** *Bedingungen* || *Fristen* || *[Schul-]Jahre* || **terms and conditions of the guarantee** (policy) *Garantiebedingungen* || **terms and conditions of [...]** *Bedingungen für [...]* || **terms customary in international trade** *im internationalen Handel übliche Zahlungsziele* || **terms of issue** [Bör] *Ausstattung* [eines Wertpapiers] || **terms of strictly cash** *zur gegen Barzahlung* || **terms of trade** *Terms of Trade* syn.: *reales Austauschverhältnis* d. h. Verhältnis der Durchschnittspreise zwischen Export- und Importgütern. Konstante Importpreise verbessern die Terms of Trade, so daß bei gleichem Exportvolumen für den damit erzielten Erlös mehr Importe ermöglicht werden —> Trade Terms || **to bring to terms** *jmd. zur Annahme* [der Bedingungen] *überreden* || **to come to terms** *sich handelseinig werden* || **to keep terms** [GB/coll] *Jura studieren* || **on easy

terms *zu günstigen Bedingungen* || **on the terms that [...]** *unter der Bedingung, daß [...]*

to terminate *begrenzen* || *beendigen* || *aufheben* || *kündigen* || *aufhören* || *enden* || [Vertrag] *auslaufen* || *austreten* [aus Organisation] || *außer Kraft setzen* [agreement] || *zurücktreten* [Partei von Vertrag/withdrawal from an agreement]

territorial *territorial* auf den Geltungsbereich bezogen || **territorial application clause** *Anwendungsklausel* || *Geltungsbereichsklausel* || **territorial authority** [VwO/D] *kommunale Gebietskörperschaften* —> Körperschaften des öffentlichen Rechts besitzen Gebietshoheit, Allmitgliedschaft und Allzuständigkeit. Die Mitgliedschaft ergibt sich für natürliche Personen aus dem Wohnsitz; für juristische Personen aus ihrem Sitz, z.B. Staat (Bund und Länder); Gemeinden; Gemeinde-[Kommunal-]Verbände (z. B. Landkreis). Samt- oder Verbandsgemeinden und Verwaltungsgemeinschaften sind keine G., da die Gemeinden selbst, und nicht die Einwohner Mitglieder sind. || **territorial waters** *Hoheitsgewässer* [geographisch seewärts drei Meilen vom Küstenstreifen] zu unterscheiden von: coastal waters :: *Küstengewässer*

territory *Gebiet* || *Hoheitsgebiet* || **administrative territory** *Verwaltungsgebiet*

customs territory *Zollgebiet* || *Zollgrenzgebiet* || **federal territory**

Bundesgebiet ‖ **mandate[d] territory** *Mandatsgebiet* ‖ **national territory** *Staatsgebiet* ‖ **protectress territory** *Schutzgebiet* ‖ **trust territory** *Treuhandgebiet*

testamentory capacity *Testierfähigkeit* [ErbR] Form der allgemeinen Geschäftsfähigkeit [§§ 2229 f BGB] ‖ **testamentory guardian** *testamentarisch gestellter Vormund*

testator *Erblasser*

testimony *Zeugenaussage* [§§ 48-71 StPO, §§ 373 - 401 ZPO] Aussage über wahrgenommene Tatsachen ‖ [USA] testimony und evidence sind im allgemeinen Sprachgebrauch synonym. Im wesentlichen ist testimony die von einem Zeugen [in einer Verhandlung] gemachte Aussage [üblicherweise mündlich, auch in Form von eidesstattlichen Versicherungen oder durch Verlesen von Schriftstücken], evidence bezeichnet den Beweis, der unter anderem durch diese Aussagen geführt wird. ‖ **expert testimony** [USA / Federal Rules of Evidence 702 f] *[Sachverständigen-] Gutachten* ‖ **testimony given by an expert** [§§ 407 ff ZPO I § 72 ff StPO] *Gutachten eines Sachverständigen* [wird erbracht] —> [expert] witness

testing and measuring purposes [Tech] *Prüf- und Meßverfahren* ‖ **testing institute** *Prüfanstalt*

text *Wortlaut* ‖ **the English text shall prevail** *der englische Wortlaut [ist] maßgebend*

textiles *Textilien*

The Hague, at ~ *Im Haag* —> done

theft *Diebstahl* —> larcency ‖ **theft of victuals** *Unterschlagung von Nahrungs- und Genußmitteln in geringer Menge zum alsbaldigen Verzehr* [StGB § 5, heute aufgehoben] theft or embezzlement of victuals in small quantities [...]

thenceforward *von da an* ‖ *von der Zeit an* ‖ *ab diesem Zeitpunkt* ‖ That if from any cause whatever the purchase shall be delayed beyond the given date, the purchaser shall thenceforth be entitled to the rents of the property

there are no provisions for pensions amounting to DM 2.9 million für Pensionen *bestehen* in Höhe von 2,6 Millionen DM keine Rückstellungen

thereafter *danach* ‖ *im folgenden* ‖ **at any time thereafter** *zu jedem späteren Zeitpunkt* ‖ **all copies sold thereafter** *alle weiteren verkauften Exemplare*

thereof, from the date ~ *ab heute* ‖ *vom heutigen Tag[e] an*

theretofore *bis zu diesem Zeitpunkt*

to think fit *nach eigenem Ermessen*

third party *Dritter* ‖ **third party acting in good faith** *gutgläubige*

Dritter syn.: **party acting in bona fide** || **bona fide party** —> party || **third party leasing** [Leas] *indirektes Leasing* Zwischen Hersteller bzw. Händler schaltet sich ein Dritter ein, i.d.R. eine Leasing-Gesellschaft

this [that] *jene[-]* || der || die || das [≠ dieser / vorliegend]

three- *drei[...]* || **three-month funds** *Dreimonatsgeld* || **three-way bond** [InvF] *"gemischter" Versicherungsfonds* [auch das Zertifikat] syn.: **three-way fund**

through *durch* || *durchgehend* || **through bill of loading** *Durchkonnossement* [Abbr] ThrB/L species of bill of loading used when more than one carrier is required for shipping || **through rate** *Durchgangsrate* || **through traffic** [ZollW] *Verkehr mit ungebrochener Fracht*

throughout the world *weltweit*

throughput [EDV] *Durchsatz*

throughway [USA] *Schnellstraße* || *Durchgangsstraße*

Thuringia [BLand/D] *Thüringen*

thus *auf diese Weise* || **if a dispute cannot thus be settled, it shall upon request of either party be submitted to an arbitral tribunal** :: *kann eine Streitsache auf diese Weise nicht beigelegt werden, so ist sie auf Verlangen einer der beiden Vertragsparteien einem Schiedsgericht zu unterbreiten*

tide-over credit *Überbrückungskredit*

tie-up *Bindung* || **capital tie-up** [InvR] *Bindung von Kapital* || *Kapitalbindung* Festlegung von Kapital in Vermögensgegenständen

tied credit *gebundener Kredit*

to tighten the monetary policy [Bbank] *die Geldpolitik straffen*

time *Zeit* || *Frist* time for payment || **time deposit[s]** [BankW] *Termineinlagen* syn.: **term deposits** || *Festgelder* || **time deposits and funds borrowed for 4 years and over** *Termingelder von 4 Jahren und darüber* || **time liabilities** [Bil] *befristete Verbindlichkeiten* Verbindlichkeiten mit Laufzeit oder Kündigungsfrist von mindestens einem Monat || **time limit for submission** [ZollW] *Vorlagefrist* || **time management** *Arbeitsplanung* || *Zeiteinteilung* || *Zeitplanung* || **at any time more than two years** *nach Ablauf von wenigstens zwei Jahren* —> jeweils || **the royalty payable shall be subject to mutual agreement between them at any time** *über die zu zahlende Lizenzgebühr ist jeweils eine entsprechende Vereinbarung zu treffen* || **available time** [EDV] *verfügbare Systemzeit* Zeit, in der das [Datenrechen-]system verfügbar ist || **unavailable time** *nicht verfügbare Sy-*

stemzeit ‖ **idle time** [EDV] *Leerzeit* [des Systems] z. B. beim Rüsten (Wait) ‖ *Rüstzeit* ‖ **inoperable time** [EDV] *systembedingte Ausfallzeit* ‖ **operable time** [EDV] *betriebsfähige Systemzeit* nutzbare Zeit des Systems ‖ **operating time** [EDV] *Betriebszeit* Zeit, in der das System läuft ‖ **re-run time** [EDV] *Laufwiederholungszeit* Zeit, in der die zuvor fehlerhaft durchgeführten Läufe wiederholt werden ‖ **system recovery time** [EDV] *Wiederanlaufzeit* Zeit bis zur Wiederherstellung des gewünschten Zustandes [in der das [Datenrechen-]system nicht verfügbar ist]

timesheet *Zeitliste* ‖ [Mar] *Timesheet*

TIR —> **Carnet TIR** Internationales Zollpapier (Internatinaler Warentransport mit Straßenfahrzeugen = Transport international de marchandieses par vehicules routiers). Geltung für Warentransporte über eine bzw. mehrere Grenzen, wobei Waren ohne Umladung von einer Abgangszollstelle eines Teilnehmerlandes bis zu einer Bestimmungszollstelle eines anderen bzw. desselben Teilnehmerlandes in Straßenfahrzeugen bzw. Behältern befördert werden, sofern (zumindest auf einem Teil der Strecke) der Transport im Straßenverkehr erfolgt. ‖ **TIR plate** [ZollW] *TIR-Tafel*

tithes [SteuerR/arch] *Zehntabgaben*

title *Eigentum* i.S.v. ownership ‖ *Rechtstitel* —> Torrens title system ‖ *Rechtsgrund* auf den sich ein Recht stützt. Besitztitel ist der zur Erwerbung des Besitzes führender Erwerbsgrund. Urkundlicher Nachweis eines dinglichen Rechts an Liegenschaften. In GB und USA genügt der Hinweis auf den abstract of title, Grundbuchauszug, nicht. ‖ *Titel* ‖ *Urkunde* ‖ *Vertrag* ‖ *Klagerecht* ‖ *Rubrum* [eines Urteils mit roter Tinte geschrieben] ‖ *Besitztitel* ‖ **title deed** *Eigentumsurkunde* ‖ **title insurance** *Besitztitelversicherung* Im amerikanischen Grundstückswesen eine Versicherung gegen Untergang oder Schäden aus einem fehlenden oder mangelhaftem Besitztitel bzw. der Durchsetzung von Ansprüchen. Üblicherweise wird diese Versicherung vom Käufer eines Grundstückes bzw. bei Aufnahme einer Hypothek abgeschlossen. Die Versicherung selbst wird von besonders hierauf spezialisierten Gesellschaften offeriert, die sämtliche Unterlagen und Dokumente über die versicherte Sache [Grundstück] sowie Ausfertigungen amtlicher Urkunden archivieren und im weitesten Sinne Auflassung bzw. Übertragung von Grundstücken vorbereiten. Die Gültigkeit oder das Bestehen eines Rechtsanspruchs auf ein bestimmtes Grundstück wird von sogenannten title examiners dieser Versicherer besorgt. ‖ **title insurance company** *Besitztitelversicherung[sgesellschaft]* Versicherung, die gegen Prämienzahlung für die Rechtsbeständigkeit des erworbenen Eigentums und von Hypenthekenforderungen haftet ‖ **title of a statute** *Name eines Gesetzes* ‖ **title of the action** *Rubrum* ‖ **abstract of title** *Grundbuchauszug* —> abstract title ‖ **insurable title** *versicherungsfähiger Rechtstitel* ‖ **investigation of title** *Prüfung des Besitztitels* z.B.: bei Eigentumsübertragungen = to search the title || **legal title** *Eigentum* || **marketable title** *marktgängiger Rechtstitel* ein gültiger Rechtstitel, bei dem der Erwerber darauf vertrauen darf, daß er unbelastet und ohne Einwirkung Dritter jederzeit frei veräußerbar ist —> merchantable || **merchantable title** *marktfähiger Rechtstitel* syn.: **good and marketable title in fee simple** Rechtstitel, dessen Erwerber darauf vertrauen darf, daß er unbelastet und jederzeit frei veräußerbar ist bzw. ungestört ist und dem Erwerber damit ein von jeder Einwirkung Dritter ausgeschlossenes, unbeschränktes Herrschaftsrecht an der Sache erwirbt || **root of title** vom Verkäufer beizubringende *Urkunde über das Eigentumsrecht an Grundbesitz* || **to have a good title** *über einwandfreien*hinreichenden *Rechtstitel verfügen*

TLI [EuroM] —> **Transferable Loan Instruments**

tobacco tax [TabakStG] *Tabaksteuer* Wird entrichtet durch Verwenden von Steuerzeichen [i.d.R. nicht durch Zahlung des Steuerbetrages], d.h. durch Anbringen und Entwerten der Zeichen an —> Kleinverkaufspackungen. Hersteller und Importeure beziehen Steuerzeichen von best. Zollstellen :: Tax is paid by means of tax bands [and not by regular payment of tax], i.e. by attaching the cancelled tax bands to the retail packages. Producers and importers purchase tax bands from the prescribed customs offices.

tombstone [coll] *Tombstone* Nach Plazierung einer Emission oder eines Kredits veröffentlichte Anzeigen in der einschlägigen Fachpresse mit Einzelheiten über Verzinsung, Laufzeit, Bankenkonsortium, etc.

top *Höchst [...]* || *Spitzen[...]* || **double top** :: *Doppelspitze*. [Chartanalyse / Bör] *Trendumkehrformation*. Nach hohem Kurswert starker Einbruch im Abstand mehrerer Monate. || **broadening top** [Chartanalyse / Bör] *umgekehrtes Dreieck*. Umkehrformation, gilt als Signal für starke Kurseinbrüche || **head and shoulders top** :: *Umkehrformation* —> top mit zwei etwa gleichhohen Schultern im gleichen Abstand zum Kopf mit einer waagerecht verlaufenden Nackenlinie, die von den beiden Tiefpunkten gebildet wird, die sich zwischen Kopf und beiden Schultern befindet. An dieser Formation ist abzulesen, daß die Kurse sich nach unten bewegen. || **top rate** [SteuerR] *Höchstsatz* || *Höchststeuersatz* || **top slicing** [InvF] *Steuerbelastung des Anlageerfolges* Berechnungsmethode für die Steuerbelastung des Anlageerfolges aus Versicherungsfondsanteilen, die es erlaubt, durch die Wahl des Rückgabetermins die hohen Sätze der surtax und unitax ganz oder teilweise zu vermeiden || **top-fermented beer** [BierStG] *obergäriges Bier*

Torrens title system *Eintragungssystem in das Grundstücksregister* Nach Sir Richard Torrens (1814-1884), dem Reformer des australischen Grundstücksrechts —> Grundstücksregister :: land records

tort to person [StrafR/USA] *Ver-*

letzung der körperlichen Unversehrtheit einer Person

Total 1 [Stat] *Summe 1* ‖ **total assets** [Bil] *Bilanzsumme* ‖ **total corporate taxation** [SteuerR] *Gesamtsteuerbelastung* ‖ **total milk quota** [EG] *Milch-Gesamtquote* ‖ **total property** [SteuerR] *Gesamtvermögen* ‖ **total quantity** *Gesamtmenge*

to total *sich belaufen auf*

totalisator [RennwLottG] *Totalisator* on horse-races

tourist *Tourist* ‖ **German National Tourist Board** *Deutsche Zentrale für Tourismus e.V.* ‖ **tourist centre** *Fremdenverkehrsgemeinde*

towards the close of the year *gegen Jahresende*

town council [VwO/D] *Stadtrat* ‖ *Ratsversammlung* —> **municipal council** ‖ **town district** [VwO/D] *Stadtbezirk* —> **borough**. Dezentralisierte Verwaltungseinheit einer Großstadt, teilweise mit eigenen Volksvertretungen ‖ **town within a conurbation** [VwO/D] *stadtverbandsangehörige Stadt* Städte, die Mitglied des Stadtverbandes Saarbrücken sind

tracer notes *Kontrollmitteilungen* —> **Bankenerlaß** :: **banking decree**

tracing out of niches *Aufspüren von Nischen*

trade *Branche* —> line ‖ *Geschäftsbereich* ‖ *Geschäfts [feld] einheit* ‖ **trade and real estate tax** [SteuerR] *Gewerbe- und Grundsteuer* ‖ *Realsteuern* syn.: *Objekt- bzw. Sachsteuern* die auf einzelnen Vermögensgegenständen lasten. Erhebung erfolgt bei denjenigen, denen die Gegenstände zuzurechnen sind [Objektbesteuerung]; im einzelnen: Gewerbe- und Grundsteuer, deren Aufkommen den Gemeinden zufließen [Art. 106 Abs. 6 GG] ‖ **trade bill** *Warenwechsel* ‖ *diskontfähiger Handelswechsel* ‖ **trade companies** *Handelsunternehmen* ‖ **trade and services companies** *Handels- und Dienstleistungsunternehmen* ‖ **tradedevelopment** *Geschäftsanbahnung* ‖ **trade fair** *Handelsmesse* ‖ **trade journal** [GB] *Fachzeitschrift* [Gewerbe] learned journal :: *wissenschaftliche Fachzeitschrift* ‖ **usual trade package** [Verp] *handelsübliche Verpackung* syn.: **commercially approved package** ‖ **trade tax** *Gewerbesteuer*‖ **trade tax (business profits/capital)** *Gewerbesteuer E und K* —> **property tax** ‖ **trade terms** *Handelsklauseln* von der Internationalen Handelskammer publizierte Auflistung nach Ländern bzw. Ländergruppen von geltenden Handelsklauseln. I.G.z. den ERA keine einheitliche Regelung. ‖ **trade union** *Einzelgewerkschaft* [für einen bestimmten gewerblichen Bereich] ‖ **trade union crisis** *Gewerkschaftskrise*‖ **board of trade** [veraltet] —> Department of Trade and Industry ‖ by trade *von Beruf* occupation :: Beruf ‖ profession :: höhere Berufe

trademarks *Warenzeichen* —> intellectual property ‖ industrial design ‖ service marks ‖ copyright ‖ registered proprietor ‖ ornamental design

trader [Bör] *Trader* —> syn.: *Spekulant* Trader versuchen, durch richtige Einschätzung zukünftiger Preisentwicklungen sowie durch geringe Höhe der Einschußzahlung —> margin unter Eingang offener Risikopositionen rasche Kursgewinne zu realisieren —> Hedger ‖ Arbitrageur ‖ [Handel] *Kaufmann* ‖ **sale trader** *Einzelhandelskaufmann*

trading in alcohol [SteuerR] *Alkoholhandel*‖ **trading office** *Börsenbüro*

trailer [SteuerR] *Anhänger* [eines LKW]

trainee *Trainee* —> Auszubildender

training and development [PersW] *Mitarbeiterförderung* syn.: *Personalentwicklung* ‖ **training off the job** [PersW] *Fortbildung außerhalb des Arbeitsplatzes* ‖ *Training off the Job* ‖ **training on the job** *Fortbildung am Arbeitsplatz* ‖ *Training on the Job* ‖ **training program** *Schulungsprogramm* ‖ *Trainingsprogramm*

transaction *Geschäft* —> operation ‖ **transaction endorsement** *Vertragszusatz* [zur Rahmenvereinbarung] ‖ **transaction motive** *Transaktionsmotiv* —> Kassenhaltungsmotiv :: motives for holding cash ‖ **transaction number** [EDV] *Transaktionsnummer* ‖ *Btx-Sicherungscode* ‖ **commercial transaction** *Handelsgeschäft* ‖ **legal transaction** *Rechtsgeschäft* ‖ **transactions** [Bbank] *Transaktionen* ‖ **transactions taxes** [SteuerR] *Verkehrsteuern* i.G.z. den Besitzsteuern keine persönliche Steuerpflicht, sondern Anknüpfung an die Vornahme eines Rechtsgeschäfts (steuerbare Vorgänge), z.B. Börsenumsatzsteuer, Wechselsteuer. ‖ **due to transactions** *transaktionsbedingt*

to transfer *übertragen* Begriff des Uniform Commercial Code, der alle Handlungen umfaßt, bei denen ein Recht auf einen anderen übergeht. Generell als Rechtsakt durch die Parteien oder per Gesetz, bei dem ein Rechtstitel an einem Eigentum von einer Person auf eine andere Person übertragen wird, einschließlich der Übertragung von Rechten durch den Erblasser auf seine Erben. ‖ **the licence shall be transferred or assigned** [PatR] *die Lizenz ist weiter übertragbar* ‖ **to transfer an amount from the previous year's profit** [Bil] *aus dem Bilanzgewinn einstellen* ‖ **amount transferred from annual surplus** [Bil] *Einstellung aus dem Jahresüberschuß*

transfer *Übergang* ‖ *Übertragung* ‖ *Überweisung* ‖ *Zuweisung* ‖

transfer agents [BankW/USA] üblicherweise Banken bzw. Treuhandgesellschaften, in bei Aktienübertragungen die Umschreibung im stockholders' ledger vornehmen und häufig auch die Auszahlung der Dividenden an die Aktionäre übernehmen —> stock transfer book ‖ stock register ‖ **transfers of appropriations between chapters** *Mittelübertragungen von Kapitel zu Kapitel* ‖ **transfer of beneficial ownership** [SteuerR/D] *Übergang der wirtschaftlichen Verfügungsmacht* ‖ **transfer of money** *Überweisung von Geldern* ‖ **transfer of property** *Vermögensübertragung* ‖ **transfer of the Bundesbank's profit to the Federal Government** [Bbank] *Gewinnausschüttung an den Bund* ‖ **transfers of the European Communities** [Bbank] *Leistungen an die Europäischen Gemeinschaften* —> Übertragungen :: transfer payments ‖ **transfer payments** *Übertragungsbilanz* [Bbank] Teil der Zahlungsbilanz und bildet mit der Handels- und Dienstleistungsbilanz die Leistungsbilanz ‖ *Übertragungen* Ohne unmittelbare wirtschaftliche Gegenleistung geleistete Zahlungen der öffentlichen Hand an Privathaushalte, z.B. Arbeitslosengeld :: unemployment check oder Social Security check :: Sozialhilfe, sog. Sozialtransfers. [Bbank] eigentlich: einseitige Übertragungen syn.: unentgeltliche Übertragungen; ohne unmittelbare Gegenleistung erbrachte bzw. empfangene Güter- und Geldleistungen an das Ausland bzw. aus dem Ausland wie z.B. Entwicklungshilfe, Überweisungen von Gastarbeitern sowie Beiträge an internationale Organisationen. Darstellung erfolgt in der —> Übertragungsbilanz ‖ *Transferzahlungen* ‖ **transfer pricing** *Verrechnungspreise* innerhalb einer Gruppe [Konzern] über Waren- und Dienstleistungen —> Fremdvergleich ‖ arm`s length principle ‖ **transfer risk** *Konvertierungs- und Transferrisiko* Risk of imposition of exchange controls [or impossibility owing to reduction of convertibility by importer's government so that domestic creditors [exporter] will receive no payment or only partial payments due for goods and/or services although foreign debtor [importer] may be willing to pay the full contract price in due course :: Risiko aufgrund Devisenbewirtschaftungsmaßnahmen der Regierung des Schuldners [Importeur] oder Unmöglichkeit der Leistung des Importeurs durch Einschränkung der Konvertibilität, wodurch inländische Exporteure u.U. trotz Zahlungswilligkeit des Importeurs nur einen Teilbetrag der Schuld zurückerhalten. ‖ **transfer tax** syn.: **inheritance [and gift] tax** [SteuerR/D] *Erbschaftsteuer* nach dem ErbStG Erbanfallsteuer, steuerpflichtig ist also nicht der Nachlaß (dann Nachlaßsteuer :: estate duty). Es wird die Steuer auf das erhoben, was einer natürlichen oder juristischen Person aus dem Nachlaß des Erblassers anfällt —> estate duty ‖ estate tax ‖ **transfer to the pension reserve** syn.: **addition to the pension reserve** *Zuführung zu den Pensionsrückstellungen*

transferable loan certificate [AuxT] [EuroM] **TLC** *übertragbares Kreditinstrument* Neuentwicklung im klassischen Eurokonsortialkredit. Ausgestaltungsform der transferable

loan facilities. Zweck: den Eurokredit durch günstiger Konditionen "handelbarer" (=Übertragung von Darlehensteilen) zu gestalten [verbesserte Marktaufnahmefähigkeit], als es mit den bisherigen Dokumentationsformen für Unterbeteiligungen an Eurokrediten möglich war. ||
transferable loan instrument [EuroM] **TLI** *übertragbare Kreditfazilität* Ausgestaltungsform der transferable loan facilities [verbriefter handelbarer Darlehensteil] mit Wertpapiercharakter. Verbriefen einen durch Abtretung übertragbaren Kreditanspruch des Gläubigers —> transferable loan certificate

transferee [§ 398 ff BGB Forderungsabtretung] *Zessionar* || *Übernehmer*

transference *Übertragung von Eigentum* —> Übertragung :: conveyancing

transforming syn.: **converting** *Umbildung*

transit bond-note [ZollW] *Versandschein* || **transit documents** [ZollW] *Versandpapiere* || **transit good** [SteuerR] *Durchfuhr* || **transit goods** [ZollW] *Transitwaren* || **transit operation** [ZollW] *Versandverfahren* || **transit visa** *Durchreisevisum* Visum für den vorübergehenden Aufenthalt || **damage in transit** [VersR] *Transportschäden*

transitional provisions *Übergangsvorschriften*

to transmit *übermitteln* || *übersenden* || **[they] transmit the text** [VölkR] *[sie] übermitteln den Wortlaut*

transparent package [Verp] syn.: **window package** || **see-through-package** || **display package** *Sichtverpackung*

transport *Verkehr* || **transport committee** *Verkehrsausschuß* || **transport equipment** *Fahrzeugbau*

transportation charges *Beförderungstarife* || **transportation tax** [SteuerR] [in der BRD abgeschafft] *Beförderungsteuer*

transshipment [ZollW] *Umladung*

travel allowance *Reisekostenvergütung* || *Reisespesenvergütung* || **travel expenses** *Reisekosten* [include meals, lodging and transportation expenses while away from home for trade or buisness purposes] || **travelling justices** [GB] [periodisch reisende] *Königsgerichte* [arch] Die Commission of Assize verhandelte ursprünglich in den Königsgerichten von Westminster. Im Laufe der Zeit wurde es immer schwieriger, einen Anhörungstermin in Westminster zu erhalten, wodurch königliche Richter gezwungen wurden, als reisende Richter im ganzen Land tätig zu werden. Mit der Gerichtsreform unter Heinrich II (1154-89) erfolgte u.a. eine Aufteilung der Gerichtsbezirke —> circuits und diese itinerant justices wurden zur ständigen Einrichtung.

treasure trove *herrenloser Schatzfund* || [fig.] *Goldgrube* || *Fundgrube*

treasury bill selling rate [normally for 3 days] [Bbank] *Abgabesatz für Schatzwechsel [Laufzeit i.d.R. 3 Tage]* || **treasury bills** *Schatzwechsel* von Bund, Ländern, Bundespost und -Bahn begebene Geldmarktpapiere mit Laufzeiten von 1-3 Monaten [—> Solawechsel]. Instrument der —> Offenmarktpolitik der Bbank || **treasury bond** *Schatzanweisung* syn.: *Finanzierungsschätze* || *Schätze* kurz- und mittelfristige —> Anleihen, die von öffentlichen —> Gebietskörperschaften [Staat] zur Deckung vorübergehenden Geldbedarfs [mit Refinanzierungsgarantie der Bbank] begeben werden. Verzinsliche Schatzanweisungen sind Kassenobligationen mit Laufzeiten von 3-4 Jahren. Unverzinsliche Schatzanweisungen —> U-Schätze werden durch Bund, Bundesbahn, Bundespost begeben. Verzinsung mit Diskontabschlag. Wichtige Instrumente der —> Offenmarktpolitik der Bbank. || **treasury shares** *eigene Aktien* || **treasury solicitor** *Anwalt beim Schatzamt* —> solicitor || **treasury stock** —> Erwerb :: acquisition

treatment *ärztliche Hilfe* syn.: *Behandlung*

trends —> trend || *Entwicklung* || [Bör/Chartanalyse] *Trend* || *Tendenz* || **trends in the domestic economy** [Bil] *gesamtwirtschaftliche Entwicklung* || **intermediate trends** [Bör] *mittelfristige Trends* syn.: *sekundäre Trends* mehrmonatige Schwankungen innerhalb eines primären Aufwärtstrends || **major trends** [Bör / Chartanalyse] *langfristige Trendlinie* || *primäre Trends* grundlegende, mehrjährige Trends || **minor trends** [Bör] *kurzfristige Trends* kleine, mehrwöchige Schwankungen innerhalb eines Trendkanals || **primary trends** [Bör] syn.: *major trends* || *primäre Trends* || *langfristige Trends* || **secondary trends** [Bör] *sekundäre Trends* syn.: *mittelfristige Trends* || **tertiary trends** [Bör] *tertiäre Trends* syn.: *kurzfristige Trends* || **trend channels** [Bör] *Trendkanal* || **trend line** [Bör] *Trendlinie*

trespass, action for ~ *Schadensersatzklage aus unerlaubter Handlung*

Treuhand[anstalt, German ~] [BRD] *[Deutsche] Treuhand[anstalt]* German government agency with main office in Berlin which - since 1990 - has been charged with privatising over 8,000 former East Germany`s state-owned enterprises.

triangles [Chartanalyse/Bör] *Dreiecke* || **symmetrical triangle** *symmetrisches Dreieck* || **ascending triangle** *Aufwärtsdreieck* || *aufsteigendes Dreieck* || **descending triangle** *Abwärtsdreieck*

tri- *drei[...]* || *tri[-...]* || **tri-dimensional leader effectiveness model** [Man] *dreidimensionales Mo-*

trial   **trust**

dell zur Bestimmung der Effektivität des Führungsstils —> LEAD || **tripartite talks** [BRD] *Konzertierte Aktion* 1967 eingerichtet als regelmäßiger Gesprächskreis zwischen der Regierung sowie Vertretern der Arbeitgeber [vergleichbar mit dem national economic development council] und Gewerkschaften mit dem Ziel der Einbindung aller Wirtschaftskräfte und Sozialpartner in Entscheidungen im Bereich der Wirtschaftsç und insbesondere der Fiskalpolitik. Der Gesprächskreis wurde 1976 aufgegeben. —> Wende :: change

trial [ZivR] **main proceedings** *Hauptverhandlung*[§§ 226-275 StPO] Nach den Grundsätzen der Mündlichkeit, Öffentlichkeit und Unmittelbarkeit [Beweisaufnahme] geführte Kernstück des Strafverfahrens. Die Hauptverhandlung unter Leitung des Vorsitzenden beginnt mit dem Aufruf der Sache, danach Vernehmung des Angeklagten, dann Beweisaufnahme. Abschließend Schlußvorträge und Anzeigen durch Verteidigung, Angeklagten und Staatsanwalt. Den Abschluß bildet die Verkündigung des Urteils. || [ArbR] *Probezeit* —> trust || probation period || **to bring to trial** *jmd. vor Gericht bringen* || *jmd. unter Anklage stellen* || **to stand [be on] trial** *unter Anklage stehen*

trifling taxes [SteuerR] *Bagatellsteuern* syn.: **local taxes** || **polling taxes** *kleine Gemeindesteuern* minor municipal taxes

trigger [Bal] *Abzug* || **trigger guard** [Bal] *Abzugsbügel*

trip leasing [Leas] *Trip-Leasing* Sonderform des LKW-Leasing, bei dem neben Fahrzeug auch der Fahrer eingeschlossen ist. Häufig nur für eine Tour vereinbart, Kosten je nach zu beförderndem Frachgut

triple net lease [Leas] *Netto-Leasing* —> net lease

trove *herrenloser [Schatz-]Fund* —> treasure trove

true and correct books, to keep ~ *mit der Sorgfalt eines ordentlichen Kaufmannes* || [PatR] The Licensee shall keep true and correct books of account   *Der LN führt die Geschäftsbücher mit der Sorgfalt eines ordentlichen Kaufmanns* || **true lease** [Leas] *echtes Leasing* Leasing-Geschäft i.S.d. —> Internal Revenue Code, bei dem Leasing-Geber den Nutzen aus dem Besitz des Leasing-Objekts in Form von Abschreibung und Steuergutschriften hat, dafür die Kosten für Versicherung, Instandhaltung etc. trägt.

trust [ArbR] *Probezeit* —> probation || trial period || *Trust* ursprünglich —> Treuhand. [USA] Trust ist ein auf Marktbeherrschung gerichteter Unternehmenszusammenschluß in Form eines Konzerns oder aus Fusion hervorgegangenen Einzelunternehmens. Einzelunternehmen verlieren i.d.R. wirtschaftliche und rechtliche Selbständigkeit. Für den deutschen Begriff Konzern ist group die Übersetzung der Wahl —> concern || combination || conglomerate || trust || combine || pool || group —> Sherman Antitrust Act || **to create** [to establish || to constitute || to declare] **a trust** *ein*

350

Treuhandverhältnis begründen || **trust agreement** *Treuhandvertrag* || **in the attitude of trust and confidence** *auf Treu und Glauben im wesentlichen —> bona fide und damit —> equity.* Overall principle governing any contractual relationship between debtor and creditor, such as the interpretation of a contract [§ 157 BGB], the performance of a contract according to local conventional usages and customary laws [§ 242 BGB]. The scope of application in German law is practically unlimited so that the principle of the parties' acting in the attitude of trust and confidence is also applied to public law, private law [e.g., labour contracts], etc.—> estoppel —> U.C.C. § 1-203 || **trust capital** *Treugut* —> trust res || **trust company** *Treuhandgesellschaft* || **trust document** *Treuurkunde* || **trust of property** *in Treuhand gegebener Vermögensstück* || **trust receipt** *besitzloses Sicherungsrecht* [USA] jetzt Art. 9 Uniform Commercial Code (U.C.C. §§ 1-201(37), 9-102, security interests). Titel über Sicherungsrecht [an bewegl. Sachen]. Möglichkeit der Finanzierung eines Rechtsgeschäfts [Warenkauf], wobei Rechtstitel unmittelbar vom Hersteller oder Verkäufer auf die Bank oder Ausleiher [Treuhänder] übergeht. Lieferung geht dann durch Treuhänder an Käufer und , sobald Kreditgeber befriedigt wurde, auf den Händler über. Ausstellung durch Treunehmer (Sicherungsnehmer /Treuhänder / trustee] an Treugeber (Sicherungsgeber) über das Bestehen eines besitzlosen Sicherungsrechts an den Sachen. Treuhänder ist dann verpflichtet, mit dem Treugut (trust property) entsprechend den im trust receipt verankerten Verpflichtungen zu verfahren (Verkauf, Be- oder Verarbeitung). Der Erlös ist an Treugeber abzuführen. || **trust res** *Treugut* property of which the trust consists (real or personal) and trustee has legal title || **breach of trust** *Verletzung der Pflicht des Treuhänders* || **charitable trust** *Wohltätigkeitstreuhandverhältnis* || **discretionary trust** *in das Ermessen des Treuhänders gelegt* || **expressed trust** *ausdrücklich geschaffenes Treuhandverhältnis* || **implied trust** *vermutetes Treuhandverhältnis* || **law of trusts** *Treuhandrecht* || *Recht der Treuhandverhältnisse* || **precatory trust** *Treuhandverhältnis, das eine Bitte enthält* || **simple trust** *Treuhandverhältnis, das mit der Übertragung des Treugutes begründet wurde* || **special trust** *Treuhandverhältnis, das dem Treuhänder besondere Pflichten auferlegt* || **to hold in trust** *treuhänderische Verwaltung durch einen Vermögensverwalter* (Treuhänder || Fiduziar). [GB] Bestellung eines Trustee :: commission of a trustee beim Schenkungsakt :: act of —> donation oder Verfügungsakt —> will, der als formeller Eigentümer und kraft eigenen Rechts im Interesse des Minderjährigen [der cestui que trust] das Treuvermögen verwaltet.

trustee *Treuhänder* trustor ist der Begründer eines trust —> settlor || trustee ist eine natürliche oder juristische Person, die in eigenem Namen oder für die oder den Begünstigten Vermögen treuhänderisch verwaltet || **trustee funds** *Treuhandvermögen* || **trustee in bankruptcy** *Konkursverwalter*

[GB] Wird anstelle des official receiver außeramtlich zum Konkursverwalter auf der ersten Gläubigerversammlung bestellt; [USA] ein vom Konkursgericht bestellter Treuhänder in einem Reorganisationsverfahren. Er wirkt als Treuhänder und hat die Konkursmasse als Treugut [für alle] Gläubiger in Eigentum || **commission of a trustee** *Bestellung eines Treuhänders* —> treuhänderisch verwalten || **public trustee** *öffentlicher Treuhänder* syn.: *staatliche Treuhandstelle*

trustor *Treugeber* Begründer eines trust —> settlor || trustee ist eine natürliche oder juristische Person, die in eigenem Namen oder für die oder den Begünstigten Vermögen treuhänderisch verwaltet

to try a case *an einer Verhandlung teilnehmen* [bezieht sich auf Richter, Anwalt etc.] || **to try a case to a jury** *über eine Rechtssache vor Gericht verhandeln* || **to try a person** *verhandeln gegen* || **to try a person for** —> murder :: *Gegen jemanden wegen* —> Mordes *verhandeln* —> Tötung

tubular form [Tech] *röhrenförmig*

Turk Penny [SteuerR] [arch] *Türkenpfennig* —> Gemeiner Pfennig :: Common Penny

to turn to *zugreifen auf* to turn [increasingly] to domestic markets :: [vermehrt] auf heimische Märkte zurückgreifen

turnkey *gebrauchsfertige Ablieferung* || *schlüsselfertige Ablieferung*

turnover *Umschichtung* || *Umschwung* || *Umstürzen* || *[Wähler]wanderung* || *Belegungsfrequenz* [von Betten/Patienten] || **turnover commission** *Umsatzprovision* || **turnover of merchandise** *Warenumschlag* || [MatW] *Umschlaghäufigkeit* syn.: **turnover ratio** || **inventory turnover** *Lagerumschlag* Geschwindigkeit, mit der innerhalb eines bestimmten Zeitraumes etwas verbraucht und wieder ersetzt wird || **Turnover Tax Law** [SteuerR] *Umsatzsteuergesetz* [Abbr] *UStG* Rechtsgrundlage für die Erhebung der Umsatzsteuer syn.: Mehrwertsteuer. Steuerschuldner ist der Unternehmer (wer eine gewerbliche oder berufliche Tätigkeit selbständig ausübt). Der USt unterliegen Lieferungen und sonstige Leistungen, Eigenverbrauch und Einfuhr.

tutelage *Vormundschaft* || *Bevormundung* || *Unmündigkeit* || **to place / put under tutelage** *jemand entmündigen*

tv-strikes [fig.] *Fernsehstreiks* Von den Medien geprägter Begriff zur Bezeichnung der Tarifauseinandersetzungen, bei denen die Streikenden das Ergebnis langwieriger Schlichtungsverhandlungen über den Bildschirm zuhause verfolgen, ohne selbst "auf die Straße zu gehen".

two *Zwei[...]* || **two or more**

mehrere ≠ zwei oder mehr || **two-axle goods vehicle** [SteuerR/D] *Kraftfahrzeug mit zwei Achsen* || **two-family house** *Zweifamilienhaus* || **two-phase** *Zweiphasen[...]* || **two-star motor fuel** *Normalbenzin* regular motor fuel || **two-thirds rule** *Zweidrittelmehrheit*

type *Typus* || *Vorbild* || *Muster* || *Letter* || *Drucktype* || [Münzen] *Gepräge* || **type area** [Print] *Satzspiegel* || **type face** [Print] *Schriftbild* || *Schriftart* || **type of beer** *Biergattungen* differentiated according to their original wort content as small, medium-strong, strong, and extra-strong beer :: nach ihrem Stammwürzgehalt unterschieden nach Einfach-, Schank-, Voll- und Starkbier

U/A authority understanding and acceptance authority *Zielverständnis und Zielakzeptanz*

U.C.C. [USA] [Abbr] —> **Uniform Commercial Code** *Handelsgesetzbuch*

U.S. [USA] [Abbr] **United States** || **United States Reports**

U.S.D.C. [Abbr] **United States District Court**

ultra vires, the doctrin of ~ *Ultra-Vires-Theorie* An act [of a corporation] is ultra vires = beyond the scope of the powers [of a corporation], Überschreitung der Rechtsbefugnisse [der in der Satzung der Handelsgesellschaft festgelegten Geschäftszwecke]. Zur Vermeidung solcher Rechtsverletzungen (ggf. Nichtigkeit oder Anfechtung des Rechtsgeschäfts und eventuell [von Staats wegen] Löschung der Erlaubnis zur Betreibung einer Gesellschaft) wird dieser Geschäftszweck und Geschäftsführungsbefugnis (Haftungsproblem) extrem weit gefaßt. [GB] Durch Rechtsangleichung in der EG [European Communities Act, 1972] ist Ultra-Vires-Geschäft gegenüber einem gutgläubigen Dritten gültig, sofern ein director diesem Rechtsgeschäft zugestimmt hat. [USA] Unwirksamkeit gegenüber Dritten in engen Grenzen. [a contract is deemed to be "ultra virus the directors" or "intra virus the director"]

umbrella fund [InvF] *gemischter Versicherungsfonds* —> balanced bond

unanimous *einhellig* || **unanimous verdict** [einstimmiger] *Wahrspruch der Geschworenen* || **unanimous agreements** *einhellige/einstimmige Zustimmung* || **a chairman selected unanimously** *jmd. einstimmig zum Vorstand bestellen*

unbundled services *entbündeltes Produktangebot* [Buchf] neues System der Vertriebsorganisation, nach dem Produke nicht mehr im Ganzen zu einem Pauschalpreis ageboten werden, sondern einzeln

uncalled capital *nicht eingefordertes Kapital* —> called-up capital :: eingefordertes Kapital

unclassifiable [Zahlen] *nicht auf-*

gliederbar

unconditioned credit *nichtgebundener Kredit*

unconscionability *Sittenwidrigkeit* || *Gewissenlosigkeit* || *Skrupellosigkeit* || **unconscionable fee** *sittenwidrige Gebühr[enhöhe]*

undenatured alcohol [SteuerR] *unvergällter Alkohol*

under *aufgrund* || *nach* || *unter* || **to be under age** *minderjährig sein* || *handlungsunfähig sein* [gilt für infants; minors] —> minor || infant || age || **under the terms of this agreement** *aufgrund dieses Vertrages*

underlying *zugrundeliegend* || *basierend auf* || **underlying asset** [Bör] *Basiswert* Das als Basis des Optionsgeschäfts dem Wert nach zugrundeliegende Wertpapier, zu dessen Kauf bzw. Verkauf eine Option berechtigt. || **underlying transaction** *Grundgeschäft*

under-pinning of the economy *Konjunkturstütze*

undersigned *Unterzeichnete* [natürliche Personen] —> signatory :: *Unterzeichner* [meist Regierungen/Staaten]

understanding *Absprache* || *Vereinbarung* || **with the understanding and agreement** *unter der Voraussetzung und im Einverständnis [...]* || **understanding and**

acceptance authority [A/U authority] *Zielverständnis und Zielakzeptanz* || **with the understanding and agreement** *unter der Voraussetzung und im gegenseitigen Einvernehmen* || **on the understanding** *zu einer Verständigung gelangen* || *zu einer Vereinbarung gelangen* || *vorausgesetzt, daß [...] on the condition that [...]* || *provided that [...]* || **with the implicit understanding that** *unter der stillschweigenden Voraussetzung, daß [...]*

underway since [...] [Entwicklung] *anhaltend seit*

underwriting [Bör] *Übernahmegarantie[erklärung]* Übernahmekonsorten verpflichten sich die Emission fest zu übernehmen und an das Publikum zu verkaufen

undisbursed amount of credit *nicht zugezählter Kreditbetrag*

unduly *ungebührlich* || *nicht ordnungsgemäß* || *nicht vorschriftsgemäß*

uneasy quadrangle [of economic policy] *magisches Viereck* —> magic square

unemployment *Arbeitslosigkeit* || *Arbeitslosen[...]* || **unemployment rate** [Stat] *Arbeitslosenquote* || **unemployment insurance** *Arbeitslosenversicherung*

unencumbered [Grundstück] *un-*

belastet || *frei von Lasten*

ungeared [assurance] fund syn.: **ungeared bond** [InvF] *Versicherungsfonds ohne Fremdmittel*

Ungeld [SteuerR/arch] beverage tax on wine beer and mead

unification *Vereinheitlichung* || *Vereinigung*

uniform *gleichförmig* || *Einheits[...]* || **uniform basic tax** [SteuerR/D] *einheitlicher Steuermeßbetrag* || **Uniform Commercial Code** [Abbr] **U.C.C.** [USA] *Handelsgesetzbuch* Von den Commissioners on Uniform State Laws ausgearbeitetes "Mustergesetz" über Handelsussancen, dessen Vorschriften von allen Einzelstaaten (außer Louisiana) angenommen wurden; governing commercial transactions such as sales of goods [Warenkauf], commercial paper [Wertpapierrecht], bank deposits and collections [Bankeinlagen und Bankinkasso], letters of credit [Akkreditiv], bulk transfers [Geschäftsübertragungen], warehouse receipts [Lagerschein], bills of loading [Ladeschein], investment securities, and secured transactions [Anlagepapiere, Schuldverschreibungen, Aktien, etc.]. Durch den U.C.C wurden diverse Uniform Laws aufgehoben. || **uniform income tax** [SteuerR/EG] *Einheitseinkommensteuer* || **Uniform Products Liability Act** [USA] [AuxT] [Abbr] **UPLA** *Gesetz über die Haftung für fehlerhafte Produkte* Fabrikations- und Konstruktionsfehler. Haftungsart: Kausalhaftung. Verjährungsfrist ist Nutzdauer des Produkts, mindestens jedoch 10 Jahre. || **uniform statute** *bundesgesetzliche Regelung* Gesetz, das in allen amerikanischen Einzelstaaten gleichermaßen gilt || **uniform taxation** [SteuerR] *einheitliche Besteuerung*

to unify *vereinheitlichen* || *vereinigen* || **to simplify and unify** *vereinfachen und vereinheitlichen*

uninsured percentage [VersR] *Haftungsbeteiligung* —> Risikobeteiligung || Verlustbeteiligung || retention || retained percentage of loss

union *Bund* || *Verband* || *Gewerkschaft* || **union agreement** *gewerkschaftliche Vereinbarung* —> Tarifvertrag industrial [or collective] agreement || **union shop** *Koalitionszwang* —> Taft-Hartley Act || **International Union for Conservation of Nature and Natural Resources** *Internationale Union zur Erhaltung der Natur und natürlicher Hilfsquellen* || **personal union** *Personalunion* || **real union** *Realunion* eine auf Dauer berechnete Staatenverbindung unter demselben Staatsoberhaupt mit gemeinsamen Staatsorganen, z.B. Österreich-Ungarn, 1867-1918, die i.G.z. Personalunion (personal union) nicht auf dem dynastischen Prinzip beruht.

unionisation, degree of ~ *gewerkschaftlicher Organisationsgrad*

unique *einmalig*

unit Einheit || [Mil] *Verband* || [Mil] *Truppenteil* || Element || [InvF] *Fondsvermögensanteil* || [Bör] *kombinierte Wertpapieremission z.B. gleichzeitige Ausgabe von Aktien und Aktienbezugsscheinen* || **unit box principle** *Baukastenprizip* || **unit box construction** *Konstruktion nach dem Baukastensystem* || **unit cost** *Kosten per Einheit* || **unit force** *Krafteinheit* || **unit fund** [InvF/selten] üblich: —> **unit trust** || **unit furniture** *Anbaumöbel* || **unit labour costs** *Lohnstückkosten* || **unit of power** *Leistungseinheit* || **unit price** *Stückpreis* || *Einzelpreis* || **unit of quantity** [Verp] *Mengeneinheit* || **unit of time** *Zeiteinheit* || **unit trust** [InvF] *Investmentfonds des Vertragstypus* || **constituent unit** *Glied* || *Teil* || **unit-linked assurance** [VersR] *fondsgebundene Versicherung* || **unit-linked policy** [VersR] *fondsgebundene Police* || **unit-of-production method** *Mengenabschreibung* —> *leistungsmäßige Abschreibung* —> production method of depreciation || service-output method. Abschreibungsmethode, bei der die jährlichen Abschreibungsbeträge nach dem Umfang der Beanspruchung oder der Leistung der betreffenden Anlagegegenstände bemessen werden || **official units of account ECU and SDR** *offizielle Rechnungseinheiten ECU und SZR* || **denominated in units of account** *in Rechnungseinheiten z.B. ECU*

unitary *Einheits[...]* || *zentralistisch* || **unitary commune**

[VwO/D] *Einheitsgemeinde Gemeinde, die i.G.z. den Verbandsgemeinden (und vergleichbaren Körperschaften) aus einer einzigen territorialen Einheit besteht* || **unitary states** *Einzelstaaten* || **unitary taxation** [method] [USA/SteuerR] *Einheitlichkeit der Besteuerung Danach stellt der selbst erwirtschaftete Gewinn für die Besteuerung einer Tochtergesellschaft nur einen Beitrag zum Gesamtgewinn des Unternehmensverbundes dar. Die Unitary Taxation Method (UTM) sieht für die Besteuerung des Gewinns eines Unternehmens in einem Staat die Berücksichtigung sämtlicher weltweiter Gewinne des Unternehmens vor.*

united Germany *vereintes Deutschland* [seit Oktober 1990]

unitized *vereinheitlicht* || *standardisiert* || **unitized cargo** [Mar] *standardisierte Ladung* || **unitized pension scheme** [InvF] *fondsgebundener Pensionsversicherungsplan*

unity [Pol] *Einheit* || *Einheitlichkeit* || *Einigkeit* || *Übereinstimmung* || *Eintracht* || **to act in unity** *gemeinsames Handeln* || *Gemeinsamkeit*

universal banks *Universalbanken* —> banking firms :: *Kreditinstitute*

unlawful *illegal*

unleaded petrol [SteuerR] *bleifreies Benzin*

unless *sofern* ‖ **unless the council agrees otherwise [...]** *sofern [wenn] der Rat nicht etwas anderes vereinbart [...]* ‖ **unless otherwise indicated** *soweit nicht anders vermerkt*

unliquidated damages *Schadensersatz,* der weder durch Vertrag noch durch andere Gesetze der Höhe nach im voraus bestimmt ist i.G.z. liquidated damages

unlisted securities [USA/Bör] *Freiverkehrswerte* ‖ *OTC-Werte* —> Market Maker ‖ pink sheets

unloading charges [ZollW] *Entladekosten*

unpaid *rückständig* ‖ *noch nicht bezahlt* ‖ *unbezahlt* ‖ *unbesoldet* ‖ *ehrenamtlich* ‖ **unpaid balance** *abnehmende Restsumme[n]* ‖ *Restkaufsumme* ‖ *der jeweilige Schuldsaldo* ‖ **unpaid family workers** [SteuerR] *mithelfende Familienangehörige*

unprofitable investment [InvR] *Fehlinvestition* —> bad investment

unqualified audit certificate [Bil] *uneingeschränkter Bestätigungsvermerk*

unrestricted retained earnings [AuxT] [§ 58 (1) AktienG] *freie Rücklagen*

unsoundness of mind *Unzurechnungsfähigkeit* —> insanity ‖ insane ‖ *geisteskrank*

unspent credit balance *offene Kreditlinie*

unused *unausgenutzt*

up to *bis zu* ‖ **up to and including May** *bis einschließlich Mai*

upgrade [InvR] *Erneuerung von Maschinen* —> down grade ‖ *Modernisierung von Anlagen und Einrichtungen* ‖ *Nachfolgeinvestition* ‖ **upgrade leasing** [Leas] *follow-up sale/lease* bei dem zur Erhöhung der Leistungsfähigkeit zu bereits bestehenden Installationen in einem Betrieb weitere Anlagen zugekauft oder geleast werden.

upon —> on *auf* ‖ *nach* ‖ *hierauf* ‖ **upon and by reason of** *wegen* ‖ **upon and by reason of the application of this [...]** *bei der Anwendung dieses [...]* ‖ *hinsichtlich* ‖ **upon the receipt of [...]** *nach Eingang von [...]* [z. B. eine bestimmten Zahl von Notifikationen]

upset price [USA] *geringstes Gebot* bei Versteigerungen ein Mindestgebot, unterhalb dessen der Zuschlag nicht gegeben werden darf. Bei der Zwangsversteigerung muß dieses Gebot mindestens die Verfahrenskosten und sonstige Aufwendungen [einschließlich aller vorrangige Ansprüche] decken. [BRD] bei der Zwangsversteigerung [§ 44 ZPO] ein Gebot, das mindestens die Kosten der Versteigerung und die dem betreibenden Gläubiger im Rang vorgehenden Kosten deckt [Schutz vorrangiger Gläubiger, das nach § 91 ZPO alle nicht ins Gebot fallenden Rechte mit dem Zuschlag erlöschen].

upswing in the economy *Aufschwung* rise || boom || *Konjunkturaufschwung* || **in the seventh year of upswing in a row** *im siebten Jahr eines ununterbrochenen Aufschwungs*

uptime [EDV] *betriebsfähige Systemzeit* || *nutzbare Zeit des Systems*

upturn *Aufschwung* —> upswing || **the upturn in the FRG, now underway since [...], proceeded at an increased pace in [...]** *der seit [1983] anhaltende Aufschwung setzte sich [...] mit beschleunigtem Tempo fort*

urban municipality [VwO/D] *Stadtgemeinde*

US **United States of America** *Vereinigte Staaten von Amerika* || **US content** [US-amerikanischer] *Inlandsanteil* || **US Contractors' Guarantee Program** *Garantieprogramm für amerikanische Bauunternehmen* Garantien für Rechtsgeschäfte von US-Baufirmen mit ausländischen Regierungen und Privatunternehmen für Transfer- und Konvertierungsrisiko, Beschlagnahme von beweglichen Vermögensgegenständen und Bankguthaben vor Ort, Kriegsrisiko sowie für den Fall, daß Schiedsverfahren nicht durchgeführt werden können oder zu keinem Erfolg führen, soweit dies nicht vom Garantienehmer zu vertreten ist. || **US dollar, which is the most important invoicing currency on global commodity markets** *US-Dollar, der als wichtigste Fakturierungswährung auf den Weltrohstoffmärkten dient*|| **US Treasury borrowing rate** *Zinssatz für amerikanische Schatzwechsel* The rate of interest charged on bills of three, six, nine or twelve months currency which are issued by the U.S. Treasury for money borrowed by the Government

usage —> usage of trade *Handelbrauch* || **conventional usages** *Usancen* || *Verkehrssitte* || *Handelsbrauch* || **usage of trade** [U.C.C. § 1-205(2) Handelsbrauch [§ 346 HGB unter Kaufleuten sowie nach der allgemeinen Verkehrssitte nach §§ 133, 157 BGB]

use *Anwendung* || **use for specific purpose** [SteuerR/D] *Zweckbindung* || **casual use** *gelegentliche Nutzung* casual :: gelegentlich || *zufällig* || *unregelmäßig*

useful *zweckmäßig* || [PatR] **The licensee is desirous of acquiring the sole and exclusive right and licence to manufacture and sell [...] containing the said patented new and useful improvement that is claimed or described in the said application** :: *Der LN beabsichtigt das ausschließliche Recht und die ausschließliche Lizenz für die Herstellung und den Vertrieb von [...] zu er-*

werben, die die in der genannten Patentanmeldung beschriebene und beanspruchte neue und zweckmäßige Verbesserung aufweisen [...] ||
useful life *Lebensdauer* || *Nutzungsdauer* syn.: **service life** *Der Zeitraum, in dem ein Anlagegegenstand in einem Betrieb genutzt wird*

user [EDV] *Benutzer* || *User* || *Anwender* || **user-lessee** [Leas] *Leasing-Nehmer bei Leasing-Geschäften, die kein "Sale-and-lease-back"-Geschäft sind*

USP [Abbr] **United States Pharmacopoeia** *Arzneibuch der Vereinigten Staaten*

UStG [SteuerR/D] **Turnover Tax Law** *Umsatzsteuergesetz*

usual *üblich* —> conventional usage || **the usual place of business** *der übliche Geschäftssitz*

usufruct [§§ 1030 ff, 1059 ff, BGB] *Nießbrauch*

usury [Zinsen] *Wucher* || **usury in matters of credit** *Kreditwucher* || **usury laws** [USA] *Wuchergesetze* [gesetzliche] *Vorschriften gegen* [Kredit]*Wucher*

utility *Nutzen* || *nützliche Einrichtung* [Sache] || **public utility** *Leistung öffentlicher Versorgungsbetriebe* [Strom, Gas, Wasser] || **utility charges** [SteuerR/D] *Benutzungsgebühren* z.B. Müllabfuhr, Straßenreinigung und Entwässerung :: such as for garbage disposal, street cleaning and drainage || **utility model** *Gebrauchsmuster* —> industrial design || **utilities** [USA/Bör] *Versorgungswerte* Aktien von Versorgungsbetrieben

UTM —> **unitary taxation [method]**

v. / vs. *gegen* Zitierweise englischer Entscheidungen: Kläger v. Beklagter [bei Konkurs- bzw. Nachlaßsachen: in re oder ex parte]. Im ZivR bei Beteiligung der Krone Queen/King, im StrafR R. [Rex/Regina]. Midcontrol v Evans 2 Ch.D. 132 (1876), Abdruck der Entscheidung in der Reihe Chancery Division der Law Reports im 2. Band auf Seite 132.

vacant property *unbebautes Grundstück* vacant plot of land || building land

vacation pay [ArbR] *Urlaubsgeld*

valid [rechts]*gültig* || **the contract shall not be valid until** *der Vertrag tritt erst in Kraft, [...]* || **valid patent** *rechtsgültiges Patent*

validity *Dauer* || **validity of a will** *Gültigkeit eines Testaments* || **during the validity of the agreement** *für die Dauer des Abkommens* [oder Vertrages] (=for the life of this agreement) || **validity period for the preliminary commitment** *Promessenlaufzeit* || **legal validity** *Rechtsgültigkeit*

valuable *rechtserheblich* —> Gegenleistung :: consideration

valuation *Bewertung* ‖ **due to valuation adjustment** *bewertungsbedingt* ‖ **valuation allowance** *Wertberichtigung* Auf der Passivseite der Bilanz ausgewiesene Korrekturposten zu Positionen der Aktivseite. W. zum Anlagevermögen kommen durch die indirekte Abschreibung zustande. In amerikanischen Bilanzen werden diese auf der Aktivseite ausgewiesen als Abzugsposten zu den jeweiligen Positionen. Bezeichnungen: —> depreciation reserve ‖ accrued depreciation ‖ accumulated depreciation ‖ allowance for depreciation ‖ valuation allowance ‖ reserve ‖ **valuation committee** [ZollW] *Zollwertausschuß* ‖ **valuation day** [InvF] *Bewertungsstichtag* ‖ **valuation law** [SteuerR/D] *Bewertungsgesetz* Bewertung von Besteuerungstatbeständen nach dem Erbschaftsteuer- und Schenkungsteuergesetz ‖ **valuation legislation** [ZollW] *Wertzollrecht* ‖ **valuation of shares** [Bör] *Aktienbewertung* Bestimmung des "inneren Wertes" von Aktien —> dividend valuation

value *Wert* ‖ **acid value** *Säurewert* ‖ **at value** *zum Tageskurs* ‖ **commercial value** *Handelswert* ‖ **intrinsic value** *innerer Wert einer Aktie* —> Dividendenbewertungsmodelle :: dividend valuation ‖ **present value** *Kapitalwert* syn.: *Barwert* —> going value ‖ present value —> Teilwert ‖ **values at balance sheet rates** [Bil] *bewertet zu Bilanzkursen* ‖ **value-added tax** [SteuerR/D] *Mehrwertsteuer* [Umsatzsteuer bzw. Vorsteuer] ‖ [USA] *Verkaufsteuer* ‖ **value-added tax directive** [SteuerR/D] *Mehrwertsteuerrichtlinie* ‖ **value in use** *Verkehrswert* ‖ *Gebrauchswert* ‖ *Kaufkraft* ‖ *Gegenwert*

variable annuity [InvF/USA] *[aktien]fondsgebundene Rentenversicherung* ‖ **variable bonus** [PersW] *Boni* ‖ **variable insurance** [InvF/USA] *[aktien]fondsgebundene [Lebens-]Versicherung*

variance [Stat] *Abweichung* ‖ *Varianz*

variation margin *Nachschuß[zahlung]* ‖ *Nachschuß[forderung]* —> initial margin :: Einschuß

varieties [Winz] *Geschmacksrichtungen*

variety *Sortiment* ‖ —> product range *Produktpalette* ‖ assortment *Sortiment*

VAT own resources [SteuerR/EG] *MWSt-Eigenmittelplafond* ‖ **VAT-based own resources** [SteuerR/EG] *MWSt-Eigenmittel*

vehicle licencing authorities [KfZ] *Zulassungsstelle* besser: *Kraftfahrzeugzulassungsstelle*

vendee *Käufer einer Liegenschaft* ‖ *Liegenschaftskäufer* real estate ‖ *Immobilienkäufer* im Ggs. zu vendor :: Liegenschaftsverkäufer —> sellor || tangible property

vendor *Liegenschaftsverkäufer* Veräußerer bei Grundstück

ventre, [a human] en ~ sa mère [ErbR] *gezeugter, jedoch noch nicht geborener Mensch*

verdict *Wahrspruch* Entscheidung der Geschworenen || **majority verdict** *Mehrheitswahrspruch der Geschworenen*

very pistol [Bal] [GB] *Leuchtpistole*

vested pension right *unverfallbare Pensionsanwartschaft* —> vesting || Unverfallbarkeit

vesting *Unverfallbarkeit* Beim Versorgungsanspruch behält der Arbeitnehmer bei Beendigung des Arbeitsverhältnisses unter bestimmten Voraussetzungen vor Eintritt des Versorgungsfalls seine Versorgungsansprüche. Nach § 1 Abs. 1 BetriebsrentenG werden Vorsorgungsanwartschaften bei Vollendung des 35. Lebensjahrs unverfallbar, wenn zu diesem Zeitpunkt entweder die Versorgungszusage mindestens 10 Jahre bestanden hat oder der Beginn der Betriebszugehörigkeit mindestens 12 Jahre zurückliegt und die Versorgungszusage mindestens 3 Jahre bestanden hat

veterinary control [ZollW] *veterinärpolizeiliche Kontrolle*

Vienna Convention on Diplomatic Relations [18.4.1961] *Wiener Übereinkommen über diplomatische Beziehungen*

view *Ansicht[en]* || **to express one's views to** *seine Ansichten über [...] äußern* darlegen || **to address views to [...]** *Ansichten richten an* || *Ansichten vorlegen* || **to give due and proper consideration to views** :: *Ansichten gebührend berücksichtigen* || **in view of** *im Hinblick auf* || [VölkR] *in Anbetracht* || *angesichts* || **with a view to** *im Hinblick auf* || *über* || *zwecks* || *angesichts*

violation of a contract *Vertragsbruch* || *Vertragsverletzung* || **to rectify the violation of a contract** *Vertragsbrüche beheben* || *einen Vertragsbruch rückgängig machen*

virtue, by ~ of *aufgrund* || *gestützt auf* || *kraft* || *nach Einsicht* || *nach* || **functions conferred by virtue of article 5** *nach Artikel 5 übertragene Aufgaben*

visa *Sichtvermerk* || **issue of visas** *Erteilung eines Sichtvermerks* || **visas are compulsory** *es besteht Visumszwang* || **visitors visa** *Besuchervisum*

vital contribution *entscheidender Beitrag*

vocational guidance *Berufsberatung* || **International Association for Vocational Guidance** *Inter-*

nationale Vereinigung für Berufsberatung

void *nichtig* i.e.S. ein nicht heilbarer Mangel, während voidable zwar auf einen wesentlicher Mangel an einer Sache erkennt, dieser jedoch heilbar ist. Im Vertragsrecht ist void nur dann zu verwenden, wenn ein Vertrag überhaupt keine Rechtswirkung [mehr] hat, also auch nicht durch besondere Parteienvereinbarung in Teilen erfüllbar ist. syn.: *null und nichtig* || **void at common law** *nach Common Law [null und] nichtig* || **absolutely void** *null und nichtig* || *absolut nichtig*

voidable *anfechtbar* [by judicial decision :: durch Gerichtsurteil] —> void || *nichtig* || *null und nichtig*

volatility [Bör] *Volatilität* Schwankungsbreite [der Aktienkurse]

volume [Bör] *Börsenumsatz[volumen]* || **volume of holdings of other issuer's bonds and notes** *Bestand an Wertpapieren fremder Emittenten* || **volume of quota shares** [ZollW] *Anteilsmengen eines Kontingents* || **volume publication** *Veröffentlichung in Buchform* || **volume tender** [Bbank] *Mengentender* Ausschreibungsverfahren der Bbank vor allem bei Angebot von Kassenobligationen des Bundes mit fester Zinsvorgabe || **succeed in expanding volumes [more rapidly than in the previous year]** [Bil] *Geschäft ausweiten* || **volumes of import** [ZollW] *Einfuhrmengen*

voluntary welfare organisations *Verbände der freien Wohlfahrtspflege*

to vote *stimmen* || *abstimmen* || **to vote a credit** *Mittel bewilligen*|| || **voting power** *Stimmrecht* || **voting right** *Stimmrecht* —> common stock

vote *Stimme* || **to cast a [negative] vote** *eine [ablehnende] Stimme abgeben* || *dagegen stimmen* || **votes in the Council** *Ratsstimmen*

voucher, [official] lottery ~ [Rennw LottG] *amtlicher Spielausweis* || *Lottoschein* || *Lotterieschein*

to vouchsafe *gewährleisten*

W.L.R. [GB] [Abbr] **Weekly Law Reports**

W.N. [GB] [Abbr] bis 1953 Berichterstattung über die laufende Rechtsprechung in den **Weekly Notes of Cases**

wage [LohnSt] *Arbeitslohn* syn.: income from dependent personal services *Einkünfte aus nicht-selbständiger Arbeit* || *Lohnanteil* [an den Produktionskosten] || **wage agreement** *Tarifvertrag* || [Österreich] *Kollektivvertrag* || **wage bill** *ausgezahlte Gesamtlöhne* [im Unternehmen] || **wage continuation** *Lohnfortzahlung* || **wage cost pressure** *Lohnkostendruck* || **wage differentials** *Lohngefälle* syn.: *Lohnunterschiede* || **wage**

drift *Lohndrift* || **wage earner** [BetrVG 6 (1)] *Arbeiter* || *Ernährer* [der Familie] || **wage freeze** *Lohnstopp* || *Einfrierung der Löhne* [und Gehälter] || **wage gap** *Niveauspanne* Differenz zwischen Tarif[=Eck-]löhnen und den Effektivlöhnen [d.h. die durch Betriebsvereinbarung getroffenen höheren Lohnabsprachen über dem Tariflohn] || **wage grades** *Lohngruppen* grades determined by means of grading procedures between management and work councils :: zwischen Unternehmensleitung und Betriebsrat abgesprochene Lohngruppen || **wage tax card** *Lohnsteuerkarte* || **wage tax directives** *Lohnsteuer-Richtlinien* || **second wage [bargaining] round** *zweite Lohnrunde* an element of the total payment is decided at individual factories "over and above the collective agreement" || **wage-earning personnel** [Bil] *gewerbliche Mitarbeiter* || **wages and salaries** [Bil] *Löhne und Gehälter* || **determining wages at plant level** *übertarifliche Lohnbildung* syn.: *betriebliche Lohnbildung*

waisted pellet [Bal] *Diabologeschoß*

waiting period *Karenzfrist* || *Wartefrist* time which must elapse before a claim is paid

to waive *aufgeben* || *verzichten* to relinquish voluntarily || **the defence waived an objection** *auf eine Einwendung/Widerspruch verzichten* || **to waive a defect** *auf die* *Geltendmachung eines [Verfahrens-]Mangels verzichten* || **an act of waiving** *Verzichtserklärung* || *Verzichtsurkunde* —> waiver

waiver *Verzicht[serklärung]* freiwillige, einseitige Willenserklärung über die Absicht, ein Recht oder einen Anspruch aufzugeben; eine Rechtshandlung der Gegenpartei ist dabei nicht zwingend erforderlich. Der Terminus ist nicht synonym zu —> estoppel zu verwenden. || **permanent waiver** *ständiger Verzicht* || **express waiver** *ausdrücklich erklärter Verzicht* || **implied waiver** *stillschweigender Verzicht* || **waiver of immunity** [StrafR] *Verzicht des Beschuldigten auf sein Recht, in eigener Sache nicht auszusagen* || [VersR] **waiver of premium clause** *Verzicht auf Leistungen im Fall der Berufsunfähigkeit oder Invalidität* [Vereinbarung im Versicherungsvertrag, die i.d.R. nach sechs Monaten Invalidität einsetzt]

walkaway lease [Leas] *Netto-Leasing* —> net lease

want *Bedarf* —> *Mangel* || **demand**

war risks *Kriegsrisiken* include war, hostilities, civil war, revolutions, insurrection, civil commotion or other like disturbances

wardship of infant/minor *Vormundschaft über einen Minderjährigen* —> guardian

warehouse transactions for account of residents [Bbank] *Lager-*

verkehr auf inländische Rechnung

to warehouse [unter Zollverschluß] *lagern*

warehousing [ZollW] *Einlagerung* || **warehousing credit system** *Warenumschlagskredit*

warrant [Bör] *Optionsschein* eigenständiges oder mit einer Optionsanleihe ausgegebenes Papier, das den Inhaber berechtigt, zusätzlich Aktien, Anleihen oder einen Währungsbetrag zu einem best. Kurs innerhalb einer best. Frist zu erwerben. Gegenüber Optionen deutlich längere Laufzeiten (2-10 Jahre) || **covered warrant** *Emittent unterhält Deckungsbestand, die Aktien sind für die Optionsfrist gesperrt.* Laufzeit ist verkürzt, bei Ausübung der Option erhält der Käufer im Umlauf befindliche Aktien || **na¢ked warrant** *nicht an die Begebung einer Anleihe gebunden, sondern als reine Optionsschein-Emission am Markt* || **warrant of arrest** *Haftbefehl* || [§ 112 StPO] *richterliche Anordnung zur Inhaftnahme*

warranty [VersR] *Anzeige eines Versicherungsnehmers über einen Gefahrenumstand* || *Angabe* —> [mis-]representation || *Bestimmung* —> term || provision || condition || *vertragliche Zusicherung* syn.: *Zusicherungsabrede* || *Gewährleistung* [bei Rechtsmängelhaftung] Ablehnung der Erfüllung ist nicht ohne weiteres möglich, vielmehr hat der Geschädigte Anspruch auf Schadensersatz, kann jedoch bei Vertragsbruch nicht die Aufhebung des Vertrages verlangen. || **warranty against defects** *Mängelgewähr[leistung]* || **liabilities arising from warranty agreements** [Bil] *Verbindlichkeiten aus Gewährleistungsverträgen* || **warranty deed** *Grundstücksübertragungsurkunde* weist das Grundstück als unbelastet aus || **warranty for fitness of a particular purpose** *Eignung für einen bestimmten Zweck* || **warranty of merchantability** *Gewährleistung* [§ 434 BGB] z.B. daß die Ware von durchschnittlicher Qualität ist und für den normalen Gebrauch bestimmt ist || **warranty of quality** *Gewährleistung der Qualität einer Ware* || **warranty of quiet enjoyment** *Versicherung des ungestörten Besitzes* || **warranty of title** *Gewährleistung von Rechtsmängeln* —> Zusicherung || **breach of warranty** *Gewährleistungsbruch* —> Sales of Good Act, 1893, Sec. 53 und 62: Der Käufer kann die Ware nicht zurückweisen (repudiate) im Falle des Gewährleistungsbruches, sondern er kann nur Schadensersatz verlangen || **implied or expressed warranty** *direkte oder indirekte Zusagen* || *direkte oder indirekte Zusicherungen*

water-softening equipment *Wasserenthärtungsanlage*

waterworks companies *Wasserwerke*

Ways and Means, Committee of ~ *Haushaltsausschuß*

weakness *Schwäche* ‖ **persistent weakness of exchange rates** *anhaltende Wechselkursschwäche*

public weal *Gemeinwohl* ‖ *Gemeinwesen*

wealth *Reichtum* ‖ *Vermögen* ‖ **wealth tax** *Vermögensteuer* ‖ **national wealth** *Volksvermögen*

wedlock, born in ~ [§ 1616 BGB] *ehelich geborenes Kind* ‖ **born out of wedlock** *unehelich geborenes Kind* illegitimate, that which is contrary to law (term is usually applied to children born out of lawful wedlock)

weighted average *gewichteter Durchschnitt[ssatz]* ‖ **weighted average cost of capital** [InvR] *durchschnittliche Kapitalkosten* —> cost of capital *Kapitalkosten* ‖ **weighted external value** *gewogener Außenwert*

International Bureau of Weights and Measures *Internationales Büro für Maß und Gewicht*

Weimar Republic, the ~ *Weimarer Republik* [1919-1933]

welfare state syn.: **caring society** *Sozialstaat* ‖ *Wohlfahrtsstaat*

well *Ziehbrunnen* ‖ *Quelle* ‖ **gas well** *Erdgasvorkommen* ‖ **oil well** *Erdölvorkommen*

West Pomerania [BLand] *Vor-pommern* Mecklenburg-Vorpommern

wet lease [Leas] *Wet-Leasing* Brutto-Leasing-Geschäft aus dem Bereich der Flugzeugindustrie, das neben der Finanzierung auch Treibstoffversorgung und Wartung vorsieht. ‖ **wet strength** [Verp] *Naßfestigkeit*

whatever *aus jedwedem Grund* [nicht: aus welchem Grund auch immer] Übersetzung sollte lauten: [...] aus Gründen, die [z.B. Käufer] zu vertreten hat

whereas [VölkR] *in der Erwägung* ‖ *im Hinblick auf* ‖ *angesichts* ‖ *da* ‖ *in Anbetracht*

which, failing ~ *widrigenfalls*

white-collar worker *Angestellter* —> non-manual worker [Betr VG 6(2)] salaried employee

whole-turnover policy *Pauschalgarantie*

wholesale banking [BankW] *Großkundengeschäft* ‖ **wholesale market** *Interbanken-Geldmarkt*

wide experience *über umfassende Erfahrung[en] verfügen* ‖ **widely held corporation** *Publikumsgesellschaft* Eine AG mit einer Vielzahl von Aktionären —> widely held stock :: *Streubesitz* ‖ **widely held stock** *Streubesitz* Aktien einer —> Publikumsgesellschaft, die von einer Vielzahl von Aktionären gehalten werden.

wild-cat striking *spontane Arbeitsniederlegung* syn.: *wilde [spontane] Streiks*

will [§§ 1937 ff BGB] *Testament* ‖ **emergency will** *Nottestament* [§§ 2249 ff BGB] ein außerordentliches Testament, das für den Fall vorgesehen ist, daß der Erblasser nicht (mehr) in der Lage ist, ein öffentliches Testament vor einem Notar zu errichten ‖ **last will and testament** *letztwillige Verfügung* ‖ *Testament* ‖ **opening and reading of a will** *Testamentseröffnung* ‖ **to execute a will** *Testament rechtsgültig errichten* ‖ **to leave by will** *testamentarisch vermachen* ‖ **to make one's will** *testieren* ‖ *sein Testament machen*

willingness [Psych/Man] *Leistungsbereitschaft* ‖ **willingness [of domestic institutions] to invest on the German bond market** *Anlagebereitschaft inländischer institutioneller Investoren am deutschen Rentenmarkt*

wind *Wind[...]* ‖ **wind speed** *Windgeschwindigkeit* ‖ **wind-bill** *Kellerwechsel* illegaler Gefälligkeitswechsel z. B. für eine Scheinfirma

windfall profits *unerwartete Gewinne* ‖ **windfall tax** *Übergewinnsteuer*

winding-up *Liquidation* ‖ **winding-up under supervision of the court** *Auflösung einer Handelsgesellschaft* —> *Liquidation bei der die* Schulden bezahlt werden und der verbleibende Teil an die Eigentümer ausbezahlt wird ‖ **compulsory winding-up** *zwangsweise in Liquidation treten* ‖ **voluntary winding-up** *freiwillig in Liquidation treten*

window-dressing [Bil] *Silvesterputz* ‖ *[erlaubtes] Frisieren einer Bilanz [Bilanzkosmetik]* vor dem Bilanzstichtag, um das äußere Bilanzbild möglichst in einem guten Licht erscheinen zu lassen. Mögliche Transaktionen [insb. bei Bankbilanzen] sind Umschichtungen von Guthaben bei Kreditinstituten in Bbank-Guthaben, kurzfristige Aufnahme von Geldern über den Bilanztermin hinaus, Veräußerung von Devisen etc. ‖ **window-dressing purposes** *Bilanzkosmetik* —> *Silvesterputz*

wine [Winz] *Wein* —> Geschmacksrichtungen :: varieties ‖ **wine estate** *Weingut* ‖ **bottle wine** *Flaschenwein* ‖ **predicate wine** *Prädikatswein* Qualitätswein als Spätlese, Kabinett oder Auslese ‖ **quality wine** *Qualitätswein* Wein mit einer amtlichen Prüfnummer ‖ **International Wine Office** *Internationales Weinamt* ‖ **winepress** *Kelter*

to wish *beabsichtigen* ‖ **should the publisher wish to distribute the work** *beabsichtigt der Verlag, das Werk zu vertreiben, [...]* ‖ **expressing their wish** [VölkR/Präambel] *in dem Wunsche* ‖ *von dem Wunsche geleitet* ‖ **wishing** —> expressing their wish

withdrawal [BankW] *Abhebung* ‖

withdrawal facility [InvF] *Abhebemöglichkeit* ‖ *Abhebeplan* Möglichkeit, vom Fonds regelmäßige Zahlungen aus dem Anlageerfolg - oder auch aus dem Kapital - zu erhalten ‖ **withdrawal from the organisation** *Austritt aus der Organisation*

withholding method [SteuerR/D] *Abzugsverfahren* ‖ **withholding of a patent** [PatR] *Versagung eines Patents* Patent wird nicht anerkannt und nicht angenommen ‖ **withholding tax** *kleine Kapitalertragsteuer* syn.: *Quellensteuer* ‖ **withholding tax abolished** *Quellensteuer abgeschafft* ‖ **withholding tax on interest income to take effect from the beginning of 1989** *eine ab 1989 zu entrichtende Quellensteuer* ‖ **public discussion of the withholding tax** *[öffentliche] Diskussion der Quellensteuer* ‖ **introduction of the withholding tax** *Einführung der Quellensteuer* ‖ **withholding tax on income of non-residents** *Abzugsteuern bei beschränkt Steuerpflichtigen*

within *bis* ‖ *innerhalb* ‖ *binnen*

witness *Zeuge* Zeugen machen Aussagen über Tatsachen, die sie wahrgenommen haben [z.B. bezeugen sie bei einer Grundstücksübereignung die Übergabe]. Generally, one who, being present, testifies to what he has seen or heard, or otherwise observed. A person who personally sees or perceives a thing or an event. ‖ **witness box** *Zeugenstand* ‖ **witness for the defense** *Entlastungszeuge* ‖ **witness for the prosecution** *Belastungszeuge* [nicht: Zeuge der Anklage] ‖ **examination of the witness** *Zeugenverhör* ‖ *Zeugenvernehmung* ‖ **expert witness** *sachverständige Zeuge* [§ 414 ZPO I § 85 StPO] ein geladener Zeuge, der Aussagen über Tatsachen macht, die er nur aufgrund besonderer Sachkunde hat wahrnehmen können (z.B. Arzt).—> testimony ‖ **in witness thereof** [Vertragsformel am Schluß des Dokuments, insbesondere VölkR] *zu Urkund dessen* [Unterzeichnervermerk] **In witness thereof the undersigned** [plenipotenciaries] **representatives having been duly authorized thereto by their respective governments, have signed the present convention and affixed theirto their seals** :: *Zu Urkund dessen haben die Unterzeichneten, von ihren Regierungen hierzu gehörig befugten Bevollmächtigten, dieses Übereinkommen unterzeichnet und mit ihren Siegeln versehen.*

wood and wood products [Verarbeitung von] *Holz und Holzprodukten*

to word an advertisement *eine Anzeige aufsetzen* ‖ **an advertisement can be worded according to your wishes** *Anzeige kann nach Ihren Vorstellungen formuliert werden* ‖ **simplified wording** [ZollW] *vereinfachte Fassung*

to work *arbeiten* ‖ *funktionieren* ‖ **work design** *Arbeitsgestaltung* —> job design ‖ **work in progress** [Bil] *unfertige Erzeugnisse*

worker director *Arbeitnehmervertreter im Aufsichtsrat* —> labo[u]r director :: Arbeitsdirektor

workforce management *Personalverwaltung*

working capital *Betriebskapital* insbesondere —> liquide Mittel 1. Grades und generell alle Vermögensteile, die einem laufenden Umsatz unterliegen wie Roh-, Hilfs- und Betriebsstoffe, Halb- und Fertigerzeugnisse, Forderungen an Kunden etc. || **net working capital** *Nettoumlaufvermögen* || **working capital ratio** *Liquiditätskoeffizient* Ganzzahl-Saldo aus der Differenz zwischen —> Umlaufvermögen und kurzfristigen Verbindlichkeiten —> Kapitalflußrechnung —> working capital || **working environment** [BetrVG] *Arbeitsumgebung* || **working party** *Arbeitsgruppe* || [EG] **Working party on Road Transport of the Economic European Community for Europe** *Arbeitsgruppe Straßenverkehr der Wirtschafskommission für Europa* || **new working practices** *neue Arbeitsmethoden* || **working up [of]** *Verarbeitung [von]*

workmanship, faulty ~ *mangelhafte Ausführung*

works agreement [BetrVG] *Betriebsvereinbarung* || **Works Constitution Act** *Betriebsverfassungsgesetz* [Abbr] *BetrVG* v. (1952) 1972 Gesamtheit aller Normen, die alle nicht unmittelbar das Arbeitsverhältnis zw. Arbeitgeber und Arbeitnehmer (bzw. deren Vertretungen wie Betriebsrat und Personalrat) betreffende Beziehungen regeln || **works councils** *Betriebsrat* Errichtung in Betrieben ab 5 Festangestellten, wovon mindestens 3 wählbar sein müssen. || **works meeting** [BetrVG] *Betriebsversammlung* || **works meeting for young and trainee employees** [BetrVG] *Jugend- und Auszubildendenversammlung* —> Betriebsversammlung

world economy *Weltwirtschaft* || **world trade** *Welthandel* || **all over the world** syn.: **worldwide** *international* || *länderübergreifend* || *weltweit*

wort *Würze* —> Stammwürzgehalt :: original wort content

wrapper, first ~ [Verp] *erste Umhüllung*

writ of habeas corpus *gerichtliche Anordnung einer Haftprüfung* nach GG § 104 / StPO §§ 112,114,118 || **to serve s.b. with a writ** *jmd. eine [gerichtl.] Ladung zustellen* || **to take out a writ of summons against s.o.** *vorladen lassen* || *jmd. laden*

to write down [Absch] *abschreiben* || **write-off** [Absch] *Abschreibung* —> amortization || depletion || depreciation || *Ausbuchung* bei der Forderungsabschreibung || **the expected write-off requirements** *der erwartete Abschreibungsbedarf* || **write-off to the going value** *Teilwertabschreibung* —> going-concern value. Teilwert ist der Betrag, den ein Erwerber des ganzes Betriebs i.R.d. Gesamtkaufpreises für das einzelne Wirtschaftsgut ansetzen würde; dabei ist davon auszugehen, daß der Erwerbes den Betrieb fortführt [§ 6 (1) EStG]. Die Teilwertabschreibung ist eine außerplanmäßige Abschreibung zur Reduzierung eines höheren Buchwerts auf diesen Betrag. || **write-up** *Zuschreibung* —> appreciation i.G.z. Abschreibung, die eine Wertminderung erfaßt, dient die Zuschreibung der buchhalterischen Erfassung von Werterhöhungen im Anlagevermögen

writer [Bör] *Optionsverkäufer* || *Verkäufer einer Kaufoption* (=Stillhalter in Aktien) oder *Verkäufer einer Verkaufsoption* (Stillhalter in Geld). Der Stillhalter erhält den Optionspreis und liefert dafür den Basiswert (=die der Option zugrundeliegenden Wertpapiere)

writing [Bör] *Verkauf einer Option* || **writing-back of provisions** [Bil] *Auflösung von Rückstellungen* || **writing-back of provisions for bad debt reserves** [Bil] *Umschichtungen bei den Wertberichtigungen* || **writing up of fixed assets** [Bil] *Zuschreibungen von Gegenständen des Anlagevermögens*

XD *exD* [Bör] ex Dividende :: ex dividend. Kurszusatz, mit dem angegeben wird, daß die betreffenden Aktien von diesem Tage an ohne Anspruch auf die fällige Dividende gehandelt werden —> Dividendenabschlag || stock price reduction

yard [GB] *Yard* Längeneinheit:

1 yd = 0,9144 m

year *Jahr* || **year to year percentage change** [Stat] *Prozentveränderung gegen Vorjahr* || *in the year under review im Berichtsjahr* || *im Berichtszeitraum* || **year-end book value** *Restbuchwert* Bilanzwert eines Anlagegegenstandes am Ende des jeweiligen Jahres || **[13th or 14th month] year-end-bonus** [ArbR] *Weihnachtsgeld* || *13. oder 14. Monatsgehalt* || **the current year-on-year rate** [Bil] *laufende Jahresrate* || **the years ahead** *in den kommenden Jahren* || **years of service** *Dienstzeit* Zeitspanne der Betriebszugehörigkeit eines Arbeitnehmers

yield *Rendite* || *Aktienrendite* || *Dividendenrendite* || **yield of fruits** *Fruchtziehung* || **yield structure** [Bbank] *Renditenstruktur* || **yields on all bonds outstanding monthly averages** [Bör] *Umlaufrendite ingesamt Monatsdurchschnitte* || **yields on domestic bonds** [Bbank] *Rendite inländischer Rentenwerte* —> Umlaufrendite :: bond yields || **yields on long-term bonds** *Renditen der langfristigen Anleihen* || **yields on short-term bonds** *Renditen der kurzfristigen Anleihen* || **yields rose** *die Renditen stiegen* || **pre-determined yields** [SteuerR/D] *festgesetzte Ausbeutesätze*

yours truly *mit freundlichen Grüßen* [Briefschluß] best regards || sincerely

youth unemployment *Jugendarbeitslosigkeit*

zapping *Kanalwechsel* ‖ *Zapping* [TV] Zappen ist eine Vermeidungsstrategie des Fernsehzusehers, der beim Einblenden von Werbespots mittels Fernbedienung zwischen den Kanälen hin- und herschaltet.

ZB [Abbr] —> zeal building

zeal building [Abbr] **ZB** [Komm] *Begeisterung schaffen* ‖ *motivieren*

zero bond *Zerobond* syn.: *Null-Kupon-Anleihe* festverzinsl. Wertpapier ohne lfd. Verzinsung, Ausgabepreis liegt deutlich unter dem Nennwert der Anleihe (=Rückzahlungskurs). Differenz zw. Emission und Rücknahmekurs (=100%) entspricht Zinsertrag bis Endfälligkeit ‖ **zero sight adjustment** [Bal] *Fleckschußeinstellung*

zoning ordinances *Bebauungsvorschriften*